ARNOBE: LE COMBAT *CONTRE LES PAÏENS*
RELIGION, MYTHOLOGIE ET POLÉMIQUE
AU IIIe SIÈCLE AP. J.-C.

RECHERCHES SUR LES
RHÉTORIQUES RELIGIEUSES

23

Collection dirigée par
Gérard FREYBURGER
Laurent PERNOT

Arnobe : le combat
Contre les païens

Religion, mythologie et polémique au IIIe siècle ap. J.-C.

Par
Jacqueline CHAMPEAUX

BREPOLS

© 2018, Brepols Publishers n.v., Turnhout, Belgium.

All rights reserved. No part of this publication may be reproduced, stored in a retrieval system, or transmitted, in any form or by any means, electronic, mechanical, photocopying, recording, or otherwise without the prior permission of the publisher.

D/2018/0095/78
ISBN 978-2-503-56953-6
eISBN 978-2-503-56954-3
DOI 10.1484/M.RRR-EB.5.111625

Printed in the EU on acid-free paper.

*Pour C. F., à qui je dois
la première idée
de ce livre.*

Préface

L'écrivain latin Arnobe, païen converti au christianisme, nous plonge avec son traité « Contre les païens » (*Adversus nationes*), commencé à la fin du IIIᵉ siècle et demeuré inachevé, au cœur de la polémique chrétienne contre le paganisme. L'œuvre d'Arnobe se situe à une époque où le christianisme est encore interdit, persécuté et mettra encore quelques années pour obtenir la liberté religieuse dans l'Empire.

Si l'on ouvre l'*Adversus nationes*, on est immédiatement frappé de l'ampleur et de l'intensité de cette polémique. Mais quels sont les procédés utilisés à cet effet, quel est exactement l'arsenal rhétorique déployé par Arnobe pour dénoncer le paganisme ? Jacqueline Champeaux le montre dans cet ouvrage : spécialiste réputée à la fois d'Arnobe (elle a publié une édition avec traduction et commentaire du Livre III de l'*Adversus nationes*) et de la religion païenne de la Rome antique, dont elle a étudié des aspects variés dans de nombreuses publications, elle dévoile ici avec science et finesse les ressorts de la rhétorique arnobienne.

Ainsi on découvre dans ce livre comment l'indignation d'Arnobe devant le vagabondage amoureux de Jupiter alterne avec sa verve quand par exemple il décrit la mise en scène de dieux dans des mimes, comment son ironie, lorsqu'il dit que la Bonne Déesse est surtout bonne pour boire du vin, est relayée ailleurs par une savante composition circulaire lui permettant de revenir sur un thème déjà développé antérieurement, comment la scénographie pittoresque d'un bœuf se plaignant de devoir être sacrifié peut être suivie d'une dénonciation implacable des raisonnements allégorisants des philosophes.

Jacqueline Champeaux fait par ailleurs apparaître tout l'arrière-plan de sources devant lequel s'exerce cette rhétorique, en particulier le dialogue et la confrontation avec Varron, le grand connaisseur du Iᵉʳ siècle av. J.-C. de la religion païenne traditionnelle.

Le présent ouvrage s'adresse donc à tous ceux qui s'intéressent aux divers aspects de l'affrontement entre le christianisme et le paganisme et spécialement aux moyens d'expression – objets d'étude privilégiés de cette collection – mis en œuvre par les chrétiens dans leur lutte sans concession contre le paganisme.

Gérard Freyburger & Laurent Pernot

Remerciements

Ce livre n'aurait pu paraître sans le concours de collègues et amis à qui j'exprime ma chaleureuse reconnaissance. À Gérard Freyburger et Laurent Pernot, d'abord, qui ont bien voulu l'accueillir dans la collection RRR et qui m'ont aidée constamment dans toutes les difficultés que rencontre une publication. À Mireille Armisen-Marchetti, professeur à l'Université de Toulouse-Le Mirail, et Yves Lehmann, professeur à l'Université de Strasbourg, qui ont accepté de relire certains chapitres philosophiques ou varroniens. Je ne saurais oublier Caroline Février, maître de conférences à l'Université de Caen, qui a suivi pas à pas l'élaboration de ce livre et à qui je dois maints avis pertinents.

Avant-propos*

« Arnobe est inégal, excessif et, hormis la division de son ouvrage, confus » : du jugement à l'emporte-pièce, sans ménagement, de saint Jérôme[1], on retient surtout, pour le plus grand bonheur de notre auteur, les trois mots flatteurs qui louent les qualités de la composition. Effectivement, les commentateurs modernes, héritiers de Jérôme, s'accordent sur deux points contraires, mais non contradictoires. La composition d'ensemble de l'*Aduersus nationes* est ferme et équilibrée, même si, sur quelques points particuliers, on peut encore discuter de l'ajustement de telle ou telle de ses parties. En revanche, le fil du développement est moins net : on y relève du flou, des répétitions, cette « confusion » du discours que critiquait Jérôme[2]. Le lecteur en jugera.

L'ouvrage se compose de sept livres, dont les deux premiers peuvent être considérés comme une apologie à part entière, défense et illustration de la religion chrétienne, puis débat sur la nature de l'âme. Les cinq autres sont une attaque véhémente contre le paganisme, ses dieux (III-IV) et ses mythes (V)[3],

---

*   Les traductions proposées sont empruntées aux éditions de référence (CUF, Sources chrétiennes = SC), modifiées s'il y a lieu. Elles sont indiquées dans l'Index des auteurs anciens.
1. Qui n'est pas plus tendre à l'égard des autres apologistes : *Lettres* (cité *epist.*) 58, 10 *Tertullianus creber est in sententiis, sed difficilis in loquendo. Beatus Cyprianus… scripturas diuinas nequaquam disseruit… Lactantius, quasi quidam fluuius eloquentiae Tullianae, utinam tam nostra adfirmare potuisset quam facile aliena destruxit! Arnobius inaequalis et nimius est et, absque operis sui partitione, confusus,* « Tertullien est riche de pensées, mais son style est difficile. Le bienheureux Cyprien… n'a aucunement disserté sur les divines Écritures… Lactance, c'est comme un torrent d'éloquence cicéronienne ; si seulement il avait pu avoir autant de facilité pour étayer notre religion que pour ruiner celle de nos adversaires ! Arnobe est inégal, intempérant et confus sauf dans le plan de son ouvrage » (trad. P. Monceaux, préférable à celle de J. Labourt). Les témoignages de Jérôme sur Arnobe sont analysés par Y.-M. Duval, « Sur la biographie et les manuscrits d'Arnobe de Sicca : les informations de Jérôme, leur sens et leurs sources possibles », *Latomus*, 45, 1986, p. 69-99.
2. Je me borne à citer P. Monceaux, *Histoire littéraire de l'Afrique chrétienne*, III, Paris, Leroux, 1905, p. 250 : « Il ne sait pas maîtriser son imagination, ni son érudition, ni son humeur satirique ; et l'on peut signaler bien des redites dans le détail du développement, dans le choix des exemples, dans les tournures et les formules de transition. Le traité a été probablement écrit trop vite ; mais on doit ajouter qu'il est écrit de verve » ; encore p. 277. De même H. Le Bonniec, éd. du livre I, p. 28 sq.
3. Je ne reprendrai pas les discussions (voir H. Le Bonniec, éd. du livre I, p. 16-28 ; A. Wlosok, dans R. Herzog - P. L. Schmidt (dir.), *Nouvelle histoire de la littérature latine*, V : *Restauration*

puis les pratiques de son culte (VI-VII)⁴. Il serait vain, cependant, d'y chercher l'équivalent inversé de l'encyclopédie religieuse de Varron, les *Antiquités divines*, qui sont une des sources d'information auxquelles notre auteur puisait à pleines mains. Arnobe ne s'est pas soucié de donner, de chaque divinité, une analyse méthodique et ordonnée : son univers religieux s'offre à nous en images fragmentées, dissociées et accentuées jusqu'à la caricature.

L'univers religieux d'Arnobe est une notion ambiguë. Où faut-il le situer ? au ciel ? sur la terre ? ou dans l'un et l'autre à la fois ? Les dieux résident au ciel, du moins pour la plupart d'entre eux. Mais c'est sur terre que leurs fidèles les invoquent, les prient, les honorent de leur culte. D'autant qu'Arnobe, à la différence de Cicéron ou de Varron, à qui il doit tant, n'est plus un analyste impartial de cette religion avec laquelle il a depuis peu rompu pour embrasser le christianisme et dont il donne une image déformée pour les besoins tendancieux de la polémique. L'*Aduersus nationes* n'est pas une encyclopédie : c'est un réquisitoire.

Je me propose d'explorer cet univers qui, en France, reste mal connu. En Italie, dans le monde anglo-saxon, des ouvrages de synthèse lui ont été consacrés dans un passé relativement récent⁵. « Arnobe, cet inconnu... », disait Henri Le Bonniec⁶ qui a cependant, plus que quiconque, contribué à le faire connaître par ses articles et surtout par l'édition dont il a été l'initiateur pour la Collection des Universités de France en 1982. La tâche n'est pas aisée, compliquée par l'étendue de l'œuvre, à la différence du livre unique de Minucius

---

et renouveau. La littérature latine de 284 à 374 après J.-C., Turnhout, Brepols, 1993, p. 419-423) sur le rapport des livres I-II, apologie du christianisme, aux livres suivants, critique du paganisme ; ni sur la place du livre V, en position centrale dans la deuxième partie comme « livre des mystères », ou, ce que je croirais plutôt, continuation des livres III et IV sur la critique des dieux.

4. Plan qui transparaît à travers ces lignes introductives du livre III : 3, 2, 1 *nunc ad ordinem reuertamur a quo sumus necessario paulo ante digressi... alios... deos... sacra... et... ritus*, « revenons maintenant au plan dont nous avons dû nous écarter un peu plus haut ». Après la « digression » que constitue le livre II, Arnobe revient à son plan initial et refuse de se rendre à l'invite du païen syncrétiste qui lui propose d'honorer avec lui « les autres dieux » et d'unir « leurs cultes et leurs rites ». Ce n'est pas un plan qui va de soi : les *Antiquités divines* de Varron traitaient d'abord du culte (livres I-XIII), prêtres, lieux, fêtes, rites, ensuite seulement des dieux (XIV-XVI) ; cf. Augustin, *Cité de Dieu* (cité *ciu.*) 6, 3, p. 248 sq. D = 4 Card.

5. F. Mora, *Arnobio e i culti di mistero. Analisi storico-religiosa del V libro dell'« Adversus Nationes »*, Rome, L'Erma di Bretschneider, 1994 ; M. B. Simmons, *Arnobius of Sicca. Religious Conflict and Competition in the Age of Diocletian*, Oxford, Clarendon Press, 1995. Voir mes comptes rendus, *Latomus*, 55, 1996, p. 427-430 ; et *REL*, 76, 1998, p. 428-430.

6. Ce sont les premiers mots de son article programme, « "Tradition de la culture classique" : Arnobe témoin et juge des cultes païens », *BAGB*, 1974, p. 201-222.

Felix, l'*Octavius*, de l'*Apologétique* de Tertullien ou des deux livres de l'*Ad nationes* dus à ce dernier (titre dont Arnobe, sans nul doute, s'est souvenu). Dispersés à travers les sept livres d'une œuvre touffue, souvent masqués par la surabondance du discours, hérissés de références ou d'allusions érudites qui obligent le lecteur moderne à recourir sans cesse au commentaire, je voudrais rechercher les aperçus qu'Arnobe, dans un désordre incisif, nous donne de la religion romaine, pour mieux définir les enjeux et les moyens de sa polémique. Que nous apprend-il du paganisme romain, de ses dieux, de ses rites, de ses mythes ? Quelles sont les faiblesses qui lui permettent de le condamner ? Et par quels procédés nous convainc-t-il du bien-fondé de cette condamnation ? Il s'agira, dans un premier temps, de recomposer les images éclatées qu'il nous offre des divinités pour en dresser un portrait cohérent, plus lisible, qui mette en lumière, non sans cruauté, les points faibles sur lesquels portent les attaques de l'apologiste.

La complexité de l'œuvre est aussi accrue par son caractère pluriel. La religion « romaine » était depuis des siècles une construction composite où s'entremêlaient noms latins des dieux, sacerdoces, rites romains, d'une part, et, d'autre part, formes divines et mythes issus de l'hellénisme, parfaitement intégrés aux données nationales. Nous, modernes, dissocions dans nos analyses savantes le rite romain et le mythe grec. De cette dualité, les anciens n'avaient nullement conscience : pour eux, leur religion était une, et ils la pensaient, la vivaient au quotidien, comme une. En outre, Arnobe est un homme de haute culture, qu'il doive sa science à des abrégés, répertoires ou manuels, selon la pratique courante de son temps, ou, mieux, à la lecture personnelle d'œuvres qu'il suit de près, jusqu'à la traduction littérale quand il s'agit de textes grecs, en particulier pour Clément d'Alexandrie, dont le *Protreptique* est abondamment utilisé[7]. Dans sa critique du paganisme, les mythes rares, constructions érudites connues des seuls lettrés, et les légendes familières à tous, répandues

---

7. Malgré la thèse contraire de F. Mora. Aussi sceptique que F. Tullius, *Die Quellen des Arnobius im 4., 5. und 6. Buch seiner Schrift « Adversus nationes »*, diss. Berlin, Bottrop, Postberg, 1934, F. Mora ne tient pas Clément pour une source majeure d'Arnobe (voir en particulier sa conclusion, p. 106 sq.). Il ne l'aurait utilisé que tardivement, pour compléter une documentation déjà établie à partir d'autres sources. Plus que sur les ressemblances, F. Mora se fonde sur les différences entre les deux auteurs. J'aurais, pour ma part, la position inverse. Sans doute, Clément n'est pas la source unique pour tous les passages relatifs à la religion grecque. Mais Arnobe l'a beaucoup utilisé, et cela dès qu'il a entrepris la rédaction de son ouvrage. Sans pour autant le reproduire servilement : il récrit son modèle, le traduit souvent, mais, non moins souvent, retranche, ajoute, d'après d'autres sources et, aussi, d'après sa propre inventivité d'écrivain. On mesurera, dans les pages qui suivent, la dette d'Arnobe à l'égard de Clément : chaque fois, la comparaison entre mon analyse et celle de F. Mora est éloquente.

par la littérature et les arts figurés, se trouvent sur le même plan ; les données fondamentales de la mythologie, les rites romains de base, et tel usage grec obscur, purement local ; les dieux policés (relativement) de la Grèce et de Rome et ceux d'un Orient sanguinaire et déchaîné. L'empire du IIIe siècle[8] est universel et ses religions concourent à former un paganisme multiforme et bariolé, aussi universel dans ses déviations que l'est le christianisme dans sa vérité.

La religion romaine, vue par Varron, était une construction ordonnée, objet d'une analyse raisonnée. Celle d'Arnobe est, trop souvent, l'image de la folie. Le lecteur imbu de culture classique pourrait se figurer le monde des dieux comme un univers enchanteur. C'est bien, au premier regard, ce que nous entrevoyons : des palais d'or[9], dont les vastes appartements sont habités de beautés voluptueuses, plus ou moins dévêtues, de figures masculines imposantes ou d'éphèbes séduisants. Mais ce n'est là qu'illusion des sens et d'un esprit abusé par l'erreur. La réalité est moins flatteuse. Au ciel règnent l'impudeur, les passions forcenées, la souffrance des corps : Cérès a les lourdes mamelles d'une nourrice, Priape exhibe sans gêne ses attributs batailleurs[10], les déesses se tordent dans les douleurs de l'accouchement et appellent à grands cris leur congénère Lucine[11]. Mais cet Olympe à la fois réaliste (on n'ose dire

---

8. La chronologie d'Arnobe reste discutée. Cf. notamment A. Wlosok, dans *Nouvelle histoire de la littérature latine*, V, p. 416 sq. ; H. Le Bonniec, éd. du livre I, p. 30-34 ; B. Fragu, éd. des livres VI-VII, p. XX-XXIII. La base la plus sûre est le règne de Dioclétien (284-305), sous lequel, déjà âgé, il écrit, avec, en particulier, les allusions à la persécution de 303. La rédaction des premiers livres vers 297, la mort d'Arnobe, qui laisse une œuvre inachevée, vers 304-305 (avant 311 en tout cas, fin des persécutions et « paix de l'Église »), paraissent une chronologie plausible. Si l'on essaie d'évaluer son rythme de travail, on arrive à une moyenne d'environ un livre par année, ce qui apparaît vraisemblable. Quoi qu'il en soit, par sa formation intellectuelle, acquise avant la conversion, par sa quête spirituelle, Arnobe est bien un homme du IIIe siècle.
9. 3, 10, 4 *in chalcidicis illis magnis atque in palatiis caeli deos deasque conspicere intectis corporibus atque nudis*, « contempler dans les vastes appartements et dans les palais du ciel les dieux et les déesses, aux corps sans voiles et nus » ; 4, 33, 1 *dii uestri in tricliniis caelestibus atque in chalcidicis aureis*, « vos dieux » banquettent « dans les salles à manger du ciel et dans des galeries dorées ».
10. 3, 10, 4 *ab Iaccho Cererem, Musa ut praedicat Lucretia, mammosam, Hellespontiacum Priapum inter deas uirgines atque matres circumferentem res illas proeliorum semper in expeditionem paratas*, « "Cérès toute en mamelles après la naissance d'Iacchus", comme le proclame la Muse de Lucrèce, Priape, dieu de l'Hellespont, promenant au milieu des déesses vierges et des déesses mères ces armes toujours prêtes à livrer bataille ».
11. 3, 10, 5 *hauet, inquam, uidere deas grauidas, deas fetas gliscentibusque per dies aluis, intestini ponderis morositate cunctari, parturire alias tractu longo et manus obstetricias quaerere, illas telis grauibus et dolorum acuminibus fixas heiulare, tortari et inter haec omnia suppetias Iunonis implorare Lucinae*, « oui, [mon âme] brûle de voir les déesses grosses, les déesses enceintes, dont le ventre s'arrondit de jour en jour, traîner la lassitude de leur fardeau intime, d'autres accoucher

naturaliste) et fantasmé existe-t-il vraiment ? Le premier éblouissement passé, le lecteur découvre des demeures célestes qui sont le lieu du désordre, de l'immoralité, pire encore, de la laideur : car, en bonne logique, si l'on admet que les dieux sont, physiquement, tous différents, il faut imaginer que certains ont une grosse tête, le crâne pointu, les lèvres épaisses, le nez épaté ou camus, certains sont maigres, d'autres gros ou nains[12]. Arrêtons la peinture de cet Olympe non seulement travesti, mais disgracié. La beauté légendaire des dieux, par laquelle se révèlent leur grandeur et leur puissance, n'est que mensonge.

Une fois dissipée l'illusion du sublime, de l'harmonie et de la beauté, l'apologiste demande à « voir » ce ciel que décrivent non seulement les poètes, mais les saints ministres des religions[13]. La réponse a peut-être déjà été donnée au livre I : quand Arnobe oppose au Christ que nous, chrétiens, nous honorons, et en qui vous ne voyez qu'un homme, né dans la condition humaine et mort sur la croix, une liste satirique de divinités païennes, plus hétéroclites, plus ridicules les unes que les autres[14]. Pour commencer, comme il convient, Janus, qu'on invoque en premier dans toutes les prières, et son hôte Saturne, dieux tombés parmi les hommes, la Bonne Déesse, surtout bonne pour boire du vin[15], l'Indigète, c'est-à-dire Énée qui, noyé dans les eaux du Numicius, ne monte

après une longue attente et réclamer les mains de la sage-femme ; d'autres encore, transpercées par les traits cruels et par les aiguillons des douleurs, hurler, se tordre et au milieu de tout cela implorer l'aide de Junon Lucina ! ».
12. 3, 14, 3-4 *Sin autem gerunt discrimen in uultibus, sequitur ut intellegi debeat non alia de causa dissimilitudines his datas, nisi ut singuli se possent differentium signorum proprietatibus noscitare. Ergo esse dicendum est quosdam capitones, cilunculos, frontones, labeones in his, alios mentones, naeuios atque nasicas, hos displosis naribus, illos resimis, nonnullos turgentibus malis aut buccarum in cumulatione␣␣sanniones, nannos, longos, medios, macilentos, pingues, crassos, hos capillorum intortionibus crispulos, caluitiis alios et glabritatibus rasos*, « Mais si les traits de leurs visages sont différents, il s'ensuit qu'on doit comprendre que ces dissemblances leur ont été données pour une seule raison : pouvoir se reconnaître entre eux grâce aux particularités de signes distinctifs. Il faut dire alors que certains d'entre eux ont une grosse tête, un crâne en pain de sucre, le front haut, des lèvres épaisses ; d'autres ont un menton proéminent, des verrues, un nez pointu, ceux-ci des narines épatées, ceux-là un nez camus, certains des mâchoires saillantes ou des joues rebondies avec lesquelles ils font des grimaces ; il y a des nains, des grands, des moyens, des maigres, des gras, des obèses ; les uns sont frisottés, avec les cheveux en torsades, d'autres rasés, chauves et glabres ».
13. Qu'il apostrophe en 3, 10, 1 *quid dicitis, o sancti atque inpolluti antistites religionum ?*, « qu'en dites-vous, ô prêtres saints et sans tache des religions ? » ; et poursuit, § 4 *hauet [et] animus atque ardet... conspicere*, « mon âme brûle du désir de contempler... » ces spectacles indécents (cité *supra*, n. 9).
14. 1, 36, 2-6 (le texte est cité *infra*, p. 367, n. 136).
15. Ce qui causa sa perte : Faunus, son mari, qui l'avait trouvée ivre, la battit à mort avec des verges de myrte (5, 18, 3 ; *infra*, p. 138).

pas aussitôt au ciel pour y devenir dieu, comme chez Ovide[16], mais s'y traîne en compagnie des grenouilles et du menu fretin, Esculape et Liber, fils l'un de Coronis, l'autre de Sémélé la foudroyée, Mercure né de Maia la brillante, « ce qui fait plus divin », précise négligemment notre apologiste qui parodie Virgile[17], Diane et Apollon, les enfants de Latone persécutée par Junon, Vénus, bien mariée à un époux troyen, mais fille publique qui n'est point avare de ses charmes, Cérès et Proserpine, Hercule et les Dioscures, quelques étrangers d'Afrique et d'Égypte, comme Isis, bronzée au soleil d'Éthiopie, puis, pour finir noblement, la progéniture royale d'Ops qu'il n'est pas nécessaire d'énumérer. La dérision n'interdit pas un classement méthodique, qui semble se fonder sur les imperfections dont leur biographie, à tous, se trouve entachée : dieux déchus, mortels divinisés seulement après leur mort, enfants adultérins de Jupiter, dieux « des autres », étrangers à la romanité. La composition circulaire nous ramène avec art à Saturne, que les enfants d'Ops, autrement dit Rhéa, ont pour père : Jupiter, Junon, Neptune, etc., dont la naissance est irréprochable et que l'apologiste ne prend plus la peine d'énumérer. À l'intérieur même du désordre, Arnobe réintroduit les apparences de l'ordre, par l'artifice du style. La mythologie reste séduisante, même au prix d'une incohérence que le lecteur moderne peut aspirer à dépasser. C'est à cette entreprise de désenchantement que je souhaiterais me risquer, avec, peut-être, l'espoir final de retrouver une conception plus juste, plus vraie, plus digne de la divinité.

La théologie des hommes d'État, la théologie des philosophes sont-elles plus proches de la vérité ? Sous des dehors plus austères, moins flatteurs, elles n'ont pas mieux réussi que les fables des poètes à proposer une conception authentique de la divinité. Le nombre des dieux à honorer, leurs noms mêmes, indispensables à l'acte sacrificiel, ne sont pas exactement connus. La trentaine de divinités énumérées dans la liste des indigitations du livre IV, cette « bande » d'obscurs « dieux spécialisés » qui vont de *Luperca* à *Pecunia*, auxquelles il faut ajouter les quelques noms qui avaient déjà été mentionnés au livre III, épuisent-elles le sujet[18] ? Les livres pontificaux en contenaient d'autres, qu'Arnobe ne nomme pas et, plus grave, aucune d'elles n'était

---

16. *Métamorphoses* 14, 597-608 : le fleuve, lui-même dieu, purifie Énée de tout ce qui, en lui, était mortel. Puis Vénus *fecitque deum*, « fit de lui un dieu », sous le nom d'Indigète.
17. *Énéide* (sera cité Verg. *Aen.*) 8, 138 sq. *Mercurius... quem candida Maia / Cyllenae gelido conceptum uertice fudit,* « Mercure... que l'éclatante Maia conçut et mit au monde sur le sommet glacé du Cyllène ».
18. 4, 3-11 ; annoncées en 4, 3, 1 *nam quod nobis cateruas signatorum alias inducitis deorum,* « quant aux autres bandes de dieux spécialisés que vous nous présentez ». Cf. 3, 25, 1.

apparemment connue de la foule des fidèles : elles sont matière de spécialistes, familières aux seuls prêtres et invoquées par eux dans des liturgies bien précises, étrangères aux rites ordinaires et au culte quotidien de la religion privée.

Le catalogue des dieux homonymes[19], allégués par les mythographes, attente à l'identité de certains des plus respectés parmi les Douze dieux canoniques et de quelques autres : ainsi, au lieu de Jupiter ou Mercure, personnes uniques, ont-ils imaginé trois Jupiters et cinq Mercures, ou encore cinq Minerves qu'Arnobe fait défiler devant nous et dont il étale sous nos yeux l'inconvenante querelle. Comment, tous, seraient-ils crédibles auprès du fidèle qui cherche *un* dieu à qui adresser ses prières et ses offrandes, et non trois ou cinq entre lesquels hésiter et se décider sans raison, au hasard ? D'autres inventions des philosophes, anciennes ou récentes, comme la théologie solaire ou l'exégèse allégorique, qui visent à refonder ou à moraliser le paganisme traditionnel, ne sont pas plus convaincantes. Au terme de trois livres de discussion, aucune alternative à la religion des poètes ne parvient à s'imposer : rien ne se substitue aux formes imitées de l'humain, aussi trompeuses que belles que, du haut d'un Olympe imaginaire, elle offre à la dévotion des fidèles.

Si l'on redescend du ciel sur la terre, il est deux sortes de lieux privilégiés où, comme Arnobe l'appelait de ses vœux, l'homme peut « voir » ou plutôt entrevoir les dieux : ce sont les théâtres et les temples. Or les uns et les autres n'exhibent que des fictions. Au théâtre, le spectateur, conscient et consentant, s'abandonne aux délices de l'illusion dramatique. Dans deux passages dont le second est en fait le doublet, quelque peu augmenté, du premier, Arnobe nous fait partager la magie de ces spectacles dont raffolaient ses contemporains, dans les deux genres dramatiques en vogue auprès du grand public sous l'Empire, le mime et la pantomime[20]. Il nous montre le mime et ses bouffonneries impudiques, spectacles de clowns grotesques et indécents, aux crânes rasés, qui se soufflettent et exhibent sans vergogne leurs membres virils, énormes et tout rouges. Apparemment, les dieux aiment cela[21]. Le mime est grossier.

---

19. Une invention absurde des théologiens païens : 4, 13, 4 *et conplures subditis uocabulis isdem deos et… multiplices eos rursus cognominum societate fecistis*, « vous imposez le même nom à plusieurs dieux et, par ailleurs… vous les avez multipliés de nouveau en leur faisant partager ces dénominations ».
20. Voir la mise au point de G.-Ch. Picard, *La Civilisation de l'Afrique romaine*[2], Paris, Études augustiniennes, 1990, p. 228-234 ; M.-H. Garelli, *Danser le mythe. La Pantomime et sa réception dans la culture antique*, Louvain-Paris, Peeters, 2007, en particulier p. 3-9 ; également p. 258 sq., 268, 275 sq., 282, 290, 310.
21. 7, 33, 10-11 *mimis nimirum dii gaudent, et illa uis praestans neque ullis hominum comprehensa naturis libentissime commodat audiendis his auris… delectantur, ut res est, stupidorum*

La pantomime, elle, est un genre raffiné, un ballet féerique, où la danse[22], les mouvements du corps, l'expressivité des mains et du regard traduisent toutes les passions. L'opéra-ballet, exécuté en solo par un danseur vedette, muet, mais avec accompagnement d'orchestre et de chœurs, met en scène, à grand spectacle, les amours tragiques des dieux, leurs souffrances aussi[23] : Vénus, mère

capitibus rasis, salapittarum sonitu atque plausu, factis et dictis turpibus, fascinorum ingentium rubore !, « assurément les dieux aiment les mimes, et cette puissance supérieure, que nulle créature humaine ne peut concevoir, prête bien volontiers l'oreille... de fait, c'est qu'ils sont séduits par les crânes rasés des guignols, par les soufflets qui claquent et résonnent, par les gestes et les propos honteux, par la rougeur des énormes membres virils ! » ; § 13 *haec si dis immortalibus obliuionem adferunt simultatum, si ex comoediis, Atellanis, mimis ducunt laetissimas uoluptates...,* « si tout cela apporte aux dieux immortels l'oubli de leurs inimitiés, s'ils tirent des comédies, des atellanes, des mimes les plaisirs les plus vifs... ».
22. La pantomine, comme genre dramatique, n'a guère de nom spécifique : c'est par le vocabulaire de la danse, *saltare* (cf. n. suiv.), qu'elle se définit.
23. 4, 35, 3-5 *Et quod nefarium esset auditu, gentis illa genetrix Martiae, regnatoris et populi procreatrix amans* saltatur (je souligne) *Venus et per adfectus omnes meretriciae uilitatis inpudica exprimitur imitatione bacchari.* Saltatur *et Magna sacris compta cum infulis Mater et contra decus aetatis illa Pessinuntia Dindymene in bubulci unius amplexu flagitiosa fingitur adpetitione gestire, nec non et illa proles Iouis Sophoclis in Trachiniis Hercules pestiferi tegminis circumretitus indagine miserabiles edere inducitur heiulatus, uiolentia doloris frangi atque in ultimam tabem diffluentium uiscerum maceratione consumi. Quin et ille in fabulis maximus ipse regnator poli sine ulla nominis maiestatisque formidine adulterorum agere introducitur partes, atque [formidine] ut fallere castitatem alienarum possit familias matrum, ora immutare pellacia et in species coniugum subditiui corporis simulatione succedere,* « De plus, ce qui est abominable à entendre, la fameuse mère de la race de Mars, qui a enfanté le peuple souverain, Vénus, est mimée en amante et elle est figurée, avec toutes les passions d'une vile courtisane, s'abandonnant aux transports délirants d'une mimique sans pudeur. La Grande Mère aussi est mimée, coiffée de ses bandelettes sacrées et, contre la bienséance liée à son âge, cette fameuse déesse de Pessinonte et du Dindyme est représentée dans les bras d'un bouvier, brûlant d'un désir scandaleux ; et encore, l'illustre fils de Jupiter, Hercule, est mis en scène dans les *Trachiniennes* de Sophocle, enveloppé, comme d'un filet, d'une tunique mortifère, il pousse des cris lamentables, la violence de la douleur le brise et, pour finir, la putréfaction de ses chairs qui se décomposent et se liquéfient le consume. Bien plus, lui aussi, dans les pièces de théâtre, le très grand souverain du ciel, en personne, sans craindre pour la majesté de son nom, est mis en scène dans le rôle d'adultère et pour abuser de la chasteté des mères de famille [mariées à] autrui, il change perfidement de visage et prend l'apparence de leurs époux, en feignant d'être la personne à laquelle il se substitue ».
Repris, avec quelques adjonctions, en 7, 33, 4-8 *Ponit animos Iuppiter si Amphitryon fuerit actus pronuntiatusque Plautinus ; aut si Europa, si Leda, Ganymedes <si> fuerit saltatus aut Danae, motum conpescit irarum ? Tranquillior, lenior Mater Magna efficitur si Attidis conspexerit priscam refricari ab histrionibus fabulam ? Obliterabit offensam Venus si Adonis in habitu gestum agere uiderit* saltatoriis *in motibus pantomimos ? Indignatio relanguescit Alcidae, si tragoedia Sophoclis cui Trachiniae nomen est, Euripidis aut Hercules actitatur ? Existimatue tractari se honorifice Flora, si suis in ludis flagitiosas conspexerit res agi et migratum ab lupanaribus in*

du peuple romain, éprise du bel Adonis, voué à la mort, la Mère des dieux brûlant d'un amour qui n'est plus de son âge pour Attis qui expire, mutilé et ensanglanté, ou, dans un lamento de tragédie, Hercule qui, par la seule gestuelle et le langage du corps, crie sa douleur, rongé par la tunique fatale. Jupiter y commet sans vergogne l'adultère et prend le visage d'Amphitryon[24], en séducteur impénitent qui trompe, par d'autres métamorphoses, Europe, Léda, Ganymède ou Danaé.

Même si les jeux scéniques relèvent du sacré, du moins le spectateur sait-il que, ce qu'il voit, ce sont des acteurs humains qui imitent les dieux. L'illusion est double, comme en un jeu de miroirs : l'acteur imite les actions divines ; ces actions, narrées par les poètes, sont elles-mêmes des fictions créées par les mythes. Mais au temple ? Dans les demeures des dieux, à travers leurs statues, c'est la divinité authentique que le fidèle est appelé à contempler. Or, même là, ne se trouve pas la vérité. Les temples des dieux immortels sont des constructions périssables. Autant le théâtre a le mouvement de la vie, avec sa danse muette qui exprime, mieux que les mots, les passions de l'âme, autant les temples respirent la mort[25]. Les statues de culte, qui offrent l'image réelle des divinités et passent pour être habitées de leur présence, sont des formes vermoulues qui tombent en poussière. Ruinées par la pluie, par la pourriture, les effigies des dieux sont mortelles[26]. Les rites de leurs sacrifices sont des gestes absurdes et vains[27]. La religion des poètes est fausse. Celle des philosophes

theatra ?, « Jupiter cesse d'être irrité si l'on joue et récite l'*Amphitryon* de Plaute ; ou, si l'on danse Europe, Léda, Ganymède, ou encore Danaé, il apaise les transports de sa colère ? La Grande Mère devient plus calme, plus douce, si elle voit sur scène la vieille histoire d'Attis, rabâchée par les histrions ? Vénus oubliera son mécontentement si elle voit un pantomime, dans le costume d'Adonis, se livrer à sa mimique, en exécutant des mouvements de danse ? L'indignation d'Alcide se calme, si on joue la tragédie de Sophocle intitulée les *Trachiniennes*, ou l'*Hercule* d'Euripide ? Flora considère qu'on la traite honorablement, si dans ses jeux elle voit représenter des scènes scandaleuses et si elle constate que les lupanars ont émigré au théâtre ? ».
24. Amphitryon doit être un sujet de mime plutôt que de pantomime : *pronuntiatus* (n. préc.) indique un spectacle parlé, distinct (*aut*) des pantomimes (*saltatus*) d'Europe, Léda, Ganymède, Danaé.
25. 6, 6, 1 *multa ex his templa... comprobatur contegere cineres atque ossa et functorum esse corporum sepulturas*, « beaucoup de ces temples... c'est bien attesté, recouvrent des cendres et des ossements et servent de tombeaux pour des défunts ».
26. 6, 16, 6 *non uidetis spirantia haec signa... modo casibus stillicidiorum labi, putredinis modo carie relaxari ?*, « ne voyez-vous pas ces statues, qui respirent la vie, tantôt s'effondrer sous le ruissellement de la pluie, tantôt se disjoindre, rongées par la pourriture ? ».
27. 7, 13, 1 *frustra diis immortalibus hostias rebus cum consequentibus admoueri*, « il est vain d'offrir aux dieux immortels des victimes et tout ce qui les accompagne » ; 7, 22, 1 *ergo si haec cassa sunt nec rationis alicuius habentia firmitatem, sacrificiorum et ipsa inanis est datio*, « ainsi

ne résiste pas à la critique de la raison. Celle des hommes d'État est vide de sens. Après la condamnation des dieux et de leurs mythes (III-V), les derniers livres (VI-VII), consacrés à la démystification du culte, laissent à son désarroi l'homme en quête de vérité : c'est ailleurs, vers un nouveau Maître, qu'il lui faut chercher une nouvelle voie du salut[28].

Il ne s'agira pas, sauf exception, de comparer Arnobe aux autres apologistes, grecs ou latins, qui exploitent une même thématique, commune à la littérature chrétienne[29], mais de proposer, dans une perspective critique, une vue d'ensemble de l'œuvre, de ses procédés, de ses réussites et aussi de ses faiblesses, de ses habiletés qui, si souvent, trompent le lecteur, entraîné, abusé par la virtuosité de l'écrivain. Mon ambition serait de rendre à lui-même un Arnobe païen, peintre sans illusion d'une religion dont il s'est détaché, mais sans rompre tout à fait le lien avec elle. Dans cette religion, celle de ses ancêtres, il a passé la majeure partie de sa vie, formé par sa culture, ses lettres, ses arts, mais aussi conscient de ses insuffisances et en quête d'une spiritualité plus haute. Jusqu'à ce que, ayant enfin découvert la vérité, il se convertisse à tout jamais, sans velléité de retour, à la religion du Christ.

---

donc, si tout cela est vain et ne possède aucun fondement rationnel, tout le système des sacrifices est vain, lui aussi ».

28. Ce sont les derniers mots du livre I, qui sont un appel au Christ : 1, 65, 8 *uirtutum omnium dominus atque ipsius mortis extinctor hominem suum permisit interfici, ut ex rebus consequentibus scirent in tuto esse spes suas quas iamdudum acceperant de animarum salute nec periculum mortis alia se posse ratione uitare*, « le Maître de toutes les puissances et le Destructeur de la mort elle-même permit que son humanité fût mise à mort, afin que la suite des événements leur apprît que les espérances qu'ils avaient accueillies depuis longtemps sur le salut des âmes étaient bien fondées et qu'ils n'avaient pas d'autre moyen d'échapper au péril de la mort ».

29. Comme l'avait entrepris J.-M. Vermander, « La polémique des apologistes latins contre les dieux du paganisme », *RecAug*, 17, 1982, p. 3-128.

PREMIÈRE PARTIE

LE PÈRE DES DIEUX ET DES HOMMES. JUPITER

Pater deorum et hominum... Iuppiter ille Maximus
« Le père des dieux et des hommes... le Très Grand Jupiter »
Arnobe 4, 21, 1

Chapitre premier
Le Jupiter gréco-romain

Ab Ioue principium : « commençons par Jupiter ». *Iouis omnia plena* : « Jupiter est partout », fait dire Virgile à l'un des pâtres des *Bucoliques* (3, 60). Chez Arnobe aussi, Jupiter pèse « de son autorité et de sa majesté », *ponderis et maiestatis*[1], sur les sept livres de l'*Aduersus nationes*. De tous les dieux, il est celui qui, quantitativement, y tient la place d'honneur[2]. Il n'y aurait pas d'intérêt à dénombrer les occurrences de son nom et à dresser des statistiques qui ne pourraient être que fallacieuses : Arnobe, chez qui la duplication est une seconde nature, ou simplement pour les besoins du récit, nomme le même dieu cinq[3], six[4], jusqu'à dix fois[5] de suite dans le même épisode. Je préférerai

---

1. 5, 9, 4, par dérision : le dieu les oublie dans une circonstance particulièrement scabreuse (*infra*, p. 222, n. 46).
2. Il n'est que de comparer l'index de l'édition Marchesi, où il occupe plus d'une colonne, à la place beaucoup plus réduite dévolue aux autres grands dieux, Junon, Minerve, Neptune (deux lignes), Apollon, Hercule, etc. Sur Jupiter chez Arnobe, voir P. Santorelli, « Un dio da distruggere : modalità del discorso polemico in Arnobio », dans A. Capone (dir.), *Lessico, argomentazioni e strutture retoriche nella polemica di età cristiana (III-V sec.)*, Turnhout, Brepols, 2012, p. 189-214.
3. Ainsi les exemples d'attentat à la pudeur énumérés en 5, 22, 3-6 (*infra*, n. 37).
4. Jupiter trompé par Numa, 5, 1, 3 *stolidus et inprudens ipse ille inducitur Iuppiter, uerborum ambiguitatibus lusus*, « le grand Jupiter en personne, stupide et sans clairvoyance, lui qui se laisse jouer par des termes équivoques » ; et 7-9 *quibus ad terras modis Iuppiter posset et sacrificiis elici... elexisse ad terras Iouem... Iouem diu cunctatum... Iouem rursus... tunc ambiguis Iouem propositionibus captum...*, « par quels moyens, par quels sacrifices on pouvait attirer Jupiter sur la terre... [le roi] attira Jupiter sur la terre... Jupiter hésita longtemps... répartit Jupiter... alors Jupiter, pris au piège de ces énoncés ambigus... ».
5. 2, 70, 2-4, dû au caractère répétitif des généalogies divines, avec la variante *Diespiter* : *Iouem suis cum fratribus procreatum, ante nuptias et partus Opis nusquam fuerat Iuppiter, Iuppiter tam supremus quam Stygius... Certo ergo a tempore deus esse Iuppiter coepit... si Liber Venus Diana Mercurius Apollo Hercules Musae, Tyndaridae Castores ignipotensque Vulcanus Ioue patre sunt proditi et genitore Saturnio procreati, ante quam Memoria, quam Alcumena Maia Iuno Latona Leda Dione, tum et Semela Diespitri factae sunt compressionibus fetae... ex conuentu Iouis inseminati et nati sunt... Si enim Iouis, ut adseueratis, ex cerebro sine ullius seminis emicuit iactu, antequam est Diespiter genitus... Mineruam non fuisse... sed ex capite Iouis enata est*, « S'il est vrai que Jupiter est né comme ses frères, il n'y avait de Jupiter nulle part avant les noces et les accouchements d'Ops, pas plus de Jupiter d'en haut que de Jupiter Stygien... C'est

donc traiter des évocations de Jupiter par épisode, plutôt qu'en me fondant sur des décomptes sans signification.

Une telle importance se comprend aisément. Jupiter est le souverain des dieux : à tout seigneur tout honneur. Ses mythes sont particulièrement nombreux ; ils offrent une matière particulièrement séduisante au poète, sensible à leur beauté, mais aussi un riche répertoire au regard critique du philosophe, à plus forte raison au jugement d'un apologiste chrétien qui sape les fondements du paganisme. Comme tous les dieux, Jupiter a une naissance, des enfances. Roi du ciel, ayant survécu au cannibalisme de son père Saturne, il a lutté pour conquérir le pouvoir. Il est, depuis Homère, « le père des dieux et des hommes », titre d'honneur que lui reconnaissent poètes et philosophes[6] – même si les uns et les autres l'entendent en des sens différents. D'une existence (divine) aussi bien remplie, ce sont surtout les amours du maître des dieux que retiennent les poètes et, pour les vilipender, l'apologiste chrétien. Qu'y a-t-il en effet de plus déshonorant pour un esprit honnête et pieux que les amours multiples de Jupiter, ses adultères si nombreux que les érudits en dressent le catalogue[7], les métamorphoses, le plus souvent animales, donc spécialement dégradantes, dont il use pour tromper d'innocentes mortelles ? et, en même temps, de plus attirant pour un poète et un lecteur complice ? Arnobe ne se fait pas faute d'exploiter le thème privilégié des amours divines.

---

donc à partir d'un moment précis que Jupiter a commencé à être dieu... Si Liber, Vénus, Diane, Mercure, Apollon, Hercule, les Muses, les Dioscures Tyndarides et Vulcain le maître du feu ont été engendrés et procréés par Jupiter, leur père et géniteur, fils de Saturne, avant que Mémoire, qu'Alcmène, Maia, Junon, Latone, Léda, Dioné et aussi Sémélé ne se fussent trouvées grosses des étreintes de Diespiter... c'est du commerce de Jupiter qu'ils ont été conçus et qu'ils sont nés... Car si, comme vous l'affirmez, elle a jailli du cerveau de Jupiter sans émission d'aucune semence... avant que Diespiter n'eût été engendré... Minerve n'a pas existé... mais c'est de la tête de Jupiter qu'elle est née ».

6. *Iliade* 1, 544, etc. ; Hésiode, *Théogonie* 47 ; les poètes archaïques latins, cités par Cicéron, *De natura deorum* 2, 4 et 64 *a poetis* « *pater diuomque hominumque* » *dicitur*, « les poètes l'appellent "père des dieux et des hommes" » (Ennius) ; *De diuinatione* 1, 131 *omnium... pater*, « le père de tout » (Pacuvius) ; Verg. *Aen.* 1, 65 ; 10, 2 et 743 *diuom pater atque hominum rex*, « le père des dieux et roi des hommes ».

7. La fable 226 d'Hygin, *Quae mortales cum Ioue concubuerunt*, « Les mortelles qui couchèrent avec Jupiter », est perdue. Mais nous avons la fable 155, « Les fils de Jupiter ». Voir aussi le tableau de P. Grimal, *Dictionnaire de la mythologie*, Paris, Presses universitaires de France, 1951, s. v. *Zeus,* p. 480 : elles sont vingt-trois, classées en déesses (sept, auxquelles s'ajoute Héra) et mortelles (quinze).

Les mythes : un vagabondage amoureux

Les amours innombrables de Jupiter, ses adultères répétés, les métamorphoses sous lesquelles il se dissimule sont un sujet facile pour un rhéteur qui connaît son métier et peut en tirer des effets non moins faciles. Le motif est si prometteur que l'apologiste ne le traite pas moins de quatre fois dans la partie finale du livre IV, qui condamne les fables de la mythologie classique, et dans le livre V, qui critique les mythes des cultes à mystères[8]. Vice de composition, ou répétition calculée ? Arnobe procède toujours par listes, qui jouent sur l'effet d'accumulation : ce qui importe, ce n'est pas l'identité de telle ou telle mortelle ou déesse, c'est le nombre – comme dans le catalogue de *Don Giovanni*[9]. Il ne résiste pas à la tentation de broder sur le thème, en se donnant le plaisir de la *uariatio*. Tertullien et Minucius Felix étaient plus économes de leurs moyens. Déjà le premier nous montrait un Jupiter aussi ridicule que scandaleux sous ses déguisements, couvert d'écailles, cornu, emplumé, changé en or[10]. L'un et l'autre, cependant, sont plus sensibles à l'inceste qu'à l'adultère[11].

Arnobe, lui, énumère complaisamment six mortelles ou divinités mineures que « le roi du monde » a honorées, tour à tour, de ses faveurs[12] : Hypériona

---

8. 4, 22-23 ; 4, 26 ; 5, 20-23 ; 5, 44. Je ne reviens pas sur le catalogue, énumération rapide des enfants de Jupiter et de leurs mères, de 2, 70, 3 (*supra*, n. 5).
9. *Mille e tre* rien qu'en Espagne. Jupiter avait fait mieux, *mille... uirgines ac mille matres*, « mille... vierges et mille mères » (5, 22, 4, *infra*, n. 37).
10. Tertullien, *Apologétique* 21, 8 *non de sororis incesto nec de stupro filiae aut coniugis alienae deum patrem passus est squamatum aut cornutum aut plumatum, amatorem in auro conuersum Danaes*, « il n'a pas, Lui, subi l'affront d'avoir, par l'inceste d'une sœur, ni par le déshonneur d'une fille ou d'une épouse étrangère, un père couvert d'écailles, encorné ou emplumé, changé en pluie d'or, comme l'amant de Danaé » ; Minucius Felix 23, 4 *Iouem narrat* (Homère)... *loro Veneris inlectum, flagrantius quam in adulteras solebat cum Iunone uxore concumbere*, « il raconte que Jupiter... charmé par la ceinture de Vénus, s'unit à son épouse Junon avec plus d'ardeur qu'il n'en témoignait d'ordinaire à ses maîtresses » ; et 7 *quid loquar... in Ganymeden Iouis stuprum caelo consecratum ?*, « à quoi bon évoquer... la consécration céleste du honteux commerce entre Jupiter et Ganymède ? ».
11. Tert. *apol.* 9, 16 *proinde incesti qui magis quam quos ipse Iuppiter docuit ?*, « de même, qui donc est incestueux plutôt que ceux qui ont reçu les leçons de Jupiter lui-même ? » ; Min. Fel. 31, 3 *sic et deos colitis incestos, cum matre, cum filia, cum sorore coniunctos*, « de même vous honorez aussi des dieux incestueux, qui se sont accouplés à leur mère, à leur fille, à leur sœur ».
12. 4, 22, 1-3 *Nec contenti hos coetus grauitati attribuisse Saturniae, etiam ipsum regem mundi flagitiosius liberos procreasse quam ipse est natus atque editus praedicatis. Ex Hyperiona, inquitis, matre et ex Ioue iaculatore fulminis Sol aureus et flagrantissimus natus est ; ex Latona et eodem arquitenens Delius et siluarum agitatrix Diana ; ex Leda et eodem [arquitenens Delius et siluarum], <quibus> Graece Dioscoris nomen est ; ex Alcmena et eodem Hercules ille Thebanus, quem claua pellisque tutata sunt ; ex Semela atque ipso Liber, qui Bromius dicitur et ex femine iterum*

qui, du dieu maître de la foudre, conçut « le Soleil d'or », brillant de toute sa lumière[13] ; Latone, qui enfanta l'archer de Délos, Apollon, et Diane chasseresse ; Léda, mère des Dioscures, les jumeaux Castor et Pollux ; Alcmène qui, à Thèbes, donna naissance à Hercule ; Sémélé, mère de Liber, qui naquit une seconde fois « de la cuisse » de son père ; Maia, qui donna le jour à Mercure, dieu de l'éloquence, porteur des serpents qui ornent le caducée des hérauts. La liste, non exhaustive, est rédigée dans le style répétitif du catalogue, à la mode homérique, même si, d'une héroïne à l'autre, notre auteur varie le détail de l'expression. Le ton est en effet donné par Homère lui-même, chez qui se lit le plus ancien de ces catalogues. Il y est dû à Zeus en personne qui, avant sa nuit d'amour avec Héra, rappelle glorieusement ses exploits virils et les fils nés de ces unions : avec l'épouse d'Ixion (Dia), qui enfanta Pirithoos, Danaé, qui enfanta Persée, la fille de Phénix (Europe), qui enfanta Minos et Rhadamanthe, Alcmène qui enfanta Héraclès, Sémélé qui enfanta Dionysos, Déméter, Létô, Héra elle-même, qu'à cet instant il désire plus que toutes[14]. Les répétitions calculées d'Arnobe, *et eodem* (trois fois), puis *ex ipso* (deux fois), qui scandent l'énumération, font nombre et accroissent encore l'appétit sexuel du dieu, géniteur inlassable de tant de fils.

L'épisode avait commencé, chez Arnobe (4, 22, 1), sur le ton de l'indignation : que Jupiter soit né, comme tous les dieux, d'une union charnelle (*coetus*), en l'occurrence celle de Saturne et d'Ops-Rhéa, porte atteinte à sa respectabilité (*grauitas*) de roi du monde, d'ascendance saturnienne. Les enfants qu'il a lui-même procréés sont nés d'une manière encore plus scandaleuse. Le passage

natus patris; ex ipso rursus et Maia Mercurius ore facundus et gestator adfabilium colubrarum, « Non contents d'avoir assigné de tels accouplements à la gravité du fils de Saturne, vous professez que le roi du monde lui-même a procréé des enfants d'une manière plus honteuse encore que lui-même n'était né et venu au monde. C'est d'Hypériona, sa mère, dites-vous, et de Jupiter, lanceur de la foudre, qu'est né le Soleil d'or, brillant de tout son éclat ; de Latone et du même père, l'Archer délien et Diane qui poursuit le gibier dans les bois ; de Léda et du même père, ceux qu'on appelle en grec les Dioscures ; d'Alcmène et du même père, l'Hercule thébain que protégeaient sa massue et sa peau de bête ; de Sémélé et de lui -même, Liber, qu'on appelle Bromius et qui est né une seconde fois de la cuisse de son père ; toujours de lui-même et de Maia, Mercure à la bouche éloquente, porteur d'aimables serpents ».

13. Hypériona est une erreur d'Arnobe qui, déjà en 4, 14, 2, dans le catalogue des dieux homonymes, a mal lu sa source, Cicéron, *ND* 3, 54 (*infra*, p. 205, n. 80), ou s'en souvient mal. Il prend pour une héroïne le Titan Hypérion, le véritable père d'Hélios, le Soleil. Sa mère est la Titanide Théia ; cf. Hés. *Théog.* 371-374 : « Théia mit au monde et le grand Soleil, et la brillante Lune... Elle avait subi la loi amoureuse d'Hypérion ». Jupiter n'a aucune responsabilité dans sa naissance : on ne prête qu'aux riches.
14. *Il.* 14, 315-328. Ainsi se conclut l'épisode du ruban d'Aphrodite (*infra*, p. 84).

se conclut sur un ton moqueur, par une sorte d'épilogue, qui apporte un complément d'information sur ces métamorphoses animales dans lesquelles le roi des dieux est passé maître. Qu'il n'ait été que trop sensible à la beauté des corps humains[15] ne justifie pas les figures d'emprunt auxquelles il eut recours : qu'est-ce que ce dieu Très Grand, asservi aux délices de la chair, devenu cygne ou taureau, et qui « procrée des œufs tout blancs »[16] ? De la pompe du Capitole, où règne en majesté le dieu Très Bon Très Grand, *Iuppiter Optimus Maximus*, le discours chute dans la trivialité d'une basse-cour. L'abîme est insondable, qui sépare le titre officiel et la conduite réelle. L'imposture des dieux est démasquée. Leur sublimité n'est que faux-semblant. Arnobe, grand lecteur d'Ovide, compose lui aussi ses « Métamorphoses » ; mais elles n'ont plus rien d'héroïque. Les œufs ridicules pondus par Léda et dont sortirent les Dioscures valent mieux qu'un long discours et que l'emphase scandalisée du début pour ruiner la mythologie[17]. Arnobe est coutumier de ces pointes finales assassines. Le ridicule tue plus sûrement que l'indignation. Son arme maîtresse est la dérision.

Dans l'intervalle, en 4, 22, 5-6, était apparue l'épouse légitime, si souvent bafouée, Junon, « la reine des dieux », auprès du « roi, fils de Saturne », rapprochés dans deux phrases successives. Au milieu de tant d'animalité, enfin deux divinités à figure humaine ! Quel spectacle que le couple divin, *rex* et *regina*, elle qui a tous les atouts de la matrone romaine bien née, « haute noblesse, beauté », c'est-à-dire prestance, « traits harmonieux du visage, dignité », et plus encore ces bras blancs, « de neige et de marbre »[18], qualificatifs tout droit

---

15. 4, 23, 3 *in humanis uero corporibus quidnam, quaeso, inerat pulchritudinis, quid decoris, quod inritare, quod flectere oculos posset in se Iouis ?*, « mais les corps humains, quelle beauté, quel charme avaient-ils, je vous le demande, capables d'attirer, de détourner sur eux les regards de Jupiter ? ».
16. 4, 23, 4 *o digna et pretiosa dulcedo, propter quam Iuppiter Maximus cycnus fieret et taurus et candidorum procreator ouorum !*, « quelles délices véritables et précieuses, qui valaient bien que Jupiter Très Grand se fît cygne et taureau et procréât des œufs tout blancs ! ».
17. Arnobe y revient en 4, 24, 3 : *numquid a nobis dicitur, ut ciconias, ut palumbes, ex ouis esse progenitos quosdam deos ?*, « est-ce nous qui disons que, comme les cigognes, comme les pigeons, certains dieux sont nés d'un œuf ? ».
18. 4, 22, 5 *Et quid regi Saturnio matrimoniis fuerat cum alienis rei ? Nonne illi fuerat satis Iuno nec sedare impetum cupiditatum in regina poterat numinum, cum nobilitas eam commendaret tanta, facies, os, dignitas et ulnarum niuei marmoreique candores ?*, « Qu'avait à faire le roi, fils de Saturne, avec les épouses d'autrui ? Junon ne lui suffisait-elle pas et ne pouvait-il apaiser la violence de ses désirs sur la reine des dieux, alors qu'elle se recommandait de sa haute noblesse, de sa beauté, des traits de son visage, de sa dignité, et de la blancheur de ses bras de neige et de marbre ? ».

issus de l'épopée et qui lui donnent la majesté de l'Héra homérique, λευκώλενος – même si c'est une union incestueuse[19] ! Son royal époux, séducteur impénitent, peut bien « prendre son plaisir avec ses concubines, ses maîtresses, ses petites amies »[20]. Sa respectabilité d'épouse en titre n'en est pas affectée.

Arnobe revient sur les métamorphoses du roi des dieux dans un second catalogue, quelques pages plus loin : le sujet est loin d'être épuisé, et d'autant plus prometteur qu'il peut être exploité dans des styles différents. Cette fois, l'habile rhéteur ne prononce plus de nom propre, sauf deux, auxquels il ne fera d'ailleurs pas le même sort. Il joue sur la connivence avec le lecteur et sur le plaisir de la reconnaissance, quand il laisse à ce dernier, qui connaît sa mythologie, le soin d'identifier « les innombrables formes, les duperies dignes d'un esclave » par lesquelles, tout « roi du monde » qu'il était, il accomplit « ses larcins libidineux », réprouvés par les païens eux-mêmes. Ainsi se changea-t-il tour à tour « en or, en satyre folâtre, en serpent, en oiseau, en taureau et, comble d'infamie, en toute petite fourmi »[21]. Le lecteur cultivé qui sait

---

19. 4, 24, 5 *numquid incestas nuptias cum sorore Iouem ipsum dicimus fecisse nos ?*, « est-ce nous, oui, nous, qui disons que Jupiter lui-même fit avec sa sœur un mariage incestueux ? ».
20. 4, 22, 6 *an uxore contentus haud una concubinis, pelicibus atque amiculis delectatus inpatientiam suam spargebat passim ?*, « est-ce que par hasard, ne se contentant pas de son unique épouse, il prenait son plaisir avec des concubines, des maîtresses, des petites amies et jetait sa gourme par-ci, par-là ? ». De même 4, 34, 1 : Jupiter, qui étale ses frasques sans vergogne, *uelut demens ac nescius, quas amiculas coniugi, quas uxori anteposuerit pelices, obduratus inuerecundia publicare*, « comme un fou ou un inconscient, publie avec une impudence invétérée quelles petites amies il a préférées à son épouse, quelles concubines à sa femme ».
21. 4, 26, 4-6 *Iuppiter ipse, rex mundi, nonne a uobis infamis est isse per innumeras species et petulantis amoris flammam seruilibus obumbrauisse fallaciis ? Numquid a nobis aliquando conscriptus est, libidinosa ut perficeret furta, modo esse in aurum uersus, modo in satyrum ludicrum, in draconem, in alitem, taurum, et quod omnia genera contumeliarum transiliat, in formiculam paruulam, ut Clitoris uidelicet filiam Myrmidonis ederet apud Thessalos matrem ? Quis illum in Alcmena nouem noctibus fecit peruigilasse continuis ? Non uos ? Quis in amoribus desidem derelicta caeli statione iacuisse ? Non uos ? Et sane adiungitis beneficia non parua, siquidem uobis deus Hercules natus est, qui in rebus huiusmodi patris sui transiret exuperaretque uirtutes. Ille noctibus uix nouem unam potuit prolem extundere, concinnare, conpingere, at Hercules sanctus deus natas quinquaginta de Thestio nocte una perdocuit et nomen uirginitatis exponere et genetricum pondera sustinere*, « Jupiter lui-même, le roi du monde, n'est-il pas décrié auprès de vous, pour avoir revêtu d'innombrables aspects et voilé sous des tromperies dignes d'un esclave les flammes d'un amour effréné ? Est-ce nous qui avons jamais écrit que, pour mener à bien ses larcins libidineux, il s'était changé tantôt en or, tantôt en satyre folâtre, en serpent, en oiseau, en taureau et, ce qui passe toute sorte d'outrage, en toute petite fourmi, évidemment pour faire de la fille de Clitor la mère de Myrmidon, en Thessalie ? Qui l'a fait veiller neuf nuits de suite en compagnie d'Alcmène ? N'est-ce pas vous ? Qui l'a fait se vautrer dans l'oisiveté, tout à ses amours, et déserter son poste dans le ciel ? N'est-ce pas vous ? Et vous rattachez <à cet épisode>

son Ovide par cœur aura bien sûr reconnu au passage Danaé et la pluie d'or, Antiope, que le dieu séduisit sous l'apparence d'un satyre, et qui devint mère des jumeaux Amphion et Zéthos, le dragon sous la forme duquel il s'attaqua à sa propre fille, Proserpine[22], Léda et le cygne, Europe et le taureau.

Point n'est besoin de chercher à cette liste une source précise : elle appartient à la culture générale du Romain. Un détail, cependant, retient l'attention : la métamorphose du dieu en satyre, qui est rarement mentionnée[23]. Mais elle l'est chez Ovide, parmi les figures représentées sur la tapisserie d'Arachné[24]. Les deux listes sont trop différentes pour qu'H. Le Bonniec accepte le rapprochement[25]. Pourtant, l'allusion à Jupiter satyre tranche par sa rareté sur les autres métamorphoses. Pour ma part, je croirai, sinon à une imitation directe, du moins à un souvenir du célèbre passage d'Ovide. Moins connue encore (si peu qu'Arnobe ne juge pas nécessaire de la désigner par son nom et se borne à une périphrase), perfidement réservée pour la fin, est Euryméduse, fille de Clitor, roi de Thessalie[26], qui doit sa place dans ce carnaval des animaux à la ridicule métamorphose du roi des dieux en fourmi, minuscule de surcroît – aussi ridicule, aussi indigne de la majesté souveraine que les œufs de Léda, eux aussi réservés en fin d'énumération. Le procédé a fait ses preuves : Arnobe n'hésite donc pas à l'utiliser une seconde fois. Après cette illustre inconnue, Arnobe évoque plus longuement, en héritier de Plaute, la « longue nuit » passée auprès d'Alcmène, dont les charmes firent oublier à Jupiter tous ses

---

un bienfait qui, je vous l'accorde, n'est pas mince, puisqu'on lui doit, selon vous, la naissance du dieu Hercule, qui allait dans ce domaine dépasser et surclasser les exploits de son père. C'est tout juste si ce dernier, en neuf nuits, a pu produire, façonner, fabriquer un seul enfant, tandis que le vénérable dieu Hercule a appris, en une nuit, aux cinquante filles de Thestius comment perdre leur nom de vierges et porter le fardeau des mères ».

22. Mythe qu'Arnobe reprendra au livre V (*infra*, p. 30).
23. Peut-être Euripide, *Antiope*, frg. 34 (éd. Jouan-Van Looy, CUF), très allusif. Plus explicite, Nonnos, *Dionysiaques* 31, 216-218. Hygin, *fab.* 7 et 8, n'en fait pas état.
24. Ov. *met.* 6, 103 et suiv, en particulier v. 110 sq. :
  addidit ut satyri celatus imagine pulchram
  Iuppiter inplerit gemino Nycteida fetu.
Le poète énumère, dans l'ordre, Europe, Astérie, Léda, « puis encore Jupiter caché sous la forme d'un satyre et rendant mère de deux enfants la belle princesse, fille de Nyctéus », c'est-à-dire Antiope, Alcmène, Danaé, Égine, Mnémosyne, Perséphone.
25. « Échos ovidiens dans l'*Aduersus nationes* d'Arnobe », dans R. Chevallier (dir.), *Présence d'Ovide, Caesarodunum*, 17 bis, 1982, p. 139-151, notamment p. 140 et 144 sq.
26. Pour ce mythe rare, la source est Clément d'Alexandrie, *Protreptique* 2, 39, 6, qu'Arnobe utilise abondamment dans le livre IV : « les Thessaliens... vénèrent, dit-on, les fourmis, parce qu'ils savent que Zeus s'était métamorphosé en fourmi pour s'unir à Eurymédousa, fille de Clètor, et engendrer Myrmidon ».

devoirs et « son poste de garde dans le ciel ». Union dont naquit Hercule, digne fils de son père, dont il dépassa même les exploits amoureux, puisqu'en une seule nuit il honora les cinquante filles de Thestius et les rendit mères[27].

Arnobe usera du motif encore deux fois, au livre V, d'abord longuement, dans les chapitres 20 et suivants (notamment 22 et 23), puis en quelques lignes, pour conclure le livre (5, 44, 3) ; après quoi, on peut considérer que le sujet est épuisé. Le livre V traite de plusieurs mythes à forte connotation sexuelle, d'autant plus obscènes qu'ils servent d'étiologie aux mystères les plus sacrés. Jupiter y est en compagnie particulièrement compromettante, agressant tour à tour sa ou ses mères, Cybèle, la Grande Mère de tous les dieux (mythe sans métamorphose, que nous retrouverons dans un autre cadre)[28], puis Cérès, ainsi que sa fille, leur fille, Proserpine, mythe qui est à l'origine des mystères d'Éleusis. Son récit s'articule en trois épisodes : les deux métamorphoses successives de Jupiter, en taureau, puis en dragon, qui permettent deux viols successifs, ceux de Cérès, puis de Proserpine, et, pour conclure, une scène d'exhibitionnisme sur laquelle nous reviendrons en son temps[29]. Telle est la version orphique de l'origine des mystères[30].

Pour séduire les deux déesses, la mère et la fille, la respectable Cérès, déesse matronale, donc pudique, et Proserpine, jeune fille innocente, Jupiter eut recours à une ruse qui lui était familière : la métamorphose, en l'occurrence en taureau, comme pour Europe, et, sous une apparence plus neuve, en dragon. L'un et l'autre suscitent chez Arnobe un intérêt inégal. Le dragon est traité en termes expéditifs : il est effrayant, la jeune fille est terrorisée, elle se retrouve enceinte et met au monde un taureau. Concluons vite, comme Clément, par le vers du poète de Tarente,

"Le taureau a engendré un dragon, et le dragon, un taureau",

et le rite du serpent d'or, qu'on fait passer dans le sein des initiés lors des Sabazies[31].

---

27. La source est toujours Clément, *protr.* 2, 33, 4 : « Ce fils de Zeus, vrai fils d'un tel père, Héraclès, né d'une si longue nuit, peina longtemps pour accomplir ses douze travaux, mais il lui suffit d'une nuit pour outrager les cinquante filles de Thestios et être à la fois le corrupteur et le fiancé de tant de vierges ».
28. *Infra*, p. 220 sq.
29. *Infra*, p. 229.
30. 5, 26, 1 *calumniari nos improbe si quis forte hominum suspicatur, libros sumat Threicii uatis, quos antiquitatis memoratis esse diuinae...*, « si d'aventure quelqu'un au monde nous soupçonne de proférer d'impudentes calomnies, qu'il prenne les livres du poète de Thrace, qui, d'après vous, sont d'une fabuleuse antiquité... ».
31. 5, 21, 4-6 *In draconis terribilem formam migrat, ingentibus spiris pauefactam colligat uirginem et sub obtentu fero mollissimis ludit atque adulatur amplexibus. Fit ut et ipsa de semine*

La première métamorphose, en revanche, requiert toute l'attention du narrateur, au point que la scène nous est décrite deux fois : Arnobe ignore l'économie de moyens. Le viol, dans sa brutalité, est rapporté en 5, 20, 2-4. Un jour, à ce qu'on dit, commence Arnobe sur le ton du conte, même si c'est un conte noir, Jupiter brûlait pour Cérès, sa mère[32], de désirs malsains, de passions interdites ; car, selon la tradition locale, la déesse est bien sa mère. Il ne semble pas, à la différence de la puissante Cybèle, que la déesse ait opposé une vive résistance. C'est l'inceste, non le viol, qui l'horrifie. L'acte consommé, le dieu, lâchement, s'enfuit. En raison de sa fureur, la déesse reçut le nom de Brimo[33].

fortissimi compleatur Iouis... ex partu uirginis tauri specie fusa Iouialis monumenta pellaciae. Auctorem aliquis desiderabit rei ? tum illum citabimus Tarentinum notumque senarium, quem antiquitas canit dicens :
    « *Taurus draconem genuit et taurum draco* ».
Ipsa nouissime sacra et ritus initiationis ipsius, quibus Sebadiis nomen est, testimonio esse poterunt ueritati : in quibus aureus coluber in sinum demittitur consecratis et eximitur rursus ab inferioribus partibus atque imis, « Il revêt la forme effrayante d'un dragon, il enlace de ses anneaux gigantesques la vierge épouvantée et, à la faveur de ce déguisement bestial, il folâtre avec elle et la caresse dans les plus tendres étreintes. Elle se trouve, elle aussi, enceinte des œuvres de ce Jupiter si gaillard... la vierge mit au monde, sous l'aspect d'un taureau, le souvenir visible de la fourberie jovienne. On réclamera un garant de cette histoire ? alors nous citerons ce sénaire de Tarente, bien connu, chanté de toute antiquité, et qui dit :
    " Le taureau a engendré un dragon, et le dragon, un taureau ".
En tout dernier lieu, ce sont les cérémonies elles-mêmes et les rites de l'initiation même, auxquels on donne le nom de Sabazies, qui pourront témoigner de sa véracité : on y fait descendre un serpent d'or dans le sein des initiés, puis, à l'inverse, on le retire des parties inférieures, par le bas du corps. ».
32. Déméter est sœur de Zeus dans la mythologie classique. Mais le syncrétisme grec l'a assimilée à Rhéa et Cybèle, deux Mères des dieux (*infra*, p. 125).
33. 5, 20, 2-4 *Quondam Diespiter, inquiunt, cum in Cererem suam matrem libidinibus improbis atque inconcessis cupiditatibus aestuaret – nam genetrix haec Iouis regionis eius ab accolis traditur – neque tamen auderet id quod procaci adpetitione conceperat apertissima ui petere, ingeniosas comminiscitur captiones quibus nihil tale metuentem castitate imminueret genetricem. Fit ex deo taurus et, sub pecoris specie subsessoris animum atque audaciam celans, in securam et nesciam repentina immittitur ui furens, agit incestius res suas et prodita per libidinem fraude intellectus et cognitus euolat. Ardescit furiis atque indignationibus mater, spumat, anhelat, exaestuat, nec fremitum continere tempestatemque irarum ualens, ex continua passione Brimo deinceps ut appelletur adsumpsit...,* « Un jour, Diespiter était, dit-on, tout bouillant de passions perverses et de désirs illicites envers Cérès, sa mère – car, suivant la tradition des habitants de ce pays, c'est elle qui a enfanté Jupiter –, sans oser cependant rechercher ouvertement par la violence ce qu'il avait conçu dans son impudente convoitise ; il imagine donc une astucieuse fourberie pour venir à bout de la vertu de celle qui l'avait enfanté, sans lui faire redouter rien de tel. Le dieu se fait taureau et, cachant sous cette apparence animale ses intentions d'effronté suborneur, il s'élance tout à coup avec une violence furieuse sur celle qui, dans son ignorance, n'avait nulle

Pour l'apaiser, Jupiter, jamais à cours d'expédients, tranche les testicules d'un bélier et, non sans les avoir nettoyés, les envoie dans le giron de sa mère comme si c'étaient les siens³⁴. La déesse se laisse prendre au piège, elle abandonne son courroux et élève la jeune Proserpine qui naît dix mois plus tard.

Emporté par son élan, le moraliste reprend sa diatribe : même entrée en matière, rappel des exploits amoureux du dieu, déjà bien connus. « Jupiter brûla, dit-on, pour Cérès », sa mère. Comble d'opprobre, d'infamie, pire que tous les adultères dont il est coutumier ! De ces derniers, l'énumération peut être sans fin : Léda, Danaé, Europe –apparemment consentante. Qui donc est le coupable ? Jupiter : le nom revient en refrain. « Alcmène, Électre³⁵, Latone, Laodamie³⁶, mille autres vierges, mille mères », auxquelles s'ajoute le jeune Ganymède³⁷. Quatre noms de plus, et non des moindres, comme ceux d'Alc-

inquiétude ; il mène à bien son affaire d'inceste, puis, sa passion ayant trahi sa ruse, elle comprend, elle le reconnaît – et il s'enfuit. Voilà cette mère enflammée de fureur et d'indignation, elle écume, elle halète, elle bout, incapable de contenir ses grondements et la tempête de sa colère ; du fait de ce ressentiment permanent, elle a pris par la suite le nom de Brimo ». D'après Clém. *protr.* 2, 15, 1 : « le ressentiment de... comment dire maintenant : sa mère ou sa femme ? » qui lui fit donner le nom de Brimo (βριμάομαι, βριμόομαι : « gronder de colère »).

34. 5, 21, 2 *Ad postremum filius, uias satisfactionis inquirens, comminiscitur remedium tale : arietem nobilem bene grandibus cum testiculis deligit, exsecat hos ipse et lanato exuit ex folliculi tegmine. Accedens, maerens et summissus, ad matrem et tamquam ipse sententia condemnauisset se sua, in gremium proicit et iacit hos eius*, « en dernier recours, le fils, cherchant le moyen de faire amende honorable, imagine l'expédient que voici : il choisit un bélier de race, avec des testicules de belle taille, il les lui coupe lui-même et les dégage de la peau laineuse qui les enveloppe. Désolé et penaud, il s'approche de sa mère et, comme s'il s'était condamné lui-même par sa propre sentence, il jette ces organes et les lance dans son giron ».

35. L'une des Pléiades, fille d'Atlas. De Zeus elle conçut Dardanos.

36. Fille de Bellérophon. De Zeus elle conçut Sarpédon.

37. 5, 22, 3-6 *Iuppiter, inquit, exarsit in Cererem. Quid tantum, quaeso, de uobis Iuppiter iste, quicumque est, meruit, quod genus est nullum probri, infamiae, adulterium nullum, quod in eius non caput uelut in aliquam congeratis uilem luteamque personam ? Matrimonii prodidit ius Leda : Iuppiter esse dicitur auctor culpae. Virginitatem Danae custodire nequiuit : furtum esse narratur Iouis. Ad mulieris nomen properauit Europa : expugnator pudicitiae idem esse iactatur. Alcumena, Electra, Latona, Laodamia, mille aliae uirgines ac mille matres cumque illis Catamitus puer pudoris spoliatus est honestate. Eadem ubique est Iuppiter fabula, neque ullum turpitudinis genus est in quo eius non nomen consociatis libidinibus conseratis, ut uideatur miserabilis prorsus nullam non esse causam ob aliam natus nisi ut esset criminum sedes, maledictorum materia, locus quidam expositus in quem spurcitiae se omnes caenorum conluuionibus deriuarent. Quem tamen si diceretis cum extraneis habuisse commercium feminis, impia res quidem, sed tolerabilis esset maledictionis iniuria. Etiamne in matrem, etiamne in filiam efferati pectoris appetitionibus adhinniuit...*, « Jupiter, dit-on, brûla pour Cérès ». Mais que vous a donc fait, je vous le demande, votre Jupiter, quel qu'il soit, pour qu'il n'y ait aucune sorte d'opprobre, d'infamie, aucun adultère que vous n'entassiez sur sa tête, comme si c'était un personnage vil et abject ?

mène et de Latone, énumérés à la hâte, puis l'amplification finale, *mille... mille*, montrent que le motif recèle encore des ressources inemployées. Jusqu'au hideux « hennissement de concupiscence » qui ravale le grand Jupiter à la bestialité[38]. L'inventaire est complet, ou presque, qui donne la mesure d'une sexualité incontrôlée et dégradante. Passe encore pour les mortelles. Mais les déesses ! qui sont de son rang, et ses proches parentes de surcroît ! Mari volage, amateur de femmes, de toutes les femmes, Jupiter ne dédaigne pas non plus les jeunes garçons, dans le mythe grec Chrysippe, Ganymède et aussi, dit-on, le jeune Romain Fabius, marqué, sans gloire, sur son postérieur, de l'empreinte du dieu[39].

La source est Clément[40], à la fois démarqué à la lettre et remanié, puisque Arnobe le colore d'une note romaine. Il semble bien que le jeune Chrysippe soit à ranger parmi les amours de Jupiter[41], malgré les versions alternatives

Léda a trahi la loi du mariage : on dit que c'est Jupiter le responsable de la faute. Danaé n'a pas su garder sa virginité : on raconte que Jupiter la lui a dérobée. Europe avait hâte de devenir femme : on répète de tout côté que c'est encore lui qui a pris d'assaut sa pudeur. Alcmène, Électre, Latone, Laodamie, mille autres vierges et mille mères et, avec elles, le jeune Ganymède furent dépouillés de leur chasteté, de leur honneur. Partout, c'est la même histoire : Jupiter ! Et il n'est aucun genre d'ignominie dans lequel vous n'attachiez son nom aux passions qui en sont indissociables, si bien que le malheureux semble n'avoir absolument aucune autre raison d'exister que pour être le siège des crimes, la cible des outrages, le terrain vague où toutes les ordures des cloaques se déversent en immondices. Encore, si vous disiez qu'il a eu commerce avec des femmes étrangères, ce serait assurément une impiété ; mais l'injure de la médisance serait tolérable. N'est-ce pas, bien plus, pour sa mère, n'est-ce pas, bien plus, pour sa fille, que son cœur bestial a henni de concupiscence ? ».

38. La métaphore a été étudiée par P. Courcelle, « Le hennissement de concupiscence », *Miscellanea patristica. Homenaje al P. Angel C. Vega* (n° spécial de *La Ciudad de Dios*, 181), El Escorial, 1968, p. 529-534.

39. 4, 26, 7 *Hylam nescio quis diligit, Hyacintho est alius occupatus, ille Pelopis desideriis flagrat, hic in Chrysippum suspirat ardentius, Catamitus rapitur deliciarum futurus et poculorum custos et, ut Iouis dicatur pullus, in partibus Fabius aduritur mollibus obsignaturque posticis*, « Hylas est chéri de je ne sais qui, un autre ne se préoccupe que de Hyacinthe, celui-ci brûle de désir pour Pélops, celui-là soupire si ardemment pour Chrysippe, Ganymède est ravi, pour être préposé aux délices et échanson et, pour qu'on puisse dire qu'il est le mignon de Jupiter, on brûle Fabius dans ses parties charnues et on en appose le sceau sur son postérieur » ; 5, 44, 2 ; 7, 33, 4 (cités *infra*, n. 61).

40. *Protr.* 2, 33, 5.

41. Arnobe est aussi évasif que Clément : aucun des dieux coupables n'est nommé. Au lecteur cultivé de les reconnaître. « Ils furent les amants, écrit Clément, l'un d'Hylas (ὁ μέν τις Υ. ; Arn. *nescio quis*), l'autre d'Hyakinthos (ὁ δὲ Υ. ; *alius*), un autre de Pélops (ὁ δὲ Π. ; *ille*), un autre de Chrysippe (ὁ δὲ Χ. ; *hic*), un autre de Ganymède (ὁ δὲ Γ. ; amplifié par Arn.) » : il s'agit successivement d'Héraclès, Apollon, Poséidon, Zeus pour les deux derniers.

d'Hygin[42]. Ganymède est appelé de son nom latin ancien, Catamitus (d'après l'étrusque *catmite*), comme chez Plaute[43]. Fabius, lui, n'appartient plus au mythe, mais à l'histoire. Il s'agit d'un haut personnage, Q. Fabius Maximus Eburnus, consul en 116, passé en exemple chez les grammairiens. On l'appelait, dit Festus, « le mignon de Jupiter », à cause de la blancheur d'« ivoire » de son teint et parce qu'il portait sur lui la marque de sa foudre[44]. Le détail intime est-il authentique, comme le pense Bouché-Leclercq[45] ? Je croirais plutôt à des quolibets visant un homme politique qui ne manquait pas d'ennemis. La marque en question devait être une tache de naissance, malignement interprétée, comme celle, en forme de serpent, que portait sur le corps Atia, la mère d'Auguste, ce qui faisait croire, en un sens cette fois favorable, que le prince était le fils d'Apollon[46]. Arnobe s'empresse d'accueillir toute cette affabulation et mêle, comme souvent, en un entrelacs complexe, source grecque et sources romaines.

Le taureau divin ne va pas tarder à réapparaître, sous une forme moins glorieuse, dans l'un de ces morceaux de bravoure qui ont fait la réputation d'Arnobe. « Voilà pourquoi », lance-t-il dans un grand mouvement d'éloquence, « je voudrais bien voir ce fameux père des dieux, Jupiter, puissance éternelle sur le monde et les hommes, paré de cornes de bœuf, secouer des oreilles hirsutes, les pieds réduits à des sabots, ruminer l'herbe verdâtre, avec, à l'arrière-train, une queue, des jarrets, des paturons, enduit d'une bouse fluide et barbouillé de ses déjections intestinales »[47]. La chute est rude. Où donc est le taureau héroïque, si noble, si beau, si surhumain, qui séduisit une Europe apeurée chez

---

42. *Fab.* 85, Chrysippe est enlevé par Laios ; et 271, par Thésée (résultat d'une confusion ὁ Ζεύς / Θησεύς ? voir Bethe, s. v. *Chrysippos* 1, *RE*, III, col. 2498-2500).

43. *Ménechmes* 144 ; cf. Festus, Paul Diacre 7, 8 *dicebatur ab antiquis... pro Ganymede Catamitus*, « on disait, chez les anciens... Catamitus pour Ganymède ». Au sens figuré, Cic. *Philippiques* 2, 77 *te Catamitum*... Arnobe nomme quatre fois le jeune échanson des dieux : *Catamitus* en 4, 26, 7 et 5, 22, 4 ; *Ganymedes* en 5, 44, 2 et 7, 33, 4.

44. Fest. Paul. 284, 13 (285, 3) *Pullus Iouis dicebatur Q. Fabius, cui Eburno cognomen erat propter candorem, quod eius natis fulmine icta erat. Antiqui autem puerum, quem quis amabat, pullum eius dicebant*, « On appelait mignon de Jupiter Q. Fabius, surnommé Eburnus à cause de la blancheur de son teint, parce que sa fesse avait été frappée par la foudre. Or, du jeune garçon qui était aimé d'un homme, les anciens disaient qu'il était son mignon ».

45. *Histoire de la divination dans l'Antiquité*, IV, Paris, Leroux, 1882, p. 47 : « le coup de foudre qui effleura Q. Fabius ».

46. Suétone, *Auguste* 94, 4.

47. 5, 23, 1 *uellem itaque uidere patrem illum deorum Iouem, aeternam rerum atque hominum potestatem, bubulis esse cohonestatum cornibus, hirsutas agitantem aures, contractis in ungulas gressibus, rumigantem pallentis herbas et, ex parte postica, caudam, suffragines, talos molli fimo perlitum atque intestina proluuie delibutum*. Ajoutons que c'est une parodie de Virgile (*infra*, p. 64, n. 58).

Ovide[48], mais qui, sur le tableau de Simon Vouet, s'abandonne au rapt, visiblement consentante[49] ? Familier des choses de la campagne, Arnobe nous montre les réalités sales et malodorantes d'un pâturage africain. Sexuellement insatiable, incestueux, laid, ce qui est peut-être le pire, Jupiter atteint le fond ultime de la dégradation. Le taureau d'Ovide est blanc[50], couleur des dieux du ciel. Celui d'Arnobe n'a pas, ou n'a plus de couleur : on ne voit plus que sa robe et ses pattes souillées de ses déjections, aussi grotesques que répugnantes. On croit voir une reproduction inversée de la scène gracieuse peinte par Ovide. Le taureau d'Arnobe est plus proche de l'âne qui, chez Apulée, fait le désespoir de Lucius métamorphosé, lui aussi pourvu d'oreilles hérissées de poils, de sabots qui remplacent ses doigts et d'une queue tout animale[51]. Dans le jeu auquel se livre Arnobe sur les deux extrêmes, animalité / divinité, les œufs blancs pondus par Léda, la toute petite fourmi qui aurait séduit la fille de Clitor, apparaissent maintenant bien inoffensifs et font figure d'aimables plaisanteries. Telles sont les vertus de la *retractatio* : Arnobe, surabondant, prolixe, maniant l'emphase africaine, ne traite pas plusieurs fois le même sujet pour se répéter. La reprise est un des outils de la polémique : elle permet, chaque fois, de progresser dans la persuasion d'un lecteur peut-être d'abord incrédule, mais qui, à la faveur d'un decrescendo déshonorant, du cygne majestueux à l'humble fourmi (traités en un ou deux mots)[52], pour finir par un taureau maculé de bouse (qu'amplifie un portrait en pied), ne peut plus reconnaître le souverain des dieux.

Il ressortira pourtant de cette ignominie, dès les lignes qui suivent, dans un nouveau mouvement oratoire calqué sur le premier (*uellem... uidere*). Mais on ne saurait dire que c'est pour regagner sa majesté perdue. Jupiter a tôt fait de

---

48. *Met.* 2, 846-875.
49. Cf., pour l'antiquité, G. Sauron, « La peinture pompéienne et la poésie augustéenne », *REL*, 82, 2004, p. 144-166 et pl. VIII, 2, qui note, lui aussi, « l'abaissement au niveau de la bestialité que provoque le culte de l'amour passion » (p. 155).
50. Tout en lui est blanc, d'un blanc de neige. Sa robe, v. 852 sq. *quippe color niuis est, quam nec uestigia duri / calcauere pedis*, « sa couleur est celle de la neige où aucun pied n'a encore mis sa rude empreinte » – nous sommes loin d'Arnobe. Sa bouche, à laquelle Europe tend des fleurs : v. 861 *et flores ad candida porrigit ora*, « elle présente des fleurs à sa bouche d'une blancheur sans tache ». Son flanc, v. 865 *latus in fuluis niueum deponit harenis*, « il couche son flanc de neige sur le sable fauve », note le poète coloriste.
51. Apulée, *Métamorphoses* 3, 24, 4-5 *toti digiti coguntur in singulas ungulas et de spinae meae termino grandis cauda procedit... et aures inmodicis horripilant auctibus*, « mes doigts, tous ramassés en un unique sabot, et du bas de mon échine sort une longue queue... mes oreilles, à leur tour, grandissent démesurément et se hérissent de poils ».
52. Arn. 4, 23, 4 *cycnus*; 4, 26, 4 *formiculam paruulam* (*supra*, n. 16 et 21), « cygne... et toute petite fourmi ».

reprendre figure humaine, ou divine, on ne sait, puisque telle est la faiblesse de l'anthropomorphisme. Mais c'est d'une « main » tout humaine que le dieu cosmique, maître des astres, qui fait tourner le monde, le Jupiter tonnant de Rome qui épouvante les mortels, va se saisir des testicules d'un bélier particulièrement bien pourvu par la nature, les arracher et, au terme d'une manipulation ignoble, les offrir en réparation à sa mère courroucée[53]. Ultime tromperie d'un dieu sans foi ni loi, dont la religion romaine, ne l'oublions pas, fait le gardien de la *fides*, et qui veut faire croire à la chaste Cérès que, pour expier sa faute, il s'est lui-même castré comme les galles de Cybèle. Le livre V est rempli de ces mutilations sexuelles paroxystiques (histoire d'Acdestis, d'Attis, d'une jeune femme qui se coupe les seins)[54] à l'orientale, qui n'inspiraient que dégoût à un citoyen romain bien né et éduqué selon la tradition. L'apologiste a beau jeu de revenir ensuite au sublime et d'évoquer à nouveau le dieu cosmique dont la colère pourra dérober la terre sous nos pieds, éteindre la clarté des astres et ramener le monde au chaos[55] : le mal est fait, et le dieu souverain aura peine à s'en remettre.

Arnobe, à l'évidence, s'est délecté de ce portrait immonde du maître du ciel. Où en a-t-il trouvé l'idée ? Nous connaissons trois versions du mythe de

---

53. 5, 23, 2-3 *uellem, inquam, uidere – dicendum est enim saepius – torquentem illum sidera et qui pallidas nationes fragore perterret et prosternit, consectantem ueruecum greges, inspicientem testiculos arietinos, arripientem hos manu censoria illa atque diuina qua uibrare coruscos ignes et saeuire fulminibus suetus est; tum deinde secreta rimantem [feruenti nullas] summotisque arbitris circumiectas prolibus diripientem membranulas feruentique adhuc matri uelut quasdam infulas eliciendae miserationis offerentem,* « ah ! oui, je voudrais bien voir – il faut le dire et le redire – celui qui fait tourner les astres et qui, par son fracas, fait pâlir d'effroi les nations prosternées, poursuivre les troupeaux de moutons, lorgner les testicules des béliers, les saisir de cette main de censeur divin habituée à brandir les feux étincelants et à déchaîner la foudre ; puis, alors, fouiller l'intérieur des organes et, en l'absence de tout témoin, arracher des génitoires les minces membranes qui les entourent, pour les offrir à sa mère, encore bouillante de colère, comme des bandelettes destinées à susciter sa pitié ». Parodie à la fois de Verg. *Aen.* 9, 93 *torquet qui sidera mundi,* « qui fait tourner les constellations du ciel » ; et d'Ov. *met.* 2, 71 *sideraque alta... torquet,* « le ciel entraîne les astres de l'empyrée et les fait tourner ». Voir H. Le Bonniec, « Échos ovidiens dans l'*Aduersus nationes* », p. 143.
54. 5, 6, 3-4 ; 5, 7, 3 ; 5, 11, 4 ; 5, 13, 7-8.
55. 5, 23, 6 *Iuppiter ille quicumque est, si sentiret se esse aut si ullo sensu adficeretur iniuriae, nonne digna res esset, propter quam iratus et percitus terram nostris subduceret gressibus, solis lumina extingueret atque lunae, quin immo res omnes in antiquae speciem confunderet unitatis ?,* « si ce Jupiter-là, quel qu'il soit, avait conscience de son existence ou s'il était le moins du monde conscient d'être offensé, ne trouverait-il pas là un motif légitime pour s'irriter et s'emporter au point de dérober la terre sous nos pieds, d'éteindre la clarté du soleil et de la lune et, plus encore, de bouleverser toutes choses pour en revenir au spectacle du chaos primordial ? ».

Proserpine. Dans la version classique d'Hésiode, Zeus, avant de faire d'Héra sa dernière épouse, s'unit à Déméter, qui lui donna pour fille Perséphone. Enlevée par Hadès, il la lui accorda pour épouse[56]. La source d'Arnobe, dans tout le passage, est la version beaucoup plus scabreuse de Clément d'Alexandrie, qui rapporte successivement le viol de Déméter, la castration du bélier et le viol de Phéréphatta (Perséphone) par le dragon[57]. Clément ne dit pas que Zeus se soit métamorphosé pour perpétrer le premier viol. Plutôt que d'alléguer une source secondaire inconnue dont Arnobe se serait inspiré[58], je préfère croire que c'est lui qui a imaginé la métamorphose en taureau, à partir du vers de Tarente, compris dans un sens à la fois littéral, Perséphone met au monde un taureau, réellement né des œuvres de Jupiter-dragon, et métaphorique : le taureau d'autrefois est devenu dragon. Le souvenir du taureau d'Europe domine toute la scène, qui passe du blanc lumineux des dieux à la couleur répugnante de la bouse. Arnobe aime tout ce qui salit les dieux, non seulement leur âme souillée par les passions, mais aussi leur corps, réel ou métamorphosé : Jupiter maculé de ses déjections, sa fille Diane « crasseuse » à l'issue d'une partie de chasse[59].

Arnobe revient une quatrième et dernière fois sur le sujet à la fin du livre V, dans un résumé qui tient lieu d'épilogue, contre l'exégèse allégorique qui prétend moraliser la conduite des dieux. Jupiter n'est pas seul en cause. Ses métamorphoses amoureuses s'insèrent entre deux attaques qui visent les autres dieux. Son fils Liber, d'abord, qui est aussi « le fils de Sémélé », et qui se livrait à des mouvements dégradants sur le tertre du défunt Prosymnus[60]. Après le fils homosexuel, le père, lui aussi épris de Ganymède[61]. Ce sont les

---

56. *Théog.* 912-914 ; 921.
57. *Protr.* 2, 15-16, que je résume : « l'union amoureuse de Zeus avec sa mère Déméter » (15, 1) ; Zeus arrache les testicules du bélier (15, 2) ; il se transforme en dragon pour s'unir à Phéréphatta (16, 1) ; citation du « poète idolâtre » (16, 3 : « le taureau est père du serpent... »).
58. Pour F. Mora, *Arnobio e i culti di misteri*, p. 165-168, « alcuni particolari sono propri del solo Arnobio ed escludono la sua dipendenza da Clemente ».
59. Arn. 3, 34, 2 *quam quondam puris in fontibus abluentem membrorum sordes corniger ille uenator inspexit et poenam curiositatis inuenit*, Diane « sur laquelle jadis, alors qu'elle lavait dans une source pure ses membres crasseux, le chasseur cornu jeta les yeux – curiosité qui trouva son châtiment ».
60. 5, 44, 2 *quid enim subiciemus pro illis fluctibus quos, super aggerem tumuli, Semeleiae subolis urigo contorsit?*, « que mettrons-nous en effet à la place de cette agitation, de ces contorsions auxquelles, en proie à son prurit, se livrait, sur le tertre d'une tombe, le fils de Sémélé ? ».
61. 5, 44, 2-3 *Et quid pro illis Ganymedibus raptis atque in libidinum magisteria substitutis ? Quid pro illa conuersione formiculae, in quam Iuppiter Maximus uastitatis suae liniamenta contraxit ? Quid pro cycnis et satyris ? Quid pro aureis imbribus, in quos idem se pellax fraude*

seuls noms propres du passage : les métamorphoses de Jupiter pour séduire des femmes sont trop nombreuses pour qu'on daigne nommer ses victimes. Seules, les métamorphoses du dieu sont énumérées, et vite, mais non sans recherche stylistique, avec l'antithèse entre l'infime fourmi et l'imposante stature de Jupiter Très Grand, ou la liste de ses formes d'emprunt, toutes au pluriel augmentatif, cygnes, satyres, pluies d'or. Les autres dieux connaissent amours, servitudes, blessures, sépultures[62]. Les dieux sont-ils donc tous mortels ? Tous indignes de leur statut, en tout cas.

Une dernière remarque, qu'inspirent ces répétitions, où alternent versions longues et versions brèves, listes de noms mythiques et énumérations de formes déguisées. Comment travaillait Arnobe ? Sur quel canevas brodait-il ses variations ? Il pouvait, sans doute, travailler sur des répertoires ou des catalogues, comparables aux *Fables* d'Hygin. Je suis pour ma part persuadée, sans pouvoir le démontrer, qu'Arnobe travaillait aussi sur des fiches, élaborées à partir de ses lectures, à la manière de Pline l'Ancien[63]. Faut-il traiter des amours de Jupiter ? de ses métamorphoses ? On reprend la fiche, qui sert une nouvelle fois. D'où le caractère répétitif de ses développements, même s'il est masqué par le talent de l'écrivain.

---

induit perfida, formarum uarietatibus ludens ?, « Et à la place de ces Ganymèdes enlevés pour être préposés au magistère de la débauche ? À la place de cette métamorphose en petite fourmi, à laquelle le Très Grand Jupiter réduit le contour de son immense stature ? À la place des cygnes et des satyres ? À la place des pluies d'or, dont le même séducteur, par une ruse perfide, revêt l'apparence, en se jouant de la diversité de ses formes ? ». Ce sont des sujets portés au théâtre, comme Arnobe le rappelle, avec d'autres intentions, en 7, 33, 4 *ponit animos Iuppiter si Amphitryon fuerit actus pronuntiatusque Plautinus ; aut si Europa, si Leda, Ganymedes <si> fuerit saltatus aut Danae, motum conpescit irarum ?*, « Jupiter cesse d'être irrité si l'on joue et récite l'*Amphitryon* de Plaute ; ou, si l'on danse Europe, Léda, Ganymède, ou encore Danaé, il apaise les transports de sa colère ? ».

62. 5, 44, 4 *ac ne de Ioue solo loqui uideamur uoluisse, in amoribus numinum reliquorum esse allegoriae quae possunt, quae in mercenariis condicionibus ac seruitutibus, quae in uinculis, orbitatibus, planctibus, quae in cruciatibus, uulneribus, sepulturis ?*, « et, pour ne pas avoir l'air de ne vouloir parler que de Jupiter, quelles allégories peut-on trouver dans les amours des autres divinités, dans leur condition de mercenaires et d'esclaves, dans leurs chaînes, la perte de leurs enfants, leurs lamentations, ainsi que dans leurs tortures, leurs blessures, leurs sépultures ? ».

63. Pline le Jeune, *Lettres* 3, 5, 10 : de ses lectures, il « tirait des extraits », *excerpebat*. Cf. V. Naas, « Réflexions sur la méthode de travail de Pline l'Ancien », *RPh*, 70, 1996, p. 305-332 (en particulier sur l'utilisation de *pugillares*, fines tablettes de bois qui peuvent être classées et organisées en « fichier »).

Les fonctions : le Souverain ; le dieu fulgurant

Ce Jupiter souverain, dieu majeur de la religion romaine, si souvent vilipendé, tient pourtant la place qui lui est due dans l'apologie d'Arnobe. Il y figure sous ses traits les plus classiques. Arnobe, amateur de rites obsolètes, de curiosités liturgiques tombées en désuétude, n'enquête pas sur des cultes secondaires et oubliés, comme ceux de Jupiter *Feretrius* ou *Pistor*, ou sur des surnoms plus ou moins obscurs dont il trouvait pourtant la liste chez Varron[64]. Son Jupiter est paré de toute la pompe officielle. C'est le dieu qui trône au Capitole, *Capitolinus*[65], le dieu *Optimus Maximus*[66], plus simplement *Maximus*[67] ou même *Magnus*[68] : il est représenté soit sous son jour le plus conventionnel, soit par dérision, si grand est le contraste entre le nom, illusoire, et le comportement réel du dieu, indigne de tant de majesté. Quand, par *interpretatio Graeca*, son nom latin, *Iuppiter*, n'est qu'une traduction de « Zeus », son homologue, c'est aux sanctuaires les plus prestigieux du monde hellénique que se réfère Arnobe. Il nomme Jupiter *Olympius*, épithète

---

64. Nous la connaissons par Augustin, *ciu.* 7, 11, p. 288 D : *dixerunt eum Victorem, Inuictum, Opitulum, Inpulsorem, Statorem, Centumpedam, Supinalem, Tigillum, Almum, Ruminum... Haec autem cognomina inposuerunt uni deo...*, « On lui a donné les dénominations de Victor, Invictus, Opitulus, Impulsor, Stator, Centumpeda, Supinalis, Tigillus, Almus, Ruminus... On a appliqué ces surnoms à un seul dieu... » = 237 Card.
65. Arn. 1, 51, 1, comme dispensateur de pouvoir : *alicuine mortalium Iuppiter ille Capitolinus huiusmodi potestatem dedit ?*, « est-il un mortel auquel le fameux Jupiter Capitolin ait donné un pouvoir de cette sorte ? » (celui de guérir et de ressusciter, que détient le Christ) ; 6, 16, 2 (*infra*, n. 70) ; 6, 23, 2 : le dieu qui domine la triade, flanqué de Junon et Minerve, *Iouemque ipsum Capitolinum cum uxore... ac filia*, « Jupiter Capitolin en personne avec son épouse et sa fille ».
66. 1, 34, 1 *et Iuppiter nominetur et Optimus habeatur et Maximus*, « nous lui donnons le nom de Jupiter, nous le considérons comme le meilleur et le plus grand » ; 7, 29, 8 *Ioui Optimo Maximo merum ne praefocetur date*, « donnez du vin à Jupiter Très Bon Très Grand », par dérision – si, dans le sacrifice, on lui offre du vin pur, c'est « pour qu'il ne s'étouffe pas » !
67. 4, 21, 1 *Iuppiter ille Maximus non esset... regem numina non haberent et caelum sine domino staret ?*, « le Très Grand Jupiter n'existerait pas... les divinités n'auraient pas de roi, le ciel resterait sans maître ? » ; 4, 23, 4 (*supra*, n. 16) ; 5, 42, 3 (*supra*, n. 61), malignement réservé, dans la liste des métamorphoses honteuses, pour la plus petite d'entre elles, la transformation en fourmi ; 7, 39, 2, les Grands jeux, *qui Ioui Maximo fierent*, « célébrés en l'honneur du Très Grand Jupiter ».
68. 5, 10, 3, à propos du monstre Acdestis, né de la tentative de viol de Cybèle par le dieu, *in sinu medio lapidis atque in illa cotis duritie, informatus atque animatus est infans, Iouis magni futura progenies*, « au sein même de la pierre, au plus dur du rocher, a pris forme et vie un enfant, progéniture en devenir du grand Jupiter », dont l'épithète majestueuse est contredite par sa conduite ignoble, et dégradée par ce rejeton incongru.

ambivalente qui renvoie tantôt à l'Olympe[69], tantôt à Olympie[70] ; ou le dieu de Dodone[71] ; ou encore Zeus Hammon[72], dont l'oracle fut consulté par Alexandre dans l'oasis de Siwa. Son nom est si bien synonyme de « souverain » qu'il s'applique, comme chez Virgile, à un autre dieu régnant : son frère Hadès, qui trône aux Enfers, depuis le partage du monde entre les trois fils de Cronos et de Rhéa. Aussi le sombre dieu, époux de Proserpine, est-il par métonymie le Jupiter *Stygius*[73]. Bref, « ce Jupiter » céleste est le maître « dont vous ne devriez prononcer le nom qu'avec crainte et en tremblant de tous vos membres »[74].

Son dossier fonctionnel est cependant beaucoup moins riche que celui des scandales de sa vie privée. Il est le dieu qui tonne et qui lance la foudre : ainsi le figurent les artistes, ainsi trône-t-il au Capitole, terrible et tout-puissant. Souverain et fulgurant, les deux caractères sont liés : l'éclair, *fulgur*, la foudre,

69. 3, 31, 3 : c'est le dieu du ciel, qui a pour frères, régnant sur les autres parties du monde, Neptune et Pluton – *Stygii frater Iouis Olympiique germanus*, « le frère du Jupiter Stygien, le frère germain de Jupiter Olympien ».
70. 6, 13, 6 : c'est le Zeus dont Phidias sculpta la statue, *Phidias... cum Olympii formam Iouis molimine operis extulisset inmensi*, « Phidias... qui avait élevé une statue de Jupiter Olympien, au prix des efforts qu'exige une œuvre colossale » ; encore 6, 16, 2, *Olympiacos illos et Capitolinos Ioues*, « ces Jupiters, Olympiens, Capitolins », pluriels augmentatifs appliqués aux statues de culte.
71. 1, 26, 3 *profanos nos, impios Dodonaeus aut Iuppiter <Hammon> nominat*, « est-ce Jupiter de Dodone ou Jupiter <Hammon> qui nous traite de profanes, d'impies ? », dans l'édition d'H. Le Bonniec, sur les dieux oraculaires, Jupiter – à qui les chrétiens préfèrent le « roi suprême », *summo... regi* – ou Apollon ; 6, 23, 3 *ubi Dodonaeus Iuppiter, cum Dodonae ?*, « où était Jupiter Dodonéen, quand ce fut à Dodone ? » (sur le thème : que font donc les dieux, quand leurs temples brûlent ? cf. 6, 23, 2, *infra*, n. 86). Pour ma part, je n'adopterai pas la correction d'H. Le Bonniec, qui restitue *Hammon* : même si l'ordre des mots est un peu tourmenté, *Dodonaeus aut Iuppiter* suffit amplement pour renvoyer à un Zeus oraculaire, « ou bien est-ce le Jupiter de Dodone qui nous traite de profanes, d'impies ? ».
72. Aux cornes de bélier : 6, 12, 6-7, scène burlesque où les attributs des dieux sont interchangeables, *si nudo Ioui cornua detrahat et Martis temporibus adfigat, Martem armis spoliet et his rursus circumcludat Hammonem... cum qui Iuppiter fuerat idem possit existimari Mars esse et qui Mauors fuerat subintroire speciem Iouis possit Hammonis ?*, « si l'on enlevait ses cornes à Jupiter, en lui dénudant le front, et si on les fixait aux tempes de Mars ; si l'on dépouillait Mars de ses armes pour, réciproquement, en ceindre Hammon... celui qui était Jupiter pourrait être pris pour Mars, et celui qui était Mars pourrait revêtir l'apparence de Jupiter Hammon ? ». Pour 1, 26, 3, voir la n. préc.
73. 3, 31, 3 (*supra*, n. 69). Cf. Verg. *Aen.* 4, 638 : Didon prépare *sacra Ioui Stygio*, « un sacrifice pour Jupiter Stygien » – en fait, son suicide.
74. 4, 34, 1 *ipse ille Iuppiter, cuius uos nomen effari non sine metu decuit et totius corporis concussione* – avec cette réserve que ce dieu redoutable avoue ses fautes quand il est surpris par sa femme lors de ses frasques amoureuses. Ce qui change tout.

fulmen (même si la distinction entre les deux termes est plus théorique que réelle)[75], sont les armes invincibles du roi des dieux. Dans l'iconographie, le foudre est son attribut spécifique[76] : le dieu est figuré en majesté, avec sa barbe et un ornement vestimentaire, le *ricinium*, qui ne laisse pas d'intriguer[77]. Une fois de plus, l'érudition d'Arnobe s'étale comme à plaisir : *ricinium* (ou *recinium*) est un mot rare, dont il faut chercher la définition chez les grammairiens (il en va de même pour la *rica*, avec laquelle on ne doit pas le confondre, même si les deux termes sont apparentés)[78]. Pour le *ricinium*, les définitions des modernes vont du manteau court au simple mouchoir de tête : l'amplitude est considérable. C'est une pièce de vêtement carrée, qui se porte pliée en deux, drapée, sur les épaules ou sur la tête, et dont on rejette un pan en arrière, comme une étole (au sens moderne, celui de la mode, non au sens sacerdotal) ou un châle. Il est porté par les prêtres, comme le *magister* des arvales[79] et les jeunes *camilli* qui les assistent, mais aussi par les mimes et surtout par les femmes[80]. C'est sur ce dernier sens que doit jouer Arnobe, qui

---

75. *Fulmen* ne signifie que « la foudre », mais *fulgur* peut être soit l'éclair, soit la foudre. Cf. G. Capdeville, « Le vocabulaire technique dans les traités d'*Etrusca disciplina* en langue latine », *RPh*, 68, 1994, p. 51-75.
76. 6, 25, 2 *riciniatus Iuppiter atque barbatus, dextra fomitem sustinens perdolatum in fulminis morem*, « Jupiter avec sa tête voilée et sa barbe, tenant dans sa main droite un bout de bois taillé en forme de foudre ».
77. B. Fragu traduit « Jupiter portant la coiffe et la barbe ».
78. Sur la *rica* que porte l'épouse du flamine de Jupiter, voir N. Boëls-Janssen, « La prêtresse aux trois voiles », *REL*, 67, 1989, p. 117-133.
79. J. Scheid, *Romulus et ses frères. Le Collège des frères arvales, modèle du culte public dans la Rome des empereurs*, Rome, BEFAR 275, 1990, p. 636 sq., voit dans le *ricinium* des arvales « une toge brodée d'or », ce qui ne concorde pas avec la description de Varron.
80. Les principaux textes sont Varron, Festus et Nonius.
   Varron, *De lingua Latina* 5, 132-133 *Antiquissimi amictui ricinium ; id, quod eo utebantur duplici, ab eo quod dimidiam partem retrorsum iaciebant, ab reiciendo ricinium dictum... Laena, quod de lana multa, duarum etiam togarum instar ; ut antiquissimum* mulierum (je souligne) *ricinium, sic hoc duplex uirorum*, « Nos ancêtres lointains appelaient le vêtement drapé *ricinium* (l'écharpe) ; comme ils le portaient double, ils en rejetaient un pan vers l'arrière et, de ce mouvement en arrière (*reicere*), vient cette appellation de *ricinium*... Le manteau d'hiver (*laena*) tire son nom du fait qu'il comporte beaucoup de laine... Comme le *ricinium* (l'écharpe) est la plus ancienne draperie de la femme, de même ce manteau doublé est la plus ancienne draperie de l'homme ».
   Fest. et Paul. 342, 20 *Recinium omne uestimentum quadratum [h]i qui XII interpretati sunt, esse dixerunt † uir toga † mulieres utebantur... Vnde reciniati mimi planipedes*, « *Recinium* : c'est tout vêtement carré, ont dit ceux qui ont interprété la loi des Douze Tables ; les femmes le portaient, comme l'homme la toge... De là vient qu'on appelle *reciniati* les mimes qui jouent des bouffonneries » ; 343, 7 et 9 *ricae et riculae uocantur parua ricinia, ut palliola ad usum capitis*

se borne à nommer, sans décrire. Quelle apparence peut offrir Jupiter ainsi accoutré ? La conclusion s'impose : il a l'air déguisé. J'espère ne pas forcer le sens du texte, mais le spectacle du dieu souverain, « avec son châle (faut-il sous-entendre : sur la tête ? Arnobe ne le dit pas, mais c'est sans doute ce qu'il veut faire comprendre) et sa barbe », est d'autant plus ridicule qu'il est incongru. Le dieu grand amateur de femmes se déguise en femme – sans pour autant renoncer à la barbe qui signe son autorité.

Pour le lecteur érudit, amateur de mots rares et familier des grammairiens latins, *riciniatus* doit renvoyer à l'image d'une femme, la tête voilée de son écharpe ou de son châle. Pour le liturgiste, plus au fait du rituel des arvales, à une pièce de vêtement jetée sur les épaules. S'agissant de Jupiter, à quel type de statue peut bien se référer Arnobe ? On n'en voit pas qui le montre *capite uelato*,

facta, « *ricae* et *riculae* : on appelle ainsi des petits vêtements carrés, comme les mantilles faites pour couvrir la tête ».

Nonius 869, 1 *Ricinium, quod nunc mafurtium dicitur, palliolum femineum breue. Varro* Ταφῇ Μενίππου [536 Cèbe] : « *nihilo magis dicere muliebre quam de muliebri ricinio, pallium simplex* ». – *Idem de Vita Populi Romani lib. I* : « *ex quo mulieres in aduersis rebus ac luctibus, cum omnem uestitum delicatiorem ac luxuriosum postea institutum ponunt, ricinia sumunt* », « *Ricinium*, on dit maintenant *mafurtium*, court manteau de femme. Varron, *La Tombe de Ménippe*... (voir ci-dessous). De même *Sur la vie du peuple romain*, livre I, "de ce que les femmes, en temps de malheur et de deuil, quittent tout vêtement un peu élégant et luxueux, de création plus récente, et prennent le *ricinium*" ». Confirmé par la législation des XII Tables sur les funérailles, Cicéron, *De legibus* 2, 64, qui prévoient *tribus reciniis* (« trois coiffes de deuil » pour G. de Plinval, mais « manteaux » pour J.-P. Cèbe), pas davantage. J.-P. Cèbe, dans son éd. des *Satires Ménippées*, Rome, École française de Rome, T. 12, 1998, p. 1978 et 2012-2014, donne le texte *nihil magis decere mulierem quam de muliebri ricinio pallium simplex*, « que rien ne sied mieux à une femme que le manteau simple issu du châle féminin », et définit le *ricinium* comme « un châle-manteau » – formule que je trouve excellente – dont, à date ancienne, les matrones s'enveloppaient.

Cf. J. Marquardt, *La Vie privée des Romains*, trad. fr., II, Paris, Thorin, 1893, p. 218-220 ; E. Pottier, s. v. *Rica, ricinium*, *DA*, IV, 2, p. 868 ; Hug, s. v. *Ricinium*, *RE*, I A 1, col. 799-800. On se reportera avec intérêt à deux illustrations du *DA*, s. v. *Camilli*, I, 2, p. 859, fig. 1053 ; et *Mimus*, III, 2, p. 1906, fig. 5036 – si l'étole jetée sur l'épaule du premier et dans laquelle le second s'enveloppe sont bien des *ricinia*. Se fondant sur Servius, *Commentaire, Aen.* 1, 282, *togas autem etiam feminas habuisse, cycladum et recini usus ostendit*, « que les femmes aussi aient porté la toge, l'usage des robes en arrondi et du *ricinium* le montre » (la suite, *recinus autem dicitur ab eo, quod post tergum reicitur*, est reprise de Varron), et l'*Histoire Auguste, Alexandre Sévère*, 41, 1, *matronas autem regias contentas esse debere... cyclade, quae sex uncias auri non plus haberet*, « les dames de la famille impériale devaient se contenter... d'une robe de cérémonie qui ne fût pas garnie de plus de six onces d'or », A. Alföldi, *Die monarchische Repräsentation im römischen Kaiserreiche*, Darmstadt, Wissenschaftliche Buchgesellschaft, 1977, p. 145 et fig. 1, reconnaît le *ricinium* et la *cyclas* (luxueuse robe de cérémonie, dont le bas est en arrondi) brodée d'or sur la statue d'une impératrice du IIIe siècle.

comme un prêtre romain. En revanche, on voit, sur la statue assise du Jupiter Verospi ou le buste d'Otricoli, le dieu, à demi vêtu, qui porte jeté sur l'épaule gauche un pan de son manteau[81]. C'est sans doute à ce drapé que doit se référer, en réalité, l'adjectif *riciniatus*, employé de façon plus ou moins approximative. Et Arnobe en parle-t-il seulement d'après une description littéraire, ou d'après une image réelle ? Il a sans doute en vue une pièce de vêtement que lui-même ou sa source ne sait trop comment nommer. Mais, malignement, il se garde bien d'en dire plus : il préfère jouer sur l'équivoque homme-femme, et dans le sens le plus défavorable au dieu. L'image est faussée : ce qu'il nous propose, ce n'est pas une description, mais une caricature, à la limite de la calomnie.

Quant au semblant de foudre que Jupiter tient dans sa main droite, ce n'est qu'un vulgaire bout de bois[82] : non pas un vrai foudre, en bronze, comme il se doit, mais une arme factice, pour ainsi dire, et qui manque singulièrement de dignité. Chez Arnobe, la dérision n'est jamais loin d'une pompe illusoire : la majesté des dieux n'est que faux-semblant. C'est de cette même main que, après s'être métamorphosé en taureau malpropre, puis avoir retrouvé forme humaine, ou plutôt divine, il arrache les testicules d'un bélier pour les offrir à Cérès offensée – « cette main de censeur divin habituée à brandir les feux étincelants et à déchaîner la foudre »[83]. Il est, « je le répète, celui qui tonne, qui lance l'éclair, qui foudroie, qui rassemble de terrifiantes nuées »[84], « Jupiter, lanceur de la foudre »[85], ne se lasse pas de dire Arnobe : il est le *fulminator* par excellence[86] – qui, pourtant, comme n'importe quelle famille humaine, se laisse brûler, avec sa femme et sa fille, dans l'incendie de leur maison.

La puissance du dieu fulgurant s'exerce sur deux registres : les fables de la mythologie grecque, les usages techniques de la religion, romaine ou étrusque.

---

81. Nos pl. 1 et 2. L'un et l'autre au musée du Vatican. Cf. le *LIMC*, VIII, 1997, s. v. *Iuppiter*, n° 46 (même type, « seminudo », n° 40, 43, 45, 49, 50) et 154.
82. *Fomes* est tout ce qui alimente le feu, tout ce qui est destiné à être brûlé (*foueo*) ; voir Fest. Paul. 75, 1.
83. 5, 23, 2 *saeuire fulminibus* (*supra*, n. 53).
84. 4, 21, 3 *ergone, iterum dicam, tonans, fulgens et fulminans et nubila terribilia conducens...* ? – même s'il a tété, vagi, s'est traîné par terre comme tous les autres bébés.
85. 4, 22, 2 *Ioue iaculatore fulminis*, et père du Soleil.
86. 6, 23, 2 : quand le Capitole brûlait et que Jupiter laissait faire, *cum Capitolium totiens edax ignis absumeret Iouemque ipsum Capitolinum cum uxore corripuisset ac filia, ubinam fulminator tempore illo fuit, ut sceleratum illud arceret incendium et a pestifero casu res suas ac semet et cunctam familiam uindicaret ?*, « toutes les fois où le feu dévorant a consumé le Capitole, anéantissant Jupiter Capitolin en personne avec son épouse et sa fille, où était donc, à ce moment-là, le maître de la foudre pour détourner cet incendie criminel et arracher à la catastrophe ses biens, sa personne et toute sa famille ? ».

C'est la foudre qui lui permit d'écraser les Titans, coupables d'avoir dépecé l'enfant Zagreus Dionysos, et de les précipiter au fin fond du Tartare[87] : juste châtiment des criminels, incarnation d'une puissance anarchique réduite à néant par l'ordre olympien. Moins édifiante est la vengeance qu'il tira d'Esculape, foudroyé pour avoir ressuscité des morts, c'est-à-dire usurpé les prérogatives régaliennes que sont le droit de vie et de mort[88]. Arnobe s'attarde avec complaisance sur cet épisode qui n'est pas à l'honneur de Jupiter : le Christ qui, lui, est un vrai dieu, c'est-à-dire un dieu compatissant, guérit les malades et ressuscite les morts[89]. Ce qui nous vaut une galerie pitoyable de dieux mutilés, mauvais sujets, « des eunuques, des débauchés, des protées, des voleurs, [qui] ont été emprisonnés, enchaînés, enfin [qui] ont été frappés par la foudre, [qui] ont été blessés, [qui] sont arrivés à leur dernière heure, et même ont été gratifiés d'une sépulture terrestre »[90], tous abîmés par la vie ou peu recommandables – à cette réserve près qu'il s'agit chaque fois de pluriels emphatiques et qu'il faut donc ramener à une suite de singuliers cette liste déjà trop longue. On aura reconnu au passage Attis, Jupiter en personne,

---

87. 5, 19, 4 *ut occupatus puerilibus ludicris distractus ab Titanis Liber sit, ut ab isdem membratim sectus atque in ollulas coniectus ut coqueretur ; quemadmodum Iuppiter... grassatores obruerit fulmine atque in imas Tartari praecipitauerit sedes*, « comment Liber, absorbé par ses jeux d'enfant, fut mis en pièces par les Titans, comment ils le coupèrent en morceaux et le jetèrent dans une marmite pour le faire cuire ; de quelle façon Jupiter... écrasa les brigands de sa foudre et les précipita au fin fond du Tartare ».
88. 1, 41, 2 *Aesculapium medicaminum repertorem, post poenas et supplicia fulminis...*, « Esculape, l'inventeur des remèdes, n'est-ce pas après son châtiment, le supplice de la foudre... » ; 4, 24, 6 *Aesculapium fulminis transfixum esse telo*, « Esculape transpercé par les traits de la foudre » ; 7, 44, 9 *qui annorum gradibus ad eum finem ascendisset aetatis in quo illum uis fulminis, uestris quemadmodum litteris continetur, et uita expulisset et lumine*, « qui, avec le cours des ans, parvint au terme de son âge où, comme l'attestent vos écrits, le pouvoir de la foudre le bannit et de la vie et de la lumière ».
89. 1, 44 *quod... dignum deo fuerat uero, nihil nocens aut noxium, sed opiferum, sed salutare, sed auxiliatibus plenum nobis potestatis munificae liberalitate donasse*, « comme c'était digne du vrai dieu, il ne nous a rien donné qui fût nuisible ou néfaste, mais seulement, dans la libéralité de son généreux pouvoir, ce qui est pour nous profitable, salutaire et fécond en ressources » ; 1, 45 : guérison des fièvres, de la possession démoniaque, de la lèpre, des infirmités, etc. ; 1, 46, 4, résurrection des morts : *unus fuit e nobis, qui redire in corpora iamdudum animas praecipiebat efflatas, prodire ab aggeribus conditos et post diem funeris tertium pollinctorum uoluminibus expediri ?*, « était-ce l'un de nous, celui qui ordonnait aux âmes exhalées depuis longtemps de rentrer dans leurs corps, aux morts de sortir de leurs tombeaux et de se dégager, trois jours après l'enterrement, des bandelettes des embaumeurs ? ».
90. 5, 31, 3 *quis abscisos, quis exoletos, quis uersipelles, quis fures, quis in uinculis habitos, quis in catenis, quis denique fulminibus appetitos, quis uulneratos, quis obisse supremos dies, sepulturas etiam meruisse terrenas ?*

Mercure, Mars, etc. Arme à usages multiples, le foudre permit aussi à Jupiter d'arracher du sein de Sémélé morte le jeune Bacchus[91] pour le coudre dans sa cuisse jusqu'au terme normal de la gestation.

Dans le cadre de la religion romaine, éduquée par la discipline étrusque, la foudre est un prodige qu'il est nécessaire d'expier, *procurare*, pour recouvrer la *pax deum*, la situation normale de bonne entente avec les dieux. C'est le sujet sur lequel s'ouvre le livre V (chap. 1-4), avec une scène de fiction largement inspirée d'Ovide[92] : comment le saint roi Numa, instruit par son épouse Égérie, tendit un piège aux dieux rustiques Faunus et Picus pour apprendre d'eux le moyen d'« attirer », *elicere*, Jupiter *Elicius*, le dieu fulgurant, et de lui arracher le secret de la procuration des foudres[93]. Scène de comédie, dans laquelle le grand dieu est dupé par un mortel avisé, juriste plus retors que lui et qui sait manier le langage. En jouant sur les mots[94], mais le mot propre est essentiel dans toute formule juridique, tout contrat, au terme d'un dialogue serré où le dieu et le roi se renvoient la balle[95], Numa parvient à lui extorquer la formule rituelle du sacrifice de procuration : avec une tête non pas d'homme, c'est-à-dire un horrible sacrifice humain, comme le voulait initialement le dieu cruel, mais avec un mélange « de mendoles[96], de cheveux, d'oignons »[97].

---

91. 1, 36, 3 *Liber Pater... ex genitalibus matris... fulmine praecipitatus*, « Liber Pater... arraché par un coup de foudre au sein de sa mère ».
92. *Fastes* 3, 285-348. Également Plutarque, *Vies. Numa* 15, 3-10. La source est l'annaliste Valerius Antias (frg. 8 Chassignet, *L'Annalistique romaine*, III, CUF, p. 106-108).
93. 5, 1, 7 *tum... iniecisse madidatis uincla, expergitosque illos statim perdocuisse regem quibus ad terras modis Iuppiter posset et sacrificiis elici; et accepta regem scientia rem in Auentino fecisse diuinam, elexisse ad terras Iouem ab eoque quaesisse ritum procurationis <et> morem*, « alors [les douze jeunes gens]... les chargèrent de liens en profitant de leur ivresse, et ceux-ci, à leur réveil, sans plus tarder enseignèrent au roi par quels moyens, par quels sacrifices on pouvait attirer Jupiter sur la terre; cette science une fois acquise, le roi accomplit la cérémonie religieuse sur l'Aventin, il attira Jupiter sur la terre et lui demanda quel rite il fallait mettre en usage pour l'expiation ».
94. G. Dumézil, *La Religion romaine archaïque*², Paris, Payot, 1974, p. 56 sq. et 136.
95. 5, 1, 8 *Iouem diu cunctatum « expiabis » dixisse « capite fulgurita ». Regem respondisse « caepicio ». Iouem rursus « humano ». Rettulisse regem « sed capillo ». Deum contra « animali ». « Maena » subiecisse Pompilium*, « Jupiter hésita longtemps, puis il dit : "tu purifieras ce qui a été foudroyé avec une tête". Le roi répondit : "avec une tête d'oignon". "Avec une tête d'homme", répartit Jupiter. "Mais avec ses cheveux", reprit le roi. "Avec un être vivant", répliqua le dieu. "Avec une mendole", suggéra Pompilius ».
96. La *maena* est un petit poisson (comme l'anchois, la sardine) de la Méditerranée, utilisé dans les opérations magiques ; voir A.-M. Tupet, *La Magie dans la poésie latine*, Paris, Les Belles Lettres, 1976, p. 408, 410.
97. 5, 1, 9 *Tunc ambiguis Iouem propositionibus captum extulisse hanc uocem: « Decepisti me, Numa; nam ego humanis capitibus procurari constitueram fulgurita, non maena, capillo,*

Fulmen, fulgur sont le fil directeur de ces chapitres, où Arnobe emploie en outre le terme technique *fulgurita* pour désigner les lieux, objets ou personnes frappés par la foudre[98] et qu'il faut, par suite, impérativement retrancher de l'espace profane.

Tel était donc le sacrifice rudimentaire et obsolète par lequel, dans la plus ancienne Rome, les pontifes expiaient la chute de la foudre[99]. Avec le temps, cependant, l'expiation des foudres fut prise en charge par les haruspices étrusques, dépositaires d'une science plus élaborée, consignée dans les livres de Tagès, « l'Étrusque Tagès », comme dit Arnobe[100]. La théorie étrusque des foudres était beaucoup plus complexe que la doctrine romaine. Rome avait *un* grand dieu fulgurant, Jupiter, accessoirement accompagné de Summanus, le spécialiste des foudres nocturnes, qu'Arnobe mentionne à l'occasion[101]. Les

caepicio; quoniam me tamen tua circumuenit astutia, quem uoluisti habeto morem et his rebus quas pactus es procurationem semper suscipies fulguritorum », « Alors Jupiter, pris au piège de ces énoncés ambigus, proféra ces mots: "Tu m'as dupé, Numa; car moi, j'avais décidé que les effets de la foudre seraient expiés avec des têtes humaines, et non pas avec une mendole, des cheveux, un oignon; cependant, puisque ton astuce m'a circonvenu, garde l'usage tel que tu l'as voulu et emploie à jamais les objets que tu as stipulés pour expier les effets de la foudre" ».

98. Varr. *LL* 5, 70 *fulguritum, quod fulmine ictum contrariis deis*, « tout être frappé (*ictum*) de la foudre (*fulmine*) par l'hostilité des dieux est dit *fulguritum* (foudroyé) » ; Fest. Paul. 82, 8 *fulguritum, id quod est fulmine ictum, qui locus statim fieri putabatur religiosus, quod eum deus sibi dicasse uideretur*, « *fulguritum*, c'est-à-dire *fulmine ictum* ; lieu qui était aussitôt considéré comme consacré, parce que le dieu (Jupiter) semblait se l'être ainsi dédié ».

99. C'est l'une des missions que leur assignait la législation religieuse de Numa. Voir Tite-Live (abrégé Liv.) 1, 20, 7 *quaeque prodigia fulminibus alioue quo uisu missa susciperentur atque curarentur*, « indiquer les prodiges, signes donnés par la foudre ou tout autre phénomène visible, qu'il fallait retenir et conjurer ». Abstraction faite de la mise en scène légendaire et de l'épiphanie supposée du dieu, les historiens modernes ne mettent pas en doute qu'un tel sacrifice de substitution ait existé dans les premiers temps de la religion romaine, remplaçant le sacrifice humain primitif, avant d'être lui-même remplacé par le rite étrusque d'ensevelissement de la foudre (*fulgur conditum*). Voir Bouché-Leclercq, *Histoire de la divination*, IV, p. 51-53 ; G. Capdeville, « Substitution de victimes dans les sacrifices d'animaux à Rome », *MEFRA*, 83, 1971, p. 283-323 (en particulier p. 291) ; J. Scheid, « Numa et Jupiter ou les dieux citoyens de Rome », *Archives de sciences sociales des religions*, 59, 1985, p. 41-53.

100. 2, 69, 3, sur les progrès des sciences et des arts : « avant que l'Étrusque Tagès n'eût touché aux rives de la lumière, quel homme savait ou se souciait de reconnaître et d'apprendre si la chute des foudres ou les veines des entrailles (sujets majeurs de la divination étrusque) recélaient quelque signe ? », *antequam Tages Tuscus oras contingeret luminis, quisquam hominum sciebat aut esse noscendum condiscendumque curabat, an fulminum casibus aut extorum aliquid significaretur in uenis ?* Sur l'ensemble de la question, voir mon article « Arnobe et l'Étrurie : ses "disciplines", ses dieux, ses rites », dans *Les Écrivains du troisième siècle et l'Etrusca disciplina*, *Caesarodunum*, Suppl. 66, 1999, p. 135-164.

101. 3, 44, 2 ; 5, 37, 2 ; 6, 3, 12.

Étrusques, nous dit-il, comptaient neuf dieux fulgurants qui sont peut-être les obscurs *di Nouensiles* ou *Nouensides*, auxquels il a consacré un long développement du livre III : sont-ils les « neuf dieux » ou des « dieux nouveaux »[102], selon les deux étymologies possibles de leur nom, par *nouem* ou *nouus* ? Pas plus que les érudits romains, partagés entre les deux thèses, Arnobe ne conclut. Jusque chez les modernes, le débat reste ouvert, même si l'on peut incliner aujourd'hui en faveur des « neuf dieux », qui n'ont certainement rien de fulgurant et dont la nature reste à définir[103]. Quant aux neuf divinités fulgurantes des Étrusques, c'est une thèse erronée : leur seul maître véritable de la foudre est Jupiter-Tinia[104].

Rome est-elle sous la protection constante de ce souverain fulgurant ? La prévient-il des périls qui la menacent ? Un épisode de son histoire passée, reproduit par Arnobe, pourrait le faire croire. Quand le Capitole fut frappé par la foudre, la statue de Jupiter qui se dressait sur un point élevé du temple fut renversée. Les haruspices, consultés, donnèrent leur réponse : l'événement annonçait[105] un complot intérieur, une conjuration, « des incendies, des meurtres, la destruction des lois ». Ces sinistres desseins pouvaient être déjoués si la statue de Jupiter, remise en place, était surélevée et tournée de façon à être illuminée par le soleil levant[106]. De même, les projets scélérats des conjurés furent mis en lumière et les coupables justement châtiés[107]. Arnobe reste dans le vague et les généralités : aucune date, aucun

---

102. 3, 38-39.
103. Je m'y suis essayée dans « *Alium pro alio nominando,* ou quand les Romains ne nommaient pas leurs dieux », *REL*, 88, 2010, p. 72-91, en particulier p. 86-90.
104. Cf. la traduction de P. Flobert dans le Grand Gaffiot : « les neuf trônants » ; G. Capdeville, *Volcanus. Recherches comparatistes sur les origines du culte de Vulcain*, Rome, BEFAR 288, 1995, p. 293-327 ; et mon commentaire au livre III d'Arnobe.
105. Arnobe emploie à bon escient les termes techniques : les haruspices donnent un *responsum* ; et, selon les principes de la divination étrusque, le prodige a valeur de présage, il « annonce » l'avenir. Cf. la formule de Tite-Live, 5, 15, 3, reprise par R. Bloch, *Les Prodiges dans l'Antiquité classique*, Paris, Presses universitaires de France, 1963, p. 135 : *quidnam eo di portenderent prodigio,* « ce que les dieux annonçaient par ce prodige ».
106. On peut s'interroger sur la localisation exacte de la statue. L'expression d'Arnobe, *in culmine*, semble indiquer que c'est la statue faîtière du temple. En fait, le changement d'orientation mentionné par Cicéron (voir ci-dessous) fait plutôt songer à l'une des statues, érigée sur une colonne, de l'*area Capitolina*. Ce que confirme son récit en vers du poème *De consulatu suo,* dans *diu.* 1, 17-22, v. 63 : *excelsa... columna,* « sur la haute colonne » (voir l'éd. de J. Soubiran, *Cicéron. Aratea. Fragments poétiques*, CUF, 1972).
107. Arn. 7, 40, 2-5 *Sed neque hoc nostram conscientiam fugit lectum et positum, ictum cum esset Capitolium fulmine multaque in hoc alia, Iouis etiam simulacrum, sublimi quod in culmine stabat, suis esse ab sedibus prouolutum. Responsum deinde ab haruspicibus editum, res scaeuas*

nom propre, aucun contexte historique. En fait, l'épisode se rapporte à la conjuration de Catilina, et il est datable des années 65-63 av. J.-C. Selon un procédé dont notre auteur est coutumier, le texte est une réécriture de la troisième *Catilinaire* : le décalque est flagrant[108]. Faut-il pour autant en

tristissimasque portendi ab incendiis, caedibus, ab legum interitu (je souligne) *et ab iuris occasu, maxime tamen ab* domesticis *hostibus atque ab impia coniuratorum manu. Sed flecti haec posse, immo aliter publicari scelerata non posse consilia, nisi Iuppiter rursus altiore in culmine figeretur orientalem conuersus ad cardinem radiisque oppositus solis. Adfuisse dicto fidem : nam subrecto culmine conuersoque ad solem signo patuisse res abditas et reserata in maleficia uindicatum*, « Il n'échappe pas non plus à notre connaissance pour l'avoir lu, et c'est un fait bien établi, que, quand le Capitole fut frappé de la foudre ainsi que bien d'autres objets au même endroit, même la statue de Jupiter, qui se dressait sur un socle élevé, fut jetée à bas de son emplacement. La réponse des haruspices fut que cela annonçait des événements sinistres et particulièrement déplorables, du fait d'incendies, de meurtres, de la destruction des lois et de la ruine du droit, mais surtout des ennemis intérieurs et d'une bande impie de conjurés. Mais tout cela pouvait être détourné ; bien mieux, c'était le seul moyen de rendre publics des desseins criminels, si Jupiter était replacé sur un socle plus élevé, tourné vers l'orient et faisant face aux rayons du soleil. On ajouta foi à ces paroles : en effet, une fois le socle rehaussé et la statue tournée vers le soleil, le complot fut révélé et les forfaits dévoilés furent punis ».

108. Cicéron, *Catilinaires* 3, 19-20 *Nam profecto memoria tenetis, Cotta et Torquato consulibus, compluris in Capitolio res de caelo esse percussas, cum et simulacra deorum depulsa sunt, et statuae ueterum hominum deiectae, et legum aera liquefacta... Quo quidem tempore cum haruspices ex tota Etruria conuenissent,* caedes (je souligne) *atque* incendia *et* legum interitum *et bellum ciuile ac* domesticum *et totius urbis atque imperi occasum appropinquare dixerunt, nisi di immortales, omni ratione placati, suo numine prope fata ipsa flexissent. Itaque illorum responsis tum et ludi per decem dies facti sunt, neque res ulla quae ad placandos deos pertineret praetermissa est, idemque iusserunt simulacrum Iouis facere maius et in excelso conlocare, et, contra atque antea fuerat, ad orientem conuertere, ac se sperare dixerunt, si illud signum, quod uidetis, solis ortum et forum curiamque conspiceret, fore ut ea consilia quae clam essent inita contra salutem urbis atque imperi inlustrarentur ut a senatu populoque Romano perspici possent. Atque illud signum ita conlocandum consules illi locauerunt ; sed tanta fuit operis tarditas ut neque superioribus consulibus neque nobis ante hodiernum diem conlocaretur*, « Vous n'avez sûrement pas oublié que, sous le consulat de Cotta et de Torquatus, au Capitole, un grand nombre d'objets furent frappés de la foudre : des images des dieux furent déplacées, des statues de nos ancêtres furent renversées, les tables d'airain de nos lois entrèrent en fusion... Alors on fit venir les haruspices de toute l'Étrurie : ils dirent que des massacres et des incendies étaient proches, et l'anéantissement des lois, et la guerre civile au sein de la cité, et la ruine totale de Rome et de l'empire, si l'on n'apaisait pas, à tout prix, les dieux immortels dont l'intercession fléchirait peut-être les arrêts du destin. Sur cette réponse, on institua d'abord des jeux qui durèrent dix jours, puis rien ne fut omis qui pût apaiser les dieux. Les haruspices prescrivirent encore d'ériger une statue plus grande à Jupiter, et de la placer sur un socle élevé, et, contrairement à ce qu'on avait fait jusqu'ici, de la tourner face à l'orient. Ils espéraient, disaient-ils, que si la statue que vous apercevez d'ici regardait vers le levant et, en même temps, vers le forum et vers la curie, les machinations qui se tramaient contre le salut de la ville et de l'empire seraient éclairées d'une telle lumière que le Sénat et le

conclure en faveur des dieux ? Sans doute, répond Arnobe, tous ces faits ont l'apparence du miracle. Mais on ne saurait se laisser circonvenir par leur « faux air » d'authenticité. Ils ont l'apparence de la vérité. Ils ne sont pas la vérité[109].

La lecture complète de l'épisode donne pourtant des dieux et de leur action une image beaucoup plus favorable que l'interprétation d'Arnobe ne le laisse à penser. Cicéron, lui aussi, invoque « la vérité » : tout montre que Rome est gouvernée « par la volonté et la puissance des dieux immortels »[110]. Arnobe procède à une forte contraction à la fois du texte de Cicéron et des événements historiques. On a l'impression, à le lire, que le foudroiement destructeur et la mise en place de la nouvelle statue se sont succédé immédiatement. En fait, dans l'intervalle, deux longues années s'étaient écoulées. Or, loin de s'offusquer d'une telle lenteur, Jupiter fit preuve d'une longanimité inattendue : le matin même où la statue était enfin remise en place, le jour même où Cicéron prononçait la troisième *Catilinaire*, les conjurés, dénoncés par les Allobroges, étaient démasqués – coïncidence qui révèle l'intervention de la providence. Le dieu cruel qui, jadis, demandait à Numa une victime humaine[111] se serait-il adouci, « humanisé », avec le temps, au

peuple romain arriveraient à les pénétrer. Les consuls de l'année passèrent alors marché pour l'édification d'une telle statue ; mais les travaux furent si lentement conduits, que ni sous mes prédécesseurs ni sous mon consulat on ne put la mettre en place avant aujourd'hui même ».
109. Arn. 7, 41, 1-2 *Habent quidem miraculi speciem, quin immo habere creduntur, cuncta ista quae dicta sunt, si ita ut sunt prompta humanum ueniant ad auditum, nec diffitemur inesse his quiddam, quod in prima positum quem ad modum dicitur fronte, perstringere aures possit et ueritatis similitudine circumuenire. Ceterum si penitus intueri res factas, personas et personarum uolueris uoluntates, nihil esse repperies diis dignum et, quod saepe iam dictum est, quod ad huius nominis speciem dignitatemque referatur*, « Tous ces faits que nous venons de mentionner ont à vrai dire, ou plutôt on croit qu'ils ont un caractère miraculeux, s'ils viennent aux oreilles des hommes tels que nous les avons rapportés, et nous ne nions pas qu'ils ont quelque chose qui, au premier abord, comme on dit, est capable de retenir l'attention et de circonvenir par un faux air d'authenticité. Pourtant, si l'on veut examiner à fond les faits, les personnes et les intentions des personnes, on ne trouvera rien là qui soit digne des dieux et qui, comme il a déjà été dit souvent, soit en rapport avec l'idée et la dignité de ce titre ».
110. Cic. *Cat.* 3, 21 *hic quis potest esse, Quirites, tam auersus a uero, tam praeceps, tam mente captus, qui neget haec omnia quae uidemus praecipueque hanc urbem deorum immortalium nutu ac potestate administrari ?*, « qui donc, citoyens, peut être assez ennemi de la vérité, assez inconsidéré, assez peu sain d'esprit pour nier que tout ce monde sensible, mais, en particulier, que notre ville soit gouvernée par la volonté et par la puissance des dieux immortels ? ».
111. C'est la conclusion de l'épisode : Arn. 5, 4, 4 *et crudelis Iuppiter fuisse doceatur, qui quod maena potuit et caepicio suscipi uoluisse dixerit humanis capitibus expiari*, « et l'on est instruit de la cruauté de Jupiter qui, pour une purification dont pouvaient se charger une mendole et un oignon, déclara exiger des têtes humaines ».

contact des mortels ? Les dieux seraient-ils meilleurs que ne le prétendent des chrétiens malintentionnés ? Quoi qu'il en soit, qu'elle le doive ou non à la protection du dieu du Capitole, trois cent cinquante ans après, l'empire existe toujours ; les lois sont respectées ; Rome, ville impériale, est toujours debout.

Chapitre II
Jupiter démasqué

Jupiter est-il, ou non, le dieu cruel que prétendait Arnobe ? Deux visions de l'histoire peuvent se heurter : le maître de la foudre, cruel, qui demandait au bon Numa des vies humaines, ou celui, providentiel, qui sauva Rome des complots de Catilina[1]. Seul, un examen plus attentif du passé de l'humanité pourra apporter une réponse à cette question théologique.

Un épisode de l'histoire romaine : l'esclave battu

Si salutaire qu'ait été l'action de Jupiter en 65-63 av. J.-C., ce n'est là, pourtant, qu'un épisode ponctuel de l'histoire, qui ne doit pas faire illusion sur le cours général des événements. Le monde est, depuis toujours, accablé de maux de toute sorte : épidémies, guerres, disettes, invasions de sauterelles, etc. Les païens prétendent, à tort, que ces calamités sont dues à la colère des dieux, irrités contre les chrétiens qui désertent leur culte[2]. La réponse d'Arnobe est que, de tout temps, les épidémies, la contagion ont frappé le genre humain, comme en témoignent les annales des divers peuples[3]. Il est, effectivement, la mémoire romaine en a fort bien gardé le souvenir, une épidémie qui fut envoyée par Jupiter lui-même dans les temps lointains de la République : elle fut provoquée par une faute rituelle à laquelle les chrétiens sont évidemment étrangers. Arnobe a consacré à cet épisode bien connu un long développement

---

1. *Supra*, p. 45-50.
2. C'est l'argumentaire de 1, 3 ; § 2 *sed pestilentias, inquiunt, et siccitates, bella, frugum inopiam, locustas... dii nobis important iniuriis uestris atque offensionibus exasperati*, « mais les épidémies, dit-on, et la sécheresse, les guerres, les disettes, les sauterelles... tout cela nous est infligé par les dieux, qu'ont exaspérés vos outrages et vos offenses ».
3. 1, 3, 9 *Pestilentiae, contagia urunt genus humanum*, disent les païens. – *Annalium scripta percurrite linguarum diuersitatibus scripta : uniuersas discetis gentes saepenumero desolatas et uiduatas suis esse cultoribus*, répond le chrétien. « Les épidémies, la contagion, consument le genre humain. – Consultez les livres d'annales rédigés en différentes langues : vous apprendrez que des pays entiers ont été bien souvent dépeuplés, vidés de leurs habitants ».

du livre VII (chap. 38-43)[4], comme si son apologie s'ouvrait et se fermait[5] sur l'évocation d'une de ces catastrophes dont, à toute époque, fut victime le peuple romain.

La confrontation des multiples sources, païennes, chrétiennes[6], qui la rapportent est révélatrice. Dans l'historiographie romaine, le récit sert d'aition au renouvellement (*instauratio*) des Grands jeux, *ludi Magni* ou *Romani*, (mal) célébrés en l'honneur de Jupiter. Selon la vulgate païenne, avant que les jeux n'aient commencé, un personnage, honorable « père de famille » (Lactance et Macrobe le nomment Autronius Maximus) mena à travers le cirque, en le battant à coups de verges, un esclave qui portait au cou le carcan (*furca*, la « fourche »). La cérémonie fut ensuite célébrée comme si de rien n'était. Mais un simple paysan eut une vision en songe : il vit Jupiter qui lui dit que « le premier danseur ne lui avait pas plu », *praesulem sibi non placuisse* (Cicéron), et lui ordonna d'en informer le sénat. Notre homme[7], intimidé à l'idée de se présenter devant d'aussi hauts personnages, n'osa pas suivre ses injonctions. Le dieu lui répéta ses redoutables avertissements : son fils mourut, lui-même fut frappé de paralysie. Jusqu'à ce qu'il se fît porter au sénat, pour raconter son rêve. Il fut aussitôt guéri, et le sénat fit célébrer à nouveau les jeux.

La version d'Arnobe diffère sensiblement de la vulgate. Loin de la conviction de Quintus Cicéron, qu'il faut croire aux songes ; du récit annalistique de Tite-Live ; de la leçon de Macrobe, sur l'éminente dignité des esclaves, qui sont des hommes comme nous, parfois meilleurs que nous, il organise sa

---

4. Déplacés en « Appendice I » dans l'édition de B. Fragu.
5. L'ample conclusion-résumé du livre VII (chap. 35-37), indépendamment des problèmes que soulève l'inachèvement de l'ouvrage, reprend nombre des thèses soutenues dans les livres précédents. Ainsi la question posée en 7, 35, 1 : qui, des païens ou des chrétiens, se fait des dieux la meilleure opinion ? § 2 : pour vous, ils sont nés, d'un père et d'une mère ; § 4 *uos habere sexus deos aliosque ex his mares, feminini generis alios esse censetis*, « vous pensez que les dieux ont un sexe et que parmi eux les uns sont mâles, les autres femelles ». C'est le sujet du livre III.
6. Cic. *diu.* 1, 55, qui renvoie à plusieurs annalistes (éd. M. Chassignet, *L'Annalistique romaine*, I-II, CUF), Fabius Pictor (frg. 19), Gellius (frg. 21), et dont la source directe est Caelius Antipater (frg. 57) ; Liv. 2, 36 ; Denys d'Halicarnasse (abrégé Dion. Hal.) 7, 68-69 ; Valère Maxime 1, 7, 4 ; Plut. *Vies. Coriolan* 24-25 ; Min. Fel. 7, 3 ; 27, 4 ; Lactance, *Institutions divines* 2, 7, 20-21 ; Macrobe, *Saturnales* 1, 11, 3-5 et 46 ; Aug. *ciu.* 4, 26, p. 178 sq. D ; 8, 13, p. 340 D. On regrette d'autant plus la perte de Varron, qui devait en traiter au livre IX des *Antiquités, De ludis circensibus* (*infra*, n. 31). Pour une analyse comparée des sources, voir H.-F. Mueller, *Roman Religion in Valerius Maximus*, Londres-New York, Routledge, 2002, p. 90-92.
7. Nommé Titus Latinius chez Tite-Live, Denys d'Halicarnasse, Valère Maxime, Plutarque, Augustin ; Tiberius Atinius chez Lactance ; Annius chez Macrobe (qui sont les seuls à donner aussi le nom du maître). Anonyme ailleurs, y compris chez Arnobe. La date n'est pas plus certaine : la guerre latine de 499 pour Cicéron, 491 pour Tite-Live, seulement 279 selon Macrobe.

relation autour d'une épidémie dont, avec Denys d'Halicarnasse, il est seul à faire état. On aura cependant des doutes sur la relation de Denys. L'épidémie y est mentionnée dans un topos introductif, qui paraît reprendre une liste type de prodiges bien répertoriés[8], plutôt que de se référer aux événements précis de cette année : aussi bien n'en sera-t-il plus question par la suite[9]. Chez Arnobe, au contraire, le thème de l'épidémie est récurrent dans toute cette fin du livre VII, pour illustrer le caractère vindicatif et la cruauté des dieux. Il apparaît dès le chapitre 38, qui a valeur d'introduction. Si, comme le prétend l'interlocuteur païen, les dieux ignorent la colère et les autres passions, que veulent dire les histoires, les annales, qui rapportent que, sous le coup de diverses offenses, ils ont envoyé des épidémies et d'autres maux[10] ? Et les tremblements de terre, survenus parce que les jeux avaient été célébrés avec négligence, et qui cessèrent, une fois qu'ils eurent été recommencés avec le scrupule requis[11] ? Les deux motifs, les jeux, l'épidémie, qui sous-tendent notre histoire sont en place. Il n'est alors question que des dieux en général, mais Jupiter apparaît sans tarder, dans la version revue et corrigée par Arnobe, qui ajoute à la vulgate un autre détail : l'esclave est gravement coupable, et

---

8. Dion. Hal. 7, 68, 1-2 : spectres, voix d'origine inconnue, naissances monstrueuses, humaines et animales, prophéties, rendues par des femmes en fureur, épidémie.

9. Les animaux mouraient en masse, mais non les humains, qui étaient malades, mais, manifestement, se rétablissaient. Le jeune homme, lui, meurt subitement, sans cause apparente. T. Latinius lui-même est perclus de douleurs épouvantables (crise de rhumatismes ?) ; cf. 7, 68, 5-6.

10. Arn. 7, 38, 1 *quid historiae sibi uolunt, quid annales, quorum in conscriptionibus legimus nonnullis offensionibus deos motos pestilentias, sterilitates ac frugum inopias aliaque intulisse ciuitatibus nationibusque... ?*, « que signifient les histoires, les annales, dans lesquelles nous trouvons consigné que les dieux, provoqués par diverses offenses, ont envoyé des épidémies, la stérilité, la disette et d'autres maux aux cités et aux nations ? ».

11. 7, 38, 2 *quid terrarum fremitus, quid motus... quod essent acti per indiligentiam ludi... instauratis his tamen et curiosa obseruatione repetitis superorum conquieuisse terrores et ad hominum curam familiaritatemque reuocatos ?*, « que signifient les secousses, les tremblements de terre, survenus... parce que les jeux avaient été célébrés avec négligence... et pourtant, dit-on, une fois les jeux recommencés et redonnés avec une attention scrupuleuse, la terreur inspirée par les dieux s'apaisa et ceux-ci retrouvèrent leur sollicitude et leur amitié pour les hommes ? ». Allusion au tremblement de terre de 179 ? (*infra*, p. 323, n. 194). L'épisode a été esquissé en 4, 37, 3 : *nam saepe illos dicitis et propter ludos minus sollicite factos et propter praesules non probatos et propter quaedam spatiola defanata et propter caerimonias non rite perfectas tremoribus infremuisse terrarum et contagione pestilentiae conrupisse auras temporum luctuosa cum populi uastitate*, « car vous dites souvent que, à cause de jeux célébrés avec négligence, ou de premiers danseurs qui ne leur ont pas plu, ou de la profanation d'un bout de terrain, et de cérémonies dont le rituel était fautif, ils ont grondé, fait trembler la terre et pollué les brises saisonnières par l'infection d'une épidémie qui ravageait et endeuillait la population ».

son maître lui inflige le supplice du gibet, c'est-à-dire la mort atroce de la crucifixion[12]. Aussi, peu de temps après, une épidémie commença de ravager la cité ; le peuple mourait en masse. Le paysan chargé par Jupiter d'aller dire aux consuls que « le premier danseur lui avait déplu »[13] et qui tarde à accomplir sa mission s'attire l'hostilité du dieu qui fait mourir (de la « peste ») non pas son, mais ses fils[14]. Lui-même n'est pas frappé de paralysie, mais touché par l'épidémie, dont il guérit miraculeusement dès qu'il a rapporté sa vision au sénat. La cité elle aussi recouvra la santé[15]. Ainsi s'achève le récit, apparemment

---

12.   7, 39, 2 *in annalium scriptis contineri haec omnia… legimus <haec eadem> et esse posita scimus, ludis quondam ipsis circensibus, qui Ioui Maximo fierent, patrem familias quendam, antequam inciperent res agi, seruum pessime meritum per circi aream mediam transduxisse caesum uirgis et ex more mulctasse post patibuli poena*, « tout cela se trouve dans les écrits de vos annalistes… nous aussi nous les avons lus et nous savons qu'ils rapportent que jadis, précisément au cours des jeux du cirque célébrés en l'honneur du Très Grand Jupiter, un père de famille, avant le début de la cérémonie, avait fait traverser l'arène du cirque à un esclave gravement coupable en le battant de verges, puis lui avait infligé, selon la coutume, le supplice du gibet » ; cf. 7, 41, 8 *pronuntiauit in praesule, quia crucis ad poenas per circi actus est medium uirgis dilaceratus et flagris*, « il déclara [qu'il avait été offensé] par le "premier danseur", parce qu'on lui avait fait traverser le cirque pour le conduire au supplice de la croix, en le déchirant de coups de verges et de fouet ». Cf. les articles *Crux* et *Furca* du *DA*, dus respectivement à G. Humbert et E. Saglio, I, 2, p. 1573-1575, notamment fig. 2085 ; et à J. A. Blanchet, II, 2, p. 1409 ; J. Marquardt, *La Vie privée des Romains*, trad. fr., Paris, Thorin, 1892, I, p. 216-220 ; C. Vismara, *Il supplizio come spettacolo*, Rome, Quasar, 1990, p. 21-25. Il n'est pas facile de distinguer entre les deux formes de supplice. Les textes eux-mêmes ne sont pas clairs et la confusion lexicale est accrue par la présence de trois termes : *furca, patibulum, crux*. Le condamné a le cou pris dans la *furca*, qui est une pièce de bois en forme de V, et les bras attachés le long des montants. Battu de verges, il est ainsi promené sous les yeux du public. Le châtiment peut s'arrêter là. Le degré supérieur est le *patibulum* (ou la *crux*), poutre transversale qu'il porte sur le cou et les épaules, et sur laquelle il a les bras attachés « en croix ». Elle est fixée à un poteau planté en terre ; le condamné a les pieds au-dessus du sol, comme dans une pendaison, jusqu'à ce que mort s'ensuive. Le supplice est décrit par Denys, 7, 69, 2, qui écrit pour un lectorat grec, peu au fait des usages romains. Cf. également Plutarque, *infra*, n. 35.

13.   7, 39, 3 *non multi post temporis spatium ciuitatem occepisse pestilentia uastari, cumque dies adderet malum malo grauius, cateruatim et populus interiret, rusticulo cuidam sorte humilitatis obscuro Iouem per insomnium dixisse, uti ad consules uaderet, praesulem sibi displicuisse monstraret…*, « au bout de peu de temps une épidémie commença à ravager la cité ; comme de jour en jour le mal empirait et que le peuple mourait en foule, Jupiter ordonna en songe à un obscur paysan de modeste condition d'aller trouver les consuls, de leur signifier que le "premier danseur" lui avait déplu… ».

14.   7, 39, 4 *cunctatori redditum inimicum Iouem filiorum obitus inrogauisse pro poena*, « Jupiter, que ces atermoiements avaient irrité, le punit en faisant mourir ses fils ».

15.   7, 39, 5 *cum iam et ipse contactus pestilentiae flagraret incendio, de sententia propinquorum perlatum ad curiam patrum insomnique exposita uisione flammas euolauisse contagii ; ludorum deinde instauratione decreta et spectaculis adhibitam grauem curam et priorem populo redditam sanitatem*, « atteint déjà lui-même et brûlant de la fièvre pestilentielle, il est transporté, sur l'avis

objectif, qui, parti du courroux trop fréquent des dieux, s'est ensuite centré sur l'histoire, unique dans les annales, de Jupiter et du paysan. On pourrait croire que l'épisode est terminé. Il n'en est rien.

Après un chapitre en intermède (7, 40), qui énumère une liste de précédents, d'autres épreuves envoyées aux hommes par les dieux (§ 1-2 : épidémie, *lues*; renversement de la statue de Jupiter, abattue par la foudre, prodige que nous avons examiné précédemment)[16], Arnobe entame son réquisitoire contre Jupiter. Long réquisitoire, puisqu'il se développe sur trois chapitres (41-43), qui donnent parfois l'impression de piétiner. À l'analyser de plus près, on verra que le regard se déplace d'une victime ou d'un groupe de victimes à l'autre : l'esclave (chap. 41), la population romaine (42), le paysan (43). Un dieu peut-il prendre plaisir à assister aux courses[17] ? Le dieu suprême, créateur du monde, descend-il du ciel pour en suivre avec passion les péripéties ? regarder les chevaux qui rivalisent de vitesse ? les accidents qui les mutilent ? les bêtes blessées qu'on achèvera[18] ? Description caricaturale des jeux, qui rappelle Sénèque affichant un détachement de philosophe devant les sportifs de son temps[19], et qui vaut toujours pour le nôtre, tant il est aisé de tourner en

---

de ses proches, jusqu'au sénat et, quand il eut relaté la vision qu'il avait eue en songe, le feu de la contagion disparut ; ensuite on décida de recommencer les jeux, on apporta aux spectacles un soin scrupuleux et le peuple recouvra la santé ».

16. *Supra*, p. 47-49.

17. 7, 41, 3 *quis est enim primum qui deum illum fuisse credat, qui currentibus frustra delectaretur eculeis auocarique se genere hoc ludicri iucundissimum duceret ?*, « et d'abord qui croirait que c'était un dieu qui prenait un vain plaisir à voir courir des chevaux et considérait comme un divertissement fort plaisant ce genre de distraction ? ».

18. 7, 41, 4 *immo illum fuisse quis est qui adsentiatur Iouem, quem deum principem dicitis et rerum quaecumque sunt conditorem, qui spectatum proficisceretur e caelo cantherios de uelocitate certantes, replicantes gyros septem, et quos dissimiles ipse corporum esse in mobilitate uoluisset, eos tamen gauderet transire, transiri, pronos et cernuos ruere, cum curribus resupinos uerti, trahi alios <debiles> cruribus et claudicare praefractis, et ineptias nugis et crudelitatibus mixtas summis in uoluptatibus habuisset quas homo quiuis lautus nec ad studium plenae grauitatis ac ponderis eruditus puerilia duceret atque aspernaretur ut ludicra ?*, « bien plus, qui admettrait que c'était Jupiter, selon vous le dieu suprême et le créateur de tout ce qui existe, qui descendait du ciel pour contempler des rosses rivalisant de vitesse, faisant leurs sept tours de piste, et que, tout en les ayant lui-même voulues d'une agilité inégale, il se réjouissait de les voir passer devant, se laisser dépasser, s'abattre, penchées, la tête la première, se renverser sur le dos avec leurs chars, tandis qu'on en traînait d'autres, boitant, les jambes brisées ; qui regardait comme les plus grandes délices ces inepties où se mêlent frivolité et cruauté, que n'importe quel homme distingué, sans avoir besoin d'être versé dans des études tout à fait graves et sérieuses, tiendrait pour puériles et dédaignerait comme de simples divertissements ? ».

19. Dont le vacarme monte jusqu'à son appartement, situé au-dessus des bains (*Lettres à Lucilius* [cité *epist.*] 56, 1-2).

dérision matches, reportages haletants ou supporters surexcités. Le Jupiter d'Arnobe commet trois fautes. Il a un comportement puéril (41, 3 *frustra* ; 41, 4 *ineptias nugis... mixtas*). Il est sadique, prenant plaisir aux accidents et aux blessures. Il est injuste. De fait, son action s'exerce au mépris de la justice. De deux choses l'une : ou l'esclave était réellement coupable, et le dieu n'avait aucune raison de s'indigner, puisque le châtiment que lui infligeait son maître était mérité[20] ; ou il était innocent, et c'est Jupiter qui est en faute, puisqu'il n'a rien fait pour lui venir en aide. Pire encore, ayant laissé faire ce qu'il réprouvait, c'est vers d'autres qu'il s'est tourné pour en tirer un châtiment[21].

En quoi, demande Arnobe qui, après l'esclave battu, prend maintenant en compte l'univers entier, était-ce une souillure pour le cirque ou pour Jupiter, alors que, dans le même instant, le dieu voyait des milliers d'hommes mourir à travers le monde[22] ? Ce qui compte, c'est l'intention. Si l'irrégularité commise dans la célébration des jeux était voulue, si le sacrilège était délibéré, nous pouvons pardonner à Jupiter – ce qui est un comble : les hommes pardonnent au dieu ! – de s'en être indigné[23]. Mais, si nul n'était conscient de ce vice de forme, Jupiter se devait de pardonner[24]. « Mais il fallait punir », rétorque le

---

20. 7, 41, 6 *si enim nocens [seruus] atque illa fuerat animaduersione puniendus, qui debuit Iuppiter indignatione aliqua commoueri, cum ageretur iniuste nihil, immo cum nocens caput poenis conuenientibus plecteretur ?*, « en effet, si l'esclave était coupable et méritait d'être puni d'une telle peine, pourquoi Jupiter devait-il être saisi de la moindre indignation, puisqu'on ne commettait aucune injustice, puisqu'au contraire un coupable subissait le châtiment qu'il méritait ? ».
21. 7, 41, 7 *sin autem inmunis ab scelere neque ulli obnoxius crimini, uitiosi praesulis ipse fuit in causa, cui cum subuenire potuisset, non fecit ; immo ipse quaesiuit et pati quod inprobabat et ab aliis poenas suae permissionis exigere*, « mais si l'esclave était innocent de tout crime et si l'on n'avait rien à lui reprocher, c'est Jupiter lui-même qui était responsable du "premier danseur" fautif, puisque, pouvant lui venir en aide, il n'en fit rien, bien mieux il chercha le moyen de permettre ce qu'il réprouvait et de punir autrui pour ce qu'il avait lui-même autorisé ».
22. 7, 42, 1 *et quid ex hoc facto labis potuit et foeditatis ecfluere, quod aut circum faceret minus purum aut Iouem contaminatum, cum per exigua momenta, per puncta tot in orbe conspiceret milia mortis in generibus uariis et cruciatibus interire diuersis ?*, « et quelle souillure, quelle abomination pouvait bien découler de cet incident, susceptible de rendre le cirque moins pur ou de contaminer Jupiter, alors qu'en quelques moments, en quelques instants, il voyait mourir dans le monde tant de milliers d'hommes, de diverses manières et dans des tourments variés ? ».
23. 7, 42, 2 *si sacrilego pectore religionisque contemptu, est ut ignoscere debeamus Ioui indignanti se spretum...*, « si cela fut fait avec une intention sacrilège et par mépris de la religion, nous sommes effectivement tenus de pardonner à Jupiter, s'indignant d'avoir été dédaigné ».
24. 7, 42, 2 *nonne fuerat rectum Iouique conueniens, ut humanis ignosceret lapsibus et inprudentiae caecitatem ueniali concessione donaret ?* », « n'aurait-il pas été juste et digne de Jupiter de pardonner les défaillances humaines et d'accorder à l'irréflexion aveugle un pardon indulgent ? ».

païen. À quoi Arnobe répond : le châtiment doit être proportionné à la gravité de la faute ; un dieu ne punit pas par l'anéantissement de toute une cité une négligence aussi insignifiante[25]. Le pauvre peuple était innocent ; il fut pourtant victime d'une cruelle contagion[26]. Bien plus, le dieu a fait périr les femmes, les jeunes filles, les enfants, les bébés qui subirent la dureté de la mort avant même que d'avoir goûté aux premières douceurs de la vie[27].

Cette amplification grandiloquente marque-t-elle la fin du développement ? Pas encore. Élargi à l'humanité en général, à Rome en particulier comme figure du genre humain, le discours se resserre maintenant sur une autre victime : le paysan vieux, donc pitoyable (le détail, qui n'a pas été donné auparavant, survient au bon moment), entouré de ses pauvres enfants[28], la guérison du malheureux père, ramené à la vie, non pour en jouir, mais pour souffrir de sa solitude et de ses deuils[29]. Dans cette plaidoirie à charge, Arnobe déploie toutes les ressources de sa rhétorique. Le pathos s'y déverse à pleines mains. La grâce accordée au vieux père n'est qu'une cruauté de plus : l'accusé Jupiter comparaît devant le tribunal de la conscience. À la différence des autres

---

25. 7, 42, 3 *et post haec aliquis fuisse illum deum credet, qui puerilis incuriam ludicri ciuitatis ultus est et persecutus interitu ?*, « et après cela il y aura encore quelqu'un pour croire qu'il était dieu, celui qui punit et châtia par la destruction de la cité une négligence dans un divertissement puéril ? ».
26. 7, 42, 4 *quid infelix commeruerat populus, ut aliena delicta capitis sui dissolueret poenis pestilentibusque contagiis crudeliter expelleretur uita ?*, « qu'avait donc fait de mal le pauvre peuple pour payer de sa vie les crimes d'autrui et pour perdre cruellement l'existence dans une épidémie pestilentielle ? ».
27. 7, 42, 5 *immo quid feminarum genus, quas ab negotiis publicis condicio fragilitatis excepit, quid adultae uirgines, quid puerculi fecere pusiones, quid denique adhuc parui nutricum sub alimonia constituti, ut in eos inmitteretur par et una saeuitia priusque acerbitatem mortis quam dulcedinem aliquam perciperent luminis ?*, « mieux encore qu'avait fait la gent féminine que la faiblesse de sa constitution tient à l'écart des affaires publiques, qu'avaient fait les jeunes filles déjà grandes, les tout jeunes enfants, qu'avaient fait enfin les bébés encore mis au sein de leurs nourrices pour que se déchaînât contre eux une seule et même sévérité et qu'ils subissent l'âpreté de la mort avant de goûter un peu la douceur de la lumière ? ».
28. 7, 43, 4 *si enim rusticus senior inexpeditus in rebus obeundis cunctabatur in re iussa causis superioribus retardatus, quid infelices eius commeruerant liberi ?*, « car si le vieux paysan, embarrassé pour s'acquitter de sa mission, hésitait à obéir, paralysé pour les raisons que j'ai indiquées plus haut, quel mal avaient fait ses pauvres enfants ? ».
29. 7, 43, 9 *quodsi penitus res pendas, magis illa crudelitas quam beneficium salutis fuit, si quidem hominem miserum et interire post filios cupientem non gaudia seruauit ad uitae sed ut suam solitudinem disceret et orbitatis cruciamenta sentiret*, « mais si l'on examine les choses à fond, ce retour à la santé fut une cruauté plutôt qu'un bienfait, puisque ce malheureux qui désirait suivre ses fils dans la mort fut sauvé, non pour jouir des joies de la vie, mais pour apprendre la solitude et subir les tourments d'un père privé de ses enfants ».

sources, le récit n'est pas daté, les personnages n'ont pas de nom : ils sont les héros d'une fable exemplaire et cruelle, « Jupiter, l'esclave battu et le paysan ». Le souverain des dieux peut-il se remettre d'un tel réquisitoire ? Arnobe pratique avec talent l'art de la déformation historique, au service de l'apologie.

Mais, jusque dans les inflexions qu'il apporte au récit canonique, il manifeste un sens sûr de la religion païenne qui fut si longtemps la sienne. Dans la tradition annalistique, l'histoire de T. Latinius a valeur étiologique : elle explique le renouvellement, *instauratio*, des jeux Romains, alors mis en œuvre pour la première fois[30], en hésitant entre deux étymologies, le verbe technique *instaurare* pouvant soit, selon certains, se rattacher au grec σταυρός, le « carcan » porté par l'esclave, soit plutôt, selon Varron, vouloir dire *instar nouare*[31]. Mais, du point de vue de la religion, et non plus de la morale, où était la faute, et de quoi se plaignait Jupiter ? La réponse d'Arnobe est très nette. La souillure qui entache le cirque, qui « contamine » Jupiter lui-même, est celle de la mort, à laquelle le maître conduit son esclave[32]. La chronologie d'Arnobe est claire : mené à travers le cirque et battu de verges (1), l'esclave subira ensuite (2 : *post*) le supplice du gibet et de la croix[33]. Les versions romaines anciennes sont beaucoup moins nettes : elles ne disent pas que l'esclave est voué à la mort, mais seulement au supplice du carcan[34] qui, si cruel soit-il, n'est pas

---

30. Les circonstances sont explicitées par Cic. *diu.* 1, 55. Durant la guerre latine, on célébrait les Grands jeux pour la première fois. Ils furent interrompus parce que la cité fut soudain appelée aux armes. Quand on les recommença, nouvel incident : l'esclave battu de verges. Il fallut donc « les recommencer une nouvelle fois », *iterum instauratos*.
31. Macr. *Sat.* 1, 11, 5 *dies... instauraticius dictus est non a patibulo, ut quidam putant, Graeco nomine* ἀπὸ τοῦ σταυροῦ, *sed a redintegratione, ut Varroni placet, qui instaurare ait esse instar nouare*, « un jour qui fut appelé *instauraticius* (jour de recommencement), non pas d'après le nom grec du carcan (*stauros*), comme certains le croient, mais en fonction du rétablissement, comme le veut Varron, qui fait dériver *instaurare* de *instar nouare* (rétablir) » = 81 Card.
32. Arn. 7, 42, 1 (*supra*, n. 22).
33. 7, 39, 2 et 7, 41, 8 (*supra*, n. 12) : *caesum uirgis* ; *post patibuli poena* ; *crucis ad poenas*, « en le battant de verges ; puis... le supplice du gibet ; au supplice de la croix ». Arnobe n'emploie pas le mot *furca*. *Patibulum* est le terme dont il use pour la crucifixion du Christ (1, 40, 1 ; 1, 62, 2). Macrobe, *Sat.* 1, 11, 3, dit, comme Arnobe, *uerberatum patiboloque constrictum*, « après avoir fait fouetter son esclave, il le fit lier au carcan ».
34. Cic. *diu.* 1, 55 *cum uirgis caederetur, furcam ferens*, « en le frappant à coups de verges, portant la fourche » ; Liv. 2, 36, 1 *sub furca caesum*, « la fourche au cou, en le faisant fouetter ». Valère Maxime, 1, 7, 4, se contente d'un vague *uerberibus mulcatum sub furca ad supplicium egisset*, « pour amener au supplice [l'esclave] qu'il avait flagellé et auquel il avait passé une fourche au cou ». Le supplice que décrivent les auteurs grecs est bien celui du *patibulum*, qui s'achève par la mort : Dion. Hal. 7, 69, 1 ἐπὶ τιμωρίᾳ θανάτου, « pour être conduit à la mort » ; Plut. *Coriol.* 24, 6 ἀποκτεῖναι, « le mettre à mort » ; 25, 1 ἐθανάτωσαν, « le faire mourir ».

mortel. Que l'épisode soit de mauvais présage pour le déroulement des jeux, sans doute : le sang de l'esclave battu à coups de verges est une souillure. On peut aussi supposer qu'en ces temps anciens, où les esclaves étaient encore peu nombreux et où sévissait l'esclavage pour dettes, Jupiter se soit irrité de voir ce traitement infligé à un Romain[35]. Mais rien n'est dit : il faut expliciter les textes. Arnobe, lui, s'exprime sans ambages, et dans le sens le plus défavorable au dieu. Le sang qui souille a beau être une atteinte à la pureté divine, Jupiter aime la mort : celle des milliers de victimes de l'épidémie. Et, s'il était offusqué par celle que va subir l'esclave, pourquoi ne l'a-t-il pas sauvé ? Au terme du récit d'Arnobe, il est condamné encore plus sûrement que le malheureux esclave qui va mourir, que les infortunées victimes de l'épidémie ou que le pauvre père qui a perdu tous ses enfants.

On le notera cependant : ce sont les auteurs grecs, Denys d'Halicarnasse et Plutarque, qui, les premiers, font clairement état du supplice du gibet : pour dramatiser le récit ? Ils sont bien les seuls à s'apitoyer sur le sort de l'esclave – même si Plutarque a sans doute une vision idéalisée du passé romain. Ces préoccupations humaines, « humanistes », qu'on retrouvera chez Macrobe, sont étrangères aux sources anciennes, Cicéron, Tite-Live – à Arnobe aussi, d'ailleurs. Indifférence archaïque à la souffrance de l'esclave ? Le sujet est ailleurs : quand Arnobe condamne l'attitude de Jupiter à l'égard de l'esclave, il se situe sur le terrain de la justice (7, 41, 6), et non de la pitié.

Quel portrait de Jupiter se dégage de ces multiples aperçus, qui ont permis d'appréhender sous des angles divers son auguste figure divine ? L'impression d'ensemble est déplorable. Jupiter est un tyran sans foi ni loi. Cruel, injuste, embourbé dans des amours dégradantes, il ne connaît que son bon plaisir. Mari infidèle à Junon, dieu infidèle aux mortels qu'il est censé protéger, il ne respecte aucune des valeurs auxquelles il est réputé présider. Jupiter est, à Rome, le dieu de la bonne foi – il ne fait qu'un avec l'obscur et spécialisé Dius Fidius qu'il a absorbé –, il est le garant des serments et des traités. Or c'est de lui qu'Arnobe nous dit que, s'il avait voulu, « de bonne foi », *fideliter*, rendre au peuple la santé, il se serait adressé à un magistrat ou à un prêtre responsable,

---

35. C'est ce qu'explique Plut. *Coriol.* 24, 8-10 : « En ce temps-là, les Romains traitaient leurs esclaves avec beaucoup de douceur, parce qu'ils travaillaient de leurs mains avec eux et partageaient leur régime, ce qui les rendait plus humains et plus familiers à leur égard. C'était alors un grand châtiment pour un esclave qui avait commis une faute de lui mettre sur le dos la pièce de bois qui sert d'appui au timon d'un chariot et de le faire circuler ainsi dans le voisinage. Celui qu'on avait vu ainsi accoutré n'avait plus aucun crédit auprès des gens de sa maison ni auprès des voisins ». C'est ce que « les Romains appellent φοῦρκα ». Que l'esclave soit, non seulement fouetté, mais emmené pour être exécuté, provoque l'indignation des assistants.

comme le grand pontife ou son flamine, et non à un vulgaire plébéien inapte à remplir cette mission[36]. Pour la conscience romaine évoluée, formée par les philosophes, la notion de « dieu » est inséparable d'une exigence éthique. Le Jupiter d'Arnobe se plaît à faire couler le sang. De Numa, il exige des sacrifices humains, que seule la rouerie du pieux roi évitera à son peuple[37]. Il aime le sang des sacrifices, celui du bœuf doué de la parole qui se plaint de sa cruauté[38]. Il fait cruellement mourir des milliers d'innocents, à qui il inflige une épidémie pour les punir d'une faute qu'ils n'ont pas commise[39]. Nous sommes loin du Jupiter défini par Cicéron et par l'étymologie même inscrite dans son nom, *iuuans pater*, le dieu « qui vient en aide », le dieu « secourable ». Si les Romains l'ont appelé *Optimus Maximus*, c'est parce qu'il est le dieu « bienfaisant » par excellence, qualité qui passe avant la grandeur ; car il importe plus d'être utile à tous que de détenir une grande puissance[40]. Dans l'*Aduersus nationes*, cette figure idéale est bien oubliée.

36. Arn. 7, 43, 1 *si Iuppiter ludos scrupulosius fieri restituique quaerebat, si fideliter reddere suam populo sanitatem nec malum quod fecerat prorogari ulterius et augeri, nonne rectius fuerat, consulem ut ad ipsum ueniret, sacerdotum ad aliquem publicorum, pontificem maximum aut ad flaminem suum Dialem eique per somnium et praesulis uitium et funesti causam temporis indicaret ?*, « si Jupiter avait en vue une exécution plus scrupuleuse des jeux et leur recommencement, s'il voulait de bonne foi rendre au peuple la santé et non pas prolonger davantage et accroître le mal qu'il avait causé, n'eût-il pas mieux valu qu'il s'adresse au consul en personne, à l'un des prêtres publics, le grand pontife ou son propre flamine *Dialis*, et lui révèle en songe l'irrégularité du "premier danseur" et la cause de ces moments de deuils répétés ? ».
37. 5, 4, 4 *crudelis Iuppiter fuisse doceatur*, « on est instruit de la cruauté de Jupiter » – alors que, pour expier la foudre, il pouvait se contenter d'une mendole et d'un oignon, qui auraient aussi bien fait l'affaire.
38. 7, 9, 12 *ita istud non ferum, non inmane, non saeuum est, non tibi, o Iuppiter, iniustum uidetur et barbarum, me occidi, me caedi ?*, « alors, n'est-il pas inhumain, monstrueux, sauvage, ne te paraît-il pas, ô Jupiter, injuste et barbare que je sois tué, que je sois immolé ? » ; cf. 7, 16, 2 *ut in amoribus habeant tam saeua*, « en sorte qu'ils aient du goût pour une telle sauvagerie ».
39. 7, 42, 4 *crudeliter* (supra, n. 26) ; 7, 43, 7 *quaenam illa saeuitia, crudelitas fuit quae tanta, ut extincta subole intestinis periculis post territaret patrem ?*, « quelle sauvagerie ce fut, quelle profonde cruauté que de terrifier le père, une fois sa descendance éteinte, en le menaçant après coup dans sa propre vie ? ».
40. Cic. *ND* 2, 64 *Iuppiter, id est, iuuans pater, quem, conuersis casibus appellamus a iuuando Iouem, a poetis « pater diuomque hominumque » dicitur, a maioribus autem nostris Optimus Maximus, et quidem ante Optimus, id est, beneficentissimus, quam Maximus, quia maius est certeque gratius prodesse omnibus quam opes magnas habere*, « Jupiter lui-même, c'est-à-dire le "père secourable", que nous appelons *Ioue* aux cas obliques, du verbe *iuuare* – secourir, les poètes l'appellent "père des dieux et des hommes" et nos ancêtres "très bon et très grand" : "très bon", c'est-à-dire "très bienfaisant", qui précède "très grand" parce qu'il y a plus de grandeur et en tout

Le Jupiter d'Arnobe est implacable. Un vrai dieu sait pardonner, *ignoscere*; il sait être clément aux défaillances humaines et faire preuve d'une indulgence bienveillante, *ueniali concessione*. Ces « vertus » sont étrangères au dieu souverain du paganisme[41]. Mais c'est la grâce universelle que les chrétiens demandent à leur Dieu, même en faveur de ceux qui persécutent ses serviteurs[42]. Sa bienveillance s'exerce sur tous les hommes, indistinctement, sans considération de leurs mérites : est-il besoin de solliciter le roi du ciel par quelque libation ou victime, pour qu'il dispense aux mortels tous les biens dont ils vivent ? N'accorde-t-il pas ses biens « à tous les hommes également, bons ou mauvais, justes ou injustes, esclaves, pauvres ou riches »[43] ? Les dons de Dieu sont gratuits. Ceux du vrai Dieu, assurément : Arnobe le croit de toute son âme. Mais, avant même sa conversion, il attribuait aux dieux païens la même inépuisable générosité[44]. Que penser ? Tout oppose, en apparence, le Dieu des chrétiens et les divinités païennes – Dieu et Jupiter. Et pourtant, le gouffre qui les sépare est peut-être moins profond qu'il n'y paraît.

Dieu est-il Jupiter ?

Non, Dieu n'est pas Jupiter. Arnobe consacre deux chapitres du livre I (34-35) à réfuter cette idée, qui est chère aux païens de son temps : nous avons, nous aussi, disent-ils, la notion d'un « dieu supérieur » que nous appelons Jupiter Optimus Maximus, « le meilleur, le plus grand ». C'est à lui que nous avons édifié d'augustes demeures, les Capitoles[45]. Arnobe refuse cette conception

---

cas plus de titre à la reconnaissance à être utile à tous qu'à posséder de grandes ressources ». Cf. Apul. *De mundo* 370 (*infra*, n. 126).
41. Arnobe 7, 42, 2 (*supra*, n. 24).
42. 1, 31, 3 *da ueniam, rex summe, tuos persequentibus famulos et – quod tuae benignitatis est proprium – fugientibus ignosce tui nominis et religionis cultum*, « pardonne, Roi suprême, à ceux qui persécutent tes serviteurs et excuse – c'est le propre de ta bonté – ceux qui fuient le culte de ton nom et la pratique de ta religion ».
43. 3, 24, 2 (*infra*, n. 90). Voir tout le chapitre 3, 24, avec mon commentaire.
44. 3, 24, 2 *atquin ego rebar paulo ante spontaneas esse numinum benignitates ultroque ab his fluere inexpectata beniuolentiae munera*, « pourtant je croyais, moi, naguère, que les générosités des puissances divines étaient spontanées et que, d'elles-mêmes, elles laissaient couler à flots les dons inattendus de leur bienveillance ».
45. 1, 34, 1 *sed frustra, inquit, nos falso et calumnioso incessitis et adpetitis crimine, tamquam eamus infitias esse deum maiorem, cum a nobis et Iuppiter nominetur et Optimus habeatur et Maximus cumque illi augustissimas sedes et Capitolia constituerimus immania*, « mais c'est en vain, dit-on, que vous nous attaquez et lancez contre nous une accusation sans fondement et

syncrétiste qui amalgame les deux religions, païenne et chrétienne, et tente de les ramener, en les confondant, à une même notion[46]. Confusion des idées, des croyances, sur laquelle il reviendra au livre III, quand son interlocuteur païen lui proposera de faire « culte commun » et d'adorer avec lui « les autres dieux »[47]. Le Dieu unique des chrétiens et le dieu suprême des païens sont-ils vraiment si semblables ? La confrontation peut porter sur trois points : l'éternité, la souveraineté, la création.

Le premier est peut-être le plus évident. L'argumentaire d'Arnobe, pour rejeter cette assimilation de Dieu et de Jupiter, est que le dieu tout-puissant n'a ni commencement ni naissance[48] : il est éternel, *perpetuus*. L'idée est liée à celle de création. Dieu est la source de tout ce qui existe, du monde et des siècles : le temps n'a pas d'existence par lui-même, mais il procède de son éternité[49]. Jupiter, lui, a un père, une mère, des frères[50] : il a un commencement, il se situe dans le temps et la suite des générations. Comment pourrait-il être Dieu, puisqu'il est établi que Dieu est éternel[51] ? Conclusion : Dieu n'est pas Jupiter[52]. C'est une dénégation commune aux apologistes chrétiens,

---

calomnieuse, selon laquelle nous nierions l'existence d'un Dieu supérieur, alors que nous lui donnons le nom de Jupiter, que nous le considérons comme le meilleur et le plus grand, et que nous lui avons construit de très augustes demeures et de gigantesques Capitoles ».

46. 1, 34, 2 *dissimilia copulare atque in unam speciem cogere inducta confusione conamini*, « vous essayez d'amalgamer des notions différentes et de les réduire à une seule et même idée, en confondant tout ».

47. 3, 2, 1 *si uobis diuina res cordi est, cur alios nobiscum neque deos colitis neque adoratis nec cum uestris gentibus communia sacra miscetis et religionum coniungitis ritus ?*, « si la pratique religieuse vous tient à cœur, pourquoi n'honorez-vous pas, n'adorez-vous pas avec nous les autres dieux et ne faites-vous pas culte commun avec votre nation, en mêlant et en unissant les rites de vos religions ? ».

48. 1, 34, 2 *nam deus omnipotens... neque genitus scitur neque nouam in lucem aliquando esse prolatus nec ex aliquo temporis <puncto> coepisse esse uel saeculo*, « car le Dieu tout-puissant est reconnu... comme n'ayant pas été engendré ni jamais mis au monde et comme n'ayant commencé à exister à aucun moment, à aucune époque ».

49. 1, 34, 3 *Ipse est enim fons rerum, sator saeculorum ac temporum. Non enim ipsa per se sunt sed ex eius perpetuitate perpetua et infinita semper continuatione procedunt*, « Car c'est lui qui est la source de toutes choses, l'Auteur des siècles et des temps. En effet ils n'existent pas par eux-mêmes, mais procèdent de son éternité dans une succession éternelle et infinie ».

50. 1, 34, 4 *at uero Iuppiter, ut uos fertis, et patrem habet et matrem, auos, auias, fratres...*, « Jupiter au contraire, comme vous le dites vous-mêmes, a un père et une mère, des grands-pères, des grands-mères, des frères... ».

51. 1, 34, 5 *Iuppiter esse deus qui potest, cum illum esse perpetuum constet ?*, « comment donc Jupiter peut-il être Dieu, puisqu'il est reconnu que Dieu est éternel ? ».

52. 1, 35, 2 *deum, quem Iouem non esse... clarum est...*, « Dieu, qui n'est pas Jupiter... comme le montre précisément... ».

tant l'éternité est inhérente à la divinité. Le thème est esquissé par Tertullien, qui fait appel au témoignage de l'âme « naturellement chrétienne » : le Dieu grand, le Dieu bon, que tous nomment spontanément, le Dieu vivant est celui qu'on invoque en levant les yeux vers le ciel, et non en tournant son regard vers le Capitole et le prétendu dieu qui l'habite. Tel est le diptyque où se confrontent – s'affrontent ? – les fidèles des deux religions : le Dieu vivant est le Dieu d'éternité, celui qui possède et qui octroie la vie éternelle, opposé aux dieux morts que sont les idoles du paganisme[53]. Le même thème est développé, en des termes très proches d'Arnobe, par Minucius Felix : Dieu n'a ni commencement ni fin, il est éternel[54] ; ceux qui veulent que Jupiter soit le dieu suprême se trompent sur le nom, même s'ils sont d'accord avec nous, chrétiens, sur une puissance unique[55]. De même Lactance : il est illusoire et absurde d'attribuer le nom de Jupiter au dieu suprême[56]. Arnobe n'a pas le moindre doute à cet égard : Dieu est « unique » (*solus*) et « éternel » (*perpetuus*)[57]. Jupiter est engendré et il est le dieu majeur d'un système polythéiste. Ils sont irréductibles l'un à l'autre.

Mais qu'est-ce donc que l'éternité ? Pour exprimer cette notion, Arnobe dispose de plusieurs termes : *aeternus* (*–itas*), *aeuitas*, *perpetuus* (*–itas*). Un examen plus attentif du vocabulaire réserve cependant des surprises. Le seul

---

53. *Apol.* 17, 5-6 « *Deus magnus, Deus bonus* », et « *quod Deus dederit* » *omnium uox est... Denique pronuntians haec non ad Capitolium, sed ad caelum respicit. Nouit enim sedem Dei uiui : ab illo et inde descendit*, « "Grand Dieu !" "Bon Dieu !" et "ce qu'il plaira à Dieu", voilà le cri universel. Elle reconnaît aussi pour juge : "Dieu le voit" et "Je me repose sur Dieu" et "Dieu me le rendra". Ô témoignage de l'âme naturellement chrétienne ! Et, en prononçant ces paroles, ce n'est pas vers le Capitole qu'elle tourne les yeux, mais vers le ciel. Elle connaît, en effet, le séjour du Dieu vivant : c'est de Lui, c'est de là qu'elle est descendue ». Sur « le dieu vivant », voir R. Braun, *Deus Christianorum. Recherches sur le vocabulaire doctrinal de Tertullien*[2], Paris, Études augustiniennes, 1977, p. 76-78.
54. Min. Fel. 18, 7 *deum nec principium habere nec terminum, qui natiuitatem omnibus praestet, sibi perpetuitatem*, « Dieu... n'a ni commencement ni fin, lui qui assure la génération à tout ce qui est, à lui-même la durée perpétuelle ».
55. Min. Fel. 18, 11 *qui Iouem principem uolunt, falluntur in nomine, sed de una potestate consentiunt*, « ceux qui soutiennent que Jupiter est souverain se trompent sur le nom, mais sont d'accord avec nous sur une puissance unique ».
56. *Inst.* I, 11, 39 *Vana igitur persuasio est eorum qui nomen Iouis summo Deo tribuunt... qui conuicti de uno Deo cum id negare non possunt... uerum hoc sibi placere ut Iuppiter nominetur. Quo quid absurdius ?*, « Vaine est donc la croyance de ceux qui donnent le nom de Jupiter au Dieu suprême... convaincus qu'il n'existe qu'un Dieu et ne pouvant le nier... mais... il leur plaît de l'appeler Jupiter. Mais quoi de plus absurde ? ».
57. Arn. I, 31, 2 *infinitus, ingenitus, immortalis, perpetuus, solus*, « infini, incréé, immortel, éternel, unique » ; I, 33, 2 *cunctorum dominum solum*, « seul Maître de toutes choses ».

exemple, dans son ouvrage, de l'adjectif *aeternus* s'applique, non sans paradoxe, à Jupiter, annoncé en termes grandioses : « Jupiter, puissance éternelle sur le monde et les hommes »[58]. Le paradoxe n'est qu'apparent : c'est une citation de Virgile, et une citation parodique, ce qui ruine toute la majesté divine. Le Dieu des chrétiens n'est, chez notre auteur, jamais qualifié d'*aeternus*. Son « éternité » s'exprime par d'autres moyens. Tertullien n'avait pas reculé devant l'expression *deus aeternus*, même si, trop chargée de connotations païennes, elle est chez lui moins fréquente qu'on ne pourrait s'y attendre[59]. Arnobe, qui peine à concevoir l'éternité, écarte cet adjectif qui n'est que trop clair, tant il est lié au paganisme, au culte de la *dea Roma* qui est aussi une *Roma aeterna*, aux vertus impériales (*Pax, Victoria, Virtus*) et au culte du souverain. L'« éternité » reconnue à Jupiter est toute païenne : elle est du même ordre que la durée indéfinie promise à l'empire, l'*imperium sine fine*, dans le temps, dans l'espace, octroyé par ce même Jupiter aux descendants d'Énée[60]. Le substantif, *aeternitas*, est moins compromettant et il arrive à Arnobe d'y recourir. Elle appartient en propre au « Dieu tout-puissant et premier », clairement défini : non seulement immortel comme les dieux païens, mais seul éternel, créateur du monde, et par qui les siècles se succèdent à l'infini[61]. Rien

58. 5, 23, 1 *patrem illum deorum Iouem, aeternam rerum atque hominum potestatem* (métamorphosé en taureau pour séduire Cérès, *supra*, p. 34). Voir la prière de Vénus, Verg. *Aen*. 10, 18 *o pater, o hominum rerumque aeterna potestas*, « ô père, ô des hommes et du monde l'éternelle Puissance ».
59. *Apol*. 30, 1 *nos enim pro salute imperatorum Deum inuocamus aeternum, Deum uerum, Deum uiuum*, « car, nous autres, nous invoquons pour le salut des empereurs le Dieu éternel, le Dieu véritable, le Dieu vivant » ; 34, 1 *dominus enim meus unus est Deus omnipotens, aeternus*, « je n'ai qu'un "maître", le Dieu tout-puissant et éternel » ; *Aux païens* (*Ad nationes*, cité nat.) 2, 3, 5 *non capit utique uideri deus, carens substantia diuinitatis, id est aeternitate, quae sine initio et fine censetur*, « on ne saurait en tout cas considérer comme un dieu un être à qui manque la substance de la divinité, c'est-à-dire l'éternité, que l'on estime sans commencement ni fin ». Ou pour traduire le θεὸς αἰώνιος de la Septante (références dans R. Braun, *Deus Christianorum*, p. 79 sq.).
60. Verg. *Aen*. 1, 278 sq. *his ego nec metas rerum nec tempora pono : / imperium sine fine dedi*, « à ceux-là ni bornes dans l'espace ni durée définie je ne fixe : je leur ai donné un empire sans fin ».
61. Arn. 2, 72, 2-3 *Omnipotens et primus deus nouella uobis uidetur res esse, et qui eum uenerantes colunt, inauditas incognitas repentinas agitare atque inducere religiones? Estne illo antiquius quicquam, aut quod eum praecedat re tempore nomine potest aliquid inueniri? Nonne solus ingenitus, immortalis et perpetuus solus est? Quis caput ac fons rerum est? Non ipse? Cui debet aeternitas hoc ipsum quod nuncupatur aeternitas? Non ipsi? Infinita ut prodeant saecula, non ex eius perpetuitate perficitur? Indubitabile istud et uerum*, « Selon vous, un dieu tout-puissant et premier est-il chose récente, et les fidèles qui le vénèrent pratiquent-ils et introduisent-ils un culte inouï, inconnu, inattendu ? Est-il rien de plus ancien que ce dieu, et peut-on trouver

n'est plus antique que lui ; ceux qui le vénèrent et l'honorent n'introduisent aucune nouveauté scandaleuse. Et c'est au Christ, envoyé par lui, que nous devons à la fois d'échapper aux tortures de la mort et de recevoir le don de la vie éternelle[62].

Sur les trois exemples d'*aeuitas*, la « longue durée », mot poétique, préféré à *aeuum*, un seul se rapporte à notre problème, élargi à l'ensemble des dieux et lié à la question de l'anthropomorphisme. Toute essence divine, qui n'a pas de commencement et n'aura point de fin, est dépourvue de traits corporels. Car tout ce qui a un corps est nécessairement mortel et périssable et ce qui est borné par des termes extrêmes ne peut jouir d'une durée éternelle[63]. C'est quelque chose qui le précède en être, en temps, en nom ? N'est-il pas, lui seul, non engendré, immortel et, lui seul, éternel ? Qui est l'origine et la source des choses ? N'est-ce pas lui ? À qui l'éternité doit-elle le fait même d'être appelée éternité ? N'est-ce pas à lui ? La succession infinie des siècles n'est-elle pas due à sa pérennité ? C'est une vérité indubitable ».

62. 2, 34, 3 *Christus... a quo speramus utrumque, et mortem cruciabilem fugere et uitae aeternitate donari*, « le Christ... dont nous attendons à la fois d'échapper à la mort torturante et d'être gratifiés de la vie éternelle ». Dans un sens voisin, un quatrième et dernier exemple du substantif se rapporte, en 1, 64, 3, aux écrivains illustres honorés de statues, d'inscriptions commémoratives : *quantum est in uobis, uelut quadam aeternitate donatis inmortalium testificatione titulorum*, « autant que cela est en votre pouvoir, vous leur accordez une sorte d'éternité par l'hommage d'inscriptions qui les immortalisent ».

63. 3, 12, 4-5 *Nostra de hoc sentenia talis est : naturam omnem diuinam, quae neque esse coeperit aliquando nec uitalem ad terminum sit aliquando uentura, liniamentis carere corporeis neque ullas formarum effigies possidere, quibus extima circumscriptio membrorum solet coagmenta finire. Quicquid enim tale est, mortale esse arbitramur et labile, nec obtinere perpetuam posse credimus aeuitatem quod extremis coercitum finibus necessaria circumcludit extremitas*, « Voici notre opinion sur cette question : toute essence divine, qui n'a jamais commencé à exister et n'arrivera jamais au terme de sa vie, est dépourvue de traits corporels et ne possède rien qui ressemble aux formes par lesquelles le tracé extérieur des membres délimite normalement la charpente du corps. En effet, tout ce qui est de cette nature est, selon nous, mortel et périssable et nous ne croyons pas qu'une durée éternelle soit accessible à ce qui est borné par des termes extrêmes et que vient clore une inévitable extrémité ».

Les deux autres exemples sont relatifs, l'un, à la « durée de vie » supposée de l'enfant sauvage, dont on ignore tout : 2, 22, 3 *quid operis aut negotii celebrans ante acti temporis decurrerit aeuitatem*, « à quelle tâche et à quelle occupation a-t-il employé le temps qu'il a déjà vécu ? » ; l'autre, à l'âge de la Grande Mère, 5, 8, 7. Si elle est née après le déluge, d'une des pierres lancées par Deucalion et Pyrrha, il y a quelque deux mille ans, *Mater quoque dicenda est Magna intra huius numeri fines aeuitatem suam habere conclusam*, « il faut dire que l'âge de la Grande Mère est, lui aussi, compris dans les bornes de cette durée », elle qui, dit-on, a donné naissance à tous les dieux. Compte tenu de cette chronologie, elle ne peut pas être la mère des dieux, seulement leur fille, *siquidem deos concedimus neque initia neque fines saeculorum perpetua in continuatione sortitos*, « puisque nous admettons que les dieux n'ont reçu du sort ni commencement ni fin, dans la succession éternelle des siècles ». Conclusion : le mythe de la Mère des dieux est absurde.

perpetuus, perpetuitas, qui, avec leurs nombreux exemples, sont les plus aptes à rendre la notion d'éternité, qui se distingue mal, il est vrai, de l'immortalité. Mieux que *aeternus,* au passé idéologique compromettant, *perpetuus* exprime cette qualité essentielle à la divinité, apanage du Dieu unique qu'adorent les chrétiens, constamment déniée aux dieux païens. Arnobe le répète sans se lasser, en redoublant, s'il le faut, l'adjectif et le substantif : le vrai Dieu est éternel, *perpetuus*[64], et tout ce qui existe dans le temps procède de son éternité, *perpetuitas*[65]. À « l'homme, [fragile] créature terrestre », s'oppose « cette nature supérieure [celle de Dieu] fondée sur la constance de son éternelle puissance »[66]. La définition vaut pour tous les dieux[67] – à supposer qu'ils soient dignes de ce nom, autrement dit que ce soient des « dieux véritables »[68] –, non seulement le souverain Jupiter[69], mais aussi Esculape, le fils de la mortelle Coronis[70], ou des divinités mineures comme Faunus et Picus[71].

L'unique exemple d'*aeuum*, en 2, 30, 4, concerne l'immortalité prêtée (à tort) aux âmes : *si uerum est, animas nullius esse participes finis et cum omnibus saeculis aeuorum perpetuitate procedere...*, « s'il est vrai que les âmes n'ont pas de fin et persistent, en compagnie de l'ensemble des siècles, dans l'éternité des temps... ».

64. 1, 31, 2 *infinitus, ingenitus, immortalis, perpetuus, solus,* « infini, incréé, immortel, éternel, unique » ; 1, 34, 3 (*supra*, n. 49).

65. 1, 34, 3 (*supra*, n. 49). Cf. encore 2, 2, 3 *deo principi... qui bonorum omnium solus caput et fons est, perpetuarum pater fundator et conditor rerum,* « le Dieu souverain... qui à lui seul est l'origine et la source de tous les biens, le père fondateur et créateur des choses éternelles ». Pour une définition du temps, qui n'est pas un dieu (l'assimilation grecque χρόνος Cronos n'est pas crédible), mais seulement une mesure de la durée, voir 3, 29, 5 : *quis est enim tam demens qui tempus esse dicat deum, quod mensura cuiusdam est spatii in continua serie perpetuitatis inclusi ?,* « car qui est assez fou pour dire que le temps est dieu, quand c'est la mesure d'une certaine durée qui s'insère dans une succession continue et indéfinie ? ».

66. 1, 17, 4 *in homine... terreno in animante... praestans illa natura et in perpetuae uirtutis firmitate consistens.*

67. 7, 2, 5 *sequitur ut geniti numquam perpetuique ut debeant esse,* « il en résulte qu'ils doivent n'avoir jamais été engendrés et être éternels » ; 7, 5, 4 *atquin deos scimus esse oportere perpetuos et naturam inmortalitatis tenere,* « cela étant, il convient, nous le savons, que les dieux soient éternels et possèdent une nature immortelle ».

68. C'est la réserve formulée en 7, 2, 1-2 : « *Qui sunt, inquitis, di ueri ?* ». – *Vt communi uobis et simplici respondeamus uerbo, non scimus,* « Qui sont, dites-vous, les dieux véritables ? – Pour vous répondre d'un mot banal et tout simple, nous n'en savons rien ».

69. 1, 34, 5 (*supra*, n. 51).

70. 7, 44, 10 *Coronidis filius sit, ut uultis, ex immortalium numero et perpetua praeditus sublimitate caelesti,* « que le fils de Coronis soit, comme vous le voulez, au nombre des immortels et doué de la sublimité éternelle dans le ciel ».

71. 5, 2 2 *credimusne illum Faunum et Martium Picum, si ex numero sunt deorum et ex illa perpetua immortalique natura...,* « croyons-nous que ce Faunus et ce Martius Picus, s'ils sont au nombre des dieux et participent de cette nature éternelle et immortelle... ».

Mal distinguée de l'immortalité (on aura noté les doublets *perpetuus immortalis*), si difficile à concevoir pour les êtres mortels que nous sommes, Arnobe ne se fait, pas plus que nous, une idée claire de ce « temps » de Dieu qu'est l'éternité. Pour essayer de s'en approcher, le moyen le plus sûr est encore l'accumulation de notions voisines, la définition négative ou la périphrase. Est immortel, éternel, ce qui n'est soumis à aucune limitation temporelle[72]. L'éternité, ce sont les siècles qui se succèdent à l'infini[73] ; ce qui n'a jamais commencé à exister et dont la vie n'aura pas de terme[74]. Une chose est sûre cependant : elle est l'attribut du seul Dieu. Jupiter, immortel, sans doute, mais qui s'inscrit dans le temps, puisqu'il est né d'un père et d'une mère[75], en est exclu. Et pourtant, ils ont en commun des appellations qui engagent à poser de nouveau la question : Dieu serait-il Jupiter ?

C'est sur le problème de la souveraineté que peut également porter la confrontation. Non que la « toute-puissance », la qualité d'*omnipotens*, soit reconnue à Jupiter. Elle ne lui est concédée qu'une fois, dans un passage à la tonalité virgilienne, où Junon, aussi évanescente que l'air auquel elle est assimilée, disparaît de la liste des dieux : si elle n'est qu'un élément, et non une divinité personnelle, « il n'y a plus d'épouse et sœur de Jupiter tout-puissant »[76]. Pour le reste, l'adjectif est l'attribut spécifique du Dieu chrétien, explicitement dénié à Jupiter. Au livre I, Arnobe réfute l'accusation des païens, qui reprochent aux chrétiens de nier l'existence d'un dieu supérieur, celui auquel ils donnent quant à eux le nom de Jupiter Optimus Maximus[77] – le dieu

---

72. 2, 62, 3 *seruare animas alius nisi deus omnipotens non potest... nisi qui immortalis et perpetuus solus est et nullius temporis circumscriptione finitus*, « sauver les âmes, seul Dieu tout-puissant le peut... lui qui seul est immortel, éternel et que n'enferme aucune limite temporelle ».
73. En 2, 72, 3, la séquence *aeternitas, infinita saecula, ex perpetuitate* (*supra*, n. 61) ; 2, 75, 1 *In infinitis, perpetuis saeculis nihil omnino dicendum est serum. Vbi enim finis et initium nullum est, nihil praematurum est, nihil tardum*, « Au sein de l'infinité, de l'éternité des siècles, rien, absolument, ne mérite le terme de tardif. Là où il n'y a ni fin ni début, rien ne vient trop tôt, rien ne vient trop tard ».
74. 3, 12, 4-5 (*supra*, n. 63).
75. 1, 34, 4 (*supra*, n. 50).
76. 3, 30, 2 *Iam uero Iunonem opinatio nonne consimilis deorum tollit e censu ? Nam si aer illa est, quemadmodum uos ludere ac dictitare consuestis Graeci nominis praeposteritate repetita, nulla soror et coniunx omnipotentis repperietur Iouis*, « Quant à Junon, une opinion tout à fait comparable ne la raye-t-elle pas de la liste des dieux ? Car si elle est l'air, comme vous le répétez volontiers en faisant un jeu de mots sur son nom grec que vous transposez par anagramme, il se révélera qu'il n'y a plus de sœur ni de femme de Jupiter tout-puissant ». Comme chez Virgile, *Aen.* 1, 46 sq. *Iouisque / soror et coniunx*, « la sœur et l'épouse de Jupiter » ; *Iuppiter omnipotens*, « Jupiter tout-puissant », en 2, 689 ; 4, 206 ; 5, 687 ; 9, 625.
77. 1, 34, 1 (*supra*, n. 45).

du Capitole, comme chez Tertullien[78]. Mais non, réplique Arnobe qui, à son tour, les accuse de tout confondre : le consentement universel de l'humanité en est d'accord, le « Dieu tout-puissant » ni n'est engendré, ni n'a été mis au monde[79]. *Omnipotens* ne s'applique qu'au seul vrai Dieu : simplement nommé *deus*[80], ou *pater*[81], *dominus*[82], *rex*[83], *imperator*[84]. Seule autre exception païenne, ô combien révélatrice : le sarcastique *omnipotentia numina* du livre VII, dans la critique du culte, qui montre ces puissances éminentes sensibles, comme les petits enfants, au son des flûtes et des cymbales qui apaise leur colère[85].

78. *Supra*, p. 63.
79. 1, 34, 2 *Dissimilia copulare atque in unam speciem cogere inducta confusione conamini. Nam deus omnipotens mente una omnium et communi mortalitatis adsensu neque genitus scitur neque nouam in lucem aliquando esse prolatus nec ex aliquo temporis <puncto> coepisse esse uel saeculo*, « Vous essayez d'amalgamer des notions différentes et de les réduire à une seule et même idée, en confondant tout. Car le Dieu tout-puissant est reconnu unanimement, par le consentement universel de l'humanité, comme n'ayant pas été engendré ni jamais mis au monde et comme n'ayant commencé à exister à aucun moment, à aucune époque ».
80. 1, 36, 1 *sed non, inquit, idcirco dii uobis infesti sunt quod omnipotentem colatis deum*, « mais non, dit-on, les dieux ne vous en veulent pas d'honorer le Dieu tout-puissant » ; 2, 37, 2 *huc animas tamquam in colonias aliquas deus omnipotens misit*, « voilà pourquoi Dieu tout-puissant a envoyé les âmes en ce lieu pour en quelque sorte le coloniser » ; 2, 45, 1 *ut deus credatur omnipotens, magnarum et inuisibilium rerum sator et conditor, procreator*, « croire que le dieu tout-puissant, créateur, auteur, procréateur des grandes réalités invisibles » ; 2, 53, 2 *si omnipotentem confidimus deum*, « si nous sommes convaincus que le Dieu tout-puissant » ; 2, 55, 1 *cur ergo haec mala deus omnipotens non aufert ?*, « pourquoi donc Dieu tout-puissant, au lieu de supprimer ces maux ? » ; 2, 62, 3 (*supra*, n. 72) ; 2, 72, 2 *omnipotens et primus deus*, « le Dieu tout-puissant et premier » ; 2, 75, 4 *emiserit Christum deus omnipotens, deus solus*, « le Dieu tout-puissant, le Dieu unique, a envoyé le Christ » ; 2, 76, 1 *si omnipotenti seruitis deo...*, « si vous servez un dieu tout-puissant ».
81. 2, 44, 1 *et ubi pater omnipotens fuit, ubi regiae sublimitatis auctoritas... ?*, « et où était le Père tout-puissant, où était l'autorité de sa royale grandeur... ? ».
82. 7, 2, 3 *dominus rerum est atque omnipotens ipse*, « tel qu'est le Seigneur du monde et le Tout-Puissant en personne ».
83. 2, 35, 1 *si omnipotenti credidimus regi nihil esse difficile, nihil arduum*, « si nous avons cru qu'au Roi tout-puissant rien n'est difficile, rien n'est malaisé » ; 2, 47, 2 *si negemus muscas, scarabeos et cimices... omnipotentis esse opus regis*, « si nous disions que les mouches, les scarabées et les punaises... ne sont pas l'œuvre du Roi tout-puissant ».
84. 2, 65, 7 *hanc omnipotens imperator esse uoluit salutis uiam*, « le Seigneur tout-puissant a voulu que ce fût là la voie du salut ».
85. 7, 32, 3 *an numquid ut paruuli pusiones ab ineptis uagitibus crepitaculis exterrentur auditis, eadem ratione et omnipotentia numina tibiarum stridore mulcentur et ad numerum cymbalorum mollita indignatione flaccescunt ?*, « est-ce que par hasard, comme de jeunes enfants, effrayés par le son des crécelles, cessent de pousser leurs ineptes vagissements, de la même façon les divinités toutes-puissantes, elles aussi, se calment au son aigu des flûtes et, leur indignation dissipée, se détendent au rythme des cymbales ? ».

Omnipotens, avec sa pleine valeur théologique, hors des conventions de la mythologie ou des moqueries qui visent des divinités infantiles, est l'apanage du seul vrai Dieu.

Incontestablement, Dieu est le *rex* unique[86], dans l'absolu : *rex summus*[87], *rex ac princeps*[88], *rex ac dominus*[89]. Sur ce terrain, Jupiter ne peut soutenir la comparaison. Mais il est deux appellations de la royauté divine, conçue comme une royauté cosmique, *rex poli, rex mundi*, qui sont communes à Dieu et à Jupiter. Ce qui ne laisse pas d'être troublant. Au livre III, Dieu est le « roi du ciel », *rex poli*, qui gouverne les éléments, le soleil, les vents, les pluies[90], et dispense ses dons gracieux à tous les hommes indistinctement. Mais les trois autres exemples de la formule s'appliquent à Jupiter. Le substantif peut varier, *rector* (qui est cicéronien), *regnator* (poétique), *rex* (comme pour Dieu), mais le génitif adnominal est identique : *rector poli*[91] ; *regnator poli*[92] ; *rex poli*[93]. La

---

86. 1, 64, 5 *solo... rege*, « le Roi unique » ; 2, 36, 5 *regis maximi*, « le Très Grand Roi » ; 2, 44, 1 ; 2, 51, 3.
87. 1, 26, 3 ; 1, 27, 1 ; 1, 31, 3 ; 1, 42, 3 ; 1, 60, 4 ; 1, 61, 1 ; 2, 58, 1 ; 2, 65, 6 ; 2, 75, 4 ; 3, 6, 1 ; 6, 3, 2.
88. 1, 27, 1 ; 2, 36, 2 ; 2, 55, 2 ; 2, 74, 1 ; 3, 3, 2 ; 3, 6, 1.
89. 1, 33, 1 ; 6, 3, 2. Sur l'ensemble, voir le commentaire d'H. Le Bonniec, éd. du livre I, p. 250 sq. et 286 sq.
90. 3, 24, 2 *Numquid enim rex poli libamine aliquo exambitur aut hostia, ut omnia ista quibus uiuitur commoda mortalium gentibus largiatur ? Non feruorem genitalem solis deus, noctis et tempora, uentos, pluuias, fruges cunctis subministrat aequaliter, bonis malis, <iustis> iniustis, seruis pauperibus diuitibus ?*, « De fait, est-ce que le Roi du ciel se fait solliciter, par quelque libation ou victime, de dispenser aux peuples des mortels tous les biens dont ils vivent ? Dieu n'accorde-t-il pas la chaleur fécondante du soleil, ainsi que les heures de la nuit, les vents, les pluies, les récoltes à tous les hommes également, bons ou mauvais, <justes> ou injustes, esclaves, pauvres ou riches ? ». Le texte est d'autant plus intéressant que la deuxième phrase est d'origine scripturaire – une rareté chez Arnobe – d'après Matthieu 5, 45, cité non pas directement, mais à travers Cyprien, *La vertu de patience* 4. Le titre *rex poli* ne se lit pas chez Cyprien : il appartient en propre à Arnobe.
91. 4, 21, 1 *ergone ille rector poli, pater deorum et hominum, supercilio et nutu totum motans et tremefaciens caelum, ex uiro concretus et femina est ?*, « ainsi donc, le maître des cieux, le père des dieux et des hommes qui, d'un froncement de sourcils, d'un signe de tête, met en branle et fait trembler le ciel tout entier, a-t-il été formé par l'union d'un homme et d'une femme ? ». – Si Ops et Saturne ne s'étaient pas unis charnellement (4, 20, 1), ce Jupiter Très Grand n'existerait pas, les dieux n'auraient pas de roi, et le ciel resterait sans maître.
92. 4, 35, 5 *et ille in fabulis maximus ipse regnator poli sine ulla nominis maiestatisque formidine adulterorum agere introducitur partes...* Contre le théâtre, qui donne des dieux une image dégradante : « lui aussi, dans les pièces de théâtre, le très grand souverain du ciel, en personne, sans craindre pour la majesté de son nom, est mis en scène dans le rôle d'adultère ... ».
93. 6, 21, 3. Quand Denys de Syracuse le dépouillait de son manteau d'or et prétendait qu'un manteau de laine serait plus confortable : *ubinam fuerat rex poli, ut praesentem se esse formidine aliqua conprobaret et urbanum scurrulam cruciatibus reuocaret ad seria ?*, « le roi du ciel n'était

dominante païenne est indéniable ; mais le concept convient aussi au Dieu unique des chrétiens. Le premier de ces exemples (4, 21, 1), qui fait de Jupiter le maître du ciel et des phénomènes célestes (même si le ton est à la dérision), laisse d'autant plus perplexe que le même mot, *nutus*, qui exprime le vouloir absolu, s'appliquait, au livre I, au Dieu éternel, qui maintient immuable tout ce qui existe[94]. Comme si Arnobe, chrétien de fraîche date, persistait, peut-être inconsciemment, et quoi qu'il s'en défende, à se représenter Dieu sous les traits, sous l'apparence du dieu cosmique, du dieu suprême des païens, Jupiter. *Rex mundi* s'applique, au livre II, à Dieu, qui n'est pas le créateur des âmes[95]. Les autres emplois sont tous païens et renvoient à Jupiter[96] ou à ces *rectores*, *principes mundi* – le pluriel à lui seul est révélateur – qui semblent être les divinités astrales ou les éléments divinisés[97]. Dans le même registre, *moderator*, qui exprime le pouvoir « régulateur » du Dieu souverain, ordonnateur

donc pas là, pour manifester sa présence par quelque signe terrifiant et, par des tourments, rappeler au sérieux un misérable bouffon qui faisait de l'esprit ? ».

94. 1, 28, 2 *dedidimus nos deo, cuius nutu et arbitrio omne quod est constat et in substantiae suae perpetuitate defixum est*, « nous qui nous sommes voués au Dieu par la volonté et la décision duquel existe tout ce qui est, immuable dans l'éternité de sa substance ».

95. 2, 39, 1 *nisi forte rex mundi, is quem temeritatis est maximae humano ex ore depromere, idcirco ex se genitas huc animas misit, ut quae fuerant apud se deae*, « à moins peut-être que le roi du monde, celui dont il est suprêmement téméraire de recueillir le nom d'une bouche humaine, n'ait envoyé ici-bas les âmes nées de lui afin qu'elles, qui auprès de lui étaient des divinités... ».

96. 4, 22, 1 *etiam ipsum regem mundi flagitiosius liberos procreasse quam ipse est natus atque editus praedicatis*, « vous professez que le roi du monde lui-même a procréé des enfants d'une manière plus honteuse encore que lui-même n'était né et venu au monde » ; 4, 26, 4 *Iuppiter ipse, rex mundi* (pour le distinguer du *rex maris*, Neptune), *nonne a uobis infamis est isse per innumeras species et petulantis amoris flammam seruilibus obumbrauisse fallaciis* ?, « Jupiter lui-même, le roi du monde, n'est-il pas décrié auprès de vous, pour avoir revêtu d'innombrables aspects et voilé sous des tromperies dignes d'un esclave les flammes d'un amour effréné ? » ; 5, 9, 5 *ergone ille rex mundi, cum incautus et properus obreptionis esset reiectus a furto, in inpetum se uertit et quam rapere uoluptatem insidiosa fraude non quiuit, ui matrem adgressus est et apertissime coepit uenerabilem subruere castitatem* ?, « ainsi donc, le roi de l'univers, après avoir, dans son imprudence et sa précipitation, été repoussé lors du larcin qu'il tentait par surprise, se jeta à l'assaut et, plaisir qu'il ne pouvait ravir par sa sournoise fourberie, il agressa sa mère avec violence et, sans la moindre dissimulation, entreprit de ruiner la chasteté qu'il aurait dû révérer ? ».

97. 1, 53, 3 : le Christ est un dieu sauveur, que n'ont pu connaître *neque sol ipse neque ulla, si sentiunt, sidera, non rectores, non principes mundi, non denique dii magni...*, « ni le soleil lui-même, ni aucun des astres, s'ils sont conscients, ni les dirigeants ni les princes du monde, ni enfin les grands dieux » ; 1, 63, 1 : les desseins mystérieux de Dieu, *quae nulli nec homines scire nec ipsi qui appellantur dii mundi parte queunt aliqua suspicionis atque opinationis attingere*, « que nul homme ne peut connaître, que ceux-là mêmes qu'on appelle les dieux du monde ne peuvent saisir en aucune façon par l'imagination et par la conjecture ».

du monde[98], est un emprunt au vocabulaire de Cicéron, chez qui il désigne le dieu suprême des philosophes de toute obédience (stoïciens, disciples de Platon ou d'Aristote)[99].

Polus et *mundus* sont équivalents pour désigner non, ou non seulement le ciel physique, mais l'ensemble des réalités supérieures et ordonnées qui constituent le cosmos[100]. Sans doute ne doit-on pas chercher dans ces deux formules une théologie du paganisme. Arnobe ne les applique, majoritairement, à Jupiter qu'en contexte mythologique, par dérision, pour mieux discréditer le dieu souverain qui compromet dans des aventures indignes sa majesté céleste. Il n'en reste pas moins qu'elles révèlent, *a contrario*, ce que devrait être le grand dieu païen, si ses fidèles s'en faisaient une conception cohérente. Or ce dieu ressortit à la même définition que le Dieu des chrétiens, que le vrai Dieu, éternel, qui règne en souverain absolu sur le monde. Mais quelle est l'origine de ce monde ? Dieu est-il aussi le *créateur* de l'univers ? Il faut tenter

---

98. 1, 33, 1 *regem ac dominum cunctorum quaecumque sunt moderatorem,* « un Roi, un Maître qui gouverne tout ce qui existe » ; 2, 74, 3 *rerum cunctarum pater, moderator et dominus,* « le père, l'ordonnateur, le maître de toutes choses » ; 3, 2, 2 *deus primus, deus, inquam, primus, pater rerum ac dominus, constitutor moderatorque cunctorum,* « le Dieu premier, oui, le Dieu premier, père et seigneur du monde, créateur et régulateur de l'univers ».

Dominus (= κύριος), « le Seigneur », cf. R. Braun, *Deus Christianorum,* p. 91-97, est trop exclusivement l'appellation de Dieu pour qu'une analyse plus complète ajoute à notre propos. Je me borne à noter : 1, 25, 4 ; 1, 33, 2 ; 1, 38, 8 ; 2, 13, 3 ; 2, 15, 1 (tous deux *infra,* n. 102) ; 2, 33, 4 ; 2, 60, 4 ; 2, 62, 5 ; 4, 19, 4 ; 6, 3, 2 ; 7, 2, 3 (*supra,* n. 82). Seules exceptions que je relève : 1, 65, 8 le Christ ; 2, 70, 2 et 3, 31, 3 Neptune, maître de la mer ; 4, 21, 1 Jupiter, maître du ciel.

99. Cic. *ND* 2, 90 quand on voit l'ordre du monde, on doit *intellegere inesse aliquem non solum habitatorem in hac caelesti ac diuina domo sed etiam rectorem et moderatorem et tamquam architectum tanti operis tantique muneris,* « comprendre qu'il y a dans cette demeure céleste et divine non pas seulement un habitant, mais un directeur et un modérateur, un architecte, pour ainsi dire, pour un si grand ouvrage et une si grande réalisation » ; *Tusculanes* 1, 68 *cum uidemus... eorumque omnium moderatorem et ducem solem,* « quand nous voyons... le soleil, régulateur et guide de tous ces mouvements » ; 1, 70 *possumusne dubitare, quin iis praesit aliquis uel effector, si haec nata sunt, ut Platoni uidetur, uel, si semper fuerunt, ut Aristoteli placet, moderator tanti operis et muneris ?,* « peut-on douter de l'existence d'un être dont la direction s'étend à toutes ces choses et qui est, si elles ont eu un commencement, comme le croit Platon, le créateur, si elles ont toujours existé, comme le veut Aristote, l'administrateur de ce bâtiment, de ce monument grandiose ? » ; *La République* 6, 17 *deinde subter mediam fere regionem Sol obtinet, dux et princeps et moderator luminum reliquorum, mens mundi et temperatio,* « au-dessous et à peu près à mi-distance règne le Soleil, le guide, le premier, le modérateur de tous les autres luminaires ; il est l'âme et la puissance régulatrice du monde ».

100. Je cite le commentaire de R. Braun, *Deus Christianorum,* p. 357, sur *conditor* (pour Arnobe, voir ci-dessous, n. 104), qui vaut pour l'idée même de création : le mot ne désigne « pas "celui qui met en ordre", mais "celui qui fonde, en faisant surgir du néant, l'ordre des choses créées" ».

de préciser ce que recouvre ce terme ambigu, si peu intelligible, du moins pour le non philosophe.

Pour exprimer cette notion, essentielle au Dieu des chrétiens, mais si difficile à concevoir, de dieu créateur, Arnobe a recours à une pluralité de termes[101] : *pater*[102], au premier chef, et toute une série de noms d'agent en *–tor, auctor*[103],

---

101. Qu'on pourra comparer avec le vocabulaire de Tertullien (et celui de la Septante) ; cf., dans R. Braun, *Deus Christianorum*, le chapitre sur « La création », p. 327-406, qui pose tous les problèmes concernant la relation difficile de la pensée chrétienne à la philosophie païenne. Voir aussi M. B. Simmons, *Arnobius of Sicca*, dont les relevés, p. 136 sq., diffèrent parfois des nôtres ; pas plus qu'eux, les textes cités ci-dessous ne visent à l'exhaustivité.

102. 1, 28, 1 *nos omnes qui deum colimus rerum patrem*, « nous honorons tous Dieu, père de toutes choses » ; 1, 38, 5 (voir n. suiv.) ; 2, 2, 3 *deo principi... qui bonorum omnium solus caput et fons est, perpetuarum pater fundator et conditor rerum, a quo omnia terrena cunctaque caelestia animantur motu iriganturque uitali, et qui si non esset, nulla profecto res esset quae aliquod nomen substantiamque portaret*, « le Dieu souverain qui à lui seul est l'origine et la source de tous les biens, le père fondateur et créateur des choses éternelles, celui dont la totalité des êtres terrestres et l'ensemble des êtres célestes reçoivent le mouvement vital qui les anime et les irrigue, celui sans qui rien assurément n'existerait qui possédât nom et substance » ; 2, 13, 3 *audetis ridere nos, quod patrem rerum ac dominum ueneramur et colimus*, « vous osez rire de nous parce que nous vénérons et honorons le Père et Seigneur du monde » ; 2, 15, 1 *animas immortales esse, domino rerum ac principi gradu proximas dignitatis, genitore illo ac patre prolatas, diuinas*, « [ils nous disent] que les âmes sont immortelles, qu'elles sont presque au même degré de dignité que le Seigneur et Prince du monde, qu'elles sont issues de Lui, leur géniteur et père, qu'elles sont divines » ; 2, 35, 4 *omnes concedimus, unum esse rerum patrem, immortalem atque ingenitum solum, nihilque omnino ante illum quod alicuius uocaminis fuerit inuenitur*, « nous reconnaissons tous qu'il n'existe qu'un seul Père du monde, seul immortel et inengendré, et qu'il ne se trouve avant lui absolument rien qui ait eu un nom quelconque » ; 2, 44, 1 (*supra*, n. 81) ; 2, 74, 3 et 3, 2, 2 (tous deux *supra*, n. 98).

103. 1, 30, 3 les dieux ne régulent pas la nature, qui suit les plans mis en œuvre « par une plus haute autorité », *maiore ab auctore* ; 1, 38, 5 *quo auctore, quo patre mundus iste sit constitutus et conditus*, « par quel Auteur, par quel Père notre monde a été constitué et fondé » ; 2, 16, 6 *in totidem et nos sexus nostro sumus ab auctore formati*, « la conformation que nous devons à notre créateur comporte le même nombre de sexes » ; 2, 46, 3-4 *istarum <ut> auctor rerum esse credatur... ab eo... hominem esse prognatum, rem infelicem et miseram... qui nulla alia de causa sese intellegat procreatum...*, on ne saurait « le considérer comme l'auteur de ces tristes réalités », ni imaginer « qu'il a pour descendant l'homme, malheureuse et misérable créature... qui comprend qu'elle n'a été procréée... » ; 2, 47, 1 *sed si parens et genitor animarum, inquitis, deus non est, quo auctore progenitae ?*, « mais, dites-vous, si Dieu n'est pas le père et le géniteur des âmes, quel est l'auteur de leurs jours ? » ; 2, 56, 1 (*infra*, n. 108) ; 7, 35, 4 *discrimen huiusmodi terrenis animantibus datum est, quas coire, quas generare auctor uoluit rerum substituendis per libidinem prolibus*, « une telle distinction [entre les sexes] a été donnée aux créatures terrestres qui, par la volonté de l'auteur de l'univers, s'accouplent, engendrent, le plaisir les poussant à perpétuer leur lignée ».

conditor[104], *constitutor*[105], *fabricator*[106], *fundator*[107], *genitor*[108], *procreator*[109], *sator*[110], ainsi que *fons* (*rerum*)[111]. On notera qu'ils sont concentrés dans les livres I-III, en particulier dans le livre II, de tous le plus philosophique, qui traite de l'âme : mortelle ou immortelle ? C'est qu'Arnobe se refuse à voir en Dieu le créateur des âmes, imparfaites et attachées à des corps qui les emprisonnent[112] : il n'est le « créateur » que de ce qui est parfait. Entre cette mul-

---

104. 1, 29, 7 *Solem deum cum esse credatis, conditorem eius opificemque non quaeritis ? Luna cum apud uos dea sit, non similiter scire curatis genitor eius et fabricator quis sit ?*, « Vous croyez que le soleil est un dieu, et vous ne cherchez pas quel en est le créateur et l'artisan ? La lune est pour vous une déesse, et vous ne vous souciez pas davantage de savoir quel en est le père, quel en est l'auteur ? » ; 2, 2, 3 (*supra*, n. 102) ; 2, 45, 1 (*supra*, n. 80) ; 2, 58, 1 (*infra*, n. 117) ; 3, 8, 3 *terrenorum ab illo animantium conditore*, « le créateur des êtres qui vivent sur terre ».
105. 2, 44, 2 *causarum ut omnium constitutor*, « en tant qu'auteur de toutes les causes » ; 2, 58, 1 (*infra*, n. 117) ; 3, 2, 2 (*supra*, n. 98).
106. 1, 29, 7 (*supra*, n. 104).
107. 2, 2, 3 (*supra*, n. 102).
108. 1, 29, 7 (*supra*, n. 104) ; 2, 15, 1 (*supra*, n. 102) ; 2, 36, 5 (*infra*, n. 112) ; 2, 45, 3 les âmes *oblitae unius esse se fontis, unius genitoris et capitis*, « oubliant qu'elles relèvent d'une seule source, d'un seul père et chef » ; 2, 47, 1 (*supra*, n. 103) ; 2, 56, 1 *cetera quaecumque sunt alia, quae in quaestionibus adsolent controuersiisque uersari, quibus genitoribus orta sint uel quibus auctoribus fiant, neque nosse contendimus neque inquirere aut uestigare curamus*, « les autres êtres, quels qu'ils soient, qui sont couramment objets d'interrogations et de controverses, nous ne cherchons pas à savoir de quels géniteurs ils sont nés ni à quels auteurs ils doivent leur existence, et nous ne nous soucions pas d'examiner ou d'explorer ces questions ».
109. 1, 31, 1 *o summe rerum inuisibilium procreator*, « ô suprême Créateur des choses invisibles » ; 2, 45, 1 (*supra*, n. 104). Arnobe n'emploie pas *creator*, abondamment représenté chez Tertullien (cf. R. Braun, *Deus Christianorum*, p. 372-376).
110. 1, 34, 3 *ipse est enim fons rerum, sator saeculorum ac temporum*, « car c'est lui qui est la source de toutes choses, l'Auteur des siècles et des temps » ; 2, 45, 1 (*supra*, n. 80).
111. 1, 28, 7 *deos esse natiuos et a principe rerum fonte ortus sui originem ducere*, « [nous devons avouer] que les dieux ont eu une naissance et qu'à l'origine de leur apparition est la source primordiale des êtres » (*patrem* au § 1, *supra*, n. 102 ; de nouveau au § 5, *patrem uenerarum illorum*, « nous vénérons leur Père ») ; 1, 34, 3 (voir n. préc.) ; 2, 2, 3 (*supra*, n. 102) ; 2, 45, 3 (*supra*, n. 108) ; 2, 72, 3 *quis caput ac fons rerum est ?*, « qui est l'origine et la source des choses ? ».
112. 2, 36, 5 *non esse animas regis maximi filias nec ab eo, quemadmodum dicitur, generatas coepisse se nosse atque ui sui nominis et sententia praedicari, sed alterum quempiam genitorem his esse, dignitatis et potentiae gradibus satis plurimis ab imperatore diiunctum, eius tamen ex aula et eminentium nobilem sublimitate natalium*, « les âmes ne sont pas filles du Très Grand Roi, et ce n'est pas, comme on le dit, une fois engendrées par lui qu'elles commencent à se connaître et à se faire appeler selon le sens et la signification de leur nom, mais elles ont un autre géniteur, séparé du Souverain par des degrés de dignité et de puissance suffisamment nombreux, membre cependant de sa cour et tirant sa noblesse d'une origine supérieure et éclatante ».

titude de termes, y a-t-il une différence[113] ? « Création », mot qui, dans son acception théologique, reste si opaque même à l'homme d'aujourd'hui, peut, pour un chrétien romain du temps d'Arnobe, s'entendre dans deux sens : création biblique, *ex nihilo*, d'un monde sorti du verbe de Dieu – « créer », c'est « faire à partir de rien » –, ou création démiurgique, c'est-à-dire organisation du chaos primitif en un cosmos ordonné et régulé. *Pater* et ses synonymes, *genitor, procreator, sator*, ainsi qu'*auctor*, peuvent en théorie s'appliquer plutôt au premier type de création, à l'auteur premier du monde qu'il a, au sens propre, « fait à partir de rien ». *Conditor, constitutor, fabricator* peuvent se rapporter plutôt au démiurge organisateur, ordonnateur d'une matière préexistante, celle du « chaos » initial. C'est, en quelque sorte, le conflit de la pensée biblique, celle de la Genèse, et de la pensée grecque, celle d'Hésiode ou de Platon.

Mais Arnobe en avait-il vraiment conscience ? Le problème est que, pour exprimer l'action du Dieu créateur, il se contente rarement d'un seul terme et qu'il associe, dans la même phrase, des mots qui relèvent des deux catégories, le créateur au sens strict et le démiurge organisateur. Dans tous ces textes, il se borne à accumumuler les titres du Dieu tout-puissant, créateur éternel du monde, sans jamais expliciter le processus de la création[114] : autant le vocabulaire est varié, autant le commentaire philosophique est absent. Est-ce parce qu'il comprend mal un concept aussi difficile ? qu'il distingue mal entre création *ex nihilo* et structuration ordonnée du cosmos par le démiurge ? Je crois que, dans ce débat philosophique si abstrus, ses idées sont mal fixées, ni claires, ni distinctes, et que, du moment que le Dieu unique et premier domine le monde, il n'en voit ni l'enjeu, ni l'intérêt. Ce sont là débats de philosophes, réservés aux spécialistes : l'homme cultivé, le croyant de bonne foi n'y entend rien, et ils n'ont aucune influence sur le seul problème qui vaille qu'il s'en préoccupe, celui de la destinée de son âme après la mort.

M. B. Simmons, qui nous présente un Arnobe à mon sens excessivement platonicien, opte en faveur du démiurge. Il souligne les résonances

---

113. La multitude de nos renvois, *supra, infra*, confirme à quel point le style d'Arnobe est redondant : tous ces mots se combinent dans la même phrase (voir par ex. 1, 29, 7, quatre termes, *supra*, n. 104), en des alliances qui varient, mais de peu, d'un passage à l'autre.
114. À la différence, par exemple, de Tertullien, *Contre Hermogène* 1, 3 *totum quod est deus aufert, nolens illum ex nihilo uniuersa fecisse*, « il lui enlève tout ce qui fait sa divinité en refusant qu'il ait tout créé du néant » ; 2, 1 *dominum de semetipso fecisse cuncta aut de nihilo...*, [partant du principe que] « le Seigneur a tout créé soit de lui-même, soit du néant ». De même Aug. *ciu.* 22, 14, p. 591 D *Creatori utique, qui creauit cuncta de nihilo*, « le Créateur, qui a créé tout à partir de rien ».

démiurgiques de *fabricator* ou *conditor*, il définit le Dieu d'Arnobe comme un « démiurge christianisé »[115], sans faire état, à égalité, de la thèse adverse et de l'option « créatrice ». On comparera avec fruit deux passages éloquents du livre I et du livre II[116]. Dans le second, le plus développé, Arnobe pose une longue suite de questions, des plus fondamentales aux plus saugrenues[117] : qui a créé les âmes ? et le monde ? est-il « inengendré », c'est-à-dire éternel, ce qui est la thèse des stoïciens ? ou a-t-il été formé à un moment quelconque ?

---

115. *Arnobius of Sicca*, p. 157-163, dont c'est le sous-titre : « Creation : God and a Christianized Demiurge ».
116. Contraste relevé par H. Le Bonniec, éd. du livre I, p. 310 ; et C. Marchesi, dans la deuxième de ses « Questioni arnobiane », *Atti del Reale Istituto Veneto di Scienze, Lettere ed Arti*, 88, 1928-1929, p. 1018-1024 (« Cristo ed Epicuro ? »).
117. 2, 58-60 :
58, 1 *nos soli ignoramus, nescimus quisnam sit animarum conditor, quisnam constitutor ?*, « nous sommes les seuls à ignorer, à ne pas savoir quel est le créateur des âmes, quel est leur auteur ? »
58, 2 *potestis explicare ac promere mundus iste qui nos habet utrumne sit <in>genitus an tempore in aliquo constitutus ? si constitutus et factus est, quonam operis genere aut rei cuius ob causam ?*, « pouvez-vous indiquer et faire savoir si ce monde qui nous contient est non engendré, ou bien a été constitué à un moment quelconque ? s'il a été constitué et fabriqué, par quelle sorte d'opération l'a-t-il été, et pour quel motif ? »
58, 3 *cur non fixus atque immobilis maneat sed orbito semper circumferatur in motu ?*, « pour quelle raison il ne demeure pas fixe et immobile mais tourne sans cesse sur lui-même d'un mouvement circulaire ? »
58, 5 *quemadmodum sol ipse uno eodemque contactu tam uarias res efficiat, quinimmo contrarias ?*, « comment le soleil lui-même, en les atteignant d'une seule et même façon, produit des choses aussi diverses, voire contraires ? »
58, 6 *quid sit luna ?*, « ce qu'est la lune ? »
59, 7 *quid sit triticum dicite, far, hordeum, milium ? cicer, faba, lenticula ? mel, oleum, uinum ? porrina, ulpicum, caepe ?*, « dites-nous ce que sont le blé dur, l'épeautre, l'orge, le millet ? le pois chiche, la fève, la lentille ? le miel, l'huile, le vin ? le poireau, l'ail, l'oignon ? »
60, 1 *cum igitur et uos ipsos tantarum ac tot rerum fugiant origines, fugiant causae, fugiant rationes, neque dicere neque explanare possitis quid sit factum aut quare, aut cur oportuerit non esse, uerecundiam conuellitis et dilaceratis nostram, qui quae nequeunt sciri nescire nos confitemur*, « donc, alors que vous ignorez vous-mêmes les origines de tant de choses si importantes, que vous en ignorez les causes, que vous en ignorez les raisons, et que vous êtes incapables de dire et d'expliquer ce qui a été fait et pourquoi, ou pourquoi il aurait fallu que ce ne fût pas fait, vous jetez à bas, vous taillez en pièces notre réserve, à nous qui avouons ignorer l'inconnaissable »
60, 2 *et ideo Christus licet [in] uobis inuitis deus, deus, inquam, Christus*, « et c'est pourquoi le Christ qui est Dieu, quoique vous en ayez, le Christ Dieu, je l'affirme »
60, 3 *omnia ista nos linquere et posthabere praecepit neque in res eas quae sint a nostra procul cognitione dimotae infructuosas inmittere cogitationes*, « le Christ donc nous a prescrit de délaisser et de dépasser toutes ces querelles, et de ne pas nous lancer dans des réflexions infructueuses sur des sujets qui outrepassent de loin notre compréhension »

et, dans ce cas, par un acte de quelle nature ? pourquoi est-il animé d'un mouvement circulaire ? pourquoi le soleil produit-il des effets si variés ? qu'est-ce que la lune ? Et, pour passer d'un extrême à l'autre : qu'est-ce que le blé, l'épeautre, l'orge, le millet, les diverses sortes de légumineuses, les poireaux, l'ail, les oignons ? À toutes ces questions, vous êtes incapables de répondre. Nous, nous avouons ignorer ce qui est inconnaissable. Le Christ, qui est Dieu, nous a détournés de cette science illusoire. La seule vraie science, c'est celle qui s'attache à la connaissance de Dieu, souverain du monde. Quelle est l'origine des âmes ? le soleil est-il plus grand que la terre ? Voilà bien des questions inutiles. La seule qui importe, c'est le salut de l'âme, qui s'obtient par la connaissance du Dieu suprême.

Arnobe a-t-il donc oublié que, dans l'éloge du Christ au livre I, il lui rendait grâces de nous avoir révélé la vérité[118] ? de nous avoir fait connaître qui est Dieu, auteur et père de notre monde, comment ce monde est né et quelle en est la matière, ce qu'est l'âme, si elle est mortelle ou immortelle ? C'est à Dieu, affirmait un peu plus haut l'apologiste, que nous devons tout, notre existence, les causes qui assurent notre conservation. Vous, vous faites du soleil

---

60, 4 *sed, quantum fieri potis est, ad dominum rerum tota mente atque animo proficisci, sustolli ab his locis*, « mais, dans la mesure du possible, de nous tourner de toute notre intelligence et de toute notre âme vers le Seigneur du monde, de nous élever au-dessus de notre séjour ».

Conclusion : 61, 1 *quid est, inquit, uobis inuestigare, conquirere quisnam hominem fecerit, animarum origo quae sit, quis malorum excogitauerit causas, orbe sit sol amplior an pedis unius latitudine metiatur ?*, « comment vous est-il possible, dit-il, d'explorer, de rechercher qui donc a créé l'homme, quelle est l'origine des âmes, qui a inventé les causes des maux, si le soleil est plus grand que la terre ou s'il ne mesure qu'un pied de large ? »

61, 3 *res uestra in ancipiti sita est, salus dico animarum uestrarum, et nisi uos adplicatis dei principis notioni, a corporalibus uinculis exsolutos expectat mors saeua*, « votre cause est en péril – le salut de vos âmes, veux-je dire –, et si vous ne vous appliquez pas à connaître le Dieu Prince, ce qui vous attend au sortir des liens du corps, c'est une mort cruelle ».

118. 1, 38, 3 *qui ab erroribus nos magnis insinuata ueritate traduxit*, « celui qui nous a tirés de grandes erreurs en nous inculquant la vérité »

§ 4 *deus monstrauit quid sit, quis, quantus et qualis*, « qui nous a montré ce qu'est Dieu, qui il est, ce qu'est sa grandeur et sa nature »

§ 5 *qui quo auctore, quo patre mundus iste sit constitutus et conditus, fecit benignissime sciri; qui natiuitatis eius expromsit genus et nullius aliquando cognitione praesumptam materiam illius*, « celui qui nous a fait connaître avec tant de bonté par quel Auteur, par quel Père notre monde a été constitué et fondé ; qui a révélé de quelle façon il est né et quelle en est la matière, dont jamais personne n'avait pu se faire une idée »

§ 6 *quid anima, aduolaritne ad nos sponte an cum ipsis sata sit et procreata uisceribus, mortis particeps degat an inmortalitatis perpetuitate donata sit*, « ce qu'est l'âme ; si elle a volé vers nous de son propre mouvement ou si elle a été engendrée et procréée en même temps que notre chair elle-même ; si elle est sujette à la mort ou si elle a reçu le don de l'immortalité sans fin ».

un dieu, et vous ne cherchez pas qui en est « le créateur et l'artisan ». Pour vous, la lune est une déesse, et vous ne vous préoccupez pas de savoir qui en est « le père et l'ouvrier », *genitor et fabricator*[119], comme si les deux définitions du « créateur », au sens absolu, à partir de rien, et par œuvre démiurgique, étaient réunies dans la même formule. Mettra-t-on Arnobe en contradiction avec lui-même ? Selon les besoins du moment et de sa thèse, il soutient une idée et son contraire. La connaissance du monde où nous vivons, la physique et la métaphysique, sont certes des sciences enviables. Mais ne sont-elles pas de vaines questions auprès de notre salut « éternel », du sort qui nous attend après la mort ?

Si par « créer » il faut entendre « faire à partir de rien », une telle formulation est sans doute, pour Arnobe, peu intelligible. Les noms en *–tor*, répétitifs, forment des sortes de litanies à la gloire d'un Dieu qu'on adore, mais que la raison peine à concevoir. Dieu est le créateur de toutes choses en ce qu'il est le moteur du monde, la cause première qui l'a amené à l'être et qui l'y maintient par son vouloir[120]. Seul, le Dieu unique des chrétiens peut prétendre à cette définition. Le grand dieu des païens, le Jupiter des poètes ou celui des hommes d'État, le souverain *Optimus Maximus* du Capitole, n'est à aucun titre un démiurge « créateur » ou plutôt ordonnateur de l'univers. Et pourtant, n'est-ce pas ce même dieu que vous, païens, vous appelez souverain et *créateur* de tout ce qui est au monde, *conditor*, qui descend du ciel pour contempler les jeux du Cirque[121] ? Finalement, Dieu et Jupiter ne peuvent-ils se confondre ? Un mot, un seul mot malencontreux qui, à la fin d'un ouvrage encore à réviser, échappe à un auteur pressé, un mot à mettre, il est vrai, entre guillemets, *quem... dicitis*, « à ce que vous dites », suffirait-il à fragiliser toutes

---

119. 1, 29, 4 *nonne huic omnes debemus hoc ipsum primum quod sumus, quod esse homines dicimur*, « n'est-ce pas à ce Dieu que nous avons tous la première obligation : le fait que nous existons, que nous sommes appelés hommes »

§ 5 *nonne ab hoc effluunt causae per quas nostra fulcitur salus?*, « n'est-ce pas de lui que découlent les causes qui assurent notre conservation ? »

§ 7 *Solem deum cum esse credatis, conditorem eius opificemque non quaeritis? Luna cum apud uos dea sit, non similiter scire curatis genitor eius et fabricator quis sit?*, « Vous croyez que le soleil est un dieu, et vous ne cherchez pas quel en est le créateur et l'artisan ? La lune est pour vous une déesse, et vous ne vous souciez pas davantage de savoir quel en est le père, quel en est l'auteur ? ».

120. 2, 2, 3 *a quo omnia terrena cunctaque caelestia animantur motu iniganturque uitali*, « celui dont la totalité des êtres terrestres et l'ensemble des êtres célestes reçoivent le mouvement vital qui les anime » (*supra*, n. 102) ; 1, 31, 1-2 (*infra*, n. 127) ; 2, 44, 2 *causarum ut omnium constitutor*, « en tant qu'auteur de toutes les causes ».

121. 7, 41, 4 (*supra*, n. 18).

les distinctions si souvent affirmées qui font de Dieu le seul, le vrai créateur du monde ? Comme si, subrepticement, l'hypothèse syncrétiste reprenait vie.

Princeps, rerum conditor, rex poli ou *mundi*: Jupiter – s'il ne se déshonorait par son inconduite –, pourrait donc prétendre à ces titres. Ce à quoi le chrétien répondra : il ne les mérite pas. Le philosophe, lui, va au-delà de la mythologie et de ses apparences. Or c'est précisément ce que nous lisons dans le traité *Du monde*, dont on ne refusera pas la paternité au platonicien Apulée[122] : Dieu « dirige toutes choses », il est *rector omnium*[123], « roi et père de toutes choses »[124], il est « sauveur et créateur de tous les êtres »[125]. Au terme de son traité, le philosophe l'appelle de son nom : Dieu est unique, mais ses noms sont aussi multiples que sont divers les aspects de sa puissance. En latin, il se nomme Jupiter[126].

Il est difficile de se faire une idée claire de la théologie d'Arnobe. Mais le Dieu abstrait, transcendant, auquel il adresse sa prière, « le très grand, le créateur suprême des choses invisibles », lui qui est « la cause première »[127] par excellence, lui que, invisible, nul ne peut non plus concevoir, est singulièrement proche du dieu cosmique que les philosophes appellent aussi Jupiter.

---

122. Sur les questions d'authenticité, voir l'édition de J. Beaujeu, *Apulée. Opuscules philosophiques*, CUF, 1973, p. IX-XXIX.
123. *Mund.* 342 *de rectore quippe omnium.*
124. « Que notre pensée seule peut voir par les yeux de l'âme » : *mund.* 357 *rex omnium et pater, quem tantummodo animae oculis nostrae cogitationes uident.*
125. *Mund.* 343 *sospitator quidem ille <et> genitor est omnium*, « en fait, il est le Sauveur et le Créateur de tous les êtres ». *Sospitator*, lié à l'idée de *salus* (*supra*, n. 84, 117 et 119 : Arn. 1, 29, 5 ; 2, 61, 3 ; 2, 65, 7), est le substantif, de connotation si païenne (cf. R. Braun, *Deus Christianorum*, p. 499, n. 1), qu'Arnobe emploie pour désigner le Christ, le Sauveur envoyé par Dieu (1, 53, 3 ; 2, 74, 1 et 3 ; 2, 75, 1).
126. *Mund.* 370 *Et cum sit unus, pluribus nominibus cietur, specierum multitudine, quarum diuersitate fit multiformis uis. Idem ab iuuando Iuppiter dictus...*, « bien que Dieu soit unique, il est invoqué sous une foule de noms à cause de la multitude des aspects dont la diversité compose sa puissance multiple ; son rôle d'"ad-juvant" lui a valu le nom de "Jupiter" ».
127. Arn. 1, 31, 1-2 *O maxime, o summe rerum inuisibilium procreator, o ipse inuisus et nullis umquam conprehense naturis... Prima enim tu causa es*, « Ô très grand, ô suprême Créateur des choses invisibles, Toi-même invisible, Toi que n'a jamais pu concevoir aucune créature... Car Tu es la cause première ».

DEUXIÈME PARTIE

GRANDEUR DES DIEUX

Chapitre III
La famille des Immortels. Le premier cercle

Les dieux sont tous, ou presque, parents. Ils forment une famille, dans tous les sens sociologiques, antique et modernes, du terme. Une famille « moderne », à la fois nucléaire, réduite à deux générations, et recomposée – c'est la famille de Jupiter –, où cohabitent les enfants des différents lits. Une famille élargie, également, plus traditionnelle, qui s'étend à la génération précédente, celle dont les parents sont Saturne et Ops, avec leurs propres enfants (Neptune, Dis Pater, Cérès). Et une *familia* antique, qui comporte des hiérarchies sociales : une aristocratie d'Olympiens, tous apparentés, à des degrés divers, et des plébéiens, dont la condition subalterne rappelle la clientèle des grands, à la romaine[1]. Arnobe, dont on connaît le goût pour les énumérations, cite souvent ces divinités par listes hétéroclites[2], qui n'ont d'autre effet que de faire nombre et de produire une impression de masse, aussi nombreuse que la foule des dieux du polythéisme : Liber, Cérès, Esculape, Neptune, Junon, la Fortune, Mercure, Vulcain, et bien d'autres[3]. À eux tous, pourvus des attributs dont les a dotés la statuaire classique[4] et qui, pour nous encore, les rendent aisément reconnaissables, ils composent une société où s'alignent, comme dans une galerie de musée, Jupiter Hammon aux cornes de bélier, Saturne

---

1. Cf. G. Dumézil, *La Religion romaine archaïque*[2], p. 54, qui compare « les entités mineures » que sont les indigitations à « la *familia* d'un "grand" dieu ».
2. Par ex., en 1, 30, 2, à la suite du développement sur les bienfaits de Dieu, qui nous permet de jouir des biens de la terre (1, 29, 4-7 ; *supra*, p. 77) : *Apollo uobis pluit, Mercurius uobis pluit, Aesculapius, Hercules aut Diana rationem imbrium tempestatumque finxerunt ?*, « est-ce Apollon qui fait pleuvoir pour vous ? Mercure qui fait pleuvoir pour vous ? Esculape, Hercule ou Diane qui ont inventé le régime des pluies et des intempéries ? ». Avec le commentaire d'H. Le Bonniec, p. 273 : « Le choix des cinq divinités nommées ici s'explique mal... Arnobe avait-il une intention précise ? On a l'impression que sa liste de dieux est volontairement arbitraire, voire absurde ».
3. 2, 65, 6 *Patrem... Liberum dare... Cererem... Aesculapium... Neptunum aliud, aliud posse Iunonem, Fortunam Mercurium Volcanum*, qui « peuvent accorder » la vendange, les moissons, la santé, « une chose ou une autre » ; 3, 6, 2 *Saturnus... et Ianus... Minerua, Iuno, Apollo, Venus... Hercules atque alii [et] ceteri*, « Saturne... et Janus, Minerve, Junon, Apollon, Vénus... Hercule, ainsi que tous les autres ».
4. Pour chaque divinité, on se reportera à l'article du *LIMC*.

avec sa faucille de paysan, Mercure en voyageur, Liber efféminé, Vénus nue et dévêtue, comme si elle se prostituait en public, Vulcain, son mari, en tenue de forgeron, Apollon en musicien, Neptune avec son trident qui le fait ressembler à un gladiateur[5], et quelques autres.

Une seconde visite, plus complète, dans ces musées qu'étaient aussi les temples où s'accumulaient les œuvres d'art, caractérise les dieux par leurs attributs, c'est-à-dire ce qu'il y a de plus extérieur en eux : tout est dans l'apparence. Saturne tient sa faucille de moissonneur ; Janus, au double visage, sa clef ; Jupiter est barbu, il porte l'énigmatique *ricinium*[6] et tient le foudre ; la robe de Junon a une ceinture, comme celle de toute matrone ; Minerve, qualifiée de « petite jeune fille », disparaît sous son casque guerrier ; la Mère des dieux a un tambourin ; les Muses, des flûtes et des cithares ; Mercure a des ailes ; Esculape, un bâton où s'enroule un serpent ; Cérès, d'énormes mamelles ; Liber tient une coupe à boire ; Vulcain est en tenue de forgeron ; la Fortune porte sa corne d'abondance qui déborde de fruits, figues ou grappes de raisin ; Diane est court vêtue ; Vénus n'est plus du tout vêtue, elle est « toute nue » ; Anubis a une tête de chien ; Priape, un sexe démesuré[7].

5. 6, 12, 1-3 ... *consecutum est ut in deorum corporibus lasciuiae artificum luderent darentque his formas quae cuilibet tristi possent esse derisui. Itaque Hammon cum cornibus iam formatur et fingitur arietinis, Saturnus cum obunca falce custos ruris, ut aliquis ramorum luxuriantium tonsor, cum petaso gnatus Maiae, tamquam uias adgredi praeparet et solem pulueremque declinet, Liber membris cum mollibus et liquoris feminei dissolutissimus laxitate, Venus nuda et aperta, tamquam si illam dicas publicare, diuendere meritorii corporis formam, cum pilleo Vulcanus et malleo, manu liber sed dextera et fabrili expeditioni succinctus, cum plectro et fidibus Delius, citharistae gestus seruans, cantaturi et nenias histrionis, cum fuscina rex maris, tamquam illi pugna sit gladiatorii obeunda certaminis : neque ullum est repperire figmentum alicuius numinis, quod non habitus certos ferat fabrorum liberalitate donatos*, « Il s'ensuit que, du physique des dieux, la fantaisie des artistes s'est jouée librement et qu'ils leur ont donné des types propres à faire rire l'homme le plus austère. Ainsi Hammon est représenté et figuré avec des cornes de bélier ; Saturne, en gardien des champs, avec une faucille recourbée, comme un quelconque élagueur de rameaux luxuriants ; le fils de Maia avec un grand chapeau, comme s'il se préparait à partir en voyage et avait à se protéger contre le soleil et la poussière ; Liber, avec des membres délicats, tout alangui dans l'abandon d'une mollesse bien féminine ; Vénus toute nue, découverte, qui semble offrir au public, mettre à l'encan la beauté de son corps prostitué ; Vulcain, avec un bonnet pointu et un marteau, la main droite libre et le vêtement retroussé pour se mettre à son travail de forgeron ; le dieu de Délos avec un plectre et une lyre, reproduisant les gestes des joueurs de cithare ou de l'acteur qui s'apprête à chanter des thrènes ; le roi de la mer avec un trident, comme s'il avait à se mesurer au combat avec des gladiateurs ; bref, on ne saurait trouver une représentation de divinité qui ne comporte pas certains attributs dont l'a gratifiée la générosité de son créateur ».
6. *Supra*, p. 41-43.
7. 6, 25, 2-3 *Falx messoria scilicet quae est attributa Saturno, metum fuerat iniectura mortalibus... fronte Ianus ancipiti aut dentata illa qua insignitus est claui, riciniatus Iuppiter atque*

Cet ensemble multiforme est organisé autour de Jupiter, souverain et *pater familias*, « père des dieux et des hommes », selon la formule révérencielle des poètes et des philosophes, reprise par Arnobe[8]. Mais, dans le premier aperçu de la société divine sur laquelle on nous a brièvement permis de jeter les yeux, il figure sous son aspect semi-animal, l'indécente nudité de Vénus est soulignée. Tous ces dieux ont un métier : le sien est la prostitution. Deux détails qui, déjà, donnent le ton. Le procédé est le même dans la seconde promenade au pays des dieux : elle s'achève sur tout ce qui les discrédite, l'animalité des dieux égyptiens et l'obscénité de Priape, dieu venu du lointain Hellespont. Le message est clair : la sexualité n'est qu'une autre forme de l'animalité.

Les parèdres de Jupiter

La société des dieux, que domine le souverain du Capitole, peut être envisagée d'au moins deux points de vue différents, selon qu'elle s'organise en termes de théologie romaine ou de mythologie grecque. À Rome, les deux divinités les plus proches de Jupiter, celles qui, cultuellement, occupent le premier rang et trônent à ses côtés, sont les deux déesses de la triade capitoline, qui siègent dans les deux chapelles latérales du temple à triple *cella*, Junon et Minerve, sa sœur-épouse[9] et sa fille aux yeux de la mythologie grecque. L'une

barbatus, dextra fomitem sustinens perdolatum in fulminis morem, Iunonius ille caestus, aut militari sub galea puellula delitiscens, deum Mater <cum> tympano, cum tibiis et cum psalteriis Musae, Mercurius pinnatus, anguifero nitens Aesculapius baculo, Ceres mammis cum grandibus aut in Liberi dextera pendens potorius cantharus, Mulciber fabrili cum habitu aut Fortuna cum cornu pomis ficis aut frugibus autumnalibus pleno, semitectis femoribus Diana aut ad libidinem concitans Venus nuda, Anubis canina cum facie aut genitalibus propriis inferior Priapus, « Assurément, la faucille de moissonneur attribuée à Saturne était bien propre à inspirer la crainte aux mortels... comme aussi le double front de Janus ou bien cette clef dentée qui est son attribut, comme Jupiter avec sa tête voilée et sa barbe, tenant dans sa main droite un bout de bois taillé en forme de foudre, le soutien-gorge de Junon, la petite jeune fille disparaissant sous un casque de guerrier, la Mère des dieux avec son tambourin, les Muses avec leurs flûtes et leurs cithares, Mercure avec ses ailes, Esculape appuyé sur son bâton à serpents, Cérès avec ses énormes mamelles, la coupe à boire que Liber laisse pendre de sa main, Mulciber en tenue de forgeron, ou la Fortune avec sa corne pleine de fruits, de figues ou de grappes automnales, Diane vêtue à mi-cuisse ou Vénus toute nue invitant à la luxure, Anubis à la tête de chien, ou, plus petit que son propre sexe, Priape ».

8.   4, 21, 1 (*supra*, p. 21).
9.   3, 30, 2 *soror et coniunx omnipotentis... Iouis*, « sœur et femme de Jupiter tout-puissant ». C'est la titulature classique : Cic. *ND* 2, 66 ; Verg. *Aen.* 1, 46 sq. *ego, quae diuom incedo regina Iouisque / et soror et coniunx*, « moi qui marche reine des dieux, moi la sœur et l'épouse de

et l'autre, souvent jointes[10], même si leurs portraits sont contrastés, tiennent dans la polémique d'Arnobe une place relativement modeste, sans commune mesure avec leur rang dans le culte. Comme dans la statuaire et le groupe officiel de la triade[11], auprès – nous venons de le voir – de Jupiter barbu, tenant le foudre, Junon est la matrone, la femme dans la plénitude de l'âge, et Minerve, évoquée seulement par une périphrase dédaigneuse, la « petite jeune fille » coiffée d'un casque[12]. C'est à peine si Arnobe mentionne le caractère incestueux de cette union[13]. Junon est la reine, *Regina*[14], prestigieuse et belle comme l'Héra homérique, la déesse aux bras blancs, dont la ceinture recèle les charmes prêtés par Aphrodite[15] : Zeus-Jupiter ne résiste pas à de telles séductions[16].

Fonctionnellement, la Junon d'Arnobe est réduite à son rôle de déesse des enfantements[17], invoquée par les femmes en couches sous l'épiclèse

---

Jupiter » ; Aug. *ciu.* 4, 10, p. 157 D *cur etiam illi Iuno uxor adiungitur, quae dicatur « soror et coniux »* ?, « et pourquoi unir comme épouse à Jupiter Junon qu'on donne "pour être sa sœur et son épouse" ? ».

10. Victimes, avec lui, des incendies répétés du Capitole : 6, 23, 2 *cum Capitolium totiens edax ignis absumeret Iouemque ipsum Capitolinum cum uxore corripuisset ac filia*, « toutes les fois où le feu dévorant a consumé le Capitole, anéantissant Jupiter Capitolin en personne avec son épouse et sa fille ». Le groupement des deux déesses est canonique : 3, 6, 2 (*supra*, n. 3) ; Junon et Minerve se succèdent en 3, 30, 2 (n. préc.) et 3, 31, 1 ; 3, 40, 5 : la triade est assimilée aux Pénates, *nec defuerunt qui scriberent Iouem, Iunonem ac Mineruam deos Penates existere*, « il n'a pas manqué d'écrivains pour dire que Jupiter, Junon et Minerve sont les dieux Pénates ».

11. Cf. *LIMC*, VIII, 1997, s. v. *Iuppiter*, p. 461-470, n° 429-554. On retiendra particulièrement le groupe du musée de Palestrina, n° 479, qui montre les trois divinités assises sur le même trône.

12. 6, 25, 2 (*supra*, n. 7).

13. 4, 24, 5 *numquid incestas nuptias cum sorore Iouem ipsum dicimus fecisse nos ?*, « est-ce nous, oui, nous, qui disons que Jupiter lui-même fit avec sa sœur un mariage incestueux ? ».

14. C'est son titre officiel dans la religion romaine, au Capitole et dans le temple de l'Aventin, dont la statue provient de la prise de Véies.

15. *Il.* 14, 214-223 : « là sont tendresse, désir, entretien amoureux aux propos séducteurs qui trompent le cœur des plus sages », commente le poète. Quand, ensuite, elle s'adresse à Hypnos, le Sommeil, pour mieux endormir Zeus, elle est θεὰ λευκώλενος Ἥρη, « Héré, la déesse aux bras blancs » (14, 277).

16. Le couple divin est présenté en 4, 22, 5 : le « roi, fils de Saturne », *regi Saturnio*, et son épouse, dans toute sa beauté, *Iuno... regina... numinum, cum nobilitas eam commendaret tanta, facies, os, dignitas et ulnarum niuei marmoreique candores*, « Junon... la reine des dieux, alors qu'elle se recommandait de sa haute noblesse, de sa beauté, des traits de son visage, de sa dignité, et de la blancheur de ses bras de neige et de marbre ».

17. 3, 23, 7 *puerperiis Iuno praeposita est et auxiliatur genetricibus fetis : et matrum intereunt cur cotidie milia parricidalibus nixibus interemptae ?*, « Junon préside aux accouchements et vient en aide aux femmes enceintes : pourquoi alors des milliers de mères périssent-elles tous les jours, emportées par des enfantements parricides ? ».

Lucina[18], « celle qui fait venir à la lumière du jour ». Office qu'elle remplit bien mal, comme toutes les divinités, d'ailleurs : le seul grief qu'Arnobe formule à son encontre, c'est qu'elle est incapable de sauver les milliers de femmes qui meurent en couches, triste réalité du monde antique. Arnobe ne mentionne ni son caractère difficile, ni sa jalousie à l'égard des maîtresses – toutes provisoires – de Jupiter, qu'elle poursuit de sa haine[19]. Elle est vertueuse : cela lui suffit. En 3, 30, 2 seulement, il livre une liste d'épiclèses[20], sans doute empruntées à Varron[21], et qui donnent une idée plus juste de la diversité de ses fonctions : déesse des femmes et protectrice de leurs nouveaunés, certes, puisque *Fluuionia* empêche l'écoulement du sang menstruel pendant la grossesse, *Ossipagina* est préposée à la consolidation des os de l'enfant qui grandit, *Vnxia* et *Cinxia* à deux rites du mariage, l'onction par la jeune femme de la porte du domicile conjugal et le dénouement, par le marié, de sa ceinture, *Caprotina* est fêtée par toute la population féminine lors des très libres Nones Caprotines du 7 juillet. *Pomana* n'est pas autrement connue : veillerait-elle, par assimilation, à la croissance des fruits, *poma*, comme à la fécondité humaine ? Seules *Februtis*, qui préside aux purifications de février, et surtout *Populonia*, déesse politique, protectrice du *populus* dans l'Italie osque aussi bien qu'à Rome, rappellent le haut rang de Junon et la diversité de ses attributions, donneuse de souveraineté et patronne de la cité.

Ses alliances, ses identifications vont dans le même sens. Outre les réminiscences homériques, c'est aux grands cultes d'Héra que renvoient les allusions

---

18. Aussi bien par les déesses, censées accoucher dans la douleur, que par les simples mortelles : 3, 10, 5 *deas grauidas, deas fetas... telis grauibus et dolorum acuminibus fixas heiulare, tortari et inter haec omnia suppetias Iunonis implorare Lucinae*, « [voir] les déesses grosses, les déesses enceintes... transpercées par les traits cruels et par les aiguillons des douleurs, hurler, se tordre et au milieu de tout cela implorer l'aide de Junon Lucina » ; 3, 21, 4 de nouveau les déesses *parturiunt, pariunt, ut difficiles puerperiorum tricas Iuno mulceat corripiatque Lucina*, « elles sont en mal d'enfant, elles accouchent, si bien que Junon Lucina adoucit et abrège les pénibles embarras de l'enfantement » ; 3, 23, 7 (n. préc.).
19. Quand il évoque, en 1, 36, 4, les errances de Latone, qui ne sait où mettre au monde ses enfants, *arquitenentes Diana et Apollo, circumlati per fugas matris atque in insulis errantibus uix tuti*, « les archers, Diane et Apollon, portés par leur mère dans ses courses errantes et tout juste en sûreté sur des îles flottantes », le nom de sa persécutrice n'est pas prononcé.
20. 3, 30, 2 *nulla Fluuionia, nulla Pomana, nulla Ossipagina, nulla Februtis, Populonia, Cinxia, Caprotina*, « il n'y a plus de Fluvionia, plus de Pomana, plus d'Ossipagina, plus de Februtis, de Populonia, de Cinxia, de Caprotina ». *Vnxia* et *Cinxia* avaient déjà été nommées en 3, 25, 1. Sur tout ceci, voir mon commentaire du livre III, CUF.
21. Qui avait dressé, en parallèle, des listes des surnoms de Jupiter et Junon : Aug. *ciu.* 7, 11, p. 288 D (= 237 Card.) et 7, 24, p. 304 D *et tot cognominibus una Iuno*, « l'unique Junon [qui a] reçu tant de surnoms ».

à la déesse de Samos et à celle d'Argos[22]. Chez Arnobe, Junon est, essentiellement, « reine ». Les trois occurrences de *regina* dans l'*Aduersus nationes* se rapportent à elle seule : à la grande divinité argienne, au couple souverain qu'elle forme avec Jupiter, à celle qu'Hercule eut l'outrecuidance de blesser et qui, de déesse « matrimoniale » qu'elle était chez Clément, devient, chez lui, déesse « royale »[23]. C'est donc bien l'idée de souveraineté qui domine en elle. Même si, dans une perspective philosophique, son existence en tant que divinité personnelle est menacée : si l'on assimile les dieux aux éléments, Junon est l'air, en vertu de l'anagramme grecque Héra ἀήρ, et la grande déesse des deux panthéons, grec et romain, s'évanouit comme l'élément impalpable dans lequel elle se dissout. Il n'y a plus de Junon, « il n'y a plus de sœur ni de femme de Jupiter tout-puissant ; plus de Fluvionia, plus de Pomana, plus d'Ossipagina », etc., *nulla... nulla*, répète Arnobe avec un malin plaisir[24].

La seconde déesse de la triade, Minerve, est avant tout la fille de Jupiter, sortie tout armée de sa tête – Arnobe se complaît à le rappeler –, la guerrière qui porte le casque et le bouclier[25] et (avec Diane) assiste son père dans la lutte contre les Géants[26]. Assimilée à Athéna, elle est la déesse civilisatrice, patronne d'Athènes[27] à qui elle fit don de l'olivier, la fille « intellectuelle » de Métis, la Prudence, la belliqueuse dispensatrice de la victoire sous le nom de Niké,

---

22. 6, 11, 1 *pluteum Samios pro Iunone*, dont la statue est un informe xoanon, « les Samiens, en place de Junon, une planche » ; 6, 23, 3 *Iuno regina... Argiua in ciuitate*, « Junon Reine... dans la cité argienne », où elle laisse brûler son temple.

23. Respectivement 6, 23, 3 (cf. n. préc.) et 4, 22, 5 (*supra*, n. 16). La troisième occurrence se rapporte à la guerre de Pylos, où Héra fut blessée par Héraclès : Clém. *protr.* 2, 36, 2 τὴν Ἥραν τὴν ζυγίαν, « Héra qui préside aux mariages » ; Arn. 4, 25, 3 *ab Hercule Ditem Patrem et reginam memorat sauciatam esse Iunonem*, [Panyassis] « qui rapporte que Dis Pater et la reine Junon furent blessés par Hercule ». Son nom est si bien synonyme de « royauté » divine au féminin que, quand la Sibylle prescrit à Énée d'offrir le rameau d'or à la « reine » de l'outre-tombe, elle mentionne d'abord la *Iunoni infernae*, « Junon infernale », et ne lui donne qu'ensuite son véritable nom, *pulchra... Proserpina*, « la belle Proserpine » (Verg. *Aen.* 6, 138 et 142).

24. 3, 30, 2 (*supra*, n. 20).

25. 2, 70, 4 *Mineruam... ex capite Iouis enata est*, « c'est de la tête de Jupiter qu'elle est née » ; 3, 31, 2 (*infra*, n. 28) ; 4, 16, 6 *ex uertice summo Iouis parmam ferens emicuit atque armorum accincta terroribus*, « elle a jailli du haut de la tête de Jupiter, portant un bouclier et ceinte d'armes terrifiantes ; 4, 16, 8 *de uertice procreatam... Iouis*, « née de la tête de Jupiter » ; 6, 25, 2 (*supra*, n. 7).

26. 4, 29, 2 *et Iouis res gestas et Mineruae expromere bella, uirginis et Dianae*, « ... raconter les exploits de Jupiter et les guerres de Minerve et de Diane, la déesse vierge ».

27. Dont les habitants sont comme ses « concitoyens » ; cf. 5, 26, 4 *quid Erecthidae o cati, quid ciues Mineruii dicitis ?*, « qu'en dites-vous, ô subtils enfants d'Érechthée, vous, de la cité de Minerve ? ».

dont elle tient dans sa main la statuette ailée[28]. Divinité romaine fonctionnelle, elle est, comme son homologue grecque, la patronne intelligente des arts et métiers[29], dont le nom peut être compris comme *Meminerua*[30], déesse de mémoire (*memini*), présidant à toutes les opérations de l'esprit (*mens*) comme aux travaux féminins du filage et du tissage[31], qui requièrent savoir-faire et habileté. Si Junon est la matrone divine, patronne des femmes mariées et du mariage, Minerve est la déesse vierge, *Tritonia uirgo*, comme, après Virgile, dit Arnobe[32], à qui, conformément à la règle de la victime propre, on sacrifie des victimes qui lui ressemblent, c'est-à-dire des génisses vierges et qui n'ont pas encore travaillé[33].

Si, en s'éloignant de l'ancienne religion romaine, l'on veut aller plus avant dans la réflexion théologique, certains voient dans la triade capitoline les Pénates, ces divinités énigmatiques dont l'identité reste incertaine[34]. D'autres, pour qui les grands dieux ne sont pas des êtres anthropomorphes et personnels, mais les éléments et les astres, identifient Minerve et la Lune[35]. Au total, la fille de Jupiter et de Métis n'est pas si mal traitée par Arnobe : ainsi, sa

---

28. 1, 38, 2 *si Mineruam, quod oleae...*, « Minerve, pour la découverte de l'olivier ». Portrait complet donné en 3, 31, 2 : *nulla est ergo Metis filia, nulla Victoria est, nulla Iouis elata de cerebro inuentrix oleae*, « il n'y a donc plus de fille de Métis, il n'y a plus de Victoire, plus de déesse sortie du cerveau de Jupiter et qui a découvert l'olivier ».
29. 3, 31, 2 (suite de la n. préc.) *nulla magisteriis artium et disciplinarum uarietatibus erudita*, « ... plus de maîtresse versée dans l'enseignement des arts et la diversité des sciences ».
30. 3, 31, 1 *Memoriam nonnulli, unde ipsum nomen Minerua quasi quaedam Meminerua formatum est*, « pour certains, elle est la Mémoire, d'où provient son nom même de *Minerua*, qui équivaut à *Meminerua* ».
31. D'où l'emploi métonymique de son nom : *Mineruam pro stamine*, vous dites « Minerve pour le fil » (5, 45, 1).
32. 3, 21, 5 : c'est elle qui tisse les vêtements des dieux, *uestis indigent tegmine, ut uirgo Tritonia curiosius stamen neat*, « ils ont besoin de vêtements pour se couvrir, si bien que la vierge du Triton tisse des étoffes avec tant de diligence » (cf. Verg. *Aen.* 11, 483 *Tritonia uirgo*) ; et 7, 22, 3 (voir n. suiv.) ; 4, 25, 3 *uiraginem*, « la déesse vierge ».
33. 7, 22, 3-6 *Mineruae uirgini uirgo caeditur uitula, nullis umquam stimulis <in> nullius operis excitata conatus... Nam si, quia uirgo Tritonia est, idcirco ei conuenit uirgines hostias immolari... Mineruae castas et uirgines, quia sit pura, uirginitatis intactae*, « À Minerve, vierge, une génisse vierge est sacrifiée, que jamais l'aiguillon n'a stimulée pour lui faire accomplir aucun travail... Car si, sous prétexte que la Tritonienne est vierge, il convient de lui immoler des victimes vierges... à Minerve des victimes chastes et vierges, parce qu'elle est pure et que sa virginité est inviolée ».
34. 3, 40, 5 (*supra*, n. 10).
35. 3, 31, 1 *Aristoteles, ut Granius memorat... Mineruam esse Lunam probabilibus argumentis explicat*, « Aristote... expose avec des arguments plausibles, comme le rapporte Granius, que Minerve est la Lune ».

cruauté à l'égard d'Arachné est-elle passée sous silence. Le seul passage, mais il est longuement mis en scène, où le polémiste la couvre de ridicule, est la partie du livre IV où il traite de la question des divinités homonymes : ces dieux que le culte, la religion officielle, la mythologie courante considèrent comme des individus uniques, mais que de savants mythographes multiplient jusqu'à trois, quatre, cinq homonymes, tant les légendes et les identités qu'on leur prête sont incompatibles. Mais c'est là un cas hautement particulier de la spéculation théologique, sur lequel nous reviendrons en son temps[36] : la Minerve des poètes, des hommes d'État, même celle des philosophes, échappe à ces théories aventureuses qui ne dépassent pas le cercle des érudits. De même que Junon, d'ailleurs, qu'Arnobe continue d'analyser dans les termes de la tradition.

À la différence de Jupiter, leur souverain maître, les deux déesses de la triade capitoline sont relativement épargnées par la polémique anti-païenne. C'est que, épouse fidèle et bafouée, vierge intraitable, elles ne sont liées à aucun scandale sexuel : aussi vertueuses l'une que l'autre, elles ne donnent pas prise à l'accusation d'immoralité qui est l'un des griefs majeurs que les apologistes formulent à l'encontre des dieux traditionnels. Heureusement pour le polémiste, les autres Olympiens ont une conception beaucoup moins stricte de la morale conjugale et sexuelle.

Les descendants de Jupiter

Les fils et filles de Jupiter, légitimes ou adultérins, sont évidemment fort nombreux[37]. Souvent constitués en couples, ils peuplent les espaces du ciel. La lignée légitime, née de Junon, se borne à deux fils : Mars et Vulcain, d'autant plus liés qu'ils forment un trio – parler de ménage à trois sentirait trivialement

---

36. *Infra*, p. 199-211.
37. 2, 70, 3 *rursus uero, si Liber, Venus, Diana, Mercurius, Apollo, Hercules, Musae, Tyndaridae Castores ignipotensque Vulcanus Ioue patre sunt prodoti et genitore Saturnio procreati, ante quam Memoria, quam Alcumena, Maia, Iuno, Latona, Leda, Dione, tum et Semela Diespitri factae sunt compressionibus fetae...*, « et à leur tour, si Liber, Vénus, Diane, Mercure, Apollon, Hercule, les Muses, les Dioscures Tyndarides et Vulcain le maître du feu ont été engendrés et procréés par Jupiter, leur père et géniteur, fils de Saturne, ces dieux non plus, avant que Mémoire, qu'Alcmène, Maia, Junon, Latone, Léda, Dioné et aussi Sémélé ne se fussent trouvées grosses des étreintes de Diespiter... ». Encore la liste est-elle incomplète. Il y manque Mars et Hébé (*Iuuentas*), ainsi que Proserpine ; et seules sont ici nommées les divinités, nées de déesses, ou héros divinisé comme Hercule, à l'exclusion des simples mortels comme Sarpédon, né d'Europe.

son vaudeville – avec la trop belle Vénus, amante de l'un, épouse officielle de l'autre. Mars, comme dans la religion d'État, est avant tout le guerrier divin : connu aussi sous son nom ancien de *Mauors*[38], il préside à la guerre[39], aux combats sanglants des hommes, comme Vénus aux combats de l'amour, l'un et l'autre – faits pour s'unir – avec la même flamme[40]. Son nom est synonyme de « combat »[41] ; son iconographie est celle du guerrier en armes[42] et, s'il fut, primitivement, d'après Varron, représenté sous une forme non figurative, c'était sous celle d'une lance[43]. Vulcain, doublement disgracié, boiteux et mari trompé, s'active dans sa forge de Lemnos, dans sa tenue d'artisan divin, coiffé d'un bonnet et court vêtu d'une simple tunique[44], loin de l'apparat qui sied aux dieux. C'est là, s'il faut en croire Arnobe, qu'il fabrique outils agricoles et épées pour tous ces dieux qui, comme lui, comme les hommes, ont un métier[45].

38. Supposons qu'on échange les attributs des dieux : 6, 12, 7 *qui Iuppiter fuerat idem possit existimari Mars esse et qui Mauors fuerat subintroire speciem Iouis possit Hammonis ?*, « celui qui était Jupiter pourrait être pris pour Mars et celui qui était Mars pourrait revêtir l'apparence de Jupiter Hammon ? ».
39. 3, 26, 2 *potestatem, inquit, bellorum Mars habet*, « Mars, dit-on, a pouvoir sur la guerre ».
40. 3, 26, 1 *Martem... et speciosam illam Cupidinum matrem, ex quibus unum praeficitis proeliis, amoribus alteram et cupiditatis ardori*, « Mars... ainsi que la séduisante mère des Cupidons, deux divinités dont vous préposez l'un aux combats, l'autre aux amours et à l'ardeur de la passion ». Le chap. 3, 26 est consacré aux malheurs de la guerre, dus à Mars ; le suivant, 3, 27, aux méfaits de l'amour, dus à Vénus. Le couple des amants divins est bien représenté dans la peinture campanienne : à Pompéi, maison de Lucretius Fronto, maison de l'Amour puni (pl. 3), maison de Mars et Vénus (pl. 4), à Herculanum, maison du Bicentenaire, etc.
41. 5, 45, 1 *in usu sermonis uestri Martem pro pugna appellatis*, « dans votre langage usuel, vous vous servez du nom de Mars pour le combat ».
42. 6, 12, 6 *si... Martem armis spoliet et his rursus circumcludat Hammonem*, « si l'on dépouillait Mars de ses armes pour en ceindre Hammon » (même raisonnement que *supra*, n. 38).
43. 6, 11, 1 *temporibus priscis... pro Marte Romanos hastam, Varronis ut indicant Musae*, « dans l'ancien temps... les Romains [adoraient] une lance en place de Mars, comme le disent les muses de Varron » = 254 Card.
44. 4, 24, 5 *altero claudum pede apud insulam Lemnum fabrilia opera exercuisse Vulcanum*, « boitant d'un pied, Vulcain exerça le métier de forgeron dans l'île de Lemnos » ; 6, 12, 2 *cum pilleo Vulcanus et malleo, manu liber sed dextera et fabrili expeditione succinctus*, « Vulcain, avec un bonnet pointu et un marteau, la main droite libre et le vêtement retroussé pour se mettre à son travail de forgeron » ; 6, 25, 3 *Mulciber fabrili cum habitu*, « Mulciber en tenue de forgeron » ; 7, 22, 5 *quod faber Vulcanus est, fabris*, « et à Vulcain, puisqu'il est forgeron, on offrira des forgerons ».
45. 3, 21, 5 *rem rusticam tractant aut curant militaria munera, ut flammis potens Vulcanus fabricetur his enses aut ruris ferramenta procudat*, « ils s'adonnent à l'agriculture ou exercent le métier des armes, si bien que Vulcain, le maître du feu, leur fabrique des épées ou leur forge des outils agricoles ».

Il doit cependant sa dignité à son pouvoir de maître du feu[46], magnifié par les poètes : il est l'*ignipotens, flammis potens*[47]. Aussi trouve-t-il sa revanche dans le filet, forgé par son art, qui emprisonne les deux amants et les expose à la risée des dieux : épisode sur lequel Arnobe s'attarde avec un voyeurisme qui n'a d'égal que celui des immortels[48].

Vénus – qui s'en étonnera ? – est beaucoup plus souvent nommée que l'un et l'autre, si puissants soient-ils ; et le faux couple qu'elle forme avec Mars beaucoup plus présent que son union légitime avec Vulcain. C'est que, au contraire de Junon et Minerve, déesses trop sages, ses débordements sont un sujet idéal pour la polémique contre l'immoralité des mythes et de la religion païenne. Elle est la déesse des amours successives, volage, prostituée immortelle, qui collectionne les aventures extra-conjugales, tant avec les dieux, ses congénères, qu'avec de simples mortels. Sa naissance elle-même est incertaine : elle est tantôt la fille de Dioné[49], qui a donc pour père Jupiter, tantôt l'Ouranienne, née du sexe tranché d'Ouranos (le Ciel) et formée dans la blanche écume de la mer[50]. Rome s'en fait deux images, contrastées. En vertu de la légende troyenne, elle est la mère auguste du peuple romain, la garante de sa domination[51]. Arnobe, sujet fidèle de l'empire, ne tourne pas en dérision cet

---

46. 3, 23, 8 *in tutela Vulcani est ignis*, « le feu est sous la tutelle de Vulcain » ; 3, 33, 1 *Vulcanum, quem esse omnes ignem pari uocum pronuntiatis adsensu*, « Vulcain, dont tous, d'une même voix, vous vous accordez à déclarer que c'est le feu ».

47. 2, 70, 3 ; 3, 21, 5 (*supra*, n. 37 et 45). Cf. Verg. *Aen*. 8, 414, 423, etc. *ignipotens*, « le maître du feu ».

48. 5, 41, 3 *quod in adulterio dicimus Martem, inquit, et Venerem Vulcani esse circumretitos arte*, « quand nous parlons, dites-vous, de Mars et de Vénus, surpris dans l'adultère et enserrés dans des filets par l'artifice de Vulcain » ; 5, 41, 6 *in Martis et in Veneris uinctione*, « l'enchaînement de Mars et de Vénus » ; 5, 43, 2 *cupiditatis et temeritatis conpressio colligatio dicta sit adulterorum Veneris atque Martis*, « [voyons] la répression de la passion aveugle dans les liens de Vénus et de Mars adultères ». Voir aussi *infra*, p. 168.

49. 1, 36, 4 *Dionaea Venus proles, uiri materfamilias Troici atque intestini decoris publicatrix*, « Vénus, fille de Dioné, épouse d'un mari troyen et courtisane prostituant ses charmes secrets » ; 2, 70, 3 (*supra*, n. 37).

50. 4, 24, 3 *ex pelagi spuma et ex Caeli genitalibus amputatis Cythereiae Veneris concretum coaluisse candorem*, « c'est de l'écume de la mer et du sexe amputé du Ciel qu'a pris forme et densité la blancheur radieuse de Vénus Cythérée ».

51. Aussi, sous cet aspect, Arnobe légitime son union avec Anchise, élevée à la dignité de justes noces : 4, 27, 1 *in Anchisae nuptias ipsam illam Venerem Aeneadum matrem et Romanae dominationis auctorem*, « Vénus elle-même, la mère des Énéades et patronne de la domination romaine, <brûla> d'épouser Anchise » ; 4, 35, 3 *gentis illa genetrix Martiae, regnatoris et populi procreatrix... Venus*, « la fameuse mère de la race de Mars, qui a enfanté le peuple souverain, Vénus ».

aspect national de la déesse, qui peut relever d'un symbolisme culturel, de même que l'épicurien Lucrèce invoquait la « mère des Énéades », l'*Aeneadum genetrix*. Mars, on le notera, ne bénéficie pas d'un tel traitement de faveur. Peut-être éclipsé dans la mystique impériale où les empereurs se réclament de Jupiter et d'Hercule, non du père de Romulus, il ne recueille, au mieux, qu'une allusion sous la forme de l'adjectif, *gens Martia* (4, 35, 3). L'Aphrodite pandémienne, comme disait Platon, est beaucoup plus présente[52]. Arnobe donne cruellement la liste de ses amants ou époux successifs : après Vulcain, Phaéthon, Mars, avec qui elle se laisse surprendre à la vue de tout l'Olympe, elle aurait épousé Anchise[53]. Au passage, notre apologiste omet d'ailleurs Adonis[54]. Et faut-il croire qu'après cet ultime mariage, elle se serait rangée pour devenir une respectable *mater familias*, à la romaine ? Vénus reste une vulgaire prostituée (*meretricula*), une fille publique (*publicatrix*) sans pudeur qui monnaie ses charmes (*quaestus*)[55]. Tel est, hélas pour l'honneur des dieux, son signalement le plus répandu. Son nom lui-même l'atteste : soit par l'étymologie, soit par métonymie, Vénus la scandaleuse s'offre, « vient » à tous[56].

Il est cependant une donnée bien particulière que tous les commentateurs s'étonnent de ne pas voir exploitée dans l'ouvrage polémique d'Arnobe :

---

52. On peut illustrer ces deux aspects par deux peintures pompéiennes : la Vénus triomphante de l'atelier de Verecundus, diadémée et qui tient le sceptre, debout sur un char attelé de quatre éléphants ; et, nue, alanguie, la Vénus à la coquille, de la maison du même nom. Cf. *LIMC*, VIII, s. v. *Venus*, n° 302 et 309.
53. 4, 27, 1 *post Vulcanum, Phaethontem, Martem, in Anchisae nuptias...*, « après Vulcain, Phaéthon, Mars, <elle brûla> d'épouser Anchise » (*supra*, n. 51).
54. Lié, dans les lignes qui précèdent, à Proserpine : 4, 27, 1 *arsisse... Proserpinam in Adonem*, « Proserpine brûla pour Adonis ». Rendu à Vénus en 7, 33, 6 : *obliterabit offensam Venus si Adonis in habitu gestum agere uiderit saltatoriis in motibus pantomimos ?*, « Vénus oubliera son mécontentement si elle voit un pantomime, costumé en Adonis, se livrer à sa mimique, en exécutant des mouvements de danse ? ».
55. 1, 36, 4 (*supra*, n. 49) ; 4, 24, 7 *dictatum meretriculam Venerem diuorum in numero consecratam*, « est-ce <parmi nous> qu'on a l'habitude de dire que Vénus, une prostituée de bas étage, fut élevée au nombre des divinités ? » ; 4, 29, 2 *cuius fuerit condicionis Venus, cuius operae, cuius quaestus*, « quelle était la condition de Vénus, quelles étaient ses activités, quels étaient ses gains » ; 4, 35, 3 *amans saltatur Venus et per adfectus omnes meretriciae uilitatis inpudica exprimitur imitatione bacchari*, « Vénus est mimée en amante et elle est figurée, avec toutes les passions d'une vile courtisane, s'abandonnant aux transports délirants d'une mimique sans pudeur » ; 5, 19, 2 *Cypriae Veneris abstrusa illa initia... ut meretrici*, « ces mystères ésotériques de la Vénus de Chypre » où on lui offre, « comme à une prostituée... » ; 6, 12, 2 (*supra*, n. 5) ; 6, 25, 3 *ad libidinem concitans Venus nuda*, « Vénus toute nue invitant à la luxure ».
56. 3, 33, 1 *quod ad cunctos ueniat Venerem*, « Vénus, ainsi appelée parce qu'elle "vient" à tous » ; 5, 45, 1 *pro obscenis libidinibus Venerem*, « pour les désirs obscènes, [vous dites] Vénus » ; 5, 45, 3 *pro coitu Venerem*. « pour l'accouplement, vous ne craignez pas de dire "Vénus" ! ».

c'est la pratique de la prostitution sacrée dans le temple consacré à Vénus dans la ville même où il demeurait et qui lui doit son surnom, Sicca *Veneria*. Comment pouvait-il l'ignorer et ne pas s'en emparer pour pourfendre, une fois de plus, l'immoralité des religions païennes ? Il est sans doute vain de se demander si cette pratique, liée au culte de l'Astarté phénicienne et punique, existait encore de son temps. Valère Maxime, l'une des deux sources qui nous la fassent connaître, en parle à l'imparfait. Les veuves édifiantes de l'Inde se font, dit-il (de son temps toujours – et jusque du nôtre), brûler sur le bûcher de leur époux, *conscendit*, au présent. Les femmes puniques « se rendaient », *conferebant*, dans le temple de Vénus à Sicca pour s'y prostituer et gagner ainsi l'argent de leur dot[57]. La distribution des temps verbaux est révélatrice : au témoignage de Valère Maxime, le temple de Vénus existe toujours (*fanum est*), mais le rite de la prostitution sacrée appartient au passé. La pratique, à l'évidence, est peu connue, même des apologistes africains, qui n'en font pas état. Mais la situation d'Arnobe, qui vivait à Sicca, qui y enseignait, est différente. Toujours en usage à la fin du IIIe siècle ap. J.-C., ou plutôt, ce qui me paraît plus vraisemblable, abandonnée dans l'Afrique romaine, il est difficile de croire qu'Arnobe n'ait pas eu connaissance de la coutume locale : à son silence, il nous faudra donc chercher d'autres raisons[58].

Apollon et Diane forment un couple fraternel. Ce sont les « enfants de Latone », persécutés avant même leur naissance par la jalousie de Junon[59] et mis au monde sur l'île de Délos, les deux archers divins[60] : *Latonius* et *Delius*

---

57. Val. Max. 2, 6, 14-15 *Indico tamen rogo nihil eorum praeferes, quem uxoris pietas in modum genialis tori propinquae mortis secura conscendit. Cui gloriae Punicarum feminarum, ut ex comparatione turpius appareat, dedecus subnectam. Siccae enim fanum est Veneris in quod se matronae conferebant atque inde procedentes quaestum dotis corporis iniuria contraherent, honesta nimirum tam inhonesto uinculo coniugia iuncturae*, « Mais si nous les comparons au bûcher des Indiens, nous n'aurons là rien à lui préférer, quand l'amour y fait monter une épouse comme s'il était un lit nuptial, sans que la mort qui l'attend lui inspire d'inquiétude. D'une telle gloire je passerai aux femmes puniques, pour que la comparaison montre mieux la laideur de leur conduite honteuse. En effet il y a à Sicca un temple de Vénus où les femmes d'âge nubile se rendaient et, en partant de là, elles amassaient l'argent de leur dot au moyen des injures auxquelles leur corps était soumis, décidées à s'engager dans des liens bien honnêtes par le biais de liaisons si déshonorantes ». Cf. l'allusion de Solin, 27, 8, pour qui la ville serait une fondation sicilienne : *Veneriam etiam in quam Veneris Erycinae religiones transtulerunt*, « ainsi que Veneria, où ils ont introduit le culte de Vénus Érycine ».
58. *Infra*, p. 145 sq.
59. 1, 36, 4 (*supra*, n. 19).
60. 1, 36, 4 (*supra*, n. 19) ; 4, 22, 2 *ex Latona et eodem arquitenens Delius et siluarum agitatrix Diana*, « de Latone et du même père, l'Archer délien et Diane qui poursuit le gibier dans les bois ».

sont deux épithètes d'Apollon. Sans doute la vie sexuelle du dieu, « immaculé, pur et sans tache », mais néanmoins séducteur impénitent, n'est-elle pas sans reproche. Au livre IV, Arnobe consacre un chapitre aux « amours dont les vénérables dieux du ciel ont brûlé pour des femmes ». La source est Clément d'Alexandrie[61], mais un Clément réorganisé et resserré. La page d'Arnobe est construite en crescendo : des plus retenus (relativement) aux plus coupables, le nombre de leurs conquêtes va croissant. Se succèdent ainsi : Neptune (cinq conquêtes) ; Apollon (huit) ; le vieux Saturne, surpris par sa femme et qui « hennit » d'un désir animal ; Jupiter aux innombrables métamorphoses ; Hercule et les cinquante filles de Thestius en une même nuit[62]. Apollon n'est pas le plus durement traité, même si le nombre de ses conquêtes est amplifié par une suite de pluriels augmentatifs. D'autant qu'une première liste de cinq noms, rangés dans l'ordre alphabétique, est complétée par un supplément de trois noms, qui font nombre[63]. Un ultime développement énumère, par allusions rapides, les amours homosexuelles de dieux qui ne sont pas nommés : « un autre ne se préoccupe que de Hyacinthe ». Cet « autre » est Apollon, inconsolable de la mort du jeune homme, tué par accident et dont le sang donna naissance à une fleur, l'hyacinthe[64].

Telles sont les seules allusions aux exploits amoureux d'Apollon. De même qu'il n'est qu'épisodiquement le dieu à la lyre[65], auquel, en bonne logique, et non sans humour noir, il faudrait, pour lui être agréable, sacrifier des musiciens[66], c'est-à-dire des victimes qui lui ressemblent. Apollon, dont Arnobe sait qu'il n'appartient pas à la plus ancienne religion romaine, dite « de

---

61. *Protr.* 2, 32-33.
62. 4, 26, 1 *nam quid de illis amoribus dicam quibus in feminas sanctos incaluisse caelestes uestris proditum litteris atque auctoribus continetur ?*, « que dire encore de ces amours dont les vénérables dieux du ciel ont brûlé pour des femmes, selon les traditions que renferment votre littérature et vos auteurs ? ». Suivent § 1 Neptune ; § 2 Apollon ; § 3 Saturne ; § 4-5 Jupiter (*supra*, p. 28, n. 21) ; § 6 Hercule.
63. 4, 26, 2 *numquid Apollo Latonius immaculatus ille, castissimus atque purus* (Clém : μάντις ἁγνός), *Arsinoas, Aethusas, Hypsipylas, Marpessas, Zeuxippas et Prothoas, Daphnas et Steropas inconsulti pectoris adpetisse feruoribus ?*, « [est-ce nous qui accusons] Apollon, le fils de Latone, ce dieu sans tache, si chaste et pur, d'avoir convoité, dans l'emportement d'un cœur irréfléchi, les Arsinoés, les Aéthuses, les Hypsipyles, les Marpessas, les Zeuxippés et les Prothoés, les Daphnés et les Stéropés ? ».
64. 4, 26, 7 *Hyacintho est alius occupatus* (*infra*, n. 161). Cf. Ov. *met* 10, 162-219.
65. 6, 12, 2 *cum plectro et fidibus Delius...* (*supra*, n. 5).
66. 7, 22, 5 *ergo et musicis Apollo, quod musicus*, « il faudra donc honorer Apollon en lui offrant des musiciens, puisqu'il est musicien ».

Numa »⁶⁷, mais qu'il est un dieu grec introduit dans la Ville (son premier temple fut dédié en 431), est avant tout nommé pour ses pouvoirs oraculaires. Il est le maître de tous les grands oracles du monde grec⁶⁸, le dieu prophète, *diuinus* et *uates*⁶⁹. Même si, et c'est là sa faute majeure, il trompe les hommes crédules au lieu de les éclairer sur leur avenir. Loin d'être leur bienfaiteur, il les induit en erreur par ses obscurités voulues et s'enrichit à leurs dépens⁷⁰. Aussi est-il, à Rome comme en Grèce, l'« Oblique », Λοξίας (ce qu'Arnobe traduit par *obliquata*), le dieu aux réponses biaisées : nul ne saurait lui faire confiance. Apollon est le dieu ambigu par excellence.

Son fils Esculape⁷¹, le médecin⁷², n'est pas plus fiable. C'est une fonction qu'il a héritée de son père ; mais l'Apollon *Medicus* de Rome, trop ancien, n'apparaît plus dans les catalogues d'Arnobe, chez qui les pouvoirs de guérison

---

67. 2, 73, 4 *non doctorum in litteris continetur, Apollinis nomen Pompiliana indigitamenta nescire ?*, « ne lit-on pas dans les écrits des érudits que les listes de rituels de Pompilius ignorent le nom d'Apollon ? ».
68. 1, 26, 4 *Delius Apollo uel Clarius, Didymaeus, Philesius, Pythius et is habendus diuinus est ?*, « et Apollon, qu'il soit de Délos ou de Claros, de Didyme, Philésien ou Pythien, faut-il, lui aussi, le tenir pour un dieu prophétique ? » – *Philesius* est le surnom d'une statue du dieu qui se trouvait dans le Didymeion de Milet.
69. L'inspirateur de la Sibylle et des livres Sibyllins, cf. 1, 62, 3 *Sibylla praesagia, oracula illa depromens, fundebat ui, ut dicitis, Apollinis plena*, « la Sibylle, rendant ses fameux oracles, énonçait des prophéties, possédée, comme vous le dites, par l'inspiration d'Apollon » ; le dieu qui « avertit » les hommes : 2, 68, 3 *ex Apollinis monitu*, « sur ordre d'Apollon » ; 3, 21, 3 *ut quid cuique crastinus dies ferat aut hora, Latonius explicet atque aperiat uates*, « si bien que le prophète, fils de Latone, leur explique et leur révèle ce qu'à chacun réserve le lendemain ou l'heure qui vient ».
70. 3, 23, 9 *diuinationis scientiam largitur hariolantibus Pythius : et cur obliquata, dubia, cur obscuritatis submersa caligine dat saepius subministratque responsa ?*, « le dieu Pythien accorde aux prophètes la science de la divination : pourquoi alors donne-t-il, pourquoi fournit-il tant de fois des réponses "obliques", ambiguës, noyées dans de brumeuses obscurités ? » ; 4, 24, 6 *numquid Apollinem ditem factum eos ipsos reges quorum gazis fuerat locupletatus et donis ambiguitate fefellisse responsi ?*, [est-ce nous qui disons] « qu'Apollon, devenu riche, trompa par l'ambiguïté de ses réponses les rois mêmes dont les trésors et les dons avaient fait sa fortune ? » ; repris en 4, 28, 3 *fefellisse supplices ambiguitate responsi*, [peut-croire qu'un dieu] « ait trompé les suppliants par l'ambiguïté de ses réponses ? ».
71. Esculape, qui est aussi « le fils de Coronis » : 1, 36, 3 *Aesculapius... Coronide ille natus* ; 7, 44, 10 *Coronidis filius*.
72. À qui il conviendrait donc d'immoler des médecins, en vertu du même raisonnement (*supra*, n. 66) que pour Apollon : 7, 22, 5 *et quod medicus Aesculapius, medicis*, « et Esculape, puisqu'il est médecin, en lui offrant des médecins ».

sont dévolus à son fils[73]. Sans doute a-t-il inventé les remèdes[74], ce qui lui vaut, dans une perspective évhémériste, de figurer parmi les mortels divinisés en tant que bienfaiteurs de l'humanité[75]. Mais c'est pour en faire mauvais usage : n'a-t-il pas eu l'audace de ressusciter les morts, et à plusieurs reprises (entre autres Tyndare, et surtout Hippolyte)[76] ? Ce que n'apprécie guère le sourcilleux Jupiter, qui le foudroie (on ne se ménage pas, entre dieux)[77]. Il passe pour

73. Telle est la fonction unique que je reconnais à Esculape, même si le texte de 7, 32, 8 paraît aller à l'encontre de cette définition. Dans le chapitre 7, 32, Arnobe mentionne une série de fêtes, qui s'échelonnent entre mars et décembre : de la *lauatio* de la Mère des dieux (7, 32, 6), le 27 mars, aux deux fêtes simultanées du 13 décembre, le lectisterne commun de Tellus et Cérès, et l'anniversaire du temple de Tellus (7, 32, 9-10 ; cf. H. Le Bonniec, *Le Culte de Cérès à Rome*, Paris, Klincksieck, 1958, p. 52 sq.). Arnobe, à l'évidence, suit l'ordre du calendrier. Les § 9-10, les derniers du passage, nous mènent aussi à la fin de l'année. Quand le § 9 annonce *lectisternium Cereris erit Idibus proximis*, « , le lectisterne de Cérès aura lieu aux ides prochaines », ces ides à venir sont celles du 13 décembre ; les ides du 13 novembre, elles, sont déjà passées. Les deux paragraphes intermédiaires, 7 et 8, sont moins clairs. L'*epulum Iouis* aura lieu « demain », nous dit-on : *Iouis epulum cras est*, « demain, c'est le banquet de Jupiter ». Est-ce celui du 13 septembre, ou celui du 13 novembre ? Quant à « la vendange d'Esculape » du § 8, *Aesculapi geritur celebraturque uindemia*, « on fête et on célèbre la vendange d'Esculape », elle a fait couler beaucoup d'encre, et le commentaire de B. Fragu, p. 210 sq. (d'après S. Fasce, « Paganesimo africano in Arnobio », *Vichiana*, 9, 1980, p. 173-180) ne me paraît pas totalement convaincant. Faut-il corriger en *Liberi patris*, comme Marchesi est tenté de le faire ? † [*Esculapii*] *geritur*... dans le texte ; dans l'apparat critique, « legendum est *Liberi* uel *Liberi patris* ». H. Le Bonniec, *BAGB*, 1974, p. 220 sq., reste très prudent et n'écarte pas, en faveur d'Esculape, le témoignage unique, comme nous en avons d'autres exemples chez Arnobe, sur tel rite obscur ou marginal. Je serais, pour ma part, plus audacieuse. Je pense qu'il convient de garder le texte tel qu'il est, sans correction ni *crux*, mais de noter en commentaire que c'est sans doute un lapsus d'Arnobe, dans un texte non révisé de la fin de l'œuvre, encore provisoire, et qu'il faut donc bien lire Liber Pater, fêté aux vendanges comme chez Virgile (*Géorgiques* 2, 529). La date des vendanges est variable, entre la fin de septembre et le début de novembre, selon la maturation du raisin (Varron, *Économie rurale* 1, 34, 2, et Pline, *Histoire naturelle* [cité *NH*] 18, 319 : entre l'équinoxe d'automne et le coucher des Pléiades, le 11 novembre). *Epulum Iouis* du 13 septembre ou du 13 novembre, vendange entre l'équinoxe de septembre et le 11 novembre : nous sommes bien dans la même fourchette chronologique, celle qui est requise pour attribuer la vendange à Liber Pater, conformément à la tradition, et non à Esculape, qui n'a d'autre fonction que d'octroyer la santé.
74. Arn. 1, 38, 2 *Aesculapium, quod herbarum*..., « Esculape pour [la découverte] des simples ».
75. 3, 39, 1 *sunt praeterea nonnulli qui ex hominibus diuos factos... ut est Hercules, Romulus, Aesculapius, Liber, Aeneas*, « il y a en outre certains auteurs qui déclarent que ce sont des hommes divinisés... par exemple Hercule, Romulus, Esculape, Liber, Énée ».
76. Ov. *met.* 15, 531-535 *Apollineae ualido medicamine prolis / ... fortibus herbis*..., « les puissants remèdes du fils d'Apollon... les plantes salutaires ».
77. Arn. 1, 41, 2 *non<ne> Aesculapium medicaminum repertorem, post poenas et supplicia fulminis custodem nuncupauistis et praesidem sanitatis, ualetudinis et salutis ?*, « et Esculape,

octroyer la santé[78], et soigne jusqu'aux dieux[79]. Mais les malheureux mortels qui, bien davantage, en auraient besoin, ne peuvent que constater l'inefficacité de son art : trop heureux si le mal ne s'aggrave pas entre les mains de ses disciples[80]. Mauvais médecin, il n'a de respectable que son apparence, d'ailleurs absurde : fils d'Apollon, il a la gravité d'un adulte barbu, alors que son père a les traits juvéniles d'un adolescent. Quand l'impie Denys de Syracuse le dépouilla de sa barbe en or, il avait au moins pour lui la vraisemblance[81].

l'inventeur des remèdes, n'est-ce pas après son châtiment, le supplice de la foudre, que vous l'avez proclamé gardien et patron de la santé, de la vigueur physique et de la vie sauve ? » ; 4, 24, 6 *numquid cupidinis atque auaritiae causa, sicut canit Boeotius Pindarus, Aesculapium fulminis transfixum esse telo ?*, « [est-ce nous qui disons] qu'à cause de sa cupidité et de sa convoitise Esculape fut, comme le chante Pindare de Béotie, transpercé par les traits de la foudre ? » ; 7, 44, 9 (*infra*, n. 86).

78. 1, 49, 1 *Aesculapium ipsum datorem, ut praedicant, sanitatis*, « Esculape en personne, dispensateur, dit-on, de la santé » ; 2, 65, 6 *Aesculapium sanitatem*, « Esculape [accorde] la santé » ; 7, 44, 8, qui donne un signalement fonctionnel complet : *Aesculapius, inquitis, Epidauro bonis deus ualetudinibus praesidens et Tiberina in insula constitutus*, « Esculape, dites-vous, le dieu qui, à Épidaure, préside à la bonne santé et qu'on a installé dans l'île du Tibre » ; 7, 44, 12 *Aesculapius iste quem praedicatis, deus praestans, sanctus deus, salutis dator, ualetudinum pessimarum propulsator, prohibitor et extinctor*, « cet Esculape que vous prônez, ce dieu éminent, ce dieu saint, qui donne la santé, qui éloigne, écarte et détruit les pires maladies » ; 7, 45, 2 *ille publicae sanitatis deus*, « ce dieu de la santé publique ».

79. 3, 21, 4 *corripiuntur dii morbis et uulnerari, uexari aliqua ex re possunt, ut, cum exegerit ratio, auxiliator subueniat Epidaurius*, « les dieux sont la proie des maladies et ils peuvent être blessés, maltraités d'une manière ou d'une autre, si bien que, quand le besoin s'en fait sentir, le secourable dieu d'Épidaure leur vient en aide ».

80. 3, 23, 10 *Aesculapius officiis et medendi artibus praeest : et cur plura morborum et ualetudinum genera ad sanitatem nequeunt incolumitatemque perduci, immo sub ipsis fiunt curantium manibus atrociora ?*, « Esculape préside aux fonctions et à l'art de la médecine : pourquoi alors, pour la plupart, les diverses maladies et indispositions ne peuvent-elles être traitées ni guéries ? que dis-je ? pourquoi deviennent-elles plus affreuses encore entre les mains de ceux qui les soignent ? ».

81. 6, 21, 4 *Nam quid Aesculapii grauitatem ab eo esse commemorem risam ? Quem cum barba spoliaret amplissima boni ponderis et philosophae densitatis facinus esse dicebat indignum, ex Apolline procreatum patre leui et glabro simillimoque inpuberi ita barbatum filium fingi, ut in ancipiti relinquatur, uter eorum pater sit, uter filius, immo an sint generis et cognationis unius*, « À quoi bon rappeler par exemple qu'il tourna en dérision la gravité d'Esculape ? Il lui avait dérobé son immense barbe, d'un bon poids et d'une épaisseur toute philosophique, en prétendant que c'était un forfait indigne que de représenter Apollon, son père, avec un visage lisse et glabre comme celui d'un adolescent, et Esculape, le fils, tellement barbu qu'on se demande lequel des deux est le père, lequel est le fils, et même s'ils sont de la même famille ou de la même parenté ». Cf. notre pl. 5 ; et les nombreux exemples du LIMC, II, s. v. *Asklepios*, n° 45, 116, 136, 155, 170, 238, 261, 273-274, 294, 300, 320-321, 328, 370, 373.

Ne parlons pas de son arrivée à Rome[82], quand il y fut introduit depuis Épidaure, en 293, donc à une époque parfaitement historique, non sous les traits convenables d'un dieu anthropomorphe, mais sous la forme incongrue d'un gros serpent qui, plus semblable à un énorme vers de terre qu'aux dragons héroïques de l'épopée, se traîne sur le sol[83] en se livrant à une reptation indigne d'un dieu et rejette de répugnantes déjections[84]. Dès qu'il fut arrivé à l'île Tibérine, mystérieusement, le serpent disparut. Était-ce un dieu, que cet animal ignoble ? demande Arnobe avec obstination[85], sans vouloir envisager que le serpent puisse ne pas être *le* dieu lui-même, mais seulement l'une de ses manifestations, une épiphanie chthonienne du dieu, qui n'était d'ailleurs pas unique, mais une forme visible sous laquelle le sanctuaire d'Épidaure l'envoyait volontiers en d'autres lieux du monde grec. La seule explication

82. Sujet longuement développé en 7, 44-48. Et pour une large part (mais pas exclusivement) inspiré d'Ovide, *met*. 15, 624-744 ; cf. H. Le Bonniec, « Échos ovidiens dans l'*Aduersus nationes* », p. 146-151. Pour les aspects historiques de l'introduction du culte d'Esculape à Rome, M. Besnier, *L'Île Tibérine dans l'antiquité*, Paris, Fontemoing, BEFAR 87, 1902, p. 32 sq., 152-183.

83. 7, 44, 12 *serpentis est forma et circumscriptione finitus, per terram et reptans, caeno natis ut uermiculis mos est, solum mento radit et pectore, tortuosis uoluminibus se trahens, atque ut pergere prorsus possit, partem sui postremam conatibus prioris adducit*, « il a pour limites la forme et les contours d'un serpent, rampant sur la terre comme le font les vers nés de la fange ; il rase le sol de son menton et de sa poitrine, se traînant en replis tortueux, et, pour pouvoir avancer, il attire la partie postérieure de son corps en faisant effort avec la partie antérieure ».

84. 7, 45, 1 *habet patulas fauces, quibus cibos transuoret oris hiatibus adpetitos, habet receptaculum uentris ut, ubi mansa et uorata decoquat uiscera, sanguis detur, ut corpori et uiribus redintegratio subrogetur, habet et extremos tramites, per quos inmunda faex eat auersabili corpora foeditate deonerans*, « il a un ample gosier, pour engloutir les aliments que convoite sa gueule béante ; il a un ventre pour les recevoir et pour digérer les chairs mâchées et dévorées afin de fournir du sang à son corps et de renouveler sans cesse ses forces ; il a aussi des conduits terminaux par où passent les immondes résidus, déchargeant ainsi son organisme de ces ordures répugnantes ».

85. 7, 44, 11 *ex Epidauro tamen quid est aliud adlatum nisi magni agminis coluber ?*, « pourtant, d'Épidaure, qu'a-t-on amené d'autre qu'un serpent aux vastes anneaux ? » ; 7, 45, 3 *non arbitramur euincere atque obtinere uos posse, Aesculapium illum fuisse serpentem, nisi hunc colorem uolueritis inducere, ut in anguem dicatis conuertisse se deum*, « nous ne pensons pas que vous puissiez prouver et démontrer que ce serpent était Esculape, à moins que vous ne vouliez recourir à cette échappatoire qui fait dire que le dieu s'est métamorphosé en serpent » ; 7, 45, 7 *essetne uerus deus an nescio quid aliud longeque ab supera sublimitate seiunctum*, « était-ce un dieu véritable ou je ne sais quoi d'autre bien éloigné de la sublimité céleste ? » ; 7, 46, 1 *sed si deus, inquit, non erat*, « mais s'il n'était pas dieu, dit-on » ; 7, 46, 8 *nam deus esse qui potuit, cum haberet ea quae diximus, quae dii habere non debent ?*, « car comment aurait-il pu être dieu, ayant les caractères que nous avons dits, que les dieux ne doivent pas avoir ? » ; 7, 47, 1 *sed si deus praesens anguis ille non fuit*, « mais si ce serpent n'était pas un dieu propice ».

plausible serait celle d'une métamorphose. Mais qui y croirait ? Nous ne sommes plus chez Ovide. Un premier argument contre la divinité d'Esculape aurait pu être qu'il a connu la naissance et la mort : sorti du sein de Coronis, il fut foudroyé par Jupiter[86]. Mais on peut en user contre bien d'autres dieux. L'argument du serpent, en revanche, est spécifique[87] : il ne peut s'appliquer qu'au seul Esculape. C'est aussi le plus efficace en ce que la forme animale est la plus indigne de la divinité, plus éloignée encore que l'anthropomorphisme de la réalité invisible du dieu.

Diane, sœur jumelle d'Apollon, s'offre à nous sous des traits plus classiques, sinon plus aimables. Armée comme lui de son arc[88], elle est la chasseresse court vêtue[89] qui parcourt les forêts[90], vierge virile comme Minerve avec qui elle soutient la lutte de Jupiter contre les Titans[91]. Peu soucieux de ses cultes latins (à Rome ou Aricie, par exemple), Arnobe n'a d'yeux que

86.   7, 44, 9 *si esset nobis animus scrupulosius ista tractare, uobis ipsis obtineremus auctoribus, minime illum fuisse diuum, qui conceptus et natus muliebri aluo esset, qui annorum gradibus ad eum finem ascendisset aetatis in quo illum uis fulminis, uestris quemadmodum litteris continetur, et uita expulisset et lumine*, « si nous avions l'intention de traiter ce sujet avec un peu de minutie, nous établirions, en invoquant votre propre autorité, qu'il ne fut nullement un dieu, lui qui fut conçu et naquit du sein d'une femme ; qui, avec le cours des ans, parvint au terme de son âge où, comme l'attestent vos écrits, le pouvoir de la foudre le bannit et de la vie et de la lumière ».
87.   On notera au passage les remarques d'H. Le Bonniec sur les diverses dénominations du serpent, qu'Arnobe analyse finement en 7, 46, 6 : *hanc tamen scilicet colubram ualidissimi corporis et prolixitatis inmensae aut, si nomen hoc sordidum est, anguem dicimus, serpentem nominitamus, aut si quod aliud nobis usus uocamen obtulerit aut ampliatio sermonis ecfinxerit*, « bien entendu nous appelons cet être un reptile très vigoureux et d'une taille démesurée, ou bien, si ce mot est trop bas, nous l'appelons "serpent", nous lui donnons le nom de "dragon", ou tout autre vocable que l'usage nous offrira, ou qu'inventera une langue qui s'enrichit ». – « Une curieuse remarque d'Arnobe semble bien faire la leçon à Ovide », note-t-il (« Échos ovidiens dans l'*Aduersus nationes* », p. 147) ; « une curieuse confidence d'Arnobe, qui nous livre la recette de l'amplification » (introduction au livre I, p. 88, après H. Hagendahl).
88.   1, 36, 4 *arquitenentes Diana et Apollo* (*supra*, n. 19).
89.   6, 25, 3 *semitectis femoribus Diana* (*supra*, n. 7).
90.   3, 21, 2 *uenationum praepotens habetur in expeditionibus Diana*, « aussi Diane passe-t-elle pour la puissante patronne des parties de chasse » ; 4, 22, 2 *siluarum agitatrix Diana* (*supra*, n. 60).
91.   4, 29, 2 *possumus, inquam, si placet, et Iouis res gestas et Mineruae expromere bella, uirginis et Dianae*, « nous pourrions, dis-je, si vous voulez, raconter les exploits de Jupiter et les guerres de Minerve et de Diane, la déesse vierge ». Cf. Hygin *fab.* 150 *Titanosque hortatur Iouem ut regno pellant et Saturno restituant. Hi cum conarentur in caelum ascendere, eos Iouis cum Minerua et Apolline et Diana praecipites in Tartarum deiecit*, « [Junon] exhorta les Titans à chasser Jupiter de son trône et à le rendre à Saturne. Lorsqu'ils tentèrent de faire l'ascension du ciel, Jupiter, aidé de Minerve, d'Apollon et de Diane, les précipita dans le Tartare ».

pour ses grands sanctuaires grecs, de Délos, de Magnésie, qui abritaient les tombeaux de diverses héroïnes[92]. À Icaros, sa statue de culte était un grossier xoanon[93]. Et que faisait-elle, le jour où brûla son temple d'Éphèse, qu'elle laissa se consumer dans l'indifférence[94] ? L'argumentaire d'Arnobe est que « vous honorez des morts en place des dieux immortels »[95] : la preuve en est que les temples, en fait, sont des tombeaux. Quant aux statues, comment pourraient-elles être la représentation fidèle de la divinité, puisqu'elles ont varié au cours des âges, avant que ne s'imposent les figures anthropomorphiques ? Toutes les références grecques sont démarquées, si ce n'est traduites littéralement, de Clément d'Alexandrie[96]. Si Diane négligeait ses sanctuaires, elle était plus soucieuse de sa pudeur quand elle changea en cerf le chasseur Actéon qui l'avait surprise au bain et le fit, comme chez Ovide, dévorer par ses propres chiens. Encore, comme n'importe quel chasseur humain, avait-elle « le corps crasseux » : les Immortelles elles-mêmes n'échappent pas à ces bassesses[97]. Pour le reste, Diane, aussi vertueuse que Minerve, ne suscite pas plus qu'elle la hargne de notre polémiste.

[92]. 6, 6, 4 *non in Dianae delubro quod in Apollinis constitutum est Delii, Hyperoche Laodiceque quas aduectas illuc esse finibus ex Hyperboreis indicatur ?*, « comme, dans le sanctuaire de Diane, installé dans le temple d'Apollon Délien, le sont Hypéroché et Laodicé, amenées en ces lieux depuis les régions hyperboréennes ? » ; 6, 6, 5 *Leucophrynae monumentum in fano apud Magnesiam Dianae esse Myndius profitetur ac memorat Zeno*, « dans le temple de Diane à Magnésie se trouve le tombeau de Leucophryné, selon Zénon de Myndos ».
[93]. 6, 11, 1 *lignum Icarios pro Diana indolatum*, « les Icariens, une souche de bois brut en place de Diane ».
[94]. 6, 23, 3 *ubi Diana, cum Ephesi ?*, « où était Diane, quand ce fut à Éphèse ? ».
[95]. 6, 6, 2 *esse nonne patet et promptum est aut pro dis immortalibus mortuos uos colere... ?*, « n'est-il pas alors évident, manifeste, ou bien que vous honorez des morts en place des dieux immortels ? ».
[96]. *Protr.* 3, 45, 2 : « Faut-il vous ajouter à la liste les femmes venues de chez les Hyperboréens ? Elles s'appelaient Hypéroché et Laodicé, et ont reçu les honneurs funèbres à Délos, dans l'Artémision, qui fait partie du sanctuaire d'Apollon Délien » ; 3, 45, 3 : « Ici enfin, nous ne pouvons passer sous silence le tombeau (τὸ μνημεῖον ; Arn. *monumentum*) de Leucophryné qui, d'après Zénon de Myndos, a reçu les honneurs funèbres dans le sanctuaire d'Artémis à Magnésie » ; 4, 46, 3 : « à Icaros, la statue d'Artémis était un morceau de bois (ξύλον ; Arn. *lignum*) non travaillé » (l'ouverture du passage est πάλαι, au § 2 ; Arn. 6, 11, 1 *temporibus priscis*, « dans l'ancien temps » ; Clément conclut par une remarque sur les ξόανα) ; 4, 53, 2 : « Le feu... a consumé... à Éphèse le temple d'Artémis », dans une liste de temples incendiés (celui de l'Héra d'Argos avec sa prêtresse Chrysis), qu'on retrouve chez Arnobe, 6, 23, 2-3 (*supra*, n. 10 et 22).
[97]. 3, 34, 2 *nomen est... cassum Dianae, atque ita perducitur res eo ut... nulla sit, et expolietur Apollo germana, quam quondam puris in fontibus abluentem membrorum sordes corniger ille uenator inspexit et poenam curiositatis inuenit*, « le nom... de Diane n'a plus de sens, et l'on arrive à ce résultat que la déesse... n'existe pas, et qu'Apollon perd sa sœur, sur laquelle jadis,

Un autre couple de jumeaux, les édifiants Castor et Pollux, n'apparaît qu'épisodiquement dans l'œuvre d'Arnobe. Dieux grecs, installés au Forum après la bataille du lac Régille en 499 (leur temple fut dédié en 484), ils restent, jusque dans leurs dénominations, marqués par leur origine. Ils sont « les Tyndarides », différenciés par leurs qualifications sportives, Castor le cavalier, Pollux le pugiliste, sport moins prisé des Romains que l'art équestre, à vocation militaire[98]. Ou encore « les Dioscures », qui gardent leur nom grec[99] – à la fois « fils de Tyndare », leur père mortel, époux de Léda, et de Zeus. Aucun des deux n'est nommé pour lui-même : ils sont, collectivement, les *Castores*, à la romaine, et le détail le plus frappant de leur biographie, celui dont Arnobe se souvient le plus volontiers, est leur naissance, faut-il dire leur éclosion ? des deux œufs bien blancs pondus par Léda[100].

Le Mercure que nous dépeint Arnobe est lui aussi foncièrement grec. Le Mercure romain, patron du commerce, *merx*, que le prologue de l'*Amphitryon* présentait comme tel à des spectateurs soucieux de s'enrichir[101], ne fait l'objet que d'une rapide mention, comme « dieu de l'échange, des marchés, des transactions et du commerce »[102]. Pour tout le reste, il est le calque fidèle de l'Her-

---

alors qu'elle lavait dans une source pure ses membres crasseux, le chasseur cornu jeta les yeux – curiosité qui trouva son châtiment ». En réplique à Ovide *met*. 3, 138-252 : *cornua*, v. 139 ; *fons*, v. 161 ; *uirgineos artus*, v. 164, « les cornes... une source... son corps virginal ». Cf. H. Le Bonniec, « Échos ovidiens dans l'*Aduersus nationes* », p. 145 sq.

98. 1, 36, 5 *Tyndaridae Castores, equos unus domitare consuetus, alter pugillator bonus et crudo inexuperabilis caestu*, « les Castors, fils de Tyndare, l'un dompteur de chevaux, l'autre bon pugiliste, imbattable au combat du ceste en cuir brut » ; 2, 70, 3 *Tyndaridae Castores*, dans la liste des enfants de Jupiter (*supra*, n. 37). Encore 4, 15, 1, dans le catalogue des dieux homonymes : *tria genera Castorum*, « trois sortes de Castors ».

99. 4, 22, 2, autre liste des enfants de Jupiter : *ex Leda et eodem <quibus> Graece Dioscoris nomen est* (qui transcrit Διόσκουροι), « de Léda et du même père, ceux qu'on appelle en grec les Dioscures ».

100. 4, 23, 4 ; 4, 24, 3 (*supra*, p. 27, n. 16-17).

101. Plaute, *Amphitryon* 1-16 *ut uos in uostris uoltis mercimoniis...*, « si vous voulez que dans votre commerce... », où *lucrum* revient en leitmotiv.

102. 3, 32, 1 *Mercurius etiam quasi quidam Medicurrius dictus est, et quod inter loquentes duo media currat et reciprocetur oratio, nominis huius concinnata est qualitas. Ergo si haec ita sunt, non est dei Mercurius nomen, sed sermonis reciprocantis et uocis, atque ita hoc pacto aboletur et extinguitur caduceator ille Cyllenius in algido fusus monte, uerborum excogitator et nominum, nundinarum mercium commerciorumque mutator*, « Mercure, également, est ainsi nommé parce que c'est une sorte de *Medicurrius*, et c'est parce que la parole "court" en inter-"médiaire" entre deux interlocuteurs et va de l'un à l'autre, qu'on a inventé un nom de cette nature. Donc s'il en est ainsi, Mercure n'est pas le nom d'un dieu, mais d'un va-et-vient de paroles et de voix, et de cette façon s'efface et s'éteint ce dieu du Cyllène, porteur du caducée, mis au monde sur une

mès grec. Par sa généalogie, comme fils de Maia, « la brillante »[103], puisque c'est une déesse, l'une des Pléiades, et donc petit-fils d'Atlas[104] ; il est né sur les hauteurs glacées du mont Cyllène, en Arcadie[105]. Par son iconographie : dieu voyageur, patron des voyageurs, il se couvre du grand chapeau qui le protège du soleil et de la poussière[106]. Sa tête est aussi pourvue de deux petites ailes[107]. Il tient le caducée où s'enroulent d'inoffensifs serpents et qui est l'emblème des hérauts[108]. Il a reçu toutes les fonctions, multiples et complexes, de l'Hermès grec : il est le dieu de la palestre[109] et celui de l'éloquence[110], plus tard confondu avec l'Hermès Trismégiste[111]. Pourtant, relève malignement Arnobe qui, à peine a-t-il énoncé l'un des pouvoirs du dieu, le ruine aussitôt par une remarque qui le contredit, il ne rend pas invincibles tous ceux qu'il patronne, il permet qu'il y ait des vainqueurs et des vaincus ; et l'on devrait, en bonne

montagne glacée, cet inventeur de mots et de noms, ce dieu de l'échange qui, sur les marchés, préside aux transactions du commerce ».
103. 1, 36, 3 *Mercurius utero fusus Maiae et – quod est diuinius – candidae*, « Mercure, sorti du ventre de Maia – de Maia la brillante, ce qui fait plus divin » ; 2, 70, 3 *Mercurius... ante quam... Maia* (*supra*, n. 37) ; 4, 14, 3 *Maia... matre et Ioue procreatus*, « il a pour mère Maia et il fut engendré par Jupiter » ; 4, 22, 3 *ex ipso* (Jupiter) *rursus et Maia Mercurius ore facundus*, « toujours du même père et de Maia, Mercure, à la bouche éloquente » ; 6, 12, 2 (*infra*, n. 106).
104. 3, 21, 6 *ut Atlantea progenies eloquii primas ferat studiosa exercitatione quaesiti*, « si bien que le petit-fils d'Atlas remporte le prix de l'éloquence, qu'il a gagné par une pratique studieuse ».
105. 3, 32, 1 (*supra*, n. 102).
106. 6, 12, 2 *cum petaso gnatus Maiae, tamquam uias adgredi praeparet et solem pulueremque declinet*, « le fils de Maia avec un grand chapeau, comme s'il se préparait à partir en voyage et avait à se protéger contre le soleil et la poussière ».
107. 6, 25, 3 *Mercurius pinnatus*, « Mercure avec ses ailes ».
108. 3, 32, 1 *caduceator* (*supra*, n. 102) ; 4, 22, 3 *gestator adfabilium colubrarum*, « porteur d'aimables serpents ».
109. 3, 23, 11 *curat Mercurius ceromas, pugilatibus et luctationibus praeest : cur inuictos omnes non perficit quibus praeest, cur unius in officio praesidatus hos uictoriae compotes, alios uero perpetitur ignominiosa infirmitate rideri ?*, « Mercure veille sur les salles de sport, c'est le patron du pugilat et de la lutte : pourquoi ne rend-il pas invincibles tous ceux qu'il patronne ? pourquoi, n'ayant pas d'autre tâche que ce patronage, souffre-t-il que certains remportent la victoire, alors que d'autres sont tournés en dérision pour leur honteuse faiblesse ? ».
110. 3, 21, 6 (*supra*, n. 104) ; 4, 22, 3 *Mercurius ore facundus*, « Mercure, à la bouche éloquente » ; 7, 22, 5 *quod Mercurius eloquens, eloquentibus debet disertissimisque mactari*, « à l'éloquent Mercure, on doit sacrifier les orateurs, éloquents et si diserts ».
111. 2, 13, 2 *uos, uos appello qui Mercurium, qui Platonem Pythagoramque sectamini*, « c'est à vous, à vous que je m'adresse, sectateurs de Mercure, sectateurs de Platon et de Pythagore ». Cf. A. J. Festugière, *Hermétisme et mystique païenne*, Paris, Aubier-Montaigne, 1967, p. 261-312 : « La doctrine des *uiri noui* sur l'origine et le sort des âmes » (précédemment dans le *Mémorial Lagrange*, 1940), en particulier p. 263 ; et *La Révélation d'Hermès Trismégiste*, Paris, I, 2ᵉ éd, Les Belles Lettres, 1981, p. 80.

logique, lui sacrifier les meilleurs orateurs. Ne cherchons pas son étymologie : la vieille *merx* de Plaute est bien oubliée. Son nom signifie *Medicurrius*, parce que la parole « court » comme inter-« médiaire » entre les interlocuteurs. C'est à la science de Varron qu'on doit cette approximation étymologique[112]. Vénus est dévoyée. Mercure n'est guère plus recommandable : il est aussi, comme Hermès, avec sa compagne Laverna qui, elle, est bien romaine, le dieu des voleurs[113] qui commettent dans l'ombre leurs méfaits[114].

112. 3, 32, 1 *Medicurrius* (*supra*, n. 102) ; de même Serv. Dan. *Aen.* 8, 138 *Mercurium quasi Medicurrium*, « *Mercurius,* en quelque sorte *Medicurrius* ». Cf. Aug. *ciu.* 7, 14, p. 291 sq. D *Quod si sermo ipse dicitur esse Mercurius... nam ideo Mercurius quasi medius currens dicitur appellatus, quod sermo currat inter homines medius ; ideo* Ἑρμῆς *Graece, quod sermo uel interpretatio, quae ad sermonem utique pertinet,* ἑρμηνεία *dicitur ; ideo et mercibus praeesse, quia inter uendentes et ementes sermo fit medius ; alas eius in capite et pedibus significare uolucrem ferri per aera sermonem... si ergo Mercurius ipse sermo est, etiam ipsis confitentibus deus non est,* « Dirat-on que c'est le langage lui-même qui est appelé Mercure... En effet le mot Mercure signifie *medius currens* (qui court au milieu) parce que le langage *court* comme une sorte de *médiateur* entre les hommes. Ce dieu s'appelle en grec Hermès, parce que le langage ou l'interprétation qui relève évidemment du langage s'appelle "hermeneia". Il préside aussi au commerce, parce qu'entre vendeurs et acheteurs le langage sert d'intermédiaire ; les ailes qu'il porte à la tête et aux pieds signifient que le langage vole à travers les airs comme un oiseau... Si donc Mercure est le langage même, de leur aveu, il n'est pas dieu » = 250 Card.

113. Arn. 4, 24, 7 *numquid furem Mercurium publicauimus nos ? nos esse Lauernam atque cum hoc simul fraudibus praesidere furtiuis ?*, « est-ce nous qui avons raconté partout que Mercure est un voleur ? nous encore qu'il existe une Laverna, qui patronne avec lui les tromperies des voleurs ? ».

114. Laverna, qui paraît être une ancienne divinité infernale, survit comme protectrice des voleurs. Cf. Arnobe lui-même, 3, 26, 1 *non commemorauimus hoc loco deam Lauernam furum*, « nous n'avons pas fait ici mention de Laverna, déesse des voleurs ». Dans la littérature, elle est invoquée par les voleurs, dès les premiers textes. Cf. Plaute, *Aululaire* 445 sq. *ita me bene amet Lauerna... nisi reddi / mihi uasa iubes*, « par Laverne ma protectrice, si tu ne me fais pas rendre mes ustensiles » (La situation est ambiguë : le cuisinier Congrion s'estime volé par Euclion, qui l'a mis dehors en le rouant de coups et qui garde ses ustensiles. Mais, s'il en appelle à Laverna, comme à sa protectrice, c'est que les cuisiniers ont une solide réputation de voleurs : v. 344-346 *ibi si perierit quippiam... dicant : coqui abstulerunt*, « s'il disparaît quelque chose... on dira : ce sont les cuisiniers qui l'ont emporté ») ; encore Fest. 388, 7 *Plautus in Friuolaria : « sequimini me hac sultis legiones omnes Lauernae »*, « Plaute dans la *Frivolaria* : "vous me suivez par ici, s'il vous plaît, vous, toutes les légions de Laverna" ». Chez Horace, le voleur qui se dissimule sous l'apparence d'un honnête homme la prie, *Épîtres* 1, 16, 60-62 *pulchra Lauerna, / da mihi fallere... / noctem peccatis et fraudibus obice nubem*, « belle Laverne, accorde-moi de tromper... fais la nuit sur mes fautes, étends un nuage sur mes fourberies » ; Fest. Paul. 104, 28 *lauerniones fures antiqui dicebant, quod sub tutela deae Lauernae essent, in cuius luco obscuro abditoque solitos furta praedamque inter se luere*, « les anciens appelaient les voleurs "lavernions" parce qu'ils étaient sous la protection de la déesse Laverna ; c'est dans son bois sacré, obscur et situé à l'écart, qu'ils se partageaient le butin de leurs vols ».

Leurs demi-frères, Liber et Hercule, sont tous deux de moindre origine, puisqu'ils sont fils de deux simples mortelles. « Héros » de naissance, selon les catégories de la mythologie grecque[115], ils ont connu une vie terrestre remplie d'aventures exceptionnelles, même si la moralité n'y trouve guère son compte. L'un et l'autre sont des bienfaiteurs de l'humanité. Liber lui a donné la vigne, si bien que, par métonymie, son nom désigne « le vin »[116]. Le *Liber Pater* italique et le Dionysos hellénique sont tous deux, effectivement, dieux de la vigne et du vin : c'est sur cette identité fonctionnelle que s'est faite l'assimilation de leurs deux figures. Mais le Liber italique est plus complexe (comme, de son côté, Dionysos), et sa définition, plus étendue. Le portrait qu'en dresse Arnobe est celui du dieu hellénisé de l'époque impériale. De ses autres pouvoirs, ceux d'un dieu de la croissance, humaine – celle des *liberi* – aussi bien que végétale[117], il ne retient guère que la prise de la toge virile par les adolescents le jour des *Liberalia*, le 17 mars[118], même si la conduite que lui prête le mythe contredit scandaleusement la fonction que lui assigne la religion. Ces fonctions sont pourtant bien présentes chez Varron[119] : celles d'un dieu

---

115. Cf. Serv. *Aen.* 10, 18 *legimus... et Herculem uel Liberum Patrem non semper deos fuisse*, « nous lisons... qu'Hercule ou Liber Pater n'ont pas toujours été dieux ».

116. Arn. 1, 38, 2 *si enim uos Liberum, quod usum reppererit uini...*, « car si [vous avez mis au rang des divinités] Liber, pour avoir découvert l'usage du vin » (de même que Cérès et Esculape, pour le pain et la santé) ; 2, 65, 6 *si enim Patrem creditis Liberum dare posse uindemiam, medicinam non posse, si Cererem fruges...*, « si vous croyez que Liber Pater peut accorder une vendange mais non une médication, que Cérès peut accorder les moissons... » ; 5, 45, 1 *Liberum Patrem pro uino*, vous dites « Liber Pater pour le vin » (liste de métonymies).

117. É. Benveniste, « *Liber* et *liberi* », *REL*, 14, 1936, p. 51-58, le définit (thème **leudh–*) comme « celui de la germination, celui qui assure la naissance ou la croissance... il est le dieu de la germination et de la fécondité, symbolisé par l'emblème phallique ».

118. 5, 29, 4 *potestisne impubibus et praetextatis uestris quas Liber induxerit pactiones suis cum amatoribus indicare ?*, « pouvez-vous révéler à vos fils impubères, qui portent encore la prétexte, les pactes que Liber concluait avec ses amants ? ».

119. Aug. *ciu.* 4, 11, p. 160 D *praesit nomine Liberi uirorum seminibus et nomine Liberae feminarum*, « qu'il préside sous le nom de Liber à l'émission séminale des hommes, et sous le nom de Libera à celle des femmes » ; 6, 9, p. 263 D *Liberum a liberamento appellatum uolunt, quod mares in coeundo per eius beneficium emissis seminibus liberentur; hoc idem in feminis agere Liberam, quam etiam Venerem putant, quod et ipsam perhibeant semina emittere; et ob haec Libero eandem uirilem corporis partem in templo poni, femineam Liberae. Ad haec addunt mulieres adtributas Libero et uinum propter libidinem concitandam*, « On veut que *Liber* vienne de *liberamentum*, délivrance, parce que la faveur de ce dieu aide les mâles dans l'union sexuelle à se libérer de la semence qu'ils émettent. Libera, qu'on assimile à Vénus, rendrait le même service aux femmes, parce que, elle aussi, prétend-on, ferait émettre leur semence. Voilà pourquoi dans leur temple on offre à Liber les parties sexuelles de l'homme, à Libera celles de la femme. On ajoute qu'à Liber sont attribuées les femmes et le vin en vue de susciter la volupté » ; 7, 2,

préposé à la génération humaine comme à « la bonne venue des semences » et qui écarte des champs le mauvais œil[120]. Quant à sa parèdre italique (non conjugale) Libera, préposée aux mêmes fonctions, elle n'apparaît que sous son assimilation classique, comme un autre nom de Proserpine[121].

À son homologue grec il doit sa filiation : il est *Semeleius*, « le fils de Sémélé », arraché du sein de sa mère foudroyée et cousu jusqu'à son terme dans la cuisse de Jupiter[122]. Arnobe le désigne par ses surnoms grecs : il est *Bromius*, « le Bruyant »[123], *Euius*, celui que les bacchantes acclament aux cris d'« évohé »[124] et qui, tous deux, font référence aux clameurs bruyantes de

p. 274 D *ibi Liber, qui marem effuso semine liberat; ibi Libera, quam et Venerem uolunt, quae hoc idem beneficium conferat feminae, ut etiam ipsa emisso semine liberetur*, « Liber est là qui libère le mâle par l'effusion de la semence. Est là encore Libera qu'on identifie avec Vénus, pour rendre le même service à la femme en la libérant elle aussi, par l'émission de la semence » ; 7, 3, p. 275 sq. D *confert selectus Liber eiusdem seminis emissionem uiris; confert hoc idem Libera, quae Ceres seu Venus est, feminis... omnium seminum emittendorum Liberum et Liberam et ideo his etiam praeesse, quae ad substituendos homines pertinent*, « c'est Liber, dieu choisi, qui en procure l'émission aux hommes, comme Libera, la même que Cérès ou Vénus, aux femmes... Liber et Libera président toutes les émissions séminales, c'est pourquoi ils dirigent tous les actes qui concernent la reproduction de l'homme » = 93 Card.
120. Aug. *ciu.* 7, 21, p. 299 D (*infra*, n. 152).
121. Arn. 5, 21, 3 Cérès violée *parit mensem post decimum luculenti filiam corporis, quam aetas mortalium consequens modo Liberam, modo Proserpinam nuncupauit*, « au bout de dix mois, elle met au monde une fille de toute beauté, que les mortels, au cours des âges, nommèrent tantôt Libera, tantôt Proserpine » ; 5, 35, 3 *pro Libera ac Patre Dite submersionem seminis atque iactum*, « au lieu de Libera et de Dis Pater, l'enfouissement de la semence et les semailles » (par exégèse allégorique).
122. 1, 36, 3 *Liber Pater... ex genitalibus matris... fulmine praecipitatus*, « Liber Pater... arraché par un coup de foudre au sein de sa mère » ; 2, 70, 3 *Liber... tum et Semela* (*supra*, n. 37) ; 3, 33, 2 *si uerum est Solem eundem Liberum esse eundemque Apollinem, sequitur ut in rerum natura neque Apollo sit aliquis neque Liber, atque ita per uos ipsos aboletur, eraditur Semeleius... faeculentae hilaritatis dator*, « s'il est vrai que le Soleil est identique à Liber, identique à Apollon, il en résulte qu'il n'y a dans le monde ni Apollon ni Liber, et ainsi c'est vous-mêmes qui supprimez, détruisez le fils de Sémélé... dispensateur d'une liesse ordurière » ; 4, 22, 3 *ex Semela atque ipso Liber, qui Bromius dicitur et ex femine iterum natus patris*, « de Sémélé et du même, Liber, qu'on appelle Bromius et qui est né une seconde fois, de la cuisse de son père » ; 5, 28, 3 *cum inter homines, inquiunt, esset adhuc Nysius et Semeleius Liber*, « quand Liber de Nysa, fils de Sémélé, était encore, à ce qu'on dit, parmi les hommes » ; 5, 44, 2 *Semeleiae subolis*, « le fils de Sémélé ».
123. 4, 22, 3 (cf. n. précédente). Ou « le Grondant », « le Frémissant ». Voir H. Jeanmaire, *Dionysos. Histoire du culte de Bacchus*, Paris, Payot, 1951, p. 63 et 242 : le surnom renvoie sans doute « au râle sourd... des possédés en état de crise ».
124. 5, 28, 7 *emigrit ab inferis Euius*, « Evius remonte des Enfers ».

l'orgiasme, *Eleutherius*, « le Libérateur »[125], *Nysius*, venu de la mystérieuse Nysa, en Inde (?), où il avait été élevé[126] – l'Inde d'où il revint en conquérant, au milieu de son cortège triomphal de satyres et de bacchantes, conquérant efféminé qui porte le canthare[127]. C'est à ce dieu grec qu'on sacrifie un bouc, et non un taureau, usuel dans le sacrifice romain[128]. Sa destinée terrestre est tragique. Tout occupé à ses jouets d'enfant, osselets, miroir, toupies, rhombes, balles, pommes d'or venues de chez les Hespérides – qui sont en fait les symboles de l'initiation dionysiaque –, il fut victime des Titans qui le dépecèrent et firent cuire ses membres dans une marmite[129]. Tel est le mythe orphique

125. 6, 23, 3 *ubi Liber Eleutherius, cum Athenis ?*, « où était Liber Éleuthérius, lorsque cela arriva à Athènes ? », d'après Clém. *protr.* 4, 53, 3 'Αθήνησι γὰρ τοῦ Διονύσου τοῦ Ἐλευθερέως. C'est-à-dire, en réalité, le Dionysos d'Éleuthères, à la limite de l'Attique et de la Béotie, et dont le temple d'Athènes était comme une « succursale » (H. Jeanmaire, *Dionysos*, p. 166, 349, 365). C'est ce dernier qui fut détruit par le feu. Mais voir le jeu de mots répété *Liber liberare* chez Augustin, *supra*, n. 119.
126. 5, 28, 3 (*supra*, n. 122). Ce sont les surnoms classiques du dieu chez les écrivains latins : Cicéron, *Pour L. Flaccus* 60 sur Mithridate, que l'Asie nommait *deum... Euhium, Nysium, Bacchum, Liberum*, « dieu... Evhius, Nysius, Bacchus, Liber » ; Ov. *met.* 4, 11-15 *Bacchumque uocant Bromiumque Lyaeumque... / additur his Nyseus... / et Euhan*, « en l'appelant Bacchus, Bromius, Lyéus... à ces noms elles ajoutent enfant de Nysa... Évhan » ; Pétrone, 41, 6-8, qui accumule les jeux de mots : *puer speciosus, uitibus hederisque redimitus, modo Bromium, interdum Lyaeum Euhiumque confessus... ad quem sonum conuersus Trimalchio : « Dionyse, inquit, liber esto »... tum Trimalchio rursus adiecit : « non negabitis me, inquit, habere Liberum patrem »*, « un joli petit esclave, couronné de pampre et de lierre, et qui mimait tour à tour Bacchus grondant, Bacchus ivre, ou Bacchus rêvant... à ce bruit Trimalcion se retourna : "Dionysos, dit-il, sois libre"... et Trimalcion d'ajouter : "vous ne pourrez pas dire que je n'ai pas un père de condition libre" ». Sur Nysa, Plin. *NH* 6, 79 ; Mela 3, 66 ; Solin 52, 16. Voir H. Jeanmaire, *Dionysos*, p. 349 sq. (il y a « jusqu'à 10 Nysa ») et 353.
127. 4, 29, 2 *quibus dolis Liber Indorum affectauerit regnum*, « les ruses par lesquelles Liber a cherché à conquérir le royaume des Indes » ; 6, 12, 2 et 6, 25, 3 (*supra*, n. 5 et 7).
128. 7, 21, 1 *si caper caedatur Ioui, quem Patri sollemne est Libero Mercurioque mactari*, « si un bouc est sacrifié à Jupiter, alors qu'il est rituel de l'immoler à Liber Pater et à Mercure » ; 7, 21, 5 *quid adplicitum Iuppiter ad tauri habeat sanguinem, ut ei debeat immolari, non debeat Mercurio, Libero ?*, « quel est le rapport entre Jupiter et le sang de taureau, en sorte que cet animal doive lui être immolé, mais ne doive pas l'être à Mercure et à Liber ? ».
129. 1, 41, 1 *et tamen, o isti, qui hominem nos colere morte functum ignominiosa ridetis, nonne Liberum et uos Patrem membratim ab Titanis dissipatum fanorum consecratione mactatis ?*, « et d'ailleurs, dites-moi, vous qui riez de nous parce que nous rendons un culte à un homme mort dans l'ignominie, est-ce que, vous aussi, vous n'honorez pas en lui dédiant des temples Liber Pater que les Titans ont dépecé membre à membre ? » ; 5, 19, 4-5 *Sed et illa desistimus Bacchanalia altera praedicare, in quibus arcana et tacenda res proditur insinuaturque sacratis, ut occupatus puerilibus ludicris distractus ab Titanis Liber sit, ut ab isdem membratim sectus atque in ollulas coniectus ut coqueretur ; quemadmodum Iuppiter suauitate odoris inlectus, inuocatus*

de Zagreus[130]. Le passage est une fois de plus imité de Clément d'Alexandrie, mais librement recomposé[131]. Liber est de ces dieux qui, loin d'être immortels et bienheureux, ont connu la naissance, la souffrance et la mort, et sur lesquels nous aurons à revenir, mortel divinisé comme Hercule, Romulus, Esculape, Énée[132].

Deux épisodes moins classiques, moins glorieux aussi, ont retenu l'attention d'Arnobe. Dans le mythe de Cybèle et d'Attis, lorsque les dieux sont

aduolarit ad prandium conpertaque re graui grassatores obruerit fulmine atque in imas Tartari praecipitauerit sedes. Cuius rei testimonium argumentumque fortunae suis prodidit in carminibus Thracius talos, speculum, turbines, uolubiles rotulas et teretis pilas et uirginibus aurea sumpta ab Hesperidibus mala, « Mais nous renonçons aussi à parler ouvertement de ces autres Bacchanales, dans lesquelles on révèle, on communique aux initiés un secret qu'ils doivent taire : comment Liber, absorbé par ses jeux d'enfant, fut mis en pièces par les Titans, comment ils le découpèrent membre à membre et le jetèrent dans une marmite pour le faire cuire ; de quelle façon Jupiter, alléché par le fumet délectable, vola vers le déjeuner auquel on ne l'avait pas convié et, découvrant une affaire aussi grave, écrasa les brigands de sa foudre et les précipita au fin fond du Tartare. En témoignage de l'affaire, comme preuve de l'aventure, le poète de Thrace a mentionné dans ses vers des osselets, un miroir, des toupies, de petites roues [des rhombes] qui tournent, des balles bien rondes et des pommes d'or prises chez les vierges Hespérides ».

130. Cf. H. Jeanmaire, *Dionysos*, p. 372-416 ; M. Detienne, *Dionysos mis à mort*, Paris, Gallimard, 1977, p. 161-217 : « Dionysos orphique et le bouilli rôti ».

131. *Protr.* 2, 17, 2-18. « Les mystères de Dionysos sont absolument inhumains... Les Titans... l'ayant trompé à l'aide de jouets enfantins (παιδαριώδεσιν ἀθύρμασιν, Arnobe *puerilibus ludicris*) le dépecèrent... comme le raconte le poète de cette initiation, Orphée le Thrace [frg. 34 Kern, 588 T Bernabé] :
    Une pomme de pin, une toupie, des poupées articulées,
    de belles pommes d'or, apportées du jardin des Hespérides à la voix claire.
De cette initiation aussi il n'est pas vain de vous présenter, pour leur condamnation, les vains symboles : un osselet, une balle (σφαῖρα ; Arn. ajoute *teretis*), une toupie, des pommes, une roue, un miroir, un flocon de laine... Les Titans, qui l'avaient dépecé, plaçant une marmite sur un trépied, y jetèrent ses membres ». Zeus les foudroya. Le Zagreus orphique est « le premier Dionysos ». Zeus fit absorber son cœur à Sémélé, qui devint mère du « second Dionysos ». Cf. Hyg. *fab.* 167 *Liber Iouis et Proserpinae filius a Titanis est distractus, cuius cor contritum Iouis Semele dedit in potionem*, « Liber fils de Jupiter et de Proserpine fut dépecé par les Titans et Jupiter fit absorber en potion son cœur réduit en poudre à Sémélé ». La dépendance d'Arnobe par rapport à Clément est, comme à l'ordinaire, rejetée par F. Mora, *Arnobio e i culti di mistero*, p. 156-162, mais reconnue par R. Turcan, *Liturgies de l'initiation bacchique à l'époque romaine (Liber)*, Mémoires de l'Académie des Inscriptions et Belles Lettres, XXVII, Paris, diffusion De Boccard, 2003, p. 29 et 34, qui ajoute : « Il reste qu'on a sans doute beaucoup trop minimisé l'originalité du polémiste africain ». Ce à quoi je ne puis que souscrire.

132. Arn. 3, 39, 1 *sunt praeterea nonnulli qui ex hominibus diuos factos hac praedicant appellatione signari, ut est Hercules, Romulus, Aesculapius, Liber, Aeneas*, « il y a en outre certains auteurs qui déclarent que ce sont des hommes divinisés qu'on désigne sous cette appellation, par exemple Hercule, Romulus, Esculape, Liber, Énée ».

effrayés par le monstre Acdestis, que rien n'arrête, c'est Liber qui se dévoue pour sauver les immortels et capturer l'impie en confectionnant un piège dans lequel il le prendra, après l'avoir endormi grâce au vin dont il détient les pouvoirs[133]. En se débattant, Acdestis s'émasculera lui-même[134] ; rendu inoffensif, il deviendra l'eunuque amant d'Attis et archétype des galles mutilés, serviteurs de la Mère des dieux. L'autre épisode (5, 28), encore plus scabreux[135], se rapporte aux amours de Liber, ou plutôt Dionysos, et d'un certain Prosymnos[136]. Il est, comme à l'ordinaire, emprunté à Clément d'Alexandrie[137]. Liber, nous disent-ils, était curieux de découvrir les Enfers[138] ; mais il ignorait le chemin qui

133. 5, 6, 1-2 ... *haesitantibus ceteris huius muneris curam Liber in se suscipit. Familiarem illi fontem, quo ardorem fuerat suetus et sitiendi lenire flagrantiam ludo et uenationibus excitatam, ualidissima succendit ui meri. Necessitatis in tempore haustum accurrit Acdestis, immoderatius potionem hiantibus uenis rapit : fit ut insolita re uictus soporem in altissimum deprimatur*, « ... devant l'embarras général, Liber prit sur lui le soin de cette tâche. L'autre fréquentait une source où il venait, de coutume, apaiser les brûlures et l'embrasement de la soif qu'allumaient en lui ses ébats et ses parties de chasse : Liber y répand le feu du plus capiteux des vins purs. Quand il en ressent le besoin, Acdestis y accourt pour boire ; à satiété, il absorbe le liquide dans ses veines altérées et voici que, par manque d'habitude, il succombe et sombre dans la plus profonde torpeur ».
134. 5, 6, 3-4 *Adest ad insidias Liber, ex setis scientissime conplicatis imum plantae inicit laqueum, parte altera proles cum ipsis genitalibus occupat. Exhalata ille ui meri corripit se impetu et adducente nexus planta suis ipse se uiribus eo quo <uir> fuerat priuat sexu*, « Liber est là, en embuscade ; avec des crins il a tressé, selon la plus savante technique, un nœud coulant qu'il lui passe à l'extrémité des pieds ; puis avec l'autre bout de la corde il lui entoure les testicules et l'ensemble des parties génitales. Quand il a cuvé son vin, l'autre se dresse d'un bond, son pied tire sur les nœuds et, par ses seules forces, il se retranche à lui-même le sexe qui faisait de lui un homme ».
135. 5, 28, 1 *iam dudum me fateor haesitare, circum sciscere, tergiuersari... dum pudor me habet Alimuntia illa proferre mysteria, quibus in Liberi honore Patris phallos subrigit Graecia et simulacris uirilium fascinorum territoria cuncta florescunt*, « depuis un bon moment, je l'avoue, j'hésite, j'interroge alentour, je tergiverse... tandis que la pudeur me retient de dévoiler les célèbres mystères d'Halimonte, au cours desquels, pour honorer Liber Pater, la Grèce dresse des phallus et fait fleurir sur tout son territoire des représentations de membres virils », annonce Arnobe. – Qui le croira ?
136. 5, 28, 4 *Prosumnus quidam exoritur, ignominiosus amator dei, atque in nefarias libidines satis pronus, qui se ianuam Ditis atque Acherusios aditus pollicetur indicaturum, si sibi gereret [et] morem deus atque uxorias uoluptates pateretur ex se carpi*, « un certain Prosymnus se présente, qui éprouvait pour le dieu un amour abject, étant passablement enclin aux désirs interdits ; il promet de lui indiquer la porte de Dis et les accès de l'Achéron, si le dieu se prêtait à son caprice et acceptait de prendre de lui les mêmes plaisirs qu'une épouse ».
137. *Protr.* 2, 34, 2-5.
138. Arn. 5, 28, 3 *cum inter homines, inquiunt, esset adhuc Nysius et Semeleius Liber, nosse inferos expetiuit et sub Tartari sedibus quidnam rerum ageretur inquirere ; et cupiditas haec eius nonnullis difficultatibus inpediebatur, quod qua iret ac pergeret inscitia itineris nesciebat*, « quand Liber de Nysa, fils de Sémélé, était encore, à ce qu'on dit, parmi les hommes, l'envie lui vint de connaître

y menait. Prosymnos, qui était épris de lui, lui proposa de le lui indiquer, sous la condition qu'il répondrait à ses avances. Ce que le dieu promit. Mais, quand il revint, Prosymnos était mort. Liber tailla donc une branche de figuier, la planta sur le tertre de la sépulture et là, sans vergogne, il accomplit sa promesse. L'honnête Clément passe aussi rapidement qu'il peut ; son traducteur français est encore plus mal à l'aise[139] ; Firmicus Maternus ne l'est pas moins[140]. Mais Arnobe donne tous les détails, nécessaires et superflus, qui permettent, crûment, de se représenter la scène : de la posture du dieu, de ses mouvements, nous n'ignorons rien[141]. Il ne s'agissait cependant, dit Arnobe, que d'expliquer pourquoi, en Grèce, on dresse partout des phallus en l'honneur du dieu[142].

Le latin d'Arnobe brave l'honnêteté : cette version extrême de l'histoire de Prosymnus a beaucoup choqué un public moderne, plus sourcilleux sur le chapitre de la pudeur[143]. Tout à son récit, notre apologiste a dû, cependant,

les enfers et de chercher à découvrir ce qui se passait au fond des demeures du Tartare ; mais le désir qu'il en avait était contrarié par bien des difficultés, car il ne savait ni par où passer, ni comment se diriger, ne connaissant pas le chemin ».

139. *Protr.* 2, 34, 4 ἐκτεμὼν ἀνδρείου μορίου σκευάζεται τρόπον ; il « lui donne la forme voulue », traduit C. Mondésert, qui justifie, n. 2 : « nous avons un peu atténué l'expression de Clément ».

140. *L'Erreur des religions païennes* 12, 4 *Muliebria patitur aliquis et effeminato corpori solacium quaerit : uideat Liberum amatori suo post mortem etiam promissae libidinis praemia imitatione flagitiosi coitus repensantem*, « Est-on inverti ? Cherche-t-on à soulager les exigences d'un corps efféminé ? Il n'est que de voir Liber qui paye à son amant (et même après sa mort) le montant du plaisir promis, par un simulacre d'union infâme ».

141. Arn. 5, 28, 7-8 *Euius... locum pergit ad funeris et ficorum ex arbore ramum ualidissimum praesecans dolat, runcinat, leuigat et humani speciem fabricatur in penis ; figit super aggerem tumuli et, postica ex parte nudatus, accedit, subdit, insidit. Lasciuia deinde surientis adsumpta huc atque illuc clunes torquet et meditatur ab ligno pati quod iam dudum in ueritate promiserat*, « Evius... se rend au lieu de la sépulture, il coupe à un figuier une très forte branche, il la taille, il la rabote, il la polit, il lui donne la forme d'un pénis humain ; il la plante sur le tertre de la tombe, puis, s'étant dénudé l'arrière-train, il s'approche, il s'accroupit, il s'assied. Alors, sous l'effet de l'excitation, la lasciveté s'emparant de lui, il remue les fesses en tous sens et s'applique à subir du bois ce que depuis longtemps il avait promis de subir dans la réalité ». Autre scène érotique : Pétrone 21, 2 *extortis... clunibus*, « ... de ses fesses qu'il tortillait ».

142. 5, 29, 2 *totam interroget Graeciam, quid sibi uelint hi phalli quos per rura, per oppida mos subrigit et ueneratur antiquus : inueniet causas eas [eas] esse quas dicimus*, « qu'on interroge la Grèce entière sur la signification de ces phallus que, par les campagnes, par les villes, on dresse et on vénère, selon une antique coutume : on découvrira que les causes en sont bien celles que nous disons ».

143. Ainsi F. Lenormant, s. v. *Bacchus, DA*, I, 1, p. 609 : « l'histoire immonde de Prosymnus » ; J.-M. Vermander, *RecAug*, 17, 1982, p. 17, n. 56 : « à propos du caractère ordurier de ce texte ».

lire Clément un peu vite[144], ce qu'on ne saurait lui reprocher, car le texte grec prête à confusion. Arnobe nous présente, en introduction, « les célèbres mystères d'Halimonte, au cours desquels, pour honorer Liber Pater, la Grèce dresse des phallus et fait fleurir sur tout son territoire des représentations de membres virils ». Son attribution géographique et mystérique est, doublement, erronée. Clément ne dit pas cela ; il dit même exactement le contraire. Après avoir traité des « concours », c'est-à-dire des jeux panhelléniques, il mentionne « les mystères d'Agra et d'Halimonte, en Attique », mais pour préciser qu'ils « sont restés circonscrits à Athènes », tandis que, comme les concours (ἀγῶνες), l'usage de consacrer des phallus à Dionysos est répandu dans « le monde entier ». Puis vient l'histoire de Prosymnos. Arnobe s'est laissé prendre à cette entrée en matière, qui passe d'une catégorie de mystères à une autre, pour mieux les opposer : il néglige les mystères d'Agra, mais rattache, à contresens, le culte d'Halimonte à Dionysos, par un *quibus* qui est de trop. Là où Clément ménage une coupure, Arnobe, à tort, établit un lien. Ces mystères de l'Attique n'appartiennent pas à Dionysos, et le mythe de Prosymnos, dionysiaque et phallique, que nos auteurs rapportent ensuite, n'a rien à voir avec eux. Pour revenir à Clément, les mystères d'Agra, faubourg d'Athènes, sur la rive gauche de l'Ilissos, sont les « Petits Mystères » de Déméter[145], qui précèdent les Grands Mystères d'Éleusis ; et, dans le dème d'Halimonte, qui est l'un des « petits » dèmes de l'Attique, se trouvait un temple de Déméter Thesmophoros et Coré[146]. Clément oppose le caractère purement local de ces mystères de Déméter à la diffusion « universelle » (κοσμικόν) des phallophories dionysiaques.

Une fois écartés de notre propos Agra et Halimonte, où faut-il donc situer l'histoire de Prosymnos ? Ni Clément, ni Arnobe ne l'indiquent. Mais le problème se complique du fait que nous lisons, chez Pausanias[147], une troi-

---

144. Les deux textes, à mettre en parallèle, sont :
Clém. *protr.* 2, 34, 2 τὰ μὲν ἐπὶ Ἄγρᾳ μυστήρια καὶ τὰ ἐν Ἁλιμοῦντι τῆς Ἀττικῆς
Arn. 5, 28, 1 *Alimuntia illa... mysteria, quibus...* (*supra*, n. 135).
Que Clément soit la source d'Arnobe ne fait, à mes yeux, pas de doute. Malgré l'avis contraire, après Tullius, de F. Mora, *Arnobio e i culti di mistero*, p. 179-182, en particulier p. 180. *Alimuntia* (ou *Alimontia*) est une correction au texte d'Arnobe (mss. *alimoniae*), adoptée par tous les éditeurs. <*et*> *acrimonia*, proposé par Tullius-Mora, pour écarter le recours à Clément, n'est guère crédible.
145. Voir P. Foucart, *Les Mystères d'Éleusis*, Paris, Picard, 1914, p. 292 sq. et 297-299.
146. Pausanias 1, 31, 1.
147. 2, 37, 5. Cf. les commentaires de J. G. Frazer, *Pausanias's description of Greece*, III, Londres, Macmillan, 1898, p. 302 sq. ; et D. Musti – M. Torelli, *Pausania. Guida della Grecia*, II, Milan, Mondadori, 1986, p. 337.

sième version de cet étrange récit, toute différente, mais qui complète celle de Clément-Arnobe : les deux se rejoignent, comme les moitiés disjointes d'un même ensemble. Elle se situe à Lerne, en Argolide. Le défunt, à peine mentionné, s'y nomme Polymnos. Il vivait sur les bords du lac Alcyonien, qui est un lac sans fond ; ceux qui s'y baignent sont engloutis. Il a donc tous les caractères effrayants d'une porte des Enfers. Polymnos y conduisit Dionysos, qui voulait descendre au séjour infernal pour en ramener sa mère Sémélé : pieux motif, qui tranche sur la curiosité répréhensible du héros d'Arnobe. Pausanias indique qu'on célébrait en ce lieu, une fois par an, des mystères nocturnes que, comme pour tous les mystères, il n'est pas permis de divulguer. Le récit reste parfaitement décent. Pausanias l'a-t-il expurgé de ses détails obscènes ? La polémique chrétienne, en tout cas, s'en est emparée, et Arnobe renchérit encore sur la version de Clément. Ajoutons que, dans la page qui précède, avant d'en venir aux mystères de Lerne, le Périégète a mentionné le bois sacré de platanes qui abritait les statues de Déméter Prosymna et de Dionysos[148]. Nous savons aussi par Plutarque que, chez les Argiens, on évoquait Dionysos du fond des eaux en jetant un agneau en offrande pour le « Gardien des Portes » infernales, dans un « abîme » qui doit être le lac Alcyonien[149].

On s'interrogera sur la signification du récit, qui devait servir d'aition aux mystères locaux de Dionysos. Mythe de mort et de résurrection, sans doute, par l'initiation aux mystères du dieu revenu des Enfers. Mythe d'initiation des jeunes gens, aussi, à l'image de Dionysos, l'éromène, éduqué par l'éraste Polymnos, qui « lui explique le chemin »[150] : B. Sergent rattache le mythe à « un rituel par lequel, auprès de la tombe du maître... les jeunes gens célébraient leur initiation, passant, tel le dieu, par une mort mystique et une renaissance ». C'est dans cette initiation que consisteraient « les Mystères de Dionysos... dont Pausanias n'a rien voulu laisser connaître »[151]. La chronologie aussi fait problème. Pausanias écrit dans le troisième quart du IIe siècle ; Clément, vers 200. L'intervalle qui les sépare est d'une ou deux générations : entre le savant périégète et le Père de l'Église, quel est le chaînon manquant ?

Je me bornerai, pour conclure, à des remarques d'ordre scientifique. Arnobe semble avoir une curieuse prédilection pour les faits grecs peu connus : son goût de l'érudition et des rites rares l'entraîne fort loin, alors qu'Augustin

---

148. Paus. 2, 37, 1-2.
149. Plut. *Isis et Osiris* 35.
150. Arn. 5, 28, 6 *uiam comiter Prosumnus edisserit*, « avec obligeance, Prosymnus lui explique en détail le chemin ».
151. B. Sergent, *Homosexualité et initiation chez les peuples indo-européens*, Paris, Payot, 1996, p. 215-227 (citation de la p. 227).

trouva chez Varron des faits bien latins, sans doute moins suggestifs, sur les exhibitions phalliques de Lavinium et des campagnes du Latium, destinées à protéger de la *fascinatio* et à favoriser la bonne venue des semences[152]. Dionysos, Arnobe semble l'oublier, avait une épouse légitime en la personne d'Ariane : il n'en est nulle part question dans son œuvre, alors qu'il s'attarde complaisamment sur l'histoire de Prosymnos. Plus un fait païen offense la pudeur, plus il retient son attention. Goût personnel d'un auteur qui n'a pas froid aux yeux ? Mais, surtout, l'indécence du paganisme est un des éléments majeurs sur lesquels se fonde sa polémique : c'est pour son immoralité intrinsèque qu'il le condamne.

Hercule, le fils d'Alcmène, conçu à Thèbes au terme de neuf nuits d'amour[153], est un dieu puissant, « le grand Hercule »[154], plus universel peut-être que Liber, en ce que tous les hommes peuvent reconnaître en lui leur protecteur. Comme Liber, Romulus, Esculape, Énée[155], il est de ces mortels dont les hommes ont fait des dieux en raison de leurs mérites. Sans doute ne peut-on comparer ses bienfaits à ceux du Christ. Il a cependant délivré les hommes ordinaires, ses semblables, des fauves, des brigands, des hydres aux têtes innombrables[156]. Il a mis fin aux sacrifices humains[157]. C'est sous ces traits virils que la statuaire le représente, armé de la massue et couvert de la peau du lion de Némée[158]. Digne fils de Jupiter, son appétit sexuel surpasse encore celui

---

152. Aug. *ciu.* 7, 21, p. 299 D = 262 Card. : en Italie, pendant les fêtes de Liber, dit Varron (*dicit*), on promenait sur des chariots *hoc turpe membrum*, « ce membre obscène » ; à Lavinium, une matrone des plus honorables l'ornait d'une couronne, on prononçait les mots les plus orduriers, conformément au lien bien connu obscénité / fécondité.
153. Arn. 2, 70, 3 (*supra*, n. 37) ; 4, 22, 3 *ex Alcmena et eodem Hercules ille Thebanus, quem claua pellisque tutata sunt*, « d'Alcmène et du même père, l'Hercule thébain que protégeaient sa massue et sa peau de bête » ; 4, 26, 5 *Quis illum in Alcmena nouem noctibus fecit peruigilasse continuis ? Non uos ? Quis in amoribus desidem derelicta caeli statione iacuisse ? Non uos ?*, « Qui l'a fait veiller neuf nuits de suite en compagnie d'Alcmène ? N'est-ce pas vous ? Qui l'a fait se vautrer dans l'oisiveté, tout à ses amours, et déserter son poste dans le ciel ? N'est-ce pas vous ? ».
154. 1, 41, 3 *Herculem magnum* (*infra*, n. 163). Le dieu avait sous ce nom un temple à Rome, celui d'*Hercules Magnus Custos*, et son lieu de culte majeur (dont Arnobe ne dit rien) était l'*Ara Maxima*.
155. 3, 39, 1 (*supra*, n. 132).
156. 1, 38, 2 *si denique Herculem, quod feras, quod fures, quod multiplicium capitum superauit conpescuitque natrices...*, « Hercule enfin pour avoir vaincu et maîtrisé des fauves, des voleurs, des hydres à cent têtes ».
157. 2, 68, 3 *ante aduentum in Italiam Herculis cum ex Apollinis monitu Patri Diti ac Saturno humanis capitibus supplicaretur*, « alors qu'avant l'arrivée d'Hercule en Italie on pratiquait sur ordre d'Apollon des sacrifices humains en l'honneur de Dis Pater et de Saturne ».
158. 4, 22, 3 (*supra*, n. 153).

de son père, puisqu'en une seule nuit ce « dieu saint » – cruelle ironie – fit perdre leur virginité aux cinquante filles de Thestius et en engendra cinquante fils[159]. Après un tel exploit, le jeune Hylas (qui se noya dans la source où il avait été attiré par les Nymphes)[160] est insignifiant[161]. Il a beau être nommé en tête d'une liste de jeunes garçons aimés des dieux, il n'y a droit, comme les autres, qu'à une allusion elliptique[162] : la culture du lecteur y suppléera. Ce héros invincible fut pourtant vaincu par la ruse d'une femme : le bûcher de l'Œta, qu'Arnobe, à la suite de Sophocle réinterprété par la pantomime contemporaine, met volontiers en scène et qui arrache à l'homme torturé des hurlements de douleur[163], est pourtant le lieu, horrible et grandiose, de

---

159. 4, 26, 5-6 ... *siquidem uobis deus Hercules natus est, qui in rebus huiusmodi patris sui transiret exuperaretque uirtutes. Ille noctibus uix nouem unam potuit prolem extundere, concinnare, conpingere, at Hercules sanctus deus natas quinquaginta de Thestio nocte una perdocuit et nomen uirginitatis exponere et genetricum pondera sustinere*, « puisqu'on lui doit, selon vous, la naissance du dieu Hercule, qui allait dans ce domaine dépasser et surclasser les exploits de son père. C'est tout juste si ce dernier, en neuf nuits, a pu produire, façonner, fabriquer un seul enfant, tandis que le vénérable dieu Hercule a appris, en une nuit, aux cinquante filles de Thestius comment perdre leur nom de vierges et porter le fardeau des mères ». – *Sanctus*, qui s'applique au sacré païen, est toujours employé, chez Arnobe, par dérision ; voir 3, 10, § 1 et n. 1 ; § 4 et n. 6.
160. Cf. le chant de Silène, Virgile, *Bucoliques* 6, 43 sq. :
   his adiungit Hylan nautae quo fonte relictum
   clamassent, ut litus « Hyla, Hyla » omne sonaret,
« en outre, il dit la source où Hylas était resté, l'appel des navigateurs, et les échos de tout le rivage : "Hylas ! Hylas !" ».
161. Arn. 4, 26, 7 *Quid quod, non contenti feminei generis adtribuisse diis curas, etiam sexus adiungitis adamatos ab his mares ! Hylam nescio quis diligit, Hyacintho est alius occupatus, ille Pelopis desideriis flagrat, hic in Chrysippum suspirat ardentius, Catamitus rapitur deliciarum futurus et poculorum custos et, ut Iouis dicatur pullus, in partibus Fabius aduritur mollibus obsignaturque posticis*, « Mais quoi ! non contents d'attribuer aux dieux des amours avec le sexe féminin, vous voulez encore qu'ils aient aimé des mâles ! Hylas est chéri de je ne sais qui, un autre ne se préoccupe que de Hyacinthe, celui-ci brûle de désir pour Pélops, celui-là soupire si ardemment pour Chrysippe, Ganymède est ravi, pour être préposé aux délices et échanson et, pour qu'on puisse dire qu'il est le mignon de Jupiter, on brûle Fabius dans ses parties charnues et on en appose le sceau sur son postérieur ».
162. Il faut décrypter, outre Hercule, Apollon, Neptune, Jupiter (trois fois : Chrysippe, Ganymède, Fabius ; *supra*, p. 33 sq.).
163. 1, 36, 5 *Thebanus aut Tyrius Hercules, hic in finibus sepultus Hispaniae, flammis alter concrematus Oetaeis*, « Hercule, de Thèbes ou de Tyr, celui-ci enseveli en terre d'Espagne, l'autre brûlé sur le bûcher de l'Œta » ; 1, 41, 3 *ipsum Herculem magnum... quem ipsi uos fertis uiuum arsisse et concrematum in funestis busticetis*, « le grand Hercule lui-même... lui dont vous contez vous-mêmes qu'il a été brûlé vif et consumé sur un bûcher » ; 4, 35, 4 *nec non et illa proles Iouis Sophoclis in Trachiniis Hercules pestiferi tegminis circumretitus indagine miserabiles edere inducitur heiulatus, uiolentia doloris frangi atque in ultimam tabem diffluentium uiscerum maceratione*

sa divinisation. Né et mort comme un humain, Hercule connaît à la fois la souffrance et l'apothéose, purifié par le feu de toutes ses fautes.

Mais c'était sur terre, avant que, devenu dieu, il ne reçoive en justes noces une épouse de son rang, Hébé, à Rome Iuuentas, qui n'apparaît pas chez Arnobe. L'insatiable Hercule s'est-il assagi ? On se demandera ce que tous ces fils ou filles de Jupiter ont en commun : ont-ils un air de famille ? S'ils se ressemblent tous, c'est bien par leurs amours. Seuls y échappent les vierges sages, Minerve et Diane, Mercure et Vulcain, trop occupés l'un à ses vols, l'autre à sa forge de Lemnos. Les autres, Vénus, les dieux sauveurs ou bienfaiteurs, partagent la même obsession sexuelle. Peut-on néanmoins les considérer comme de vrais dieux ? Quand, du haut de leurs sublimes demeures, ils regardent les hommes, à quoi donc pensent les dieux du ciel ?

---

consumi, « et encore, l'illustre fils de Jupiter, Hercule, est mis en scène dans les *Trachiniennes* de Sophocle, enveloppé, comme d'un filet, d'une tunique mortifère, il pousse des cris lamentables, la violence de la douleur le brise et, pour finir, la putréfaction de ses chairs qui se décomposent et se liquéfient le consume ».

Chapitre IV
Les dieux du second cercle

À l'origine des dieux était le couple du Ciel et de la Terre. C'est le couple primordial dont sont issus tous les grands dieux, chez tous les peuples : Ouranos et Gaia chez les Grecs, jusqu'à Sérapis et Isis chez les lointains Égyptiens. Telle est la mythologie commune, celle d'Hésiode, revisitée par Varron. Les Romains les nomment *Caelum et Terra*, chez Varron[1], *Caelus* (sans doute)[2] *et Tellus*, chez Arnobe. D'Ouranos et Gaia naquirent les Titans, dont le plus jeune est Cronos, qui prit pour épouse Rhéa. C'est d'eux, devenus à Rome Saturne et Ops, que descend la lignée des Olympiens.

Les enfants de Saturne

Tous, donc, sont issus de l'union de Saturne-Cronos et d'Ops-Rhéa, qui enfanta Jupiter, Neptune, Pluton, Junon (dont nous avons traité précédemment), Cérès. Lors du partage du monde, chacun des trois frères a reçu en propre une partie de la souveraineté. Ils sont nommés ensemble à deux reprises (2, 70, 2 ; 3, 31, 3). Le dieu céleste, le « vrai » Jupiter, est *supremus* ou *Olympius* ; au fond des abîmes souterrains, Dis Pater est un « Jupiter » infernal, celui qui règne sur le Styx, et il n'est pas besoin de prononcer le nom de Neptune pour qu'on identifie « le seigneur de la mer »[3]. Il a droit de propriété sur la

---

1. *LL* 5, 57 *Principes dei Caelum et Terra. Hi dei idem qui Aegypti Serapis et Isis... Idem principes in Latio Saturnus et Ops*, « Les dieux fondamentaux sont le Ciel (*Caelum*) et la Terre (*Terra*). Ces dieux sont à identifier avec les dieux égyptiens Sérapis et Isis... Les mêmes dieux fondamentaux sont dans le Latium Saturne et Ops ».
2. Arn. 3, 37, 1 *Telluris et Caeli*, « ... de la Terre et du Ciel ». Arn. connaît le masculin : 1, 59, 10 *caelus* ; 3, 9, 2 *caelos*. Déjà chez Ennius, *Annales* 26 sq. Vahl., 23 sq. Sk. *Saturno / quem Caelus genuit*, « à Saturne, que le Ciel engendra » ; cf. Serv. *Aen.* 5, 801 *Caelus pater fuit Saturni*, « le Ciel fut le père de Saturne ».
3. Arn. 2, 70, 2 *nam si uerum est ex Saturno atque eius uxore Iouem suis cum fratribus procreatum, ante nuptias et partus Opis nusquam fuerat Iuppiter, Iuppiter tam supremus quam Stygius, nusquam sali dominus*, « car s'il est vrai que Jupiter est né comme ses frères de Saturne et de son épouse, il n'y avait de Jupiter nulle part avant les noces et les accouchements d'Ops, pas

mythique Atlantide[4]. Armé de son trident (qui suscite la risée)[5], il s'identifie à l'élément liquide jusque dans son nom[6], selon une définition syncrétiste qui mêle avec audace étymologie varronienne (plus que douteuse)[7], assimilation de style élevé à son homologue grec Poséidon, « l'ébranleur du sol », et, en contraste, l'évocation ridicule des créatures disproportionnées qui peuplent son empire, de la gigantesque baleine à la minuscule mendole.

Aussi libertin que son frère Jupiter, ce dieu majestueux prend son plaisir en séduisant les vierges, « les Amphitrites... les Hippothoés », et d'autres, catalogue généreux au pluriel augmentatif[8], tiré de Clément d'Alexandrie[9],

plus de Jupiter d'en haut que de Jupiter Stygien, il n'y avait nulle part de seigneur de la mer ». Également 3, 31, 3 ; 4, 26, 1 (*infra*, n. 6 et 8).
4.   1, 5, 1 *insula quae perhibetur Atlantica Neptuni, sicut Plato demonstrat*, « l'île appelée l'Atlantide de Neptune, comme l'expose Platon », avec le commentaire d'H. Le Bonniec, p. 214. La formule remonte au texte célèbre de Platon, *Critias* 113 c, sur « l'île Atlantide » que Poséidon reçut en partage et où il établit les enfants qu'il avait eus d'une mortelle.
5.   6, 12, 2 *cum fuscina rex maris, tamquam illi pugna sit gladiatorii obeunda certaminis*, « le roi de la mer avec un trident, comme s'il avait à livrer un combat de gladiateurs » ; 6, 13, 1 *sed quid ego dis datas... fuscinas rideo*, « mais pourquoi rire ... des tridents attribués aux dieux ? ».
6.   3, 31, 3 *Quod aqua nubat terram, appellatus est, inquiunt, cognominatusque Neptunus. Si ergo liquoris optentio nominis huius appellatione signatur, nullus deus est omnino Neptunus atque ita tollitur et remouetur e medio Stygii frater Iouis Olympiique germanus, tridenti armatus ferro, pistricum dominus atque maenarum, rex salsorum gurgitum et tremebundi motator soli*, « C'est parce que de l'eau voile la terre que Neptune, dit-on, est ainsi appelé et dénommé. Si donc c'est l'action de "recouvrir" de liquide que signifie cette appellation, il n'existe absolument plus aucun dieu Neptune et ainsi on supprime et on fait disparaître le frère du Jupiter Stygien, le frère germain de Jupiter Olympien, armé du trident de fer, seigneur des baleines et des mendoles, roi des gouffres salés et ébranleur du sol qui tremble » ; 5, 45, 1 *pro aquis Neptunum*, « pour les eaux, [vous dites] Neptune ».
7.   LL 5, 72 *Neptunus, quod mare terras obnubit ut nubes caelum, ab nuptu, id est opertione, ut antiqui, a quo nuptiae, nuptus dictus*, « *Neptunus* (Neptune), du fait que la mer voile (*obnubit*) les terres, comme les nuées (*nubes*) voilent le ciel, tire son nom de *nuptus*, vocable ancien, autrement dit *opertio* (voilage) ; de la même origine dérivent *nuptiae* (les noces) et *nuptus* (mariage) » = XVI a Card.
8.   4, 26, 1 *Nam quid de illis amoribus dicam quibus in feminas sanctos incaluisse caelestes uestris proditum litteris atque auctoribus continetur? Numquid enim a nobis arguitur rex maris Amphitritas, Hippothoas, Amymonas, Menalippas, Alcyonas per furiosae cupiditatis ardorem castimoniae uirginitate priuasse?*, « Que dire encore de ces amours dont les vénérables dieux du ciel ont brûlé pour des femmes, selon les traditions que renferment votre littérature et vos auteurs ? Est-ce nous, en effet, qui accusons le roi de la mer, dans l'ardeur de son désir forcené, d'avoir ravi aux Amphitrites, aux Hippothoés, aux Amymones, aux Ménalippes, aux Alcyones, leur chaste virginité ? ».
9.   *Protr.* 2, 32, 2 : « Faites-moi venir Poséidon et le chœur de celles qu'il a outragées : Amphitrite, Amymôné, Alopé, Mélanippe, Alcyoné, Hippothoé, Chioné, et la foule des autres ».

et qui unit, sans distinction, l'épouse légitime, Amphitrite, nommée en premier, il est vrai, et les conquêtes d'un jour, énumérées dans la hâte. Clément se contente de singuliers, mais il cite deux noms de plus, Alopé et Chioné : l'un compense l'autre. Suite de noms propres, qui ont l'apparence d'une érudition sérieuse, mais l'apparence seulement : aucun commentaire n'explique au lecteur désireux de s'instruire qui sont ces victimes. Arnobe lui-même eût peut-être été bien en peine de développer sa liste. Érudition livresque, indifférence, aussi, aux réalités artistiques contemporaines : le polémiste pouvait évoquer, d'un trait, les somptueuses mosaïques africaines des IIIe-IVe siècles qui illustrent le triomphe de Neptune et d'Amphitrite, au milieu de leur cortège de naïades et de tritons[10]. Un chrétien vertueux pouvait à la fois plaire à un lecteur en quête de couleurs chatoyantes et se scandaliser de ces séductions fallacieuses. Arnobe ne va pas au-delà de l'image conventionnelle du dieu au trident. Son imagination puise aux sources littéraires, aux poètes, beaucoup plus qu'aux réalités visibles des arts figurés. Autant, en littérature, il recherche le mythe rare, le détail érudit inconnu du vulgaire, autant, ici, quand il se réfère aux arts plastiques, il s'en tient au type le plus banal, aux images stéréotypées des dieux.

Le troisième frère est le sombre Dis Pater, qui règne sur les profondeurs infernales. Il est, comme « le seigneur de la mer », désigné par une périphrase : le *Iuppiter Stygius* est associé à une topographie effrayante. Sa porte ouvre l'entrée sur le domaine dont nul ne revient, celui qu'occupent les marais de l'Achéron[11] et les gorges de l'Orcus, synonyme de mort[12], le royaume de Pluton[13] que peuplent les Mânes. Aussi lui donne-t-on également le nom de Summanus[14], par fausse étymologie[15], et, dans les temps lointains qui précédaient la venue en Italie du bienfaisant Hercule, lui offrait-on des sacrifices humains[16]. La vie conjugale ou amoureuse d'un dieu aussi sinistre s'épuise en

---

10. Voir, par exemple, dans le *LIMC,* I, s. v. *Amphitrite,* les n° 66-67, 72, qui proviennent de Tunisie.
11. 5, 28, 4 *ianuam Ditis atque Acherusios aditus* (*supra*, p. 107, n. 136).
12. 2, 53, 2 *cum abire a corporibus coeperimus et ab Orci faucibus quemadmodum dicitur uindicari ?*, « lorsque nous commencerons de quitter nos corps, et qu'il [Dieu] nous arrachera, comme on dit, aux bouches de l'Orcus ? » ; 5, 32, 4 *cum Orco significat...* (*infra*, n. 19).
13. 7, 19, 6 *neque ulla sub terris regna esse domiciliaque Plutonia, opinionem necesse est...*, « s'il n'existe sous terre ni royaume ni demeure de Pluton, [cela ruine] nécessairement aussi l'opinion que vous vous faites ... ».
14. 3, 44, 2 ; 5, 37, 2 ; 6, 3, 12.
15. Glosé, chez Mart. Cap. 2, 161, *Plutonis... qui etiam Summanus dicitur quasi summus Manium,* « Pluton... qu'on appelle aussi Summanus, en quelque sorte le souverain des Mânes ».
16. 2, 68, 3 (*supra*, p. 111, n. 157).

un seul nom, celui de Proserpine, confondue, à Rome, avec Libera[17], la jeune fille qu'il enleva à sa mère Cérès alors qu'elle cueillait innocemment des fleurs près du lac d'Henna[18]. Mais qu'on n'aille pas songer à mal : l'exégèse allégorique purifie l'épisode de toute interprétation charnelle. L'union de Libera et de Dis Pater ne signifie rien d'autre que les semailles, l'émission de la semence qui tombe et s'enfouit dans le sein de la terre[19]. Cérès, la mère en larmes, avait bien tort de s'en offenser.

Cérès elle-même, leur sœur, avec Junon, apparaît sous deux ou trois aspects contrastés. Fonctionnellement, elle est la bonne déesse dispensatrice des céréales et du pain, nourriture de base pour les mortels : c'est le sens même que prend son nom par métonymie, comme, en parallèle, son parèdre Liber est le vin[20]. Le nombre des passages qu'Arnobe y consacre est à la mesure de

17. 5, 21, 3 *filiam... quam aetas mortalium consequens modo Liberam, modo Proserpinam nuncupauit*, « une fille... que les mortels, au cours des âges, nommèrent tantôt Libera, tantôt Proserpine » ; 5, 35, 3 (*infra*, n. 19). C'est la troisième divinité de la triade Cérès-Liber-Libera, artificiellement hellénisée ; cf. H. Le Bonniec, *Le Culte de Cérès*, p. 295 sq.
18. 5, 37, 1-2 *In nemore, inquit, Hennensi quondam flores Proserpina lectitabat <uirago>. Integrum adhuc istud est et recta pronuntiatione prolatum ; nam et nemus et flores quid sint, quid Proserpina, quid uirago, cunctis indubitabiliter notum est. Emicuit Summanus e terris curru quadriiugo uectitatus*, « Un jour, dit-on, dans le bois d'Henna, la vierge Proserpine cueillait des fleurs. Jusqu'ici, pas d'altération, le fait est rapporté dans une formulation directe ; en effet, un bois, des fleurs, Proserpine, une vierge, tout le monde sait ce que c'est, indubitablement. Jaillit de terre Summanus, transporté sur son char à quatre chevaux ».
19. 5, 32, 4 *sic et ille qui raptam Dite a Patre Proserpinam dicit, non ut reris in turpissimos adpetitus uiraginem dicit raptam, sed quia glebis occulimus semina, isse sub terras deam et cum Orco significat foedera genitalis conciliare feturae*, « de même, quand on dit que Proserpine a été enlevée par Dis Pater, on ne dit pas, comme tu le penses, que la jeune fille a été enlevée pour assouvir les appétits les plus abjects, mais, parce que nous enfouissons les semences dans le sol, on entend que la déesse est allée sous la terre conclure avec Orcus l'alliance de la fécondité reproductrice » ; 5, 35, 3 *ut enim... uultis audire et pro Libera ac Patre Dite submersionem seminis atque iactum*, « car, de même que vous voulez entendre... au lieu de Libera et de Dis Pater, les semailles et l'enfouissement des semences » ; 5, 40, 3 *potest inreligiosius quippiam uel existimari uel credi quam semina terris mersa uel quodlibet aliud – nihil enim similiter refert – raptum Proserpinae dicere et cum nota Ditis Patris rei rusticae de opere proloqui ?*, « peut-il y avoir pensée ou croyance plus impie que d'appeler l'enfouissement des semences dans la terre, ou n'importe quoi d'autre – car cela n'a, pareillement, aucune importance – le rapt de Proserpine et de déshonorer Dis Pater pour parler des travaux agricoles ? » ; 5, 43, 2 *esto... sit significata... occultatio seminis Patris in Ditis raptu*, « soit : qu'on donne à entendre... l'enfouissement de la semence dans l'enlèvement commis par Dis Pater ».
20. 1, 38, 2 *Liberum... uini, si quod panis, Cererem*, « Liber... pour la découverte du vin, Cérès pour celle du pain » ; 2, 65, 6 (*supra*, p. 103, n. 116) ; 3, 32, 2 *quod salutarium seminum frugem gerat, Cererem esse pronuntiant*, « ils déclarent que c'est Cérès, parce qu'elle produit les récoltes qui naissent des semences vitales » ; 3, 34, 2 *Cereris... illa frugum... inuentrix*, « Cérès... la

ce bienfait. Dans le mythe, assimilée à Déméter, Cérès est la déesse errante, mère en deuil qui parcourt le monde à la recherche de sa fille bien-aimée, mystérieusement disparue. Elle n'est cependant pas tout entière à son affliction. Sa quête douloureuse la conduit à Éleusis, bourg de l'Attique dont les habitants, dit Clément d'Alexandrie, ponctuellement suivi par Arnobe, étaient des autochtones, bouvier, berger, porcher, ancêtres rustiques des deux illustres familles des Eumolpides et des Kérykes. Épuisée par tous ses maux, la déesse est accueillie par une femme nommée Baubô ; mais elle refuse les soins de l'hospitalité, jusqu'à ce que son hôtesse recoure à d'autres moyens[21]. Alors, loin de s'offusquer de la mimique de Baubô et de ses gestes obscènes, elle en rit, comme le rapporte le mythe grec.

Le récit fondateur de l'*Hymne à Déméter* ne mentionnait, par euphémisme, que les « saillies et railleries » de la servante Iambé, qui font sourire, puis rire la déesse[22]. Dans sa version orphique, celle que suit Clément, où Baubô est substituée à Iambé, l'épisode est particulièrement corsé[23] ; et

déesse... qui a découvert les céréales » ; 5, 16, 6 *ab Cereris fruge*, « le grain de Cérès » (*infra*, n. 36) ; 5, 39, 5 *in filiae conquisitione Ceres... triticeas attulit fruges*, « Cérès, en quête de sa fille... y apporta les grains du froment » ; 5, 45, 1 *Cererem pro pane*, vous dites « Cérès pour le pain ».
21. 5, 25, 1-4, d'après *protr.* 2, 20, 2-3 : *In istius conquisitionis errore, Eleusinios etiam peruehitur fines. Pagi istud est nomen regione in Attica constituti. Qui illud temporis has partes incolebant terrigenae* (Clém. γηγενεῖς), *quibus nomina haec fuerant, Baubo, Triptolemus, Eumolpus, Eubuleus, Dysaules ; boum iugator Triptolemus, capellarum Dysaules custos, Eubuleus porcorum, gregis lanitii Eumolpus, a quo gens effluit Eumolpidarum et ducitur clarum illud apud Cecropios nomen et qui postea floruerunt caduceatores, hierophantae atque praecones* (τὸ Εὐμολπιδῶν καὶ τὸ Κηρύκων τὸ ἱεροφαντικὸν... γένος). *Igitur Baubo illa, quam incolam diximus Eleusini fuisse pagi, malis multiformibus fatigatam accipit hospitio Cererem, adulatur obsequiis mitibus, reficiendi corporis rogat curam ut habeat, sitientis ardori oggerit potionem cinnum, cyceonem* (κυκεῶνα) *quam nuncupat Graecia. Auersatur et respuit humanitatis officia maerens dea...*, « Au cours de sa recherche, de ses errances, elle se transporte jusqu'au territoire d'Éleusis. C'est le nom d'un bourg situé en Attique. Ceux qui en ce temps-là habitaient la région étaient des autochtones, qui avaient pour noms Baubô, Triptolème, Eumolpe, Eubouleus, Dysaulès ; Triptolème attelait les bœufs, Dysaulès gardait les chèvres, Eubouleus les porcs, Eumolpe le troupeau à laine ; c'est de lui qu'est issue la famille des Eumolpides et que tirent leur nom, célèbre chez les fils de Cécrops, ceux qui par la suite s'illustrèrent comme porte-caducées, hiérophantes et hérauts. Or donc, cette Baubô qui, nous l'avons dit, habitait le bourg d'Éleusis, donne l'hospitalité à Cérès exténuée par toute sorte de maux ; elle la cajole avec des attentions gentilles, elle l'invite à prendre la peine de réparer ses forces ; pour sa soif ardente, elle apporte en quantité comme breuvage une mixture que les Grecs appellent *cycéon*. La déesse, dans son chagrin, se détourne et repousse ces prévenances aimables... ».
22. V. 202-204.
23. *Protr.* 2, 20, 3-21, 1 : « Alors donc (je ne vais pas renoncer à parler !), Baubô, qui avait accueilli Dèo [autre nom de Déméter], lui offre du "cycéon" ; mais celle-ci... refuse de boire,

Arnobe, si révulsé devant de telles horreurs, le pimente encore de détails intimes que sa source n'avait pas jugé bon de donner[24]. Outre ces deux

plongée qu'elle était dans son deuil... Baubô se croit méprisée, et, découvrant ses parties, elle les montre à la déesse. À cette vue Dèo toute réjouie accepte enfin ». L'apologiste cite ensuite les vers d'Orphée [frg. 52 Kern, 395 F Bernabé], « pour attester cette indignité :

"Ayant ainsi parlé, Baubô retroussa son péplos pour montrer
de son corps tout ce qu'il y a d'obscène ; le jeune Iacchos,
qui était là, tout en riant, agitait la main sous le sein de Baubô ;
la déesse, alors, sourit, sourit dans son cœur ; elle accepta
la coupe aux reflets bigarrés, où se trouvait le cycéon" ».

24. 5, 25, 5-26, 4, long développement que je dois non pas expurger, mais abréger : *Vertit Baubo artes... Partem illam corporis per quam secus femineum et subolem prodere et nomen solet adquirere genetricum, longiore ab incuria liberat, facit sumere habitum puriorem et in speciem leuigari nondum duri atque hystriculi pusionis. Redit ad deam tristem et, inter illa communia quibus moris est frangere ac temperare maerores, retegit se ipsam atque omnia illa pudoris loca reuelatis monstrat inguinibus. Atque pubi adfigit oculos diua et inauditi specie solaminis pascitur... et, quod diu nequiuit uerecundia Baubonis exprimere, propudiosi facinoris extorsit obscenitas. Calumniari nos improbe si quis forte hominum suspicatur, libros sumat Threicii uatis... Ipsos namque in medio ponemus uersus, quos Calliopae filius ore edidit Graeco...* :

*Sic effata simul uestem contraxit ab imo
obiecitque oculis formatas inguinibus res :
quas caua succutiens Baubo manu – nam puerilis
ollis uultus erat – plaudit, contrectat amice.
Tum dea defigens augusti luminis orbes
tristitias animi paulum mollita reponit :
inde manu poclum sumit risuque sequenti
perducit totum cyceonis laeta liquorem,*

« Baubô change de tactique... Cette partie de son corps par laquelle le sexe féminin met au jour les enfants et qui lui vaut le nom de mère, elle la libère d'une trop longue négligence, elle lui fait prendre un aspect plus net et lisse et lui donne l'apparence d'un petit garçon qui n'a pas encore la peau dure et couverte de poils. Elle revient vers la déesse affligée et, au beau milieu de banalités coutumières pour réduire et tempérer le chagrin, elle se retrousse et, exposant tout entier le siège de sa pudeur, elle dévoile son bas-ventre. La déesse fixe ses regards sur son pubis et se repaît du spectacle, consolation inédite... ainsi, ce que Baubô était restée longtemps incapable d'obtenir par une conduite décente, elle l'arracha par l'obscénité d'un geste impudique. Si d'aventure quelqu'un au monde nous soupçonne de proférer d'impudentes calomnies, qu'il prenne les livres du poète de Thrace, qui, d'après vous, sont d'une fabuleuse antiquité, et il découvrira que nous n'imaginons rien d'astucieux, que nous ne cherchons rien ni ne tentons rien pour tourner en dérision la sainteté des dieux. En effet nous allons citer textuellement les vers que le fils de Calliope a publiés en grec... :

"À ces mots, Baubô retroussa le bas de sa robe
et elle offrit aux regards la figure qu'avait prise son bas-ventre ;
du creux de sa main, elle la fait bouger – d'un enfant
c'était le visage –, la tapote, la caresse gentiment.
Alors la déesse, fixant sur elle la prunelle de ses yeux vénérables,

textes, le dossier comprend le passage d'Eusèbe, qui reproduit Clément[25], et des terres cuites (du IVe ? des IIIe-IIe siècles av. J.-C. ?), provenant du sanctuaire de Déméter et Coré à Priène, qui représentent un « ventre facifié » (G. Devereux) par un visage de femme – s'il faut bien les rattacher à notre sujet. Tel qu'il est rapporté par nos deux auteurs, l'épisode est d'interprétation et même de lecture difficiles[26]. Que la source d'Arnobe soit Clément ne fait, à mes yeux, pas de doute : la notice sur les premiers habitants, autochtones, de l'Attique est suffisamment probante. Si Arnobe s'en sépare, cependant, c'est dans la partie centrale, peut-être la plus importante, du poème dit orphique. Les deux premiers vers, les quatre derniers sont une adaptation fidèle de Clément. Mais, confrontés à leur modèle, les vers 3 et 4 d'Arnobe surprennent le lecteur.

Nous avons, pour un même mythe, les noms de trois auteurs : disent-ils tous la même chose ? Les vers d'« Orphée » ont été composés dans un milieu hellénistique[27] et païen qui est celui où ont été modelées les terres cuites de Priène. Des siècles après, qu'en ont compris les deux apologistes chrétiens

    s'adoucit et abandonne un peu les tristesses de son cœur ;
    puis, de sa main, elle prend la coupe, se met à rire, et,
    réjouie, vide jusqu'à la dernière goutte le breuvage du cycéon". »

25. Eusèbe, *La Préparation évangélique* (cité *praep. eu.*) 2, 3, 31-35.
26. Notre pl. 6. Voir, entre autres, l'interprétation psychanalytique de G. Devereux, *Baubo, la vulve mythique*, Paris, Godefroy, 1983 (fig., p. 172 ; les terres cuites sont également reproduites dans le *LIMC* et la *RHR*). L'article de Th. Karaghiorga-Stathacopoulou, s. v. *Baubo, LIMC,* III, 1, 1986, p. 87-90 et pl. 67, fig. I a, e, f, est très mesuré : le récit pseudo-orphique ne doit pas être antérieur à l'époque hellénistique, « les représentations qu'on a coutume de rapporter au personnage mythologique de B. » ne sont pas certaines, non plus que leur date (le type de Priène est « déjà constitué au IIIe-IIe s. av. J.-C. »). Cf. également F. Graf, *Eleusis und die orphische Dichtung Athens in vorhellenistischer Zeit*, Berlin-New York, De Gruyter, RVV 33, 1974, p. 165-171 et 194-199 ; et sa mise au point du *New Pauly*, s. v., II, 2003, p. 562 sq. ; A.-M. Tupet, « Une anecdote éleusinienne chez Ovide et chez Arnobe », dans R. Chevallier (dir.), *Présence d'Ovide, Caesarodunum*, 17 bis, 1982, p. 153-163 ; M. Olender, « Aspects de Baubô. Textes et contextes antiques », *RHR*, 202, 1985, p. 3-55 (avec la bibliographie antérieure) ; M. Marcovich, « Demeter, Baubo, Iacchus, and a redactor », *VChr*, 40, 1986, p. 294-301, qui corrige hardiment le texte ; G. Sfameni Gasparro, *Misteri e culti mistici di Demetra*, Rome, L'Erma di Bretschneider, 1986, p. 165-167, 181 ; F. Mora, *Arnobio e i culti di mistero*, p. 174-178.
27. Cf. l'analyse stylistique de F. Graf, *Eleusis und die orphische Dichtung*, p. 166, sur le caractère postclassique des hexamètres. *Contra*, C. Giuffré Scibona, « Demeter and Athena at Gela : personal features of Sicilian goddesses », dans A. Mastrocinque - C. Giuffré Scibona (dir.), *Demeter, Isis, Vesta and Cybele. Studies in Greek and Roman Religion in Honour of Giulia Sfameni Gasparro*, Stuttgart, Steiner, 2012, p. 71-73, qui y voit une version ancienne : d'après L. Malten (1909) et A. Brelich (1976), dès le Ve siècle, ou même vers 600 av. J.-C. Je ne suis pas davantage convaincue par la terre cuite de femme enceinte, interprétée comme une « Baubô ».

qui saisissent peut-être l'*anasyrma* de Baubô (Clément, certainement ; pour Arnobe, on peut avoir des doutes), mais n'ont aucune idée des terres cuites, les seuls documents qui nous rendent la scène intelligible ? Clément cite le passage sans autre commentaire que son « indignité ». Les vers 2 et 3 sont fort elliptiques. Leur sens même est incertain. Le verbe ἦεν laisse perplexes les commentateurs. La femme montre « tout ce qui est malséant » (οὐδὲ πρέποντα). Faut-il, pour ce qui suit, entendre : [ce sexe qu'on ne saurait ni voir, ni nommer], c'était l'enfant Iacchos (παῖς δ' ἦεν Ἴακχος)[28] ? Ou bien : « l'enfant Iacchos était là... » ? La première traduction donne à voir une image virtuelle, un visage d'enfant qui se dessine sur le corps féminin. La seconde ajoute un troisième personnage, un enfant véritable, en chair et en os, le petit Iacchos, réellement présent aux pieds de Baubô et qui rit du spectacle[29]. On ne saurait trancher : le texte reste ambigu. Ce qui peut expliquer la solution radicale imaginée par Arnobe.

De fait, il modifie considérablement la scène que, comme nous, il a peine à comprendre. Il élimine non seulement l'enfant Iacchos, mais même l'enfant tout court, qui n'est plus là qu'à titre de comparaison. En revanche, le rôle de Baubô s'est enrichi, pour n'en devenir que plus choquant. La main (χειρί / *manu*) n'est plus celle qu'agite l'enfant, mais celle de Baubô, active et impudique. La femme, entre-temps, s'est retirée pour s'épiler discrètement. De retour devant la déesse, elle se fait moins discrète et se livre à une gestuelle qu'Arnobe décrit dans tous ses détails. Est-ce par contresens, sur cette main énigmatique ? Clément transcrit Orphée, et ne dit rien. Arnobe, plus disert, à son accoutumée, est aussi plus explicite quand il traduit l'un et l'autre. Il décrit, et par deux fois, la figure qu'offre Baubô, qui s'exhibe sans vergogne. « Cette partie de son corps par laquelle le sexe féminin met au jour les enfants », elle l'épile et lui fait prendre « l'apparence d'un petit garçon (*pusionis*) », à la peau encore douce et imberbe (5, 25, 6). Puis, aux vers 2-4 : « elle offrit aux regards la figure qu'avait prise son bas-ventre... d'un enfant c'était le visage » (5, 26, 2, où *puerilis* reprend *pusionis*). Il n'y a ni enfant réel qui agite la main, ni même visage d'enfant qui apparaît sur le corps de la femme : ce n'est, les deux fois, rien de plus qu'une métaphore. Là où Clément garde un silence

---

28. Je suis la suggestion d'A.-M. Tupet, art. cité, p. 159, qui comprend « c'était (le sexe) l'enfant Iacchos ». Mais je n'irai pas, comme elle y incline, jusqu'à éliminer le nom de Iacchos pour lui substituer un ἴακχος, nom commun, signifiant « le sexe féminin » (interprétation de Diels ; également F. Graf, p. 198, peut-être « ein Spiel mit dem Doppelsinn von ΙΑΚΧΟΣ »).
29. Ce qui est la traduction du P. Mondésert : « le jeune Iacchos, / qui *était là* » (je souligne). Si c'est vraiment ce que Clément a compris, y a-t-il trop d'artifice à penser qu'« Orphée » dit une chose, et que Clément en entend une autre ?

pudique, Arnobe récrit la scène à sa manière provocante. Dès qu'il s'agit de sexe, l'apologiste chrétien multiplie les détails suggestifs : en impudeur, en exhibitionnisme, le mythe de Baubô et Déméter ne le cède qu'à peine à celui de Liber et Prosymnus[30].

Poursuivons dans ces mythes édifiants. Les déesses sont victimes de l'appétit sexuel des dieux, leurs parents. Proserpine, enlevée par Dis Pater, son oncle, a depuis sa conception ce statut de victime, puisqu'elle est née d'un viol. Non pas de l'union, comme dans le mythe classique, de Jupiter avec Cérès, sa sœur, au même titre que Junon-Héra, à laquelle il se liera par l'auguste ἱερὸς γάμος, mais d'un inceste commis avec une Cérès qui, nous allons le voir, par assimilation avec Ops et Rhéa, est devenue sa mère. Le mythe admet l'union incestueuse avec la sœur : il n'y a que les chrétiens pour se scandaliser du statut royal de Junon-Héra, sœur-épouse. Mais l'inceste de la mère et du fils – Jocaste et Œdipe – est la pire horreur qui soit. Proserpine n'est pas non plus la fille unique de la déesse : elle est mère d'un petit Iacchos (le jeune dieu d'Éleusis, qui conduit la procession des mystes), qu'elle allaite comme une vulgaire nourrice humaine, et qui nous vaut, d'après Lucrèce, la peinture peu flatteuse de ses appas généreux[31]. Elle s'est aussi éprise d'un simple paysan nommé Iasion[32] : Cérès, vue par Arnobe, est beaucoup moins respectable que ne le donne à croire la religion officielle. Dans le culte, dans les mystères grecs, elle est la déesse des Thesmophories et des initiations nocturnes d'Éleusis[33]. Arnobe, qui joint les deux fêtes dans une seule et même phrase, les a-t-il confondues ? Disons, à tout le moins, qu'il les amalgame. Thesmophories et

---

30. Cf. le jugement lapidaire de P. Foucart, *Les Mystères d'Éleusis*, qui n'en dit guère plus, p. 466-469, sur « l'épisode répugnant de Baubo ».
31. 3, 10, 4 *ab Iaccho Cererem, Musa ut praedicat Lucretia, mammosam*, « "Cérès toute en mamelles après la naissance d'Iacchus", comme le proclame la Muse de Lucrèce ». Cf. Lucr. 4, 1168, sur les illusions de l'amour : *tumida et mammosa Ceres est ipsa ab Iaccho*, « une mafflue, toute en mamelles, c'est Cérès elle-même venant d'enfanter Iacchus ». C'est le seul passage où Arnobe nomme Iacchos, qu'il connaît surtout d'après Lucrèce, et que, au livre V, il fera disparaître de l'épisode de Baubô. Le détail vulgaire se retrouve en 6, 25, 3 : *Ceres mammis cum grandibus*, « Cérès avec ses énormes mamelles ».
32. 4, 27, 1 *Cererem in Iasionem nescio quem rusticanum*, « Cérès, [qui brûla] pour je ne sais quel paysan ».
33. 5, 24, 3 *uultis enim consideremus mysteria et illa diuina, quae Thesmophoria nominantur a Graecis, quibus gente ab Attica sancta illa peruigilia consecrata sunt et pannychismi graues ?*, « voulez-vous, de fait, que nous examinions aussi ces mystères divins que les Grecs appellent Thesmophories et pendant lesquels le peuple athénien célèbre ces fameuses veillées saintes, les solennelles *pannychis* ? » (texte de Marchesi, qui est une correction). *Peruigilium* est la traduction de παννυχίς (cf. le *Peruigilium Veneris*).

mystères d'Éleusis appartiennent aux mêmes divinités, à Déméter ainsi qu'à sa fille Coré, les « deux déesses », indissociables. Chez Clément, Grec qui connaît tout de la religion grecque, la distinction est nettement faite. Les Thesmophories sont nommées dans deux passages : fête des semailles, célébrée par les femmes et commune à tout le monde grec. Les femmes y retirent des fosses (μέγαρα) où on les a précipités les restes de porcelets qui, mêlés aux semences, les rendront plus fécondes. Et elles s'abstiennent de manger des pépins de grenade[34]. Les mystères, eux, sont propres à Éleusis. Arnobe les connaît autant qu'on peut les connaître. Mais les Thesmophories, dont il a entrevu le nom chez Clément, lu d'un regard rapide, ne sont pour lui qu'un mot, et un vain mot : tout ce qu'il dit ensuite ne se rapporte qu'à Éleusis. Cérès est également liée à la Sicile[35]. C'est aussi la déesse pour laquelle les matrones romaines observent un jeûne de pénitence[36]. Arnobe ne l'ignore pas, même si le portrait, biaisé pour les besoins de la polémique, s'abaisse au plus trivial et au plus obscène.

Les ascendants de Jupiter

Jupiter, ses frères, ses sœurs, nous l'avons dit, sont nés de l'union de Saturne et d'Ops, c'est-à-dire de Cronos et de Rhéa. C'est ce qu'affirme le mythe classique. Mais ce serait trop simple. Effectivement, le double romain de Rhéa est, de longue date, Ops, l'Abondance personnifiée, fêtée aux *Opalia* du 19 décembre qui succèdent aux Saturnales du 17 : cultuellement, dans le vieux férial romain, conjugalement, dans le mythe grec, les deux divinités sont

---

34. Clém. *protr.* 2, 17, 1 ; 2, 19, 3 – passage qui précède immédiatement le récit de l'arrivée de Déméter à Éleusis. Sur le rituel, voir P. Foucart, *Les Mystères d'Éleusis*, p. 62-68 ; G. Sfameni Gasparro, *Misteri e culti mistici di Demetra*, p. 268, 272-277 ; et, dans les mélanges qui lui sont dédiés (*supra*, n. 27), J. N. Bremmer, « Demeter in Megara », p. 27-32 ; et L. Bruit Zaidman, « Koré-Perséphone entre Déméter et Hadès », p. 45-47.
35. 1, 36, 4 *in Trinacriae finibus Ceres nata*, « Cérès, née sur la terre de Trinacrie ». Cf. H. Le Bonniec, *Le Culte de Cérès*, p. 285 sq.
36. De même que Cybèle quand, en 5, 16, 6, l'apologiste interroge : *Quid temperatus ab alimonio panis, cui rei dedistis nomen castus ? Nonne illius temporis imitatio est quo se numen ab Cereris fruge uiolentia maeroris abstinuit ?*, « Que signifie l'abstinence du pain pour s'alimenter, rite auquel vous avez donné le nom de *castus* ? N'est-ce pas là le rappel des jours où la divinité s'abstint du grain de Cérès, en raison de la violence de son chagrin ? ». La métonymie vaut allusion. Sur le *castus Cereris*, voir H. Le Bonniec, *Le Culte de Cérès*, p. 404-406.

unies[37]. Mais, en Grèce, puis à Rome, les assimilations en chaîne, le syncrétisme ont fait leur œuvre, autour de la notion de « mère des dieux ». Rhéa, la mère crétoise des dieux grecs, Cybèle, la Grande Mère asianique, Μήτηρ θεῶν, *Magna deum mater*, Déméter qui, elle aussi, n'est autre qu'une « Terre mère », Γῆ μήτηρ, sont identifiées l'une à l'autre. Rhéa-Cybèle, Cybèle-Déméter : les trois déesses n'en font plus qu'une, la Mère par excellence, divinité à visages multiples[38].

C'est à la faveur de cette assimilation que, chez Arnobe, dans la version phrygienne du mythe d'Attis qu'il reproduit, le monstre Acdestis est l'enfant de Jupiter et de sa mère Cybèle, qu'il a honteusement violée[39]. De même que, dans la version du mythe de Proserpine qu'Arnobe emprunte à Clément, Cérès cesse d'être la sœur de Jupiter pour devenir sa mère[40]. Toute la charge mythique, toute la virulence polémique se reporte sur les agressions dont la Mère divine est victime de la part de son fils, le souverain des dieux. La succession des deux mythes, qui apparaissent comme les doublets d'un même motif (la métamorphose animale, en taureau ou en dragon) est certainement voulue : dans une polémique de la répétition, un scandale s'ajoute à un autre scandale. Les généalogies s'entrechoquent : Jupiter finit ainsi par avoir trois « mères », selon le point de vue adopté par l'apologiste mythographe. À Rome, l'équivalence de Rhéa et de Cybèle se reporte sur Ops ; mais le même syncrétisme fait aussi que, dans ce rôle d'épouse de Saturne, le nom de la Mère des dieux se substitue au sien[41]. Peu présente

---

37. Cf. P. Pouthier, *Ops et la conception divine de l'abondance dans la religion romaine jusqu'à la mort d'Auguste*, Rome, BEFAR 242, 1981, p. 128-135 ; 220-231 ; sur Rhéa-Cybèle, p. 299-306.
38. Cf. Ph. Borgeaud, *La Mère des dieux. De Cybèle à la Vierge Marie*, Paris, Éd. du Seuil, 1996, p. 39-55 : la Mère est « une Déméter sauvage » (p. 39) ; « une Mère des montagnes, une primitive hors généalogie comprise comme Gaia, Rhéa et Déméter tout à la fois » (p. 54).
39. 5, 5, 2-3 *haec Magna quae dicitur... Mater... hanc in uertice ipso petrae datam quieti et somno quam incestis Iuppiter cupiditatibus adpetiuit... hanc petra concepit, et mugitibus editis multis prius mense nascitur decimo materno ab nomine cognominatus Acdestis*, « celle que l'on appelle la Grande Mère... tout au sommet de la roche, s'étant abandonnée au repos et au sommeil, Jupiter, dans ses désirs incestueux, tenta de la prendre... la roche reçut la semence en son sein et, non sans avoir auparavant poussé maint mugissement, vient au monde, neuf mois plus tard, celui qu'on appela, du nom de sa mère, Acdestis ».
40. Arn. 5, 20, 2-4 ; Clém. *protr.* 2, 15, 1 (*supra*, p. 30 sq. ; *infra*, p. 226).
41. 3, 32, 3 *non ipsa denique Mater Deum, quam Nigidius autumat matrimonium tenuisse Saturni*, « ni, finalement, la Mère des Dieux elle-même, dont Nigidius affirme qu'elle a été l'épouse de Saturne ». À l'inverse, et réciproquement, à la génération suivante, les poètes augustéens transfèrent à Ops les caractéristiques de Cybèle. Tibulle, 1, 4, 68-70, montre le Galle « qui suit le char d'Ops, la déesse de l'Ida », *Idaeae currus ille sequatur Opis* ; et Ovide, *Tristes* 2, 24 *turrigerae... Opi*, « Ops couronnée de tours ».

pour elle-même, l'Ops classique, trop abstraite pour inspirer un polémiste, n'est guère mentionnée que pour sa descendance « royale », le seul trait qui lui donne existence[42].

Saturne a d'autres traits, moins exotiques, gréco-romains. Dieu particulièrement complexe, il est, dans le mythe romain de l'Âge d'or, lié à Janus, le dieu initial, celui par qui tout commence, dans le temps comme dans l'espace : celui qu'on invoque en premier dans toutes les prières, celui qui ouvre l'accès à Rome par la colline qui lui doit son nom, le Janicule, celui qui est figuré avec une clef et dont le double visage voit le passé et l'avenir[43]. Ancien roi du Latium, il y accueillit Saturne exilé. Faut-il faire de cette vieille divinité romaine le monde, ou l'année, ou le soleil, comme l'ont voulu les théologiens philosophes de la fin de la République (Varron, Nigidius Figulus)[44] ? Dans ce cas, il n'y a plus de dieu Janus, mais des notions temporelles ou cosmiques. Sans équivalent grec, donc sans mythologie, en marge de l'anthropomorphisme avec son double visage, ce dieu inclassable fut pourtant doté

---

42. 1, 36, 6 *Opis suboles regias*, « la descendance royale d'Ops » ; 2, 70, 2 (*supra*, n. 3) ; 2, 71, 3 *quis Iouem cum fratribus genuit ? genialibus Opis adiunctus Saturnus, ut uos fertis, Caelo atque Hecata procreatus*, « qui a engendré Jupiter et ses frères ? Saturne, dans le lit conjugal d'Ops, comme vous le dites, vous, lui-même étant issu du Ciel et d'Hécate » ; 3, 30, 1 *Iuppiter, qui patre editus Saturno atque Ope matre*, « Jupiter, lui qui, ayant pour père Saturne et Ops pour mère » ; 4, 20, 1 *ex Ope, inquitis, matre et ex genitore Saturno cum suis est natus Diespiter fratribus*, « c'est d'Ops, pour mère, dites-vous, et des œuvres de Saturne, qu'est né Diespiter, ainsi que ses frères ».

43. 1, 36, 2 *Ianus, Ianiculi conditor et ciuitatis Saturniae Saturnus auctor*, « Janus, le fondateur du Janicule, et Saturne, le père de la cité Saturnienne » ; 3, 29, 3-4 *Incipiamus ergo sollemniter ab Iano et nos patre, quem quidam ex uobis mundum, annum alii, solem esse prodidere nonnulli. Quod si accipiemus ut uerum sit, sequitur ut intellegi debeat nullum umquam fuisse Ianum, quem ferunt Caelo atque Hecata procreatum in Italia regnasse primum, Ianiculi oppidi conditorem, patrem Fonti, Vulturni generum, Iuturnae maritum, atque ita per uos dei nomen eraditur, quem in cunctis anteponitis precibus et uiam uobis pandere deorum ad audientiam creditis. Rursus uero si Ianus est annus, deus esse nec sic potest*, « Commençons donc, selon l'usage, nous aussi, par Janus Pater, dont certains d'entre vous ont publié qu'il était le monde, d'autres l'année, et quelques-uns le soleil. Mais si nous admettons que c'est la vérité, il s'ensuit qu'on doit comprendre que Janus n'a jamais existé, lui qui, dit-on, né du Ciel et d'Hécate, a été le premier à régner en Italie, le fondateur de la place forte du Janicule, le père de Fontus, le gendre de Vulturne, le mari de Juturne, et ainsi voilà rayé par vous le nom du dieu à qui vous donnez la première place dans toutes vos prières et dont vous croyez qu'il vous ouvre la voie à l'écoute des dieux. Mais par ailleurs, si Janus est l'année, il ne peut pas non plus être dieu » ; 6, 25, 2 (*supra*, p. 82, n. 7).

44. Voir mon commentaire au livre III, p. 122-125.

d'une famille divine, marié à Juturne, qui a sa source et son sanctuaire au Forum, père de Fons, le dieu des sources : l'ingéniosité des mythographes est inépuisable.

Saturne lui-même, époux d'Ops, est le père ou l'aïeul de tous les grands dieux[45], au premier chef de Jupiter, au nom duquel Arnobe accole volontiers l'épithète noble *Saturnius*[46]. À la définition du Saturne romain, qui serait, selon une étymologie varronienne douteuse, le dieu des *sata*, des semences ou des surfaces ensemencées[47], et dont la statue avait les pieds liés[48] – détail énigmatique –, s'ajoutent deux traits directement hérités du Cronos grec. La faucille qu'il a pour attribut et qui est soit l'inoffensif instrument du paysan[49], soit l'arme avec laquelle, à la demande de sa mère Gaia, la Terre, il avait mutilé son père Ouranos, le Ciel, *Caelus* ; et, d'autre part, son nom qui, par jeu sur l'homonymie Κρόνος χρόνος, fait de lui le Temps meurtrier qui dévore tout,

---

45. 2, 70, 2 ; 2, 71, 3 ; 3, 30, 1 ; 4, 20, 1 (*supra*, n. 42).
46. L'adjectif peut s'appliquer au « fils de Saturne » par excellence qu'est Jupiter (5, 3, 3 *tam improuidum fuisse Saturnium*, « le fils de Saturne manquant de prévoyance », lui qui, tout dieu qu'il est, se laisse prendre à la rouerie de Numa), roi (4, 22, 5 *regi Saturnio*, « le roi, fils de Saturne »), lui-même père d'une nombreuse progéniture (liste en 2, 70, 3, tous *Ioue patre... proditi et genitore Saturnio procreati*, « engendrés et procréés par Jupiter, leur père et géniteur, fils de Saturne » ; 4, 22, 1 *nec contenti hos coetus grauitati attribuisse Saturniae...*, « non contents d'avoir assigné de tels accouplements à la gravité du fils de Saturne » ; voir *supra*, p. 23, n. 5, et 25, n. 12) ; à la ville mythique fondée par le dieu sur le Capitole (1, 36, 2 *ciuitatis Saturniae Saturnus auctor*, « Saturne, le père de la cité Saturnienne », à moins que *Saturnia*, substantif en apposition, ne soit le nom même de la cité, comme chez Verg. *Aen.* 8, 355-358 *haec duo... oppida... uides... Ianiculum huic, illi fuerat Saturnia nomen*, « tu vois... ces deux fortifications... la première s'appelait Janicule, la seconde, Saturnie ») ; au tombeau de Saturne censé se trouver en Sicile (4, 25, 4 *tumulos... reliquiasque Saturnias tellure in Sicula contineri*, « que la tombe et les restes de Saturne se trouvent en terre sicilienne ») ; ou désigner le dieu lui-même par périphrase (3, 29, 5 *Saturnium numen*, « la divinité Saturnienne »).
47. 4, 9, 5 *Saturnum praesidem sationis*, « Saturnus est le protecteur des semailles (*satio*) ». Cf. Varr. *LL* 5, 64 *ab satu est dictus Saturnus*, « Saturne (*Saturnus*) tire son nom de *satus* (semailles) » ; Aug. *ciu.* 7, 13, p. 290 D *Saturnus... penes quem sationum omnium...*, « Saturne, [qui détient la souveraineté] sur toutes les semailles » = 239 Card. La difficulté tient à la quantité : *Sāturnus, săta*.
48. 4, 24, 3 (*infra*, n. 51).
49. 6, 12, 2 (*supra*, p. 82, n. 5) ; 6, 13, 1 *sed quid ego dis datas falces... rideo*, « mais pourquoi rire des faucilles attribuées aux dieux » ; 6, 25, 2 (*supra*, p. 82, n. 7). Cf. 3, 29, 6 *uitisatorem falciferum* (voir n. suiv.).

jusqu'à ses propres enfants[50]. Parricide[51], infanticide[52], Saturne est un dieu à la conscience chargée et à la biographie violente qui, ayant lui-même supplanté son père, subit le même sort, victime de son fils, contraint de se réfugier dans le Latium et de s'y « cacher » : d'où le nom de la contrée, *latere Latium*[53]. Il est, de surcroît, victime de son iconographie : traditionnellement représenté sous les traits d'un vieillard voilé, par assimilation avec l'hiver, saison des Saturnales, il est grotesque quand l'envie lui prend de tromper son épouse Rhéa avec l'Océanide Philyra. En quête de plaisirs qui ne sont plus de son âge, craignant d'être surpris en flagrant délit d'adultère, il se métamorphose

50. 3, 29, 5-6 *Quod ipsum licebit in Saturnum non absimili ratione traducere. Nam si tempus significatur hoc nomine, Graecorum ut interpretes autumant, ut quod χρόνος est habeatur Κρόνος, nullum est Saturnium numen. Quis est enim tam demens qui tempus esse dicat deum, quod mensura cuiusdam est spatii in continua serie perpetuitatis inclusi ? Atque ita ex ordine tolletur et iste caelestium, quem Caelo esse editum patre, magnorum esse procreatorem deorum, uitisatorem falciferum uetustas edidit prisca et minorum transmisit aetati*, « Cela même, on pourra l'appliquer à Saturne de façon absolument identique. Car si ce nom signifie "Temps", comme l'affirment les exégètes grecs, qui font de *chronos* le dieu *Cronos*, il n'y a plus de divinité Saturnienne. Car qui est assez fou pour dire que le temps est dieu, quand c'est la mesure d'une certaine durée qui s'insère dans une succession continue et indéfinie ? Et ainsi sera également exclu de la classe des dieux du ciel celui dont la plus haute antiquité a proclamé et transmis à la postérité qu'il avait le Ciel pour père, qu'il avait engendré les grands dieux, planté la vigne, et qu'il portait la faucille ».
51. 4, 24, 3-4 *numquid ex pelagi spuma et ex Caeli genitalibus amputatis Cythereiae Veneris concretum coaluisse candorem ? numquid parricidii causa uinctum esse Saturnum et ablui diebus statis, uinculorum ponderibus et leuari ? numquid beneficio Curetum ab interitu seruatum Iouem ? numquid expulisse regno patrem et alieni iuris imperium uiolentia et fraude tenuisse ? numquid pulsum a nobis senem Italorum delituisse in finibus, et quod tutus fuisset a filio, nomen Latio inposuisse pro munere ?*, « [est-ce nous qui disons] que c'est de l'écume de la mer et du sexe amputé du Ciel qu'a pris forme et densité la blancheur radieuse de Vénus Cythérée ? que pour son parricide Saturne fut enchaîné, et qu'à des jours fixés on le détache, on le soulage du poids de ses liens ? que c'est grâce aux Courètes que Jupiter fut sauvé du trépas ? qu'il chassa son père de son royaume et s'empara par la force et par la ruse du pouvoir suprême, qui ne lui appartenait pas ? que le vieillard une fois chassé resta caché chez nous sur le territoire de l'Italie et que, comme il y avait été à l'abri loin de son fils, il lui donna le nom de Latium en récompense ? ».
52. 3, 30, 1 *Iuppiter, qui patre editus Saturno atque Ope matre, ut genitoris euaderet rabiem, in Cretensium finibus memoratur esse celatus*, « Jupiter qui, ayant pour père Saturne et Ops pour mère, fut caché, raconte-t-on, dans le pays de Crète, pour échapper à la rage de l'auteur de ses jours ».
53. 4, 24, 4 (*supra*, n. 51). Cf. Verg. *Aen.* 8, 322 sq. *Latiumque uocari / maluit, his quoniam latuisset tutus in oris*, « il choisit pour le pays le nom de Latium parce qu'il avait sur ces bords trouvé une retraite sûre ».

en cheval hennissant[54] (c'est de cette union que naquit le centaure Chiron)[55] : image doublement dégradante de la vieillesse et de l'animalité.

Tel est le Saturne gréco-romain, héritier d'une double tradition. Faut-il lui ajouter une troisième définition et voir aussi en lui, comme l'a voulu M. B. Simmons, un avatar du « Saturne africain »[56] ? Très marqué par les écrits et l'enseignement de Marcel Leglay[57], il interprète en ce sens toute la figure du Saturne arnobien, non sans excès, me semble-t-il. Quels sont ses arguments ? Saturne est un grand dieu, *le* grand dieu de l'Afrique préromaine, puis romaine ; non pas un dieu berbère, mais le Ba'al punique. Son culte est bien attesté sous l'Empire dans la région même de Sicca. Je ne puis que souscrire à ces observations. Quant à Arnobe, la preuve de la place éminente que tient chez lui Saturne se trouverait au livre III : il y est le premier dieu nommé[58]

---

54. 4, 26, 3 *numquid senex Saturnus iamdudum obsitus canis atque annorum uetustate iam frigidus nostris carminibus indicatur, ab uxore in adulterio comprehensus induisse formam feri et sub pecoris specie hinnitibus euolauisse iactatis ?*, « sont-ce nos poèmes qui montrent le vieux Saturne, la tête depuis longtemps chenue, déjà glacé par l'âge et les ans, lorsque son épouse le surprend en flagrant délit d'adultère, prenant la forme d'un animal et l'apparence d'une bête pour s'échapper en poussant des hennissements ? ».

55. Le mythe est plus connu que nous, modernes, ne pourrions le croire : cf. Hygin *fab*. 138 *Saturnus... in Thracia cum Philyra Oceani filia in equum conuersus concubuit, quae ex eo peperit Chironem centaurum, qui artem medicam primus inuenisse dicitur*, « Saturne... coucha en Thrace, sous la forme d'un cheval, avec Philyra, fille de l'Océan, qui enfanta ainsi le centaure Chiron, lequel, dit-on, inventa l'art de la médecine » ; et surtout Virgile *georg*. 3, 92-94

    talis et ipse iubam ceruice effundit equina
    coniugis aduentu pernix Saturnus et altum
    Pelion hinnitu fugiens impleuit acuto,

« tel aussi Saturne lui-même répand sa crinière sur son cou de cheval, quand il détale à l'arrivée de son épouse ; dans sa fuite il a rempli d'un hennissement aigu les hauteurs du Pélion ». Encore Ovide, *met*. 6, 126, sur la tapisserie d'Arachné : *ut Saturnus equo geminum Chirona crearit*, « Saturne, devenu cheval, engendre Chiron à la double nature ».

56. *Arnobius of Sicca*, p. 184-215.

57. M. Leglay, *Saturne africain. Histoire*, Paris, De Boccard, BEFAR 205, 1966 ; *Saturne africain. Monuments*, I-III, Paris, Arts et métiers graphiques et De Boccard, 1961-1966.

58. 3, 6, 2, après la *summi regis ac principis uenerationi*, « la vénération du Roi et Prince suprême », due au vrai Dieu, au § 1, le païen réplique : « *Saturnus, inquit, et Ianus est, Minerua, Iuno, Apollo, Venus, Triptolemus, Hercules atque alii [et] ceteri, quibus magnificas aedes cunctis paene in urbibus religiosa consecrauit antiquitas* », « c'est Saturne, dit-on, et Janus, Minerve, Junon, Apollon, Vénus, Triptolème, Hercule, ainsi que tous les autres, auxquels l'antiquité, qui avait de la religion, a consacré des temples magnifiques dans presque toutes les villes ». Ce que M. B. Simmons, p. 206, commente : « Of primary importance here is that Saturn comes first in the list, quite natural for a North African... Indeed, Saturn is the first god mentioned in book 3... ». Les 17 occurrences de *Saturnus* sont citées pour la plupart dans les lignes qui précèdent. On y ajoutera 2, 68, 3 (*supra*, n. 16) ; 2, 71, 3 (*infra*, n. 79) ; 3, 32, 3 ; 4, 14, 1 et 4, à propos de la

dans ce livre qui est une charge contre l'anthropomorphisme. L'argument me paraît des plus fragiles. Outre que les listes d'Arnobe sont souvent données dans un ordre aléatoire, pourquoi faire commencer l'enquête au livre III ? Les premiers noms divins de l'ouvrage, après une allusion peu probante à la mythique « Atlantide de Neptune », sont ceux de Jupiter, suivi d'Apollon[59] : on ne saurait en tirer la moindre conclusion théologique. Le Saturne d'Arnobe me paraît entièrement et exclusivement gréco-romain. Les apologistes, africains comme lui, trouvent un argument de choix contre les horreurs du paganisme dans le sacrifice *molk*, celui des jeunes enfants que les Carthaginois immolaient à leur Ba'al[60] et qui a procuré à Gustave Flaubert des pages célèbres de *Salammbô*. Pour nous encore, grâce à Flaubert, précisément, c'est

Mère des dieux, assimilée à Ops-Rhéa, de Jupiter et de Minerve. On jugera qu'aucun de ces textes ne permet de reconnaître au dieu la prééminence et l'africanité que lui attribue M. B. Simmons.

59. 1, 5, 1 *Atlantica Neptuni* ; 1, 26, 3-4 *Dodonaeus aut Iuppiter... Delius Apollo* (*supra*, p. 40 et 94).

60. Tert. *apol.* 9, 2 et 4 *infantes penes Africam Saturno immolabantur... quos quidem ipsi parentes sui offerebant, et libentes respondebant et infantibus blandiebantur, ne lacrimantes immolarentur*, « des enfants étaient immolés publiquement à Saturne, en Afrique... mais c'étaient leurs propres parents qui venaient les lui offrir eux-mêmes, qui s'engageaient "de bon cœur" et qui caressaient leurs enfants, pour les empêcher de pleurer au moment où ils étaient immolés » ; Min. Fel. 30, 3 *nam Saturnus filios suos non exposuit, sed uorauit ; merito ei in nonnullis Africae partibus a parentibus infantes immolabantur, blanditiis et osculo comprimere uagitum, ne flebilis hostia immolaretur*, « ainsi Saturne, s'il n'a pas exposé ses fils, les a dévorés ; c'est à juste titre que, dans plusieurs régions d'Afrique, les parents lui sacrifiaient leurs petits enfants, dont ils contenaient les vagissements par des caresses et des baisers pour ne pas lui sacrifier une victime en pleurs » ; Lact. *inst.* 1, 21, 9-11 *Nam de infantibus qui eidem Saturno immolabantur propter odium Iouis, quid dicam non inuenio. Tam barbaros, tam immanes fuisse homines, ut parricidium suum, id est taetrum atque exsecrabile humano generi facinus, sacrificium uocarent, cum teneras atque innocentes animas, quae maxime est aetas parentibus dulcior, sine ullo respectu pietatis extinguerent immanitatemque omnium bestiarum, quae tamen fetus suos amant, feritate superarent ! O dementiam insanabilem !*, « Quant aux enfants que l'on immolait à ce même Saturne à cause de sa haine pour Jupiter, les mots me manquent. Dire que des hommes ont pu être assez barbares, assez cruels pour appeler sacrifice leur infanticide, ce crime atroce et exécrable contre l'humanité ! En étouffant ces vies tendres et innocentes – c'est de loin l'âge le plus délicieux pour leurs parents ! – sans penser un instant à leurs devoirs envers eux, ils ont surpassé en sauvagerie la cruauté de toutes les bêtes, qui, elles au moins, aiment leurs petits ! Ô incurable folie ! » – tous avec un commentaire pathétique. Varron connaissait le rite ; cf. Aug. *ciu.* 7, 19, p. 297 D *deinde ideo dicit a quibusdam pueros ei solitos immolari, sicut a Poenis*, « Varron dit ensuite que certains peuples comme les Carthaginois avaient coutume d'immoler à Saturne des enfants » = 244 Card. ; 7, 26, p. 307 D *deuorauit ille filios... sed quod ei Poeni suos filios sacrificati sunt, non recepere Romani*, « Saturne dévora ses enfants... aussi les Carthaginois lui immolaient-ils leurs fils ; mais les Romains n'ont pas admis ce sacrifice ».

le caractère le plus connu de la religion punique, même s'il ne va pas sans erreur[61]. Arnobe n'en dit mot, laissant passer une belle occasion de stigmatiser la religion de son pays natal. Je conclurai que, au moins au plan religieux, la conscience « africaine » d'Arnobe est faible[62]. J'y verrais volontiers une sorte de distanciation par rapport aux réalités locales, comme lorsqu'il évoque, en s'en tenant aux généralités, les catastrophiques invasions de sauterelles qui détruisent les récoltes : qui croirait, à le lire, que l'Afrique ne connaissait que trop bien ce fléau[63] ? Arnobe, si attiré par les séductions de la chair, serait-il, à d'autres égards, un intellectuel désincarné, qui vit entre ses livres et ses écrits, à l'abri des troubles du monde extérieur ? Amateur de théâtre, il est vrai, qui sait à l'occasion sortir de son école de rhétorique.

Hors du cercle familial

Les dieux n'ont pas tous une généalogie olympienne. Il en est qui restent en dehors de ce cadre, pour des raisons diverses : divinités romaines anciennes, qui ont plus ou moins échappé à l'hellénisation, ou étrangers mal intégrés à l'univers gréco-romain. Quelques-unes de ces vieilles divinités latines sont groupées en 3, 23 dans une liste de dieux fonctionnels. Les païens voient dans

---

61. Puisque *molk* est le nom du sacrifice, dont on a tiré, par contresens, le pseudo-dieu Moloch. Voir M. Leglay, *Saturne africain. Histoire*, p. 314-332.
62. C'est exactement ce qu'en dit M. Leglay, *Saturne africain. Histoire*, p. 7 sq. : « Bien sûr il en parle beaucoup. Mais sans originalité... Il est surprenant qu'il n'ait pas fait la part plus belle au Saturne africain ».
63. 1, 3, 10 *ab locustis, a muribus genus omne acciditur atque adroditur frugum*, « les sauterelles, les mulots hachent et rongent les récoltes de toute sorte ». Augustin est beaucoup plus précis quand il évoque le désastre de 125 av. J.-C., en *ciu.* 3, 31, p. 145 D *Locustarum etiam in Africa multitudinem prodigii similem fuisse, cum iam esset populi Romani prouincia, litteris mandauerunt; consumptis etiam fructibus foliisque lignorum ingenti atque inestimabili nube in mare dicunt esse deiectam; qua mortua redditaque littoribus atque hinc aere corrupto tantam ortam pestilentiam, ut in solo regno Masinissae octingenta hominum milia perisse referantur et multo amplius in terris littoribus proximis. Tunc Vticae ex triginta milibus iuniorum, quae ibi erant, decem milia remansisse confirmant*, « Leurs livres nous racontent aussi qu'en Afrique, au temps où elle était déjà province romaine, une masse prodigieuse de sauterelles s'abattit et, après avoir dévoré les feuilles et les fruits des arbres, leur immense et incalculable nuée se précipita dans la mer. Rejetés morts sur la plage, ces insectes contaminèrent l'air et une si grande infection s'en suivit que, dans le seul royaume de Massinissa, huit cent mille hommes auraient péri, et un beaucoup plus grand nombre encore sur le littoral voisin. Ainsi, à Utique, sur trente mille jeunes soldats qu'elle comptait alors, dix mille seulement, assure-t-on, auraient survécu » ; avec le commentaire d'H. Le Bonniec à Arnobe, I, p. 209 sq.

les dieux les premiers artisans, inventeurs des arts et techniques, dans la tradition du πρῶτος εὑρετής. Ce que réfute Arnobe : à défaut de les avoir inventés, on ne saurait même dire qu'ils en sont les patrons, puisque non seulement leur protection ne garantit pas aux hommes le succès, mais que, trop souvent, leur action a l'effet contraire[64]. C'est ce que montre une liste d'exemples où Arnobe détourne sans vergogne le sens des rites anciens et des divinités nationales, incomprises à la fin de la République et réinterprétées arbitrairement, dans le cadre de la remise en ordre de la religion à laquelle avait procédé l'auteur des *Antiquités divines*.

Dans cette énumération, faite à grands traits et partiellement inspirée de Varron, Arnobe ignore tout ce qui ne sert pas sa thèse. Mater Matuta, dont le nom, il est vrai, est restitué, mais la correction ne fait pas de doute, est rénovée en déesse de la mer, protectrice des marins, par assimilation, comme chez les poètes, avec Ino-Leucothea, divinité marine[65] : la déesse de l'aurore, titulaire des *Matralia*, fête publique qui, le 11 juin, prélude au solstice d'été, est bien oubliée. Est-elle pour autant plus efficace, dans sa nouvelle fonction ? Assurément, non ; sinon, pourquoi y aurait-il autant de naufrages[66] ? Consus, l'Engrangeur, prié aux *Consualia* du 15 décembre, métamorphosé en donneur

---

64. 3, 22, 3 *dii ergo sunt artifices, primi sunt, siue quod ipsi, ut dicitis...*, « les dieux sont donc des artisans, ce sont les premiers artisans, soit qu'eux-mêmes, comme vous le dites... ». Repris en 3, 23, 1-2 *Nisi forte hoc dicitis, deos artifices non esse, sed eos his artibus praesidere, curare, immo sub illorum posita esse tutela omnia quae administramus, quae gerimus, atque ut bene ac feliciter cedant illorum prouisione curari... Cum uero in contrarium cotidie res uertantur neque ad propositum uoluntatis actionum respondeant fines...*, « Peut-être voulez-vous dire que les dieux ne sont pas des artisans, mais qu'ils patronnent ces arts, qu'ils veillent sur eux, bien plus, que toutes nos entreprises, toutes nos actions se trouvent sous leur tutelle et que la prévoyance des dieux veille à leur assurer une bonne et heureuse issue... Mais quand tous les jours les choses prennent un cours contraire, et que les résultats de nos actes ne répondent pas aux vœux que nous formions... ».
65. C'est sur le motif de « l'enfant de la sœur » que repose l'assimilation, purement artificielle : Ino prit soin du fils de sa sœur Sémélé, le jeune Dionysos, et, à Rome, aux *Matralia*, les matrones cajolaient les enfants de leurs sœurs. Cf. Ov. *fast.* 6, 475-562 ; en particulier, v. 543 *numen eris pelagi*, « tu seras une divinité de la mer », et 560-562 *Ipsa parum felix uisa fuisse parens. / Alterius prolem melius mandabitis illi : / utilior Baccho quam fuit illa suis*, « Elle ne paraît guère avoir porté bonheur comme mère. Vous ferez mieux de lui recommander les enfants d'autrui : elle a été plus utile à son neveu Bacchus qu'à ses propres fils ». Voir G. Dumézil, *La Religion romaine archaïque*, p. 66-71 ; 343 sq.
66. 3, 23, 3 *per maria <Matuta> tutissimas praestat commeantibus nauigationes : sed cur insanum mare tam frequentes exposuit crudelium naufragiorum ruinas ?*, « aux voyageurs qui traversent les mers, <Matuta> assure une navigation sans danger : mais pourquoi la mer furieuse rejette-t-elle si souvent les épaves de cruels naufrages ? ».

de conseils (*Consus / consilium*), est-il toujours heureux dans ses suggestions ? Pourquoi le résultat est-il si souvent contraire à notre attente[67] ? Flora, préposée à la floraison des végétaux, fêtée lors de jeux où les courtisanes dansent, fort dévêtues[68], Palès et Inuus (surnom de Faunus), censés veiller sur les troupeaux, ce dernier aussi peu décent que sa congénère végétale, puisqu'il est « celui qui pénètre »[69], ne sauvent ni les plantes du gel ni le bétail des épidémies. Bref, les dieux fonctionnels ne remplissent pas leur fonction. À quoi donc sert la religion ?

Des divinités domestiques, aussi chères au cœur du Romain que les Lares, les Pénates, le Genius, sont évoquées froidement, et sur des sujets de pure érudition : les Lares sont-ils les âmes divinisées des morts[70] ? les Pénates sont-ils étrusques, ou ne sont-ils pas plutôt les membres de la triade capitoline[71] ? Ne

---

67. 3, 23, 4 *salutaria et fida consilia nostris suggerit cogitationibus Consus : et in contrarios exitus cur adsidue uertitur placitorum inopinata mutatio ?*, « ce sont des conseils salutaires et sûrs que Consus fournit à nos desseins : pourquoi alors des changements d'avis inopinés amènent-ils sans cesse des résultats contraires à notre attente ? ». L'étymologie est varronienne : cf. Tert. *nat.* 2, 11, 10 *a consiliis Consum*, « Consus, dont le nom vient de "conseil" » ; Aug. *ciu.* 4, 11, p. 161 D *deus Consus praebendo consilia*, « Consus qui donne des conseils » = 140 et IX a Card.

68. 3, 23, 6 *Flora illa genetrix et sancta obscenitate ludorum bene curat ut arua florescant : et cur cottidie gemmulas et pubescentes herbas adurit atque interficit nocentissimum frigus ?*, « Flora, cette Mère vénérée dans des jeux obscènes, veille avec soin à la floraison des champs : pourquoi alors, tous les jours, le froid le plus dommageable brûle-t-il et détruit-il les jeunes bourgeons et les jeunes pousses en pleine croissance ? ». Cf. 7, 33, 1 *ludi... quibus Floralibus*, « les jeux... qu'on appelle Floralia » ; 7, 33, 8 *Flora, si suis in ludis flagitiosas conspexerit res agi et migratum ab lupanaribus in theatra ?*, « Flora, si dans ses jeux elle voit représenter des scènes scandaleuses et si elle constate que les lupanars ont émigré au théâtre ? ». L'étymologie de Varron est correcte : cf. Aug. *ciu.* 4, 8, p. 156 D *florentibus frumentis deam Floram*, « la déesse Flora [est préposée] à la floraison du blé » = 172 Card.

69. 3, 23, 5 *armentorum et pecorum gregibus Pales praesunt Inuusque custodes : et cur saeua contagia et pestilentes morbos ab aestiuis auertere cessatione inimica non curant ?*, « les troupeaux de gros et de petit bétail ont Palès et Inuus pour patrons et protecteurs : pourquoi alors ceux-ci n'ont-ils cure, dans leur nuisible inaction, d'écarter des pâturages d'été les terribles épidémies et les maladies pestilentielles ? ». Cf. Serv. *Aen.* 6, 775 (*infra*, n. 91).

70. 3, 41, 3 *Varro, similiter haesitans, nunc esse illos Manes... nunc... Laruas esse dicit Lares, quasi quosdam genios, effunctorum animas mortuorum*, « Varron, tout aussi perplexe, expose tour à tour que ce sont les Mânes... ou encore... il dit que les Lares sont les Larves, une sorte de génies, les âmes des défunts qui ne sont plus ».

71. 3, 40, 3-5 *Varro qui sunt introrsus atque in intimis penetralibus caeli deos esse censet... Hos Consentes et Complices Etrusci aiunt et nominant... Nec defuerunt qui scriberent Iouem, Iunonem ac Mineruam deos Penates existere...*, « Varron est d'avis que les dieux dont nous parlons sont ceux qui se trouvent à l'intérieur du ciel, dans ses profondeurs les plus secrètes... Les Étrusques disent que ce sont les "Consentes" et les "Complices" et les nomment ainsi... Il n'a pas manqué d'écrivains pour dire que Jupiter, Junon et Minerve sont les dieux Pénates... ».

parlons pas des rites nuptiaux que vous avez laissé tomber en désuétude : de même que le fiancé ne sépare plus les tresses de la mariée avec la pointe de sa lance, l'énigmatique « lance du célibataire », vous n'étendez plus une toge sur le lit nuptial en invoquant le Génie du mari[72]. Vesta elle-même, la vénérable *Vesta mater* dont le feu sacré est le foyer national du peuple romain, n'est présente qu'identifiée à la Terre, autrement dit niée dans son individualité divine. Le feu sur lequel elle règne n'est plus celui du temple du Forum, mais le feu cosmique, le feu central qui brûle au sein de la Terre. Définie en termes de théologie stoïcienne et selon une conception géocentrique de l'univers, la nouvelle Vesta est, comme son homologue grecque Hestia[73], la Terre qui « se tient » (*Vesta stare*, Ἑστία ἑστάναι) immobile en son centre[74]. Déesse trop pure pour être vilipendée, et dont les vestales, si semblables aux vierges chrétiennes, ne sont nommées que dans une énumération hâtive, parmi les prêtres de haut rang qui assistent protocolairement aux jeux[75].

De vieilles divinités du terroir comme Picus et Faunus n'apparaissent qu'en deux endroits. D'abord dans un de ces calculs, aussi impressionnants que hasardeux, dont Arnobe a le secret[76] : au livre II, il s'agit de démontrer aux païens, chiffres à l'appui, que leur religion, pour être plus ancienne que

---

72. 2, 67, 5 *cum in matrimonia conuenitis, toga sternitis lectulos et maritorum genios aduocatis ? nubentium crinem caelibari hasta mulcetis ?*, « lorsque vous vous mariez, étendez-vous votre toge sur le lit et invoquez-vous le génie du mari ? effleurez-vous les cheveux de la mariée avec la lance du célibataire ? ». Voir H. Le Bonniec, « Le témoignage d'Arnobe sur deux rites archaïques du mariage romain », *REL*, 54, 1976, p. 110-129.
73. Hestia, dans la mythologie grecque, est, comme Déméter et Héra, fille de Cronos et de Rhéa. Mais cette généalogie reste étrangère à la Vesta romaine.
74. *Infra*, p. 351.
75. 4, 35, 2 *sedent in spectaculis publicis sacerdotum omnium magistratumque collegia, pontifices maximi et maximi curiones, sedent quindecimuiri laureati et diales cum apicibus flamines, sedent interpretes augures diuinae mentis et uoluntatis, nec non et castae uirgines, perpetui nutrices et conseruatrices ignis*, « assistent aux spectacles publics tous les collèges de prêtres et de magistrats, les grands pontifes et les grands curions, y assistent les quindécemvirs couronnés de laurier et les flamines de Jupiter avec leurs bonnets à pointe, y assistent les augures, interprètes de la pensée et de la volonté divines, ainsi que les vierges chastes, nourrices et gardiennes du feu perpétuel ».
76. Cf. 2, 22, 2, à propos de l'enfant sauvage, *solitudine in operta nutritus quot uultis annos agens, uultis uicenarius, uultis tricenarius, immo cum annos fuerit quadraginta permensus*, « élevé dans cette réclusion solitaire, jusqu'à l'âge que vous voulez, vingt ans si vous voulez, trente si vous voulez ; mieux, lorsqu'il aura quarante ans révolus » ; 3, 5, 2 *fingamus enim uos deos mille percolere uel milia potius quinque*, « supposons en effet que vous rendiez un culte à mille dieux ou plutôt à cinq mille » ; 6, 19, 2 *constituamus enim decem milia simulacrorum toto esse in orbe Vulcani : numquid esse, ut dixi, decem omnibus in milibus potis est unus uno in tempore ?*, « admettons par exemple qu'il existe dans le monde entier dix mille statues de Vulcain : peut-il être, à lui seul, comme je l'ai dit, dans toutes les dix mille en même temps ? ».

le christianisme, ne se perd pas pour autant dans la nuit des temps[77]. Elle n'a, tout bien compté, que deux mille ans au plus[78]. Comment arrive-t-on à ce résultat, qui a toutes les apparences de la science arithmétique et historique ? En faisant le calcul des générations royales, celles des premiers rois, qui descendent des dieux. Tous les dieux sont issus de Saturne et de son épouse Ops : les illustres Olympiens, Jupiter et ses frères, mais aussi le modeste Picus, prophète comme l'oiseau homonyme, le pivert. Effectivement, Picus est lui aussi frère de Jupiter[79]. Comment cela ? Par quel biais ce dieu mineur s'introduit-il dans une famille aussi prestigieuse ? Il est fils de Stercus, le Fumier personnifié, au nom d'ailleurs mal fixé, ou Sterces, Sterculus, Sterculius, ce qui n'est pas l'indice d'une identité forte. Or, ce dieu qui sent sa campagne n'est qu'un autre nom de Saturne, inventeur des techniques de l'agriculture[80].

77. 2, 71, 1 *Sed quod agimus nos, nouum est, quod autem uos, priscum est et nimiae uetustatis : et quid istud aut uos iuuat aut nostram causam rationemque contristat ? Noua res est quam gerimus, quandoque et ipsa uetus fiet : uetus quam uos agitis, sed temporibus quibus coepit noua fuit ac repentina*, « – Mais nos pratiques, à nous, sont récentes, tandis que les vôtres sont anciennes et d'une extrême antiquité. – Et en quoi cela vous conforte-t-il, et assombrit-il notre cause et notre doctrine ? Notre culte est nouveau ? un jour, lui aussi, il deviendra ancien ; le vôtre est ancien, mais à l'époque où il a commencé il était nouveau et inattendu ».
78. 2, 71, 2 *Ante trecentos annos religio, inquit, uestra non fuit. Et dii uestri non fuerunt ante milia annorum duo*, rétorque le chrétien, « Votre religion, me dit-on, n'existait pas il y a trois cents ans. – Et vos dieux n'existaient pas il y a deux mille ans ».
79. 2, 71, 3 *Quis Iouem cum fratribus genuit ? Genialibus Opis adiunctus Saturnus, ut uos fertis... Quis Picum, Fauni patrem atque auum Latini ? Saturnus, ut uos idem uestris scriptis atque auctoribus traditis. Ergo si haec ita sunt, sequitur ut Picus et Iuppiter germanitatis sibi sociati sint iure, utpote uno ex sanguine unoque ex semine procreati*, « Qui a engendré Jupiter et ses frères ? Saturne, dans le lit conjugal d'Ops, comme vous le dites... Qui a engendré Picus, père de Faunus et aïeul de Latinus ? Saturne, toujours selon votre tradition, attestée par vos écrits et vos auteurs. Donc, s'il en est ainsi, il s'ensuit que Picus et Jupiter sont unis par les lois de la fraternité, étant issus d'un même sang et d'une même semence ».
80. Tert. *nat.* 2, 9, 20-21 *Quid Sterculus meruit ad diuinitatem ? Si agros stercoribus iuuando diligens fuit... Si Faunus Pici filius...* « En quoi Sterculus a-t-il mérité d'être divinisé ? S'il a veillé sur les champs en les amendant avec du fumier... Si Faunus, fils de Picus... » = 216 Card. ; Aug. *ciu.* 18, 15, p. 274 sq. D *exortum est regnum Laurentum, ubi Saturni filius Picus regnum primus accepit... Sed haec poetica opinentur esse figmenta et Pici patrem Stercen potius fuisse adseuerent, a quo peritissimo agricola inuentum ferunt, ut fimo animalium agri fecundarentur, quod ab eius nomine stercus est dictum ; hunc quidam Stercutium uocatum ferunt. Qualibet autem ex causa eum Saturnum appellare uoluerint, certe tamen hunc Stercen siue Stercutium merito agriculturae fecerunt deum. Picum quoque similiter eius filium in talium deorum numerum receperunt, quem praeclarum augurem et belligeratorem fuisse asserunt. Picus Faunum genuit, Laurentum regem secundum ; etiam iste deus illis uel est uel fuit. Hos ante Troianum bellum diuinos honores mortuis hominibus detulerunt*, « ... naquit le royaume des Laurentins dont Picus fils de Saturne fut le premier roi... On peut d'ailleurs penser que c'est là pure fiction poétique et croire que

La source est Varron, à qui Arnobe a recours pour les questions de chronologie et la date discutée de la fondation de Rome[81]. Picus, à partir de qui se fait le décompte, est l'ancêtre des antiques rois du Latium, père de Faunus, grand-père de Latinus, chacun étant crédité de quelque cent vingt ans, durée maximale de l'existence humaine : nous arrivons à trois cent soixante ans[82]. Latinus est le beau-père d'Énée (dont la durée de vie n'est pas précisée). Ensuite, viennent les rois d'Albe (quatre cent vingt ans), puis ceux de Rome qui, à l'époque d'Arnobe, a derrière elle une histoire d'à peu près mille cinquante ans[83]. Si l'on additionne le tout, on arrive à un total de quelque deux

d'après eux le père de Picus fut plutôt Stercès, habile agriculteur qui découvrit le moyen de féconder les champs par le fumier des animaux – qu'on appela de son nom *stercus* –, quelques-uns l'appellent aussi "Stercutius". Quelle que soit la raison pour laquelle ils l'ont dénommé Saturne, assurément c'est à bon droit qu'ils ont fait de Stercès ou Stercutius le dieu de l'agriculture. Son fils Picus, augure célèbre et illustre guerrier, dit-on, fut lui aussi reçu au nombre de pareils dieux. Picus engendra Faunus, second roi des Laurentins, qui à son tour est un de leurs dieux ou l'a été. Ces honneurs divins, c'est avant la guerre de Troie qu'on les décerna à des hommes morts » ; Macr. *Sat.* 1, 7, 25 ... *mellis et fructuum repertorem Saturnum aestimantes. Hunc Romani etiam Sterculium uocant, quod primus stercore fecunditatem agris comparauerit*, « ... ils voient en Saturne l'inventeur du miel et des fruits comestibles. Les Romains lui donnent aussi le nom de *Sterculius*, parce que le premier il a procuré la fertilité aux champs en employant du fumier (*stercus*) » ; Isid. *orig.* 17, 1, 3.

81. Ici et en 5, 8, 6 *Varro ille Romanus multiformibus eminens disciplinis et in uetustatis indagatione rimator in librorum quattuor primo quos de gente conscriptos Romani populi dereliquit curiosis computationibus edocet, ab diluuii tempore, cuius supra fecimus mentionem, ad usque Hirti consulatum et Pansae annorum esse milia nondum duo*, « Varron, ce Romain éminent par son érudition dans tous les domaines, chercheur à l'affût d'antiquités, dans le premier des quatre livres qu'il nous a laissés *Sur la race du peuple romain*, démontre par des calculs minutieux que, depuis l'époque du déluge, dont nous faisions mention ci-dessus, jusqu'au consulat d'Hirtius et Pansa, il y a moins de deux mille ans ».

82. 2, 71, 4 *Ab Ioue et Pico quot sunt generis usque ad Latinum gradus? Trini, ut indicat series. Vultis Faunus, Latinus et Picus annis uixerint uicenis atque centenis? Vltra enim negatur posse hominis uita produci... Trecenti ergo sunt pleni et sexaginta post hos anni? Res ita est, ut indicat supputatio*, « Depuis Jupiter et Picus, combien y a-t-il de générations jusqu'à Latinus ? – Trois, comme l'indique leur lignée. – Admettez-vous que Faunus, Latinus et Picus aient vécu cent vingt ans chacun ? On dit que la vie humaine ne peut pas se prolonger davantage... Trois cent soixante années complètes se sont donc écoulées depuis eux ? – C'est cela, comme l'indique le calcul ».

83. 2, 71, 5 *Cuius socer Latinus fuit? Aeneae. <Aeneas> genitor cuius? Albani oppidi conditoris. Quot apud Albam regnatum est annis? Quadringentis et prope bis denis. Aetatis urbs Roma cuius esse in annalibus indicatur? Annos ducit quinquaginta et mille aut non multum ab his minus*, « De qui Latinus fut-il le beau-père ? – D'Énée. De qui Énée fut-il le père ? – Du fondateur de la cité d'Albe. – Combien d'années dura le royaume d'Albe ? – Presque quatre cent vingt ans. – Quel est l'âge de Rome selon les annales ? – Elle a mille cinquante ans ou guère moins ».

mille ans. Encore faut-il traiter Picus et Faunus comme des hommes mortels, et non comme des dieux, ce qu'Arnobe, qui n'est pas à une contradiction près, fera pourtant au livre V. Et peut-on additionner l'immortalité divine qu'il leur reconnaît par ailleurs et des existences mortelles, même si elles atteignent la durée quasi irréelle de cent vingt ans, pour conclure sur un trait railleur : votre religion, vos dieux eux-mêmes sont encore dans l'enfance ? Pourquoi les gaver de taureaux ? Vulnérables comme les humains, ce sont de tout petits bébés qui ne supportent que le lait[84]... Le raisonnement, brillant dans sa suite de déductions captieuses, est truffé de sophismes.

Au livre V, Picus et son fils Faunus apparaissent sous les traits de divinités rustiques : ils vont, en toute simplicité, s'abreuver à la source, auprès de laquelle ils se laissent prendre à l'appât du vin, aussi ingénus que des primitifs. Faits prisonniers par Numa, simple mortel, mais qui a bénéficié des leçons de la nymphe Égérie, enivrés, endormis, ligotés par douze jeunes gens que le roi a placés en embuscade[85], ils lui enseignent, dans la tradition de la « capture du devin », les moyens d'attirer sur la terre Jupiter et, avec lui, la science des foudres. Les dieux se laissent lier par les hommes, matériellement, par de solides lacets, ou par le discours, dans lequel Numa, maître en arguties, en remontre à un Jupiter dépassé par le saint fondateur de la religion romaine[86]. Pourtant, à l'inverse du livre II, où ils étaient traités en rois civilisateurs, d'une exceptionnelle longévité, mais finalement mortels, et ensuite seulement divinisés, Picus et Faunus sont, dans tout l'épisode, dépeints comme des dieux

---

84. 2, 71, 6 *Ergo ab Ioue, qui frater est Pici quique pater est minorum et reliquorum deorum, anni ad haec tempora prope milia duo sunt aut pleni, ut largiamur aetati. Quod cum redargui non possit, non tantum recens nata religio ostenditur quam obitis, set infantes et paruulos esse ipsos adhuc deos, quibus tauros atque alias hostias cum periculo corruptionis suggeritis, quos oportebat adhuc mammis atque stillato lacte nutriri*, « Donc, depuis Jupiter, frère de Picus et père des autres dieux de moindre importance, jusqu'à notre époque, il y a presque deux mille ans, ou pour ne pas lésiner sur le temps, deux mille ans révolus. Cela étant incontestable, on voit que non seulement la religion que vous pratiquez est de naissance récente, mais que vos dieux mêmes, auxquels vous offrez des taureaux et d'autres victimes au risque de les rendre malades, sont encore de tout petits enfants, qui devraient encore être nourris au sein, de gouttes de lait ».
85. 5, 1, 4 *Numam illum regem, cum procurandi fulminis scientiam non haberet essetque illi cupido noscendi, Egeriae monitu castos duodecim iuuenes apud aquam celasse cum uinculis, ut cum Faunus et Martius Picus ad id locorum uenissent haustum – nam illis aquandi sollemne iter hac fuit – inuaderent, constringerent, conligarent*, « comme Numa, ce roi fameux, ignorait l'art d'expier la foudre et qu'il était désireux de l'apprendre, sur le conseil d'Égérie, il cacha près d'un point d'eau douze jeunes gens purs, munis de liens, afin que, quand Faunus et Martius Picus viendraient en cet endroit pour boire – car le chemin qu'ils prenaient habituellement pour aller chercher de l'eau passait par là –, ils se jettent sur eux, les entravent, les garrottent ».
86. *Supra*, p. 45 sq.

(depuis toujours), qui devraient être de nature éternelle et immortelle[87], de naissance et de puissance réellement divines[88].

Faunus et Picus, dans la mythologie romaine, sont des dieux à demi animaux, chèvrepied comme Pan, à qui le premier est assimilé, ou pivert. Faunus et son épouse Bona Dea forment un couple trivial, attiré par le vin[89], dénué de toute majesté divine. Ce sont des dieux du commun, qui appartiennent aux basses couches de la société divine. En tant que *Fatuus* et *Fenta Fatua*[90], tous deux « parlent » – à tort et à travers ? En tant qu'*Inuus*, déjà nommé, il ne maîtrise pas ses pulsions : il agresse non seulement les nymphes des forêts, mais

---

87. 5, 2, 2 *credimusne illum Faunum et Martium Picum, si ex numero sunt deorum et ex illa perpetua immortalique natura, sitis aliquando ariditate siccatos?*, « croyons-nous que ce Faunus et ce Martius Picus, s'ils sont au nombre des dieux et participent de cette nature éternelle et immortelle, ont été un jour altérés, desséchés par la soif ? ».

88. 5, 2, 5 *cur si Faunus et Picus sunt diuini generis et potestatis...*, « pourquoi, si Faunus et Picus ont une naissance et une puissance divines... ».

89. Pour le malheur de l'épouse : cf. 5, 18, 3 *Fentam igitur Fatuam, Bona quae dicitur Dea, transeamus, quam murteis caesam uirgis, quod marito nesciente seriam meri ebiberit plenam, Sextus Clodius indicat sexto De diis Graeco*, « laissons donc de côté Fenta Fatua, qu'on appelle la Bonne Déesse, celle qui fut fouettée avec des baguettes de myrte, parce que, à l'insu de son mari, elle avait bu toute une jarre de vin pur ; c'est ce que dit Sextus Clodius au livre VI de son ouvrage, en grec, *Sur les dieux* ». À compléter par Lact. *inst.* 1, 22, 9-11 *Faunus... sororem suam Fentam Faunam eamdemque coniugem consecrauit... Bonam Deam nominant. Et Sextus Clodius in eo libro quem Graece scripsit, refert « Fauni hanc uxorem fuisse ; quae quia contra morem decusque regium clam uini ollam ebiberat et ebria facta erat, uirgis myrteis a uiro ad mortem usque caesam ; postea uero cum eum facti sui paeniteret ac desiderium eius ferre non posset, diuinum illi honorem detulisse »*, « Faunus... consacra comme déesse Fenta Fauna, qui était à la fois sa sœur et son épouse... [les femmes] l'appellent la Bonne Déesse. Et Sextus Clodius, dans le livre qu'il écrivit en grec, rapporte "qu'elle était l'épouse de Faunus : comme celle-ci, au mépris des habitudes et des convenances royales, avait bu en cachette un coup de vin et s'était enivrée, son mari la battit à mort avec des verges de myrte ; mais, par la suite, il se repentit de son acte et, ne pouvant supporter son absence, il lui rendit des honneurs divins" ».

90. Varr. *LL* 7, 36 *Fauni dei Latinorum, ita ut et Faunus et Fauna sit... in siluestribus locis traditum est solitos fari, <a> quo fando Faunos dictos*, « les Faunes, dieux des Latins, de sorte qu'on a Faunus et Fauna... selon la tradition, ils parlaient dans les bois, ce qui les a fait appeler Faunes, de *fari* (parler) » ; Macr. *Sat.* 1, 12, 21-22 *hanc eandem Bonam Faunamque, Opem et Fatuam pontificum libris indigitari : Bonam quod omnium nobis ad uictum bonorum causa est, Faunam quod omni usui animantium fauet, Opem quod ipsius auxilio uita constat, Fatuam a fando*, « cette même divinité, ajoute-t-il, est mentionnée dans les livres pontificaux sous les noms de Bonne Déesse et de Fauna, d'Ops et de Fatua ; Bonne Déesse, parce qu'elle est la source de tous les biens nécessaires à notre subsistance, Fauna, parce qu'elle favorise (*fauet*) tout ce qui est utile aux êtres vivants, Ops (assistance) parce que la vie se maintient grâce à son assistance, Fatua, du verbe *fari* (parler) ».

« tous les êtres vivants », sans distinction, disent crûment les grammairiens[91]. Picus et lui habitent les antiques forêts du Latium plus que les somptueux palais du ciel. On voit pourtant, dans ces hauteurs sublimes, un étranger, aussi mal éduqué que nos paysans : Priape, originaire de l'Hellespont, qui n'est pas reçu dans la religion officielle, tout juste bon à servir d'épouvantail dans les jardins[92], mais qui promène sans vergogne, parmi les déesses vierges ou mères, l'attribut dont la nature l'a généreusement gratifié[93]. Arnobe y insiste, sans plus de pudeur, qui le montre encombré de ce membre hors norme, plus grand que lui[94].

En marge de ce tableau, somme toute très classique, de la religion gréco-romaine, apparaissent fugitivement quelques étrangers, trop difficilement assimilables pour y avoir reçu droit de cité. Les dieux animaux de l'Égypte sont de ceux-là : même les païens s'en moquent[95]. Seuls Isis et Sérapis, toujours nommés en couple, jouissent d'un traitement de demi faveur, pour deux raisons : ils ont forme humaine, et Sérapis serait en fait d'origine grecque, roi argien nommé Apis, qui aurait quitté le Péloponnèse pour s'installer en Égypte. Isis, veuve et mère pathétique, cherche jusqu'en Éthiopie son fils perdu et son mari dépecé[96]. Encore n'ont-ils été reçus à Rome que tardivement, après le consulat de Gabinius et Pison, en 58 av. J.-C.[97], et y sont-ils toujours ressentis comme « égyptiens », c'est-à-dire comme un corps étranger. Aussi, quand Arnobe

---

91. Serv. *Aen.* 6, 775 *Inuus autem Latine appellatur, Graece* Πάν... *Idem Faunus, idem Fatuus, Fatuclus. Dicitur autem Inuus ab ineundo passim cum omnibus animalibus*, « En latin, son nom est *Inuus*, en grec *Pan*... Il ne fait qu'un avec *Faunus, Fatuus* et *Fatuclus*. Quant à *Inuus*, il doit son nom au fait qu'il pénètre indistinctement tous les êtres vivants ».
92. Cf. Horace, *Satires* 1, 8.
93. 3, 10, 4 (*supra*, p. 14, n. 10).
94. 6, 25, 3 (*supra*, p. 82, n. 7). Cf. *LIMC*, VIII, s. v., n° 13, 28, 100, 112 (notre pl. 7). Ainsi que, dans l'éd. des *Priapées* par L. Callebat, CUF, 2012, l'Introduction, p. IX-XV, et les figures.
95. 3, 15, 4 *Aegyptiorum ridetis aenigmata, quod mutorum animantium formas diuinis inseruerint causis easdemque quod species multo ture accipiant et reliquo caerimoniarum paratu*, « vous vous moquez des figures énigmatiques des Égyptiens parce qu'ils ont introduit parmi les êtres divins des effigies d'animaux privés de la parole et qu'ils honorent ces mêmes images en leur offrant beaucoup d'encens, avec tout le cérémonial habituel ».
96. 1, 36, 6 *Apis Peloponensi proditus et in Aegypto Serapis nuncupatus ; Aethiopicis solibus Isis furua maerens perditum filium et membratim coniugem lancinatum*, « Apis, qui vit le jour dans le Péloponnèse et qu'en Égypte on appelle Sérapis ; Isis, basanée au soleil d'Éthiopie, qui pleure son fils perdu et son époux dépecé membre à membre ». La source (de même pour la n. suiv.) est Varron ; cf. Aug. *ciu.* 18, 5, p. 262 D = 46 a-b Card.
97. 2, 73, 1 *quid, uos Aegyptiaca numina, quibus Serapis atque Isis est nomen, non post Pisonem et Gabinium consules in numerum uestrorum rettulistis deorum ?*, « voyons, les divinités égyptiennes qu'on appelle Sérapis et Isis, n'est-ce pas à partir du consulat de Pison et de Gabinius que vous les avez mises au nombre de vos dieux ? ».

cherche à « démontrer que tous ceux que vous nous présentez comme des dieux et à qui vous donnez ce nom ont été des hommes » (4, 29, 1), s'interroge-t-il à nouveau sur « l'origine de Sérapis l'Égyptien, celle d'Isis, et sur les raisons pour lesquelles on imagina de les appeler de ces noms »[98]. Le couple égyptien se soucie aussi peu que les autres dieux de l'incendie qui réduisit en cendres son temple et ses mystères[99]. Étrangers, certes, mais à visage humain, époux, capables de souffrance et d'amour. Bref, si semblables à leurs congénères gréco-romains, et venus de cette terre d'antique civilisation qu'est l'Égypte.

En 6, 10, 7-8, nous sommes précipités dans l'inconnu. Arnobe décrit une idole effrayante. Sa tête est un mufle de lion, à l'air d'autant plus féroce qu'il est barbouillé de minium, comme l'antique statue de Jupiter. Elle montre les dents, entre lesquelles elle serre une pomme, et tire la langue comme un chien haletant. On l'appelle Frugifer (?). Cette figure énigmatique, d'un dieu qui n'est pas connu par ailleurs, est d'autant plus difficile à interpréter que l'établissement même du texte fait problème. On se posera trois questions : faut-il corriger le texte ? qui est ce dieu à l'identité incertaine ? quel est son nom ? B. Fragu corrige abondamment le texte, sans nécessité, me semble-t-il : pourquoi corriger un texte qui offre un sens satisfaisant, au risque de tomber dans l'arbitraire ? Les philologues d'aujourd'hui n'ont plus de ces audaces. Je m'en tiendrai donc, dans l'analyse qui suit, au texte de l'édition Marchesi, complété, entre crochets, par les émendations de B. Fragu[100]. Arnobe a certainement vu cette effigie qu'il décrit avec des détails si précis. Ce n'est pas

---

98. 4, 29, 3 *unde Serapis Aegyptius, unde Isis, uel ex quibus causis appellatio ipsa concinnata sit nominum.*

99. 6, 23, 3 *ubi Serapis Aegyptius, cum consimili casu iacuit solutus in cinerem cum mysteriis omnibus atque Iside ?*, « où était Sérapis, le dieu égyptien, quand, dans un désastre semblable, il fut réduit en cendres avec tous ses mystères, en même temps qu'Isis ? ».

100. 6, 10, 7-8 *Inter deos uidemus uestros leonis toruissimam faciem mero oblitam minio et nomine Frugiferio [Frugifero] nuncupari. Si simulacra haec omnia superorum sunt imagines numinum, ergo et in caelo habitare dicendus est deus talis, ad cuius formam et speciem simulacri huius similitudo directa est, et uidelicet ut hic iste, ita illic ille sine reliquo corpore persona est et facies sola, fremibundus hiatibus toruidis, dirus sanguineo de colore [ceroto], malum [malam] dentibus suis comprimens atque ut olim fessi [feta] canes linguam ore de patulo perpetuitate proiciens* (préférable à la *crux* de Marchesi).

J'en proposerais, pour ma part, la traduction suivante : « Parmi vos dieux, nous voyons un mufle de lion à l'air particulièrement mauvais, barbouillé d'un minium vineux, auquel on donne le nom de Frugifer. Si toutes ces représentations d'êtres surnaturels sont des images de divinités, il faut donc dire qu'un dieu pareil habite dans le ciel, que c'est à sa ressemblance, sur sa figure et son apparence, que cette représentation a été réalisée et, sans doute, comme celui d'ici-bas, là-haut, celui-là est-il un masque à qui manque le reste du corps, un simple mufle rugissant au rictus farouche, que rend sinistre sa couleur sanglante, serrant une pomme entre

une statue complète, relief ou ronde bosse, mais seulement un « masque » (*persona*), « rien qu'un visage », à qui manque « le reste du corps ». Qui représente-t-elle ? Deux hypothèses sont en présence. On a pu songer soit à Saturne – et nous retrouvons la thèse du Saturne africain, avec sa parèdre –, soit à un Cronos léontocéphale mithriaque[101]. Les deux thèses ont chacune leurs faiblesses, même si la seconde me paraît plus satisfaisante.

L'enquête ne peut se fonder que sur deux indices : le nom, l'iconographie. Le premier est trop répandu dans le monde divin pour qu'on puisse en tirer un indice décisif : *Frugifer*, « fécondant », est effectivement une épithète de Saturne, mais aussi de maintes autres divinités[102], Jupiter, Cérès, Isis, Osiris, Liber, Pluton, Priape, ainsi que de Mithra, *dei Inuicti Frugiferi* (*CIL* VIII 20711). Elle n'a donc rien de probant. Quant au lion, il est bien un animal emblématique du Saturne africain, mais associé au dieu[103], qu'on ne voit nulle part sous la forme d'un léontocéphale. En revanche, sa parèdre, l'ancienne Tanit, devenue la *Virgo Caelestis*, est figurée sous l'aspect d'une déesse léontocéphale[104]. Est-ce pour autant suffisant ? On ne voit pas qu'elle soit *Frugifera*. En outre, les deux léontocéphales, littéraire et figuré, offrent des images différentes : la tête léonine « normale », si l'on ose dire, naturelle, de la déesse, contraste avec le masque grimaçant décrit par Arnobe, qui s'accorde beaucoup mieux avec l'effrayant léontocéphale mithriaque. La déesse impressionne comme tout lion, mais n'a pas l'aspect démoniaque de l'effigie mithriaque. Le type iconographique, une tête de lion sur un corps de femme, paraît bien loin du masque léonin que décrit Arnobe. Dans ces conditions, optera-t-on sans réserve en faveur de la thèse mithriaque, soutenue par A. Blomart[105] ? Les différences ne sont pas moindres entre la description d'Arnobe et les statues du

---

ses dents et, comme le font d'ordinaire les chiens fatigués, tirant continuellement sa langue hors de sa gueule béante ».

101. H. Le Bonniec, après avoir hésité entre les deux identifications, dans le *BAGB*, 1974, p. 205, semble pencher en faveur de Saturne, dans son Introduction au livre I, p. 81. M. B. Simmons, *Arnobius of Sicca,* p. 199 sq., opte évidemment pour Saturne.

102. Pour les inscriptions, voir De Ruggiero, *Dizionario epigrafico*, III (1922), p. 221 ; A. Cadotte, « Frugifer en Afrique du Nord : épithète divine ou dieu à part entière ? », *ZPE*, 143, 2003, p. 187-200 ; références littéraires dans A. Blomart (*infra*, n. 105).

103. M. Leglay, *Saturne africain. Histoire,* p. 132-134 ; 139-142. Sur notre passage, p. 8 : *Frugiferius* n'est pas Saturne lui-même, mais sa parèdre léontocéphale, nommée au masculin en tant que *Genius Terrae Africae* (?).

104. Voir la statue reproduite dans le *LIMC*, VIII, s. v. *Tanit*, p. 1183 sq. et fig. 7, d'après A. Merlin, *BullArchCTH*, 1909, p. 71-73 et pl. X.

105. « Frugifer : une divinité mithriaque léontocéphale décrite par Arnobe », *RHR*, 210, 1993, p. 5-25.

Cronos ou Aiôn léontocéphale mithriaque[106]. La tête de lion, avec sa crinière, leur est commune. Mais il manque le serpent, pourtant essentiel, qui entoure le corps du dieu mithriaque de ses circonvolutions, en des anneaux sinueux comme le cours du soleil sur l'écliptique[107], en des spirales sans fin comme le déroulement du temps cyclique. On réservera donc la réponse.

Enfin, comment faut-il lire le nom du dieu : *frugiferio* dans les manuscrits, diversement corrigé (*Frugiferi* Saumaise et A. Blomart, *Frugifero* B. Fragu) ? Sans doute ne peut-on exclure, pour *Frugiferio*, ou une mauvaise lecture d'Arnobe, ou une faute du lapicide. Pour ma part, cependant, je garderais l'ablatif *Frugiferio*, non sans m'interroger sur la forme du nominatif ainsi décliné. Nombreux sont ceux (A. J. Festugière[108], Marchesi[109], H. Le Bonniec, M. B. Simmons) qui ne reculent pas devant le nominatif *Frugiferius*, théonyme. J'y verrais plutôt, quant à moi, non un substantif, mais un adjectif – qui, je le reconnais sans peine, n'est pas attesté ailleurs. Arnobe affectionne ces adjectifs en *–ius*, formés sur des noms de divinités, et qu'il emploie au lieu d'un génitif adnominal ou, comme ici, d'un substantif en apposition : *Iouius*[110], *Iunonius*[111], *Martius*[112], *Mineruius*[113], *Plutonius*[114], *Saturnius*[115], *Venerius*[116], l'exemple le plus proche de notre texte étant, quelques chapitres plus haut, *ex nomine Iouio nuncupare*, « appeler d'après le nom de Jupiter ». Est-il

---

106. *LIMC*, I, s. v. *Aiôn*, p. 405-409 et 410 sq., n° 30, 34, 36-39, 54-56 (article dû à M. Le Glay). Debout sur un globe : n° 28, 37, 39-40, 42, 52-53, 56.
107. Cf. Macr. *Sat.* 1, 17, 58 *nam solis meatus licet ab ecliptica linea numquam recedat sursum tamen ac deorsum uentorum uices certa deflexione uariando iter suum uelut flexum draconis inuoluit*, « en effet, le soleil dans sa course, bien qu'il ne s'éloigne jamais de la ligne de l'écliptique, en variant les courants alternants des vents vers le haut et vers le bas selon une certaine déclinaison suit un cours sinueux comme l'ondulation d'un serpent » ; 1, 19, 18 *ad huius modi argumenta draconum praecipue uolumen electum est propter iter utriusque sideris flexuosum*, « suivant la même exégèse, les replis onduleux des serpents ont été principalement choisis en raison du cours sinueux de chacun des deux astres » (le soleil et la lune).
108. « Arnobiana », *VChr*, 6, 1952, p. 250.
109. Dans l'Index de son éd., p. 419.
110. 6, 7, 5 (que je cite).
111. 6, 25, 2 *Iunonius ille caestus*, « le soutien-gorge de Junon ».
112. 2, 67, 4 *Martium discrimen*, « les dangers de Mars » ; 4, 35, 3 *gentis... Martiae*, « la race de Mars ».
113. 4, 16, 4 *Mineruium nomen*, « le nom de Minerve », comme ici ; 5, 26, 4 *ciues Mineruii*, « vous, de la cité de Minerve ! ».
114. 7, 19, 6 *regna... domiciliaque Plutonia*, « ni royaume ni demeure de Pluton ».
115. *Supra*, n. 46.
116. 3, 27, 1 *uulneribus... Veneriis*, « les blessures causées par Vénus ».

téméraire de penser que, sur *Frugifer*[117], Arnobe aura refait *Frugiferius*, de même que, sur *Fons*, le dieu des sources, il refait un nouveau théonyme, *Fontus*[118] ?

Reste à justifier quelques détails singuliers et à résoudre, s'il se peut, les difficultés de l'imagerie mithriaque. D'abord, le fait qu'il s'agit d'un masque, et non d'une statue entière. L'effigie décrite n'est pas une statue de culte, exposée dans un mithraeum où Arnobe, non initié à la religion de Mithra, n'est jamais descendu. Ce devait être une représentation publique, « exotérique », populaire (un ex-voto ?), ce qui pourrait aussi, éventuellement, expliquer la forme vulgaire, incorrecte, *Frugiferio*. Si je devais me hasarder à proposer une solution, je rappellerai que le Lion est un des degrés de l'initiation mithriaque, comme le Corbeau, et que, dans leurs banquets rituels, les initiés portaient des masques animaux[119] dont se moquaient les chrétiens[120]. N'est-ce pas l'un de ces masques, ou sa reproduction de pierre, dédiée au dieu *Frugifer*, qu'aura vue Arnobe, et qu'il aura prise pour une effigie divine ? Enfin, la « pomme », que le dieu cruel tient entre ses dents, me paraît être non un fruit, mais une sphère cosmique, comme celle sur laquelle se dresse, dans d'autres représentations, le Temps, maître de l'univers. Le léontocéphale mithriaque est un dieu cosmique : Arnobe doit en être plus ou moins conscient qui, dans les lignes immédiatement précédentes du même chapitre, s'en prend aux éléments abusivement divinisés, le soleil, la lune, les vents (6, 10, 4-6). Je n'insisterai pas sur l'argumentaire spécieux de toute cette page : l'idée que les dieux, les vrais, ceux du ciel, doivent être exactement semblables à leurs statues. Sinon, ces formes

---

117. Employé comme adjectif en 1, 30, 1 ; 1, 38, 4.
118. 3, 29, 3 *patrem Fonti*, « le père de Fontus » – avec la même liberté dans le traitement des théonymes.
119. Pour le relief de Konjič (Dalmatie), voir Fr. Cumont (après *Les Mystères de Mithra*[3], Bruxelles, Lamertin, 1913, p. 156 et 164, fig. 21), *Les Religions orientales dans le paganisme romain*[4], Paris, Geuthner, 1929, pl. XIII, 2 ; M. J. Vermaseren, *Corpus inscriptionum et monumentorum religionis Mithriacae*, La Haye, Nijhoff, 1956-1960, II, 1896 et fig. 491 ; R. Turcan, *Les Cultes orientaux dans le monde romain*, Paris, Les Belles Lettres, 1989, p. 230 sq.
120. Ambrosiaster, *Contre les païens* 114, 11 *Illud autem quale est, quod in speleo uelatis oculis inluduntur ? Ne enim horreant turpiter dehonestari se, oculi illis uelantur. Alii autem sicut ales alas percutiunt uocem coracis imitantes ; alteri uero leonum more fremunt...*, « Et que dire du fait qu'ils sont abusés les yeux bandés dans une caverne ? En effet, pour qu'ils ne s'effraient pas d'être indignement avilis, on leur voile les yeux. Certains battent des ailes comme des oiseaux et imitent le cri du corbeau, d'autres au contraire rugissent à la manière des lions... ». Cf. Porphyre, *De l'abstinence* 4, 16, 3.

arbitraires, un dieu sans corps, réduit à un masque, par exemple, n'existent nulle part au monde[121] – et votre religion est un tissu d'erreurs.

Plus obscurs encore sont les « dieux Maures » mentionnés épisodiquement au livre I, et dont les noms mêmes sont mal assurés : *Titanes et Bocchores Mauri et ouorum progenies dii Syri*, dans l'édition d'H. Le Bonniec[122]. Arnobe cite deux noms, qui doivent avoir été déformés et qu'on peut tenter de retrouver dans les inscriptions[123]. Parmi la cinquantaine de divinités recensées par G. Camps, à travers une vingtaine de dédicaces, on retiendra particulièrement l'inscription qui accompagne le relief de Béja (Vaga, lieu du massacre ordonné en 109 av. J.-C. par Jugurtha, cf. Sall. *Iug*. 29), à cent km. de Tunis. Elle mentionne sept dieux, parmi lesquels Bonchor et Matilam, en quatrième et sixième position. Le bas-relief qui surmonte l'inscription les montre alignés : Bonchor, placé au centre, qui est la place d'honneur, en est certainement la divinité principale. Dans la *Johannide* de Corippe apparaît un dieu Mastiman[124]. Peut-on y retrouver, avant toute correction, nos *tisianes et bucures* des manuscrits

---

121. C'est la conclusion de 6, 10, 9 : *quod si <sic> utique non est, ita ut omnes existimamus non esse, quaenam tanta audacia est formam tibi quam uolueris fingere ac dicere esse simulacrum dei quem probare non possis ulla esse in parte naturae !*, « mais, si de toute façon il n'en est pas ainsi, comme nous le pensons tous, quelle audace, de fabriquer la forme que l'on veut et de prétendre qu'elle est la représentation d'un dieu dont on ne peut prouver qu'il existe en aucun lieu au monde ! ».
122. 1, 36, 5 « les Titans et les Bocchores maures, et les dieux syriens, éclos de leurs œufs » ; avec le commmentaire, p. 297 sq. H. Le Bonniec a adopté les corrections de ses devanciers, de Saumaise à Marchesi. Le texte des deux manuscrits, *P* et *B*, est *tisianes et bucures*.
123. Cf. en particulier G. Camps, « Qui sont les *Dii Mauri* ? », *Antiquités africaines*, 26, 1990, p. 131-153 et fig. 1 (précédemment, « L'inscription de Béja et le problème des *Dii Mauri* », *Revue africaine*, 98, 1954, p. 233-260) ; et, dans l'*Encyclopédie berbère*, XV, 1995, s. v. *Dieux africains et Dii Mauri*, p. 2321-2340 ; M. Bénabou, *La Résistance africaine à la romanisation*, Paris, Maspero, 1976, p. 287-330, « Divinités indigènes » et « Le problème des *Dii Mauri* : un culte ambigu » ; Ch. O. Tommasi Moreschini, « Persistenze pagane nell'Africa del VI secolo : la *Iohannis* corippea e la questione dei *Dii Mauri* », dans M. Marin – C. Moreschini (dir.), *Africa cristiana. Storia, religione, letteratura*, Brescia, Morcelliana, 2002, p. 269-301 ; Y. Modéran, *Les Maures et l'Afrique romaine (IVᵉ-VIIᵉ siècle)*, Rome, École française de Rome, BEFAR 314, 2003, p. 512-516. M. Sebaï, « Les dieux ancestraux d'Afrique proconsulaire. Une catégorie hors norme ? À propos de quelques reliefs de Numidie proconsulaire », dans B. Cabouret et M.-O. Charles-Laforge (dir.) *La Norme religieuse dans l'Antiquité*, Lyon, CEROR 35, diffusion De Boccard, 2011, p. 245-264, a repris le problème dans son ensemble.
124. 8, 307 sq. *Mastiman alii. Maurorum hoc nomine gentes / Taenarium dixere Iouem*, identifié au terrible Jupiter du Ténare (infernal) : « D'autres Mastiman. C'est de ce nom que les peuples des Maures ont appelé le Jupiter du Ténare ».

d'Arnobe ? Les trois pluriels employés par Arnobe ne sont que des augmentatifs[125] : les « dieux syriens » mentionnés en dernier lieu ne sont que la seule et unique *dea Syria*, identifiée à Vénus-Aphrodite, et qui serait née d'un œuf prodigieux sauvé par les poissons de l'Euphrate[126]. Il est relativement facile de reconnaître Bonchor dans le pluriel *bucures* ; plus difficile pour les *tisianes* = Matilam ? Mastiman[127] ? ou une autre divinité, que nous ne connaissons pas[128] ? Ces dieux berbéro-puniques ont résisté à la romanisation, mais dans une atmosphère syncrétiste[129]. Ce sont des dieux locaux, les dieux « indigènes » de l'Afrique préromaine. On s'étonnera néanmoins qu'Arnobe paraisse en savoir plus sur la *dea Syria* que sur les dieux ancestraux de son pays natal, et sur cette Atargatis Vénus Astarté lointaine que sur celle de sa ville, Sicca Veneria.

Pourquoi Arnobe est-il aussi indifférent aux spécificités religieuses de l'Afrique[130] ? À l'exception des « dieux Maures », aussi vite oubliés que nommés, il ne fait aucune mention des dieux hérités de la religion punique et des horreurs de leur culte : la prostitution sacrée au temple de Sicca, le Saturne africain, l'affreux sacrifice *molk*, ne tiennent chez lui aucune place. Mais ses compatriotes, Tertullien, Minucius Felix, Augustin s'en souviennent. Il faut se

---

125. Arnobe aime les pluriels emphatiques, y compris pour les noms propres (ce qui est rare ; cf. F. Gabarrou, *Le Latin d'Arnobe*, Paris, Champion, 1921, p. 95). Plus une divinité ou une héroïne mythologique est obscure, plus un comportement divin est scandaleux, plus il y a lieu de les monter en épingle : divinités de second ordre, comme ici, conquêtes féminines de Neptune, en 4, 26, 1, « les Amphitrites, les Hippothoés, les Amymones » (*supra*, n. 8), exploits amoureux de Jupiter, en 5, 44, 2-3 *Et quid pro illis Ganymedibus raptis ?... Quid pro cycnis et satyris ? Quid pro aureis imbribus ?* (*supra*, p. 37, n. 61).

126. Hyg. *fab.* 197 *in Euphraten flumen de caelo ouum mira magnitudine cecidisse dicitur, quod pisces ad ripam euoluerunt, super quod columbae consederunt et excalfactum exclusisse Venerem, quae postea dea Syria est appellata... et ob id Syri pisces et columbas ex deorum numero habent, non edunt*, « un œuf d'une taille extraordinaire tomba du ciel, dit-on, dans le fleuve Euphrate ; des poissons le poussèrent jusqu'à la rive, des colombes se posèrent dessus, et, une fois réchauffé, il mit au jour Vénus, qui fut plus tard appelée la Déesse Syrienne... pour cette raison, les Syriens mettent poissons et colombes au nombre des dieux, et s'abstiennent de les manger ».

127. Je me risquerai à proposer la correction *mastimanes et bucures*, ce dernier nom sans changement : la variante de graphie me paraît négligeable.

128. Pas plus que la Varsutina mentionnée par Tert. *nat.* 2, 8, 5 *quanti sunt qui norint uisu uel auditu Atargatim Syrorum, Caelestem Afrorum, Varsutinam Maurorum... ?*, « combien sont-ils qui connaissent, pour les avoir vues ou en avoir entendu parler, l'Atargatis des Syriens, la Caelestis des Africains, la Varsutina des Maures... ? ».

129. Les dédicants du relief de Béja sont M. Aemilius Ianuarius et Q. Aelius Felix, qui portent les *tria nomina*. M. Sebaï, art. cité, souligne la mise en scène romaine du relief : des dieux « qui ont tout du magistrat et de la matrone », un « sacrifice à la romaine », qui s'inscrit dans « une culture ancestrale respectée et transformée » (p. 262 et 264).

130. Pour une remarque analogue à propos de Maxime de Madaure, *infra*, p. 342 sq.

rendre à l'évidence : Arnobe ignore volontairement les cultes locaux. Lui qui est à l'affût du mythe grec le plus rare, de l'usage grec le plus strictement local, refuse tout droit de cité, dans son œuvre, aux cultes africains. C'est, manifestement, un choix culturel. Tout ce qui est gréco-romain (Arnobe ne fait pas la différence) est universel : les indigitations de la religion pontificale comme les exemples grecs les plus érudits que cite Clément d'Alexandrie. Ce qui est africain n'intéresse que les Africains. L'apologie d'Arnobe a une visée universelle, à l'image du message chrétien, qui s'adresse « aux races, aux peuples, aux nations, au genre humain » tout entier[131]. En s'attaquant au paganisme gréco-romain dans sa généralité, religion d'un empire qui a les dimensions du monde, Arnobe contribue à la victoire de la religion nouvelle : il parle à tous les hommes indistinctement, non aux habitants de l'Afrique en particulier.

Le procès des dieux

Au terme de ce réquisitoire, dont nul ne sort indemne, on s'interrogera sur le sens de la polémique engagée par Arnobe. À aucun des dieux qui composent la cour de Jupiter, il ne reproche individuellement cette cruauté dont l'épopée offre tant d'exemples : Junon qui persécute Énée, Minerve jalouse d'Arachné, Apollon qui se venge atrocement de Marsyas et qui poursuit Daphné. Certes, Jupiter est cruel : il fait mourir en masse des Romains innocents, il aime le sang des victimes sacrificielles, il se complaît aux blessures que subissent les participants aux jeux. C'est cependant une cruauté non point mythique, mais rituelle. Elle s'exerce à l'occasion des cérémonies du culte, non de ses aventures amoureuses. Les dieux en général, sans acception de personne, sont sadiques : ils tirent leur joie des maux du genre humain[132]. Arnobe en fait état, il s'en

---

131. Arnobe 1, 54, 2 *Quinam isti sint fortasse quaeritis ? Gentes, populi, nationes et incredulum illud genus humanum quod, nisi aperta res esset et luce ipsa, quemadmodum dicitur, clarior, numquam rebus huiusmodi credulitatis suae commodaret adsensum*, « Peut-être demanderez-vous quels sont ces témoins ? Des races, des peuples, des nations et cet incrédule genre humain qui, si la chose n'était patente et, comme on dit, plus claire que le jour, n'aurait jamais ajouté foi à des faits de cette nature ».

132. 3, 25, 2 *quid quod, non contenti tam deformibus subdidisse atque inplicuisse deos curis, naturas his etiam feras, truculentas, immanes, malis gaudentes semper et humani generis adtribuitis uastitate !*, « mais quoi ! non contents d'avoir assujetti les dieux à des tâches si avilissantes et de les y avoir compromis, vous allez jusqu'à leur attribuer une nature sauvage, brutale, monstrueuse, qui sans cesse trouve sa joie dans les maux et la ruine du genre humain ! » ; 6, 2, 1-2 *si modo dii certi sunt, ut eadem rursus satiateque dicantur, cunctarum esse debere perfectarumque uirtutum... non ex malis hominum crudelem accipere uoluptatem*, « si du moins ce sont des

scandalise comme d'une offense à ce que devrait être la pure nature divine ; mais il ne s'y attarde pas.

La faute majeure qu'il impute aux dieux, le péché « mortel » pour lequel il les condamne est d'ordre sexuel. Les divinités à mystères, helléniques ou orientales, ne valent guère mieux à cet égard que leurs congénères classiques : excepté les édifiants Sérapis et Isis, bien mariés, époux fidèles, leurs mythes sont même infiniment plus scandaleux. La Mère des dieux et ses eunuques, Cérès et l'impudique Baubô, Liber et Prosymnos, aussi obscène mort que vivant, passent les bornes des bienséances admises dans la religion officielle. Arnobe a un mot pour stigmatiser ces « abominations » répugnantes de la sexualité : c'est *foeditas*. Ce substantif infamant s'applique aux horreurs de la chair, jusque dans les relations conjugales[133] : les dieux ont des organes sexuels, et le tort de s'en servir. Tout plaisir est, par définition, « obscène et répugnant », y compris celui que prennent les jeunes époux durant leur nuit de noces, sous le patronage des innommables divinités Perfica, Pertunda, Tutunus[134]. Mais l'usage de *foeditas* est plus large. Au livre III, qui s'acharne

dieux véritables, pour répéter la même chose jusqu'à satiété, ils doivent avoir toutes les vertus à la perfection... et ne pas tirer du malheur des hommes un plaisir cruel ».

133. 3, 10, 1 *habent ergo dii sexus et genitalium membrorum circumferunt foeditates, quas ex oribus uerecundis infame est suis appellationibus promere ?*, « les dieux ont donc des sexes et ils promènent partout l'abomination des membres génitaux, qu'une bouche pudique a honte de désigner par leurs noms ? » ; 3, 15, 3 *moribundi et caduci animantis liniamenta diis dare, insignire his partibus quas enumerare, quas persequi probus audeat nemo nec sine summae foeditatis horrore mentis imaginatione concipere ?*, « [n'est-ce pas une honte] de donner aux dieux les traits de créatures mortelles et éphémères, de les caractériser par ces parties qu'aucun honnête homme n'oserait mentionner, détailler ni se représenter en imagination, sans frissonner devant cette suprême indécence ? » ; 4, 19, 4 les dieux devraient être *castissimos, puros, nescientes quae sit foeditas ista coeundi*, « parfaitement chastes et purs, ignorant ce qu'est cette ignominie du coït » ; 4, 21, 1 *turpidinis foeditas*, « l'ignominie de cette turpitude », dont sont nés tous les dieux, en particulier Jupiter ; 5, 10, 2 *Iouialis incontinentiae foeditatem*, « l'immonde incontinence de Jupiter », tentant de violer la Mère des dieux. Toutes relations sexuelles aussi répugnantes que les déjections animales : 2, 16, 7 *cibo sustentantur et potu et superfluas foeditates inferioribus egerunt abiciuntque posticis : et nos cibo sustentamur et potu*, « ils se maintiennent en vie en mangeant et buvant, et ils évacuent et rejettent le répugnant superflu par leur arrière-train : nous aussi, nous nous maintenons en mangeant et buvant » ; 7, 45, 1 celles du serpent divin d'Épidaure : *habet patulas fauces... habet et extremos tramites, per quos inmunda faex eat auersabili corpora foeditate deonerans*, « il a un ample gosier... il a aussi des conduits terminaux par où passent les immondes résidus, déchargeant ainsi son organisme de ces ordures répugnantes ».
134. 4, 7, 1-2 *Etiamne Perfica... quae obscenas illas et luteas uoluptates ad exitum perficit... ? Etiamne Pertunda... ? Etiamne Tutunus...*, « N'y a-t-il pas aussi... une *Perfica* qui mène au terme (*perficere*) de leur plénitude ces voluptés obscènes et répugnantes... ? Et aussi *Pertunda*... ? Et aussi *Tutunus*... ? ».

contre des divinités si semblables aux hommes, le seul fait d'avoir un corps est déjà une abomination[135]. La faute majeure des dieux païens est bien l'anthropomorphisme : humains, trop humains. Ils n'ont pas seulement des formes humaines. En tout, dans leur comportement dégradant, dans leur âme souillée, ce sont des hommes.

---

135. 3, 14, 1 *an numquid caelestium corpora foeditatibus his carent et, quoniam cibis mortalibus abstinentur, edentulos eos esse paruolum credendum est ritu et uiduatos interioribus cunctis tamquam utres sufflatos turgidorum corporum inanitate pendere ?*, « ou bien est-ce que par hasard les corps des habitants du ciel sont exempts de ces abominations et, puisqu'ils s'abstiennent des nourritures des mortels, devons-nous croire qu'ils sont sans dents, comme les bébés, et que, vidés de tous leurs organes internes, ils sont, comme des outres gonflées, des corps enflés et vides, en suspension ? », qui renvoie aux organes internes énumérés en 3, 13, 5, gosier, estomac, œsophage, poumons, vessie, foie, etc.

TROISIÈME PARTIE

NOUVEAU REGARD SUR LES DIEUX PAÏENS

Chapitre V
Misère des dieux

La naissance et la mort

Que les dieux aient une naissance, en soi, n'est pas choquant. Ils sont immortels, et non éternels[1]. C'est une donnée commune de la mythologie. Ils ont tous un commencement, une généalogie, des parents, une naissance, dont les circonstances particulières nous sont plus ou moins connues. C'est que les déesses, quelles qu'elles soient, n'échappent pas à la loi commune de l'humanité : comme les simples mortelles, elles enfantent dans la douleur. Elles éprouvent toutes les misères de la femme. Elles ont chaque mois leurs règles, des nausées au début de la grossesse. Elles ne sont pas à l'abri des fausses couches. Elles portent dix mois leur progéniture[2], mais, parfois, mettent au monde des prématurés de sept mois[3]. Mais ces détails ne suffisent pas. Arnobe y insiste : la délicatesse est bien le dernier de ses soucis. Leur ventre s'arrondit, elles sont lasses de traîner leur grossesse. Elles se confient à la sage-femme céleste, qui n'est autre que Junon Lucina, et, même entre ses mains expertes,

---

1. 1, 34, 5 *Iuppiter esse deus qui potest, cum illum esse perpetuum constet...?*, « comment donc Jupiter peut-il être Dieu, puisqu'il est reconnu que Dieu est éternel ? ».
2. Ainsi Jupiter, 1, 34, 4, *in utero matris suae formatus, absolutus mensibus et consummatus decem ignotam sibi in lucem sensu inruit se uitali*, « conçu dans le sein de sa mère, ayant atteint en dix mois son complet développement, il en a jailli, doué du sentiment de l'existence, vers la lumière qu'il ne connaissait pas ». De même la roche (substitut de la Mère des dieux) enceinte de ses œuvres, 5, 10, 5 *illud nostram subigit curiositatem requirere: cum post decem menses redditum esse dicatis partum...*, « voici une question qui pique notre curiosité : si, comme vous le dites, le fœtus n'est expulsé qu'au bout de dix mois... » ; ou Cérès, autre victime de ses entreprises : 5, 21, 3 (*supra*, p. 104, n. 121).
3. 3, 10, 3 *quoniam quaedam sunt feminarum generis propria, sequitur ut deas quoque credamus circumactis persoluere suas mensibus leges, fastidiosos ducere atque habere conceptus, aboriri, perferre et praepropero partu septimanas edere aliquando feturas*, « puisque certaines fonctions sont propres aux femmes, il s'ensuit que nous devons croire que les déesses, elles aussi, subissent leurs règles à chaque cycle menstruel, qu'elles traînent les nausées qu'elles éprouvent à la conception, qu'elles font des fausses couches, qu'elles mènent l'enfant à terme et que, parfois, accouchant prématurément, elles mettent au monde des bébés de sept mois ».

hurlent et se tordent de douleur[4]. Entre ces deux tableaux, on voit Cérès qui, devenue mère, allaite sans grâce le petit Iacchos[5].

Apparemment, le plus souvent, les naissances se passent bien, puisque Arnobe ne nous en dit rien. Comme les enfants humains, les bébés divins doivent être purifiés le neuvième jour : les dieux, si exigeants en matière de pureté, sont donc eux-mêmes impurs ? Ils reçoivent alors leur prénom[6]. Seuls les cas particuliers, naissances insolites ou menaces qui pèsent sur les débuts d'une existence divine, méritent d'être signalés : Minerve jaillie tout armée de la tête de Jupiter[7], ou Liber de sa cuisse[8], les Dioscures sortant des œufs si blancs pondus par Léda, Hercule conçu lors des neuf nuits d'amour que Jupiter passa auprès d'Alcmène[9] (encore le premier de ses exploits, celui de l'enfant au berceau qui étouffe les serpents envoyés par Junon n'est-il pas mentionné : il n'appartient déjà plus au temps de la naissance), Apollon, Diane et leur mère errante, poursuivis par la vindicte de Junon[10], et, le plus fameux, le plus horrible de tous ces épisodes, Jupiter lui-même échappant à une mort affreuse grâce à la ruse d'Ops qui lui évita d'être dévoré par son père et le confia, en Crète, aux soins des Courètes[11]. Des autres dieux, de tous ceux qui ont une naissance « normale », sans danger, sans ridicule, sans scandale, Arnobe ne fait pas état, comme si, dans ses détails quotidiens, toute cette chronique du monde divin ne valait pas la peine d'être rapportée.

Mais que les dieux, tous les dieux, soient nés de l'union charnelle de deux divinités, on n'ose dire d'un homme et d'une femme, est un thème mythique sur lequel Arnobe insiste, revient constamment : les dieux ont été « procréés »,

---

4. 3, 10, 5 (*supra*, p. 14, n. 11).
5. 3, 10, 4 *hauet [et] animus atque ardet in chalcidicis illis magnis atque in palatiis caeli deos deasque conspicere intectis corporibus atque nudis, ab Iaccho Cererem, Musa ut praedicat Lucretia, mammosam...*, « mon âme brûle du désir de contempler dans les vastes appartements et dans les palais du ciel les dieux et les déesses, aux corps sans voiles et nus, "Cérès toute en mamelles après la naissance d'Iacchus", comme le proclame la Muse de Lucrèce ».
6. 3, 4, 4 *sed et illud rursus desideramus audire, a uobisne inposita habeant haec nomina quibus eos uocatis an ipsi haec sibi diebus imposuerint lustricis*, « mais nous souhaitons encore apprendre si c'est de vous qu'ils ont reçu ces noms dont vous les appelez, ou bien s'ils se les sont donnés eux-mêmes le jour de leur purification ».
7. 2, 70, 4 ; 3, 31, 2 ; 4, 16, 6 et 8 (*supra*, p. 86, n. 25).
8. 4, 22, 3 (*supra*, p. 104, n. 122).
9. 4, 26, 5-6 (*supra*, p. 111 sq., n. 153 et 159).
10. 1, 36, 4 (*supra*, p. 85, n. 19).
11. 3, 30, 1 (*supra*, p. 128, n. 52) ; 3, 41, 2 *Curetas illos, qui occultasse perhibentur Iouis aeribus aliquando uagitum*, « les Courètes qui jadis couvrirent, dit-on, par le son du bronze les vagissements de Jupiter » ; 4, 24, 4 (*supra*, p. 128, n. 51).

« engendrés » par un père et une mère, dieu et déesse, ou mortelle honorée de la faveur céleste. C'est – nous l'avons vu dans les chapitres précédents – le cas de Jupiter, de ses frères, Dis Pater et Neptune, de sa sœur, Junon, nés de Saturne et d'Ops, son épouse ; des enfants de Jupiter, dont, de Liber à Vulcain, la liste est interminable ; et de leur ancêtre commun, Saturne, fils du Ciel et d'une Hécate qui doit être un double néoplatonicien de la Terre Mère[12]. S'en prendre à la naissance des dieux n'est pourtant pas sans risque : l'apologiste s'expose à la rétorsion. L'argument est de ceux que les païens n'opposent que trop aisément aux chrétiens : votre Christ, disent-ils, n'est pas dieu. Il est « né homme »[13]. Celse en avait usé : comment Dieu peut-il s'être uni à la mère de Jésus, lui qui, par nature, ne peut s'éprendre d'un corps mortel[14] ? Comment

---

12. 2, 70, 2 *nam si uerum est ex Saturno atque eius uxore Iouem suis cum fratribus procreatum, ante nuptias et partus Opis nusquam fuerat Iuppiter, Iuppiter tam supremus quam Stygius, nusquam sali dominus, nusquam Iuno, quinimmo alius nullus genitoribus duobus exceptis caeli habitabat in sedibus, sed ex eorum concubitu concepti et nati sunt et spiritum hausere uitalem*, « car s'il est vrai que Jupiter est né comme ses frères de Saturne et de son épouse, il n'y avait de Jupiter nulle part avant les noces et les accouchements d'Ops, pas plus de Jupiter d'en haut que de Jupiter Stygien, il n'y avait nulle part de seigneur de la mer, nulle part de Junon ; bien plus, aucun autre dieu n'habitait les demeures célestes, à l'exception des deux géniteurs ; c'est grâce à l'union de ceux-ci qu'ils ont été conçus, sont nés et ont respiré l'air vital » ;

2, 70, 3 *rursus uero, si Liber Venus Diana Mercurius Apollo Hercules Musae, Tyndaridae Castores ignipotensque Vulcanus Ioue patre sunt proditi et genitore Saturnio procreati... ex conuentu Iouis inseminati et nati sunt et aliquem sensum sui habere coeperunt*, « et à leur tour, si Liber, Vénus, Diane, Mercure, Apollon, Hercule, les Muses, les Dioscures Tyndarides et Vulcain le maître du feu ont été engendrés et procréés par Jupiter, leur père et géniteur, fils de Saturne... c'est du commerce de Jupiter qu'ils ont été conçus, sont nés et se sont mis à avoir quelque conscience d'eux-mêmes » ;

2, 70, 4 *antequam est Diespiter genitus et in utero matris corporeae formam circumscriptionis accepit*, « avant que Diespiter n'eût été engendré et que les contours de son corps n'eussent pris forme dans le ventre de sa mère » ;

2, 71, 3 (*supra*, p. 126, n. 42) ;

4, 21, 1 (*supra*, p. 69, n. 91) ;

4, 21, 2 *quid Iouem miramur ex feminae effusum dictitare uos aluo, quando auctores uestri et nutricem habuisse conscribunt et ex alieni uberis alimonia mox traditam retinuisse uitam ?*, « et pourquoi nous étonner de vous entendre répéter que Jupiter est sorti du sein d'une femme, quand vos auteurs écrivent qu'il a eu une nourrice et que c'est en se nourrissant à une mamelle étrangère qu'il a ensuite conservé la vie qui lui avait été transmise ? » ;

4, 22, 1 (*supra*, p. 70, n. 96).

13. 1, 36, 1 *sed non, inquit, idcirco dii uobis infesti sunt quod omnipotentem colatis deum, sed quod hominem natum...*, « mais non, dit-on, les dieux ne vous en veulent pas d'honorer le Dieu tout-puissant, mais un homme, né mortel... ».

14. Origène, *Contre Celse* I, 39 : « Serait-ce que la mère de Jésus était belle, et que pour sa beauté Dieu s'est uni à elle, lui qui par nature ne peut être épris d'un corps périssable ? Il ne

y parer ? comment faire comprendre à ses adversaires le mystère de l'incarnation ? Ce n'est pas la nature humaine du Christ qui fait difficulté[15]. Arnobe déplace habilement le problème. Il est de votre côté : vos dieux qui, selon vous, n'ont jamais quitté le ciel, qui sont des *caelites*, ne sont pas conscients de « leur sort et de leur condition »[16]. Et pourtant, l'existence qu'ils y mènent est celle des hommes, exposée à la bassesse de la naissance, lors d'accouchements où les déesses ne sont en rien supérieures aux mortelles, sujets, pour certains, aux humiliations de la décrépitude[17], et, pour nombre d'entre eux, à la mort.

La réponse d'Arnobe est que, effectivement, le Christ est « né homme » : il l'admet sans réserve[18]. Les dieux des païens, eux, à entendre leurs fidèles, ne « naissent pas hommes » : ils naissent dieux, et c'est là qu'est le scandale. Le Christ assume la condition humaine ; l'imposture des dieux païens est qu'ils la refusent. Lui a vécu sur terre son existence d'homme ; les dieux vivent la leur au ciel. Le Christ a une double nature, divine et humaine. Les dieux n'en

---

convenait pas que Dieu s'éprît d'elle... » ; avec la réplique de Tert. *apol.* 21, 8-9 *Non de sororis incesto nec de stupro filiae aut coniugis alienae deum patrem passus est squamatum aut cornutum aut plumatum, amatorem in auro conuersum Danaes. Iouis ista sunt humana uestra. Ceterum Dei filius nullam de impudicitia habet matrem ; etiam quam uidetur habere, non nupserat. Sed prius substantiam edisseram, et ita natiuitatis qualitas intellegetur*, « Il n'a pas, Lui, subi l'affront d'avoir, par l'inceste d'une sœur, ni par le déshonneur d'une fille ou d'une épouse étrangère, un père couvert d'écailles, encorné ou emplumé, changé en pluie d'or, comme l'amant de Danaé. Elles sont encore de Jupiter, ces infamies humaines que vous commettez ! Mais le Fils de Dieu n'a point de mère par un commerce impudique ; et même la mère que nous lui voyons n'était pas mariée. Mais je vais d'abord expliquer sa substance et l'on comprendra le mystère de sa nativité ».

15. Voir R. Braun, *Deus Christianorum*, p. 298-321.
16. C'est, au livre I, le sujet des chapitres 36-37. Par exemple 1, 36, 7-8 *obliti paulo ante sortis fuerint et condicionis cuius, id quod sibi concessum est inpertiri alteri nolunt ? haec est iustitia caelitum ?*, « oubliant quels étaient naguère leur sort et leur condition, refusent-ils de partager avec un autre ce qui leur a été concédé ? est-ce là la justice des habitants du ciel ? ».
17. Saturne, en 4, 26, 3 (*supra*, p. 129, n. 54). Plus généralement, 3, 9, 2 *si dii procreant superi et si per has leges experiuntur se sexus, suntque inmortales nec frigoribus fiunt senecutis effeti, sequitur ut debeant plena esse diis omnia neque innumeros caelos eorum capere multitudinem posse*, « si les dieux d'en haut procréent et si ce sont nos lois qui règlent leurs rapports sexuels, s'ils sont immortels et si les glaces de la vieillesse ne les rendent pas impuissants, il en résulte que tout doit être plein de dieux et que des cieux sans nombre ne peuvent contenir leur multitude ».
18. 1, 36, 1 *hominem natum* (*supra*, n. 13) ; 1, 37, 1 *Natum hominem colimus. – Quid enim, uos hominem nullum colitis natum ? non unum et alium ? non innumeros alios ?*, « Nous honorons un homme qui a connu la naissance. – Eh bien ! et vous ? vous n'honorez aucun homme ayant connu la naissance – et je ne dis pas un ou deux, mais une multitude ? » ; 1, 37, 4 *nobis nati hominis obiectatis cultum*, « vous nous reprochez le culte d'un homme qui a connu la naissance ». C'est aussi une formule chère à Tertullien ; cf. R. Braun, *Deus Christianorum*, p. 307.

ont qu'une, et elle est fausse : les *caelites* ne sont pas des dieux, mais ils se font passer pour tels, et leurs adorateurs les croient[19]. Le prologue de l'évangile de saint Jean l'annonce (1, 14) : *et Verbum caro factum est et habitauit in nobis*, formule que reprendra le concile de Nicée, en 325. Les dieux païens ne « se font pas » chair : ils *sont* chair, et aucun d'entre eux n'a « demeuré parmi nous ». Si, à en croire les mythographes, quelques dieux promus (comme Hercule) ou déchus (comme Saturne), ont vécu sur terre, c'est dans le temps du mythe, non dans celui de l'histoire. Arnobe n'est pas grand théologien. Il est plus à l'aise sur le terrain de la polémique que sur celui de la réflexion. Mais c'est un rhéteur qui, dans le débat, sait faire illusion.

Les dieux sont, par définition, « immortels ». Pourtant, certains meurent : les poètes, les mythographes l'affirment, et l'on montre même leurs tombeaux, ce qui pourrait passer pour une preuve irréfutable. La liste est cependant limitative, même si Arnobe s'y prend à deux fois pour l'établir. Ces deux listes se recouvrent en partie : d'abord esquissée au livre I, avec Liber, Esculape, Hercule[20], l'énumération sera reprise au livre IV, d'après Clément d'Alexandrie, avec Jupiter, les Dioscures, Saturne, de nouveau Hercule – énumération hétéroclite, car les cas considérés sont loin d'être homogènes[21]. Que Saturne

19. 1, 37, 2 *uos fugit sortis eos humanae et condicionis fuisse communis*, « il vous échappe qu'ils étaient de condition humaine et partageaient le sort commun ».
20. 1, 41, 1-3 *Et tamen, o isti, qui hominem nos colere morte functum ignominiosa ridetis, nonne Liberum et uos Patrem membratim ab Titanis dissipatum fanorum consecratione mactatis ? Non<ne> Aesculapium medicaminum repertorem, post poenas et supplicia fulminis custodem nuncupauistis et praesidem sanitatis, ualetudinis et salutis ? Nonne ipsum Herculem magnum sacrificiis, hostiis et ture inuitatis incenso, quem ipsi uos fertis uiuum arsisse [post poenas] et concrematum in funestis busticetis ?*, « Et d'ailleurs, dites-moi, vous qui riez de nous parce que nous rendons un culte à un homme mort dans l'ignominie, est-ce que, vous aussi, vous n'honorez pas en lui dédiant des temples Liber Pater que les Titans ont dépecé membre à membre ? Et Esculape, l'inventeur des remèdes, n'est-ce pas après son châtiment, le supplice de la foudre, que vous l'avez proclamé gardien et patron de la santé, de la vigueur physique et de la vie sauve ? Le grand Hercule lui-même, ne l'invoquez-vous pas avec des sacrifices, des victimes et en brûlant de l'encens, lui dont vous contez vous-mêmes qu'il a été brûlé vif et consumé sur un bûcher ? ». Suivent, § 4-5, le Phrygien Attis et Romulus le fondateur, *Romulum patrem*, « le vénérable Romulus », qui relèvent d'autres catégories.
21. 4, 25, 4 *Apud insulam Cretam sepulturae esse mandatum Iouem nobis editum traditur ? In Spartanis et Lacedaemoniis finibus nos dicimus conditos in cunis coalitos fratres ? noster ille est auctor, qui Patrocles Thurius scriptorum in titulis indicatur, qui tumulos memorat reliquiasque Saturnias tellure in Sicula contineri ? Hieronymus, Plutarchus nostrarum esse partium comprobatur, qui in Oetaeis uerticibus Herculem post morborum comitialium ruinas dissolutum in cinerem prodidit ?*, « Est-elle nôtre, la tradition qui veut que Jupiter ait reçu la sépulture dans l'île de Crète ? Est-ce nous qui disons que furent ensevelis sur le territoire de Sparte et de Lacédémone les frères qui avaient grandi dans le même berceau ? Est-il des nôtres, cet écrivain que les titres de

ait été enseveli en Sicile[22] n'est guère compatible avec la tradition romaine qui, après sa déchéance, le montre réfugié au Latium, où il fait régner l'Âge d'or, dans une Italie qui est la *Saturnia tellus*[23]. D'autres sont des demi-dieux : Pollux (inséparable de son jumeau Castor, fils du mortel Tyndare, et qui ne doit sa destinée divine qu'à l'affection de son frère), Hercule, auxquels on adjoindra Esculape[24] et Liber[25], nommés ailleurs par Arnobe, toujours d'après Clément. Que les fils d'une mortelle soient, comme leur mère, soumis à la mort, victimes de diverses vengeances (Esculape châtié par la foudre de Jupiter, Liber enfant dépecé par les Titans, Hercule trompé par Déjanire), avant de recevoir l'apothéose, par la grâce de leur père divin, n'a rien que de normal. Reste Jupiter, qui est un cas à part. Né en Crète, il y avait aussi, dit-on, son tombeau : Clément reprend, malignement, un vers de Callimaque – qui protestait contre cette légende[26]. À la différence des légendes de naissance, les mythes de mort des dieux sont surtout des traditions marginales, mystiques (le Zagreus orphique) ou locales. Elles ne représentent pas la vulgate. Seuls Hercule, invincible et souffrant, et les Dioscures finalement réunis échappent à ce schéma. Mais, nés mortels, il n'est pas scandaleux qu'ils aient subi le poids de leur condition première avant d'être élevés au ciel. Si je me fais l'avocat(e) du diable, c'est-à-dire du paganisme, je conclurai à l'usage biaisé de la mythologie, abusivement retournée contre elle-même. Ce qui était l'exception, et une exception justifiée, devient, chez les apologistes, la règle.

---

ses ouvrages désignent comme Patroclès de Thurium, et qui rapporte que la tombe et les restes de Saturne se trouvent en terre sicilienne ? Hieronymus, Plutarque sont-ils reconnus comme étant de notre parti, eux qui rapportent que, sur le sommet de l'Œta, Hercule, dont l'épilepsie avait ruiné la santé, fut réduit en cendres ? ».

22. D'après Clém. *protr.* 2, 30, 3 : « Philochore dit... que Kronos repose sous la terre de Sicile et y est enseveli » (avec une erreur d'Arnobe sur la source de sa source, quand il confond Patroclès et Philochoros).

23. Verg. *georg.* 2, 173 ; *Aen.* 8, 329 ; cf. Varr. *LL* 5, 42 *Saturniam terram, ut etiam Ennius appellat*, « terre de Saturne, comme Ennius l'appelle encore ».

24. 1, 41, 2 ; 4, 24, 6 ; 7, 44, 9 (cités *supra*, p. 44, n. 88) ; cf. Clém. *protr.* 2, 30, 1. C'est un exemple de choix pour les apologistes.

25. 5, 19, 4-5. Cf. Clém. *protr* 2, 17, 2-18.

26. *Protr.* 2, 37, 4, qui cite l'*Hymne à Zeus* 8 sq. : « les Crétois, Seigneur, ont construit ton tombeau ». Le lecteur curieux se reportera à l'original, v. 5-9 : « Mais sous quel nom te chanter ?... Mon âme est en suspens ; de sa naissance on fait dispute. Zeus, on le dit, tu naquis sur le mont Ida ; on le dit, ô Zeus, tu vis le jour en Arcadie ; qui donc, ô père, en a menti ? Les Crétois, "les Crétois, toujours menteurs". Ils ont bien été jusqu'à te bâtir une tombe, ô Roi ! Mais non, tu ne mourus jamais, tu Es pour l'éternité (ἐσσὶ γὰρ αἰεί) ». – On ne saurait mieux détourner une citation sortie de son contexte.

Doit-on considérer que l'argumentaire d'Arnobe atteint ses limites ? Vos dieux sont des hommes : telle est la thèse qu'il lui faut démontrer. Comme les hommes, ils ont une naissance ? L'argument n'a rien de probant. Comme les hommes, ils meurent. Voilà qui est déjà plus solide. Mais quelle preuve en avons-nous ? Les fables imaginaires de la mythologie ? Pour deux d'entre eux seulement, Saturne et Jupiter, le lieu de leur sépulture est connu. Il faudrait, pour emporter la conviction, produire des exemples en plus grand nombre. Arnobe s'y emploie et ce devrait être l'argument décisif, dans deux chapitres du livre VI, qui vise à démontrer l'inutilité des temples et des statues : tous inutiles, puisque les dieux qu'honorent les païens et qu'ils croient immortels ne sont en fait que des hommes – et des hommes morts[27]. « Vos temples sont construits au-dessus de tombeaux »[28], comme l'atteste une longue liste d'exemples, empruntés à Clément d'Alexandrie. C'est qu'il y a deux sortes de temples-tombeaux. Il y a ceux qui sont réellement la sépulture des dieux qui y sont ensevelis, comme Cronos et Zeus. Et ceux qui recouvrent la sépulture d'autres personnages, ensevelis dans ou sous le temple. De ces derniers, la liste est beaucoup plus étoffée.

Sépulture de Cécrops, d'Acrisius, d'Érichthonios, dans les temples d'Athéna, dit Arnobe à la suite de l'apologiste grec. Des frères Dairas et Immaradus[29], ou des filles de Céléus, dans ceux de Déméter, à Athènes et à Éleusis. D'Hyperoché et Laodicé ; de Cléochus ; de Leucophryné ; de Telmessus, dans les sanctuaires d'Artémis ou d'Apollon, à Délos, Milet,

---

27. Sur l'argumentaire d'Arnobe, voir J.-M. Vermander, *RecAug*, 17, 1982, p. 25-28, « Le conflit relatif à la *mortalitas deorum* », et p. 107, qui cite Clément d'Alexandrie, *Stromates* 6, 5, 40, 2, citant lui-même la *Prédication de Pierre* : les païens « offrent "des choses mortes à des êtres morts" comme à des dieux », νεκρὰ νεκροῖς προσφέροντες ὡς θεοῖς.

28. 6, 6, 1-2 *Quid quod multa ex his templa quae tholis sunt aureis et sublimibus elata fastigiis, auctorum conscriptionibus comprobatur contegere cineres atque ossa et functorum esse corporum sepulturas ? Esse nonne patet et promptum est aut pro dis immortalibus mortuos uos colere aut inexpiabilem fieri numinibus contumeliam, quorum delubra et templa mortuorum superlata sunt bustis ?*, « Et que dire du fait – attesté par des écrits faisant autorité – que beaucoup de ces temples, dont se dressent les coupoles d'or et les faîtes altiers, abritent des cendres et des ossements, qu'ils servent de tombeaux pour des défunts ? N'est-il pas alors évident, manifeste, ou bien que vous honorez des morts en place des dieux immortels, ou bien que vous infligez une insulte inexpiable aux divinités dont les sanctuaires, dont les temples sont construits par-dessus les sépultures des morts ? ».

29. Immarados est le chef des Éleusiniens, tué par Érechthée dans la guerre entre Éleusis et Athènes. Seuls Clément et Arnobe mentionnent son tombeau, dont ne fait pas état Pausanias (1, 5, 2 ; 1, 27, 4 ; 1, 38, 3).

Magnésie, Telmesse. Du roi Cinyras, enfin, et de sa famille, dans le temple d'Aphrodite à Paphos[30].

Quelle est la valeur du raisonnement, dans ce passage démarqué, de très près, de Clément, dont l'énumération entière est reproduite[31] ? Arnobe use, comme souvent, du procédé illusoire de l'accumulation : la quantité des informations remplace la solidité de l'argumentation. Le lecteur est subjugué (je

---

30. 6, 6, 3-7 *In Historiarum Antiochus nono Athenis in Mineruio memorat Cecropem esse mandatum terrae; in templo rursus eiusdem, quod in arce Larisae, esse conditus scribitur atque indicatur Acrisius, Ericthonius Poliadis in fano, Dairas et Immaradus fratres in Eleusinio consaepto quod ciuitati subiectum est. Quid Celei uirgines ? Non in Cereris Eleusiniae humationibus perhibentur officia ? Non in Dianae delubro quod in Apollinis constitutum est Delii, Hyperoche Laodiceque quas aduectas illuc esse finibus ex Hyperboreis indicatur ? In Didymaeo Milesio Cleochum dicit habuisse suprema Leandrius funeris; Leucophrynae monumentum in fano apud Magnesiam Dianae esse Myndius profitetur ac memorat Zeno. Sub Apollinis arula, quae Telmessi apud oppidum uisitur, Telmessum esse conditum uatem non scriptis constantibus indicatur ? Ptolomaeus Agesarchi de Philopatore quem edidit primo Cinyram regem Paphi cum familia omni sua, immo cum omni prosapia in Veneris templo situm esse litterarum auctoritate declarat*, « Au livre IX de ses *Histoires*, Antiochus dit que c'est dans le temple de Minerve, à Athènes, que Cécrops fut confié à la terre ; d'autre part, dans le temple de la même déesse, dans la citadelle de Larissa, fut enseveli, c'est écrit, on le sait, Acrisius, comme Ericthonius dans le temple d'Athéna Poliade et deux frères, Dairas et Immaradus, dans l'Éleusinion, au pied de l'acropole. Et les filles vierges de Céléus ? Ne dit-on pas qu'elles ont été inhumées dans le temple de Cérès à Éleusis ? comme, dans le sanctuaire de Diane, installé dans le temple d'Apollon Délien, le sont Hypéroché et Laodicé, amenées en ces lieux depuis les régions hyperboréennes ? C'est dans le Didymeion de Milet que, selon Léandrius, Cléochus reçut les honneurs funèbres. Dans le temple de Diane à Magnésie se trouve le tombeau de Leucophryné, selon Zénon de Myndos. Sous un petit autel d'Apollon que l'on peut voir dans le bourg de Telmesse est enterré le devin Telmessus, n'est-ce pas attesté unanimement ? Ptolemaeus, fils d'Agésarchus, dans le premier livre de son ouvrage sur Philopator, dit clairement, textes à l'appui, que Cinyras, le roi de Paphos, avec toute sa famille, que dis-je, avec sa parentèle au grand complet, repose dans le temple de Vénus ».

31. *Protr.* 3, 45 : « Dans le temple d'Athéna, sur l'acropole de Larissa, il y a le tombeau d'Acrisios, et sur l'acropole d'Athènes, celui de Cécrops, comme le dit Antiochos dans le neuvième livre de ses *Histoires*. Et Érichthonios... dans le temple d'Athéna Polias ? », etc. Avec deux différences : l'ordre Larissa Athènes, qui est inversé ; et le contresens commis par Arnobe sur Ἰμμάραδος δὲ ὁ Εὐμόλπου καὶ Δαείρας, « Immarados, fils d'Eumolpos et de Daeira ». Arnobe supprime le nom du père et prend celui de la mère, au génitif, pour un second nominatif, sur le même plan qu'Immarados. Le contresens sur Daeira(s) est bien la preuve, *a contrario*, que Clément est la source d'Arnobe. – Suivent (je résume) les filles de Kéléos, ensevelies à Éleusis ; les Hyperboréennes Hyperoché et Laodicé, dans l'Artémision de Délos ; Cléochos, dans le Didymaion de Milet, selon Léandrios ; Leucophryné, dans le sanctuaire d'Artémis à Magnésie, selon Zénon de Myndos ; le devin Telmisseus, à l'autel d'Apollon, à Telmessos ; Cinyras et ses descendants, dans le sanctuaire d'Aphrodite à Paphos, à ce que dit Ptolémée, fils d'Agésarchos, dans le premier livre de son *Histoire de Philopator*. La répétition peut être fastidieuse ; mais le parallélisme Clément / Arnobe est flagrant.

n'ose dire accablé) par une masse de noms propres, de lui largement inconnus. Non pas ceux des divinités ou de quelques héros illustres comme Cécrops ou Érichthonios, qui font partie de la culture classique. Mais d'autres noms, de trois catégories, qui s'entrechoquent : ceux des *auctores* invoqués par l'apologiste, ceux des grands sanctuaires du monde grec, et ceux de héros qui relèvent d'une science mythographique avancée que ne possède sans doute pas le lecteur moyen. L'érudition ne peut remplacer la conviction. En outre, le raisonnement est en trompe-l'œil. Arnobe veut démontrer que les dieux, en réalité, sont des morts, puisque leurs temples ne sont que des tombeaux. Or la distorsion est complète entre le deuxième groupe et le troisième : ce ne sont pas les dieux qui, une fois morts, sont ensevelis dans les sanctuaires qui portent leur nom, mais d'autres personnages qui, eux, étaient vraiment des hommes mortels. Pour que la démonstration soit probante, il faudrait que le temple de Minerve soit bien le tombeau de la déesse, non celui de Cécrops ou d'Érichthonios, et que le temple de Jupiter abrite le tombeau de ce Jupiter dont il nous a été dit qu'il se trouvait en Crète. Il n'en est rien[32].

Le chapitre de Clément, dans sa logique, dans son propos, est bien différent, même si Arnobe le suit à la lettre. Il s'inscrit dans un cadre plus large, qui aborde le problème des démons. « La superstition... fabrique maintenant des démons en foule... élevant des statues, construisant des temples »[33]. Clément use de ces catégories intermédiaires, démons, héros, familières aux Grecs de son temps, qui évitent la confrontation brutale hommes / dieux[34]. Jusqu'à l'imprécation finale : « vous finissez par n'être rien que de vrais cadavres, pour avoir en fait mis votre foi en des cadavres »[35], digne d'un prédicateur. Arnobe, lui, ne connaît que les deux extrêmes, hommes, dieux. Chose étonnante pour un homme du IIIe siècle, il ne nomme pas les démons. Et le culte grec des héros n'existe pas dans la religion romaine, ce qui est de nature à vicier son argumentation. Qu'un mort de haut rang, roi mythique ou héros fondateur, ait été enseveli auprès du temple d'Athéna ne prouve pas qu'Athéna elle-même était une simple mortelle et qu'il n'existe au ciel aucune divinité de ce nom. Si l'on passe de la Grèce à

---

32. La seconde hypothèse qu'Arnobe envisage, en 6, 6, 2, *aut... aut*, vous commettez l'impiété de superposer, dans le même lieu, les temples des dieux et les bûchers des morts (*supra*, n. 28), sera illustrée plus loin par la légende (aussi peu convaincante) de la tête du Capitole (*infra*, p. 162 sq.).
33. *Protr.* 3, 44, 3 ἡ δεισιδαιμονία... δημιουργὸς πολλῶν καθίσταται δαιμόνων.
34. Cf. les justes remarques de F. Mora, *Arnobio e i culti di mistero*, p. 78 sq., sur les « diversi livelli del divino » présents dans la pensée grecque tardo-hellénistique et « l'impossibilità di isolare il livello supremo e più specifico dai gradi inferiori ».
35. *Protr.* 3, 45, 5.

Rome, que le Capitole soit le tombeau d'un certain Olus ne prouve pas que Jupiter ait été un homme, et non un dieu du ciel, immatériel et immortel.

L'imitation de Clément s'arrête au paragraphe 7 (« Cinyras, roi de Paphos »). En 6, 6, 8, après les faits grecs, et avant d'aborder les faits romains, Arnobe fait une incursion par l'Égypte, sous l'égide de Varron[36], ce qui ne va pas sans paradoxe : le taureau Apis, lui aussi, est enterré en un lieu tenu secret, et les masses de pierres des temples y recouvrent des cimetières. Les deux pluriels (*polyandria, templis*; *polyandrium* est la translittération du grec πολυάνδριον, « cimetière », qu'Arnobe doit à Varron) sont augmentatifs, pour désigner l'hypogée de Memphis, où étaient ensevelis, à mesure qu'ils mouraient, les taureaux Apis successivement vénérés. C'est le second passage où Arnobe se réfère à l'autorité de Varron pour traiter du taureau Apis. Au livre I, il avait mentionné un Apis bien anthropomorphe, « né dans le Péloponnèse et qu'en Égypte on appelle Sérapis »[37]. Pour comprendre comment l'on passe de l'homme au taureau, et d'Apis à Sérapis, il faut se reporter à Augustin qui explique, d'après Varron, qu'Apis, roi d'Argos, vint en Égypte où, après sa mort, il fut divinisé sous le nom de Sérapis, « le plus grand des dieux égyptiens ». Le changement de nom s'explique par une étymologie toute varronienne : σορός, le « sarcophage », plus Apis ; d'où Sorapis, puis Sérapis. Suit une notice sur le bœuf Apis, qu'on vénère vivant et qu'on choisit, quand il en meurt un, d'après les taches blanches dont il est marqué[38].

---

36. 6, 6, 8 *infinitum est et immensum quibus quique in fanis toto sint in orbe describere nec exactam desiderat curam, quamuis poenam constituerit Aegyptus in eum qui publicasset quibus Apis iaceret absconditus, polyandria illa Varronis quibus templis contegantur quasque in se habeant superlati ponderis moles*, « ce serait une tâche sans bornes, démesurée, que de passer en revue tous ceux qui se trouvent dans des sanctuaires, par tout l'univers, et point n'est besoin d'une enquête poussée – bien que l'Égypte ait prévu un châtiment envers qui révélerait en quels lieux Apis est enterré – pour savoir par quels temples sont recouverts ces "cimetières" dont parle Varron, et quelles masses de pierres pèsent sur eux ».

37. 1, 36, 6 *Apis Peloponensi proditus et in Aegypto Serapis nuncupatus* (avec le commentaire d'H. Le Bonniec, p. 298 sq.).

38. Aug. *ciu.* 18, 5, p. 262 D *His temporibus rex Argiuorum Apis nauibus transuectus in Aegyptum, cum ibi mortuus fuisset, factus est Serapis omnium maximus Aegyptiorum deus. Nominis autem huius, cur non Apis etiam post mortem, sed Serapis appellatus sit, facillimam rationem Varro reddidit. Quia enim arca, in qua mortuus ponitur, quod omnes iam sarcophagum uocant,* σορός *dicitur Graece, et ibi eum uenerari sepultum coeperant, priusquam templum eius esset extructum : uelut soros et Apis Sorapis primo, deinde una littera, ut fieri adsolet, commutata Serapis dictus est. Et constitutum est etiam de illo, ut, quisquis eum hominem fuisse dixisset, capitalem penderet poenam.* (Est-ce ici que pourrait s'insérer notre texte, qui fait état lui aussi d'une *poena* ? Ou à la fin de l'extrait : choix d'un jeune taureau, et sépulture de son prédécesseur ?). *Et quoniam fere in omnibus templis, ubi colebantur Isis et Serapis, erat etiam simulacrum, quod digito labiis inpresso admonere*

Parmi tous les écrits de Varron, entre lesquels nous n'avons que l'embarras du choix, on ne rattachera donc notre texte du livre VI ni à la satire Ménippée *Epitaphiones* Περὶ τάφων, qui critiquait le luxe des tombeaux[39], ni aux *Hebdomades*[40], mais au *De gente populi Romani* et même, plus précisément, à son livre I, qui est la source d'Augustin[41]. Arnobe s'était déjà référé au même ouvrage de Varron pour dater, dans son livre V, le déluge, de quelque deux mille ans antérieur au consulat d'Hirtius et Pansa (43 av. J.-C.)[42]. Mais, si grande que soit sa science[43], Varron n'est pas infaillible. Arnobe commet, comme sa source, une double erreur : il prend le taureau sacré Apis pour un dieu (Sérapis), et la nécropole de Memphis pour un temple[44].

uideretur, ut silentium fieret : hoc significare idem Varro existimat, ut homines eos fuisse taceretur. Ille autem bos, quem mirabili uanitate decepta Aegyptus in eius honorem deliciis affluentibus alebat, quoniam eum sine sarcophago uiuum uenerabantur, Apis, non Serapis uocabatur. Quo boue mortuo quoniam quaerebatur et reperiebatur uitulus coloris eiusdem, hoc est albis quibusdam maculis similiter insignitus, mirum quiddam et diuinitus sibi procuratum esse credebant, « À cette époque, le roi des Argiens Apis, venu par mer en Égypte, y mourut et devint Sérapis, le plus grand des dieux égyptiens. Varron avance une raison très simple de ce nom, en expliquant pourquoi après sa mort il ne fut plus nommé Apis, mais Sérapis. Le coffre, en effet, où l'on dépose un mort et qu'on appelle communément sarcophage, se nomme en grec σορός ; c'est là qu'on commença à le vénérer avant de lui construire un temple, et on l'appela d'abord Sorapis, comme pour dire Soros et Apis ; puis, par le changement d'une lettre, ce qui arrive souvent, Sérapis. On fit même à son sujet une loi punissant de mort quiconque en ferait un simple mortel. Aussi, dans presque tous les temples où l'on adorait Isis et Sérapis, se trouvait une statue qui, le doigt posé sur les lèvres, semblait inviter au silence : ce geste, d'après Varron, interdisait de dire qu'ils avaient été des hommes. Quant à ce bœuf que dans son étonnante crédulité l'Égypte abusée nourrissait en son honneur de mets exquis, on l'appelait Apis et non Sérapis, car on le vénérait vivant sans sarcophage. À la mort de ce bœuf, on cherchait un veau de même couleur, marqué des mêmes taches blanches ; et comme on le trouvait, on croyait s'être procuré quelque chose de merveilleux et de divin ».

39. Deux fragments seulement dans l'éd. Cèbe, T. 4, 1977, p. 479-492 : le nôtre n'y figure pas.
40. Comme semble y incliner B. Fragu, dans son commentaire, p. 114.
41. Aug. *ciu.* 18, 2, p. 257 D ... *Abraham. Erat etiam tempore illo regnum Sicyoniorum admodum paruum, a quo ille undecumque doctissimus Marcus Varro scribens de gente populi Romani, uelut antiquo tempore, exorsus est*, « Abraham... Il existait aussi en ce temps-là un très modeste royaume, celui des Sicyoniens avec lequel M. Varron, cet homme au savoir universel, entre en matière dans son ouvrage, *Sur le peuple romain*, comme pour remonter à son origine ». Varron est encore cité à plusieurs reprises : chap. 3, 5, 9, 10, p. 260, 262, 266-268 D, où l'on arrive au déluge.
42. Arn. 5, 8, 6 *Varro ille Romanus multiformibus eminens disciplinis... in librorum quattuor primo quos de gente conscriptos Romani populi dereliquit...* (*supra*, p. 136, n. 81).
43. Unanimement louée : cf. Arnobe et Augustin, *multiformibus eminens disciplinis, doctissimus* (*supra*, n. 41-42).
44. Pour la critique de Varron et son incompréhension du culte égyptien, « mélange... d'erreur et de vérité », voir Y. Lehmann, *Varron théologien et philosophe romain*, Bruxelles, Latomus, coll. « Latomus » 237, 1997, p. 258 sq.

Puis il en vient aux réalités romaines. Le chapitre 7 développe longuement la légende de fondation du Capitole, à l'emplacement duquel on aurait trouvé, sous le règne de Tarquin le Superbe, une tête humaine, celle d'« Olus de Vulci »[45] ou Aulus (Arnobe donne successivement les deux formes), l'un des frères Vibenna (illustrés par les peintures de la tombe François). Olus aurait été assassiné dans des circonstances mystérieuses : tué par un esclave, et coupable, traître à sa patrie ? au point qu'elle lui refusa une sépulture. Loin de satisfaire la curiosité du lecteur, Arnobe n'en dira pas davantage. La légende a ses lettres de noblesse : elle est authentifiée par un luxe de références qui paraît suspect, Serenus Sammonicus, Granius (Flaccus ?), Valerianus, ainsi que Fabius Pictor[46]. Le premier nommé, lié à la cour des Sévères, érudit qui, à en croire l'*Histoire Auguste*, possédait une immense bibliothèque de soixante-deux mille volumes[47], doit être la source directe d'Arnobe ; il citait ses prédécesseurs, ce qui permettait de remonter jusqu'à Fabius Pictor, le premier historien romain.

La légende de la tête du Capitole est bien connue par ailleurs : rapportée par Varron, Tite-Live, Denys d'Halicarnasse, Plutarque et d'autres, elle promettait à Rome que ce lieu « serait le sommet de l'empire et la tête du monde »[48], ce qu'Arnobe n'évoque qu'indirectement par l'hommage au « peuple roi », *regnatoris populi*. À cette différence près, et elle est loin d'être négligeable pour notre propos, que les autres sources ne connaissent que l'étymologie par *caput*, en général, en jouant sur la métaphore, sans faire la moindre allusion à Aulus

---

45. 6, 7, 1-2 *Sed quid ego haec parua ? Regnatoris in populi Capitolium, qui est hominum qui ignoret Oli esse sepulcrum Vulcentani ? Quis est, inquam, qui non sciat ex fundaminum sedibus caput hominis euolutum non ante plurimum temporis aut solum sine partibus ceteris – hoc enim quidam ferunt – aut cum membris omnibus humationis officia sortitum ?*, « Mais pourquoi mentionner ces faits mineurs, quand le Capitole du peuple roi – est-il quelqu'un au monde qui l'ignore ? – n'est que le tombeau d'Olus de Vulci ? Oui, est-il quelqu'un qui ne sache que, à l'endroit des fondations, une tête humaine a été dégagée qui, peu de temps auparavant, ou bien selon certains, seule, sans le reste du corps, ou bien avec un corps entier, avait été rituellement inhumée ? ».

46. 6, 7, 3 *quod si planum fieri testimoniis postulatis auctorum, Sammonicus Granius Valerianus uobis et Fabius indicabunt cuius Aulus fuerit filius gentis et nationis, cuius per manus seruuli uita fuerit spoliatus et lumine, quid de suis commeruerit ciuibus ut ei sit abnegata telluris patritae sepultura*, « et si vous réclamez pour preuve le témoignage d'auteurs sérieux, Sammonicus, Granius, Valerianus, et aussi Fabius vous indiqueront de qui Aulus était le fils, quelle était sa race, sa nation, par la main de quel misérable esclave la vie, la lumière lui furent ravies, de quoi il s'était rendu coupable à l'encontre de ses concitoyens pour que lui eût été refusée une sépulture dans la terre de ses pères ».

47. *Vies des trois Gordiens* 18, 2.

48. Liv. 1, 55, 6 *arcem eam imperii caputque rerum fore portendebat*.

Vibenna. Étymologie complète (*Capit-olium* = *caput Oli*), postvarronienne[49], qui peut remonter à l'empereur Claude[50], féru de grammaire et d'étruscologie, auteur de *Tyrrhenica*[51]. Des deux explications proposées, l'une est simplement étymologique; l'autre est, de surcroît, étiologique.

L'autorité des sources invoquées peut faire impresssion. Le poids de l'argument n'en est pas moins faible, même si Arnobe, pour conclure, fait retour au dieu: la cité a appelé son temple « Capitole », d'après le nom d'Olus, plutôt que de lui donner celui de Jupiter[52]. Le Capitole est-il le tombeau du mortel Olus? Peut-être. Mais Arnobe lui-même instille le doute par des considérations rationalistes: la mort, nous dit-il, était récente (survenue « peu de temps auparavant ») et le lieu de la sépulture définitive, donnée soit à la tête seule, soit au corps entier, reste caché[53]. Qui assure que c'était bien sous le temple capitolin, et non en un autre point de la colline? On nous mène, par un tour de passe-passe, d'Olus à Jupiter, de la sépulture de l'un au temple de l'autre. Est-on en droit de les identifier, au point de faire du Capitole un temple-tombeau permanent, resté en l'état durant toute l'histoire de Rome? On croira plutôt que, de la tombe au temple, il y eut succession, et non superposition en un même lieu. D'autant que, loin de s'en scandaliser, tous les historiens ont vu dans la découverte de cette tête non la rencontre impure de la mort et du sacré, mais un signe favorable, celui de la suprématie future de Rome[54]. Quoi qu'il en soit, le Capitole n'est ni le temple d'Olus, ni le tombeau de Jupiter. Si savante soit-elle, la démonstration ne prouve pas ce qu'il fallait démontrer.

---

49. L'étymologie de Varron, *LL* 5, 41, ne renvoie pas au nom du mort: *Capitolinum dictum, quod hic, cum fundamenta foderentur aedes Iouis, caput humanum dicitur inuentum*, « le Mont Capitolin fut ainsi appelé du fait qu'en creusant les fondations du temple de Jupiter, on y trouva, dit-on, une tête (*caput*) ».
50. Cf. M. Chassignet, *L'Annalistique romaine*, CUF, I, Fabius Pictor, frg. 16, p. 42 sq. et 82 sq.; III, Valerius Antias, frg. 14, p. 110.
51. Vingt livres, en grec (Suet. *Claude* 42, 5).
52. Arn. 6, 7, 5 *nec erubuit ciuitas maxima et numinum cunctorum cultrix, cum uocabulum templo daret, ex Oli capite Capitolium quam ex nomine Iouio nuncupare*, « la cité suprême, adoratrice de tous les dieux, n'a pas rougi, en donnant un nom à son temple, de l'appeler Capitole, d'après la "Tête d'Olus" plutôt que d'après le nom de Jupiter ».
53. 6, 7, 4 *condiscetis etiam, quamuis nolle istud publicare se fingant, quid sit capite retecto factum uel in parte qua arcis curiosa fuerit obscuritate conclusum, ut immobilis uidelicet atque fixa obsignati ominis perpetuitas staret*, « vous apprendrez aussi, bien qu'ils feignent de ne pas vouloir le révéler, ce que l'on fit de la tête coupée, dans quelle partie de la citadelle elle fut enfouie avec un mystère scrupuleux, bien évidemment pour perpétuer et attacher à tout jamais à ce lieu le présage ainsi mis sous scellés ».
54. *Infra*, p. 250.

« Tout ce que vous racontez est le fait de mortels », concluait Arnobe, pour enchaîner sur une autre allégation : « à vrai dire, nous pourrions à ce propos démontrer que tous ceux que vous nous présentez comme des dieux et à qui vous donnez ce nom ont été des hommes »[55]. Condamnation qu'il reprendra au livre VI : vous honorez des morts que vous prenez pour des dieux[56]. Pourtant, le Christ lui aussi est mort[57], et de la mort la plus infamante qui soit pour un Romain, celle de la croix[58]. La réponse d'Arnobe – mais elle ne convaincra que ceux qui sont déjà convaincus – est que ce n'est pas le Christ qui est mort, mais l'homme qu'il avait revêtu et qu'il portait en lui, ce qui est un insondable mystère[59]. Il est mort pour détruire la mort elle-même ; il a permis que sa nature humaine fût mise à mort pour sauver les âmes de la mort[60]. Mais son corps n'était qu'une petite partie de lui-même[61], au contraire des dieux anthropomorphes, qui sont tout entiers dans leur forme corporelle.

Arnobe, polémiste, disposait de trois arguments pour établir la divinité du Christ et nier celle des prétendus « dieux » païens. Vos dieux sont nés, dit-il à ses adversaires : c'est le premier argument. Le Christ aussi, peuvent-ils lui répliquer. Vos dieux sont morts ; mais le Christ aussi. C'est le second argument. Cependant, Arnobe ne s'attarde guère sur ce terrain, où il eût pu évoquer la résurrection, sujet dont il parle peu, si ce n'est pour mentionner les

---

55. 4, 28, 4 *mortalia sunt enim quaecumque narratis* ; 4, 29, 1 *et possumus quidem hoc in loco omnis istos, nobis quos inducitis atque appellatis deos, homines fuisse monstrare.*
56. 6, 6, 2 (*supra*, n. 28).
57. 1, 60, 1 *sed si deus, inquiunt, fuit Christus, cur forma est in hominis uisus et cur more est interemptus humano ?*, « mais si le Christ, disent-ils, était dieu, pourquoi s'est-il manifesté sous forme humaine et pourquoi a-t-il été mis à mort à la façon d'un homme ? ».
58. 1, 36, 1 *dii uobis infesti sunt... quod hominem natum et – quod personis infame est uilibus – crucis supplicio interemptum et deum fuisse contenditis et superesse adhuc creditis et cotidianis supplicationibus adoratis*, « les dieux vous en veulent... de prétendre qu'un homme, né mortel, et mort sur la croix – supplice infamant pour les individus de basse condition – était dieu, et de croire qu'il vit encore et de l'adorer dans des prières quotidiennes ».
59. 1, 62, 2, qui est un dialogue entre le païen et le chrétien : *Quis est ergo uisus in patibulo pendere, quis mortuus ? – Homo quem induerat et secum ipse portabat. – Incredibile dictu est et caecis obscuritatibus inuolutum*, « Qui donc voyait-on suspendu au gibet ? qui est mort ? – L'homme qu'il avait revêtu et qu'il portait avec lui. – Réponse incroyable, qui s'enveloppe d'une profonde obscurité ! ».
60. 1, 65, 8 (*supra*, p. 20, n. 28).
61. 1, 53, 4 *exutus at corpore quod in exigua sui circumferebat parte*, « mais quand, dépouillé du corps qu'il portait comme une petite partie de lui-même ». – Les dieux païens ne se dépouillent jamais de leur corps.

apparitions du Christ[62]. Troisième argument : il a fait des miracles. Vos dieux, non. Il n'était ni un dieu guérisseur, ni un magicien. Les magiciens usent de moyens extérieurs, d'incantations, d'herbes, de rites[63]. Le Christ agissait par son seul pouvoir, par sa parole, par son toucher[64]. Il a rendu vaines les pratiques de la divination et de la magie[65]. De ces trois arguments qui se déploient simultanément, comme s'ils s'emboîtaient l'un dans l'autre, le dernier est sans réplique : vos dieux, eux-mêmes mortels, sont sans pouvoir sur la souffrance et la mort. Contrairement à la définition que vous en donnez, ils ne sont ni immortels, ni bienheureux : ils connaissent eux aussi la souffrance du corps et les humiliations de l'âme. Les miracles sont la plus grande preuve de la divinité du Christ[66].

Les situations dégradantes

Dans la hiérarchie des êtres doués de raison, les dieux occupent le sommet : les dieux, les empereurs, si proches des dieux[67], les hommes libres, les esclaves. Comment se fait-il, alors, que des dieux remplissent des fonctions

---

62. 1, 46, 8 *unus fuit e nobis, qui, deposito corpore, innumeris se hominum prompta in luce detexit, qui... <se> semel, iterum, saepius familiari conlocutione monstrauit ?*, « était-ce l'un de nous, celui qui, son corps mis au tombeau, se manifesta en pleine lumière à une foule innombrable, qui... se montra une fois, deux fois, mainte fois, en train de deviser familièrement ? ».
63. 1, 43, 3 : le Christ, lui, agissait *sine ulla ui carminum, sine herbarum et graminum sucis, sine ulla aliqua obseuratione sollicita sacrorum, libaminum, temporum*, « sans le pouvoir des incantations, sans le suc de plantes et d'herbes, sans nulle observance anxieuse de rites, de libations, de moments favorables ». Encore 1, 52, 3, sur les herbes maléfiques (1, 44 : tout ce qu'a fait le Christ est bénéfique), les marmonnements, les incantations contraignantes des magiciens.
64. 1, 51, 2 *aut uocis imperio aut manus contrectatione*, « par un ordre de la voix ou par le contact de la main ».
65. 1, 46, 9 *cuius nomen auditum fugat noxios spiritus, inponit silentium uatibus, haruspices inconsultos reddit, adrogantium magorum frustrari efficit actiones, non horrore, ut dicitis, nominis sed maioris licentia potestatis*, « celui dont le nom met en fuite les esprits nuisibles, impose silence aux devins, fait perdre leurs clients aux haruspices, fait échouer les pratiques des magiciens arrogants, non pas, comme vous le dites, par la terreur qu'inspire un nom, mais par le privilège d'une puissance supérieure ».
66. 1, 42, 5 *nulla maior est comprobatio quam gestarum ab eo fides rerum, quam uirtutum nouitas, quam omnia uicta decreta dissolutaque fatalia...*, « il n'y a pas de plus grande preuve que l'authenticité des actes du Christ, que l'originalité de ses miracles, que la défaite et la ruine de tous les arrêts du destin ».
67. 4, 35, 2 *diis proximi atque augustissimi reges*, « les souverains, très proches des dieux et très augustes ».

serviles, pire, qu'ils soient réduits en servitude ? Passe encore que l'on fasse d'eux, communément, des artisans[68], *opifices, artifices*, « vils » par nature ou plutôt par convention sociale : forgerons comme Vulcain ou tisserands comme Minerve[69], même si ces attributions sont le fait des poètes plus que de la religion officielle[70]. Les professions que nous tenons pour libérales ou artistiques ne sont pas mieux traitées que les métiers manuels : médecins, musiciens, devins, il est absurde ou déshonorant de faire des dieux non pas réellement des praticiens, mais, ce qui est plus relevé, les inventeurs de ces arts et métiers, selon le motif du πρῶτος εὑρετής. En tout domaine, les Immortels et, par suite, leurs protégés brillent par leur incompétence : les devins inspirés par Apollon « l'Oblique » ne donnent que des réponses ambiguës[71], et les médecins formés par Esculape ne guérissent pas leurs patients[72]. Trop heureux s'ils n'aggravent pas le mal !

Le mépris des métiers manuels et de toute profession salariée nous situe dans le monde réel de l'Empire ; la notion de dieux fonctionnels qui, par définition, patronnent de façon permanente les activités humaines, également. La mythologie grecque garde aussi le souvenir, dans la vie des dieux, d'épisodes humiliants. Hercule fut l'esclave d'Omphale : double servitude, au sens social, et esclavage d'amour. Par deux fois, Apollon, le dieu terrible à l'arc d'argent, dut se mettre au service de simples mortels, fussent-ils rois. Ce fut

---

68. C'est le sujet des chap. 3, 20-24. Plus précisément 3, 21, 1 *quae ratio est, quae tam dura necessitas, quae causa ut artificia haec superi tamquam uiles nouerint atque habeant sellularii ?*, « quelle raison y a-t-il, quelle nécessité si cruelle, quel motif pour que les dieux d'en haut connaissent et exercent ces métiers, comme de vulgaires artisans ? » ; 3, 22, 1 *set erras, inquit, et falleris ; non enim ipsi opifices dii sunt, sed ingeniis hominum subiciunt has artes...*, « mais tu fais erreur, dit-on, tu te trompes ; car les dieux ne sont pas personnellement des artisans, mais ils mettent ces arts à la disposition de l'intelligence humaine » ; 3, 23, 1 *nisi forte hoc dicitis, deos artifices non esse, sed eos his artibus praesidere, curare...*, « peut-être voulez-vous dire que les dieux ne sont pas des artisans, mais qu'ils patronnent ces arts, qu'ils veillent sur eux... ».
69. Ce sont les exemples classiques (voir n. suiv.) de 3, 21, 5 : *Rem rusticam tractant aut curant militaria munera, ut flammis potens Vulcanus fabricetur his enses aut ruris ferramenta procudat. Vestis indigent tegmine, ut uirgo Tritonia curiosius stamen neat et qualitate pro temporis aut trilices tunicas aut de serico det imponere*, « Ils s'adonnent à l'agriculture ou exercent le métier des armes, si bien que Vulcain, le maître du feu, leur fabrique des épées ou leur forge des outils agricoles. Ils ont besoin de vêtements pour se couvrir, si bien que la vierge du Triton tisse des étoffes avec tant de diligence et leur fait porter, selon la saison, des tuniques à triple fil ou bien en soie ».
70. Ainsi les épisodes célèbres de Vulcain forgeant les armes d'Énée, Verg. *Aen.* 8, 407-454 ; ou de la tapisserie d'Arachné, en compétition avec Minerve, Ov. *met.* 6, 53-133.
71. 3, 23, 9 (*supra*, p. 94, n. 70).
72. 3, 23, 10 (*supra*, p. 96, n. 80).

le châtiment que lui infligea Jupiter. Il avait tué de ses flèches les Cyclopes : il garda donc, pendant un an, les troupeaux d'Admète en Thessalie. Pour avoir, avec son oncle Neptune, comploté contre Jupiter, il fut astreint à construire, avec lui, les remparts de Troie pour Laomédon[73]. Ce sont là, depuis Homère, des mythes universellement connus. Arnobe s'inspire une fois encore, pour la mise en forme, de Clément d'Alexandrie[74]. Mais une première allusion, à propos des Pénates, aux murs de Troie[75] confirme que, pour le fond, il n'avait nul besoin de recourir à une source grecque. Plus rare, mal connue, même si elle est aussi d'origine homérique, est la dernière allusion d'Arnobe à Minerve qui aurait « tenu la chandelle » pour favoriser les amours d'Hélène et de Pâris. La preuve en est qu'il commet lui-même une erreur et attribue à Minerve, déesse vierge, plus sourcilleuse sur la morale, une complicité qui n'est pas son fait. Clément blâme Homère qui « n'a pas honte » de dire qu'Athéna accompagnait Ulysse en tenant une « lampe d'or dans les mains » (nous sommes dans l'épopée) pour l'éclairer et que, par ailleurs, Aphrodite, comme « une petite servante sans retenue... apportait pour Hélène un siège et le disposait en face de son séducteur, en sorte de le provoquer à l'union »[76]. Le passage est démarqué d'une scène de l'*Iliade* que, visiblement, Arnobe ne connaît pas ; sinon, il n'aurait pas fait de contresens. Pâris et Ménélas se sont affrontés en combat singulier. Pâris n'a échappé à la mort que grâce à Aphrodite qui l'emporte vers Troie. La déesse place devant lui un siège pour Hélène, qui lui reproche son imprudence. Mais, quand il l'invite au plaisir et, le premier, se dirige vers le

---

73. 4, 25, 2 *numquid aliquando a nobis conscriptum est mercennariam deos seruitutem seruisse, ut Herculem Sardibus amoris et petulantiae causa, ut Admeto Apollinem Delium, ut Laomedonti Troico Iouis fratrem, ut eidem sed cum patruo Pythium, ut coniugalia secreta miscentibus Mineruam, luminis ministram et lucernarum modulatricem ?*, « est-ce nous qui avons jamais écrit que des dieux ont servi comme domestiques à gages, tel Hercule à Sardes, sous l'empire d'un amour effréné ; tel l'Apollon Délien chez Admète ; tel le frère de Jupiter chez le Troyen Laomédon ; tel <le dieu> Pythien chez le même maître, mais en compagnie de son oncle ; telle, pour ceux qui s'unissaient en de furtives étreintes, Minerve, qui tenait la chandelle et réglait la lumière de la lampe ? ».

74. *Protr.* 2, 35, 1, qui énumère, comme dieux ayant subi « le joug de la servitude... Apollon chez Admète à Phères, Héraclès chez Omphale à Sardes... Poseidon et Apollon », qui se mirent au service de Laomédon et construisirent pour lui « les remparts d'Ilion ». Arn. se borne à modifier l'ordre et allège le dernier développement.

75. Arn. 3, 40, 1 *Nigidius Penates deos Neptunum esse atque Apollinem prodidit, qui quondam muris immortali Ilium condicione adiuncta cinxerunt*, « Nigidius a rapporté que les dieux Pénates sont Neptune et Apollon, qui jadis ont entouré Ilion de remparts – à quoi s'ajoutait leur condition d'immortels ».

76. *Protr.* 2, 35, 2, respectivement d'après *Od.* 19, 34 (la déesse prend la place des servantes chassées par Ulysse) et *Il.* 3, 424 sq.

lit conjugal, son épouse l'y suit. Arnobe, qui cite de mémoire Clément (mais l'apologiste grec est bien sa source) ou qui l'a lu trop vite, amalgame les deux épisodes, pour la plus grande honte de la chaste Minerve.

Humiliés, abaissés par des « emplois » serviles, les dieux ne le sont pas moins quand ils sont blessés ou maltraités, *uulnerari, uexari*[77], par un de leurs congénères ou même par un simple mortel. On les croyait invulnérables ? Comme les hommes, ils souffrent dans leur corps durant les combats. Mars et Vénus sont blessés par un Diomède qu'emporte la fureur guerrière ; Dis Pater et Junon, par Hercule ; Minerve, par Ornytos[78]. Mars a beau régner sur la guerre, il n'est pas pour autant à l'abri de mésaventures humiliantes, comme lorsque les Aloades, les géants Otos et Éphialtès, le tinrent enfermé pendant treize mois dans une jarre de bronze d'où il ne fut délivré, à bout de forces, que par Hermès ; ou que Vulcain, mari trompé, l'enserra dans un filet, avec Vénus, à la vue de tous les dieux en proie à un rire inextinguible[79]. « Vers le seuil de bronze accouraient tous les dieux, Poséidon, Hermès, Apollon ; les déesses, avec la pudeur de leur sexe, demeuraient au logis[80]... », dit le poète. Épisode si savoureux qu'Arnobe le rappelle encore par deux fois[81]. Même chez les hommes, le ridicule ne tue pas ; à plus forte raison parmi les dieux.

77. C'est la formule d'Arnobe : 3, 21, 4 (*supra*, p. 96, n. 79) ; 4, 33, 5.
78. 4, 25, 3 *Nonne ille uester est uates, qui Martem fecit et Venerem mortalium manibus uulneratos ? Non ex uobis Panyassis unus est, qui ab Hercule Ditem Patrem et reginam memorat sauciatam esse Iunonem ? Non uiraginem ab Ornyto caesam, cruentatam, uexatam Polemonis uestri indicant scripta ?*, « N'est-il pas des vôtres, le poète qui a représenté Mars et Vénus blessés par la main de mortels ? N'est-ce pas l'un de vous, Panyassis, qui rapporte que Dis Pater et la reine Junon furent blessés par Hercule ? Ne sont-ce pas les ouvrages de votre Polémon qui montrent la déesse vierge meurtrie, ensanglantée, brutalisée par Ornytus ? ». D'après Clém. *protr.* 2, 36, 1-2, lui-même d'après *Il.* 5, 334-343 (Aphrodite), 392-404 (Héra et Hadès), 855-863 (Arès).
79. 4, 25, 1 *quis... prodidit... Martem ? ... quis mensibus in Arcadia tribus et decem uinctum ?... quis dum genialibus insultat alienis haesisse in laqueis inuolutum ?*, « qui a rapporté... que Mars... était resté enchaîné treize mois en Arcadie ?... qu'il était resté prisonnier, enserré dans un filet de lacs, alors qu'il outrageait la couche d'autrui ? ». D'après Clém. *protr.* 2, 29, 3 et 4, 59, 1, lui-même d'après *Il.* 5, 385-391 et *Od.* 8, 266-367. *Genialibus insultat* traduit « la couche souillée du Seigneur Héphaistos ».
80. Les déesses ont, comme les femmes grecques, un comportement plus réservé que ne le donne à voir le tableau de Martin van Heemskerck (Kunsthistorisches Museum, Vienne ; notre pl. 8). Voir I. Aghion, C. Barbillon, F. Lissarrague, *Héros et dieux de l'Antiquité,* Paris, Flammarion, 1994, p. 304 sq., sur la « valeur morale » que le peintre « confère au récit mythologique ».
81. À nouveau 5, 41, 3 et 6, pour réfuter l'exégèse allégorique, qui l'interprète dans un sens moralisateur, pour signifier la lutte contre les passions : *quod in adulterio dicimus Martem, inquit, et Venerem Vulcani esse circumretitos arte, cupiditatem dicimus atque iram ui pressas consilioque rationis... nunc uero cum dicitur in Martis et in Veneris uinctione uitiorum esse significata*

La servitude des passions

Blessés dans leur corps par la main d'autrui, les dieux s'infligent à eux-mêmes ces blessures de l'âme que sont les passions. C'est là, peut-être, le pire des esclavages, qu'ils partagent avec les hommes, à la fois, comme eux, victimes et auteurs de leur misère. Abaissés, pour un temps, au service d'autrui, meurtris au cours des combats : ce sont là des maux extérieurs dont les immortels guérissent aisément. Mais les passions qui troublent l'âme poursuivent, elles, leurs ravages en permanence. Profondes, incurables, les blessures de l'âme sont plus douloureuses, plus fréquentes en tout cas dans le monde divin que celles des corps. De ces passions, la plus universelle est la colère : elle est le lot de tous les dieux, sans distinction de personnes. D'un bout à l'autre de son œuvre, la colère est l'un des deux griefs majeurs qu'Arnobe impute aux dieux païens. C'est une colère collective, celle des *dii* agissant dans leur ensemble : s'il y a des périodes sombres dans l'histoire de l'empire, des famines, des guerres, c'est parce qu'ils sont irrités[82] contre les chrétiens qui ont négligé leur culte. Les dieux si augustes sont en proie à des colères[83] qui sont des crises de folie, tels les transports des bacchants en délire[84], et qui les font ressembler, eux, les grands dieux, à des bêtes fauves[85]. Si vous, païens, vous prétendez qu'ils

---

compressio..., « quand nous parlons, dit-on, de l'adultère de Mars et de Vénus, enserrés dans un filet par l'art de Vulcain, nous voulons dire que la passion et la colère sont réprimées par la force et la sagesse de la raison... mais en fait, quand on dit que l'enchaînement de Mars et de Vénus signifie la répression des vices... ». Puis 5, 43, 2 *cupiditatis et temeritatis conpressio colligatio dicta sit adulterorum Veneris atque Martis*, « ... que pour la répression de la passion aveugle on dise les liens de Vénus et de Mars adultères ».
82. 1, 15, 2 *si, quo tempore fames est, irati esse dicuntur...*, « si, en temps de famine, on dit qu'ils sont irrités... ».
83. C'est le sujet du chapitre 1, 17 (commentaire d'H. Le Bonniec et références, p. 238-241). Arnobe commence par une apostrophe : 1, 17, 1 *Et tamen, o magni cultores atque antistites numinum, cur irasci populis Christianis augustissimos illos adseueratis deos ? Ita non aduertitis, non uidetis adfectus quam turpes, quam indecoras numinibus attribuatis insanias ?*, « Et d'ailleurs, vous, grands dévots, prêtres éminents des divinités, pourquoi affirmez-vous que ces dieux si augustes s'irritent contre les peuples chrétiens ? Vous ne comprenez donc pas, vous ne voyez donc pas quelles passions honteuses, quelles inconvenantes folies vous attribuez aux divinités ? ».
84. 1, 17, 2 *quid est enim aliud irasci quam insanire, quam furere, quam in ultionis libidinem ferri et in alterius doloris cruces efferati pectoris alienatione bacchari ?*, « en effet, qu'est-ce que s'irriter, sinon être fou, se déchaîner, se laisser aller à une frénésie de vengeance et se livrer aux transports délirants d'un cœur ensauvagé qui veut torturer et faire souffrir autrui ? ».
85. 1, 17, 3 *hoc ergo dii magni norunt, perpetiuntur et sentiunt quod ferae, quod beluae, quod mortiferae continent uenenato in dente natrices*, « ainsi donc les grands dieux connaissent, éprouvent

bouillonnent de colère, qu'ils sont en proie à des troubles aussi violents[86], non, ce ne sont pas des dieux, des êtres immortels et éternels. Car « les dieux immortels ne peuvent, dit-on, se mettre en colère et leur nature n'est secouée ni bouleversée par aucune passion »[87].

Ces autres passions qui animent les dieux peuvent être individualisées. C'est ce qui fait le pittoresque ou le tragique de la mythologie. Comme les hommes, les dieux désirent l'argent et le pouvoir. Il est bien connu que Mercure est un voleur, qui a pour auxiliaire Laverna ; cette dernière œuvre avec lui dans l'obscurité[88]. Aussi peu recommandable, Esculape est cupide : c'est par appât du gain qu'il ressuscite les morts. Et comment Apollon, son père, s'est-il enrichi, si ce n'est en trompant jusqu'à ses amis par ses oracles ambigus[89] ? La lutte pour le pouvoir est sanglante. La rivalité entre père et fils traverse les générations. Saturne-Cronos détrône son père Ouranos (Caelus) et le mutile. Pour éviter de subir le même sort, il dévore ses enfants, nés d'Ops-Rhéa. Jusqu'à ce que la ruse de la déesse sauve le petit Jupiter qui, à son tour, détrônera Saturne, chargé de liens et relégué dans le Latium, dont il devient le roi civilisateur[90]. C'est pour le même motif, l'usurpation de pouvoir, que Jupiter foudroie Esculape, qui s'est arrogé droit de vie et de mort sur les

---

et ressentent la même chose que les fauves, les bêtes sauvages, les serpents qui renferment la mort dans leur dent venimeuse ! ». Encore 7, 5, 2 *feris et beluis proximus* (*infra*, n. 115-116).

86. 1, 18, 1 *quod si uerum est istud et est exploratum et cognitum, ecferuescere deos ira et huiusmodi motu, perturbatione iactari, immortales et perpetui non sunt*, « mais, s'il est vrai, assuré et prouvé que les dieux bouillonnent de colère, qu'ils sont secoués par des émotions, des troubles de cette nature, ils ne sont ni immortels ni éternels ».

87. 7, 38, 1 *dii immortales nequeunt, inquit, irasci neque ullis animorum adfectibus eorum quatitur concutiturque natura*.

88. 4, 24, 7 (*supra*, p. 102, n. 113).

89. 4, 24, 6 *numquid cupidinis atque auaritiae causa, sicut canit Boeotius Pindarus, Aesculapium fulminis transfixum esse telo ? numquid Apollinem ditem factum eos ipsos reges quorum gazis fuerat locupletatus et donis ambiguitate fefellisse responsi ?* (*supra*, p. 94, n. 70, et 95, n. 77). La source est Clém. *protr.* 2, 30, 1-2 (« ce médecin aimait l'argent », φιλάργυρος) et 3, 43, 3 (Apollon « aime les présents », φιλόδωρος, – et trahit « son ami » Crésus).

90. Arn. 4, 28, 2 *quis est enim qui credat, si modo agnoscit ac percipit uis istius potentiae quae sit, aut genitabiles habuisse partes deum et abscisione foedissima priuatum his esse ; aut ex se proditas aliquando intercepisse proles et uinculorum coercitum poenis ; aut cum patre quodammodo conseruisse bella ciuilia et eum iure abstinuisse regali ; aut exterritum minoris metu, uertisse exuperatum terga et tamquam fugitiuum et exulem in summotis delituisse secretis ?*, « qu'y a-t-il en effet pour croire, pour peu qu'il reconnaisse et comprenne quelle est l'essence de ce pouvoir, ou bien qu'un dieu ait eu des parties génitales et qu'il en ait été privé par une ignoble mutilation ; ou encore qu'il ait jamais fait périr la progéniture qui était née de lui et qu'il ait été chargé de liens pour sa punition ; ou bien qu'il ait engagé contre son père une espèce de guerre civile et l'ait dépouillé de son pouvoir royal ; ou encore que, terrifié par la crainte de quelqu'un de plus jeune, celui-ci,

hommes : l'un est cupide, l'autre, jaloux de sa puissance. Le pouvoir ne se partage pas. Il se conquiert.

Mais, plus encore, ce qui obsède tous ces dieux, c'est le sexe, les plaisirs charnels. L'amour est le fléau des familles. La faiblesse de la nature humaine la porte à la débauche et la fait céder à l'attrait du plaisir[91]. Mais la nature divine ne lui est en rien supérieure. Des ravages que l'amour cause chez les hommes, Arnobe dresse une peinture paroxystique, qui sent son rhéteur. On se croirait chez Sénèque le Père. Les nobles les plus respectables fréquentent les prostituées, les vieillards sont amoureux comme au temps de leur jeunesse, le lien matrimonial se brise et, transgression suprême, l'inceste est généralisé : mères et fils, pères et filles. Le tableau est si outré qu'il s'achève en caricature : on se suicide en masse, par la pendaison, par le feu et, un peu partout, *passim*, on réédite le suicide du saut de Leucade[92]. Les amours des dieux, suicides mis à part, ne sont pas moins violentes. La chaste Junon, les déesses vierges, Diane, Minerve (il n'est guère question de Vesta), parviennent à préserver leur pudeur. Mais les dieux, Jupiter, Neptune, le vieux Saturne, Apollon, Hercule, prennent leur plaisir avec toutes les mortelles. Le viol, l'inceste sont monnaie courante : Jupiter fait violence à ses « mères », Cybèle, Cérès, et à sa fille Proserpine. Mars et Vénus, prostituée divine, donnent l'exemple.

Qu'est-ce donc que le bonheur des dieux ? Et sont-ils réellement plus heureux que les hommes ? Pas plus qu'eux, ils n'échappent à la souffrance du deuil ni aux tourments du désir. Sont-ils à l'abri des misères quotidiennes, le froid, la

---

vaincu, ait pris la fuite et, comme un esclave fugitif et un exilé, se soit caché dans une lointaine retraite ? ». À dessein généralisant : aucun nom propre n'est prononcé. Cf. aussi *supra*, p. 128.

91. 4, 23, 1 *ad libidinem homines proni atque ad uoluptatum blanditias naturae infirmitate procliues*, « les hommes, qui sont enclins à la débauche et que la faiblesse de leur nature prédispose à la séduction du plaisir ».

92. 3, 27, 2 *in uilissimi nominis scorta suam saepius produnt etiam nobiles dignitatem, dissuuntur tenacium matrimoniorum nexus, <in> incestas libidines necessitudo sanguinis inardescit, insaniunt in liberos matres, patres uirginum suarum uota in se uertunt, contra decus aetatis senes in obscenos ingemunt curis iuuenalibus adpetitus, sapientes et fortes uiri soluunt decreta constantiae uirilitatis uigore mollito, innectuntur ceruicibus laquei, conscenduntur ardentes rogi et per uastas atque altissimas rupes iaciunt se passim uoluntariis saltibus praecipitati*, « bien souvent les nobles eux-mêmes sacrifient leur dignité à des prostituées de la pire réputation, les solides liens du mariage se dénouent, des parents du même sang s'enflamment de passions incestueuses, des mères s'éprennent follement de leur fils, des pères détournent sur leur personne les désirs de leur fille vierge, des vieillards, en dépit de leur âge respectable, soupirent comme de jeunes amoureux pour la satisfaction de leurs appétits impudiques, des hommes sages et braves relâchent leurs principes de fermeté, en laissant s'amollir la vigueur de leur virilité, on se passe la corde au cou, on monte sur des bûchers en feu et un peu partout on se jette du sommet d'énormes rochers, dont on se précipite par un saut suicidaire ».

faim, la maladie ? Arnobe, qui n'est pas à une contradiction près, dit, selon les cas, une chose et son contraire. Faut-il qu'ils soient sensibles au froid de l'hiver, à la brûlure du soleil en été, pour avoir besoin de temples où s'abriter des intempéries[93] ? Ils n'ont ni maladies ni indispositions d'aucune sorte[94]. Et pourtant Vulcain fabrique pour eux non seulement des épées (pour Mars, par exemple), mais des instruments agricoles, Minerve leur confectionne, selon la saison, de chaudes tuniques à triple fil, ou de légers et luxueux vêtements de soie[95]. Junon Lucina aide les déesses à accoucher et, à tous, le médecin des dieux, Esculape, dispense ses soins[96]. Comme les hommes, il leur arrive de pleurer la perte d'un de leurs enfants, impuissants contre les rigueurs du destin[97]. Les déesses pleurent leur jeune amant : Cybèle prend le deuil d'Attis, Vénus perd Adonis[98].

Oui, sans doute, ils sont plus heureux que les hommes. Mais leur bonheur n'est pas parfait. Ils le troublent eux-mêmes par leurs passions. Les emportements de la colère, ceux des passions sont incompatibles avec la nature des dieux, avec la béatitude divine[99]. De vrais dieux devraient être « calmes, paisibles et doux », ignorer tous les mouvements de la passion, s'ils étaient des êtres parfaits, sages et vertueux[100]. « Libres de toute passion, de toute sorte de trouble, [ils ne devraient] ni bouillir de colère ni s'exciter d'aucun désir »[101].

---

93. 6, 3, 6 *hiemalia sentiunt frigora aut solibus torrentur aestiuis, pluuialibus nimbis perfluuntur...?*, « ressentent-ils les froidures hivernales, sont-ils brûlés par le soleil des étés, transpercés par les rafales de la pluie ? ».
94. 7, 34, 9 *quod si possent adscribere ualetudines, aegritudines et corporales diis morbos...*, « et si les hommes pouvaient attribuer aux dieux des maladies, des indispositions et des malaises physiques ».
95. 3, 21, 5 (*supra*, n. 69).
96. 3, 21, 4 (*supra*, p. 85, n. 18 ; p. 96, n. 79).
97. 4, 33, 4 *illi uulnera orbitatis ingemere et cum heiulatibus indecoris fata incusare crudelia*, « ils gémissent s'ils sont blessés par la perte de leurs enfants et accusent le destin cruel en des lamentations indécentes ». Il s'agit de Zeus, pleurant la mort de Sarpédon, cf. Clém. *protr.* 4, 55, 3-4, et *Il.* 16, 433-461.
98. 4, 35, 3-4 ; 7, 33, 5-6 (*supra*, p. 18 sq. et n. 23).
99. 4, 37, 2 *utrumne iras cadere in naturam existimetis deorum an ab adfectibus his longe diuinam esse beatitudinem disiugatam*, « pensez-vous que la colère soit compatible avec la nature des dieux, ou bien que la béatitude divine est à cent lieues des passions de ce genre ? ».
100. 3, 28, 2 *ubinam, quaeso, est illud quod ab omni perturbationis adfectu dii procul amoti sunt, quod lenes, placidi, mites, quod in genere uirtutis unito perfectionis apicem atque ipsius retinent sapientiae summitatem ?*, « où est donc, je vous le demande, cette doctrine qui veut que les dieux soient à cent lieues de tout mouvement passionnel, qu'ils soient calmes, paisibles et doux, que, dans la plénitude de leur vertu, ils aient atteint la cime de la perfection et le sommet de la sagesse elle-même ? ».
101. 6, 2, 2 *ab adfectibus cunctis et cunctis perturbationibus liberos non ira efferuere, non ullis cupiditatibus excitari*.

S'ils avaient toutes les vertus à la perfection, ils jouiraient d'une béatitude absolue[102]. Ils sont plus heureux que les hommes parce qu'ils sont plus puissants qu'eux. Mais, pour tous les biens de l'âme, sagesse, vertu, justice, authentique béatitude, ils sont aussi imparfaits qu'eux.

C'est là le langage de la tradition : depuis Homère, chacun sait que les dieux ne sont à l'abri ni des blessures du corps, ni des morsures de l'âme. Une réflexion théologique plus avancée peut même se poser la question (sacrilège) : ces créatures fragiles, soumises à de telles servitudes, entachées de telles imperfections, sont-elles vraiment des dieux, c'est-à-dire des êtres immortels ? des puissances inaltérables ? Il est permis d'en douter. Sur eux pèse, comme sur tout être vivant, sensible et animé, une double cause de mortalité. Ils ont un corps, avec l'ignoble sexualité qui en découle. Ils sont aussi soumis aux passions de l'âme, non moins néfastes. Les deux sont d'ailleurs liés : une passion comme le plaisir parvient à l'âme par la voie des sens et la « porte » du corps[103]. On ne s'engagera pas plus avant dans le problème des relations de l'âme et du corps, qui dépasse les capacités philosophiques de notre auteur. Arnobe n'en développe pas moins une théorie des passions, qui repose sur un lexique abondant, d'origine stoïcienne. Les passions sont des « affections » de l'âme, mais elles passent par le corps. Le vocabulaire latin des « affects » peut déconcerter par sa richesse et sa variété : *adfectus* (*–tio*, moins fréquent), *passio, perturbatio* sont des termes plus ou moins équivalents qui traduisent le grec πάθος, pour désigner la « maladie » de l'âme[104]. Augustin en donne

---

102. 6, 2, 1 *cunctarum esse debere perfectarumque uirtutum, sapientes iustos graues… nec extraneis adminiculis <se> addicere quo illis integritas inoffensae beatitudinis conpleatur*, « ils doivent avoir toutes les vertus à la perfection, la sagesse, la justice, la dignité… sans recours à des adjuvants extérieurs pour s'assurer pleinement l'intégrité d'une béatitude inaltérable ».

103. 7, 4, 5 *omnis uoluptas quasi quaedam est adulatio corporis notisque illis sensibus adsumitur quinque ; quam si superi sentiunt, et eorum necesse est sint participes corporum, per quae uia est sensibus et accipiendis uoluptatibus ianua*, « tout plaisir est une sorte de caresse du corps et il se goûte par les cinq sens que tout le monde connaît ; or, si les dieux d'en haut l'éprouvent, ils doivent nécessairement être pourvus de corps qui offrent une voie d'accès aux sensations et une porte pour accueillir les plaisirs ».

104. C'est la formule de Platon, *Timée* 86 b νόσον μὲν δὴ ψυχῆς. Cf. Cic. *Tusc.* 3, 7 *Num reliquae quoque perturbationes animi, formidines, libidines, iracundiae ? Haec enim fere sunt eius modi quae Graeci* πάθη *appellant ; ego poteram morbos, et id uerbum esset e uerbo, sed in consuetudinem nostram non caderet… Nos autem hos eosdem motus concitati animi recte, ut opinor, perturbationes dixerimus*, « En diras-tu autant des autres formes de la passion, celles de la crainte, du désir, de la colère ? Car c'est bien là ce que les Grecs appellent πάθη, et j'aurais pu dire maladies, ce qui serait la traduction littérale, mais ne répondrait pas à notre usage… Pour nous, je pense, ces mouvements étant aussi caractérisés par le trouble de l'âme, il serait logique de les appeler passions » ; 4, 10 *quoniam, quae Graeci* πάθη *uocant, nobis perturbationes appellari magis placet*

la liste dans un excellent état de la question[105]. Arnobe, qui établit entre ces termes des distinctions peut-être forcées, justifie leur diversité en expliquant que ces états de l'âme se succèdent l'un à l'autre par une réaction en chaîne. Là où il y a « affect », il y a aussi, nécessairement, « passion ». De la « passion » découle le « trouble ». Le « trouble » entraîne « douleur » et « chagrin », d'où « amoindrissement » et « corruption ». Nul ne peut soutenir cette double attaque. À ce point du processus, la destruction est imminente ; la mort est proche[106].

La théorie une fois exposée[107], il reste à l'appliquer aux situations réelles de la vie religieuse. Cette analyse des passions divines inspire deux chapitres

---

quam morbos..., « puisque nous avons décidé de désigner ce que les Grecs appellent πάθη par passions plutôt que par maladies » ; *Des termes extrêmes...* (cité *fin.*) 3, 35 (*infra*, n. 109). D'où le titre choisi par J. Pigeaud, *La Maladie de l'âme. Étude sur la relation de l'âme et du corps dans la tradition médico-philosophique antique*, 3ᵉ éd., Paris, Les Belles Lettres, 2006.

105. Aug. *ciu.* 9, 4, p. 371 D *Duae sunt sententiae philosophorum de his animi motibus, quae Graeci* πάθη, *nostri autem quidam, sicut Cicero, perturbationes, quidam affectiones uel affectus, quidam uero, sicut iste, de Graeco expressius passiones uocant. Has ergo perturbationes siue affectiones siue passiones quidam philosophi dicunt etiam in sapientem cadere*, « Il y a deux opinions chez les philosophes sur ces mouvements de l'âme appelés par les Grecs πάθη, par certains des nôtres comme Cicéron, *troubles* ; par d'autres *affections* ou dispositions, par d'autres encore comme Apulée *passions*, ce qui exprime mieux le terme grec. Or ces troubles, affections ou passions, certains philosophes disent qu'elles atteignent même le sage ».

106. Arn. 1, 18, 2 *Vbi enim est ullus, sicut sapientibus uidetur, adfectus, ibi esse necesse est passionem ; ubi passio sita est, perturbationem consentaneum est consequi ; ubi perturbatio est, ibi dolor et aegritudo est ; ubi dolor et aegritudo est, imminutioni et corruptioni iam locus est ; quae duo si uexant, adest uicinus interitus, mors omnia finiens et cunctis adimens sentientibus uitam*, « en effet, à en croire les philosophes, là où il y a affection de l'âme, nécessairement il y a passion ; là où est installée la passion, logiquement elle a pour conséquence le trouble ; là où il y a trouble, il y a douleur et chagrin ; là où il y a douleur et chagrin, il y a place pour l'amoindrissement et la corruption ; or, si on est soumis à ce double assaut, la destruction est là, toute proche, la mort qui met fin à tout et ôte la vie à tous les êtres sensibles ». Cf. le commentaire d'H. Le Bonniec, p. 238-242, qui renvoie lui-même, pour les références stoïciennes, au P. Festugière, « Arnobiana », *VChr*, 6, 1952, p. 218 et 242 sq. ; et, sur l'ensemble de la question (« Anthropopathic Deities », « Anthropopathic Behaviour »), M. B. Simmons, *Arnobius of Sicca*, p. 247-263.

107. La distribution des trois termes, *adfectus, passio, perturbatio*, ne se justifie guère par des distinctions sémantiques : elle relève surtout de l'usage propre à chaque auteur. Celui que Cicéron emploie constamment (*supra*, n. 104 ; *infra*, n. 109) est *perturbatio*. Sénèque dit *adfectus* : *De la colère* 1, 1, 1 *hunc praecipue affectum pertimuisse maxime ex omnibus taetrum ac rabidum*, « redouter cette passion qui est plus que toute autre affreuse et enragée » ; 1, 10, 4 *ita, inquit, utilis affectus est si modicus est*, « la passion, dis-tu, n'est utile qu'à la condition d'être modérée » ; *epist.* 75, 12 *affectus sunt motus animi inprobabiles, subiti et concitati, qui frequentes neglectique fecere morbum*, « les affections sont des mouvements de l'âme injustifiables, soudains, impétueux

successifs et parallèles du livre VII, destinés à démontrer l'inutilité du culte et, en particulier, des sacrifices. Pourquoi en offre-t-on aux dieux ? Est-ce pour leur faire plaisir ? N'est-ce pas plutôt pour les apaiser ? Dans les deux cas, c'est l'âme passionnelle des dieux que les hommes cherchent à émouvoir. Arnobe reproduit, plus ou moins fidèlement, la théorie stoïcienne des passions, telle qu'elle est présentée par Cicéron. L'apologiste distingue quatre formes de la passion qui, disposées en chiasme, s'opposent terme à terme : plaisir (*uoluptas*), tristesse (*tristitia*), chagrin (*maeror*), allégresse (*laetitia*), les unes agréables, les autres pénibles, qui se ramènent aux deux pôles (*utroque affectu*) de la vie psychique[108]. On y reconnaîtra, sous d'autres noms, deux des quatre passions fondamentales de Cicéron, le plaisir et le chagrin, *libido* (ou *uoluptas*) d'une part, *aegritudo* de l'autre[109]. Ces passions se subdivisent elles-mêmes en

qui, répétés et négligés, font les maladies », de même que la toux dégénère en phtisie. *Passio* apparaît peut-être chez Varron, voir Charisius p. 315, 3 Barwick ἤθη, *ut ait Varro... πάθη uero Trabea, inquit, Atilius Caecilius facile mouerunt.* « *Egone illam ? quae illum ?...* » *praecise, inquit Varro, generat animi passionem*, « ἤθη, comme dit Varron... Trabea, dit-il, Atilius, Caecilius ont aisément excité les passions, πάθη. "Moi je la...! Elle qui le...!" [Térence, *Eunuque* 65] : user de peu de mots, dit Varron, voilà qui déclenche les passions de l'âme » (voir A. Traglia, *Opere di Marco Terenzio Varrone*, Turin, Unione tipografico-ed. torinese, 1974, p. 508-511. – Je remercie vivement Aude Lehmann, à qui je dois cette référence) ; Serv. *Aen.* 6, 733 *Varro et omnes philosophi dicunt quattuor esse passiones, duas a bonis opinatis et duas a malis opinatis rebus... dolere et timere... gaudere et cupere*, « Varron et tous les philosophes disent qu'il y a quatre passions : deux qui sont dues à des choses jugées bonnes et deux à des choses jugées mauvaises... souffrir et craindre... se réjouir et désirer » ; plus sûrement chez Apulée, *Du dieu de Socrate* 147 *debet deus... ab omnibus animi passionibus liber nec dolere umquam nec aliquando laetari nec aliquid repentinum uelle uel nolle*, « aussi est-ce un devoir pour un dieu... libre de toute passion, il ne doit jamais souffrir, ni se réjouir un instant, ni vouloir ou refuser soudain ceci ou cela ».
108. Arn. 7, 4, 3-4 *Quod enim uoluptate dissoluitur, id contraria necesse est tristitia contrahatur, nec immune existere ab anxietate maeroris quod laetitia trepidat et leuitatibus extollitur gaudiorum. Vtroque autem affectu debent esse dii liberi, si eos esse perpetuos et mortalium uolumus fragilitate priuatos*, « Car ce qui se détend sous l'effet du plaisir, se resserre nécessairement sous l'effet de la tristesse, et on ne peut vivre à l'abri de l'anxiété du chagrin, quand on est transporté d'allégresse et qu'on exulte dans des joies frivoles. Or les dieux doivent être libres de l'une et de l'autre passion, si nous les voulons éternels et exempts de la fragilité des mortels ».
109. Cic. *fin.* 3, 35 *Nec uero perturbationes animorum, quae uitam insipientium miseram acerbamque reddunt (quas Graeci* πάθη *appellant, poteram ego uerbum ipsum interpretans morbos appellare... at illi dicunt* πάθος. *Sit igitur perturbatio)... omnesque eae sunt genere quattuor, partibus plures, aegritudo, formido, libido, quamque Stoici communi nomine corporis et animi* ἡδονήν *appellant, ego malo laetitiam appellare, quasi gestientis animi elationem uoluptariam*, « Quant aux troubles de l'âme, qui rendent misérable et amère l'existence des insensés (ces troubles, que les Grecs appellent πάθη, je pourrais, moi, en traduisant exactement le mot grec, les appeler "maladies"... pourtant les Stoïciens appliquent le nom de πάθος. Disons donc "trouble")... tous ces troubles se divisent en quatre genres avec de nombreuses subdivisions : la tristesse, la

sous-catégories. La *laetitia* (chez Arnobe comme chez Cicéron) est une forme exaltée de la *libido-uoluptas*[110]. Quant à la *tristitia*, terme qui n'appartient pas au vocabulaire technique de la philosophie et que Cicéron n'emploie pas dans son analyse, on peut la rattacher au « chagrin », *aegritudo* (Cicéron) ou à son équivalent arnobien, *maeror*[111]. Sous cet état de mal-être, voisin du *taedium uitae* ou de la mélancolie[112], on retrouve bien des subdivisions de l'*aegritudo* : deuil, affliction (*maeror*, précisément), souffrance, peine[113]. Après l'analyse, les effets. L'instabilité dont les passions sont la cause, puisque ce qui se détend sous l'effet du plaisir « se contracte » sous celui de la tristesse[114], est incompatible avec l'éternité des dieux, qui doivent être libres de ces deux affects, si nous voulons qu'ils échappent à la fragilité des mortels. Il n'y a donc aucun profit à célébrer des sacrifices qui, dans leur indifférence, ne leur causent nul plaisir.

Il n'est pas moins inutile de leur en offrir pour apaiser leur colère. Arnobe s'attarde davantage sur ce second point, qui sert encore mieux sa thèse : la manifestation la plus spectaculaire des passions est la colère, qui anime des dieux hors d'eux-mêmes contre les hommes. La thèse s'appuie sur un raisonnement dont les articulations logiques sont fortement soulignées[115]. Si nous nous en

crainte, le désir et le trouble que les Stoïciens, d'un terme également applicable au corps et à l'âme, appellent ἡδονή <"plaisir">, mais que j'aime mieux, moi appeler "joie", comme qui dirait les transports voluptueux d'une âme en état d'exaltation ». Et surtout *Tusc.* 3, 24-25 ... *quattuor perturbationes aequaliter distributae sunt. Nam duae sunt ex opinione boni, quarum altera, uoluptas gestiens... altera, cupiditas, quae recte uel libido dici potest... duo reliqua, metus et aegritudo, malorum*, « ... les quatre passions ont été réparties en deux classes. En effet deux procèdent de l'opinion du bien : l'une, le plaisir délirant... l'autre, l'avidité, que l'on est en droit d'appeler aussi désir... de même, la crainte et le chagrin sont provoqués par l'opinion du mal » ; et l'analyse développée de 4, 10-33 ; en particulier 4, 11-12 *ita esse quattuor, ex bonis libidinem et laetitiam... ex malis metum et aegritudinem*, « par suite il y en a quatre : pour les biens le désir et la joie... pour les maux la crainte et le chagrin ». Voir J. Pigeaud, *La Maladie de l'âme*, p. 287-299.

110. Cic. *fin.* 3, 35 ; *Tusc.* 3, 24 ; 4, 12-13 ; Arn. 7, 4, 3 (*supra*, n. 108) ; 7, 4, 8 *diffundique laetitia*, « transportés d'allégresse ».
111. *Maerores* et *tristitias* sont synonymes chez Arn. 5, 25, 7 et 5, 26, 3, pour désigner « le chagrin » de Cérès.
112. Voir J. Pigeaud, *La Maladie de l'âme*, p. 503-521.
113. Cic. *Tusc.* 4, 16 *ut aegritudini... luctus, maeror... dolor... molestia*, « ainsi au chagrin [se rattachent]... le deuil, l'affliction... la souffrance... la peine ». Même association *aegritudo maeror*, « chagrin, affliction » en 3, 43 ; 3, 70-71 ; 4, 18.
114. *Supra*, n. 108. Cf. Cic. *Tusc.* 4, 14 *contrahunt, contractio, contrahi* : l'âme « se resserre » sous l'effet du chagrin.
115. Arn. 7, 5, 2-5 *At si definitionem teneamus illam, quam pertinaciter meminisse conuenit nos semper, uniuersos animorum adfectus ignotos diis esse, consectaneum est credere numquam deos irasci, quin immo nullum adfectum magis esse ab his longe quam qui feris et beluis proximus turbat*

tenons, dit-il, à notre définition, que toutes les passions de l'âme (*animorum adfectus*) sont inconnues des dieux, il est logique de penser qu'ils ignorent la colère ; bien mieux, que nulle passion (*adfectum*) n'est plus éloignée d'eux que celle qui les fait ressembler à des fauves[116], les secoue de ses tempêtes et les met en danger de mort. Car (*enim*) tout ce qui est sujet à la passion est fragilisé par elle et nécessairement mortel. Or (*autem*) la colère détruit ceux qui l'éprouvent. Donc (*ergo*) ce qui est sujet aux accès passionnels de la colère est mortel. Et pourtant (*atquin*), il convient que les dieux soient éternels et d'une nature immortelle : si c'est avéré, la colère leur est étrangère. Il n'y a donc (*ergo*) pas lieu de chercher à apaiser chez les dieux d'en haut ce qui ne peut se concilier avec leur béatitude.

Vous, païens, vous estimez que les divinités s'irritent et qu'elles sont troublées par toutes les autres passions de l'âme. Nous, nous pensons que de tels « mouvements » passionnels leur sont étrangers, car ce sont les caractéristiques des espèces sauvages et de la condition mortelle[117]. C'est là, Arnobe y insiste, l'un des points majeurs qui séparent les deux conceptions de la divinité,

tempestatibus patientes et ad periculum interitionis inducit. Quicquid enim uexatur rei alicuius e motu, passibile esse constat et fragile : quod passioni fragilitatique subiectum est, id necesse est esse mortale : ira autem uexat et patientes se soluit : ergo esse mortale dicendum est quod passionibus subiectum est irae. Atquin deos scimus esse oportere perpetuos et naturam inmortalitatis tenere : quod si constat et liquidum est, ira ab his longe et ab eorum condicione disiuncta est. Nullis ergo rationibus conuenit id in superis uelle placare quod posse non uideas in eorum beatitudinem conuenire, « Mais si nous nous en tenons à la définition dont nous devons nous souvenir toujours obstinément, qui veut que toutes les passions soient inconnues des dieux, il est logique de croire que jamais les dieux ne s'irritent ; bien plus, que nulle passion n'est plus éloignée d'eux que celle qui, semblable à un fauve, à une bête féroce, secoue de tempêtes ceux qui l'éprouvent et les met en danger de mort. Tout ce qui est tourmenté par suite d'une émotion quelconque, est évidemment sujet aux passions, et faible ; ce qui est soumis aux passions et à la faiblesse est nécessairement mortel ; or la colère tourmente et détruit ceux qui l'éprouvent ; il faut donc dire mortel ce qui est sujet aux souffrances de la colère. Cela étant, il convient, nous le savons, que les dieux soient éternels et possèdent une nature immortelle ; or, si cela est assuré et clair, la colère est bien loin d'eux et étrangère à leur condition. Il ne convient donc en aucune façon de vouloir apaiser chez les dieux d'en haut une passion qui, nous le voyons, ne peut se concilier avec leur béatitude ».

116. *Feris et beluis proximus* reprend 1, 17, 3 *quod ferae, quod beluae* (*supra*, n. 85). Les colères des dieux ne sont pas seulement, comme celle des hommes, des accès de folie furieuse : elles les ravalent à la bestialité. Encore 7, 6, 3 *feras nobis proponitis, non deos*, « ce ne sont pas des dieux que vous nous présentez, mais des fauves ».

117. 7, 36, 2 *irasci et perturbari uos numina ceterisque animorum adfectibus mancipata esse atque obnoxia iudicatis ; nos huiusmodi motus alienos existimamus ab his esse : sunt enim ferocium generum et mortalitatis obeuntium functiones*, « vous jugez que les divinités s'irritent et se passionnent, qu'elles sont sujettes et soumises aux autres passions de l'âme ; nous estimons que de

celle du paganisme traditionnel, même si les philosophes soutiennent la thèse de l'*apatheia* divine ou de l'ataraxie, et celle des chrétiens. C'est l'une des objections que, dans les livres précédents, il opposait à ses adversaires : les passions, génératrices de troubles, sont antinomiques du bonheur paisible des dieux, du calme et de la douceur, de la vertu et de la sagesse qui s'attachent à ce nom[118]. Arnobe, on l'a maintes fois relevé, ignore la colère du Dieu de la Bible, sur laquelle s'interrogera son élève Lactance.

Là où existent des passions, confirme-t-il par ailleurs, il n'y a, nécessairement, rien de divin. Car les passions proviennent de troubles violents[119]. Arnobe nous décrivait pourtant, il y a peu, le processus inverse : de la « passion » naît le « trouble », disait-il au livre I. De l'*adfectus* (*-tio*) et de la *perturbatio*, lequel donc est premier[120] ? sans compter qu'il faut aussi passer par la *passio*[121]. La théorie est-elle aussi solide qu'il y paraissait, et l'enchaînement fatal des affects aussi inéluctable qu'il l'affirmait ? Ou la réaction en chaîne analysée au livre I n'était-elle que le développement brillant d'un instant, vite exposé, vite oublié ? Quoi qu'il en soit, ce qui est le propre d'une espèce périssable et de la

tels mouvements leur sont étrangers : ce sont en effet les caractéristiques d'espèces sauvages et qui sont soumises à la condition mortelle ».

118. Cf. 3, 28, 2 et 6, 2, 1-2 (*supra*, n. 100-102), où, au vocabulaire des passions, *perturbationis adfectu, adfectibus cunctis et cunctis perturbationibus,* s'oppose celui des vertus divines, *in genere uirtutis unito,* énumérées en deux trilogies : *lenes placidi mites, sapientes iustos graues.*

119. 4, 28, 1 *ubi omnis animorum adfectio ab inquietis perturbationibus ueniens, necesse est diuinum nihil istic esse, nec quod proprium caduci est generis et terrenae fragilitatis praestantiori posse adhaerere naturae.* § 4 *Aut igitur uobis quaerendi sunt dii alii in quos omnia ista non cadant – in quos enim haec cadunt, humani sunt generis atque terreni… Mortalia sunt enim quaecumque narratis,* « là où il y a toutes sortes de passions qui naissent de troubles violents, nécessairement il n'y a là rien de divin, et ce qui est propre à une race périssable et à la faiblesse terrestre ne peut faire corps avec une nature supérieure. § 4 Ou bien donc il vous faut chercher d'autres dieux, qui ne soient pas sujets à toutes ces faiblesses – car ceux qui y sont sujets sont de race humaine et terrestre… Car tout ce que vous en racontez est le fait de mortels ».

120. Puisqu'on passe du schéma de 1, 18, 2 *adfectus* → *perturbatio*, à celui de 4, 28, 1 *perturbatio* → *adfectio*.

121. On rapprochera la théorie de la *passio*, « passivité », exposée en 2, 26, 6 *Quicquid enim causa ingruente nonnulla ita mutatur et uertitur ut integritatem suam retinere non possit, id necesse est iudicari natura esse passiuum. Quod autem est promptum atque expositum passioni, corruptibile esse ipsa passibilitate interueniente denuntiat,* « Car tout ce qui, sous l'effet d'une cause quelconque, change et se transforme au point de ne pouvoir maintenir son intégrité, doit être considéré comme passif par nature. Or ce qui est porté et soumis à la passivité se révèle corruptible par l'intervention de sa passibilité même » ; et 2, 27, 3 *omnis enim passio leti atque interitus ianua est, ad mortem ducens uia et ineuitabilem rebus adferens functionem,* « car toute passivité est la porte du trépas et de la disparition, la voie qui conduit à la mort et mène les choses à une fin inévitable ».

fragilité terrestre ne peut appartenir à une nature supérieure comme celle des dieux. Donc, vous n'avez plus qu'à chercher d'autres dieux, qui soient exempts de ces faiblesses humaines et terrestres. Car tout ce que vous nous racontez d'eux est le fait de mortels. Ce qui reste acquis, ce qui est inattaquable, c'est que passion et nature divine sont incompatibles. Arnobe le répétera avec force au début du livre VI. Même si les étapes du processus qui, de la passion, mène à la mort, sont sujettes à caution, le point de départ et le point d'aboutissement, eux, ne varient pas : les passions, les troubles passionnels conduisent à la mort. C'est là, dit-il avec les mêmes mots, ou presque, le propre d'une espèce périssable et de la faiblesse humaine. Les philosophes l'affirment : ceux qu'atteint la passion souffrent, s'affligent, s'affaiblissent. Il est inévitable que soient assujettis aux lois de la mortalité ceux qui s'abandonnent à de tels troubles[122].

Arnobe, à l'évidence, dramatise : au terme du processus, les passions débouchent inéluctablement sur la mort du sujet. Le vocabulaire de la mort, répété, *mors, mortale, mortalitas, interitus, interitio*, fait impression et emporte la conviction. Le raisonnement, pourtant, est en trompe-l'œil. Que la passion soit une maladie, soit. Mais toute maladie n'est pas mortelle. Cicéron décrit les passions comme des maladies chroniques (*aegrotatio*, distinct de *morbus*) : on n'en souffre pas en permanence, à tout instant (*iam*, « pour le moment »), mais on y est exposé et on en souffre souvent[123]. De même, certains sont exposés à la crainte, et d'autres à une autre passion. La maladie, quand elle est grave, met en péril de mort. Mais, là où la démonstration d'Arnobe est biaisée, c'est que d'une possibilité, il fait une nécessité. L'homme vit, même s'il vit mal, avec ses passions. Quant aux divinités, a-t-on jamais vu, dans la

---

122. 6, 2, 3 *caduci enim generis et infirmitatis humanae est contrariis agere, eosque quos tangat adfectio pati dolere deminui, sapientium scita et pronuntiata definiunt nec posse aliter fieri quin legibus mortalitatis adstricti sint qui sint ullis perturbationibus mancipati*, « car c'est le fait d'une race périssable et de la faiblesse humaine, que d'agir sous l'effet d'impulsions contradictoires : or ceux qu'éprouve la passion – les maximes et les axiomes des sages l'établissent – souffrent, s'affligent, s'affaiblissent et ils sont assujettis aux lois de la condition mortelle – il ne peut en aller autrement –, ceux qui s'abandonnent aux troubles de l'âme ». La reprise de 4, 28, 1 (*supra*, n. 119) est manifeste : Arnobe exprime la même idée avec les mêmes mots, juste une habile *uariatio* (*terrenae fragilitatis / infirmitatis humanae*).
123. Cic. *Tusc.* 4, 25 *ceterique... morbi aegrotationesque*, « toutes les autres maladies et maux chroniques » ; 4, 27 *ut sunt alii ad alios morbos procliuiores... non quia iam sint, sed quia saepe sint, sic alii ad metum, alii ad aliam perturbationem*, « de même qu'il y a des gens sujets à une maladie, et d'autres à une autre... non pas avec l'idée qu'ils l'aient pour le moment, mais avec l'idée qu'ils en souffrent souvent, ainsi il y a des gens sujets à la crainte et d'autres qui sont sujets à une autre passion ». J. Pigeaud, *La Maladie de l'âme*, p. 290, définit l'*aegrotatio* comme « une maladie lente avec accès et rémissions ».

vaste collection des mythes, une déesse mourir du mal d'amour, ou un dieu périr dans un accès de rage ?

Arnobe a beau invoquer l'autorité des philosophes païens : à notre connaissance, ils ne disent pas que la passion fait mourir[124]. C'est, précisément, le rôle de la philosophie que de nous aider à en guérir. Mais cessons de chercher une mauvaise querelle à notre apologiste. Suivons-le docilement dans une démonstration assez bien menée pour faire illusion, et acceptons sa conclusion : vos « dieux » qui ont un corps fragile, plus vulnérable qu'il n'y paraît, et une âme malade de ses passions, sont mortels, guettés, comme nous, par « la mort qui met fin à tout et, à tous les êtres sensibles, ôte la vie »[125]. Donc, ce ne sont pas des dieux. Telle est leur suprême misère : la négation même de leur nature divine. Ainsi s'effondre l'anthropomorphisme : vous avez prêté aux dieux un corps semblable à celui des hommes mortels, vous leur avez donné les sentiments et les passions des hommes mortels. Après des siècles d'erreur, il ne vous reste que des dieux morts.

---

124. On ne voit, non plus, rien de tel chez Augustin qui, pourtant, puise aux mêmes sources (*supra*, n. 105).

125. 1, 18, 2 (*supra*, n. 106).

Chapitre VI
Nomina deorum. L'un et le multiple

Les dieux tout-puissants sont des êtres fragiles. Les croyait-on à l'abri de tous les maux, du corps et de l'âme ? L'étude de leurs mythes dissipe cette illusion. Leurs noms n'échappent pas davantage à la critique de l'apologiste. Arnobe les soumet à une révision implacable tout au long du livre IV, de deux points de vue successifs, romain, puis grec : d'abord la critique de leurs noms latins, pris individuellement, nom par nom, puis celle de leurs noms grecs, confrontés à la multiplicité des mythes. Les appellations latines des *indigitamenta* ne résistent pas à l'analyse. Les noms, ou les mythes, grecs non plus : comment un même théonyme peut-il être porté par plusieurs personnes divines apparemment différentes, par des homonymes divins, comme on en rencontre tant parmi les hommes ? Ce qui ne choque pas dans notre monde terrestre est une offense à la majesté divine. C'est que le nom d'un dieu est beaucoup plus qu'une simple appellation. La preuve en est la paronomase *nomen / numen*, dont Arnobe use si volontiers[1]. Le nom exprime la personne même de la divinité ; dans son nom réside son essence.

L'ouverture du livre IV pose, en quelques lignes, le problème des abstractions divinisées, si nombreuses dans la religion romaine : Piété, Concorde, Sauvegarde, Honneur, Valeur, Félicité et autres noms analogues, à qui vous

---

1. Par exemple 3, 29, 5 *si tempus significatur hoc nomine, Graecorum ut interpretes autumant, ut quod χρόνος est habeatur Κρόνος, nullum est Saturnium numen*, « si ce nom signifie "Temps", comme l'affirment les exégètes grecs, qui font de *chronos* le dieu *Cronos*, il n'y a plus de divinité Saturnienne » ; 3, 35, 2 *illi continuo desinent dii esse quos in eius portionibus paulo ante immutatis nominibus constituebatis... nec in plura potest numina dissipari*, « sur-le-champ perdront aussi l'existence les dieux que vous installiez il y a un instant, en changeant leurs noms, dans les diverses parties du monde... le monde ne peut se disperser en divinités multiples » ; 3, 35, 4 *summa omnis illuc redit ut neque sol deus sit neque luna neque aether, tellus et cetera ; sunt enim partes mundi, non specialia numinum nomina*, « en fin de compte cela revient à dire que le soleil n'est pas dieu, ni la lune, ni l'éther, la terre et tout le reste ; en effet ce sont des parties du monde, et non pas les noms de divinités particulières ». Cf. également Aug. *ciu.* 1, 3, p. 7 D *uictos deos tamquam praesides ac defensores colere, quid est aliud quam tenere non numina bona, sed nomina mala ?* qui joue sur les deux sens de *nomen*, théonyme, et nom d'un débiteur, d'où bonne ou, ici, mauvaise créance : « honorer comme protecteurs et défenseurs des dieux vaincus, est-ce autre chose que posséder, non de bonnes divinités, mais de mauvais payeurs ? ».

avez élevé des autels et de magnifiques sanctuaires. Pensez-vous vraiment que ces dieux habitent les séjours du ciel[2], ou n'est-ce que par convention que vous honorez comme des dieux des qualités humaines[3] ? Encore s'agit-il d'authentiques valeurs. Mais les Romains rendent aussi un culte à des vices ou des entités néfastes, ce que réprouvait Cicéron[4]. Arnobe ne s'attarde pas

2.   4, 1, 1 *interrogare uos libet ipsosque ante omnia Romanos, dominos rerum ac principes, utrumne existimetis Pietatem, Concordiam, Salutem, Honorem, Virtutem, Felicitatem ceteraque huiusmodi nomina quibus aras uidemus a uobis cum magnificis exaedificatas delubris uim habere diuinam caelique in regionibus degere*, « j'aimerais vous demander, à vous surtout, Romains, maîtres et seigneurs du monde, si vous pensez que la Piété, la Concorde, la Sauvegarde, l'Honneur, la Valeur, la Félicité et tous les autres noms de ce genre, auxquels nous voyons que vous avez édifié des autels avec de magnifiques sanctuaires, ont un pouvoir divin et vivent dans les régions célestes » ; 4, 1, 3 *Victoria, Pax, Aequitas et cetera quae in superioribus dicta sunt, quanam ratione, qua uia intellegi possunt dii esse ?*, « la Victoire, la Paix, l'Équité et les autres notions citées plus haut, de quelle manière, par quel moyen peut-on les concevoir comme des dieux ? ».
3.   4, 2, 1 *nos enim, nisi forte communem tollitis nobis atque eripitis sensum, nihil horum sentimus et cernimus habere uim numinis neque in aliqua contineri sui generis forma, sed esse uirtutem uiri, salutem salui, honorem honorati, uictoris uictoriam, concordis concordiam, pietatem pii, memoriam memoris, feliciter uero uiuentis ac sine ullis offensionibus felicitatem*, « car nous, à moins peut-être que vous ne nous retiriez et ne nous refusiez le sens commun, nous pensons et constatons qu'aucune de ces notions n'a le pouvoir d'une divinité ni ne réside en une forme qui lui soit propre, mais que ce qui existe, c'est la valeur d'un homme, la sauvegarde de qui est sauf, l'honneur de qui est honoré, la victoire du vainqueur, la concorde de qui est d'accord, la piété de l'homme pieux, la mémoire de qui se souvient, la félicité de qui vit vraiment heureux, sans nul déplaisir ».
4.   *ND* 3, 63 *Qui tantus error fuit ut perniciosis etiam rebus non nomen deorum tribueretur sed etiam sacra constituerentur. Febris enim fanum in Palatio et <Orbonae ad> aedem Larum et aram Malae Fortunae Esquiliis consecratam uidemus*, « Cette erreur est allée si loin qu'on ne s'est pas contenté de donner des noms de dieux à des choses funestes, on a établi un culte en leur honneur : la Fièvre a son temple sur le Palatin, Orbona a le sien près du sanctuaire des Lares et nous voyons sur l'Esquilin l'autel consacré à la Mauvaise Fortune » ; *leg.* 2, 19 *ast olla propter quae datur hominibus ascensus in caelum, Mentem, Virtutem, Pietatem, Fidem, earumque laudum delubra sunto nec ulla uitiorum sacra sollemnia obeunto*, « et ces <mérites> grâce auxquels est accordé aux hommes le pouvoir de s'élever au ciel : l'Esprit, la Vertu, la Piété, la Bonne Foi, et que de ces mérites il y ait des sanctuaires ; mais que jamais l'on n'entreprenne en l'honneur des Vices de cérémonies solennelles » ; 2, 28 *Virtutes enim, non uitia consecrari decet. Araque uetusta in Palatio Febris et altera Esquiliis Malae Fortunae detestataque omnia eius modi repudianda sunt. Quodsi fingenda nomina sint, adsciscenda potius... rerumque expetendarum nomina, Salutis, Honoris, Opis, Victoriae, quoniamque exspectatione rerum bonarum erigitur animus, recte etiam Spes a Calatino consecrata est*, « Car il faut diviniser les vertus, non les vices. Et le vieil autel de la Fièvre sur le Palatin ainsi que celui de la Mauvaise Fortune aux Esquilies, et toutes les choses haïssables du même genre sont à rejeter. Si l'on doit inventer des noms allégoriques que ce soient plutôt... les noms de choses souhaitables : Salut, Honneur, Prospérité (*Ops*), Victoire ; et, puisque l'attente du succès nous élève le cœur, c'est à juste titre que Calatinus a aussi divinisé l'Espérance ».

sur cette question subsidiaire, pour en venir aussitôt au cœur de son sujet : ces obscures divinités que sont les indigitations.

Les indigitations

Exposé aux coups de boutoir de l'apologétique, le monde des dieux traditionnels a pourtant, jusqu'ici, tenu bon. Est-ce à la solidité de sa structure « sociale » qu'il doit sa capacité de résistance ? Il est, bien sûr, pyramidal, inégalitaire : aussi fortement hiérarchisé que les sociétés antiques, qui s'ordonnent autour non seulement d'un souverain, mais de leurs « ordres » privilégiés. Il a son roi, Jupiter, et, nous dit Augustin, son sénat[5]. Il a son aristocratie qui, elle-même, se subdivise entre les Olympiens, les très grands dieux qui sont en quelque sorte sa *nobilitas* sénatoriale, et une bourgeoisie, ou une petite noblesse, de second « ordre », formée de dieux authentiques, mais d'un rang inférieur[6], qui serait pour ainsi dire, chez les dieux, l'équivalent de l'ordre équestre. Il a aussi sa plèbe[7], nombreuse – une véritable foule[8]. Augustin n'a pas manqué, comme Arnobe, de se gausser de « cette foule de divinités », de ces « dieux, si nombreux, si infimes », que la décadence des mœurs romaines aurait « chassés des autels de la Ville comme on chasse des mouches »[9].

---

5.   *Ciu.* 7, 3, p. 277 D, qui reproduit la hiérarchie de Varron, de la plèbe au sénat (*tamquam senatum cum plebe*), du plus bas degré, de « ces menus emplois minutieusement répartis entre de multiples dieux », *in his minutis operibus, quae minutatim diis pluribus distributa sunt*, aux dieux supérieurs, « choisis », *selecti*, et, tout au sommet, « principaux et choisis », *selectos eos et praecipuos*. Arnobe, lui aussi, dans un autre contexte, 5, 21, 1, nomme « le sénat des dieux au grand complet », *deorum uniuersus ordo*, que Jupiter délègue auprès de la Grande Mère irritée pour tenter de l'apaiser.

6.   Comme, par exemple, Mater Matuta, Consus, Palès, Flora (3, 23, 3-6).

7.   3, 3, 2 *uelut quendam populum plebeiae multitudinis faciant*, [d'autres personnes divines qui]... « forment une sorte de peuple, une foule plébéienne » ; 3, 4, 1 *sit ista, ut praedicatis, plebs numinum*, « admettons qu'il existe, comme vous, vous le proclamez, une plèbe de divinités ». Déjà Ov. *Contre Ibis* 81 *plebs Superum, Fauni Satyrique Laresque...*, « foule des dieux d'en haut, Faunes, Satyres et Lares ».

8.   *Turba* : l'expression est récurrente chez Aug. *ciu.* 4, 8, p. 155 D *tanta deorum turba*, « cette foule énorme de dieux » ; 4, 11, p. 160 D *in illa turba quasi plebeiorum deorum*, « dans cette foule de dieux pour ainsi dire plébéiens » ; 4, 21, p. 171 D *tantam deorum turbam colere et inuocare*, « adorer et invoquer une si grande foule de dieux » ; 6, 10, p. 269 D, d'après Sénèque, *omnem istam ignobilem deorum turbam*, « toute cette foule de dieux obscurs » ; 7, 4, p. 279 D *illam infimam turbam*, « la foule des dieux infimes ».

9.   Aug. *ciu.* 2, 22, p. 84 D *ab Vrbis altaribus tam multos ac minutos deos tamquam muscas abegerunt ; sed tamen haec numinum turba ubi erat...* ?

Ces petits dieux qui, au plus bas degré de la hiérarchie céleste, s'affairent comme des troupes d'auxiliaires au service des grands dieux, ne sont autres que les *di certi* de Varron[10], les « dieux spéciaux » ou spécialisés, confinés dans des tâches non moins spécialisées[11], et toujours nommés par listes, puisque leur action propre s'inscrit dans un domaine d'activité collective, préposés qu'ils sont aux moments et aux moyens de la vie humaine[12]. Leur existence tient tout entière dans la fonction unique qui les définit, qui leur donne leur nom et qui se justifie par l'étymologie. Des dieux aussi limités sont, pour les apologistes chrétiens[13], Tertullien, Arnobe, Augustin, un sujet privilégié de dérision et de scandale, et les modernes partagent volontiers, devant ce qu'ils appelaient naguère les *numina*, leur étonnement et leur ironie : rien n'est plus éloigné du monothéisme et de la grandeur de Dieu que ces listes de tâcherons, fussent-ils, eux aussi, des dieux. Ils sont, pourtant, d'origine authentiquement pontificale : c'est dans les *indigitamenta*, ces sortes de litanies du paganisme[14], enregistrées par les pontifes, que Varron a trouvé leurs noms, qu'il a reproduits au livre XIV des *Antiquités divines*[15].

10. Nommés par Arn. en 2, 65, 5 *ut enim dii certi certas apud uos habent tutelas licentias potestates neque eorum ab aliquo id quod eius non sit potestatis ac licentiae postulatis*, « chez vous, des dieux précis exercent des patronages, des attributions, des pouvoirs précis, et vous ne réclamez pas à l'un d'eux ce qui ne relèverait ni de son pouvoir ni de ses attributions ». Cf. Serv. Dan. *Aen.* 2, 141 ... *pontifices dicunt, singulis actibus proprios deos praeesse. Hos Varro certos deos appellat*, « les pontifes disent qu'aux diverses actions, prises une à une, président des dieux qui leur sont propres. Varron les appelle dieux spéciaux ».
11. Et dont les noms occupent de gros volumes « où sont réparties les fonctions des divinités propres à chaque objet en particulier », *singulis rebus propria dispertientes officia numinum* (Aug. *ciu.* 4, 8, p. 155 D). C'est ce que G. Dumézil, *La Religion romaine archaïque*[2], p. 54 sq., appelle une « société, amie des listes et des précisions, de la méthode et du travail bien divisé » (cf. aussi *supra*, notre p. 81, n. 1).
12. Aug. *ciu.* 6, 9, p. 266 D (*infra*, n. 53).
13. Voir F. Chapot, « Étiologie et critique du paganisme. L'utilisation des *indigitamenta* chez les auteurs latins chrétiens », dans M. Chassignet (dir.), *L'Étiologie dans la pensée antique*, Turnhout, Brepols, 2008, p. 331-345.
14. Pour la documentation, voir, s. v. *Indigitamenta*, les encyclopédies et dictionnaires : Peter, dans Roscher, *Ausf. Lexikon*, II, 1, col. 129-233 (tableau, col. 143-146) ; Bouché-Leclercq, *DA*, III, 1, p. 468-479, qui, seul, p. 470 sq., fait un sort à Arnobe ; Richter, *RE*, IX, 2, col. 1334-1367 (tableau, col. 1339-1342). Ainsi que le commentaire de Cardauns, p. 186-189 ; et surtout la synthèse de M. Perfigli, *Indigitamenta. Divinità funzionali e funzionalità divina nella religione romana*, Pise, ETS, 2004.
15. Serv. *Commentaire sur les Géorgiques* 1, 21 *nomina haec numinum in indigitamentis inueniuntur, id est in libris pontificalibus, qui et nomina deorum et rationes ipsorum nominum continent, quae etiam Varro dicit... nomina numinibus ex officiis constat inposita*, « on trouve ces noms de divinités dans les indigitations, c'est-à-dire dans les livres des pontifes, qui contiennent à la

Ce sont des divinités sans mythologie, sans famille, sans histoire, à l'inverse des grands dieux que nous avons étudiés dans nos précédents chapitres : ce sont des noms, rien que des noms, et des noms fonctionnels, comme le signifie leur étymologie. L'identité de chacun d'eux se résume en ces trois points : le nom, l'étymologie, la fonction. Autant la connaissance des grands mythes fait partie de la culture générale, qu'on acquiert par les études « libérales », autant, hors des milieux sacerdotaux, celle des indigitations relève de la littérature antiquaire et de la science du grammairien : l'étymologie y tient la première place. Aussi leur étude appelle-t-elle une confrontation suivie avec Tertullien et Augustin qui sont, à défaut de l'ouvrage perdu de Varron, nos sources principales sur les *indigitamenta*. On ajoutera, cependant, cette réserve que, à l'origine, les listes d'indigitations ne sont pas de l'érudition antiquaire, mais des prières ; et des prières qui ne sont pas répandues dans le public, mais ne sont prononcées que par les prêtres (pontifes, flamines, Vestales). À moins d'avoir lu le livre XIV des *Antiquités*, le grand public ne connaît pas, ou ne connaît que par ouï-dire les indigitations.

Les indigitations sont strictement codifiées. Le verbe *indigitare* signifie « invoquer selon le rituel » et les *indigitamenta* sont les listes de divinités et d'« invocations » rituelles établies par les pontifes. Il ne semble pas qu'elles aient, au quotidien, rythmé la vie religieuse du Romain : elles concernent les spécialistes du sacré, prêtres et magistrats qui accomplissent les rites publics[16], sans que nous puissions toujours discerner à quel officiant il appartenait de les réciter[17].

Arnobe leur a consacré, au début du livre IV, un ensemble de neuf chapitres[18], au cours desquels, et sans épuiser pour autant le sujet, il énumère

---

fois les noms des dieux et l'explication des noms eux-mêmes, ce que donne aussi Varron… c'est un fait reconnu que ces noms ont été donnés aux divinités d'après leurs fonctions » = 87 Card.
16.   Rares sont les emplois du verbe. Dans les quelques attestations que nous possédions, il a toujours pour sujet les prêtres ou les magistrats : Varron ap. Non. 559, 34 *Numeriem, quam deam solent indigitare etiam pontifices*, « Numeries, déesse invoquée d'ordinaire par les pontifes » ; Serv. Dan. *Aen.* 8, 330 *a pontificibus indigitari solet*, « [Tiberinus] est d'ordinaire invoqué par les pontifes » ; Macr. *Sat.* I, 12, 21 *Bonam Faunamque, Opem et Fatuam pontificum libris indigitari*, « elle est mentionnée dans les livres pontificaux sous les noms de Bonne Déesse et de Fauna, d'Ops et de Fatua » ; I, 17, 15 *uirgines Vestales ita indigitant : Apollo Medice, Apollo Paean*, « dans leurs prières, les Vestales invoquent Apollon Médecin et Apollon Péan » ; Tert. *Le jeûne* 16, 5 *nudipedalia denuntiantur, magistratus… precem indigitant, hostiam instaurant*, « ils prescrivent une procession, pieds nus ; les magistrats… font une prière d'invocation, ils renouvellent le sacrifice ».
17.   Pour un essai de réponse, *infra*, n. 59.
18.   4, 3-11. L'introduction pose la question, en 4, 3, 1 : *utrumne istud serio atque ex rei compertae faciatis fide an fictionibus ludentes cassis ingeniorum lasciuiatis fluxu*, [comment savoir] « si vous faites cela sérieusement et avec une conviction fondée sur une certitude ou si, jouant avec

trente de ces divinités « spécialisées » : les Romains y croient-ils vraiment ou, en jouant de ces vaines fictions, se laissent-ils aller à leur imagination ? Déjà, au livre III, étaient apparus, de façon fugitive, quelques noms que nous retrouverons par la suite. Son exposé mêle références érudites et commentaires assassins, sarcastiques ou scandalisés, sur chacune des composantes de la liste. Le défilé s'ouvre sur la déesse *Luperca*, ainsi nommée, à ce que dit Varron – il est important qu'Arnobe précise sa source, ce qu'il fait rarement –, parce qu'une louve, soudain adoucie, avait « épargné » (*parcere*) les enfants exposés, Romulus et Remus[19]. Ainsi, avant eux, elle n'existait pas ? étrange déesse, qui doit sa naissance à celle des jumeaux fondateurs. Ou, si tel n'est pas le cas, comment l'appelait-on auparavant ? Les dieux seraient-ils des créations des hommes ? Continuons avec l'histoire de Romulus : c'est grâce à *Praestana* qu'il « l'emporta » (*praestare*) au lancer du javelot, à *Panda* ou *Pantica* que Titus Tatius « s'ouvrit » (*pandere*) le chemin du Capitole[20]. Comme si, avant l'exploit du premier roi, appelé de son nom divin, *Quirinus* – ce qui n'est pas innocent –, et la guerre latino-sabine, aucune de ces déesses n'existait[21].

de vaines fictions, vous donnez libre cours à votre imagination ? ». L'essentiel de la documentation est concentré en 4, 3-7 et 9 ; les chap. 8 et 10-11 sont surtout des reprises, à des fins polémiques. Les fragments de l'éd. Cardauns indiqués ci-dessous sont ceux où apparaît le *nomen* de la divinité, avec ou sans renvoi explicite à Arnobe. Nos passages arnobiens sont regroupés dans l'*Appendix* XIV m.

19.   4, 3, 2 *Quod abiectis infantibus pepercit lupa non mitis, Luperca, inquit, dea est auctore appellata Varrone. Ex rerum ergo prouentu, non ex ui naturae dea ista est prodita? <et> postquam feros morsus immanis prohibuit belua, et ipsa esse occepit et ipsius nominis significantiam traxit? Aut si fuit iamdudum dea, priusquam Romulus nasceretur et frater, cuius fuerit nominis atque appellationis expromite,* « C'est parce qu'une louve (*lupa*) – qui n'a rien de doux ! – a épargné (*parcere*) des enfants exposés qu'une déesse, dit-on, a été appelée *Luperca*, comme l'atteste Varron. C'est donc le cours des événements, et non le pouvoir de la nature, qui a révélé cette déesse ? <et> c'est quand l'horrible bête s'est abstenue de mordre sauvagement qu'elle-même à la fois a commencé d'exister et qu'elle en a tiré son nom significatif ? Ou alors, si c'était une déesse depuis longtemps, avant la naissance de Romulus et de son frère, quel était son nom, son appellation ? dites-le nous » = 221 Card. L'étymologie, typiquement varronienne, est *lupa parcere*.

20.   4, 3, 3 *Praestana est, ut perhibetis, dicta, quod Quirinus in iaculi missione cunctorum praestiterit uiribus ; et quod Tito Tatio, Capitolinum capiat <ut> collem uiam pandere atque aperire permissum est, dea Panda est appellata uel Pantica,* « *Praestana*, à vous entendre, doit son nom au fait que Quirinus l'a emporté (*praestare*) sur la vigueur de tous les autres au lancer du javelot ; et c'est parce qu'il a été permis à Titus Tatius de s'ouvrir (*pandere*) et se frayer un chemin pour s'emparer de la colline du Capitole, qu'une déesse a été appelée *Panda* ou *Pantica* » = 221, XIV b Card.

21.   4, 3, 4 *Ante facta et haec ergo numquam fuerant numina et nisi Romulus tenuisset teli traiectione Palatium neque Tarpeiam rupem rex Sabinus potuisset accipere, nulla esset Pantica,*

Arnobe reproduit, volontairement, la même objection que précédemment : façon d'insinuer le doute dans l'esprit du lecteur, à propos de ces deux épisodes fameux de la plus ancienne histoire romaine, qu'il évoque en termes elliptiques. Le premier surtout, qui peut paraître fabuleux, puisque, depuis l'Aventin, le roi lança son javelot de cornouiller jusque sur le Palatin, où il prit racine. L'arbre qui en poussa était sacré, et ne mourut qu'accidentellement sous le règne de Caligula[22].

Pellonia a le pouvoir de « repousser » (*pellere*) l'ennemi. Encore faudrait-il savoir auquel des deux camps en lutte elle accorde ses faveurs. Quel embarras que d'avoir à choisir entre l'un et l'autre ! Et si, hypothèse absurde et dérisoire, elle les favorise l'un et l'autre, elle détruit elle-même le pouvoir que renferme son nom[23]. Prend-elle toujours le parti des Romains, comme le prétendent les païens[24] ? Pourtant, les dieux se doivent d'être impartiaux[25]. Et que faisait-elle

---

nulla Praestana esset ? Si et has dicitis ante sui causam fuisse cognominis, quod in priore quaesitum est capite, cuius et hae fuerint uocaminis indicate, « Avant ces événements, donc, ces divinités n'avaient jamais existé, et si Romulus, en lançant son trait, n'avait pas atteint le Palatin, et si le roi sabin n'avait pas pu prendre la roche Tarpéienne, il n'y aurait pas de *Pantica*, il n'y aurait pas de *Praestana* ? Si vous dites qu'elles aussi elles existaient avant ce qui leur a valu leur nom, indiquez-nous, comme nous le demandions au paragraphe précédent, comment elles s'appelaient, elles aussi » = 221 Card.

22. Plut. *Vie de Romulus* 20, 5-8 ; Serv. *Aen.* 3, 46.
23. Arn. 4, 4, 1-2 *Pellendorum hostium dea potens Pellonia est. Quorumne ? nisi molestum est, edite. Confligunt partes atque inter se comminus armorum collatione decernunt, et haec illi est pars hostis et illa huic hostilis : quos ergo Pellonia, cum hinc et inde pugnabitur, pellet, aut in gratiam concessura est quorum, cum utrique debeat parti sui nominis uires officiumque praestare ? Quod si utique fecerit, id est partibus si utrisque fauorem ac suffragium commodarit, nominis sui uim perdet, quod partis unius in pulsione formatum est,* « La déesse qui a le pouvoir de repousser (*pellere*) l'ennemi, c'est *Pellonia*. Mais lequel ? si cela ne vous ennuie pas, dites-le nous. Des partis sont aux prises et, dans un combat corps à corps, cherchent la décision par le choc des armes ; ce parti-ci est l'ennemi de celui-là, et celui-là est hostile à celui-ci : qui donc *Pellonia* repoussera-t-elle, quand on combattra de part et d'autre, et en faveur de qui se prononcera-t-elle, puisqu'elle doit fournir aux deux partis les forces et le service que promet son nom ? Si elle le fait de toute façon, c'est-à-dire si elle accorde à l'un et l'autre parti sa faveur et ses suffrages, elle anéantira le pouvoir de son nom, qui a été formé sur l'idée de repousser (*pulsio*) un seul parti » = 184, XIV m Card.
24. 4, 4, 2 *nisi forte dicetis : Romanorum tantum est dea haec et cum solis Quiritibus faciens gratiosis semper opitulationibus praesto est,* « à moins peut-être que vous ne disiez : cette déesse n'appartient qu'aux Romains et, se rangeant du côté des seuls Quirites, elle tient toujours à leur disposition son assistance gracieuse ».
25. 4, 4, 3 *quemadmodum poterunt dii esse, si non omnibus quae ubique sunt gentes aequabilitatem sui nominis exhibebunt ?,* « comment pourront-ils être dieux, s'ils ne manifestent pas l'impartialité qu'implique leur nom à tout ce qu'il y a de peuples dans le monde ? ».

lors des plus retentissantes défaites que subirent les Romains, aux Fourches Caudines, au lac Trasimène, à Cannes, dans les mythiques « Champs de Diomède »[26] ? Dormait-elle ? ronflait-elle ? – comportement qui, pour une déesse, manque singulièrement de dignité, surtout dans les circonstances tragiques où l'honneur de l'État est en jeu, où le sang des Romains coule à flots. À moins que, comme une vulgaire transfuge, elle ne se soit réfugiée auprès de l'ennemi[27].

Au chapitre 5, un long développement est consacré aux « dieux de la gauche », *dii laeui*, et aux absurdes questions d'orientation, si importantes pourtant dans la divination romaine. Ce sont des notions relatives à la position de l'observateur, et qui ne relèvent de la nature ni du monde, ni des dieux[28]. Qu'on se tourne, et ce qui était à gauche passe à droite et réciproquement[29]. Comment peut-il donc y avoir des dieux de la gauche, puisque les mêmes « régions » du ciel sont tantôt à droite, tantôt à gauche ? Et qu'a donc fait aux dieux le côté droit pour être ainsi victime de leur réprobation,

---

26. 4, 4, 4 *et ubi, quaeso, iamdudum Pellonia haec fuit, cum apud furculas Caudinas decus publicum subiugatum est, cum apud Trasimeni lacum sanguinei cucurrere torrentes, cum Diomedis campi Romanis cadaueribus aggerati sunt, cum mille alia uulnera proeliorum innumeris accepta sunt cladibus ?*, « et, je vous le demande, où était jadis cette Pellonia, quand aux Fourches Caudines l'honneur de l'État passa sous le joug, quand au lac Trasimène coulèrent des torrents de sang, quand aux Champs de Diomède s'amoncelèrent les cadavres romains, quand mille autres blessures furent infligées dans le désastre d'innombrables combats ? ».

27. 4, 4, 4 *dormiebat, stertebat, aut quod uilia facere consueta sunt capita, in hostilia castra defugerat ?*, « dormait-elle, ronflait-elle, ou bien, ce que ne font d'ordinaire que les êtres vils, avait-elle cherché refuge dans le camp ennemi ? ».

28. 4, 5, 3 *itaque cum dicimus : dextera haec regio est et illa laeua, non ad mundi habitum dicimus, qui sui simillimus totus est, sed ad positionem nostram situmque reuocamus, qui informati sic sumus ut alia dextera, alia in nos dicantur esse laeua*, « c'est pourquoi, quand nous disons : "cette région-ci est à droite, et celle-là est à gauche", nos paroles ne concernent pas l'état du monde, qui est tout entier absolument identique à lui-même, mais nous les rapportons à notre position et à notre situation, puisque nous sommes ainsi constitués que, par rapport à nous, on dit que certaines choses se trouvent à droite, certaines autres à gauche ».

29. 4, 5, 5 *Si orientem solem respexero, cardo mihi frigoris et septentrio fit laeuus ; in quem si ora traduxero, erit mihi sinister occasus, qui ab sole posterganeus habebatur. Rursus uero si iecero plagam in occiduam lumina, uocabulum <in> sinistri auster et meridies transit ; in qua si me parte necessaria temporis circumegerit ratio, fit ut oriens laeuus inmutata corporis conuersione dicatur*, « Si je regarde le soleil levant, le point cardinal du froid, le septentrion, est à ma gauche ; mais si je tourne le visage dans sa direction, le couchant sera à ma gauche, lui que l'on considérait comme derrière mon dos, quand je regardais le soleil. Mais à l'inverse, si je jette les yeux sur la région du couchant, le sud, le midi prend le nom de gauche ; mais si la nécessité du moment fait que je me tourne de ce côté, on dit alors que le levant est à gauche, en raison de mon changement d'orientation ».

alors qu'ils le tiennent pour favorable et toujours de bon présage[30] ? Les *dii laeui* font-ils réellement partie des indigitations ? Ou Arnobe, à ce point de son exposé, s'est-il engagé dans une digression ? Il est difficile d'en juger. Quoi qu'il en soit, il discrédite l'un des principes les mieux établis de la divination romaine, il sape les fondements de l'art augural établi par Romulus lui-même, puisque cet art repose sur la délimitation du *templum* céleste en quatre parties, orientées selon les points cardinaux ; à l'intérieur de ces quatre « régions », l'augure observe les signes émis par les dieux, le vol des oiseaux en particulier.

Nous retrouvons sûrement les indigitations avec le ridicule *Lateranus,* le dieu des foyers de briques (*laterculi*), qui court à travers les cuisines humaines pour inspecter leurs fourneaux et le feu qu'on y entretient : quelle sorte de bois y brûle-t-on ? les récipients de terre cuite résistent-ils bien aux flammes ? les plats qui en sortent sont-ils bons, et appréciés par le dégustateur qui a pour tâche de les juger[31] ? Un dieu chef de cuisine, un dieu *praegustator*, comme chez les grands de ce monde : quelle trivialité ! quelle décadence ! Conclusion : les païens sont impies, qui outragent les dieux en créant des figures imaginaires (*fictiones*), préposées à des activités indignes d'eux et qui les dégradent[32].

---

30. 4, 5, 7 *Quod cum ita se habeat, quanam ratione, quo pacto sinistrarum partium dii erunt, cum easdem constiterit regiones modo dexteras fieri, modo laeuas ? Aut quid dexterae meruerunt de immortalibus diis partes, ut sine ullis praesidibus degerent, quas esse faustas et prosperis semper cum ominibus ediderunt ?,* « Dans ces conditions, comment, de quelle façon y aura-t-il des dieux du côté gauche, alors qu'il est établi que les mêmes régions sont tantôt à droite, tantôt à gauche ? Et qu'a donc fait aux dieux immortels le côté droit pour vivre sans aucun protecteur, alors qu'ils l'ont déclaré favorable et toujours d'heureux présage ? ».
31. 4, 6, 1-2 *Lateranus, ut dicitis, deus est focorum et genius, adiectusque hoc nomine quod ex laterculis ab hominibus crudis caminorum istud exaedificetur genus... per humani generis coquinas currit, inspiciens et explorans quibusnam lignorum generibus suis ardor in foculis excitetur, habitudinem fictilibus contribuit uasculis ne flammarum dissiliant ui uicta, curat ut ad sensum palati suis cum iucunditatibus ueniant rerum incorruptarum sapores, et an rite pulmenta condita sint praegustatoris fungitur atque experitur officio,* « *Lateranus,* à ce que vous dites, est le dieu et le génie des foyers, et il a été pourvu de ce nom parce que les hommes construisent cette sorte de fourneaux avec des briques (*laterculi*) crues... Il court à travers les cuisines du genre humain, regardant et inspectant avec quelles espèces de bois on avive le feu dans ses petits foyers, il met les récipients d'argile en état de supporter sans éclater la violence des flammes, il veille à ce que la saveur inaltérée des aliments arrive à notre palais avec ses sensations délicieuses, et il remplit la fonction d'un dégustateur, en vérifiant si les ragoûts sont assaisonnés selon les règles » = XIV m Card. Cf. 4, 11, 1 (*infra*, n. 35).
32. 4, 6, 3 *itane istud non foedum, quinimmo, ut uerius dixerim, non contumeliosum, non impium, ad hoc tantum inducere deorum nescio quas fictiones, non quas dignis honoribus prosequare, sed quas rebus turpibus et infami praeficias actioni ?,* « n'est-ce pas une honte, ou plutôt, pour parler plus exactement, un outrage, une impiété, que de mettre en œuvre pour ce seul office je

Répétons-le : ce ne sont là que de faux dieux imaginaires (*figmenta*), fruits d'une vaine superstition[33].

Du moins, la morale est sauve. Il n'en est plus de même avec l'énigmatique « Vénus militaire » qui sévit dans les camps où l'on déshonore les jeunes garçons[34]. Chez les civils entrent en action, durant la nuit de noces, *Perfica* qui « mène à leur terme » (*perficere*) les voluptés obscènes, *Pertunda* dont le nom se passe de commentaire (*pertundere* « pénétrer »), ainsi que le trop fameux (*Mutunus*) *Tutunus*[35], figuré par un sexe masculin[36] et qui permet au mari de

ne sais quelles divinités imaginaires, non pas pour leur rendre des honneurs dignes d'elles, mais pour les préposer à des réalités ignobles et à une activité dégradante ? ».

33. 4, 7, 3 *nec ex ipsis saltem potestis nominibus noscere inanissimae superstitionis figmenta haec esse et falsorum imaginationes deorum ?*, « ne pouvez-vous du moins reconnaître, rien que d'après leurs noms, que ce sont des fictions inspirées par la superstition la plus vaine, de faux dieux imaginaires ? ».

34. 4, 7, 1 *etiamne militaris Venus castrensibus flagitiis praesidet et puerorum stupris ?*, « la Vénus militaire, aussi, ne préside-t-elle pas aux scandales des camps et au déshonneur des jeunes garçons ? ». Aucune déesse de ce nom n'est connue dans la religion romaine. Le monde grec a des Aphrodites armées (telle Astarté) ; cf., à Sparte, Lact. *inst.* 1, 20, 32 *aedem Veneri Armatae simulacrumque posuerunt*, « ils élevèrent un temple et une statue en l'honneur de Vénus Armée » ; Serv. Dan. *Aen.* 1, 720 *Equestris Venus... Militaris Venus*, « Vénus Équestre, Vénus Militaire ». Pour les *pueri*, je songerais à une amplification moralisante, à partir d'un épisode tel que celui que rapportent, avec des variantes suspectes, Liv. 39, 42, 5-43 et Val. Max. 2, 9, 3 : l'ancien consul L. Quinctius Flamininus aurait tué de sa main, en 184, un prisonnier, ou un condamné, pour plaire au *puer*, son jeune favori – ou à une courtisane.

35. Arn. 4, 7, 1-2 *Etiamne Perfica una est e populo numinum, quae obscenas illas et luteas uoluptates ad exitum perficit, dulcedine inoffensa, procedere ? Etiamne Pertunda, quae in cubiculis praesto est uirginalem scrobem effodientibus maritis ? Etiamne Tutunus, cuius inmanibus pudendis horrentique fascino uestras inequitare matronas et auspicabile ducitis et optatis ?*, « N'y a-t-il pas aussi, dans le peuple des divinités, une *Perfica* qui mène au terme (*perficere*) de leur plein aboutissement ces voluptés obscènes et répugnantes, sans en gâter la douceur ? Et aussi *Pertunda* qui, dans la chambre, est à la disposition des maris lorsqu'ils pénètrent le sexe de la vierge ? Et aussi *Tutunus*, dont vos matrones chevauchent le sexe monstrueux et le membre en érection, ce que vous regardez et souhaitez comme de bon augure ? ». Cf. 4, 11, 1 *Lateranum genium focorum, Limentinum praesidem liminum, Pertundam, Perficam, Nodutim, Terensem ? Et quia non supplices Mutuno procumbimus atque Tutuno...*, « Lateranus, génie des foyers, Limentinus, protecteur des seuils, Pertunda, Perfica, Nodutis, Terensis ? Et parce que nous ne nous prosternons pas en suppliants devant Mutunus et Tutunus... » = 151, 154, XIV m n. Card.

36. Simulacre sur lequel la jeune mariée s'asseyait, selon les rites du mariage ancien. Aussi, chez Augustin, est-il assimilé à Priape : *ciu.* 6, 9, p. 264 sq. D *et dea Pertunda, et Venus et Priapus... cum ibi sit et Priapus nimius masculus, super cuius inmanissimum et turpissimum fascinum sedere noua nupta iubebatur, more honestissimo et religiosissimo matronarum ?*, « et la déesse Pertunda et Vénus et Priape... n'y a-t-il pas aussi dans la chambre un dieu par trop mâle, Priape, sur le membre énorme et répugnant duquel on oblige la nouvelle mariée à s'asseoir, selon la très chaste et très religieuse tradition des matrones ? » ; 7, 24, p. 306 D *in celebratione nuptiarum*

déflorer sans péril sa jeune femme. Les divinités de l'agriculture n'ont plus rien de scandaleux, mais elles n'en suscitent pas moins le sarcasme[37] : *Puta*, préposée à la « taille » des arbres, *Peta*, aux « demandes » – celles du paysan ? Arnobe ne le précise pas –, *Nemestrinus*, le dieu des bois, *Patellana* et *Patella*, divinité unique dédoublée en deux « personnes »[38], qui s'occupe de l'« ouverture » des végétaux, le dieu *Nodutis*, la déesse *Terensis* (correction pour le difficile *Noduterensis* des mss.) qui veillent sur les nœuds des céréales, puis sur leur battage. La dea † *Vpibilia*[39] remet dans le droit chemin les voyageurs égarés, *Orbona* veille sur les parents qui ont perdu leurs enfants, *Nenia* (la lamentation funèbre personnifiée), sur les mourants. *Ossipago* consolide (*solidare* pour *pangere*) les os (*ossa*) des jeunes enfants. *Mellonia* s'occupe des abeilles et du miel[40]. Ainsi donc, les os, le miel, les seuils, etc., auraient leurs

super Priapi scapum noua nupta sedere iubebatur, « que dans la célébration de ses noces, une jeune mariée ait été contrainte de s'asseoir sur le membre viril de Priape » (cf. Lact. *inst.* 1, 20, 36). Mutunus T. n'appartient pas, à proprement parler, à la catégorie des indigitations : c'est un dieu ancien, qui avait sur la Velia un sanctuaire *cui mulieres uelatae togis praetextatis solebant sacrificare* (Fest. 142, 20 ; Paul. 143, 10), et « à qui les femmes sacrifiaient, couvertes de toges prétextes ». Pour l'interprétation, pour les autres divinités de la nuit de noces, voir N. Boëls-Janssen, *La Vie religieuse des matrones dans la Rome archaïque*, Rome, École française de Rome, 1993, p. 216-221.

37. Arn. 4, 7, 4-5 *Putationibus arborum Puta, inquitis, praesto est ; rebus petendis Peta ; deus nemorum Nemestrinus est ; Patellana numen est et Patella, ex quibus una est patefactis, patefaciendis rebus altera praestituta. Nodutis dicitur deus qui ad nodos perducit res satas, et quae praeest frugibus terendis, Terensis*, « Pour la taille (*putatio*) des arbres, on a *Puta*, dites-vous, à sa disposition ; pour les demandes (*petere*), c'est *Peta* ; *Nemestrinus* est le dieu des bois (*nemus*) ; *Patellana* est une divinité et *Patella* aussi, l'une qui est préposée à ce qui est déjà ouvert (*patefactus*), l'autre à ce qui va s'ouvrir (*patefaciendus*). On appelle *Nodutis* le dieu qui amène les plantes jusqu'à la formation des nœuds (*nodus*), et *Terensis* celle qui préside au battage (*terere*) des céréales » = 168, 170, XIV m Card. Les « nœuds » des végétaux sont les renflements de la tige d'où sortent les bourgeons.

38. Augustin n'en cite qu'une : *ciu.* 4, 8, p. 156 D *cum folliculi patescunt, ut spica exeat, deam Patelanam*, « la déesse Patelana [préposée] à l'ouverture de l'enveloppe et à l'éclosion de l'épi ». Je songe à un nom double, *Patella Patellana*, ou l'inverse, formation itérative comme *Anna Perenna* ou *Fors Fortuna*, dédoublée par Varron qui ne la comprenait plus.

39. Arn. 4, 7, 5 *ab erroribus uiarum dea* † *Vpibilia liberat* = XIV m Card. J'y verrais volontiers une altération de *Deuiana Vpis filia*, « *Deuiana*, fille d'*Vpis*, tire d'embarras ceux qui se trompent de route (*uia*) ». *Deuiana* est un autre nom de la Diane lunaire qui préside aux chemins et trace la route, au ciel et sur la terre, pour les changements de lieu (Varr. *LL* 5, 68 ; le logistoricus *Messalla* ap. Probus, *Commentaire sur les Bucoliques* 6, 31 [p. 343, 3 Thilo-Hagen, éd. de Servius] ; Aug. *ciu.* 7, 16, p. 294 D ; 7, 30, p. 313 D = 276, XVI c Card.). *Vpis* ou *Opis* est aussi un surnom de Diane, la troisième Diane (*infra*, p. 204), ainsi appelée du nom de son père (Cic. *ND* 3, 58 ; Macr. *Sat.* 5, 22, 3-6).

40. 4, 7, 5-6 *In tutela sunt Orbonae orbati liberis parentes, in Neniae, quibus extrema sunt tempora. Nam quae durat et solidat infantibus paruis ossa Ossipago ipsa memoratur ; Mellonia*

protecteurs attitrés, et les courges, les raves, la sariette, le cresson... resteraient à l'abandon[41] ? Arnobe se délecte du spectacle : les dieux au potager !

Les *dii Lucrii* dispensent des bénéfices, toujours contraires à la morale[42]. *Libentina*, † *Burnus* (corrigé en *Liburnus*) octroient les plaisirs obscènes contre lesquels la sagesse met en garde[43]. *Limentinus, Lima*, qui font office de portiers, montent la garde sur les seuils, fonction dont ils s'acquittent d'ailleurs fort mal : ceux des maisons privées et même des temples n'échappent pas à la ruine, et nos deux portiers divins se font complices de la fréquentation des lupanars[44] – image tendancieuse, en raccourci, d'une ville romaine, réduite à

dea est pollens potensque in apibus, mellis curans custodiensque dulcedinem ?, « les parents privés (*orbati*) de leurs enfants sont sous la protection d'*Orbona*, et ceux qui en sont à leur dernière heure sous celle de *Nenia*. Quant à celle qui durcit et consolide les os (*ossa*) chez les jeunes enfants, on la nomme elle-même *Ossipago* ; *Mellonia* est la déesse qui règne en maîtresse sur les abeilles, veillant sur le miel (*mel*) auquel elle conserve sa douceur » = 88, 160, 162, 180, XIV m Card. Cf. 4, 8, 1 *dicite, o quaeso, ita ut uobis propitiae faueant Peta, Puta, Patella, si omnino non essent apes ullae in terris, aut si exos <genus> humanum uelut quidam uermiculi nasceremur, dea Mellonia non esset aut Ossipago solidatrix ossuum nomen proprium non haberet ?*, « dites-moi, oui, je vous en prie, et puissent Peta, Puta, Patella vous être propices et favorables ! s'il n'y avait pas une seule abeille au monde, ou bien si nous, le genre humain, nous naissions sans os, comme des espèces de vermisseaux, la déesse Mellonia n'existerait pas, et Ossipago, qui consolide les os, n'aurait pas de nom qui lui soit propre ? ».

41. 4, 10, 1-2 *Si haberent... suos proprios praesides ossa, mella et limina ceteraque alia... Cur enim deus praesit melli uni tantummodo, non praesit cucurbitis, rapis, non cunelae, nasturtio, non uiciis, betaciis, caulibus ? Cur sola meruerint ossa tutelam ?*, « À supposer que les os, le miel, les seuils et tout le reste... possèdent à demeure leurs protecteurs attitrés... En effet, pourquoi un dieu serait-il uniquement le patron du miel, alors qu'il n'y aurait pas de patron pour les courges, les raves, ni pour la sariette, le cresson, ni pour les vesces, les bettes, les choux ? Pourquoi seuls les os auraient-ils mérité une protection ? ». L'inventaire de dérision est un des procédés favoris d'Arnobe ; cf. 2, 19, 1 « des grils, des casseroles, des cratères... » ; 2, 23, 1 « un oignon, un cardon, un concombre... » ; 3, 13, 2-5 (les parties du corps chez les dieux).

42. 4, 9, 2 *qui est enim qui credat esse deos Lucrios et lucrorum consecutionibus praesidere, cum ex turpibus causis frequentissime ueniant et aliorum semper ex dispendiis constent ?*, « qu'y a-t-il en effet pour croire qu'il existe des dieux *Lucrii* et qu'ils patronnent l'obtention de bénéfices (*lucrum*), quand ceux-ci ont le plus souvent une provenance immorale et se font toujours aux dépens d'autrui ? » = XIV m Card.

43. 4, 9, 3 *quis Libentinam, quis Liburnum libidinum superesse tutelis, quas iubet sapientia fugere et quas mille per species propudiosa experitur et exercet obscenitas ?*, « que *Libentina*, que *Liburnus* ont sous leur tutelle les plaisirs (*libidines*) que la sagesse ordonne de fuir, et que l'impudique obscénité pratique et exerce sous mille formes ? » = 126, XIV m Card.

44. 4, 9, 4 *quis Limentinum, quis Limam custodiam liminum gerere et ianitorum officia sustinere, cum fanorum cotidie uideamus et priuatarum domorum conuelli et subrui nec sine his esse flagitiosos ad lupanaria commeatus ?*, « Que *Limentinus*, que *Lima* montent la garde sur les seuils (*limina*) et assurent la fonction de portiers, quand nous voyons chaque jour ceux de

ses trois composantes, les dieux, les hommes, le sexe. C'est la deuxième fois, après le *praegustator* de 4, 6, 2 (Lateranus) que nous voyons un dieu remplir un tel office, par définition servile. Que le mythe montre des dieux esclaves, passe encore : leur dégradation n'est que temporaire. Mais la religion ! c'est une servitude définitive, non seulement à vie, mais pour l'éternité. Passons plus vite sur les *Limi*, qui veillent sur les chemins de traverse, Saturne, sur les semailles, *Montinus* sur les monts, *Murcida* sur les paresseux[45]. Pressé d'en finir, Arnobe se borne, sans autre commentaire, à énumérer le nom et la fonction. Et ne parlons pas de *Pecunia,* la Richesse, divinité suprême pour tant d'hommes, qui permet d'obtenir tous les faux biens, anneau d'or des chevaliers, places réservées aux spectacles, honneurs, magistratures, et, ce que prisent plus que tout les paresseux, l'opulence jointe au loisir[46]. En finale, l'orateur revient à l'amplification. Critique religieuse et satire morale se rejoignent dans ce mouvement d'éloquence : Arnobe, ne l'oublions pas, est un rhéteur.

Ce défilé ridicule pose au moins deux questions. L'une est scientifique : c'est un problème de documentation. L'autre est littéraire : c'est un problème de mise en scène. Quelle est, dans tout ce développement, la source d'Arnobe ? et comment a-t-il mis en œuvre le matériau qu'il y avait trouvé ? Il ne suffit pas d'affirmer « tout le passage remonte à Varron » pour croire qu'on a résolu le problème. L'une et l'autre question ne peuvent recevoir de réponse que si l'on confronte Arnobe aux deux apologistes qui, avant et après lui, ont traité le même sujet : Tertullien et Augustin. Dans l'*Ad nationes* comme dans la *Cité de Dieu*, ils doivent leur information aux *Antiquités divines*, ils le disent expressément, et c'est grâce à eux qu'on peut reconstituer, au moins pour l'essentiel de son contenu, le traité perdu de Varron. Pour Arnobe, il en va tout autrement, et la critique moderne peine à se dégager de l'encombrant fantôme de

---

temples et de demeures privées démolis et ruinés, et quand la scandaleuse fréquentation des lupanars ne se fait pas sans eux ? » = 199-200, XIV m Card.

45. 4, 9, 5 *quis curatores obliquitatum Limos, quis Saturnum praesidem sationis, quis Montinum montium, quis segnium Murcidam ?*, « qui croirait que les *Limi* ont la charge des chemins de traverse, que *Saturnus* est le protecteur des semailles (*satio*), *Montinus* celui des monts (*montes*), *Murcida* celle des paresseux ? » = 131, 196, 239-240, XIV m Card.

46. 4, 9, 6 *quis ad extremum deam Pecuniam esse credat, quam uelut maximum numen uestrae indicant litterae donare anulos aureos, loca in ludis atque in spectaculis priora, honorum suggestus summos, amplitudinem magistratus, et quod maxime pigri ament, securum per opulentias otium ?*, « qui, en dernier lieu, croirait qu'il existe une déesse *Pecunia*, qui, à ce que déclarent vos écrits, fait don, comme si c'était la divinité suprême, des anneaux d'or, des places réservées aux jeux et aux spectacles, de l'élévation au sommet des honneurs, du prestige des magistratures, et de ce que les paresseux aiment par-dessus tout, le loisir insouciant dans l'opulence ? » = 189, 193, 238, XIV m Card.

Cornelius Labeo qu'on a voulu, à toute force, interposer entre Varron et lui. J'ai plusieurs fois tenté de démontrer le contraire, et qu'Arnobe avait lu directement, dans le texte, les *Antiquités*, sans passer par l'intermédiaire d'un auteur perdu qu'on a voulu restituer à partir de lui, en un regrettable cercle vicieux[47].

Comme Tertullien[48], Arnobe se place d'emblée sous le patronage de Varron, ce qui est déjà un indice : si *Luperca* est ainsi nommée, c'est par référence à la louve nourricière des jumeaux, *auctore... Varrone*. Quant aux indigitations qui suivent (au nombre de trente, avec Luperca), j'ai cru pouvoir établir que, pour la moitié d'entre elles, elles sont communes à Tertullien, Arnobe et Augustin, et remontent donc à la même source : Varron dans les *Antiquités divines*. Il s'agit, après *Luperca* qui en est le chef de file (221 Card.), de *Pellonia, Pertunda, Tutunus, Patellana, Patella, Nodutis, Orbona, Nenia, Mellonia, Libentina, Limentinus, Montinus, Murcida, Pecunia*[49]. De même,

---

47. Voir mon article « Arnobe lecteur de Varron (*Adu. nat.* III) », *REAug*, 40, 1994, p. 327-352 ; mon introduction au livre III, CUF, p. XVI-XXIV ; et, maintenant, « À l'école de Varron : Arnobe et les indigitations », dans A. Garcea, M.-K. Lhommé, D. Vallat (dir.), *Polyphonia Romana, Hommages à Frédérique Biville*, Hildesheim, Olms, 2013, II, p. 743-753, étude à laquelle je renvoie pour le détail de l'analyse.

48. Qui, dès les premières lignes de son exposé, *nat.* 2, 1, 8, annonce sa source, l'encyclopédie varronienne, et son projet : *elegi ad compendium Varronis opera, qui, Rerum Diuinarum ex omnibus retro digestis commentatus, idoneum se nobis scopum et posuit*, « j'ai choisi, pour en donner un abrégé, les œuvres de Varron qui, méditant à partir de tous les développements antérieurs sur les *Choses divines*, s'est offert à nous comme une cible appropriée » (trad. F. Chapot [*supra*, n. 13], complétée).

49. J'indique rapidement les références :

Divinité	Tert. *nat.*	Aug. *ciu.*	frg. Cardauns
Pellonia		4, 21, p. 171 D	184
Pertunda, Tutunus	2, 11, 12	4, 11, p. 161 D ; 4, 34, p. 189 D ; 6, 9, p. 264 sq. D ; 7, 24, p. 306 D	151, 154
Patellana, Patella		4, 8, p. 156 D	170
Nodutis		4, 8, p. 155 sq. D ; 4, 11, p. 161 D	168
Orbona	2, 15, 2		160
Nenia		6, 9, p. 266 D	88, 162
Mellonia,		4, 34, p. 189 D	180
Libentina		4, 8, p. 155 D ; et Non. 89, 17	126
Limentinus	2, 15, 5 ; et *idol.* 15, 5 ; *coron.* 13, 9 ; *scorp.* 10, 6	4, 8, p. 156 D ; 6, 7, p. 258 D	199-200
Montinus	2, 15, 3		196
Murcida		4, 16, p. 165 D	131
Pecunia		4, 21, p. 171 D ; 4, 24, p. 176 D ; 7, 3, p. 278 D ; 7, 11-12, p. 289 D	189, 193, 238

les épiclèses de Junon déjà citées par Arnobe au livre III, *Vnxia, Cinxia*, avec le couple des déesses *Vita et Potua*, se retrouvent, sous des formes diverses, chez Tertullien, Augustin, Martianus Capella[50], et sont donc, elles aussi, sûrement d'origine varronienne. D'autres peuvent être rattachées à Varron par des voies indirectes : *Praestana*, qui a même étymologie (*praestare*) que *Praestitia*, présente chez Tertullien (*nat.* 2, 11, 10 = 127 Card.) ; *Panda* ou *Pantica*, la première nommée dans d'autres œuvres de l'encyclopédiste[51]. *Lima* va de pair avec *Limentinus, Terensis* avec *Nodutis*, qui sont varroniens.

Bref, si je laisse de côté les grands dieux, Vénus, Saturne, qui sont, eux aussi, considérés comme des indigitations quand ils se spécialisent ; les noms altérés comme † *Burnus* (*Liburnus* ?) et *dea* † *Vpibilia* (*Deuiana Vpis filia* ?) sur lesquels on ne saurait spéculer ; les dieux collectifs, *di laeui, Limi* (?), *Lucrii*, qui ne relèvent pas du type ordinaire des indigitations, il reste un petit lot de divinités, *Lateranus, Nemestrinus, Ossipago, Puta, Peta, Perfica*, pour lesquelles Arnobe est la source unique. Ce qui ne me paraît pas être un obstacle : il n'est que de parcourir l'index de Cardauns, on y trouvera maintes divinités, citées par les seuls Tertullien ou Augustin et dont l'origine varronienne n'est pas mise en doute. L'unique raison en est que les deux apologistes sont considérés comme des témoins fiables, tandis qu'Arnobe pâtit de la suspicion où l'a jeté l'hypothèse d'une source intermédiaire, l'introuvable Cornelius Labeo. Pour ma part, je ne doute pas que les indigitations du livre IV soient, pour une large part, sinon en totalité, directement sorties des *Antiquités divines*. Reste à voir quel usage Arnobe en a fait et quel tableau il nous a dressé de ces foisonnantes divinités, aussi bizarres que modestes.

Comment l'exposé d'Arnobe est-il composé ? Après l'étude ancienne de Kettner, Peter, Bouché-Leclercq, puis Richter[52], également tributaires

---

50. Arn. 3, 25, 1 *unctionibus, inquit, superest Vnxia, cingulorum Cinxia replicationi ; Vita et Potua sanctissimae uictui potuique procurant*, « aux onctions, dit-on, préside Unxia, au dénouement des ceintures Cinxia ; les très saintes Vita et Potua s'occupent de la nourriture et de la boisson » ; et 3, 30, 2 *Cinxia*. Cf. Tert. *nat.* 2, 11, 8 ; Aug. *ciu.* 4, 11, p. 161 D ; 4, 34, p. 189 D ; 6, 9, p. 263 D ; Mart. Cap. 2, 149 = 114 et XIV a m o Card. Sur *Vita et Potua*, voir mon article « *Vica Pota* ou les avatars d'une déesse », dans S. Perceau et O. Szerwiniack (dir.), « *Polutropia* » : *d'Homère à nos jours*, Paris, Garnier, 2014, p. 197-209.
51. L'une des satires Ménippées, la Σκιαμαχία (Aulu-Gelle 13, 23, 4 ; Cèbe, *Varron, Satires Ménippées,* T. 12, frg. 506, p. 1942 et 1948) ; et le *De uita populi Romani* (Non. 63, 4) = XIV b, XV f Card.
52. G. Kettner, *Cornelius Labeo. Ein Beitrag zur Quellenkritik des Arnobius*, Progr. Pforta, Naumburg, Sieling, 1877, p. 16 sq. ; et, s. v. *Indigitamenta*, R. Peter, dans l'*Ausf. Lexikon* de Roscher, II, 1, col. 140 sq. ; Bouché-Leclercq, *DA*, III, 1, p. 469 ; Richter, *RE*, IX, 2, col. 1337.

de l'hypothèse labéonienne, ont retenu l'idée d'un ordre alphabétique, une sorte de lexique refait à partir des *Antiquités divines*, comme si, de l'exposé construit, thématique, de Varron, l'on avait tiré des fiches, ensuite reclassées dans l'ordre alphabétique. Ce qui est peut-être inutilement compliqué. On aurait ainsi des séries : *Praestana, Panda, Pantica, Pellonia* (4, 3, 3-4, 4, 1) ; *Perfica, Pertunda, Tutunus, Puta, Peta, Nemestrinus, Patellana, Patella, Nodutis, Terensis,* † *Vpibilia, Orbona, Nenia, Ossipago, Mellonia* (4, 7) ; *Lucrii, Libentina, Limentinus, Lima, Limi, Montinus, Murcida, Pecunia* (4, 9). La thèse est-elle pleinement convaincante ? Si l'ordre alphabétique existe, et sans oublier que celui des anciens n'est pas aussi rigoureux que le nôtre, il est, dans l'exposé d'Arnobe, temporaire et approximatif. On a des sautes bizarres (*Orbona, Nenia, Ossipago, Mellonia*), des retours en arrière (*P*, puis *N* : *Peta, Nemestrinus* ; *Patellana, Patella, Nodutis*), qui, à mon sens, condamnent l'hypothèse. Je m'orienterai donc dans une autre direction.

Une lecture plus attentive permet, me semble-t-il, de retrouver dans nos textes une composition thématique, des listes organisées. Un premier ensemble, roméen, historico-guerrier, va du Fondateur à la bataille de Cannes et regroupe *Luperca, Praestana, Panda, Pantica, Pellonia* (chap. 3-4), dans un ordre approximativement alphabétique, il est vrai, mais qui se double d'un ordre chronologique beaucoup plus probant. Il est interrompu par l'*excursus* sur les dieux de la gauche et le spectacle de Lateranus qui « court à travers les cuisines du genre humain » (chap. 5-6) : l'expression est aussi pompeuse que le comportement est ridicule. Faut-il y voir une sorte de conclusion partielle ? Un second ensemble regroupe les divinités et réalités de l'amour, Vénus, *Perfica, Pertunda, Tutunus* (4, 7, 1-2), puis celles de l'agriculture, *Puta, Peta* (dont la présence ici fait problème : est-elle, dans la liste, un fâcheux élément de désordre ? ou, bien à sa place, répond-elle aux demandes du paysan ?), *Nemestrinus, Patellana, Patella, Nodutis, Terensis* (4, 7, 4-5). On pourra réunir la dea † *Vpibilia*, corrigée en *Deuiana Vpis filia, Orbona, Nenia, Ossipago,* ainsi que *Mellonia* qui adoucit l'existence, sous la rubrique « étapes et difficultés de la vie » (4, 7, 5-6).

Mais ensuite, les *di Lucrii, Libentina, Liburnus, Limentinus, Lima, Limi, Montinus, Murcida, Pecunia,* échappent à toute cohérence. Tout au plus peut-on déceler deux groupes binaires, *Libentina Liburnus, Limentinus Lima,* attachés au plaisir et au seuil, et sans rapport entre eux (si ce n'est les lupanars, qui sont une glose d'Arnobe). En revanche, il est manifeste que l'écrivain, loin de se contenter d'un sommaire classement alphabétique, joue sur les sonorités, à l'initiale et en finale, allitérations et effet de rimes. L'observation est confirmée par la reprise de 4, 8, 1, *Peta, Puta, Patella,* qui suit à la fois l'ordre alphabétique et celui des membres croissants, à la différence de 4, 7, 4 (*Puta Peta Patellana Patella*). Nouvelle reprise, en 4, 11, 1, *Lateranum genium focorum, Limentinum praesidem liminum, Pertundam, Perficam, Nodutim, Terensem*, avec ses symétries, ses harmoniques, et l'élargissement final, qui passe de deux à quatre (deux fois deux).

Cette composition, dans la mesure où on a pu en déceler une, est-elle varronienne ? Il est difficile d'en juger : nos trois apologistes, Tertullien, Arnobe, Augustin ne citent pas tous les trois les mêmes dieux, et les présentent dans un ordre différent, sous des formes littéraires différentes. C'est par Augustin que nous connaissons la composition du livre XIV des *Antiquités*, consacré aux *di certi* : ceux qui, de la conception à la mort, ont rapport d'abord à l'homme lui-même, puis aux choses dont il fait usage, nourriture, vêtements[53], etc. La savante reconstitution de B. Cardauns ne remplace pourtant pas la lecture de l'encyclopédie perdue de Varron qui, si un miracle nous la rendait, pourrait réserver des surprises. Le deuxième et le troisième ensemble que j'ai cru reconnaître peuvent correspondre aux *di nuptiales*, puis aux *di agrestes* de Varron[54].

Tertullien est beaucoup plus bref, mais la comparaison n'est pas moins révélatrice. Il traite des indigitations dans deux chapitres de l'*Ad nationes*, non point successifs, mais séparés. Une première liste de ces fantômes, qui n'ont d'autre réalité que leur nom, énumère ceux qui protègent l'homme tout au cours de sa vie[55] : on y trouve les divinités de la naissance, celles de la petite enfance, de la formation psychologique du jeune garçon, à qui *Praestitia* accorde la supériorité sur autrui – bien proche, par le nom et la fonction, de la *Praestana* qui permit à Romulus de l'emporter au lancer du javelot. Le moment

---

53. Aug. *ciu.* 6, 9, p. 266 D *Varro commemorare et enumerare deos coepit a conceptione hominis... usque ad decrepiti hominis mortem... ad Neniam deam... deinde... deos alios... qui pertinerent non ad ipsum hominem, sed ad ea, quae sunt hominis, sicuti est uictus atque uestitus et quaecumque alia huic uitae sunt necessaria*, « Varron commence sa recension et son énumération des dieux à partir de la conception de l'homme... jusqu'à la mort du vieillard décrépit [pour la clore]... par la déesse Nénia... ensuite [viennent] les autres dieux affectés non plus à l'homme, mais aux choses dont il use, telles la nourriture, le vêtement et tout ce qui est nécessaire à cette vie » = 88 Card.
54. Aug. *ciu.* 4, 21, p. 171 D *diis nuptialibus, ut bene coniugarentur, diis agrestibus, ut fructus uberrimos caperent*, « aux dieux nuptiaux pour qu'ils fassent un bon mariage, aux dieux champêtres pour qu'ils fassent d'abondantes récoltes » = 144, 163 Card.
55. Tert. *nat.* 2, 11, 2 *umbras aliquas incorporales, inanimales et nomina de rebus efflagitantes deos sanciunt, diuidentes omnem statum hominis singulis potestatibus ab ipso quidem uteri conceptu*, « ils agréent comme des dieux des ombres incorporelles, inanimées, qui s'épuisent à essayer de tirer leur nom des choses, répartissant toute la nature humaine dans les différentes puissances divines, et cela depuis la conception même dans l'utérus » (trad. F. Chapot) = 88 Card.

du mariage est venu : *Mutunus Tutunus* et *Pertunda* entrent en action. On ferme discrètement la porte de la chambre conjugale[56]. La concordance avec Arnobe et Augustin est manifeste. Quelques chapitres plus loin, Tertullien traite de la mort, y compris celle des enfants, où intervient *Orbana*[57], puis des lieux, auxquels président *Montinus*, dieu des collines (des sept collines de Rome ; chez Arnobe, 4, 9, 5, sa fonction s'étend à tous les *montes* en général), *Limentinus*, qui garde les seuils, des dieux, non désignés, qui ont en charge les lieux de débauche et les cuisines (également surveillés, chez Arnobe, les premiers par *Limentinus*, les secondes par *Lateranus*), et d'autres. Il n'est pas un acte de la vie que les Romains n'aient placé sous la garde d'un dieu[58]. À la lumière de Tertullien, on peut ainsi reconnaître chez Arnobe un quatrième ensemble, consacré aux *di locorum*. Tertullien est plus clair, qui suit une composition linéaire, et la laisse aisément reconnaître. Arnobe, lui, prend plaisir à brouiller les catégories, ce qui apparaît encore davantage si on le confronte à Augustin.

Leurs modes d'écriture sont, de fait, tout différents. Augustin donne à lire des listes étoffées et les organise en tableaux. Trois de ces listes sont particulièrement célèbres : celles des divinités de l'agriculture, de la petite enfance et, la plus scandaleuse de toutes, de la nuit de noces[59]. Nous ne lisons rien de

---

56. *Nat.* 2, 11, 10-13 *praestantiae Praestitiam... et Mutunus et Tutunus et dea Pertunda... parcite, dei impudentes : luctantibus sponsis nemo interuenit ; ipsi, quorum uotum est, foris gaudentes erubescunt*, « Praestitia donne la supériorité... et Mutunus et Tutunus et la déesse Pertunda... de grâce, dieux sans pudeur ! quand les époux se débattent, nul ne s'en mêle ; et même ceux qui le souhaitent, ils restent à l'extérieur et se réjouissent en rougissant » = 127, 151, 154 Card.
57. *Nat.* 2, 15, 2 *Orbana, quae in orbitatem semina extinguat ; et ipsius mortis dea est*, « Orbana, qui, pour priver d'enfants, détruit la semence ; même la mort a sa déesse ! » = 160 Card.
58. *Nat.* 2, 15, 3-7 *ut cetera transuolem, etiam locorum urbis uel loca deos <arbitramini>... montium septe*m *Montinum... et liminum Limentinum... cum et <numina sua> habeant in lupanaribus, in culinis... aliisque Romanorum deis, quibus totius uitae officia distribuuntur*, « pour survoler le reste, il y a aussi, à ce que vous croyez, villes ou lieux, des dieux des lieux... Montinus, des sept collines... Limentinus, des seuils... on a des divinités pour les lupanars, pour les cuisines... entre les autres dieux des Romains sont répartis les services de toute l'existence » = 196, 199-200 Card. – Je remercie F. Chapot, qui a bien voulu vérifier ces traductions de Tertullien.
59. Aug. *ciu.* 4, 8, p. 155 sq. D ; 4, 11, p. 161 D ; 6, 9, p. 264 sq. D. Les premières sont des divinités de la croissance végétale, qui veillent sur la pousse du blé : *Seia, Segetia, Tutilina, Proserpina, Nodutus, Volutina, Patelana, Hostilina, Flora, Lacturnus, Matuta, Runcina*. Nous avons vu deux d'entre elles (*Nodutus* et *Patelana*) chez Arnobe. D'autres divinités de l'agriculture, labeur sans fin, qui occupe chaque journée du paysan, nous sont connues par Serv. Dan. *georg.* 1, 21, qui reproduit, d'après Fabius Pictor, la liste des douze dieux qui président aux travaux de la terre : *Veruactor, Reparator, Inporcitor, Insitor...*, etc., invoqués lors du *sacrum Cereale* par « le flamine » – de Cérès évidemment ; cf. H. Le Bonniec, *Le Culte de Cérès*, p. 67-77. On croira

comparable chez Arnobe, qui compose par séquences brèves. Encore sont-elles entrecoupées d'éléments étrangers, les *dii laeui, Lateranus,* peut-être *Peta*. Ce qui donne l'impression d'une technique pointilliste. À la fin, il n'y a même plus de listes : la composition part en lambeaux, au profit de jeux sur les sonorités. À la différence, aussi, d'Augustin, Arnobe ne prend pas la peine de montrer que ses énumérations de théonymes sont des listes composées. À moins qu'il n'évite systématiquement de le faire : il faut – si je ne me suis pas trompée – toute l'attention du lecteur pour en discerner le fil conducteur. Le propos de Varron était de donner une description raisonnée du paganisme romain. Celui d'Arnobe est d'en rendre évidente la déraison. Les listes de noms divins en viennent à apparaître comme un fatras dénué de signification, un jeu formel et gratuit, d'une navrante vacuité sonore. Vos indigitations ne sont pas des puissances divines : ce sont des vocables creux et inconsistants. *Peta, Puta, Patella* ; *Montinus, Murcida, Pecunia* répondent, mieux que toutes les réfutations argumentées, à la question lancinante qu'Arnobe posait par trois fois, au début de son enquête, puis après avoir traité des obscènes « dieux conjugaux » : comment peut-on savoir si ce ne sont pas là de vaines fictions ? Arnobe l'a répété en leitmotiv : ne peut-on, d'après leurs seuls noms, reconnaître que ce sont des fictions ? des dieux imaginaires, nés de la seule superstition[60] ? En ces noms vides de substance, en ces dieux innombrables, avilis, inventés, se dissout la puissance unique de la seule, de la vraie Divinité.

Les dieux homonymes

Certaines divinités n'ont pas de mythe. D'autres en ont trop : ils sont non seulement surabondants, mais incompatibles. La difficulté a été résolue par la théorie des dieux homonymes[61]. L'idée que plusieurs personnes divines puissent se partager un même nom, sacré par définition, est une réponse au foisonnement contradictoire des mythes, en particulier des généalogies : si une divinité passe pour avoir un père, une mère, qui diffèrent selon les sources – ce qui heurte la raison –, c'est parce qu'il y a en réalité non pas *une*, mais plusieurs personnes divines qui répondent à ce nom. Mais, à la différence des

---

volontiers, avec Richter, *RE*, IX, 2, col. 1355, que les indigitations de la nuit de noces étaient invoquées lors du mariage sacerdotal qu'est la *confarreatio*, par le flamine de Jupiter ou le grand pontife qui y intervenaient.
60. Arn. 4, 3, 1 ; 4, 6, 3 ; 4, 7, 3 (*supra*, n. 18, 32-33).
61. 4, 13-18.

indigitations, qui sont matière authentiquement religieuse, même si Arnobe ne les connaît qu'à travers Varron, la notion de dieux homonymes appartient à la spéculation savante. Elle n'a pas dépassé le cercle des philosophes, des mythographes, des théologiens. C'est pourquoi, dans sa volonté de saper les fondements du paganisme, Arnobe estime de son devoir de faire œuvre de vulgarisation et de dessiller les yeux de ses trop crédules contemporains, qui ignorent malheureusement ces ouvrages[62]. Le catalogue répond aussi, même par une solution différente, à un besoin de mise en ordre de la liste des dieux. Varron avait diffusé celle des *indigitamenta* ; les philosophes révisent, développent au besoin celle des grands dieux. Les deux exposés sur les *nomina deorum* se succèdent au livre IV. Arnobe a souligné le ridicule, la bassesse des emplois prêtés aux indigitations. Le recours aux mythes, même pluriels, a plus de noblesse. Mais on pourra se demander si, tout compte fait, le remède que proposent les plus avertis des théologiens, ces esprits d'un jugement si sûr[63], n'est pas pire que le mal.

Le passage d'un développement à l'autre se fait à la faveur d'un *excursus* sur la divination. L'explication qu'Arnobe propose à la prétendue existence des indigitations est que, en réalité, Mellonia n'est pas la protectrice du miel, ni Limentinus le dieu des seuils. Ce sont de faux noms, sous lesquels les haruspices, les magiciens, les théurges invoquent les démons qui se sont glissés dans les entrailles des victimes et obtiennent d'eux des prédictions trompeuses. Les noms des dieux expriment leur essence, la vérité de leur nature. Dans le cas présent, Mellonia n'est pas Mellonia, ni Limentinus Limentinus[64] : ce sont des noms inventés, par usurpation d'identité, grâce auxquels les démons, les « antidieux », qui se dissimulent sous ces apparences convenables, se font abusivement sacrifier des victimes sous un nom d'emprunt[65]. Curieuse ren-

---

62. 4, 13, 5 *et dare nobis conpendium potuisset res ista, si non et aliquos uideremus litterarum esse istarum expertes...*, « et cette circonstance aurait pu nous faire gagner du temps, si nous ne constations que certains ne connaissent pas ces ouvrages ».

63. 4, 13, 5 *quam quidem olim partem iudicii acris uiri atque ingenio perspicaci tam sermone Italo explicuere quam Graeco*, « à vrai dire cette question a été traitée jadis par des hommes d'un jugement pénétrant et d'un esprit perspicace, aussi bien en latin qu'en grec ».

64. 4, 12, 1 *eandem tamen facietis fidem Melloniam, uerbi causa, uel Limentinum inserere se fibris et ad rerum quas quaeritis significantias aptare ?*, « pourtant, nous ferez-vous également croire que Mellonia, par exemple, ou Limentinus s'introduisent dans les lobes du foie et se prêtent à fournir des signes répondant aux questions que vous posez ? ».

65. 4, 12, 3 *si magi, haruspicum fratres, suis in actionibus memorant antitheos saepius obrepere pro accitis, esse autem hos quosdam materiis ex crassioribus spiritus, qui deos se fingant nesciosque mendaciis et simulationibus ludant, cur non ratione non dispari credamus hic quoque subicere se alios pro eis qui non sunt, ut et uestras opinationes firment et sibi hostias caedi alienis sub nominibus*

contre de la religion pontificale traditionnelle et de la démonologie néoplatonicienne, revisitée par Porphyre et vilipendée par les chrétiens. Or, la question de l'authenticité des noms divins et des usurpations d'identité entre dieux est au cœur du débat sur les dieux homonymes. À ceci près qu'on peut se demander si les indigitations, qui permettent à l'apologiste de jeter la suspicion sur toute l'haruspicine et la divination publique, recevaient réellement l'offrande de victimes sacrificielles et n'étaient pas seulement des listes de noms divins invoqués par les prêtres et les magistrats dans leurs prières. Dans ce cas, évidemment, l'explication avancée par Arnobe tomberait d'elle-même, et les ridicules *indigitamenta* retrouveraient droit de cité dans la religion d'État. Mais l'objection ne paraît pas l'effleurer.

Comment se fait-il, poursuit-il avec aplomb, que les dieux, que *vos* dieux, aient des mythes et, surtout, des généalogies incompatibles ? Un père, une mère qui diffèrent selon les traditions, ce qui défie l'entendement. La réponse, savante, est qu'ils sont plusieurs à porter le même nom, et qu'il n'y a que le vulgaire pour s'y méprendre et confondre entre elles ces divinités plurielles et homonymes. Le point de départ de la réflexion est grammatical et, d'emblée, avant même qu'on ne soit entré dans le vif du sujet, frappe de suspicion ce qui va suivre. « Les noms des dieux n'ont pas de pluriel » ; car ce sont « des êtres uniques »[66]. Cela s'apprend à l'école. Et vous attribuez le même nom à plusieurs dieux[67] ? Arnobe, rhéteur habile à manier le langage, aime ces discussions sur la langue, qui lavent le chrétien de l'accusation d'inculture couramment lancée par les païens : ainsi le long exposé du livre I sur le genre des noms, arbitrairement masculins, féminins ou neutres, et tantôt l'un, tantôt

---

gaudeant ?, « si les magiciens, frères des haruspices, rapportent que, dans leurs opérations, assez souvent de pseudo-divinités se glissent à la place de ceux qu'on appelait, et que ce sont certains esprits, d'une substance plus grossière, qui se font passer pour des dieux et se jouent des ignorants par leurs mensonges et leurs feintes, pourquoi ne pas croire, exactement pour la même raison, que, dans ce cas également, d'autres êtres se substituent à ceux qui n'existent pas, à la fois pour vous confirmer dans vos croyances et pour avoir le plaisir de se faire sacrifier des victimes sous le nom d'autrui ? ». Sur les « antidieux », *infra*, p. 360 sq.

66. Cf. le grammairien Dosithée, IX, 16 sur les *propria nomina : quae unica et sola sunt deorum, ut « Iuppiter », hominum « Romulus », urbium, ut « Roma »...*, « ceux qui sont uniques et attachés exclusivement à des dieux, comme *Iuppiter*, des hommes, *Romulus,* des villes, comme *Roma* ».

67. Arn. 4, 13, 4 *in declinationibus deorum pluratiuos numeros non esse, quod essent dii singuli... immemores uos facti et puerilium disciplinarum recordatione composita, et conplures subditis uocabulis isdem deos,* « les déclinaisons des noms de dieux n'ont pas de pluriel, parce que les dieux sont des êtres uniques... vous, vous l'avez oublié et, enterrant le souvenir de vos leçons d'écoliers, vous imposez le même nom à plusieurs dieux ».

l'autre[68]. Mais l'objection ne manque pas de piquant, venant d'un auteur qui, dans les chapitres qui suivront, nomme au pluriel, augmentatif il est vrai, « les Amphitrites »[69], unique épouse de Neptune et authentique déesse, l'une des Néréides, fille de Nérée et petite-fille d'Océan.

Une fois le principe posé, fort de cette remarque générale incontestable, Arnobe peut s'engager dans sa démonstration et examiner, un à un, les cas particuliers. Selon « vos théologiens » et vos savants[70], il y a trois Jupiters, fils, respectivement, de l'Éther, du Ciel, de Saturne. C'est ce dernier, celui de la mythologie courante, qui naquit en Crète et y fut enseveli[71]. Il y a, de même, cinq Soleils, fils, respectivement, de Jupiter, de Jupiter encore (et d'Hypériona), de Vulcain (mais un Vulcain particulier, fils du Nil). Le quatrième et le cinquième, dont les pères ne sont pas indiqués, ont engendré l'un Ialysus, né d'Acantho, l'autre un roi scythe (qui reste anonyme) et, beaucoup plus

---

68. 1, 58-59. C'est ainsi qu'on dit *hic paries* « ce mur », mais *haec sella* « cette chaise » » ; et *caelus* ou *caelum*, « le ciel », *filus* ou *filum*, « le fil », etc.

69. 4, 26, 1 *rex maris Amphitritas…(supra*, p. 116, n. 8).

70. Qui sont exactement les *theologi* ? Il est difficile de le préciser ; cf. 3, 11, 3 ; 4, 14, 1 ; 4, 15, 1 ; 4, 18, 1-2 ; 4, 18, 5 ; 5, 5, 1 (l'Eumolpide Timothée) ; 5, 8, 3. Ce ne sont pas des philosophes, dont ils sont distingués en 4, 18, 5 (cité ci-dessous). Arnobe emploie le mot dans un sens plus large qu'Augustin et Lactance, pour qui ce sont les poètes mythiques de la Grèce : Aug. *ciu.* 18, 14, p. 274 D *poetae, qui etiam theologi dicerentur, quoniam de diis carmina faciebant… Orpheus, Musaeus, Linus*, « des poètes qu'on appellerait aussi théologiens parce qu'ils composèrent des poèmes sur les dieux… Orphée, Musée, Linus » ; Serv. *Aen.* 6, 645 et 667 ; Lact. *La colère de Dieu* 11, 8 *uetustissimi Graeciae scriptores, quos illi theologos nuncupant*, « les plus anciens écrivains de la Grèce, ceux que les Grecs appellent "théologiens" ». Cicéron, *ND* 3, 53, qui en use encore comme d'un hellénisme, *ii qui theologi nominantur*, « ceux qu'on appelle les "théologiens" », désigne ainsi l'érudit alexandrin qui est sa source dans le développement sur les dieux homonymes. Arnobe entend le mot au sens étymologique – et moderne – : ce sont les auteurs d'écrits sur les dieux, rédigés en latin aussi bien qu'en grec (4, 13, 5 ; *supra*, n. 63). Cf. 4, 18, 1 *theologi scriptitarint*, ce « qu'ont mis par écrit les théologiens » ; § 2 *theologorum ut indicant scripta*, « telles que les révèlent les écrits des théologiens » ; § 5 *omnes libri quos de diis habetis compositos theologorum, pontificum, nonnullorum etiam philosophiae deditorum*, « tous les livres que vous possédez sur les dieux et qui sont l'œuvre des théologiens, des pontifes, et même d'un certain nombre d'hommes qui se sont voués à la philosophie ». Cf. L. Ziehen, s. v. θεολόγος, *RE*, V, A, 2, col. 2031-2033.

71. 4, 14, 1 *aiunt igitur theologi uestri et uetustatis absconditae conditores tris in rerum natura Ioues esse, ex quibus unus Aethere sit patre progenitus, alter Caelo, tertius uero Saturno, aput insulam Cretam et sepulturae traditus et procreatus*, « ainsi donc vos théologiens et les dépositaires des secrets de l'antiquité disent qu'il y a dans le monde trois Jupiters, dont le premier a eu pour père l'Éther, le second le Ciel, et le troisième Saturne : c'est celui qui a été enseveli et mis au monde dans l'île de Crète ».

célèbre, Circé, la magicienne[72]. Comment le lecteur ne serait-il pas accablé sous cette avalanche de noms inconnus – de lui, mais aussi d'Arnobe, qui a mal lu sa source, Cicéron, comme nous le verrons, et qui prend pour une héroïne mythologique le Titan Hypérion ? Il y a cinq Mercures : l'un est fils du Ciel, le second est le héros chthonien Trophonios, le troisième est fils de Jupiter et de Maia (c'est le Mercure « classique »), les deux derniers sont égyptiens, l'un fils du Nil, l'autre meurtrier d'Argus et inventeur de l'alphabet (Hermès Trismégiste, Theuth)[73]. Les charmes de l'exotisme ne compensent pas l'aridité des fiches documentaires. Arnobe en est bien conscient, qui va diversifier ses procédés.

Encore une liste détaillée, celle des cinq Minerves, qui prépare l'apparition, quelques lignes plus loin, des déesses en chair et en os : l'une est mère d'Apollon (conçu de la semence de Vulcain), la seconde est égyptienne et fille du Nil, la troisième est une guerrière fille de Saturne, la quatrième de Jupiter (on l'appelle Coryphasia), la dernière est la fille du Géant Pallas, qu'elle tua pour échapper à ses désirs incestueux[74]. Le sang, le sexe et l'érudition mytho-

---

72. 4, 14, 2 *quinque Soles et Mercurios quinque, ex quibus, ut referunt, Sol primus Iouis filius dicitur et Aetherius habetur nepos; secundus aeque Iouis et Hyperiona proditus genetrice; tertius Volcano, non Lemnio, set Nili qui fuerit filius; quartus Ialysi pater, quem Rhodi peperit heroicis temporibus Acantho; quintus Scythici regis et uersipellis habetur Circae*, « cinq Soleils et cinq Mercures ; parmi eux, à les en croire, le premier Soleil passe pour être le fils de Jupiter et il est considéré comme le petit-fils de l'Éther ; le second est également fils de Jupiter et a pour mère Hypériona ; le troisième est fils de Vulcain, non pas celui de Lemnos, mais celui qui était fils du Nil ; le quatrième est le père d'Ialysus, qu'Acantho enfanta à Rhodes, aux temps héroïques ; le cinquième passe pour celui d'un roi scythe et de Circé, la maîtresse des métamorphoses ».

73. 4, 14, 3 *nam Mercurius primus, qui in Proserpinam dicitur genitalibus adhinniuisse subrectis, supremi progenies Caeli est; sub terra est alter, Trophonius qui esse iactatur; Maia tertius matre et Ioue procreatus, sed tertio; quartus suboles Nili est, cuius nomen Aegyptia gens horret et reueretur expromere; quintus Argi est interemptor, fugitiuus atque exul et proditor apud Aegyptum litterarum*, « quant au premier Mercure, qui, dit-on, hennissait de concupiscence pour Proserpine, le sexe en érection, il est de la lignée du Ciel souverain ; le second est sous terre, c'est celui qui se vante d'être Trophonios ; le troisième a pour mère Maia et il fut engendré par Jupiter, mais le troisième Jupiter ; le quatrième est le rejeton du Nil : c'est celui dont le peuple égyptien frémit et redoute de prononcer le nom ; le cinquième est le meurtrier d'Argus, le fugitif et l'exilé, celui qui apprit à l'Égypte l'alphabet ».

74. 4, 14, 4 *sed et Mineruae, inquiunt, sicut Soles et Mercurii quinque sunt, ex quibus prima non uirgo, sed ex Volcano Apollinis procreatrix; Nili altera proles et quae esse perhibetur Aegyptia; stirps Saturni tertia est et quae usum excogitauit armorum; Iouis quarta progenies quam Messenii Coryphasiam nuncupant; et quae Pallantem occidit patrem incestorum adpetitorem est quinta*, « mais, disent-ils, il y a aussi des Minerves, comme les Soleils et les Mercures, au nombre de cinq ; parmi elles, la première n'est pas vierge, mais c'est elle qui enfanta Apollon des œuvres de Vulcain ; la seconde est fille du Nil et c'est elle qu'on appelle Aegyptia ; la troisième est de la

logique ne sont pas incompatibles. Finissons vite et bornons-nous à énumérer, sans commentaire, les quatre Vulcains, les trois Dianes, trois Esculapes, cinq Dionysos, six Hercules, quatre Vénus, trois groupes de *Castores* (les jumeaux, Castor et Pollux) et de Muses, trois Cupidons, quatre Apollons, même si Arnobe déploie tous ses efforts pour alléger, par des recherches stylistiques, le poids de l'énumération, et nous fait grâce de tous les détails biographiques, généalogie complète, père, mère, ancêtres, lieu de naissance, scrupuleusement indiqués, dit-il, par les théologiens[75].

Nous sommes sur le terrain de l'érudition grecque et de la religion philosophique, qui divinise les éléments et les parties du monde : l'Éther, le Ciel (Ouranos) n'ont pas de place dans la religion romaine. Les sources d'Arnobe sont savantes : c'est, pour l'essentiel, Cicéron, complété par Clément d'Alexandrie[76], qui, eux-mêmes, sont tributaires d'une source inconnue, sans doute, à en juger par les détails empruntés à l'Égypte, un érudit alexandrin[77]. Mais Arnobe a entièrement réécrit le passage. Il énumère les mêmes divinités que son modèle, au nombre de quatorze. Mais la composition diffère du tout

---

lignée de Saturne et c'est elle qui inventa l'usage des armes ; la quatrième est la progéniture de Jupiter, c'est celle que les Messéniens appellent Coryphasia ; celle qui tua son père Pallas, qui convoitait une union incestueuse, est la cinquième ».

75. 4, 15, 1 *ac ne longum uideatur et nimium, minutatim uelle capita ire per singula, aiunt idem theologi quattuor esse Volcanos et tris Dianas, Aesculapios totidem et Dionysos quinque, ter binos Hercules et quattuor Veneres, tria genera Castorum totidemque Musarum, pinnatorum Cupidinum trigas et quadrigas Apollinarium numinum, quorum similiter genitores, similiter matres, loca quibus nati sunt indicant et originem singulorum suis cum prosapiis monstrant*, « mais évitons de paraître excessivement long, en voulant traiter la question par le menu, point par point : selon les mêmes théologiens, il y a quatre Vulcains et trois Dianes, autant d'Esculapes et cinq Dionysos, trois fois deux Hercules et quatre Vénus, trois sortes de Castors et autant de Muses, un trige de Cupidons ailés et un quadrige de divinités apolliniennes, dont ils indiquent de même les pères, de même les mères, les lieux de naissance, et exposent pour chacun son origine, ainsi que ses ancêtres ».

76. Cic. *ND* 3, 42 et 53-60 ; Clém. *protr.* 2, 28-29, 1. Cf. J.-L. Girard, « Probabilisme, théologie et religion. Le catalogue des dieux homonymes dans le *De natura deorum* de Cicéron », dans H. Zehnacker et G. Hentz (dir.), *Hommages à Robert Schilling*, Paris, Les Belles Lettres, 1983, p. 117-126.

77. Le catalogue est également connu par d'autres sources : le *Liber memorialis* d'Ampelius 9 ; Lydus *mens.* 4, 51, 64, 67, 71, 86, 142, p. 106, 114, 121 sq., 124, 135, 164 W. ; accessoirement les Mercures de Serv. (Dan.) *Aen.* 4, 577 ; les cinq Minerves de Firm. *err.* 16, 1-2 ; et Aug. *ciu.* 18, 12, p. 270 D *secretiore quippe historia plures fuisse dicuntur et Liberi patres et Hercules*, « car une histoire mieux renseignée fait connaître plusieurs Hercules, comme plusieurs Liber Pater ». Cf. le tableau comparatif de l'éd. J. B. Mayor du *De natura deorum*, Cambridge, University Press, 1880-1885, III, p. 202-209.

au tout. Cicéron, ou plutôt Cotta, a d'abord traité, isolément, des Hercules[78]. Puis, à la suite des « théologiens », référence que reprendra Arnobe, il passe en revue, successivement, tous les autres : les Jupiters[79], les Dioscures, les Muses, les Soleils[80], Vulcains, Mercures, Esculapes, Apollons et Dianes, Dionysos, Vénus, Minerves[81], Cupidons, chacun avec un luxe de détails qu'Arnobe n'a

78. Je ne cite, du traité de Cicéron (trad. Cl. Auvray-Assayas, Paris, Les Belles Lettres, coll. La Roue à livres, 2002) que les quatre notices condensées par Arnobe : *ND* 3, 42 *Nam Iouis quoque pluris in priscis Graecorum litteris inuenimus : ex eo igitur et Lysithoe est is Hercules quem concertauisse cum Apolline de tripode accepimus. Alter traditur Nilo natus Aegyptius, quem aiunt Phrygias litteras conscripsisse. Tertius est ex Idaeis Digitis, cui inferias adferunt [cui]. Quartus Iouis est <et> Asteriae, Latonae sororis, qui Tyri maxime colitur, cuius Carthaginem filiam ferunt, quintus in India, qui Belus dicitur, sextus hic ex Alcmena, quem Iuppiter genuit, sed tertius Iuppiter, quoniam, ut iam docebo, pluris Ioues etiam accepimus*, « Car nous trouvons plusieurs Jupiter aussi dans les textes grecs antiques. De ce Jupiter, donc, et de Lysithoé est issu l'Hercule dont la tradition rapporte qu'il s'est querellé avec Apollon au sujet du trépied. On nous parle d'un autre Hercule, un Égyptien, fils du Nil, dont on dit qu'il était l'auteur des livres phrygiens. Un troisième est descendant des Dactyles de l'Ida : on sacrifie à ses mânes. Un quatrième est fils de Jupiter et d'Astéria, sœur de Latone ; il est honoré surtout à Tyr et l'on dit qu'il avait pour fille Carthago. Il y en a un cinquième en Inde, nommé Bélus ; le sixième est le nôtre, issu d'Alcmène, que Jupiter engendra, mais le troisième Jupiter car, comme je vais bientôt l'expliquer, la tradition nous parle aussi de plusieurs Jupiter ».
79. *ND* 3, 53 *Principio Ioues tres numerant ii qui theologi nominantur, ex quibus primum et secundum natos in Arcadia, alterum patre Aethere, ex quo etiam Proserpinam natam ferunt et Liberum, alterum patre Caelo, qui genuisse Mineruam dicitur, quam principem et inuentricem belli ferunt, tertium Cretensem, Saturni filium, cuius in illa insula sepulcrum ostenditur*, « Pour commencer, les "théologiens", comme on les appelle, comptent trois Jupiter, dont le premier et le second sont nés en Arcadie ; l'un avait pour père l'Éther qui engendra aussi, dit-on, Proserpine et Liber. L'autre, fils de Caelus, engendra Minerve, dit-on, qui passe pour avoir patronné la guerre qu'elle inventa. Le troisième est Crétois, fils de Saturne, et on montre son tombeau dans cette île ».
80. *ND* 3, 54 *Cumque tu solem quia solus esset appellatum esse dicas, Soles ipsi quam multi a theologis proferuntur. Vnus eorum Ioue natus, nepos Aetheris, alter Hyperione, tertius Volcano, Nili filio, cuius urbem Aegyptii uolunt esse eam quae Heliopolis appellatur, quartus is quem heroicis temporibus Acantho Rhodi peperisse dicitur, <pater> Ialysi, Camiri, Lindi, unde Rhodii, quintus qui Colchis fertur Aeetam et Circam procreauisse*, « Et tandis que tu prétends que le soleil doit son nom au fait qu'il est seul, combien de soleils, précisément, les théologiens ne nous font-ils pas connaître ! L'un d'eux est né de Jupiter, et petit-fils d'Éther ; un autre est fils d'Hypérion ; le troisième de Vulcain, lui-même fils du Nil : c'est celui que les Égyptiens font le maître de la ville appelée Héliopolis. Le quatrième est celui qu'aux temps héroïques Acantho enfanta, dit-on, à Rhodes : c'est le père de Ialysus, de Camirus et de Lindus, héros éponymes de villes rhodiennes. Le cinquième passe pour avoir engendré Aiétès et Circé en Colchide ».
81. *ND* 3, 59 *Minerua prima, quam Apollinis matrem supra diximus, secunda orta Nilo, quam Aegyptii Saietae colunt, tertia illa quam a Ioue generatam supra diximus, quarta Ioue nata et Coryphe, Oceani filia, quam Arcades* Κορίαν *nominant, et quadrigarum inuentricem ferunt,*

pas jugé utile de reproduire. Après en avoir étudié quatre, les Jupiters, Soleils, Mercures, Minerves, l'apologiste perd patience et se contente d'énumérer les autres, à la va-vite. C'est aussi ce que fait Clément, qui donne trois notices développées, Zeus, Athéna[82], Apollon, puis, comme Arnobe, se contente d'interroger : « Et si je vous disais les nombreux Asclépios, ou tous les Hermès qu'on dénombre, ou les Héphaistos dont on nous rapporte la légende ? Je crains de paraître dépasser la mesure, si je rebats vos oreilles de cette foule de noms »[83].

Arnobe va à l'essentiel. Il ne s'agit pas, comme chez Cicéron, de donner de chaque divinité un arbre généalogique complet. La polémique n'est pas l'érudition : un signalement bref, incisif, lui suffit pour montrer les contradictions des mythographes, fatales à l'unicité des dieux. Sa conclusion, qui répond littéralement à l'introduction, est un rejet absolu : vous ne pouvez pas désigner plusieurs dieux sous « le même nom »[84]. Non sans paradoxe, elle reprend ou rejoint celle de Cicéron, « philosophe et augure »[85], défenseur de la religion traditionnelle : si son porte-parole, l'académicien Cotta, rejette la thèse des dieux homonymes, c'est parce qu'« elle perturbe la religion »[86]. Arnobe ne dit pas autre chose : elle ruine le culte des dieux, elle rend impossible le sacrifice, qui en est la pierre angulaire. Seulement, au lieu de le prouver par une démonstration théorique, il l'établit par l'exemple[87] : par la célèbre querelle

---

quinta Pallantis, quae patrem dicitur interemisse uirginitatem suam uiolare conantem, cui pinnarum talaria adfigunt, « La première Minerve est celle dont nous avons dit plus haut qu'elle est la mère d'Apollon ; la seconde est née du Nil et les Égyptiens de Saïs lui rendent un culte ; la troisième est celle dont nous avons dit plus haut que Jupiter l'avait engendrée ; la quatrième est fille de Jupiter et de Coryphé, elle-même fille d'Océanus : les Arcadiens l'appellent Koria et lui attribuent l'invention des quadriges. La cinquième est fille de Pallas et elle passe pour avoir tué son père qui voulait lui ravir sa virginité : on la représente avec des talonnières ailées ».
82. C'est à lui, *protr.* 2, 28, 2, qu'Arnobe doit le surnom de la déesse, Κορυφασίαν *Coryphasiam* ; Κορίαν chez Cicéron (*supra*, n. 74 et 81).
83. *Protr.* 2, 29, 1.
84. Arn. 4, 15, 2 *plures sub eodem nomine, quemadmodum accepimus, esse non possunt*, « plusieurs dieux ne peuvent porter le même nom, comme on nous l'a enseigné ». Cf. 4, 13, 4 (*supra*, n. 67).
85. Selon le titre de F. Guillaumont, *Philosophe et augure. Recherches sur la théorie cicéronienne de la divination*, Bruxelles, Latomus, coll. « Latomus » 184, 1984.
86. Cic. *ND* 3, 60 *quibus intellegis resistendum esse, ne perturbentur religiones*, « tu comprends bien qu'il faut les combattre pour qu'elles ne perturbent pas nos pratiques religieuses » ; Arn. 4, 15, 3 *efficitur ut haesitet religio conturbata*, « il en résulte que la religion hésite, qu'elle est perturbée ».
87. 4, 16, 1 *fingite nos enim, uel auctoritate commotos uel uiolentia terroris uestri, induxisse in animum Mineruam, uerbi causa, sacris uobis sollemnibus et ritu uelle adorare uolgato*, « en effet,

des cinq Minerves (chap. 16), qui met en scène nos cinq homonymes. Elles se disputent sans pudeur pour la possession exclusive de leur nom, « commun » bien malgré elles. On croyait clos le débat théologique : la théorie ingénieuse des dieux homonymes ne résiste pas à la critique. Or, il repart pour l'une des scènes les plus brillantes, les plus vivantes, du livre.

Sommes-nous au théâtre ? Le décor est celui d'un sacrifice : tout est prêt, le feu brûle sur l'autel. On sait que le sacrifice suppose la présence de la divinité, invoquée par son nom. Or, elles sont cinq à répondre à l'appel : toutes ensemble, elles « arrivent à tire d'aile »[88] du haut du ciel, ce qui est déjà ridicule – un vol groupé de déesses semblables. Chacune plaide sa cause, et étale ses mérites. « La première dont nous avons parlé dira peut-être : "Le nom de Minerve est à moi, sa divinité est à moi, moi qui ai enfanté Apollon, et Diane et qui, du fruit de mes entrailles, ai enrichi le ciel de leurs divinités et multiplié le nombre des dieux" »[89]. « Pas du tout, dira la cinquième Minerve, toi ? c'est bien toi ? qui, mariée [à qui ?] et tant de fois en couches, as perdu la sainteté de la pure chasteté ? »[90]. Minerve V se laisse emporter par la mauvaise foi : sa rivale n'est mère que de deux enfants, jumeaux de surcroît. Chacun sait, poursuit-elle, que Minerve est toujours représentée sous les traits d'une jeune fille. La vraie « Minerve, c'est moi... Pallas »[91]. L'imprudente ! Minerve II a tôt fait de rétablir la vérité : toi, incestueuse, parricide, maquillée et apprêtée

---

supposez que votre autorité ou la violence de la terreur que vous inspirez nous aient ébranlés et que nous nous soyons mis en tête de vouloir adorer Minerve, par exemple, selon le cérémonial habituel et les rites dont vous êtes coutumiers ».

88.   4, 16, 1 *res si cum diuinas apparamus adgredi atque aris flammantibus sua reddere constituta, Mineruae omnes aduolent ac de istius nominis possessione certantes poscant sibi singulae apparatum illum sacrorum reddi*, « si, au moment où nous nous préparons à commencer le sacrifice et à leur rendre sur les autels en flammes leurs honneurs rituels, toutes les Minerves arrivaient à tire d'aile et, en se querellant pour la possession de ce nom, réclamaient, chacune pour soi, que lui soit attribué l'appareil de ce sacrifice ».

89.   4, 16, 2 *dicet enim forsitan prima illa quam diximus :* « *meum nomen est Mineruae, meum numen, quae Apollinem genui, quae Dianam et ex mei uteri fetu caelum numinibus auxi et deorum numerum multiplicaui* ».

90.   4, 16, 3 « *immo, inquiet quinta Minerua, tu ? tutin ? quae marita et puerpera totiens castitatis purae inminuta es sanctitate ?* »,

91.   4, 16, 3 « *Nonne uides in Capitoliis omnibus uirginalis esse species Mineruarum et innuptarum his formas ab artificibus cunctis dari ?... Nam Mineruam me esse genitore ex Pallante procreatam testis omnis est poetarum chorus, qui Palladem me nuncupat deriuato a patre cognomine* », « Ne vois-tu pas que, dans tous les Capitoles, les Minerves ont une apparence virginale et que tous les artistes leur donnent des traits de jeunes filles ?... Car Minerve, c'est moi, engendrée par Pallas, l'auteur de mes jours, comme en témoigne le chœur unanime des poètes, qui m'appelle Pallas, d'un nom tiré de celui de mon père ».

comme une courtisane[92] ! Toi qui usurpes le nom qui m'appartient ! Platon en est témoin[93]. « Que pensons-nous qu'ensuite il arrivera ? » interroge l'impertinent narrateur, qui donne la parole à Minerve IV, dite *Coryphasia*, ainsi appelée du nom de sa mère Corypha, ou parce qu'elle jaillit tout armée de la tête de Jupiter (en grec κορυφή). Mais la déesse, ainsi interpellée, garde le silence[94]. Minerve III a le dernier mot : elle invective ses rivales, Minerve II, née de la boue du Nil, Minerve IV, s'il est vrai qu'on fait les enfants par la tête. C'est elle qui semble l'emporter, elle qui est la vraie Raison, c'est-à-dire « la compréhension des causes obscures »[95]. Affirmation péremptoire, à laquelle aucune des quatre autres n'est en mesure de répliquer.

Arnobe est homme de théâtre : il n'est que de comparer son *actio* à l'énumération mythographique, plus détaillée, mais moins vivante de Cicéron (de qui peut venir l'idée du « vol » des Minerves, puisque la cinquième, comme Mercure, a des ailes)[96]. Il écrit un vrai dialogue, au style direct. Il met en scène ses personnages, qui prennent la parole dans l'ordre

```
     I           V
        II    IV
           III,
```

92. 4, 16, 4 « *quid dicis, inquiet secunda haec audiens ? ergone Mineruium nomen tu fers parricida petulans et ex amoris incesti contaminatione polluta, quae dum te fucis atque artibus excolis meretriciis, etiam patris in te mentem furialibus plenam cupiditatibus excitasti ?* », « que dis-tu ? s'écriera la seconde en entendant ces mots ? ainsi donc tu portes, toi, le nom de Minerve, toi, une impudente parricide, souillée par l'impureté d'un amour incestueux, toi qui, fardée et parée d'artifices comme une courtisane, as séduit jusqu'à ton père et l'as rempli de désirs forcenés ? ».
93. 4, 16, 5 « *perge igitur, aliud tibi quaere signum ; nam mea res ista est... Aegyptios et ego testes dabo, quorum <sum> Neith lingua, Platonis testificante "Timaeo"* », « allons donc, cherche-toi un autre nom ! car celui-ci est ma propriété... j'en appellerai moi aussi au témoignage des Égyptiens, moi <qui suis> Neith dans leur langue, comme l'atteste le *Timée* de Platon ». Dans le *Timée* 21 e. Platon, pour qui Arnobe professe la plus vive admiration (cf. l'Introduction d'H. Le Bonniec au tome I, p. 41-44), est toujours une référence du meilleur aloi.
94. 4, 16, 6 *Quid deinde arbitramur fore ? Desistetne et illa Mineruam se dicere, cui Coryphasiae nomen est uel ex Coryphae matris signo uel quod ex uertice summo Iouis parmam ferens emicuit atque armorum accincta terroribus ?*, « Que pensons-nous qu'ensuite il arrivera ? Renoncera-t-elle, elle aussi, à se dire Minerve, celle qui doit son nom de Coryphasia, soit à celui de sa mère Corypha, soit au fait qu'elle a jailli du haut de la tête de Jupiter, portant un bouclier et ceinte d'armes terrifiantes ? ».
95. 4, 16, 9 « *at si uerum est quod adseueras, rationem te esse, desiste tibi nomen id quod meum est uindicare : nam quam dicis ratio non est species numinis certa, sed obscurarum intellegentia causarum* », « mais si ce que tu prétends est vrai, que tu es la Raison, cesse de revendiquer un nom qui est à moi : car la raison dont tu parles n'est pas une divinité d'un type déterminé, mais la compréhension des causes obscures ».
96. Cic. *ND* 3, 59 *cui pinnarum talaria adfigunt* (*supra*, n. 81).

disposés en ligne ou en V : on part des deux extrémités pour aboutir au centre, à celle qui, apparemment, sortira victorieuse de la querelle. C'est sur sa longue réplique, en tout cas, que s'achève la joute verbale.

Mais arrive le moment du sacrifice : le fidèle s'apprête à remplir ses devoirs religieux[97]. C'est l'heure de vérité : à qui faut-il l'offrir ? Pour laquelle, des cinq, faut-il faire brûler l'encens et verser le vin, qui sont les rites préliminaires à l'immolation de la victime[98] ? L'offrant invoque la divinité, il l'appelle par son nom : *Iupiter, macte... esto* ; *Mars pater, eiusdem rei ergo macte... esto,* dit le fidèle chez Caton[99]. Nous sommes loin des arguties des théologiens grecs. C'est le fidèle romain, Arnobe lui-même, peut-être, du temps qu'il était païen, qui est dans l'embarras. Un juge lui-même ne s'y retrouverait pas. Il ne le sait que trop : mieux vaut s'abstenir, plutôt que d'accorder à l'une ce qui appartient à toutes, ou de se faire des ennemies de toutes les autres, situation particulièrement dangereuse quand les plaignantes sont des déesses, en accordant à toutes ce qui n'appartient qu'à une seule, *unius,* qui est le dernier mot, assassin, de la scène. Penaud, mais prudent, notre juge ne tranche pas : il laisse tout et rentre chez lui[100]. Le sacrifice reste inachevé. Et les Minerves ? remontent-elles au ciel comme elles en étaient venues ? Le malicieux conteur ne nous le dit pas. Il se borne à remarquer, benoîtement, qu'on pourrait dire « la même chose des

---

97. Arn. 4, 16, 10 *si ergo, ut diximus, officia nobis adeuntibus religiosa Mineruae adsint quinque ac de huius nominis proprietate rixantes sibi quaeque desideret aut turis suffimenta libari aut ex pateris aureis inferia uina defundi, quo disceptatore, quo iudice controuersias tollemus tantas ?*, « si donc, comme nous l'avons dit, au moment où nous serions prêts à remplir nos devoirs religieux, les Minerves se présentaient à cinq et, en se disputant pour la possession de ce nom, réclamaient, chacune pour soi, les libations, fumées d'encens ou vin inférial qu'on verse de patères d'or, quel arbitre, quel juge nous permettra de mettre fin à de si vives controverses ? ».
98. Par exemple, chez Caton, *agr.* 134, 1, dans un sacrifice privé comme le nôtre, celui de la truie précidanée : *thure, uino Iano, Ioui, Iunoni praefato, priusquam porcum feminam immolabis,* « avec de l'encens et du vin, invoquez d'abord Janus, Jupiter, Junon, avant d'immoler la femelle de porc ».
99. Caton *agr.* 134, 3, « Jupiter, sois honoré » ; 141, 3, « Mars père, pour la même raison sois honoré... ».
100. Arn. 4, 16, 11 *nonne potius ibit domum seseque abstinens ab negotiis talibus tutius esse arbitrabitur nihil horum contingere, ne aut uni dando quod omnium est inimicas ecficiat ceteras aut stultitiae crimen incurrat, si id attribuat cunctis quod esse oportebat unius ?*, « n'aimera-t-il pas mieux rentrer chez lui et, se tenant à l'écart de pareilles affaires, n'estimera-t-il pas plus sûr de ne pas s'en mêler, ne voulant pas, en donnant à une seule déesse ce qui leur appartient à toutes, se faire des ennemies de toutes les autres ni se faire accuser de sottise, s'il leur accordait à toutes ce qui aurait dû n'appartenir qu'à une seule ? ».

Mercures, des Soleils et de tous les autres »[101]. Si les païens veulent convaincre les chrétiens de rendre un culte à leurs dieux, qu'ils leur montrent, à chaque fois, un dieu, mais un seul, porteur de ce nom : Mercure, Liber, Vénus, Diane, Apollon, Jupiter[102]. Malheureusement, tous figurent dans la liste des divinités homonymes. Le païen est incapable de relever le défi.

Ce n'est évidemment pas par hasard qu'Arnobe a placé la querelle des cinq Minerves à la fin de sa critique des dieux homonymes. En polémiste averti, il sait que, parfois, la dérision vaut mieux qu'un long discours. Ses Minerves sont aussi expertes que lui à discréditer les fables du paganisme : aux yeux de ces créatures de théologiens philosophes, la mythologie vulgaire est aussi absurde qu'à ceux des chrétiens. Ainsi donc, Jupiter met au monde ses enfants par la tête ? Sa tête renfermait donc – le malheureux ! – une forge complète, munie d'enclumes, de marteaux, etc., bref, de tous les instruments du forgeron[103] ? demande Minerve III à Minerve IV, qui est la guerrière, née tout armée, casquée, portant la lance et l'égide, pourvue de toute une panoplie qui, si l'on raisonne juste, a bien dû être fabriquée quelque part. Arnobe s'entend à dresser les païens les uns contre les autres. Ses déesses, qui incarnent toutes les figures de la condition féminine, épouse et mère, vierge perpétuelle, courtisane, s'accusent à qui mieux mieux d'immoralité. La vierge perd sa pureté en

---

101. 4, 17, 1 *possumus haec eadem de Mercuriis, Solibus, immo de aliis omnibus, quorum numeros tenditis et multiplicatis, expromere*, « nous pourrions exposer la même chose des Mercures, des Soleils, mieux encore, de tous les autres, dont vous étendez et multipliez le nombre ».
102. 4, 17, 2-3 *Quid dicitis, o isti, qui ad deorum nos cultum membrorum laniatibus inuitatis et suscipere nos cultum uestrorum conpellitis numinum ? Possumus difficiles non esse, si modo aliquid nobis dignum tanti nominis opinione monstretur. Ostendite nobis Mercurium, sed unum ; date Liberum, sed unum ; unam Venerem atque unam similiter Dianam. Nam esse Apollines quattuor aut tris Ioues nunquam nobis facietis fidem...*, « Qu'en dites-vous, vous autres, qui, en déchirant nos membres, nous invitez à rendre un culte aux dieux et nous forcez à embrasser le culte de vos divinités ? Nous pourrions ne pas regimber, si seulement on nous montrait quelque chose qui fût digne de l'idée qu'on se fait d'un si grand nom. Montrez-nous Mercure, mais un seul ; présentez-nous Liber, mais un seul ; une seule Vénus, et de même une seule Diane. Car jamais vous ne nous ferez croire qu'il y a quatre Apollons ou trois Jupiters ».
103. 4, 16, 8 *aut tibi tu aliam dignitatem adsumis deae, quae de uertice procreatam mentiris te Iouis et rationem te esse mortalibus ineptissimis suades ? ex capite conceptos filios procreat ? et ut arma quae gestas procudi possint et fabricari, in uerticis ipsius cauo officina fabrilis fuit, incudes, mallei, fornaces, folles, carbones et forfices ?*, « Et toi ? tu t'arroges une dignité divine différente, toi qui mens en te disant née de la tête de Jupiter et qui fais croire aux plus stupides des mortels que tu es la Raison ? C'est par la tête qu'il met au monde les enfants qu'il a conçus ? Et pour que pussent être forgées et fabriquées les armes que tu portes, il y avait dans la cavité de sa tête un atelier de forgeron, des enclumes, des marteaux, des fourneaux, des soufflets, du charbon et des tenailles ? ».

se mariant et en ayant des enfants. Une autre, qui n'a pas échappé au viol, il est vrai qu'elle avait tout fait pour le provoquer, tue son père incestueux. Triple parodie, de sacrifice, de querelle entre plaignantes, de mime tragi-comique – Arnobe s'est-il souvenu, chez Apulée, du mime des trois déesses[104]? –, la scène des cinq Minerves ruine de l'intérieur le paganisme sous toutes ses formes, traditionnelles ou rénovées : la relecture des mythes par les théologiens n'est qu'une tentative désespérée pour rendre crédibles d'invraisemblables divinités homonymes. Même repensée, la mythologie n'est, ne reste qu'un tissu de fables contradictoires.

Le livre IV n'est pas fini pour autant. Le débat sur les noms divins, les *indigitamenta* pontificaux ou les ingénieuses propositions des théologiens, s'est achevé sur une impasse : ni les uns, ni les autres, les prêtres publics du peuple romain ou les mythographes de la Grèce hellénistique n'offrent de justification satisfaisante à la prolifération des noms, donc des dieux. Aussi Arnobe en revient-il au sujet éprouvé de l'anthropomorphisme le plus traditionnel, aux unions charnelles entre dieux, aux mythes dégradants, à la colère des immortels[105]. Nous, chrétiens, n'en sommes en rien responsables. Et pourtant, c'est sur nous que s'acharnent les persécutions. Ce sont vos écrits qui déshonorent les dieux. « Quant aux nôtres, en quoi ont-ils mérité d'être jetés au feu ? En quoi nos lieux de réunion ont-ils mérité d'être sauvagement détruits ? ». Nous n'y faisons rien de condamnable, nous n'y disons rien qui ne soit édifiant. « On y prie le dieu suprême, on y demande la paix et le pardon pour tous, magistrats, armées, souverains, amis, ennemis, pour ceux qui sont encore en vie et pour ceux qui sont libérés des liens corporels ; on n'y entend rien d'autre que ce qui rend humain, ce qui rend aimable, modeste, pudique, chaste, prêt à partager son patrimoine et uni par un lien de parenté à tous ceux avec qui on ne fait qu'un, comme entre frères et sœurs »[106].

---

104. Apul. *met.* 10, 29-34.
105. Arn. 4, 18-37.
106. 4, 36, 4 *Nam nostra quidem scripta cur ignibus meruerunt dari ? Cur immaniter conuenticula dirui ? In quibus summus oratur deus, pax cunctis et uenia postulatur, magistratibus, exercitibus, regibus, familiaribus, inimicis, adhuc uitam degentibus et resolutis corporum uinctione ; in quibus aliud auditur nihil nisi quod humanos faciat, nisi quod mites, uerecundos, pudicos, castos, familiaris communicatores rei et cum omnibus quos solidet germanitas necessitudine copulatos.*

Chapitre VII
Les illusions de la modernité

Élaborées à Rome même par la science officielle des pontifes, ou, sans doute à Alexandrie, par les spéculations hasardeuses des mythographes, les listes proliférantes des indigitations et des divinités homonymes sont, au temps d'Arnobe, le legs encombrant d'un passé républicain ou hellénistique. Aux yeux de leurs auteurs, elles ne présentaient que des avantages : pour le pragmatisme des pontifes, plus il y a de divinités spécialisées, mieux la protection des activités humaines est assurée, et la thèse des dieux homonymes apporte une réponse logique à la multiplication des généalogies contradictoires. Pourtant, ni les chrétiens, évidemment, ni les philosophes païens eux-mêmes ne se sont satisfaits de ce mouvement centrifuge. Certains ont éprouvé, dès le temps de la République, mais plus encore sous l'Empire, et un Empire relativement tardif, le besoin d'un recentrage du paganisme, réorganisé autour d'un ou de quelques concepts majeurs.

Vers une théologie nouvelle ? Le syncrétisme solaire

La dispersion des dieux est un des fléaux du paganisme. Combien peuvent-ils être ? mille ? cinq mille ? cent mille ? une infinité ? se demandait Arnobe, qui ne recule pas devant l'inflation théologique et verbale, au début du livre III, c'est-à-dire de la partie de l'*Aduersus nationes* consacrée aux dieux[1]. Une telle fragmentation décompose le divin : elle l'amoindrit, à la limite, elle le détruit. Pourtant, loin de chercher à réduire le nombre des dieux, pontifes et théologiens l'ont encore accru en multipliant, comme à l'envi, dieux « spéciaux »

---

1. 3, 5, 2 *Neque enim sciri est facile, definita et certa sit eorum numeri multitudo an sine ulla populositatis summa sit nec computationis alicuius rationibus terminata. Fingamus enim uos deos mille percolere uel milia potius quinque : at in rerum natura potest forsitan fieri ut deorum milia centum sint, potest ut hoc amplius, immo, quod diximus paulo ante, potest deorum summa esse nulla nec numerabili circumscriptione finita*, « Car il n'est pas facile de savoir si leur multitude se limite à un nombre fini et déterminé ou si l'on ne peut chiffrer leur population et si elle échappe à toute évaluation numérique. Supposons en effet que vous rendiez un culte à mille dieux ou plutôt à cinq mille : dans le monde il peut se faire qu'il y ait peut-être cent mille dieux, ou plus encore ; bien mieux, comme nous venons de le dire, le total des dieux peut être infini, hors de toute délimitation quantifiable ».

et homonymes célestes. Ces derniers, surtout, qui traitent non pas d'infimes divinités, mais des grands dieux, ceux dont le culte, les mythes, tiennent la première place dans la religion et la culture de l'honnête homme.

Les théologiens sont incapables de résoudre les contradictions des mythes. D'autres penseurs ont-ils apporté des réponses plus pertinentes aux problèmes que posent les fonctions des dieux et leur définition même ? Arnobe a traité cette question dans la seconde partie du livre III. Après une critique de l'anthropomorphisme, du sexe des dieux, de leurs formes corporelles, de leurs activités et de leurs passions, qui aboutit à la plus totale dénégation, « si ce sont vraiment des dieux, ils ne font pas ce que vous dites, <ou bien, s'ils font> ce que vous dites, sans nul doute, ce ne sont pas des dieux »[2], il en appelle aux philosophes, en l'occurrence, pour l'essentiel, aux stoïciens[3] : leurs théories savantes sont-elles plus crédibles ? En fait, loin de parler d'une seule voix, ils se contredisent tous. Les Immortels sont, pour eux, des concepts, des éléments ou des parties du monde, les uns et les autres divinisés. Au besoin, la religion s'aide, pour le prouver, de l'étymologie, grecque ou latine, même si elle est fausse.

Ainsi, Janus est pour certains le monde, ou, pour d'autres, l'année, ou, selon d'autres encore, le soleil[4]. Saturne est le temps[5]. Jupiter est soit le soleil, soit, selon d'autres, l'éther[6]. Junon est l'air[7]. Minerve est la lune, ou, pour d'autres, le

---

2. 3, 28, 3 *aut enim uerissime dii sunt, et ea quae commemorastis non faciunt, <aut, si faciunt> ea quae dicitis, sine ulla dubitatione dii non sunt*, « car, en toute vérité, ou bien ce sont des dieux, et ils ne font pas ce que vous rapportez, <ou bien, s'ils font> ce que vous dites, sans aucun doute, ce ne sont pas des dieux ». Paraphrase d'un vers célèbre d'Euripide : εἰ θεοί τι δρῶσιν αἰσχρόν, οὐκ εἰσὶν θεοί (*Bellérophon*, frg. 9 Jouan, CUF), « si les dieux commettent un acte honteux, ce ne sont pas des dieux ».

3. *Sapientes* (3, 30, 1 ; *infra*, n. 6). Pour la critique des philosophes, voir également *infra*, p. 345-356.

4. 3, 29, 3 *incipiamus ergo sollemniter ab Iano et nos patre, quem quidam ex uobis mundum, annum alii, solem esse prodidere nonnulli*, « commençons donc, selon l'usage, nous aussi, par Janus Pater, dont certains d'entre vous ont publié qu'il était le monde, d'autres l'année, et quelques-uns le soleil ».

5. 3, 29, 5-6, en vertu de l'assimilation Κρόνος χρόνος (*supra*, p. 128, n. 50).

6. 3, 30, 1 *Nam quid de ipso dicemus Ioue, quem solem esse dictitauere sapientes, agitantem pinnatos currus, turba consequente diuorum, aethera nonnulli flagrantem ui flammea atque ardoris inextinguibili uastitate ? Quod si liquet et constat, nullus ergo omnino est uobis auctoribus Iuppiter*, « Car que dire de Jupiter en personne, dont les savants ont dit et répété que c'était le soleil, conduisant un char ailé, suivi d'une foule de divinités, tandis que, pour certains, c'est l'éther qu'embrasent de puissantes flammes et que ravage un feu inextinguible ? Si c'est là une vérité évidente et reconnue, Jupiter n'existe donc absolument pas – vous en êtes garants ».

7. 3, 30, 2 *Iunonem… nam si aer illa est, quemadmodum uos ludere ac dictitare consuestis Graeci nominis praeposteritate repetita, nulla soror et coniunx omnipotentis repperietur Iouis*, « quant à

sommet de l'éther, ou, pour certains, la mémoire[8]. Neptune est l'eau[9]. Mercure, le langage[10]. La Terre est la Grande Mère ; pour d'autres, c'est Cérès : ou, pour certains, Vesta[11]. Vulcain est le feu. Vénus, le désir. Proserpine, les semis[12]. Liber et Apollon sont l'un comme l'autre le soleil[13]. Diane et Cérès sont la

Junon... car si elle est l'air, comme vous le répétez volontiers en faisant un jeu de mots sur son nom grec que vous transposez par anagramme, il se révélera qu'il n'y a plus de sœur ni de femme de Jupiter tout-puissant ». L'assimilation repose sur l'anagramme grecque Ἥρα ἀήρ (déjà chez Platon, *Crat.* 404 c).

8. 3, 31, 1 *Aristoteles, ut Granius memorat... Mineruam esse Lunam probabilibus argumentis explicat et litterata auctoritate demonstrat. Eandem hanc alii aetherium uerticem et summitatis ipsius esse summam dixerunt, Memoriam nonnulli, unde ipsum nomen Minerua quasi quaedam Meminerua formatum est*, « Aristote... expose avec des arguments plausibles, comme le rapporte Granius, que Minerve est la Lune et il le prouve par l'autorité des textes. D'autres ont dit de cette même déesse qu'elle était le pôle de l'éther et son sommet le plus élevé ; pour certains, elle est la Mémoire, d'où provient son nom même de *Minerua*, qui équivaut à *Meminerua* ».

9. 3, 31, 3 (*supra*, p. 116, n. 6).

10. 3, 32, 1 *Mercurius etiam quasi quidam Medicurrius...* L'étymologie est varronienne (Aug. *ciu.* 7, 14, p. 291 sq. D = 250 Card.). Cf. *supra*, p. 100, n. 102, et 102, n. 112.

11. 3, 32, 2-3 *Terram quidam e uobis, quod cunctis sufficiat animantibus uictum, Matrem esse dixerunt Magnam ; eandem hanc alii, quod salutarium seminum frugem gerat, Cererem esse pronuntiant ; nonnulli autem Vestam, quod in mundo stet sola, ceteris eius partibus mobilitate in perpetua constitutis. Quod si ratione profertur et adseueratur certa, trina pariter numina uobis interpretibus nulla sunt : non Ceres, non Vesta deorum esse computabuntur in fastis, non ipsa denique Mater Deum...*, « Quant à la Terre, certains d'entre vous ont dit que c'était la Grande Mère, parce qu'elle fournit leur nourriture à tous les êtres vivants ; cette même Terre, d'autres déclarent que c'est Cérès, parce qu'elle produit les récoltes qui naissent des semences vitales ; mais certains disent que c'est Vesta, parce que, dans le monde, seule elle se tient immobile, tandis que ses autres parties sont animées d'un mouvement perpétuel. Mais si on n'avance et ne maintient ces assertions qu'avec de bonnes raisons, voilà trois puissances divines qui, selon votre exégèse, sont en même temps anéanties : ni Cérès, ni Vesta ne seront comptées dans les fastes des dieux et, finalement, la Mère des Dieux elle-même... ».

12. 3, 33, 1 *praetermittimus hoc loco satietatis fuga Vulcanum, quem esse omnes ignem pari uocum pronuntiatis adsensu, quod ad cunctos ueniat Venerem, et quod sata in lucem proserpant, cognominatam esse Proserpinam : qua rursus in parte trium capita numinum tollitis...*, « nous laissons de côté, à ce sujet, pour éviter la satiété, Vulcain, dont tous, d'une même voix, vous vous accordez à déclarer que c'est le feu, Vénus, ainsi appelée parce qu'elle "vient" à tous, et Proserpine, parce que les semis "serpentent" en direction de la lumière : cette fois encore, vous supprimez trois personnes divines ». Vulcain se passe de justification. Pour les deux étymologies qui suivent, cf. Cic. *ND* 2, 69 ; 3, 62 *Venus quia uenit ad omnia*, « Vénus parce qu'elle vient à tous les êtres » ; Varron, ap. Aug. *ciu.* 7, 20, p. 298 D *a proserpendo Proserpina dicta esset*, « appelée Proserpine – de *proserpere* (se propager) » = 271 Card. ; 7, 24, p. 304 D *Proserpinam, quod ex ea proserpant fruges*, « Proserpine, parce que les blés sortent lentement de son sein » = 268 Card. (voir cependant *infra*, n. 89).

13. 3, 33, 2 *Quid ! cum Liberum, Apollinem, Solem unum esse contenditis numen uocabulis amplificatum tribus... Nam si uerum est Solem eundem Liberum esse eundemque Apollinem,*

lune[14] – chaque fois, deux noms divins pour un même astre. Vous proposez des identifications différentes pour un même dieu. Vous proposez aussi les mêmes identifications pour des dieux différents, avec une préférence marquée pour le soleil. Bref, comme dit Arnobe, « personne n'est d'accord » ; « il n'y a pas un seul dieu, objet de vos réflexions ou de vos croyances, sur lequel vous n'ayez émis des opinions ambiguës et discordantes, selon mille points de vue différents »[15]. Ainsi, non seulement vous identifiez vos dieux à des éléments ou des parties du monde, qui sont de la matière inerte. Mais vous les assimilez les uns aux autres, par syncrétisme, ce qui est peut-être encore plus dangereux pour la religion. On pouvait croire que toutes ces divinités, les plus grands noms de la mythologie, étaient nettement individualisées. En fait, à en croire vos exégètes, elles ont donc une personnalité flottante, puisqu'elles sont sujettes à assimilation, autrement dit aux syncrétismes ; ce qui aboutit à une perte d'identité.

J'use du pluriel, car le syncrétisme n'est pas uniforme. Bien avant l'époque impériale, où il triomphe, il sévit dans la philosophie religieuse romaine dès le dernier siècle de la République. C'est un mode de pensée exactement inverse à la théorie des dieux homonymes : l'une en multiplie arbitrairement le nombre, l'autre le réduit en identifiant les divinités les unes aux autres, sous un dénominateur commun, qui tend vers un ou deux principes divins, sinon suprêmes, du moins supérieurs, masculin et féminin. Dans cette remise en ordre intellectuelle du polythéisme, on ne s'étonnera pas de retrouver immédiatement le nom de Varron. Pour lui, toutes les grandes divinités, dieux et déesses, se ramènent au couple « fondamental » (selon l'expression de J. Collart) du Ciel et de la Terre[16]. Le Ciel est un. Si les déesses, dans un premier temps, paraissent se ramener à deux figures assimilatrices, la Terre ou la Lune, ces deux

---

sequitur ut in rerum natura neque Apollo sit aliquis neque Liber..., « Eh quoi ! lorsque vous soutenez que Liber, Apollon, le Soleil sont une seule divinité multipliée par trois noms différents... Car s'il est vrai que le Soleil est identique à Liber, identique à Apollon, il en résulte qu'il n'y a dans le monde ni Apollon ni Liber... ».

14. 3, 34, 1 *non indocti apud uos uiri... Dianam, Cererem, Lunam caput esse unius dei triuiali germanitate pronuntiant*, « il y a chez vous des gens, qui ne sont pas des ignorants... qui déclarent que Diane, Cérès et la Lune ne sont qu'une seule divinité incarnée en trois sœurs », qui enchaîne, directement, avec le texte sur Apollon.

15. 3, 40, 6 *hic quoque nihil concinens dicitur* ; 3, 42, 1 *nullum esse a uobis deum neque existimatum neque creditum, de quo <non> ambiguas discrepantisque sententias opinionum mille uarietatibus prompseritis*.

16. Varr. *LL* 5, 57 *principes dei Caelum et Terra*, « les dieux fondamentaux sont le Ciel et la Terre » ; 5, 65 *idem hi dei Caelum et Terra Iupiter et Iuno*, « ces mêmes dieux, le Ciel et la Terre, s'identifient avec Jupiter et Junon ». Ces dieux sont, dans le Latium, Saturne et Ops, en Égypte Sérapis et Isis (5, 57).

principes féminins, en dernier recours, n'en font qu'un, car la Lune elle-même est une terre[17]. Tel est l'héritage de Varron, aux angles nets, limpide dans sa forte simplicité. Le syncrétisme de Macrobe laissera en suspens, mal élucidée, la question d'une théologie lunaire, parallèle (et subordonnée ?) à la théologie solaire. Cette dernière n'apparaît pas encore chez Varron, qui se borne à rappeler l'identification classique d'Apollon et du Soleil[18].

Plus complexe est le cas des dieux qui, lorsqu'ils tendent au syncrétisme, se ramènent au Soleil et à lui seul. Il en est ainsi de Janus qui, déjà, était identifié à l'Apollon solaire et au Soleil lui-même par Nigidius Figulus[19], philosophe pythagoricien et astrologue, prophète inspiré, mystique et thaumaturge[20], contemporain de Cicéron et de Varron[21]. Les indigitations, les dieux homonymes, ces premières formes du syncrétisme – Varron, Cicéron, Nigidius : les uns et les autres sont un héritage du passé. C'est au temps même d'Arnobe (dans sa jeunesse ?), au IIIe siècle ap. J.-C., que, de spéculation intellectuelle ou de religion « orientale » (syrienne) qu'elle était, la théologie solaire syncrétiste s'est imposée à Rome dans la religion d'État : après les extravagances d'Élagabal, vouées à l'échec tant elles étaient inassimilables par la mentalité romaine, Aurélien, vainqueur de Palmyre et de la reine Zénobie, dédie en 274 le colossal temple de *Sol Inuictus* sur le Champ de Mars. Mais c'est par Macrobe que nous connaissons le mieux la théologie solaire des « derniers païens »[22], qui ramènent tous les dieux au Soleil, ceux que désigne Arnobe et quelques autres encore[23].

---

17. Varr. *LL* 5, 68-69 *Luna... est et terra ut physici dicunt*, « la Lune... est aussi une terre, comme disent les physiciens ». Sont identifiées à la Lune Diane, Proserpine, Junon, en tant que *Lucina*.
18. *LL* 5, 68 *ut Solem Appollinem...*, « comme [ils appellent] le Soleil Apollon ».
19. Macr. *Sat.* 1, 9, 8-9 *pronuntiauit Nigidius Apollinem Ianum esse... Ianum quidam solem demonstrari uolunt, et ideo geminum quasi utriusque ianuae caelestis potentem, qui exoriens aperiat diem, occidens claudat*, « Nigidius a exposé clairement qu'Apollon est Janus... certains veulent démontrer que Janus se confond avec le soleil et que son double visage traduit son pouvoir sur les deux portes célestes, parce qu'en se levant il ouvre le jour, en se couchant il le ferme » (trad. Ch. Guittard, Paris, Les Belles Lettres, coll. La Roue à livres, 1997).
20. Il fit retrouver à Fabius la bourse qu'il avait perdue (Apul. *apol.* 42, 7-8). Il annonça la guerre civile (Lucain 1, 639-672) et, dès le jour de sa naissance, prédit le destin exceptionnel d'Octave (Suet. *Aug.* 94, 6 ; Dion Cassius 45, 1, 3-5).
21. Autre identification encore, à l'époque augustéenne, de Janus, dieu initial, avec le Chaos primitif, chez Ovide, *fast.* 1, 103 ; et Fest. 45, 20.
22. Selon les titres de P. Chuvin, *Chronique des derniers païens*, Paris, Les Belles Lettres-Fayard, 1990 ; puis d'A. Cameron, *The Last Pagans of Rome*, Oxford, University Press, 2011.
23. Adonis, Attis (qui n'apparaîtra chez Arnobe qu'au livre V), Osiris, l'Adad des Assyriens (Syriens).

Après Janus, toujours nommé en premier comme dieu initial, la liste de notre apologiste se borne à trois noms: Jupiter, Liber, Apollon. Arnobe nous montre magnifiquement un Jupiter Soleil, « conduisant son char ailé et suivi par la foule » des autres divinités qui se déploie derrière lui à travers le ciel, comme son chef et son guide[24]. Le même tableau se retrouve chez Macrobe. Il provient de Platon, avec ces deux réserves cependant, que la phrase en grec citée par Macrobe[25] n'appartient pas au *Timée*, mais au *Phèdre*[26], et qu'elle ne comporte pas le nom du Soleil, enjeu de tout le débat. Arnobe et Macrobe n'ont, ni l'un ni l'autre, lu Platon dans le texte : ils le citent de seconde main, d'après la même source qui est très certainement Porphyre, le maître de la théologie solaire au IIIe siècle[27]. C'est à Porphyre qu'est due l'interpolation, autrement dit le détournement solaire du passage. Mais, pour certains, *nonnulli*, poursuit Arnobe, Jupiter est aussi l'éther, la partie la plus élevée, la plus subtile de l'air, perpétuellement en flammes. Définition autre qui n'apparaît pas dans le texte parallèle de Macrobe, mais qui renvoie à une théologie stoïcienne attestée de longue date[28]. Prétextat, le porte-parole de Macrobe, est un adepte enthousiaste de la religion du Soleil dont, dans la réalité historique, il était effectivement le pontife[29]. Arnobe, incrédule, oppose à la divinité du Soleil une solution alternative et s'ingénie à mettre en lumière les dissensions entre théologiens païens.

Que Liber et Apollon ne soient autres que le Soleil, « un seul » (3, 33, 2 *unum*) et même dieu sous trois noms différents, se retrouve chez Macrobe,

---

24. Arn. 3, 30, 1 (*supra*, n. 6).
25. Macr. *Sat.* 1, 23, 5-6 *de Timaeo* [sic] *Platonis haec uerba*... Ζεὺς ἐλαύνων πτηνὸν ἅρμα... τῷ δὲ ἕπεται στρατιὰ θεῶν... *magnum in caelo ducem solem uult sub appellatione Iouis intellegi, alato curru... uidetur cunctos deos ducatu praeire*, « ... ce passage du *Timée* de Platon... "Zeus, lançant son char ailé... derrière lui vient l'armée des dieux"... [Platon] veut que le guide suprême dans le ciel, désigné sous le nom de Jupiter soit compris comme étant le soleil, le char ailé [symbolisant]... il semble être le guide et le chef de tous les dieux ».
26. 246 e : « Voici donc le grand roi des régions célestes, Zeus, qui conduisant son char ailé s'avance le premier, ordonnant et réglant toutes choses. Après lui vient l'armée des dieux et des démons, rangée en onze groupes ».
27. Voir en particulier J. Flamant, *Macrobe et le néo-platonisme latin, à la fin du IVe siècle*, Leyde, Brill, coll. EPRO 58, 1977, p. 652-680.
28. Cicéron, qui cite Chrysippe, *ND* 1, 40 *disputat aethera esse eum quem homines Iouem appellarent*, « il soutient aussi que ce que les hommes appellent Jupiter est l'éther » ; et Euripide, 2, 65 *aethera /... hunc summum habeto diuum, hunc perhibeto Iouem*, « l'éther... tiens-le pour le dieu suprême, appelle-le Jupiter » ; Varron, ap. Macr. *Sat.* 3, 4, 7-8, et Aug. *ciu.* 4, 10, p. 157 D *Iouem... in aethere accipimus*, « d'après la tradition, Jupiter est dans l'éther » = 28 Card.
29. *CIL* VI 1778-1779 *pontifex Solis*.

qui a consacré deux chapitres entiers à cette assimilation[30]. La lisait-on chez Porphyre ? Sans doute. Mais elle est plus ancienne et la pensée syncrétiste n'est pas née avec le philosophe néoplatonicien. Elle est aussi, pour une large part, stoïcienne, si ce n'est même antérieure au Portique. Pour nous, pour la mythologie classique, Apollon et le Soleil ne font qu'un[31]. La plus ancienne mythologie grecque, la religion romaine connaissent pourtant Hélios et *Sol* comme deux divinités indépendantes, qui ont leur existence propre. C'est aux pythagoriciens qu'on doit l'Apollon solaire[32], ensuite repris par les stoïciens. Comme pour Liber, l'identification est fondée sur une étymologie grecque hasardeuse[33].

La grammaire stoïcienne depuis le IIIe siècle av. J.-C., Varron au Ier siècle, Porphyre, son contemporain, au IIIe siècle ap. J.-C. : Arnobe est au confluent de tous les syncrétismes. Pourtant, sa lecture rend un son bien différent de celle de Macrobe. Le discours de Prétextat s'achève triomphalement sur un hymne orphique au Soleil[34]. Zeus, le Zeus de Platon qui mène son char ailé à travers le ciel, est apparu peu avant la fin de ce texte, en crescendo, après l'étude de tous les autres dieux qu'il dirige. Arnobe offre tout l'inverse. Jupiter figure au début de sa diatribe contre le syncrétisme, qui procède par éliminations successives : Janus, puis Jupiter, puis Liber et Apollon, chaque étape scandée par le même refrain, qui les annihile. Tous, l'un après l'autre, Janus, Jupiter, Liber, Apollon, ils ne sont « rien » : *nullus*[35], implacable. Le syncrétisme n'est pas la dernière chance de la religion traditionnelle. Il n'est pas une étape sur la voie salutaire qui conduit au monothéisme : il est l'agent destructeur du paganisme.

---

30. *Sat.* 1, 17, sur Apollon, et 18, sur Liber. En 1, 17, 1 Avienus lance le sujet : *quid sit quod solem modo Apollinem, modo Liberum... ueneremur*, « pourquoi nous honorons le soleil sous le nom tantôt d'Apollon, tantôt de Liber ».
31. Varr. *LL* 5, 68 *Luna... ut Solem Appollinem quidam Dianam uocant*, « la Lune... certains l'appellent Diane comme ils appellent le Soleil Apollon » ; Cic. *ND* 2, 68 *Apollinis... quem solem esse uolunt, Dianam autem et lunam eandem esse putant*, « [le nom] d'Apollon... on veut que ce soit le soleil. Diane et la lune sont considérées comme identiques ».
32. Comme l'a montré P. Boyancé, « L'Apollon solaire », dans J. Heurgon, G. Picard, W. Seston (dir.), *Mélanges J. Carcopino*, Paris, Hachette, 1966, p. 149-170.
33. Macr. *Sat.* 1, 17, 7-8 : Apollon, parce que, selon Cléanthe, le soleil se lève tantôt en un point, tantôt en « un autre », ἀπ' ἄλλων ; et Liber-Dionysos, 1, 18, 14, parce que, selon même Cléanthe, l'astre « parcourt entièrement » le ciel, ἀπὸ τοῦ διανύσαι.
34. *Sat.* 1, 23, 22 *solem esse omnia et Orpheus testatur his uersibus...*, « Orphée aussi atteste que le soleil englobe tout dans les vers suivants... ».
35. Arn. 3, 29, 3 *sequitur ut intellegi debeat nullum umquam fuisse Ianum*, « il s'ensuit qu'on doit comprendre que Janus n'a jamais existé » ; 3, 30, 1 *nullus ergo omnino est... Iuppiter*, « Jupiter n'existe donc absolument pas » ; 3, 33, 2 *sequitur ut... neque Apollo sit aliquis neque Liber*, « il en résulte qu'il n'y a... ni Apollon ni Liber ». Aussi *supra*, n. 5, 7, 9, 11.

Les dieux de la mythologie ont disparu. Il n'y a plus que le Soleil, qui implose à son tour. S'il subsiste, c'est ramené à sa dimension physique : il est le plus rayonnant des astres, le prince dont la lumière et la chaleur font vivre tout ce qui existe, le « soleil d'or », éblouissant. Mais il n'a rien créé. C'est au seul vrai Dieu, à l'unique créateur, que les hommes doivent ses feux fécondants[36]. L'hymne de Macrobe, lui, chante avec Orphée le dieu qui décrit autour des sphères célestes le cercle lumineux de sa rotation, le dieu resplendissant qui est aussi Zeus Dionysos, père de la mer, de la terre, « le Soleil qui engendre tout, qui éclaire tout par sa lumière d'or »[37]. Le syncrétisme des *Saturnales* l'exalte, victorieux comme le *Sol Inuictus* d'Aurélien. Celui d'Arnobe part en lambeaux comme le corps mutilé d'Attis, eunuque pitoyable, ultime et honteuse incarnation du Soleil[38].

Mythe, morale et allégorie

Plus que le livre des mystères[39], le livre V est celui d'une relecture des mythes. Il est, ramené à l'essentiel, le récit de trois viols, incestueux de surcroît, commis par Jupiter, et d'un simulacre de relation homosexuelle, perpétré par Liber. Il s'agit aussi de mythes rares, non canoniques, comme si Arnobe réservait le plus choquant pour la fin de ses attaques contre une conception anthropomorphique de la divinité. Cet ensemble pose des problèmes de mythographie, de sources et de réélaboration littéraire : dans quelle mesure Arnobe y a-t-il fait œuvre originale ? Les trois viols de Jupiter ont pour victimes ses deux « mères », la Mère des dieux, Cybèle (mais qui n'est jamais désignée

---

36. 1, 2, 6 *siderum sol princeps*, « le prince des astres, le soleil » ; 1, 29, 7 *Solem deum cum esse credatis, conditorem eius opificemque non quaeritis ?*, « vous croyez que le soleil est un dieu, et vous ne cherchez pas quel en est le créateur et l'artisan ? » ; 1, 38, 5 *auctore... patre... unde ignibus solis genitalis feruor adscitur...*, « par quel Auteur, par quel Père... d'où les feux du soleil tirent leur chaleur fécondante » ; 4, 22, 2 *Sol aureus et flagrantissimus*, « le Soleil d'or, brillant de tout son éclat ».
37. Macr. *Sat.* 1, 23, 22 Ἥλιε παγγενέτορ πανταίολε χρυσοφεγγές [frg. 236 Kern, 539 F Bernabé]. Je reprends librement la traduction de Ch. Guittard.
38. Arn. 5, 42, 3 *Attidem cum nominamus, solem, inquit, significamus et dicimus*, « quand nous prononçons le nom d'Attis, dites-vous, c'est le soleil que nous voulons dire, que nous désignons ».
39. Cf. l'Introduction d'H. Le Bonniec, I, p. 21 ; et le titre du livre de F. Mora, *Arnobio e i culti di mistero. Analisi storico-religiosa del V libro dell'« Adversus Nationes »*, bien révélateur de son orientation.

de ce nom)⁴⁰ ; puis Cérès ; enfin la fille née de cette union forcée, Proserpine. Tous trois sont l'objet d'un long récit, le premier en particulier, qui abonde en détails « orientaux », aussi sanglants qu'abracadabrants, et en mutilations horribles, propres à révulser un public romain civilisé.

Il est en Phrygie, raconte Arnobe⁴¹, une roche gigantesque nommée Agdus, d'où proviennent les pierres avec lesquelles, après le déluge, Deucalion et Pyrrha reconstituèrent l'humanité. L'une d'elles reçut la vie divine : c'est la Grande Mère⁴². Jupiter se prend de désir pour elle. Mais elle résiste avec succès. Le dieu répand sa semence sur la pierre. Il en naît un monstre hermaphrodite et fou furieux, nommé, d'après le nom de sa mère, Acdestis⁴³. Liber, délégué par les dieux pour en venir à bout, l'enivre et lui tend un piège. De son sexe, qu'il a lui-même tranché sans s'en rendre compte, il coule du sang dont naît un grenadier. Nana, la fille du roi, en cueille une grenade qu'elle place dans son sein : elle est enceinte. L'enfant, exposé, recueilli, est nourri au lait de bouc, *attagus* en phrygien ; d'où son nom, Attis. Il est merveilleusement beau. La Mère des dieux l'aime. Acdestis aussi. Pour le soustraire à cet amour honteux, Midas, le roi de Pessinonte, veut le marier à sa fille, nommée Ia. Acdestis, fou de rage, fait irruption au milieu du banquet. Une femme se tranche les seins. Attis, au son de la flûte d'Acdestis, est saisi de transe dionysiaque. Il s'émascule et meurt au pied d'un pin. La Mère des dieux recueille ses organes et les ensevelit. De son sang, ou de celui de sa fiancée qui s'est suicidée, naît la violette. Des larmes de la Mère naît l'amandier, amer comme elles. Attis ne peut revenir à la vie. Mais son corps ne se décomposera pas, ses cheveux continueront de pousser, son petit doigt, toujours vivant, bougera sans cesse. Acdestis fonda le culte d'Attis à Pessinonte et institua ses rites et son clergé.

Tel est le mythe étiologique du culte d'Attis qu'Arnobe doit, nous dit-il, au théologien Timothée, particulièrement compétent en matière de mystères⁴⁴.

---

40. Elle est *Magna deorum Mater*, « la Grande Mère des dieux » (5, 5, 1) ; *Magna Mater*, « la Grande Mère » (5, 5, 2) ; *deum Mater,* ou *Mater deum,* « la Mère des dieux » (5, 6, 5 et 7).
41. 5, 5-7.
42. Après H. Graillot, *Le Culte de Cybèle Mère des dieux à Rome et dans l'Empire romain*, Paris, Fontemoing, BEFAR 107, 1912, p. 12-21, 210 sq., 293-297 ; voir G. Sfameni Gasparro, *Soteriology and mystic aspects in the cult of Cybele and Attis*, Leyde, Brill, EPRO 103, 1985, p. 26-43 ; R. Turcan, *Les Cultes orientaux dans le monde romain*, p. 38-42 ; Ph. Borgeaud, *La Mère des dieux*, p. 58-60, 71-75 ; F. Mora, *Arnobio e i culti di mistero*, p. 116-134.
43. Voir les deux articles de M. Meslin, « Agdistis ou l'androgynie malséante », *Hommages à M. Vermaseren*, II, Leyde, Brill, EPRO 68, 1978, p. 765-776 ; « Agdistis ou l'éducation sentimentale », *BAGB*, 1979, p. 378-388.
44. 5, 5, 1 *apud Timotheum, non ignobilem theologorum uirum, nec non apud alios aeque doctos super Magna deorum Matre superque sacris eius origo haec sita est, ex reconditis antiquitatum*

Timothée était un Eumolpide, de la grande famille sacerdotale d'Éleusis et c'est lui que, vers 300 av. J.-C., Ptolémée Ier Sôter appela comme consultant à Alexandrie, pour y organiser le culte syncrétiste de Sérapis. Le récit est resté neutre. Mais tout, dans ce mythe, scandalise Arnobe. Dans un second temps[45], il en développe l'analyse et la critique, en ajoutant au besoin quelques détails satiriques et, plus encore, scabreux : tant il prend plaisir à souligner l'obscénité du mythe. Le dieu grandiose du Capitole s'avance à pas de loup pour surprendre la Mère, sa mère, dans son sommeil. Ses mains expertes et celles de Liber s'attardent indiscrètement sur le corps de la Mère[46] et sur celui d'Acdestis plongé dans l'ivresse[47] : il le faut bien, pour lui lier les parties sexuelles et les attacher à ses pieds. Ainsi, quand il se lève d'un bond, Acdestis se mutile lui-même. Le mythe, objecte Arnobe, fourmille d'invraisemblances : a-t-on jamais vu des pierres qui enfantent[48] ? et des fruits qui rendent mère[49] ? Notre

libris et ex intimis eruta, quemadmodum ipse scribit insinuatque, mysteriis, « chez Timothée, un théologien des plus réputés, mais aussi chez d'autres, aussi savants que lui, voici ce qu'on trouve sur l'origine de la Grande Mère des dieux et de son culte, extrait de livres secrets traitant d'antiquités, et, comme l'auteur lui-même le laisse entendre dans son écrit, des mystères les plus ésotériques ». Cf. Tacite, *Histoires* 4, 83, 2 *antistitem caerimoniarum Eleusine...*, appelé « d'Éleusis, en sa qualité de prêtre des mystères ».
45. Arn. 5, 8-17.
46. 5, 9, 4 *sed ut res est, ponderis et maiestatis oblitus, ad furta illa flagitiosa correpens ibat, pauens ac trepidus, anhelitu oris presso, suspensis per formidinem gressibus et inter media constitutus sollicitudinis speique confinia, palpabat res intimas, altitudinem dormientis et matris patientiam temptans*, « mais en fait, oubliant son autorité et sa majesté, il se faufilait pour commettre ces larcins scandaleux, il allait, apeuré et tremblant, en retenant le souffle de ses lèvres, en marchant dans son effroi sur la pointe des pieds et, partagé également entre l'angoisse et l'espoir, il palpait les parties intimes et sondait les profondeurs et les complaisances de la dormeuse, qui était sa mère ».
47. 5, 11, 4 ... *et, postquam ebrietas potu emersit, inseruisse caute manus, contrectauisse uirilia dormientis atque, ut omnia cingerent circumpositi laqueorum morsus, artificii curas tum rebus adhibuisse perituris*, « puis, quand il fut noyé dans l'ivresse à force de boire, introduire sa main avec précaution, manipuler les parties viriles du dormeur et, afin que les lacets, disposés tout autour pour les entamer, emprisonnent bien le tout, appliquer alors ses soins artificieux à des organes voués à périr » – tel est le stratagème imaginé par Liber pour dompter le monstre.
48. 5, 10, 3-7. Passage plein d'humour. Si la pierre est fécondée, Arnobe développe toutes les conséquences de cette grossesse insolite : le fœtus est nourri en elle pendant dix mois (les *decem menses* de la gestation, selon la physiologie des anciens) et, avant même d'avoir vu le jour, cet enfant précoce était le digne fils de Jupiter : « il n'avait pas encore, dit-on, atteint la lumière, que, déjà, il imitait et reproduisait par ses mugissements les grondements du tonnerre paternel », *nondum, inquit, contigerat lucem et tonitrus patrios iam mugiens imitatusque referebat*.
49. 5, 13, 1 Emprisonnée par son père, Nana est nourrie de fruits par la Mère des dieux, qui veille sur elle et sur son enfant : *conuenienter et recte : pomis enim debuerat uiuere, quae mater*

apologiste aurait-il oublié sa mythologie ? C'est pourtant pour avoir rompu le jeûne et mangé un pépin de grenade[50] que Perséphone reste à tout jamais liée à Hadès. De même, Acdestis est né du sperme répandu par Jupiter, comme Érichthonios de celui d'Héphaistos répandu sur la jambe d'Athéna. Le mythe phrygien transcrit par Timothée s'est hellénisé. Le lait de bouc, non pas de chèvre, mais d'un mâle qui devient mère[51], le brouillage des sexes qui en résulte, comme dans la liaison homosexuelle d'Attis et d'Acdestis, toutes ces histoires morbides « de seins coupés, de sexes tranchés, de sang, de fureur, de suicide, de fleurs ou d'arbres qui naissent du sang des morts »[52], les Galles efféminés qui, eux, sont bien réels, qu'on peut voir à Rome ou à Carthage : tout, dans ce mythe, dans ce culte, suscite la raillerie et la répulsion d'un Romain éduqué et imbu de sa virilité. C'est sur les Galles, eunuques, débauchés, méprisables[53], que s'achève le développement d'Arnobe consacré au mythe et au culte de Pessinonte.

Quelle est la part de l'apologiste dans ce récit horrifique ? Il est difficile d'en juger, en l'absence de sa source, le texte perdu de Timothée. D'autant qu'Arnobe ne le connaît sans doute que de seconde main, à travers l'énigmatique « Valerius le pontife » qui doit avoir été sa source intermédiaire[54]. Nous

fuerat facta de pomo !, « voilà qui est bel et bon : elle devait en effet vivre de fruits, celle qu'un fruit avait rendue mère ! ».
50. *Hymne à Dém.* 370-374 ; Ov. *met.* 5, 534-538 ; *fast.* 4, 607 sq.
51. Arn. 5, 13, 3 *o fabulam sexui inimicam semper atque infestissimam masculino, in qua [se] secus uirile non solum homines ponunt, sed pecudes etiam fiunt ex maribus matres !*, « quelle fable toujours ennemie, qui plus est ennemie acharnée, du sexe masculin, que celle où non seulement les hommes abandonnent leur virilité, mais même les animaux, de mâles qu'ils étaient, deviennent mères ! ».
52. 5, 14, 2 *at uero uos nobis mammarum expromitis exsectiones, amputationes uirilium ueretrorum, iras, sanguinem, furias, interitus uirginum uoluntarios et ex sanguine mortuorum flores atque arbores procreatas*, « mais vous ne nous offrez que des histoires de seins coupés, de sexes masculins mutilés, de colères, de sang, de fureurs, de vierges qui se suicident, de fleurs et d'arbres nés du sang des morts ».
53. 5, 16, 5 *pectoribus adplodentes palmas, passis cum crinibus, Galli*, « les Galles qui, les cheveux épars, se frappent la poitrine de leurs mains » ; 5, 17, 4 *uiles Galli, effeminati conficiant exoleti*, « ce qu'accomplissent les Galles méprisables, ces débauchés efféminés ».
54. C'est lui qui donne le nom d'Ia, la fiancée suicidée : 5, 7, 6 *uirgo sponsa quae fuerat, quam Valerius pontifex Iam nomine fuisse conscribit*, « la jeune fille qui avait été sa fiancée et qui, à ce qu'écrit Valerius le pontife, se nommait Ia, "Violette" ». On hésite, pour l'identification de Valerius, entre deux personnages, bien distincts, mais trop souvent confondus (les n° 266 et 268 de la *RE*, s. v. *Valerius*, VIII, A, 1, col. 162-169, dus respectivement à F. Münzer et R. Hanslik). Le premier, M. Valerius Messalla Niger, consul en 61, fut effectivement pontife, mais il n'a laissé aucun écrit. Le second, M. Valerius Messalla Rufus, consul en 53, fut augure (pendant cinquante-cinq ans) : Arnobe a dû faire erreur sur le sacerdoce. C'est un érudit réputé, auteur

avons cependant l'importante notice de Pausanias[55] sur le sanctuaire de la Mère du Dindyme et d'Attès (Attis), à Dymé, en Achaïe. Du mythe d'Attès, il connaît deux versions. L'une est due au poète élégiaque Hermésianax (vers 300 av. J.-C.). Attès, d'origine phrygienne, est impuissant. Devenu adulte, il s'établit en Lydie et y célèbre les mystères de la Mère, qui s'attache à lui au point que Zeus, jaloux, envoie un sanglier pour le tuer, comme Adonis. Une autre version de la légende, une version locale (ἐπιχώριος λόγος), a cours à Pessinonte : c'est elle qui introduit le personnage d'Agdistis. Zeus, dans son sommeil, répandit du sperme sur la terre. Il en naquit un hermaphrodite, nommé Agdistis. Les dieux l'enchaînent et l'émasculent. De ses parties coupées naît un amandier, dont le fruit féconde la fille du fleuve Sangarios. Elle met au monde un enfant, qu'élève un bouc. Agdistis s'éprend du garçon. Pour le préserver, on l'envoie à Pessinonte afin qu'il épouse la fille du roi. Au milieu de la cérémonie, survient Agdistis. Attès, pris de folie, se mutile ; de même que le roi. Agdistis, repentant, obtient de Zeus que le corps d'Attès reste intact.

La parenté de cette deuxième version avec le récit d'Arnobe est évidente. Pourtant, Pausanias ne prononce pas le nom de Timothée, à peu près contemporain d'Hermésianax. Connaît-il son récit, hellénisé et romancé ? ou, plus vraisemblablement, ont-ils une source commune, une tradition locale, peut-être orale, dont Pausanias a pu avoir une connaissance directe dans son pays d'origine[56] ? La différence la plus frappante est l'absence de la déesse, qui cesse d'être une figure directement agissante : elle ne joue aucun rôle chez Pausanias, ni dans la version d'Hermésianax, ni dans la version phrygienne. La Mère n'y est qu'une puissance lointaine, une icône qui n'intervient pas dans le récit : est-ce Timothée qui a valorisé le rôle de la déesse en le dramatisant ? Arnobe a-t-il encore forcé la tonalité de ce roman noir, souillé de sang et de folie[57] ? Quoi

d'un *De auspiciis*, d'un *De familiis* et d'un commentaire des XII Tables, cité par Festus, Pline, Aulu-Gelle, Macrobe, Lydus. Il ne fait, pour moi, pas de doute que c'est bien le Valerius (non pas pontife, mais augure), invoqué par Arnobe.

55. 7, 17, 9-12, avec les notes de l'éd. Casevitz-Lafond, CUF, 2000.

56. Voir l'Introduction de l'éd. Pouilloux-Chamoux au livre I de Pausanias, CUF, p. XII-XIV : le périégète est originaire d'Asie mineure, « né sans doute non loin de Magnésie du Sipyle », et il a dû travailler à la bibliothèque de Pergame.

57. De même qu'il en accentue les aspects scandaleux en les ramenant du mythe à des relations familiales quasi humaines, si insolites soient-elles. La déesse est la mère d'Acdestis. Attis est le fils de Nana et d'Acdestis. Il est donc le petit-fils d'une Cybèle devenue grand-mère, et une grand-mère incestueuse et grotesque, coupable d'un crime plus révoltant encore que l'inceste mère-fils. Voir 5, 13, 4 : « *Mater eum dilexit Magna* », dit le mythe païen. *Si nepotem ut auia, res simplex, sin theatra ut percrepant, infamis et flagitiosa dilectio est*, répond le chrétien qui ne s'en laisse pas conter. – « "La Grande Mère le chérissait". Si c'était <le sentiment> d'une aïeule

qu'il en soit, on a, s'agissant des amours inabouties d'Attis, deux histoires parallèles : l'une (la version dite « lydienne » des modernes), hétérosexuelle, à deux personnages, reçue en Grèce propre et qui deviendra la vulgate romaine (celle de Catulle et d'Ovide)[58], l'autre (la version « phrygienne »), homosexuelle, où s'insère, entre la Mère et Attis, un troisième personnage, Agdistis-Acdestis. Mais, nous le savons par Strabon, Agdistis est aussi l'un des noms (locaux) de la Mère des dieux, comme Dindymène ou Cybèle[59]. Ce qui éclaire fortement le mythe. L'Acdestis d'Arnobe-Timothée, hermaphrodite, est à la fois le chasseur homosexuel[60], qui joue de la flûte[61], instrument caractéristique des mystères de Cybèle[62], et, pour sa partie féminine, la déesse de l'Agdus[63] :

pour son petit-fils, c'est chose toute naturelle ; mais si c'était celui dont retentissent les théâtres, il s'agit d'une affection infâme et scandaleuse ».

58. Le poème 63 de Catulle ; Ov. *fast*. 4, 223-244.

59. Strab. 12, 5, 3, sur l'importance de Pessinonte, où se trouve un temple consacré à la Mère des dieux que, dans le pays, on nomme Agdistis. La ville est dominée par le mont Dindyme, ce qui fait que la déesse est appelée Dindymène, comme, ailleurs, la proximité des monts Cybéla lui a fait donner le nom de Cybèle.

60. Arn. 5, 6, 7 Acdestis initie le jeune Attis à toutes les réalités de la vie, à la chasse et à l'amour (la chasse comme métaphore de l'amour) : <*diligebat*> *et Acdestis, blandus adulto comes et qua solum poterat minus rectis adsentationibus uinctum saltuosa ducens per nemora et ferarum multis muneribus donans, quae puer Attis primo sui esse dicebat laboris atque operis glorians*, « le chérissait aussi Acdestis, tendre compagnon de son adolescence ; usant du seul moyen dont il disposait, il se l'attachait par des complaisances qui n'étaient guère honnêtes, le guidant à travers les bocages et les bois et lui faisant cadeau de maint gibier, que l'enfant Attis se vantait tout d'abord de ne devoir qu'à ses fatigues et à son activité ».

61. 5, 7, 4 *rapit Attis fistulam quam instigator ipse gestitabat insaniae, furiarum et ipse iam plenus, perbacchatus iactatus proicit se tandem et sub pini arbore genitalia sibi desecat dicens* « *tibi, Acdesti, haec habe, propter quae motus tantos furialium discriminum concitasti !* », « Attis se saisit de la flûte que portait toujours l'instigateur de leur folie et, maintenant envahi lui aussi par la frénésie, tel un bacchant il se démène en tous sens, il finit par se jeter à terre et, sous un pin, il se coupe les parties génitales, en disant : "c'est pour toi, Acdestis, prends, puisque c'est pour cela que tu as suscité de tels transports et d'aussi furieuses catastrophes !" ».

62. Cf. Catulle, 63, 22 *tibicen ubi canit Phryx curuo graue calamo*, « où le Phrygien fait entendre les graves accents de sa flûte au tuyau recourbé ».

63. Arn. 5, 5, 2 *In Phrygiae finibus inauditae per omnia uastitatis petra, inquit, est quaedam, cui nomen est Agdus, regionis eius ab indigenis sic uocata. Ex ea lapides sumptos, sicut Themis mandauerat praecinens, in orbem mortalibus uacuum Deucalion iactauit et Pyrra, ex quibus cum ceteris et haec Magna quae dicitur informata est Mater atque animata diuinitus*, « Sur le territoire de la Phrygie, il y a, dit-il, une roche d'une taille absolument inouïe ; on l'appelle Agdus : c'est le nom que lui donnent les habitants du pays. Ce sont des pierres enlevées à cette roche que, comme l'avait prescrit un oracle de Thémis, Deucalion et Pyrrha jetèrent de par le monde dépeuplé de mortels ; comme tous les autres êtres, celle que l'on appelle la Grande Mère en fut aussi formée, puis reçut la vie par un vouloir divin ».

puissante divinité androgyne, à l'orientale, qui, dans sa version hellénisée, se dédouble en deux figures, l'une masculine, l'autre féminine, toutes deux éprises d'Attis et aimées de lui.

L'épisode suivant des amours de Jupiter a pour objet Cérès, sa mère elle aussi, et s'inspire également de « mystères phrygiens »[64]. Cette généalogie surprenante – Jupiter aurait-il deux « mères » ? – s'explique par l'assimilation syncrétiste de Cybèle et de Démèter avec Rhéa, épouse de Cronos et Mère des dieux. La Mère des dieux anatolienne est une déesse anonyme, qui se différencie par des épithètes topiques, Mère du Dindyme, Mère de l'Agdus, etc. En Grèce, elle se prête à des identifications multiples : à Rhéa, mère des Olympiens, à la Terre, mère des dieux et des hommes, Γῆ μήτηρ, si proche d'elle, Δη-μήτηρ[65]. Telle une « Démèter sauvage », elle est à la fois Mère des dieux et Déo (hypocoristique de Dé-méter), dans le chœur de l'*Hélène* d'Euripide[66]. C'est elle qui, furieuse, erre à travers le monde en quête de sa fille. C'est ainsi que Zeus-Jupiter, fils de Rhéa dans le mythe classique, devient tour à tour, dans les deux épisodes mystériques qui nous occupent, celui de Cybèle, « la Mère » par excellence, ou de Démèter-Cérès, autre « Mère ». Clément d'Alexandrie fait bien le rapprochement entre « les mystères de Déo » et les rites phrygiens de Cybèle et d'Attis[67]. Arnobe, lui, n'en a cure. Il se borne à noter que cette généalogie, Cérès mère de Jupiter, est une tradition régionale[68], sans chercher à l'expliquer. L'incohérence apparente des deux mythes qui nous choque, modernes rationalistes que nous sommes, ne le blesse pas. Mais nous savons avec lui, depuis le livre IV, que les mythes païens et leurs généalogies divines sont un tissu de contradictions, que ne résout pas la théorie

---

64. 5, 20, 1, en introduction au nouveau récit : *erat nobis consilium praeterire, praeteruehi illa etiam mysteria, quibus Phrygia initiatur atque omnis gens illa, nisi nomen interpositum his Iouis prohiberet nos strictim iniurias eius ignominiasque transire, non quo nobis dulce sit tam foedis inequitare mysteriis...*, « nous avions l'intention de laisser aussi à l'écart, en passant au large, ces mystères fameux auxquels se font initier la Phrygie et tous ceux de cette race, si le nom de Jupiter qui y est mêlé ne nous empêchait de n'effleurer qu'au passage les offenses et les avanies qu'il subit ; non qu'il nous soit agréable de mener la charge contre des mystères aussi répugnants ».
65. *Supra*, p. 125. C'est l'étymologie même de Cicéron, *ND* 2, 67 Δημήτηρ *quasi* γῆ μήτηρ, les Grecs qui ont altéré « *gé méter* – terre-mère en Démèter » ; avec les textes cités dans le commentaire de Pease, p. 722 sq.
66. V. 1301-1368 : 1302 μάτηρ θεῶν, « la Mère des Dieux », 1343 « Déo irritée », Δηοῖ θυμωσαμένα.
67. Clém. *protr.* 2, 15, 1.
68. Arn. 5, 20, 2 *nam genetrix haec Iouis regionis eius ab accolis traditur*, « car c'est elle qui, à ce que rapportent les voisins de ce pays, a enfanté Jupiter ».

des dieux homonymes. À la limite, plus un mythe est incohérent, plus il sert le dessein exterminateur de l'apologiste.

Jupiter, raconte donc Arnobe[69], brûlant de désir pour sa mère, se métamorphose en taureau et lui fait violence[70]. Quand elle le reconnaît, trop tard, il prend la fuite. Furieuse, la déesse donne libre cours à son ressentiment; c'est pourquoi on l'appelle Brimo[71]. Pour rentrer en grâce auprès d'elle, Jupiter use d'un subterfuge : il coupe les testicules d'un bélier et, comme si c'étaient les siens, il les jette, en signe de réparation, dans le sein de sa mère. La déesse s'y laisse prendre et s'apaise. Elle élève la fille qu'elle a conçue, Libera ou Proserpine. Quand Jupiter voit la jeune fille, séduisante à souhait[72], il ne peut y résister et, troisième viol, il s'unit à elle. Mais, par souci de décence, précise Arnobe – un père avoir des rapports intimes avec sa fille ! quelle horreur ! –, il prend la forme d'un dragon[73]. De cette union naît un taureau. C'est ce que dit le vers bien connu :

« Le taureau a engendré un dragon, et le dragon, un taureau »[74].

---

69. 5, 20-23. Épisode rapidement évoqué *supra*, p. 30. Voir Ph. Borgeaud, *La Mère des dieux*, p. 161-163.
70. Dans la mythologie classique, Déméter est, sans drame apparent, l'une des épouses successives de Zeus, après Métis et Thémis et avant Héra. Voir la liste d'Hésiode, *Théog.* 912 sq. : « il entra aussi au lit de Déméter la nourricière, qui lui enfanta Perséphone aux bras blancs ».
71. Arn. 5, 20, 4 (*supra*, p. 31, n. 33).
72. 5, 21, 3-4 *luculenti filiam corporis... quam cum uerueceus Iuppiter bene ualidam, floridam et suci esse conspiceret plenioris, oblitus paulo ante quid malorum et sceleris esset adgressus et temeritatis quantum, redit ad prioris actus...*, « une fille de toute beauté... quand notre Jupiter au Mouton la vit, bien plantée, épanouie et bien en chair, oubliant dans quels malheurs, dans quels crimes il s'était naguère engagé, et avec combien d'irréflexion, il revient à ses anciens agissements... ».
73. 5, 21, 4 *quia nefarium uidebatur satis patrem cum filia comminus uxoria coniugatione misceri, in draconis terribilem formam migrat, ingentibus spiris pauefactam colligat uirginem et sub obtentu fero mollissimis ludit atque adulatur amplexibus*, « comme il lui semblait par trop sacrilège qu'un père s'unît intimement avec sa fille dans des rapports conjugaux, il revêt la forme effrayante d'un dragon, il enlace de ses anneaux gigantesques la vierge épouvantée et, à la faveur de ce déguisement bestial, il folâtre avec elle et la caresse dans les plus tendres étreintes ».
74. 5, 21, 6 (*supra*, p. 30, n. 31). La source est Clément, *protr.* 2, 16, 3 :

ταῦρος
πατὴρ δράκοντος καὶ πατὴρ ταύρου δράκων.

« Le taureau / est père du serpent, et père du taureau est le serpent ». Le même rite, le même vers, sous une forme légèrement différente, sont cités par Firm. *err.* 10, 2 et 26, 1 :

ταῦρος δράκοντος καὶ ταύρου δράκων πατήρ.

« Le taureau est père du serpent et le serpent l'est du taureau ». Cf. R. Turcan, *Les Cultes orientaux dans le monde romain*, p. 58 et 317.

Tel est le mythe de fondation des Sabazies thraco-phrygiens, lors desquels on fait descendre un serpent d'or dans le sein des initiés, puis on le retire, par le bas du corps[75].

Comme pour l'histoire d'Attis, après le récit, vient la critique d'Arnobe : elle est surtout célèbre par le morceau de bravoure qui ridiculise à jamais Jupiter, souverain éternel du monde et des hommes, métamorphosé en taureau souillé de bouse ou, revenu à sa forme humaine, courant derrière les troupeaux de moutons pour y choisir un superbe bélier dont il tranche et prépare les organes qu'il veut offrir à sa mère[76]. Entre le ridicule et l'indécence, on ne sait ce qui l'emporte. Mais, cette fois, nous avons la source, qui est Clément d'Alexandrie, et nous pouvons comparer l'original et la copie. Les mystères de Déo, dit l'apologiste grec[77], commémorent « l'union amoureuse » de Zeus et de Déméter et la colère de la déesse, dès lors appelée Brimo. Les testicules du bélier, jetés en réparation, le serpent dans le sein, les vers grecs de même sens sont présents chez Clément. Ce qui manque, c'est la scène du viol de Déméter et la métamorphose en taureau. Faut-il y voir la preuve que la source n'est pas Clément ? C'est peut-être avoir une piètre opinion du talent d'Arnobe. Est-il incapable de rien inventer, et tout ce qu'on lit dans l'*Aduersus nationes* doit-il nécessairement avoir une source, grecque ou latine ? Tels sont les excès de la *Quellenforschung*. Arnobe a de l'imagination, l'élève peut dépasser le maître. Il a voulu corser l'épisode. Mentionner le viol de Déméter ne suffit pas : encore faut-il décrire la scène. Ce qu'Arnobe fait par deux fois.

Clément se contente d'une allusion discrète (2, 15, 1-2) : « l'union amoureuse » (ἀφροδίσιοι συμπλοκαί) est en fait une « union forcée » (τῆς βιαίας συμπλοκῆς), autrement dit un viol. Arnobe, lui, y insiste, y revient, sans pudeur. Le premier passage est un récit conventionnel de métamorphose suivie de viol : le dieu brûle de désir, « il se fait taureau », il se jette sur sa proie sans méfiance, il consomme l'inceste, sitôt reconnu, il s'enfuit[78]. Le second nous plonge dans le monde trivial et brutal des éleveurs et des eunuques : un taureau réaliste et répugnant, un berger qui châtre ses béliers, un homme mutilé qui souffre et qui saigne. Cette dernière partie de la scène se lit effectivement sous la plume sobre de Clément : « Zeus, après avoir arraché au bélier ses deux testicules, les prit et les jeta au beau milieu du sein de Déo, acquittant

---

75. Arn. 5, 21, 6 (*supra*, p. 30, n. 31).
76. 5, 23, 1-3 (*supra*, p. 34-36).
77. *Protr.* 2, 15-16.
78. Arn. 5, 20, 2-3 (*supra*, p. 31, n. 33).

mensongèrement la peine de sa violence impudique[79], comme s'il s'était mutilé lui-même ». Mais point de métamorphose en taureau. Le souvenir du premier mythe, celui d'Acdestis et de la Mère des dieux, affleure dans ce récit. Jupiter, qui feint de s'être mutilé, est aussi pitoyable qu'un vrai Galle ensanglanté. Avant même sa naissance, en digne fils de son père, Acdestis mugissait pour imiter les grondements du tonnerre. Les échos du premier viol ; plus encore, le souvenir du taureau d'Europe et le vers de Tarente orientent vers une métamorphose du maître des dieux en taureau – une métamorphose de plus, sortie de l'imagination d'Arnobe. L'ensemble est peut-être sans gloire, mais il est cohérent.

Si nous revenons aux rites de la Grèce classique, à Athènes, en particulier, la fête des Thesmophories et le mythe de fondation des mystères d'Éleusis[80] réservent aux « deux déesses » d'autres malheurs. Arnobe, au passage, confond ou du moins amalgame les Thesmophories[81], qu'il connaît mal et qui ne sont pour lui qu'un nom, et les mystères d'Éleusis[82], « les plus célèbres et les plus respectés du monde antique »[83], qui servent bien davantage sa polémique antipaïenne. Proserpine est enlevée par son oncle Dis Pater qui l'entraîne aux Enfers. Cérès la cherche à travers toute la terre. Arrivée à Éleusis, elle reçoit l'hospitalité de Baubô qui s'efforce, en vain, de la dérider. Bannissant toute pudeur, Baubô finit par retrousser ses vêtements, exhiber son bas-ventre et le caresser sous les yeux de la déesse qui, alors, se met à sourire. Les vers d'Orphée lui-même l'ont chanté. Passons sur les complaisances répugnantes de Liber qui, sous prétexte d'honorer sa promesse, se prête, *post mortem*, au désir de Prosymnus. Telle est l'origine mythique des phallophories grecques, de ces phallus dressés un peu partout dans le pays[84]. Dans les deux cas, nous l'avons vu, la source est toujours Clément, mais Arnobe ne se prive pas de pimenter la scène par quelques détails appropriés.

---

79. Dans la traduction de C. Mondésert. Ce que j'ai rendu, plus littéralement, par « union forcée ».
80. Arn. 5, 24, 3-26, 5 (*supra*, p. 118-124).
81. 5, 24, 3 *uultis enim consideremus mysteria et illa diuina, quae Thesmophoria nominantur a Graecis, quibus gente ab Attica sancta illa peruigilia consecrata sunt et pannychismi graues ?*, « voulez-vous, de fait, que nous examinions aussi ces mystères divins que les Grecs appellent Thesmophories et pendant lesquels le peuple athénien célèbre ces fameuses veillées saintes, les solennelles *pannychis* ? ».
82. La source est toujours Clément, *protr.* 2, 17, 1 et 19, 3 (Thesmophories) ; et 20-21 (Éleusis).
83. H. Le Bonniec, dans son Introduction, I, p. 22.
84. 5, 28-29, 2 (*supra*, p. 107-109).

La mère est violée par son fils. La fille est violée par son père. Sexe et religion se confondent. On frémit devant de telles horreurs[85]. Les turpitudes du paganisme sont épouvantables. Mais non, réplique le païen averti. Il ne faut pas prendre ces récits à la lettre : ce sont des allégories[86]. Jupiter n'a pas connu avec sa mère les plaisirs de la chair : « Jupiter désigne la pluie », qui féconde Cérès, la terre. Cette interprétation allégorique se lisait déjà chez Diodore de Sicile, à propos des multiples Dionysos – autre rencontre entre mythographes – dont le troisième est fils de Zeus et de Déméter, ce qui signifie que la vigne croît grâce à la terre et à la pluie[87]. Jupiter, poursuit Arnobe, ne s'est pas non plus uni à sa fille Proserpine : ce n'est rien d'autre que la pluie qui féconde la semence[88]. De même, quand Dis Pater entraîne sous terre la jeune fille, cela signifie la semence[89] qu'on enfouit

---

85. C'est à peu près ce qu'Arnobe disait en 3, 10, 6 : « ne vaut-il pas beaucoup mieux injurier les dieux, les invectiver et les accabler d'outrages d'un autre ordre, que d'imaginer sous couleur de piété de pareilles horreurs sur leur compte, selon des croyances scandaleuses ? », *nonne multo est rectius maledicere, conuiciari atque alia ingerere diis probra quam sub obtentu pio talia de his monstra opinionum indignitate praesumere ?* ; et 3, 15, 3 (*supra*, p. 147, n. 133).

86. 5, 32, 1-2 *Sed erras, inquit, et laberis satisque te esse imperitum, indoctum ac rusticum ipsa rerum insectatione demonstras. Nam istae omnes historiae quae tibi turpes uidentur atque ad labem pertinere diuinam, mysteria in se continent sancta, rationes miras atque altas nec quas facile quiuis possit ingenii uiuacitate pernoscere. Neque enim quod scriptum est atque in prima est positum uerborum fronte, id significatur et dicitur, sed allegoricis sensibus et subditiuis intelleguntur omnia illa secretis,* « Mais tu t'égares, dit-on, tu te trompes, et tu montres bien, par ton acharnement même sur ces sujets, que tu es incompétent, ignorant et rustre. En effet, tous ces récits qui te semblent, par leur turpitude, avoir pour seule fin de souiller les dieux, renferment de saints mystères, des théories admirables et profondes, que nul ne pourrait pénétrer sans peine, quelle que soit sa vivacité d'esprit. Car ce n'est pas ce qui est écrit, le texte qui s'offre à première lecture, ce n'est pas là ce qu'on veut signifier, ce qu'on veut dire, mais tout cela se comprend dans un sens allégorique, selon le secret de l'ésotérisme ». Sur l'allégorie antique, voir J. Pépin, *Mythe et allégorie. Les origines grecques et les contestations judéo-chrétiennes*, 2ᵉ éd., Paris, Études augustiniennes, 1976.

87. Diod. 3, 62.

88. 5, 32, 2-3 *Itaque qui dicit « cum sua concubuit Iuppiter matre », non incestas significat aut propudiosas Veneris conplexiones, sed Iouem pro pluuia, pro tellure Cererem nominat. Et qui rursus perhibet lasciuias eum exercuisse cum filia, nihil de foedis uoluptatibus loquitur, sed pro imbris nomine ponit Iouem, in filiae significatione sementem,* « C'est ainsi que, quand on dit "Jupiter a couché avec sa propre mère", on n'entend pas par là les étreintes incestueuses et impudiques de Vénus, mais pour la pluie on donne le nom de Jupiter, pour la terre, celui de Cérès. Et quand, par ailleurs, on raconte que le dieu s'est livré à la débauche avec sa fille, on ne parle nullement de plaisirs répugnants, mais pour nommer la pluie, on présente Jupiter et, sous l'appellation de "sa fille", la semence ».

89. Il y a deux étymologies du nom de Proserpine. L'une est latine et varronienne : *Proserpina proserpere* ; cf. Varr. *LL* 5, 68 *Luna... dicta Proserpina, quod haec ut serpens...*, « la Lune...

dans le sol[90]. Bref, dans tous ces récits et dans les autres, « on dit une chose, mais il faut en comprendre une autre », selon un sens ésotérique et profond[91]. Mais, demande Arnobe, quelle garantie offrent ces interprétations, trop subtiles pour être vraies ? Elles ne relèvent que du bon plaisir de leur auteur, et chacun peut entendre le mythe dans un sens différent[92]. Autre objection : si le mythe est, fondamentalement, allégorique, il faut tout en justifier, chaque détail l'un après l'autre : le nom Brimo, les supplications de Jupiter qui veut se faire pardonner, les dieux qui intercèdent pour lui, le bélier châtré, les testicules du bélier châtré[93], etc. Mais, si vous en êtes

---

Proserpine tire son nom du fait que, tel le serpent... ». Elle est fausse. C'est celle qu'Arnobe a donnée en 3, 33, 1 ; cf. Aug. *ciu.* 7, 20, p. 298 D ; 7, 24, p. 304 D = 268, 271, XVI a Card. (voir *supra*, n. 12). L'autre est exacte : c'est un calque du grec ; cf. Cic. *ND* 2, 66 *quod Graecorum nomen est...* Περσεφόνη, « c'est elle qu'on nomme Perséphone en grec ». L'explication par *semen* repose sur le nom de Coré et son étymologie grecque supposée. Voir Porphyre, ap. Eus. *praep. eu.* 3, 11, 7 (Περὶ ἀγαλμάτων, frg. 6 Bidez) : Κόρη κόρος, « Coré, c'est-à-dire le grain qui provient des semences ». C'est une étymologie stoïcienne : toujours Cic. *ND* 2, 66 *Proserpinam... frugum semen esse uolunt absconditamque quaeri a matre fingunt*, « Proserpine... on veut qu'elle soit la semence du blé et on imagine que sa mère la cherche parce qu'elle est cachée ». Cf. J. Pépin, *Mythe et allégorie*, p. 126. Plus généralement, sur la déesse, A. Dimou, *La déesse Korè-Perséphone : mythe, culte et magie en Attique*, Turnhout, Brepols, coll. RRR 18, 2016.

90. 5, 32, 4 *sic et ille qui raptam Dite a Patre Proserpinam dicit, non ut reris in turpissimos adpetitus uiraginem dicit raptam, sed quia glebis occulimus semina, isse sub terras deam et cum Orco significat foedera genitalis conciliare feturae*, « de même, quand on dit que Proserpine a été enlevée par Dis Pater, on ne dit pas, comme tu le penses, que la jeune fille a été enlevée pour assouvir les appétits les plus abjects, mais, parce que nous enfouissons les semences dans le sol, on entend que la déesse est allée sous la terre conclure avec Orcus l'alliance de la fécondité reproductrice ».

91. 5, 32, 5 *aliud quidem dicitur, sed intellegitur aliud et, sub uulgari simplicitate sermonis, latet ratio secreta et altitudo inuoluta mysterii*, « on dit une chose, mais c'est pour en faire comprendre une autre et, sous la simplicité d'un langage accessible à tous, se dissimule une théorie cachée et une profondeur enveloppée de mystère ».

92. 5, 34, 3-4 *... unicuique liberum est in id quo uelit adtrahere lectionem et adfirmare id positum in quod eum sua suspicio et coniectura opinabilis duxerit. Quod cum ita se habeat, qui potestis res certas rebus ab dubiis sumere atque unam adiungere significationem dicto quod per modos uideatis innumeros expositionum uarietate deduci ?*, « il est loisible à tout un chacun de tirer le texte dans le sens qu'il veut et de soutenir qu'il implique bien ce à quoi l'ont amené sa supposition et sa conjecture hypothétique. Dans ces conditions, comment pouvez-vous dégager une conclusion certaine de ce qui est douteux, et attacher une signification unique à une proposition que vous voyez, d'innombrables façons, faire sortir des exégèses les plus variées ? ».

93. 5, 35, 2-5 *monstrate quid, pro rebus singulis quas unaquaeque eloquitur fabula, supponere debeamus... quid sibi uelit Brimo uerbum, quid Iouis solliciti supplicatio... sin autem singula in singulis neque potestis opponere nec alterum rerum uocare contextum, quid allegoricis obscuritatibus honestatis id quod simpliciter scriptum est et communem ad intellegentiam publicatum ?,*

incapables, pourquoi transformer en allégories incompréhensibles « ce qui a été écrit en toute simplicité » pour être compris de tous ? À moins que certaines parties ne soient allégoriques, et d'autres non[94] ? Dans ce cas, c'est le règne de l'arbitraire[95].

La morale, du moins, y trouve-t-elle son compte ? Certainement pas. Le langage de l'allégorie est encore plus choquant que l'expression directe : si, par le filet de Vulcain qui enserre les amants, Mars et Vénus, et les expose à la risée des dieux, l'on veut dire que les passions sont réprimées par la raison, ne valait-il pas mieux le dire dans un langage simple, aisément intelligible[96] ? Les rapports de l'art et de la morale sont chose complexe et ambiguë, Arnobe ne le méconnaît pas. Le mythe a-t-il valeur d'exemplarité ? Faut-il faire confiance à son pouvoir de conviction ? Les tenants de l'exégèse allégorique commettent une double faute, contre la morale et contre la religion. Faut-il les croire, quand ils soutiennent que « le spectacle de ce qui est choquant suggère des

---

« montrez-nous, pour tous les détails mentionnés dans chaque fable, ce que nous devons leur substituer... ce que veulent dire le terme "Brimo", l'inquiétude de Jupiter et ses supplications... mais si, au contraire, vous ne pouvez ni faire correspondre chaque détail à tel autre, ni susciter un autre arrangement des faits, pourquoi rehaussez-vous d'obscurités allégoriques ce qui a été écrit en toute simplicité et publié pour être compris de tout le monde ? ».

94. 5, 36, 1 *Nisi forte dicetis non toto in historiae corpore allegorias has esse, ceterum partes alias esse communiter scriptas, alias uero dupliciter et ambifaria obtentione uelatas. Vrbana est ista subtilitas...*, « À moins peut-être que vous ne disiez que ces allégories ne se trouvent pas dans tout l'ensemble du récit, mais que certaines parties sont écrites dans le langage de tout le monde, tandis que d'autres, à double sens, sont masquées par le voile de l'ambiguïté. Voilà bien un élégant artifice... ».

95. Sur Arnobe et l'allégorie, voir J. Pépin, *Mythe et allégorie*, p. 423-438 : « c'est Arnobe qui, avec le plus grand luxe de détails, dénonce les difficultés de fonctionnement propres à l'interprétation allégorique » (p. 423).

96. 5, 41, 1-4 *Antea mos fuerat in allegorica dictione honestissimis sensibus obumbrare res turpes et foeda prolatu honestorum conuestirier dignitate. At uero uobis auctoribus per turpitudinem dicuntur res graues et castitate pollentia obscenis commorantur in uocibus... « Quod in adulterio dicimus Martem, inquit, et Venerem Vulcani esse circumretitos arte, cupiditatem dicimus atque iram ui pressas consilioque rationis ». Quid enim prohibebat, quid obstabat suis unamquamque rem uerbis et suis significationibus promere ?*, « Autrefois ç'avait été l'usage de se servir de l'expression allégorique pour voiler sous des significations parfaitement morales des réalités ignobles et pour draper de moralité, de dignité, ce qu'il est choquant de mentionner. Mais, à votre initiative, ce sont des choses sérieuses qu'on exprime au moyen d'ignominies, et l'on cantonne dans un langage obscène ce qui est d'une chasteté inattaquable... "Quand nous parlons, dit-on, de l'adultère de Mars et de Vénus, enserrés dans un filet par l'art de Vulcain, nous voulons dire que la passion et la colère sont réprimées par la force et la sagesse de la raison". Eh bien, où était l'empêchement, où était l'obstacle à exprimer chacune de ces idées avec les mots et les acceptions qui lui sont propres ? ».

idées morales »[97] ? C'est faux : le spectacle délicieux du vice fait plus d'impression sur l'âme que les leçons théoriques de la morale. Et c'est un prétexte : la véritable raison, c'est que vous avez honte[98]. Sur ce point, Arnobe n'a peut-être pas tort : depuis des siècles, depuis Platon et les stoïciens, une exigence de moralité s'est imposée dans la lecture critique des mythes. Ou l'on exclut les poètes de la cité, ou l'on moralise la théologie des poètes.

C'est ce qu'a tenté de faire Porphyre. C'est lui qui est visé à travers toute cette réfutation de l'allégorisme. Il s'agit bien d'une tentative « moderne », du IIIe siècle ap. J.-C. On n'en trouve pas trace chez Clément d'Alexandrie, source d'Arnobe pour tant de nos passages. Non que l'allégorie soit une idée neuve. Le procédé a, de longue date, sa place dans les traités de rhétorique qui, en latin, ont d'abord hésité sur son nom, avant de l'appeler, tout simplement, par calque du grec, *allegoria*. C'est là qu'Arnobe, lui-même rhéteur, en a trouvé à la fois la définition et la critique, et c'est ce qu'il devait enseigner à ses élèves de Sicca. L'allégorie, qui est un langage figuré, consiste, comme l'a bien définie Arnobe, à « dire une chose » pour en « faire comprendre une autre ». C'est une suite de plusieurs métaphores qui s'enchaînent. Elle donne de l'éclat au style. Encore faut-il en user avec mesure, car elle risque d'engendrer l'obscurité et de produire des énigmes[99].

---

97. 5, 41, 6 *nunc uero cum dicitur in Martis et in Veneris uinctione uitiorum esse significata compressio, peruersissimae res duae simul isdem temporibus fiunt, ut et foedorum species intellectum subiciat honestatis et prius animum turpitudo quam religionis alicuius perstringat auctoritas*, « mais en fait, quand on dit que l'enchaînement de Mars et de Vénus signifie la répression des vices, on procède à la fois, dans le même temps, à deux démarches tout à fait perverses : d'une part on subordonne la compréhension de ce qui est moral à une présentation choquante, et d'autre part on laisse l'ignominie se saisir de l'âme avant que quelque notion religieuse ne fasse autorité ».
98. 5, 43, 1 *quia talium scriptorum historiarumque uos pudet nec aboleri uidetis posse ea quae sunt foede semel in commentarios relata, enitimini cohonestare res turpes*, « c'est parce que vous avez honte de tels écrits, de tels récits et que vous ne voyez pas la possibilité de supprimer ce qui a une fois pour toutes été consigné de façon choquante dans vos archives, c'est pour cela que vous vous efforcez de rendre honorables les ignominies ».
99. Pour la théorie de l'allégorie, *Rhétorique à Herennius* 4, 46 *permutatio est oratio aliud uerbis aliud sententia demonstrans*, « l'allégorie est une manière de parler où signifiant et signifié ne désignent pas les mêmes choses » ; Cic. *De l'orateur* 3, 166-167 *non est in uno uerbo tralato, sed ex pluribus continuatis conectitur, ut aliud dicatur, aliud intellegendum sit... est hoc magnum ornamentum orationis, in quo obscuritas fugienda est ; et enim hoc fere genere fiunt ea, quae dicuntur aenigmata*, « [ce procédé] ne porte pas sur un seul mot employé métaphoriquement ; il se trouve dans un groupe de mots formant un tout, qui semblent dire une chose et en font comprendre une autre... c'est là un grand ornement du style, mais il y faut éviter l'obscurité ; car c'est généralement ce genre de figures qui produit ce qu'on appelle les énigmes » ; *L'Orateur*

C'est bien ce que dit Arnobe, quand il réprouve les « obscurités allégoriques »[100].

Quand notre auteur exige qu'il soit rendu compte de chaque détail, on reconnaît bien là la méthode de Porphyre[101]. Les rhéteurs recommandent un usage modéré de l'allégorie ; Porphyre en fait un usage intempérant, qui manie le procédé à grande échelle et avec virtuosité. On en a deux exemples relativement développés qui répondent bien à la demande d'Arnobe et proposent des équivalences en ligne, où chaque détail de la statue ou du mythe reçoit son explication selon la méthode allégorique. L'un se lit chez Macrobe, pour décrypter la statue de l'Apollon syrien d'Hiérapolis, qui est une figure du Soleil. Il est barbu : la barbe symbolise les rayons qu'il fait descendre sur la terre. Il porte sur la tête une corbeille d'or (un calathos) : elle s'élève dans les airs, dans l'éther d'où le soleil tire sa substance. Il porte une lance et une cuirasse : c'est que Mars, lui aussi, n'est autre que le soleil. Il tient une fleur de la main gauche : elle symbolise la floraison universelle, car c'est le soleil qui féconde et nourrit tout. Son vêtement représente la Gorgone : c'est parce que le gorgoneion est l'attribut de Minerve, qui n'est autre que la force effective du soleil. C'est ce que dit Porphyre[102]. Le texte est signé. Mais nous avons mieux encore : le traité que Porphyre lui-même a consacré à *L'Antre des nymphes dans l'Odyssée*, passage dont il commente et justifie les onze vers dans le moindre détail. L'antre représente le monde issu de la matière ; il est, comme elle, obscur et ténébreux. Les Naïades figurent les âmes qui descendent dans des corps ; les toiles qu'elles tissent

---

94 *cum fluxerunt continuae plures tralationes, alia plane fit oratio ; itaque genus hoc Graeci appellant* ἀλληγορίαν [dont *alia oratio* est la traduction littérale], « quand plusieurs métaphores se déroulent à la suite, cela donne une manière de parler tout autre ; c'est pourquoi les Grecs appellent ce genre "allégorie" » ; cf. *Lettres à Atticus* 2, 20, 3 *si erunt mihi plura ad te scribenda,* ἀλληγορίαις *obscurabo*, « si j'ai un certain nombre de choses à t'écrire, je les envelopperai des voiles de l'*allégorie* » ; Quintilien 8, 6, 44 *Allegoria, quam inuersionem interpretantur, aut aliud uerbis, aliud sensu ostendit, aut etiam interim contrarium. Prius fit genus plerumque continuatis tralationibus*, « L'allégorie, en latin *inuersio*, présente un sens autre que celui des mots, et même parfois contraire. Dans le premier cas, c'est surtout une suite continue de métaphores » ; Aug. *La Trinité* 15, 9, 15 *quid ergo est allegoria, nisi tropus ubi ex alio aliud intellegitur ?*, « qu'est-ce donc qu'une allégorie, sinon un trope où l'on donne à entendre une chose par une autre ? ».

100. 5, 35, 5 (*supra*, n. 93) ; cf. aussi 5, 37, 5 *legem allegoricam uideo tenebrosis ambiguitatibus explicatam !*, « la loi de l'allégorie, je le vois, s'explicite en ambiguïtés ténébreuses ! ».

101. J'avance le nom de Porphyre, plutôt que celui d'un Diodore de Sicile, par exemple (*supra*, n. 87) : sans doute, la méthode est la même. Mais Arnobe n'a certainement pas lu Diodore ; tandis qu'il a lu Porphyre.

102. Macr. *Sat.* 1, 17, 66-70 *sicut et Porphyrius testatur*, « comme l'atteste aussi Porphyre ».

sont pourpres comme la chair colorée de sang. Le corps est le vêtement de l'âme ; c'est pourquoi Orphée représente Coré, qui veille sur tout ce qui naît d'une semence, tissant de la toile[103], etc. Nous retrouvons là une thématique que nous avons déjà lue dans certains de nos passages d'Arnobe. Porphyre voyait aussi dans Attis le symbole des fleurs nées au printemps et qui tombent avant d'avoir produit des fruits[104]. Ce que R. Turcan, plus convaincu par l'exégèse de Julien[105], qualifie d'« interprétation botanique et bornée »[106].

Le livre V d'Arnobe s'achève sur une nouvelle invective contre les païens : vous souillez non seulement les dieux (et leur histoire), mais leurs noms mêmes, que vous devriez révérer[107]. Non seulement les tentatives aberrantes des théologiens, mais les métonymies de la poésie, tombées dans le langage courant, Mars pour la guerre, Vénus pour les plaisirs obscènes de l'amour, sont des insultes à la majesté des dieux[108]. Après trois livres de polémique contre l'anthropomorphisme, après tant d'attaques contre la religion dépravée des poètes, après la tentative ultime de l'allégorisme, le verdict, désormais, est définitif. Les hontes du paganisme s'incarnent en Vénus, déjà nommée. Arnobe y revient : *pro coitu Venerem non metuitis dicere !* – « pour

---

103. Porphyre. *L'Antre des nymphes dans l'Odyssée*, éd. Yann Le Lay, Lagrasse, Verdier, 1989. Cf. *Od.* 13, 102-112.

104. Eus. *praep. eu.* 3, 11, 12. Cf. Aug. *ciu.* 7, 25, p. 306 D *Porphyrius, philosophus nobilis, Attin flores significare perhibuit, et ideo abscisum, quia flos decidit ante fructum*, « Porphyre, le célèbre philosophe, a pensé qu'Attis était l'emblème des fleurs ; s'il a été mutilé c'est que la fleur tombe avant le fruit ». La source doit être ici le Περὶ ἀγαλμάτων de Porphyre. L'identification syncrétiste d'Attis avec le soleil (voir *supra*, p. 220) doit provenir d'un autre de ses ouvrages (cf. J. Flamant, *Macrobe et le néo-platonisme latin*, p. 667).

105. *Discours sur la Mère des dieux* 166 a – 169 d : la mutilation d'Attis, dieu générateur, est une limitation à la course vers l'infini.

106. *Les Cultes orientaux dans le monde romain*, p. 71-73.

107. Arn. 5, 44, 5-7 *deorum nominibus appellauistis res turpes et uocabulis rursus deos rerum coinquinauistis infamium... apud enim homines officiosis religionibus deditos, non ipsi dii tantum, uerum etiam nomina debent esse deorum reuerenda*, « vous avez donné le nom des dieux à des ignominies et, inversement, souillé les dieux par la mention d'infamies... en effet, chez des hommes adonnés aux devoirs religieux, ce ne sont pas seulement les dieux eux-mêmes, mais aussi les noms des dieux qui doivent être révérés ».

108. 5, 45, 1 *et in illa estis reprehensionis parte, quod in usu sermonis uestri Martem pro pugna appellatis, pro aquis Neptunum, Liberum Patrem pro uino, Cererem pro pane, Mineruam pro stamine, pro obscenis libidinibus Venerem*, « vous êtes pris en défaut sur ce point : dans votre langage usuel, vous vous servez du nom de Mars pour le combat, pour les eaux, de Neptune, de Liber Pater pour le vin, de Cérès pour le pain, de Minerve pour le fil, et, pour les désirs obscènes, de Vénus ». Ce sont les métonymies banales ; cf. Cic *ND* 2, 60 ; *de orat.* 3, 167 ; pour Minerve, Verg. *Aen.* 8, 409.

l'accouplement, vous ne craignez pas de dire "Vénus" ! ». Ce sont les derniers mots du livre[109]. Non, vraiment, dans la nature des dieux païens, rien ne peut être sauvé.

---

109. 5, 45, 3 *erubescitis panem et uinum nominare et pro coitu Venerem non metuitis dicere !*, « vous rougissez de nommer le pain et le vin, et, pour l'accouplement, vous ne craignez pas de dire "Vénus" ! ».

QUATRIÈME PARTIE

L'HOMMAGE DES HOMMES

Chapitre VIII
Le culte : lieux et images

Dans le débat sur l'impiété (*impius, impietas*) dont sont accusés les chrétiens et dont, en réalité, se rendent coupables les païens, et eux seuls, Arnobe aborde maintenant, avec les livres VI et VII, la dernière partie de son œuvre. Des « opinions », librement professées par les philosophes, les théologiens, les mythographes, nous passons aux réalités de la religion, c'est-à-dire au culte[1]. Cherche-t-on à le définir, en milieu païen, à travers ses composantes ou ses manifestations ? On pourra dire que le culte est rendu par les hommes aux statues des dieux, abritées dans des temples (livre VI), selon des rites déterminés (livre VII). Comme toujours, le plan que suit Arnobe et ses articulations sont fermement indiqués : après avoir exposé sommairement (tout au long de trois livres, cependant !)[2] les idées que les païens se font de leurs dieux, il va maintenant traiter des temples et des statues, puis des sacrifices[3]. Dans l'esprit des païens, anthropomorphisme et culte des images sont liés : le point central, pivot de toute l'analyse, est celui des statues, représentation d'une divinité à figure humaine (ou animale), à qui le culte est rendu dans le sanctuaire qui l'héberge. C'est là l'unique fonction du temple : il renferme la statue du dieu. Le fidèle n'y pénètre pas aisément ; les actes du culte se déroulent à l'autel, situé à l'extérieur, à l'air libre. Il peut y avoir statue sans temple (au sens architectural du terme : édifice construit) ; mais il n'y a pas de temple sans statue. On peut débattre librement de la nature des dieux : les épicuriens, Cicéron l'ont fait sans être inquiétés[4]. Mais ne pas s'acquitter des gestes de la religion

---

1. Sur les livres VI-VII, voir l'édition de Bernard Fragu, CUF, 2010.
2. B. Fragu traduit « point par point », de façon inexacte me semble-t-il. *Summatim* n'a ici d'autre sens que « à grands traits, en gros » (voir *Le Grand Gaffiot*).
3. 6, 1, 1 *nunc quoniam summatim ostendimus quam impias de diis uestris opinionum constitueritis infamias, sequitur ut de templis, de simulacris etiam sacrificiisque dicamus deque alia serie quae his rebus adnexa est et uicina copulatione coniuncta*, « maintenant que nous avons montré brièvement quelles opinions impies et infamantes vous vous êtes formées sur vos dieux, il nous faut ensuite parler des temples, et aussi des statues, des sacrifices et de toute la série d'autres manifestations qui s'y rattachent et y sont étroitement liées ».
4. Sur Cicéron, cf. 3, 6, 5 *Tullius, Romani disertissimus generis, nullam ueritus impietatis inuidiam, ingenue, constanter et libere quid super tali opinatione sentiret... monstrauit*, « Tullius, le plus éloquent des Romains, qui, sans craindre d'être accusé d'impiété, a exposé franchement,

est l'impiété majeure (*maximum impietatis*)⁵, celle qui vaut aux chrétiens les persécutions, sous le prétexte qu'ils n'élèvent aux dieux ni temples, ni statues, ni autels⁶. Celle qui provoque l'étonnement de leurs adversaires païens⁷. Pour tout dire, celle qui les met en marge de la société. La réponse d'Arnobe est que, si les dieux sont vraiment des dieux, de telles marques d'honneur leur sont indifférentes⁸. Ces deux derniers livres sont aussi placés sous le patronage de Varron, invoqué dès les chapitres liminaires du livre VI comme du livre VII⁹, ce qui, au delà d'une référence érudite, peut être l'indice d'une proximité spirituelle.

fermement et librement... ce qu'il pensait d'une telle conception ». Avec, peut-être, la réserve de 3, 7, 1 (et ma n. 2), mais qui ne saurait valoir pour l'époque de Cicéron, augure public du peuple romain.

5. 6, 1, 2 *in hac enim consuestis parte crimen nobis maximum impietatis adfingere quod neque aedes sacras uenerationis ad officia construamus, non deorum alicuius simulacrum constituamus aut formam, non altaria fabricemus, non aras, non caesorum sanguinem animantium demus, non tura neque fruges salsas, non denique uinum liquens paterarum effusionibus inferamus,* « c'est en effet sur ce point que vous avez coutume de nous imputer le plus grand grief d'impiété, sous prétexte que nous ne construisons pas d'édifices sacrés destinés aux devoirs du culte, que nous ne dressons ni statue, ni représentation d'aucun dieu, que nous n'élevons pas d'autels, d'aucune sorte, que nous n'offrons pas le sang de victimes immolées, ni encens, ni farine salée, enfin que nous ne versons pas en libations des coupes de vin limpide ».

6. Cf. Tert. *spect.* 13, 4 *nec minus templa quam monumenta despuimus: neutram aram nouimus, neutram effigiem adoramus,* « Nous traitons avec un égal mépris les temples et les tombeaux. Nous ignorons les deux sortes d'autels ; nous n'adorons aucune sorte d'effigie ».

7. Min. Fel. 10, 2 *cur nullas aras habent, templa nulla, nulla nota simulacra?,* « pourquoi n'ont-ils pas d'autels, pas de temples, pas d'effigies divines connues ? ». Les Juifs, eux, « misérable communauté », *misera gentilitas,* ont des temples, des autels, des victimes et des cérémonies (§ 4).

8. Arn. 6, 1, 3 *quae quidem nos cessamus non ideo uel exaedificare uel facere tamquam impias geramus et scelerosas mentes aut aliquem sumpserimus temeraria in deos desperatione contemptum, sed quod eos arbitramur et credimus, si modo dii certi sunt* (Marchesi ; *sint* Fragu, sans justification dans l'apparat critique) *et nominis huius eminentia praediti, honorum haec genera aut risui habere si rideant aut indigne perpeti si motibus exasperentur irarum,* « certes, nous nous abstenons de construire ou de faire tout cela, mais ce n'est pas que nous nourrissions des intentions impies et criminelles, ou que nous soyons animés envers les dieux d'un quelconque mépris conçu dans l'aveuglement du désespoir ; non, c'est parce que nous pensons et croyons que les dieux, si du moins ce sont vraiment des dieux, s'ils possèdent l'excellence qu'implique ce nom, doivent n'avoir que dérision pour de telles marques d'honneur, à supposer qu'ils aient la faculté de rire, ou qu'indignation, à supposer qu'ils soient sujets à des accès de colère ».

9. 6, 3, 8 ; 7, 1, 2, contre les sacrifices (*infra*, p. 241, n. 14, et 282 sq.).

Les temples

Pourquoi les païens édifient-ils pour leurs dieux des temples[10], *templa* ou *aedes sacrae*[11] ? L'argumentaire d'Arnobe se développe en trois points. Serait-ce pour les abriter des intempéries (chap. 3) ? Ou pour les loger tout près de vous et les tenir ainsi disponibles à vos prières (chap. 4-5) ? Mais non, réplique Arnobe : vos temples ne sont que des tombeaux, bâtis pour des hommes morts (chap. 6-7). La première justification est si ridicule qu'Arnobe ne prend même pas la peine de la réfuter. Il se borne à une série de questions, qui se détruisent d'elles-mêmes : les dieux « ressentent-ils les froidures hivernales ? sont-ils brûlés par le soleil des étés, trempés par les rafales de pluie, malmenés par les tourbillons du vent ? »[12]. Pour les hommes, les temples sont des édifices grandioses ; pour les dieux du ciel, ce ne sont que de minuscules réduits[13].

En bonne méthode, l'apologiste commence par définir son sujet, dont il donne un historique, puis un descriptif. Les premiers temples ont été construits ou par Phoroneus, ou par l'Égyptien Mérops, ou encore par Éaque, l'un des fils de Jupiter[14]. Seul ce dernier, l'illustre juge des Enfers, est connu du

---

10. 6, 3, 5 *templa igitur, quaerimus, in deorum quos usus aut in rei cuius necessitatem aut dicitis esse constructa aut esse rursus aedificanda censetis?*, « ainsi donc, pour quel usage, je vous le demande, pour quel besoin propre aux dieux dites-vous que les temples ont été construits ou estimez-vous qu'on doive, de nouveau, en édifier ? ». Je garde la correction de Marchesi, d'après Sabaeus, *constructa* (*conscripta* P ; *circumscripta* Fragu), qui reprend *constructionibus* du § 3 (*numquid enim delubris aut templorum eum constructionibus honoramus?*, « or, est-ce que nous l'honorons, lui, par des sanctuaires, ou en construisant des temples ? »).

11. Les deux substantifs, cf. n. 3 et 5, sont employés l'un pour l'autre. En toute rigueur, le *templum* est l'espace orienté (sur ces problèmes d'orientation, voir le chap. 4, 5, *supra*, p. 188 sq.) et inauguré, à l'intérieur duquel, le cas échéant, est construite l'*aedes*, « maison » du dieu qui abrite sa statue cultuelle, *simulacrum*.

12. 6, 3, 6 *hiemalia sentiunt frigora aut solibus torrentur aestiuis, pluuialibus nimbis perfluuntur, uentorum eos aut turbines uexant?*

13. 6, 3, 7 *Templa enim haec quid sunt? Si humanam infirmitatem roges, nescio quid immane atque amplum; si deorum potentiam metiaris, successus quidam parui atque ut uerius eloquar genus angustissimum cauernarum paupertini cordis excogitatione suspensum*, « En fait ces temples, que sont-ils ? Si l'on s'en rapporte à la faiblesse humaine, c'est, en un sens, quelque chose de démesuré et d'immense ; si l'on se réfère à la puissance des dieux, ce sont d'humbles réduits et, pour mieux dire, des sortes de minuscules alvéoles construits par l'imagination d'esprits mesquins ».

14. 6, 3, 8 *quorum si quaeris audire quis prior fuerit institutor, quis fabricator, aut Phoroneus, Aegyptius aut Merops tibi fuisse monstrabitur <aut>, ut tradit in Admirandis Varro, Iouis progenies Aeacus*, « si l'on cherche à savoir qui fut à l'origine de cette institution, qui le premier constructeur, on nous indique ou bien Phoroneus, ou bien l'égyptien Mérops, ou bien, comme le dit Varron dans ses *Admiranda* [voir *infra*, n. 20], le fils de Jupiter, Éaque ».

public cultivé. Les deux autres sont nommés par Clément d'Alexandrie qui, avant d'en venir aux temples, a condamné les sacrifices humains qu'aiment les démons : Phoroneus et Mérops sont ceux qui, les premiers, élevèrent « aux démons criminels » des temples et des autels et leur offrirent des sacrifices[15]. Arnobe supprime discrètement l'emphatique ἐκεῖνος, qui équivaudrait à *ille*, et qu'un lecteur romain ne comprendrait que par antiphrase : Phoroneus, seulement connu des érudits, est le premier roi, que Jupiter fit régner à Argos, où il institua le culte de Junon (Héra)[16]. En revanche, passant à Mérops, il croit bon d'éclairer son propos, peut-être à contretemps, en précisant *Aegyptius*[17]. Autre différence majeure avec sa source grecque : l'allusion aux démons. Arnobe, peu féru de démonologie (nous y reviendrons), n'en dit mot : il ne parle que des dieux[18]. La méthode qu'il suit est celle des répertoires savants qui, en tout domaine, dressent la liste des « premiers inventeurs » : ainsi, chez Hygin, les catalogues des *Fables* 274 et 277, qui ne sont pas sans rapport avec notre sujet[19]. Arnobe, en outre, contamine ses sources et ajoute à Clément une

15. *Protr.* 3, 44, 1 : « ces premiers hommes (οἱ πρῶτοι) qui ont... prescrit de vénérer des démons criminels », que ce soit « le fameux (ἐκεῖνος) Phoroneus, ou Mérops, ou quelque autre de ceux qui leur élevèrent des temples et des autels, et furent encore... les premiers à leur offrir des sacrifices ».

16. Hygin *fab.* 143 et 274, 8 (*infra*, n. 19). Auparavant, c'était Jupiter qui gouvernait directement les hommes.

17. Qui est Mérops ? Il existe plusieurs héros mythologiques de ce nom, et il n'est nullement certain que Clément et Arnobe aient à l'esprit le même personnage. Celui de Clément peut avoir été le roi de Cos (cf. Kruse, s. v., *RE*, XV, 1, n° 1, col. 1065 sq.). Mais Arnobe, lecteur d'Ovide, ne connaît qu'un Mérops – un autre (n° 2 de la *RE*) : c'est le roi d'Éthiopie (plutôt que d'Égypte), père adoptif de Phaéthon, dont il épousa la mère, Clyméné (Ov. *met.* 1, 763 et 778 ; 2, 184). C'est lui qu'il substitue au précédent, non sans approximation (*Aegyptius*) ; cette explication par un quiproquo me paraît préférable à la correction Cécrops, qu'on écartera comme une solution de facilité.

18. *Passim*, dans tout ce début. En particulier 6, 3, 7 *deorum potentiam metiaris* (*supra*, n. 13) ; 6, 3, 10 *neque enim... delectari credendum est his deos*, « il ne faut pas croire que les dieux en sont charmés ».

19. *Fab.* 274, 7-8 *Arcades res diuinas primi diis fecerunt. Phoroneus Inachi filius arma Iunoni primus fecit, qui ob eam causam primus regnandi potestatem habuit*, « Les Arcadiens furent les premiers à rendre un culte aux dieux. Phoronée fils d'Inachus fut le premier à fabriquer des armes pour Junon, et pour cette raison il fut le premier à avoir le pouvoir de régner » ; 274, 15 *Daedalus Eupalami filius, deorum simulachra primus fecit*, « Dédale fils d'Eupalamus façonna le premier des statues de dieux » ; 277, 4 Triptolème fit un sacrifice à Cérès et posa des graines sur la tête de la victime – *inde primum inuentum est, super hostias molam salsam imponere*, « ainsi découvrit-on <la façon> de placer de la farine sacrée sur les victimes ».

référence latine, au logistoricus *Gallus Fundanius de admirandis* de Varron, « catalogue des merveilles de la technique humaine »[20].

Au prestige de l'antiquité s'ajoute la splendeur visuelle des temples de marbre, où étincellent l'or des plafonds à caissons et les pierres précieuses[21]. Vaine apparence : toute cette richesse n'est que terre et que matière abjecte[22]. Les dieux en sont-ils réellement charmés, tous tant qu'ils sont[23] ? Le chapitre est construit sur des listes, au nombre de trois : Arnobe joue sur l'effet d'accumulation, qui emporte la conviction. Liste des dieux, d'abord. Puis énumération de synonymes : les noms, tous dépréciatifs, qui pourraient désigner leur « habitation », la *cella* (chapelle), réduite à l'état de diminutif, qui abrite la statue de culte – rien que des « cabanes, chambrettes, cellules »[24]. Les dieux en ont-ils vraiment besoin, comme les hommes ou, plus dégradants encore, les animaux : chats, fourmis, lézards, souris fuyantes, craintives, minuscules ? La grandeur des dieux, la magnificence de leurs temples s'écroulent dans un trou de souris. Pourquoi terminer sur elles, et non sur les fourmis, encore plus petites ? Pour Arnobe, comme pour ses lecteurs, le nom des souris est

---

20. Voir Y. Lehmann, « Le merveilleux scientifique dans le logistoricus *Gallus Fundanius de admirandis* de Varron », dans J. Champeaux et M. Chassignet (dir.), *Aere perennius. Hommage à Hubert Zehnacker*, Paris, PUPS, 2006, p. 553-562.
21. Arn. 6, 3, 9 *sint ergo haec licet aut ex molibus marmoreis structa, laquearibus aut renideant aureis, splendeant hic gemmae et sidereos euomant uariata interstinctione fulgores*, « alors, ces temples ont beau être édifiés avec des blocs de marbre, resplendir de leurs plafonds à caissons dorés, les pierres précieuses ont beau y briller et faire jaillir, grâce à leur disposition variée, des fulgurances comparables à celles des astres ».
22. 6, 3, 9 *terra sunt haec omnia et ex faece ultima uilioris materiae concreta !*, « tout cela n'est que terre, fait de la lie la plus vile d'une matière abjecte ! ».
23. 6, 3, 11-12 « *Templum, inquit, hoc Martis est, hoc Iunonis et Veneris, hoc Herculis Apollinis Ditis* ». *Quid est aliud dicere quam* : « *Domus haec Martis est, haec Iunonis et Veneris, Apollo hic habitat, in hac manet Hercules, illa Summanus ?* », « Voici, dit-on, le temple de Mars, voici celui de Junon, de Vénus ; voici celui d'Hercule, celui d'Apollon, celui de Pluton. Cela ne revient-il pas à dire que telle maison est celle de Mars, telle autre celle de Junon, de Vénus, qu'Apollon habite ici, qu'Hercule demeure dans celle-ci, Summanus dans celle-là ? ». Summanus, dieu des foudres nocturnes, est, par fausse étymologie, considéré comme le dieu des Mânes et identifié à Pluton (cf. 3, 44, 2 et n. 2).
24. 6, 3, 13 *ita non prima et maxima contumelia est habitationibus deos habere districtos, tuguriola his dare, conclauia et cellulas fabricari, et eis existimari necessarias res esse quae hominibus, felibus, quae sunt formiculis et lacertis, quae fugacibus, pauidis atque exiguis muribus ?*, « dans ces conditions, n'est-ce pas la suprême, la pire insulte que de considérer les dieux comme attachés chacun à une habitation, de leur donner des cabanes, de leur fabriquer des chambrettes, des cellules, et d'estimer que leur sont indispensables des abris qui le sont pour les hommes, pour les chats, qui le sont pour les fourmis et les lézards et pour ces animaux craintifs et minuscules, toujours prêts à s'enfuir, les souris ? ».

irrémédiablement associé au « ridicule » que leur vaut le vers d'Horace. Pour nous aussi, toujours, « la montagne accouche d'une souris »[25].

Il était facile de passer, insidieusement, de *templum* à *domus* (6, 3, 11-12), qui vaut réduction de la divinité à la condition humaine : les dieux habitent – s'ils les habitent – des *aedes sacrae* (6, 1, 2), non des *domus* comme les simples mortels. Le païen n'a aucune peine à réfuter l'allégation : « mais non, dit-il, ce n'est pas pour cela que nous attribuons des temples aux dieux, comme si nous avions à les protéger de l'humidité de la pluie, du vent, des averses, ou du soleil ; c'est pour pouvoir les contempler en face, de tout près, leur parler en tête à tête et, en quelque sorte, converser dévotement avec eux, en leur présence »[26]. On reconnaît là les comportements de la religiosité populaire, celle du fidèle qui négocie avec le sacristain pour pénétrer dans le temple et parler « à l'oreille de la statue »[27]. Dans toute cette critique des temples et des statues, Arnobe identifie le dieu à son image : c'est bien d'« idolâtrie » qu'il s'agit. Il parle, pour la forme, le langage du polythéisme. Tout dieu, s'il possède la puissance qu'implique ce nom, entend chaque fidèle, de partout dans le monde ; les dieux sont tout entiers présents partout. En fait, c'est le nom de Dieu qu'il faut lire en filigrane et, sous le pluriel ou un *omnis* généralisant, discerner le singulier. Dieu, le vrai Dieu, lui, n'est pas lié à un lieu[28] : il est partout

---

25. *Art poétique* 139 *parturient montes, nascetur ridiculus mus*, « les montagnes vont accoucher, il en naîtra, ridicule, une souris ». Arnobe a déjà usé du procédé en 3, 33, 2, pour discréditer Apollon, *Sminthiorum alter pernicies murum*, « le second, destructeur des rats de Sminthé » (fin du développement).

26. Arn. 6, 4, 1 *sed non, inquit, idcirco adtribuimus diis templa tamquam umidos ab his imbres uentos pluuias* (texte des mss. ; *pruinas* Fragu) *arceamus aut soles, sed ut eos possimus coram et comminus contueri, adfari de proximo et cum praesentibus quodam modo uenerationum conloquia miscere.*

27. Sen. epist. 41, 1 *non sunt ad caelum eleuandae manus nec exorandus aedituus, ut nos ad aurem simulacri, quasi magis exaudiri possimus, admittat : prope est a te deus, tecum est, intus est*, « il ne s'agit pas d'élever les mains vers le ciel, de décider un sacristain à nous laisser arriver jusqu'à l'oreille de la statue, comme si de cette façon nous pouvions nous faire mieux entendre : Dieu est près de toi, il est avec toi, il est en toi ». Cf. Cic. *ND* 1, 77 ... *aut superstitione, ut essent simulacra quae uenerantes deos ipsos se adire crederent*, « ... soit par la superstition qui fit faire des effigies des dieux qu'on vénérait en croyant de cette manière entrer en contact direct avec les dieux mêmes ».

28. Arn. 6, 4, 3 *atquin nos arbitramur omnem deum omnino, si modo nominis huius ui pollet, ex quacumque mundi parte quod quisque fuerit locutus tamquam si sit praesens, audire debere... atque, ut astra, sol, luna, cum supra terras meant, omnibus omnino cernentibus statim sunt et ubique praesentes, ita aeque conuenit audientiam numinum nulli esse clausam linguae semperque esse praesentem, quamuis ad eam uoces regionibus ex distantibus confluant*, « pourtant nous pensons, nous, que tout dieu, sans exception, à condition qu'il possède la puissance qu'implique

« présent », *praesens*[29]. Infini, il « emplit tout l'univers de sa puissance »[30]. Déjà, Arnobe l'avait dit au livre I, dans sa prière au Dieu « infini... que nulle limite ne circonscrit, qui n'a ni position ni mouvement ni manière d'être »[31]. C'est un lieu commun de l'apologétique, Dieu est ἀχώρητος[32], mais qui a été préparé de longue date par la philosophie païenne[33]. Nous ne sommes plus au temps d'Homère, chez qui les dieux quittaient l'Olympe durant douze jours pour aller banqueter chez les Éthiopiens[34].

Mais supposons qu'à l'époque moderne, sous l'Empire, un même dieu ait des temples aux quatre coins du monde connu : comment feraient les malheureux fidèles pour se faire entendre de lui[35] ? Ou bien le dieu ne sera

ce nom, doit entendre ce que dit chaque fidèle depuis n'importe quel point du monde, comme s'il était présent... et que, à l'instar des astres, du soleil, de la lune, qui, lorsqu'ils gravitent au-dessus de la terre, sont pour tous ceux, sans exception, qui les regardent, immédiatement présents partout, il convient également que l'oreille des divinités ne soit fermée à aucune parole, qu'elle soit toujours présente, quel que soit l'éloignement des régions depuis lesquelles les voix convergent vers elle ».

29. Quatre emplois dans notre passage : 6, 4, 1 *cum praesentibus* ; 6, 4, 3 *tamquam si sit praesens... ubique praesentes... semperque esse praesentem* (*supra*, n. 26 et 28). La notion est païenne : Horace, *Odes* 3, 5, 2, reconnaissait en Auguste un *praesens diuus*, aux deux sens de l'adjectif, à la fois « présent » et « efficace », du fait même qu'il est immédiatement « présent ».
30. Arn. 6, 4, 4 *hoc est enim proprium deorum, conplere omnia ui sua, non partiliter uspiam sed ubique esse totos*, « car c'est là le propre des dieux, d'emplir tout l'univers de leur puissance, de n'être partiellement nulle part, mais d'être tout entiers partout ».
31. I, 31, 2 *infinitus... quem... nulla determinat circumscriptio... sine situ, motu et habitu*.
32. R. Braun, *Deus Christianorum*[2], p. 52 ; et le commentaire d'H. Le Bonniec au livre I, p. 279.
33. Cic. *ND* I, 103-104, contre les épicuriens : *uerum sit sane, ut uultis, deus effigies hominis et imago ; quod eius est domicilium, quae sedes, qui locus... quaero igitur uester deus primum ubi habitet, deinde quae causa eum loco moueat, si modo moueatur aliquando...*, « mais admettons que dieu, comme vous le voulez, soit l'image et le portrait de l'homme ; quelle est sa demeure, sa résidence ? en quel lieu ?... c'est pourquoi je vous demande d'abord où habite votre dieu, ensuite quel motif le fait se déplacer, si cela lui arrive... ».
34. Arn. 6, 4, 4 *non adesse, non abesse, non cenatum ad Aethiopas pergere et post dies bis senos priuatum ad domicilium redire*, [c'est le propre des dieux] « de ne pas être tantôt présents, tantôt absents, de ne pas s'en aller dîner chez les Éthiopiens pour revenir douze jours plus tard à leur domicile privé ». Cf. *Il.* 1, 423-425.
35. 6, 5, 2-3 *constituamus enim noscendae rei causa templum numinis alicuius esse apud Canarias insulas, eiusdem apud ultimam Thylem, eiusdem apud Seras esse, apud furuos Garamantas... si omnes uno in tempore, rebus diuinis* (Marchesi ; *diuis* Fragu, sans justification dans l'apparat critique) *factis, quod sua quosque necessitas rogitare compellit <postulent> poscantque de numine, referendi beneficii quaenam omnibus spes erit, si non undique ad se missam uocem deus exaudiet et erit ulla longinquitas, quo penetrare non possit auxilium poscentis oratio ?*, « admettons, en effet, pour faire progresser l'enquête, qu'un temple de tel dieu se trouve aux îles Canaries, qu'il y en ait un autre, du même dieu au bout du monde, à Thulé, un chez les Sères, un chez les noirs

présent nulle part, ou bien il sera présent seulement chez certains[36]. « De tout cela, il résulte que, ou bien le dieu ne secourt absolument personne si, accaparé par quelque affaire, il ne peut voler pour aller écouter les prières, ou bien c'est seulement un groupe qui s'en va exaucé, tandis que tous les autres n'obtiennent rien »[37]. Une scène de sacrifice, *rebus diuinis,* des divinités qui volent, *aduolare,* à la rencontre des mortels : on se croirait revenu à la compétition des cinq Minerves, qui luttaient pour la possession du même nom[38]. La suite des alternatives enferme le païen dans une voie sans issue. À travers ses dieux homonymes, ses temples également homonymes, dédiés en des lieux différents à un seul et même dieu, à un dieu qui devrait être unique, le polythéisme aboutit aux mêmes impasses. Mais Arnobe n'envisage pas – ne veut pas envisager ? – qu'un dieu païen, même corporel, ait le don d'ubiquité : que, présent partout au monde, il puisse accueillir simultanément la prière de tous ses fidèles. Les dieux sont tout-puissants par définition... La religion d'État ne se pose point tant de questions. Elle n'a pas de théologie officielle. Mais qu'un même dieu possède plusieurs temples, dans les diverses villes d'Italie, plusieurs temples dans Rome sous des épiclèses différentes, n'a jamais gêné personne. Arnobe impose aux dieux toutes les limitations de l'anthropomorphisme.

Autre aporie : comment se fait-il que tant de ces temples soient des tombeaux, qui recouvrent les restes de défunts[39] ? Les coupoles et les frontons des temples s'élèvent vers le ciel – les coupoles sont l'image de la voûte céleste. Les tombeaux, eux, appartiennnent à la terre. Il y a contradiction entre l'architecture des temples et leur destination. Peut-on déjà conclure, à

Garamantes... si tous, au même moment, après avoir célébré le culte, réclament du dieu ce que son propre besoin pousse chacun à implorer, quelle sera donc pour eux tous la chance d'obtenir une grâce, si le dieu n'entend pas de partout la parole qui s'adresse à lui et s'il y a une distance au-delà de laquelle ne peut l'atteindre la prière de celui qui demande secours ? ».
36. 6, 5, 4 *aut enim nullis erit in partibus praesens, si uspiam poterit aliquando non esse, aut aderit unis tantum, quoniam praebere communiter suum non potest atque indiscretus auditum,* « car, ou bien il ne sera présent nulle part, s'il lui est possible parfois de n'être nulle part, ou bien il sera présent seulement chez quelques-uns, puisqu'il ne peut pas leur ménager à tous ensemble, indistinctement, son audience ».
37. 6, 5, 5 *atque ita perficitur ut aut nullis deus opituletur omnino, si occupatus re aliqua ad audiendas uoces non quiuerit aduolare, aut exauditi tantummodo uni abeant soli, nihil egerint ceteri.*
38. *Supra,* p. 206-211.
39. 6, 6, 1 *quid quod multa ex his templa quae tholis sunt aureis et sublimibus elata fastigiis, auctorum conscriptionibus comprobatur contegere cineres atque ossa et functorum esse corporum sepulturas ?,* « et que dire du fait, attesté par des écrits faisant autorité, que beaucoup de ces temples, dont se dressent les coupoles d'or et les faîtes altiers, abritent des cendres et des ossements, qu'ils servent de tombeaux pour des défunts ? ».

tout le moins deviner, que le paganisme n'est que mensonge et imposture ? « Vos temples sont des lieux de sépulture », *templa... esse... sepulturas*, en fin de phrase. Comment expliquer un tel mélange des genres ? Il est clair qu'on n'a le choix, nouvelle alternative, qu'entre deux solutions : « n'est-il pas alors évident, manifeste, ou bien que vous honorez des morts en place des dieux immortels », ce qui est une confusion de l'esprit ; « ou bien que vous infligez une insulte inexpiable aux divinités dont les sanctuaires, dont les temples sont construits par-dessus les tombes des morts ? », et cette cohabitation est un sacrilège[40]. De la première, nous dirons que c'est une erreur de jugement ; la seconde, dit Arnobe, est une abominable impiété. Suit, pour démontrer la proposition, une longue liste de dix exemples, que nous avons déjà eu l'occasion d'étudier dans un chapitre précédent. Ils sont à nouveau empruntés à Clément d'Alexandrie, dont Arnobe transcrit et réécrit une page entière[41]. Tombeaux de Cécrops, d'Acrisius et d'Érichthonios dans les temples d'Athéna (Minerve) ; de Dairas et Immaradus dans l'Éleusinion d'Athènes ; des filles de Céléus à Éleusis, domaine de Déméter ; d'Hyperoché et Laodicé dans le sanctuaire d'Artémis à Délos ; de Cléochus dans celui d'Apollon à Milet, le Didymeion ; de Leucophryné dans celui d'Artémis à Magnésie ; de Telmessus dans celui d'Apollon à Telmesse ; de Cinyras et de sa famille dans celui d'Aphrodite à Paphos.

Quelle est la valeur démonstrative du passage ? L'accumulation et la répétition remplacent le raisonnement. Le lecteur est accablé sous le poids de l'énumération : que répliquer à une telle masse d'exemples, tirés d'historiens grecs tous inconnus du Romain cultivé des IIIe-IVe siècles ? Il reste sans voix. Les noms des dieux et ceux des morts, en alternance, finissent par s'amalgamer et se confondre : le procédé est spécieux. Mais pourquoi infliger à un lecteur romain tant de noms ignorés qui, pour un Grec, sont peut-être parlants, mais qui, pour nous, modernes incultes, n'apparaissent que comme une érudition indigeste ? On pourra en apporter plusieurs justifications. D'abord, Arnobe aime le détail rare, les sources savantes qu'il se plaît à reproduire, même si cette science est superficielle et pour une large part illusoire. En outre, le procédé est efficace, même si la quantité des exemples remplace la qualité. Enfin, il réfute l'accusation d'inculture que les païens lançaient avec mépris aux chrétiens[42].

---

40. 6, 6, 2 *esse nonne patet et promptum est aut pro dis immortalibus mortuos uos colere aut inexpiabilem fieri numinibus contumeliam, quorum delubra et templa mortuorum superlata sunt bustis ?*
41. Arn. 6, 6 = *protr.* 3, 45 (*supra*, p. 158, avec les textes).
42. Cf. 1, 58-59 *indoctis hominibus et rudibus...*, « des hommes ignorants et incultes ».

Un chrétien, lui aussi, est capable d'étaler une science mythographique de haut niveau. Le topos a une longue histoire. Déjà présent dans la critique épicurienne du stoïcisme[43] (proche sur ce point de l'évhémérisme), il connaîtra une belle fortune dans l'apologétique[44]. Mais Clément et Arnobe se distinguent par leur liste étoffée d'exemples tenus pour probants.

La démonstration, cependant, ne va pas sans faiblesses, ni obscurités. Chez Clément, déjà, le lecteur moderne, qui raisonne en historien et non en apologiste, se demande ce qui est premier : le temple, ou le tombeau ? Les temples, sans nul doute, dans lesquels passent pour avoir été, aux temps légendaires, ensevelis des personnages dont aucun n'est historique. Tel Érichthonios, né du désir d'Héphaistos pour Athéna, recueilli par elle et élevé dans son temple où, à sa mort, il fut enseveli : quoi de plus naturel ? Tous ces personnages sont des défunts héroïsés, qu'on nomme aux visiteurs des temples où ils sont censés reposer – de même que le culte des reliques réunira les chrétiens dans les basiliques martyriales, rapprochement périlleux contre lequel, après les attaques d'un Julien, s'élève saint Jérôme[45]. Pourtant, quand Clément affirme (*protr.* 3, 44, 4) qu'on ne les appelle temples que « par euphémisme » (νεὼς μὲν εὐφήμως ὀνομαζομένους), mais que ce ne sont en fait que des tombeaux (τάφους δὲ γενομένους), on ne sait plus ce qu'il faut comprendre : à l'origine

---

43. Velleius, chez Cic. *ND* I, 38 (qui vise le stoïcien Persée) : *homines iam morte deletos reponere in deos*, c'est une absurdité que « de mettre au nombre des dieux des hommes que la mort a détruits ».

44. Min. Fel. 8, 4 les chrétiens *templa ut busta despiciunt*, « ils méprisent les temples comme des tombeaux » ; Firm. *err.* 16, 3 *busta sunt haec, sacratissimi imperatores, appellanda, non templa... aedes pro sepulchris miseranda hominum seruitus fecit*, « cimetières que ces temples, très saints empereurs : ils ne souffrent pas d'autre nom... de pauvres hommes asservis leur ont fait des temples au lieu de tombes » ; avec les commentaires de R. Turcan et de Pease à Cicéron, I, p. 263 sq.

45. Julien *Lettres* 114 (CUF), 438 c ; *C. Galil.* 335 c, à qui il reproche de « tout remplir de tombes et de sépultures (τάφων καὶ μνημάτων) », sans qu'il soit dit dans leurs Écritures qu'ils doivent honorer des tombeaux. Avec la distinction honorer (les martyrs) / adorer (Dieu) et la réplique de Jérôme à son adversaire, *epist.* 109, 1, 1 : *honoramus autem reliquias martyrum, ut eum cuius sunt martyres, adoremus... quotienscumque apostolorum et prophetarum, et omnium martyrum basilicas ingredimur, totiens idolorum templa ueneramur?... ut post multa saecula Dormitantius somniaret, immo eructaret inmundissimam crapulam, et cum Iuliano persecutore sanctorum basilicas aut destrueret, aut in templa conuerteret?*, « mais nous honorons les reliques des martyrs, pour honorer le Dieu dont ils sont les martyrs... toutes les fois que nous entrons dans les basiliques des Apôtres, des prophètes et de tous les martyrs, chaque fois nous vénérerions les temples des idoles ? ... afin qu'après plusieurs siècles Domitantius rêvât, ou plutôt éructât le plus immonde des vomissements, et en compagnie de Julien, le persécuteur des saints, détruisît les basiliques, ou les changeât en temples ? ».

tombeau, ensuite devenu temple ? Mais comment passe-t-on d'Érichthonios à Athéna, de Telmessus à Apollon ? La liste d'exemples, destinés à servir de preuves, affaiblit la thèse plus qu'elle ne la conforte. Quand on nous dit : Zeus a reçu un tombeau dans l'île de Crète[46], donc Zeus est un mort devenu dieu, je comprends. Mais quand on passe d'Érichthonios à Athéna, d'un héros masculin à une divinité féminine de surcroît, je ne comprends plus. La remarque, il va sans dire, vaut également pour Arnobe. Quoi qu'il en soit, d'emblée notre auteur est en porte-à-faux, puisque la catégorie des héros, qui se situent entre les dieux et les hommes, n'existe pas dans la religion romaine.

Mais il est, entre le modèle et son adaptation, une distorsion encore plus flagrante. « Ceux à qui vous rendez un culte ne sont pas des dieux », οὐ θεοί, disait Clément (2, 40, 1) : ce sont des démons, de « grands démons », certes, οἱ μεγάλοι δαίμονες[47], mais des démons tout de même, et des démons mauvais, qui viennent attirés par la fumée des sacrifices. Le même substantif se retrouve dans le chapitre qui nous occupe (3, 44, 3) : « une fois née, la superstition n'a pas été arrêtée, la voilà qui fabrique maintenant des démons en nombre (πολλῶν... δαιμόνων)... élevant des statues (ἀγάλματα), construisant des temples (νεώς) » (c'est le sujet d'Arnobe au livre VI). Arnobe, chose étrange pour un homme de son temps, où triomphe la démonologie, n'accorde aucune place aux démons. Dans sa démonstration, il y a les dieux et les hommes, les dieux immortels et des hommes morts. En revanche, il romanise le sujet par l'alternative *aut... aut* et l'impiété qu'il projette sur le comportement des Romains : vos temples sont une offense aux dieux, en ce qu'ils mêlent, dans le même espace, les dieux et les morts. À Rome, ils sont rigoureusement séparés, les dieux (en théorie) à l'intérieur de la cité, les morts impurs, à l'extérieur. La conclusion reprend la proposition initiale : « eh bien donc, nous avons assez démontré, me semble-t-il, que les temples construits pour les dieux immortels l'ont été sans profit pour eux, ou bien ont été édifiés à l'encontre de leur dignité et de la puissance dont on les crédite, en raison de croyances offensantes »[48] – CQFD.

Que les temples ne sont en fait que des tombeaux est confirmé par les sources romaines[49]. Sont-elles plus convaincantes à nos yeux que les tradi-

---

46. Clém. *protr.* 2, 37, 4, repris par Arn. 4, 25, 4 (*supra*, p. 155 sq.).
47. 2, 41, 2, qui en donne une liste (non exhaustive) : Apollon, Artémis, Léto, Déméter, Coré, Pluton, Héraclès, Zeus lui-même.
48. Arn. 6, 8, 1 *satis igitur ut opinor ostendimus templa diis immortalibus aut inaniter iis esse constructa aut contra decus et potentiam creditam contumeliosis opinationibus fabricata* (cf. 6, 6, 2, *supra*, p. 247 et n. 40).
49. *Supra*, p. 159-163.

tions relatives aux sanctuaires grecs ? Arnobe a beau avoir ajouté à Clément l'exemple du taureau Apis, emprunté à Varron[50], puis celui de la « tête d'Olus », découverte intacte dans les fondations du Capitole[51] et étymologie supposée du nom du sanctuaire (*Capitolium, caput Oli*), le lecteur reste dans un sentiment diffus d'insatisfaction. La légende du *caput Oli* irait même à l'encontre de ce qu'il fallait démontrer, quelle que soit la liste des *auctores*, du moderne Serenus Sammonicus au vénérable Fabius Pictor[52], destinée à faire impression. Abstraction faite d'Aulus Vibenna et de son passé douteux, si l'on revient à la version canonique, celle de Tite-Live, la découverte de la tête parfaitement conservée est un prodige favorable (à l'étrusque), un signe envoyé par les dieux qui promettent que ce lieu sera « la tête » du monde[53]. Outre que le temple capitolin n'est pas dédié au culte d'Olus, mais à celui de Jupiter, que le mort et le dieu ne se confondent pas, ce qui peut apparaître comme une faute de raisonnement, il n'y a aucune impiété à avoir édifié un temple sur le lieu d'un prodige bénéfique, message divin qui appelle au contraire la reconnaissance des hommes. Le prodige a désigné aux hommes le lieu prédestiné : c'était là que, pour obéir aux dieux, il *fallait* édifier le temple.

En confondant héros ou démons grecs et dieux du ciel, en occultant la partie classique de la légende de fondation du Capitole, Arnobe manque son but. Mais il a jeté la suspicion sur les lieux du culte, inutiles aux dieux et contraires à leur vraie nature, et cela lui suffit. Revenant sur le propos liminaire, « ou bien vous honorez des morts en place des dieux immortels », ou bien vous confondez les dieux et les morts en élevant vos temples sur des bûchers funèbres, le lecteur moderne ne peut pas ne pas penser au culte impérial, même si les temples des *diui* sont bien distincts de leurs mausolées dynastiques. Arnobe ne pose pas la question : trop politique, trop périlleuse ? Mais c'est une autre énigme[54].

---

50. 6, 6, 8 (*supra*, p. 160, n. 36).
51. 6, 7, 1-2 (*supra*, p. 162, n. 45).
52. 6, 7, 3 (*supra*, p. 162, n. 46).
53. Liv. 1, 55, 6 *caputque rerum fore portendebat*, ce qui « annonçait que ce lieu serait à la tête du monde » ; 5, 54, 7, discours de Camille, *hic Capitolium est, ubi quondam capite humano inuento responsum est eo loco caput rerum summamque imperii fore*, « ici se trouve le Capitole, où jadis, après la découverte d'une tête d'homme, il fut prédit que serait la tête du monde et le centre de l'empire » ; Florus 1, 1 (1, 7), 9 ; Plut. *Vie de Camille* 31. Dans le même sens, Dion. Hal. 4, 59-61 ; Plin. *NH* 28, 15 ; Serv. Dan. *Aen.* 8, 345 : l'haruspice étrusque cherche à transférer à sa patrie le bénéfice du prodige, évidemment favorable.
54. Voir l'Introduction d'H. Le Bonniec au livre I, p. 85.

Les statues

La question des temples une fois réglée, par une condamnation sans appel[55], Arnobe aborde le second point de sa démonstration (chap. 8-19) : le problème des images (*signa*) de toute nature et, plus précisément, des statues de culte (*simulacra*), celles à qui, dans les temples, s'adresse la vénération des fidèles[56]. C'est sur elles que portera le débat, les *signa* (statues votives, statues de plein air, dans l'espace urbain) relevant de la piété privée ou de l'art, non des rites prescrits par la religion. Cette fois encore, le païen est mis devant une alternative. Si vous êtes sûrs que les dieux existent dans les hauteurs du ciel, à quoi bon des représentations, puisque vous avez des êtres réels à qui vous pouvez adresser vos prières[57] ? Un culte purement spirituel suffit, comme celui des chrétiens : la prière, *preces*, et non les sacrifices sanglants. Mais si vous ne croyez pas ou, pour atténuer la brutalité du propos, si vous avez des doutes, pour quelle raison dresser des statues qui imitent ce à quoi l'on ne croit pas ? Ce n'est « que du vent »[58]. À moins qu'il n'y ait dans les statues des dieux une « présence »[59] qui supplée à la vision directe de la divinité. À cette supposition mystérieuse, il ne sera répondu que plus tard. Il n'est pas nécessaire

---

55. 6, 8, 1 (*supra*, p. 249 et n. 48).
56. 6, 8, 2 *sequitur ut de signis aliquid simulacrisque dicamus, quae multa arte componitis et religiosa obseruatione curatis*, « nous avons maintenant à parler des images et des statues que vous élaborez à grand art et que vous vénérez avec une scrupuleuse piété ». Voir C. Michel d'Annoville, « Penser les images des dieux païens au tournant du IIIe siècle. Les réflexions d'Arnobe sur les statues divines (*Contre les Gentils*, VI, 8-26) », dans S. Estienne, V. Huet, F. Lissarrague, F. Prost (dir.), *Figures de dieux. Construire le divin en images*, Rennes, PUR, 2014, p. 223-240.
57. 6, 8, 4 *si enim certum est apud uos deos esse quos remini atque in summis caeli regionibus degere, quae causa, quae ratio est ut simulacra ista fingantur a uobis, cum habeatis res certas, quibus preces possitis effundere et auxilium rebus in exigentibus postulare ?*, « car s'il est sûr pour vous que les dieux existent, tels que vous les concevez, et qu'ils passent leur existence dans les plus hautes régions du ciel, quel motif, quelle raison avez-vous de forger ces statues, puisque vous disposez d'êtres réels auxquels vous pouvez adresser vos prières et demander secours quand les circonstances l'exigent ? ».
58. 6, 8, 5 *sin autem non creditis aut, ut mediocriter dicatur, ambigitis, etiam sic ratio quaenam est dubiorum fingere atque instituere simulacra et quod esse non credas uentosa imitatione formare ?*, « mais si, au contraire, vous ne croyez pas, ou bien, pour parler avec modération, si vous doutez, dans ces conditions, quel motif avez-vous, là encore, de forger et de mettre en place les statues d'êtres hypothétiques et de façonner par une vaine représentation ce à l'existence de quoi vous ne croyez pas ? ».
59. 6, 8, 6 *an numquid dicitis forte praesentiam uobis quandam his numinum sub exhiberi simulacris et, quia deos uidere non datum est, eos in solid<o col>i, et munia officiosa praestari ?*, « à moins que vous n'alliez prétendre qu'une certaine présence s'offre à vous dans ces statues divines, et que, n'ayant pas le privilège de voir les dieux, c'est ainsi que vous les honorez sur un terrain sûr, et leur rendez les devoirs du culte ? ».

de « voir » pour « croire »⁶⁰. Pour l'instant, Arnobe s'en tient à une présentation plus classique du problème.

La critique des statues, des « idoles », est elle aussi un lieu commun de l'apologétique : Arnobe continue à prendre ses exemples chez Clément d'Alexandrie. Mais, à Rome, il a été préparé de longue date par les philosophes : Cicéron[61], Varron[62], évoquant avec nostalgie l'aniconisme de la plus ancienne religion romaine – avec des mots qu'Augustin ne se fera pas faute d'exploiter au profit du christianisme. Aux mises en demeure d'Arnobe, le païen répond que les statues sont une médiation[63], et c'est la réponse que nous donnons encore aujourd'hui. C'est à partir d'une image visible que nous nous élevons à la contemplation de l'invisible. Mais Arnobe l'entend tout autrement, par une déformation satirique : vous sacrifiez d'abord à des statues, et les dieux, les vrais, ne reçoivent que des restes[64]. Comme dit le proverbe,

60. 6, 8, 7 *hoc qui dicit et adserit deos esse non credit, nec habere conuincitur suis religionibus fidem cui opus est uidere quod teneat, ne inane forte sit quod obscurum non uidetur*, « voilà bien ce que dit, ce qu'affirme celui qui ne croit pas à l'existence des dieux, car il est prouvé qu'il n'a pas foi en sa religion, celui qui a besoin de voir quelque chose de concret, dans la crainte que pourrait ne pas exister le mystère qu'on ne voit pas ».

61. *ND* I, 77 *quis tam caecus in contemplandis rebus umquam fuit ut non uideret species istas hominum conlatas in deos aut consilio quodam sapientium, quo facilius animos imperitorum ad deorum cultum a uitae prauitate conuerterent, aut superstitione, ut essent simulacra quae uenerantes deos ipsos se adire crederent ?*, « qui donc a jamais été assez aveugle, en étudiant ces questions, pour ne pas voir que ces formes humaines ont été attribuées aux dieux soit par des sages, de propos délibéré, pour détourner plus facilement les esprits incultes des mauvaises mœurs et les amener à rendre un culte aux dieux, soit par la superstition qui fit faire des effigies des dieux qu'on vénérait en croyant de cette manière entrer en contact direct avec les dieux mêmes ? ».

62. Aug. *ciu.* 4, 31, p. 186 sq. D : *Nec dubitat eum locum ita concludere, ut dicat, qui primi simulacra deorum populis posuerunt, eos ciuitatibus suis et metum dempsisse et errorem addidisse, prudenter existimans deos facile posse in simulacrorum stoliditate contemni... Quapropter cum solos dicit animaduertisse quid esset Deus, qui eum crederent animam mundum gubernantem, castiusque existimat sine simulacris obseruari religionem, quis non uideat quantum propinquauerit ueritati ?*, « Puis il n'hésite pas à conclure ainsi ce passage : "Ceux qui les premiers ont dressé des statues pour le peuple ont supprimé la crainte chez leurs concitoyens et augmenté l'erreur", estimant avec sagesse que les dieux pouvaient facilement être méprisés sous les traits stupides des idoles... Voilà pourquoi quand il déclare que ceux-là seuls ont compris la nature de Dieu, qui voient en lui une âme gouvernant l'univers, et qu'il estime plus pur un culte sans idoles, qui ne verrait combien il est proche de la vérité ? » = 18 Card. Cf. Y. Lehmann, *Varron théologien et philosophe romain*, p. 184-192.

63. Arn. 6, 9, 1 *deos, inquitis, per simulacra ueneramur*, « mais, dites-vous, c'est par le truchement de leurs statues que nous vénérons les dieux ».

64. 6, 9, 2, avec des métaphores juridiques qui parlent moins au lecteur moderne qu'au Romain, juriste averti : *per tramites ergo quosdam et per quaedam fidei commissa, ut dicitur, uestras sumunt atque accipiunt cultiones, et antequam hi sentiant quibus illud debetur obsequium,*

c'est comme si, quand on veut avoir l'avis d'un homme, l'on prenait celui des baudets et des cochons : la saveur de la sagesse populaire en dit plus que la raison des philosophes[65].

Et puis, toutes ces « représentations » sont-elles vraiment « ressemblantes » ? interroge Arnobe, qui joue malignement sur la figure étymologique *simulacrum similitudo*[66]. Il revient sur les ridicules de l'anthropomorphisme, procédé déjà longuement exploité au livre III : un dieu que vous montrez imberbe peut être « barbu dans le ciel »[67], spectacle qui prête à rire par sa naïveté. Le vulgaire inculte le croit peut-être, mais certainement pas le public lettré auquel s'adresse l'*Aduersus nationes*. Le ciel est le lieu des astres divins tels que les conçoivent les stoïciens[68], non d'un dieu barbu comme le Jupiter du Capitole ou plutôt sa statue. Un dieu peut être représenté jeune, alors qu'il est très avancé en âge[69] (mais le temps, notre temps, compte-t-il pour les dieux immortels ? la question est trop simpliste pour qu'Arnobe s'y attarde) ? Ou bien avoir les yeux gris plutôt que pers, le nez épaté plutôt que pointu[70] ? L'un et l'autre sont également disgracieux. Peu importe. Des réa-

---

simulacris litatis prius et uelut reliquias quasdam aliena ad illos ex auctoritate transmittitis, « alors donc, c'est en quelque sorte par des voies intermédiaires, c'est en fidéicommis, comme on dit, qu'ils reçoivent et agréent vos marques de vénération et, avant que ceux à qui cet hommage est dû n'en éprouvent le bénéfice, vous sacrifiez d'abord à des statues, puis vous faites passer à vos dieux en quelque sorte les restes, soustraits à la propriété d'autrui ».

65. 6, 9, 4 *nonne illud est, quaeso, quod in uulgaribus prouerbiis dicitur... cum hominis consilium quaeras, ab asellis et porculis agendarum rerum sententias postulare ?*, « cela ne revient-il pas, je vous le demande, pour parler comme les adages populaires... quand on veut avoir l'avis d'un homme, à consulter les ânes et les cochons sur la conduite à tenir ? ».

66. 6, 10, 1 *et unde nouissime scitis an simulacra haec omnia, quae dis immortalibus uicaria substitutione formatis, similitudinem referant habeantque diuinam ?*, « et, en définitive, comment savez-vous si toutes ces représentations que vous façonnez pour les dieux immortels et que vous leur substituez pour les remplacer ont réellement une ressemblance avec les dieux ? ».

67. 6, 10, 2 *potest enim fieri ut barbatus in caelo sit qui esse a uobis effingitur leuis*, « car il peut se faire qu'il soit barbu dans le ciel, celui que vous représentez imberbe ».

68. Cf. Cic. *ND* 2, 4 *quid enim potest esse tam apertum tamque perspicuum, cum caelum suspeximus caelestiaque contemplati sumus, quam esse aliquod numen praestantissimae mentis quo haec regantur ?*, « que peut-il y avoir en effet d'aussi manifeste, d'aussi évident, quand nous levons les yeux vers le ciel et contemplons les corps célestes, que l'existence d'un pouvoir divin, doué d'une intelligence supérieure, qui les gouverne ? » ; 2, 60 *illi autem pulcherruma forma praediti purissimaque in regione caeli collocati ita feruntur*, « ces dieux, au contraire, doués de la forme la plus belle et situés dans la région la plus pure du ciel, se meuvent... ».

69. Arn. 6, 10, 2 *potest ut senectute prouectior cui puerilem commodatis aetatem*, « peut-être est-il d'une vieillesse avancée, celui à qui vous prêtez un âge juvénile ».

70. 6, 10, 2 *potest ut hic rauus sit qui in ueritate habeat oculos caesios, displosas ut gestitet nares quem esse uos facitis figuratique nasicam*, « peut-être que celui-ci, qui a les yeux gris, les a pers

lités physiques du monde, nous avons tous l'expérience : nous voyons que le soleil est rond, que la lune change selon ses phases, nous sentons le souffle des vents. Vous, vous leur donnez figure humaine, et une figure arbitraire : le soleil a le visage d'un homme[71] ; la lune, qui se transforme chaque jour, n'a chez vous qu'un seul visage[72] ; les vents soufflent dans des trompettes comme de vulgaires musiciens[73]. Passant du ridicule au terrible, vous placez dans le ciel un affreux Frugifer au masque de lion, qui doit se rattacher aux célébrations du culte mithriaque : il est tout rouge, il montre les dents et il tire la langue comme les chiens haletants[74]. Le détail assassin est réservé pour la fin, et Arnobe lui consacre autant de lignes qu'au Soleil, à la Lune et aux Vents réunis, qui offrent une image tolérable. Vos dieux ont forme humaine, ou animale ou, pire encore, monstrueuse.

Vous avez tort de vous moquer des cultes aniconiques : les Perses adorent les fleuves ; d'autres, des morceaux de bois ou une pierre, comme pour la Grande Mère. Les anciens Romains honoraient Mars sous la forme symbolique d'une lance. C'est Varron lui-même qui le dit[75]. Anthropomorphisme

en réalité, qu'il a le nez épaté, celui que vous représentez avec le nez pointu ». Cf. 3, 14, 4-5 *nasicas, hos displosis naribus... caesios, rauos*, ceux-là ont « un nez pointu, ceux-ci des narines épatées... des yeux pers, gris ».

71. 6, 10, 4 *nam cum omnes homines teretem esse solem indubitabili luminum contemplatione uideamus, os illi uos hominis et mortalium corporum lineamenta donastis*, « par exemple, tout le monde voit que le soleil est tout rond : il suffit de le contempler de nos yeux pour ne pouvoir en douter ; or, vous, vous lui avez donné un visage humain et les contours d'un corps mortel ».

72. 6, 10, 5 *luna semper in motu est et ter denas facies in restitutione accipit menstrua : uobis ducibus et figuratoribus femina est uultuque est uno quae per habitus mille cottidiana instabilitate mutatur*, « la lune change sans cesse et, en se reconstituant, elle prend chaque mois trente visages ; or, si l'on suit vos artistes, c'est une femme, elle n'a qu'un seul visage, elle qui se modifie de cent façons en une métamorphose quotidienne ».

73. 6, 10, 6 *intellegimus omnes uentos aeris esse fluorem pulsi et mundanis rationibus concitati : per uos hominum formae sunt buccinarum animantes tortus intestinis et domesticis flatibus*, « nous comprenons tous que les vents sont des courants créés par un appel d'air et mis en mouvement par des causes physiques ; or, vous en faites des figures humaines qui soufflent dans des trompettes courbes une haleine venant de leurs propres poumons ».

74. 6, 10, 7-8. Cf. *supra*, p. 140-144, où je suis le plus souvent l'édition Marchesi, de préférence aux corrections de B. Fragu, qui modifient le sens du passage et la description de l'effigie.

75. 6, 11, 1 *ridetis temporibus priscis Persas fluuios coluisse, memorialia ut indicant scripta, informem Arabas lapidem... ramum pro Cinxia Thespios, lignum Icarios pro Diana indolatum, Pessinuntios silicem pro deum Matre, pro Marte Romanos hastam, Varronis ut indicant Musae, atque, ut Aethlius memorat, ante usum disciplinamque fictorum pluteum Samios pro Iunone*, « vous riez parce que, dans l'ancien temps, comme le montrent les ouvrages historiques, les Perses adoraient les fleuves, les Arabes, une pierre informe... les habitants de Thespies, une

gréco-romain et aniconisme premier dégradent également l'idée de la divinité. Arnobe renvoie dos à dos l'art figuratif des païens civilisés et l'aniconisme des barbares ou des primitifs : les dieux du ciel, soumis à un regard impitoyable qui les détaille de haut en bas, de la tête aux pieds, ont donc des oreilles, un cou, des reins, des genoux, des fesses (ciel !), des talons, et j'en passe. Il n'est pas nécessaire de développer davantage, puisque, précise Arnobe, il en a déjà traité dans sa première partie[76]. Au fond, sur l'anthropomorphisme, vous pensez la même chose que nous – il s'agit sans doute des porphyriens contemporains –, et pourtant, vous nous persécutez, vous nous livrez au glaive et aux supplices[77].

Le ton s'enfle : l'orateur apostrophe les gentils avec flamme dans un *De signis* ou un Περὶ ἀγαλμάτων, qui discrédite successivement les attributs des statues, puis leur matière. Jupiter Hammon porte des cornes de bélier : le souverain des dieux a figure demi-animale. Les autres sont plus humains. Saturne est pourvu d'une serpette, comme un simple arboriculteur. Mercure est couvert d'un grand chapeau, comme les voyageurs qui se protègent du soleil et de la poussière. Liber est alangui comme une femme. Vénus expose sa nudité, comme une courtisane. Vulcain, son mari, est vêtu comme un forgeron, dont

branche, en place de Cinxia ; les Icariens, une souche de bois brut en place de Diane ; les gens de Pessinonte, un caillou en place de la Mère des dieux ; les Romains, une lance en place de Mars comme le disent les muses de Varron, et, d'après Aethlius, les Samiens, en place de Junon, une planche, avant que fût en usage la technique des arts plastiques ». Cf. Clém. *protr.* 4, 46, 2-4 : « Autrefois, les Scythes adoraient le cimeterre, les Arabes la pierre, les Perses le fleuve... À Icaros, la statue d'Artémis était un morceau de bois non travaillé, et celle de l'Héra du Cithéron, à Thespie, une souche coupée ; celle de l'Héra de Samos, dit Aethlios, commença par n'être qu'une planche... À Rome, anciennement, d'après l'écrivain Varron, le xoanon d'Arès était une lance ».

76. Arn. 6, 11, 3 *Quid dicitis, o isti ? ergone dii caelites habent aures et tempora ceruices, occipitium, spinam, lumbos, latera, poplites, nates, suffragines, talos, membraque alia cetera quibus constructi nos sumus et quae prima in parte paulo plenius dicta sunt et scripto uberiore prolata ?*, « Qu'en dites-vous, vous autres ? ainsi donc, les dieux du ciel ont des oreilles et un front, une nuque, un occiput, une échine, des reins, des flancs, des genoux, des fesses, des mollets, des talons, et toutes les autres parties du corps dont nous sommes faits et dont j'ai parlé dans ma première partie d'une façon sensiblement plus complète en les mentionnant dans un exposé plus développé ? ». Cf. 3, 13, 3-4, d'après Cic. *ND* 1, 92 et 99. Voir H. Le Bonniec, « L'exploitation apologétique par Arnobe du *De natura deorum* de Cicéron », dans R. Chevallier (dir.), *Présence de Cicéron*, *Caesarodunum*, 19 bis, 1984, p. 89-101, en particulier p. 91-98.

77. 6, 11, 4-5 *Reperiremus et uos ipsos eadem sentire quae nos neque alias gerere super numinum figuratione sententias. Sed studiis facere quid peruicacibus possumus, quid intentantibus gladios nouasque excogitantibus poenas ?*, « Nous y découvririons que vous pensez la même chose que nous, que vous n'êtes pas d'un avis différent sur l'aspect physique des êtres divins. Mais que pouvons-nous faire en face de votre fanatisme acharné, devant vos glaives brandis, votre art d'imaginer sans cesse des supplices nouveaux ? ».

il porte le marteau. Le couple, à l'évidence, est mal assorti. Apollon, avec un plectre et une lyre, semble imiter les musiciens ou les chanteurs. Neptune, tout roi de la mer qu'il est, porte un trident, comme s'il avait à combattre contre des gladiateurs[78]. On croirait parcourir une galerie de statues, où les dieux, chacun doté de son type iconographique, sont alignés, avec des images pittoresques qui, ramenées à la mesure humaine, appellent des commentaires satiriques. Imaginons que quelque roi s'amuse à faire passer aux uns les attributs des autres, et réciproquement : qui les reconnaîtra ? Privés de leurs attributs, ils perdent leur identité. Vos dieux se réduisent-ils donc à cette vaine apparence ? Des dieux pourvus de cornes, de marteaux, de chapeaux : ce n'est encore que ridicule. Mais, quand les artistes prennent pour modèle des courtisanes, cela devient scandaleux. Les statues de Vénus sont particulièrement visées : la Vénus de Cnide, ou toutes celles qui eurent Phryné pour modèle. Les artistes eux-mêmes, auteurs de ces œuvres que vous vénérez, n'ont pas le respect de la divinité. Phidias n'eut pas honte d'inscrire le nom de son mignon, le jeune et beau Pantarcès, sur la statue du Jupiter d'Olympie[79], image même, saisissante et sublime, de la majesté divine[80].

L'apologiste veut en persuader les hommes, par un sermon de ton très oratoire[81]. Même faites de matières nobles, bronze, argent, or[82], les statues finissent par tomber en ruine. Les souris et les blattes viennent se loger dans leurs interstices, elles y ramènent les ordures dont elles font leurs nids. Les visages des dieux sont déshonorés par les toiles d'araignées et les déjections des oiseaux[83]. Est-ce là l'image, humiliée, avilie, de la divinité ? Non, « il n'est

---

78. 6, 12, 1-3 (*supra*, p. 116, n. 5).
79. Arn. 6, 13. Repris de Clém. *protr.* 4, 53, 4-6.
80. Qui inspira à Paul Émile un authentique sentiment du sacré : Liv. 45, 28, 4-5 *Olympiam escendit. Vbi et alia quidem spectanda ei uisa : Iouem uelut praesentem intuens motus animo est*, « Il monta à Olympie. Il y vit, certes, d'autres choses dignes de fixer son attention, mais en contemplant Jupiter qui lui parut en quelque sorte présent, il fut impresssionné ».
81. Arn. 6, 14, 2 *quidnam est istud, homines...?*, « pourquoi donc faut-il que vous, les hommes...? ».
82. 6, 14, 4 *simulacra ista quae uos terrent quaeque templis in omnibus prostrati atque humiles adoratis ossa lapides aera sunt, argentum aurum testa...*, « ces statues qui vous épouvantent et que, dans tous les temples, vous adorez, humblement prosternés, ne sont que de l'os, de la pierre, du bronze, de l'argent, de l'or, de la terre cuite... » ; 6, 15, 1 *ecce si aliquis ponat in medio aes rude atque in opera nulla confectum, argenti massas indomiti infectumque aurum...*, « eh bien, supposons que l'on vous présente du bronze brut, non travaillé, de l'argent en lingots, non façonné, de l'or natif... ».
83. 6, 16, 7-9 *Ita, inquam, non uidetis sub istorum simulacrorum cauis steliones sorices mures blattasque lucifugas nidamenta ponere atque habitare... Non in ore aliquando simulacri ab araneis ordiri retia atque insidiosos casses... Non hirundines denique, intra ipsos aedium circumuolantes*

rien de divin dans les statues », conclut avec vigueur l'apologiste[84], qui se refuse à croire que les matériaux dont on fabrique ces effigies puissent recevoir, en vertu de leur seule apparence, une puissance divine[85]. Le défenseur éclairé du paganisme pourra répondre aisément à Arnobe qu'il ne distingue pas entre les déviations de la crédulité populaire[86] et les prescriptions de la religion officielle. Le culte s'adresse au dieu invisible, non à sa statue, qui n'est pas nécessaire : le paysan de Caton sacrifie à Jupiter, à Cérès, à Mars[87], sans qu'aucune statue divine se dresse en ce coin de campagne. Le sujet des statues est évidemment plus porteur que celui des temples, et Arnobe, orateur, s'en donne à cœur joie : satire, indignation, réalisme alimentent la polémique. Le débat d'idées n'en est pas enrichi pour autant, mais le plaisir du lecteur y trouve son compte. Peut-il encore, après ces longs morceaux d'éloquence, regarder sans rire une image divine ?

Avec le chapitre 17, le ton change et se fait plus grave. Des notions, un vocabulaire nouveaux apparaissent, dont on n'a pas l'équivalent chez Clément. Les statues matérielles, faites de bronze, d'or, d'argent, ne sont pas « en elles-mêmes » des divinités, dit le païen. Mais en elles nous honorons des dieux que la « dédicace de consécration » y introduit et qu'elle fait « habiter » dans les

---

tholos, iacularier stercoris glebas, et modo ipsos uultus, modo numinum ora depingere, barbam oculos nasos aliasque omnis partes, in quascumque se detulerit deonerati proluuies podicis ?, « Oui, ne voyez-vous pas, dans les creux de ces statues, les lézards, les souris, les rats, les blattes ennemies de la lumière, installer leurs nids et habiter là... Ne voyez-vous pas, parfois, dans la bouche d'une statue, des fils tendus par les araignées, toiles perfides... Enfin ne voyez-vous pas les hirondelles voler jusque sous la voûte des temples, pleines d'une fiente qu'elles laissent tomber et qui barbouille tantôt tout le visage, tantôt la bouche des dieux, leur barbe, leurs yeux, leur nez, et tout le reste, selon ce qui se trouve au-dessous d'elles quand leurs entrailles se soulagent ? ». Amplification de Min. Fel. 24, 9.
84. 6, 16, 10 *ab animantibus mutis uias rationis accipite doceantque uos eadem nihil numinis inesse simulacris*, « des animaux muets vous indiquent votre conduite, votre règle de vie : apprenez d'eux qu'il n'y a rien de divin dans les statues ».
85. 6, 15, 6 *si quas foris habuere naturas eas omnes retinent simulacrorum in corporibus constituta, stupiditas quae tanta est – detrecto enim dicere caecitatem – rerum existimare naturas formarum qualitate mutari et accipere numen ex habitu quod in primigenio corpore iners fuerit et brutum et sensus mobilitate priuatum ?*, « si, une fois intégrés au corps des statues, ces matériaux gardent tous les caractères qu'ils avaient extérieurement, peut-il exister stupidité telle – car je me refuse à dire aveuglement – que de penser que la nature des matériaux change avec les formes qu'ils prennent et d'accepter comme une divinité, en vertu de son apparence, ce qui, dans son état original, était dépourvu de vie, de pensée, de sensibilité et de mouvement ? ».
86. *Supra*, n. 26-27 : *ad aurem simulacri...*
87. Caton *agr.* 132, 134, 141.

statues que fabriquent les artistes[88]. Il n'est pas déraisonnable de croire que les dieux, quittant leur séjour céleste, s'introduisent dans des habitacles terrestres, bien plus, que, « poussés par l'acte juridique de la dédicace », ils s'identifient par ce lien à leurs statues[89]. *Dedicatio*, répété, *inhabitare, habitacula* : cette entrée en matière mêle deux registres de vocabulaire et de pensée, le rite romain et les opérations nouvelles, beaucoup plus obscures, de la théurgie. La dédicace opère un transfert de propriété[90] : la divinité s'installe dans sa nouvelle demeure, *habitaculum*, la statue, qui est désormais son bien. La formule de l'(in)habitation[91], une des phrases majeures du passage, sera reprise par trois fois : « les dieux, les dieux du ciel, habitent dans leurs statues »[92].

Que veut dire Arnobe par cette formule énigmatique[93] ? Elle renvoie à la croyance, répandue parmi ses contemporains, attaquée par les apologistes, que

---

88. 6, 17, 1 *sed erras, inquit, et laberis : nam neque nos aera neque auri argentique materias neque alias quibus signa confiunt eas esse per se deos et religiosa decernimus numina, sed eos in his colimus eosque ueneramur quos dedicatio infert sacra et fabrilibus efficit inhabitare simulacris*, « mais tu te trompes, dit-on, tu es dans l'erreur : car, nous non plus, nous ne prétendons pas que le bronze, ni l'or, l'argent, ou les autres matériaux dont on fait des statues sont en eux-mêmes des dieux, de vénérables divinités ; mais en eux nous honorons, nous vénérons les dieux que la consécration introduit et fait habiter dans les statues que produisent les artisans ».

89. 6, 17, 2 *non improba neque aspernabilis ratio, qua possit quiuis tardus nec non et prudentissimus credere, deos relictis sedibus propriis, id est caelo, non recusare nec fugere habitacula inire terrena, quin immo iure dedicationis inpulsos simulacrorum coalescere uinctioni*, « c'est là un raisonnement qui n'est pas sans valeur et qu'on ne saurait mépriser, capable de convaincre un esprit un peu lent, aussi bien que quelqu'un de très avisé : les dieux, délaissant leur séjour propre, c'est-à-dire le ciel, ne refusent pas, ne répugnent pas à s'introduire dans des habitacles terrestres ; que dis-je ? poussés par la loi de la dédicace, ils se lient et s'incorporent à leurs statues » ; 6, 17, 5 *inuitine hoc faciunt, id est iure dedicationis adtracti ?*, « font-ils cela malgré eux, c'est-à-dire attirés de force par la loi de la dédicace ? ».

90. C'est une notion de droit sacré, qui n'a pas le caractère contraignant, autrement dit magique, que lui attribue Fr. Heim dans les articles cités ci-dessous, n. 94. La contrainte magique apparaît dans un autre contexte, celui de la divination (*infra*, p. 360).

91. Dans tout le passage (chap. 17-21), Arnobe emploie avec le même sens *habitare in* (classique, nombreuses attestations chez Cic.), 19, 1 ; 20, 1 ; 21, 2 ; et *inhabitare* plus l'ablatif, plus récent (première attestation chez Sen. *epist.* 102, 27), en 17, 1.

92. 6, 19, 1 *in simulacris dii habitant*, « les dieux habitent dans leurs statues » ; 6, 20, 1 *et tamen, o isti, si apertum uobis et liquidum est, in signorum uisceribus deos uiuere atque habitare caelites*, « et pourtant, vous autres, s'il est à vos yeux manifeste et limpide que les dieux du ciel vivent et habitent dans les organes de leurs statues » ; 6, 21, 2 *si in simulacris praesto sunt atque habitant dii suis*, « si les dieux sont présents dans leurs statues, s'ils y habitent ».

93. Cf. les deux pages, trop brèves, où H. Le Bonniec a résumé sa communication au congrès de 1988, « *In simulacris dei habitant* (Arnobe VI, 19) », dans *Les Écrivains et le sacré, Actes du XIIe Congrès de l'Assoc. G. Budé*, Paris, Les Belles Lettres, 1989, p. 295 sq. : « Arnobe a du moins le mérite de poser un problème fondamental : celui de l'inhabitation ».

la statue n'est pas seulement la représentation matérielle de la divinité, l'image visible d'un dieu qui réside ailleurs (au ciel ? ou nulle part ?), mais qu'elle est le réceptacle du dieu ; que, par la consécration, elle participe de la divinité et devient elle-même d'essence divine. La question est fort délicate, dans la mesure où, pour l'éclairer quelque peu, nous devons mettre bout à bout des textes qui restent allusifs et où se croisent des éléments de rituel ancien, traditionnel, et des conceptions « modernes », qui relèvent de la théurgie[94]. On se demandera également si, du seul fait que le dieu « habite » dans sa statue, il doive pour autant « quitter » sa demeure céleste (§ 2 *relictis sedibus*) pour venir s'installer dans l'espace confiné d'une statue, à la façon d'un vulgaire mortel qui change de domicile.

Sur la télestique, ou art d'animer les statues, qui est l'une des branches de la théurgie, les textes grecs hermétistes (dans la traduction latine de l'*Asclepius*) ou néoplatoniciens (Jamblique, qui est un contemporain d'Arnobe) nous apportent quelque lumière. Elle opère par un ensemble de rites qui font appel aux « signes » (de reconnaissance), σύμβολα ou συνθήματα, et nouent des liens de sympathie entre la divinité et le monde terrestre : les noms, les vêtements, les sacrifices, les chants agissent sur la divinité. Dans les statues creuses, on dépose les plantes, les pierres, les pierres gravées en particulier, qui sont en affinité avec le dieu. Évoquées par ces rites puissants, les âmes divines, des démons ou des anges, s'introduisent dans les statues et les animent[95]. Les sacrifices doivent être fréquents, répétés[96]. Le vêtement, qui s'offre aux yeux des fidèles et qui est au contact direct de la statue, est l'objet de soins

---

94. Sur la télestique, ou animation des statues, voir E. R. Dodds, *Les Grecs et l'irrationnel*, trad. fr., Paris, Aubier-Montaigne, 1965, p. 270-297 (reprises de son article du *JRS*, 37, 1947, p. 55-69) ; P. Boyancé, « Théurgie et télestique néoplatoniciennes », *RHR*, 147, 1955, p. 189-209 ; R. Turcan, *Les Cultes orientaux dans le monde romain*, p. 282-287 ; et les articles de Fr. Heim, « L'animation des statues chez les apologistes du IIIe siècle », dans J. Dion (dir.), *Culture antique et fanatisme*, Nancy, ADRA, diffusion De Boccard, 1996, p. 95-102 ; « Le dieu et sa statue. Des traces d'hermétisme chez les apologistes latins », *RSR*, 77, 2003, p. 31-42 ; « Arnobe et la lutte contre les idoles », *Connaissance des Pères de l'Église, Les Pères et le paganisme*, 102, 2006, p. 20-30.

95. *Ascl.* 24 (*Corpus Hermeticum*, XIII, CUF) *statuas animatas sensu et spiritu plenas tantaque facientes et talia*, « des statues pourvues d'une âme, conscientes, pleines de souffle vital, et qui accomplissent une infinité de merveilles ».

96. *Ascl.* 38 Quelle est la nature « de ces dieux qu'on nomme terrestres ? », interroge Asclepius. Réponse d'Hermès : « Elle résulte d'une composition d'herbes, de pierres et d'aromates qui contiennent en eux-mêmes une vertu occulte d'efficacité divine ». Ils aiment les sacrifices fréquents, les hymnes et les louanges, une douce musique qui leur rappelle « l'harmonie du ciel... Élément céleste qui... introduit dans l'idole » lui permet de supporter « ce long séjour parmi les hommes ». *Sic deorum fictor est homo*, « voilà comment l'homme fabrique

particuliers. Les textes nous montrent cette vêture mystique. Les « consécrateurs », dit Maxime de Tyr, qui écrit sous Commode, à la fin du IIe siècle ap. J.-C., et qui appartient au moyen platonisme, enveloppent les statues divines d'or, d'argent, d'un péplos[97]. C'est ce que décrit Macrobe, citant les vers d'Orphée : aux Dionysies, la statue de Dionysos (Liber), qui n'est autre que le Soleil, est surchargée d'attributs et de vêtements qui sont autant de signes solaires. Le « corps du dieu » (σῶμα θεοῦ) est vêtu d'un péplos pourpre comme les rayons de feu du soleil ; sur son épaule droite, une peau de faon (la nébride) tachetée et multicolore imite les astres brillants et la voûte du ciel ; une ceinture d'or entoure sa poitrine, signe grandiose (μέγα σῆμα) du soleil qui frappe de ses rayons d'or le cercle de l'océan – merveille grandiose à voir (μέγα θαῦμα ἰδέσθαι)[98]. Le vêtement mystique de la statue participe de l'harmonie du cosmos. C'est d'Égypte, selon Eusèbe, qu'Orphée aurait rapporté les initiations et l'art d'élever des statues[99].

Le texte d'Arnobe rend un son tout différent. Nous ne retrouvons rien, chez lui, de ces fastes religieux, de coloration peut-être égyptienne. Dans un style beaucoup plus sobre et, au moins en apparence, tout romain, il mentionne, par trois fois, la « dédicace » de la statue[100], sans parler de vêtements, ni d'invocations, ni même de sacrifices. De quoi s'agit-il ? d'une dédicace à l'ancienne, selon le rite romain ? ou d'un rite télestique, comme l'entend Fr. Heim, qui insiste sur la contrainte exercée sur le dieu, autrement dit sur les aspects magiques de la cérémonie. Je ne vois, pour ma part, rien de tel sous le terme de *dedicatio*. Dans la religion traditionnelle, la statue de culte était, comme le temple, l'objet d'une *dedicatio* et d'une *consecratio*. Je ne m'attarderai pas sur la distinction ancienne entre les deux[101], d'autant moins qu'Arnobe les réunit dans une alliance commode : *dedicatio sacra*, « la dédicace qui consacre, qui sacralise ».

---

des dieux ». Les dieux célestes habitent les hauteurs du ciel et chacun garde son rang ; les dieux terrestres viennent au secours des hommes. Cf. Firm. *err.* 13, 4 (*infra*, n. 109).

97. *Dissertations* 4, 5, p. 33 Trapp.

98. *Sat.* 1, 18, 22 *item Orpheus, Liberum atque Solem unum esse deum eundemque demonstrans, de ornatu uestituque eius in sacris Liberalibus ita scribit*, « de même Orphée, indiquant que le soleil et Liber sont un seul et même dieu, décrit comme suit les attributs et les vêtements du dieu lors des fêtes de Liber ». Suivent les quinze vers, en grec, du poète inspiré (frg. 238 Kern, 538 F et 541 F Bernabé).

99. *Praep. eu.* 10, 4, 4.

100. Arn. 6, 17, § 1, 2 et 5 (*supra*, n. 88-89).

101. On admet en général que la *dedicatio* soustrait au profane et que la *consecratio* fait passer dans le sacré. La première est l'affaire du magistrat, la seconde, du prêtre. Sous l'Empire, les deux termes deviennent synonymes : *Digeste* 24, 1, 5, 12 ; *Histoire Auguste, Hadrien* 13, 6.

Sur cette dédicace ou consécration des statues, nous avons beaucoup moins de détails que sur celles des temples. Cicéron la mentionne à plusieurs reprises[102]. Selon quel rituel se faisait-elle ? Peut-on, pour le reconstituer, s'appuyer sur le passage où Minucius Felix décrit, moment après moment et pour mieux s'en moquer, la fabrication d'une statue divine[103] ? On coule, on forge, on sculpte le métal. Il n'est pas encore dieu. On soude, on assemble, on dresse l'effigie, qui a pris forme peu à peu. Mais ce n'est toujours pas un dieu : la dénégation revient comme un refrain. Enfin, on la pare, on la consacre, on la prie. Cette fois, c'est fait : c'est un dieu. *Ornatur, consecratur, oratur* : dans ce passage stylistiquement très élaboré, où les tripartitions se succèdent jusqu'à composer une suite parfaite, trois fois trois, avec, en finale, la quasi homophonie *ornatur oratur*, je ne pense pas qu'il faille voir la description technique d'un rituel, analysé en ses trois étapes[104]. Ce n'est rien de plus qu'une séquence chronologique. On suit les opérations, et rien d'autre, depuis

---

102. En particulier dans le plaidoyer « Sur sa maison », dont c'est l'enjeu : *dom.* 51 *te monumentum fecisse in meis aedibus, te signum dedicasse*, « tu as élevé un monument public dans ma demeure, dédié une statue » ; 121 *simulacrum autem aut aram si dedicasti*, « si c'est une statue ou un autel qu'on a dédiés » ; 130 *numquid esse causae uideretur quin id signum curiamque Concordiae dedicaret*, « pour savoir si rien ne l'empêchait de dédier à la Concorde la statue et la curie » ; 136 *sed, ut reuertar ad ius publicum dedicandi, quod ipsi pontifices semper non solum ad suas caerimonias, sed etiam ad populi iussa accommodauerunt, habetis in commentariis uestris C. Cassium censorem de signo Concordiae dedicando ad pontificum collegium rettulisse*, « Mais revenons-en au droit public relatif aux dédicaces, droit que les pontifes eux-mêmes ont toujours appliqué non seulement à leur propre rituel, mais encore aux décisions du peuple : vous pouvez trouver dans vos registres que le censeur C. Cassius consulta le collège des pontifes sur la dédicace d'une statue de la Concorde » ; 137 *O tempora, o mores ! Tum censorem, hominem sanctissimum, simulacrum Concordiae dedicare pontifices in templo inaugurato prohibuerunt*, « Ô temps ! ô mœurs ! Alors un censeur irréprochable fut empêché par les pontifes de dédier une image de la Concorde dans une enceinte consacrée par les augures » ; *ND* 3, 61 *uideo etiam consecrata simulacra ; quare autem in iis uis deorum insit tum intellegam cum cognouero*, « je vois bien aussi qu'on leur a consacré des statues ; mais comment réside en elles une puissance divine, je ne le comprendrai que lorsqu'on me l'aura appris », ajoute le sceptique Cotta.

103. 24, 8 : La pierre, le bois, l'argent, ne sont pas encore un dieu. *Quando igitur hic nascitur ? Ecce funditur, fabricatur, sculpitur : nondum deus est ; ecce plumbatur, construitur, erigitur : nec adhuc deus est ; ecce ornatur, consecratur, oratur : tunc postremo deus est, cum homo illum uoluit et dedicauit*, « Quand donc celui-ci naît-il ? Voyez-le couler, forger, sculpter : il n'est pas encore dieu ; voyez-le souder, assembler, ériger : il n'est pas encore dieu ; voyez-le parer, consacrer, implorer : alors enfin il est dieu, lorsqu'un homme l'a voulu tel et dédié comme tel ».

104. Malgré P. Boyancé, *RHR*, 147, 1955, p. 207 sq. ; et surtout J. Bayet, *Histoire politique et psychologique de la religion romaine*², Paris, Payot, 1969, p. 261 : « Minucius Felix note le moment précis où, après les rites d'*ornatio*, de *consecratio* et d'*oratio*, la matière sculptée s'anime par l'œuvre d'un "démon" » ; repris dans l'introduction de B. Fragu, p. XXXI.

le travail du bronzier et l'œuvre du sculpteur, jusqu'à l'installation dans le temple : c'est bien le passage du profane au sacré qu'exprime le substantif *dedicatio*. La statue est achevée, on la met en place, *erigitur*. La cérémonie religieuse peut commencer. On la pare (de quoi ? de bandelettes ? de couronnes ?). Puis on la consacre : c'est le moment religieux par excellence. Elle est alors prête pour recevoir les hommages des fidèles. La vie religieuse, au quotidien, peut commencer. Mais tout cela est œuvre humaine : ce dieu, c'est un homme qui l'a voulu et dédié. Pas plus que chez Arnobe, *dedicatio* et *consecratio* ne sont distingués.

Nous n'en saurons pas plus sur ce qui semble avoir été le rituel païen traditionnel, sans l'ombre de théurgie. Je ne vois pas que l'*ornatio* soit la première phase du rite, correspondant à la vêture de la statue telle que la décrit Macrobe. Quand Varron mentionne les *insignia ornatusque* des statues, il n'a en vue que « les attributs et les parures » des images divines, qui permettent de s'élever par l'esprit jusqu'à la contemplation de l'âme du monde[105], sans recours à quelque théurgie avant la lettre que ce soit. Arnobe mêle le langage romain de la *dedicatio consecratio*, familier à tous les païens, quel que soit leur niveau culturel, et l' « inhabitation » télestique du dieu dans sa statue, comme si tous ses lecteurs étaient au fait des pratiques des théurges : c'est un amalgame polémique qui permet de confondre l'adversaire en mêlant deux actions religieuses qui n'ont rien à voir. Il me paraît peu vraisemblable que, dans les temples romains d'ancien style, surveillés par le collège pontifical, on ait, lors de leur fête anniversaire annuelle (*natalis*), paré leur statue de culte, également ancienne, des ornements symboliques que nous fait voir un Macrobe.

Pour le croyant païen, la théurgie est une science sainte, un art sacré, qui repose sur la sympathie entre le dieu et les objets de ce monde. Pour les chrétiens, elle est œuvre démoniaque. Comment, pour eux, se faisait cette animation fallacieuse des statues ? qu'était censé opérer le théurge, et comment ? Le texte latin le plus explicite est Minucius Felix, mais dans un autre passage, bien distinct de celui que nous avons précédemment analysé. Dans l'intervalle, il a défini les démons (26, 8-12), esprits impurs et errants. Ce sont ces démons[106] qui se cachent dans « les images consacrées ». Il faut entendre : les images qui, au

---

105. Aug. *ciu.* 7, 5, p. 280 D (*infra*, n. 169).
106. Min. Fel. 27, 1 *isti igitur impuri spiritus, daemones ut ostensum <a> magis, a philosophis, et a Platone, sub statuis et imaginibus consecratis delitiscunt et adflatu suo auctoritatem quasi praesentis numinis consequuntur*, « or donc ces esprits impurs – des démons, comme l'ont montré les mages, les philosophes et entre autres Platon – se cachent au fond des statues et des images consacrées et, en répandant leur souffle, ils acquièrent l'autorité qui s'attacherait à une divinité réellement présente ».

préalable, « ont été consacrées » (les *simulacra*). L'opération théurgique ne se mêle pas à la consécration, elle intervient une fois qu'elle a déjà été accomplie. Alors les démons, en les animant « de leur souffle » (*adflatu*), autrement dit par leur πνεῦμα (souffle vital), leur confèrent « une sorte de présence divine » (ce sont les mots mêmes, nous le verrons, qu'emploiera Arnobe). Minucius énumère ensuite (par trois *dum* successifs) les effets qu'obtient le pouvoir des démons : ils inspirent les prophètes, ils s'installent dans les sanctuaires, ils sont maîtres de toutes les formes de divination[107]. Ce qui les attire, c'est le sang des victimes et l'odeur des sacrifices dont ils se repaissent[108].

Firmicus Maternus nous livre le même témoignage[109]. Ce sont les sacrifices qui rassemblent dans la statue de culte, comme dans toutes les autres, les démons impurs. Porphyre, poursuit-il, l'atteste, dans son livre *Sur la philosophie des oracles* : Sérapis, invoqué, vient, et se laisse enfermer dans le corps d'un homme. Divination, possession démoniaque, « possession » de la statue divine dont la matière inerte s'anime alors de la présence réelle de la divinité[110] : telles sont les œuvres de ces esprits mauvais assoiffés de sang. Le vêtement

107. 27, 1 *dum inspirantur interim uatibus, dum fanis inmorantur, dum nonnumquam extorum fibras animant, auium uolatus gubernant, sortes regunt, oracula efficiunt*, « en effet, tantôt ils s'insinuent dans l'âme des prophètes et séjournent dans les sanctuaires, quelquefois ils animent les fibres des entrailles, dirigent le vol des oiseaux, règlent les tirages au sort, produisent les oracles ».

108. 27, 2 *nidore altarium uel hostiis pecudum saginati*, « une fois engraissés par le fumet des autels et les bêtes immolées ». Cf. Tert. *apol.* 22, 6 *ut et sibi pabula propria nidoris et sanguinis curet simulacris et imaginibus oblata*, « afin de procurer en même temps à eux-mêmes la nourriture qui leur est propre, à savoir la fumée et le sang des victimes offertes aux statues et aux images ».

109. *Err.* 13, 4 *et in ipso simulacro sicut in ceteris ex assiduis sacrificiis immundi daemonum spiritus colliguntur... nam ita esse Porphyrius, defensor sacrorum, hostis dei...*, « mais les sacrifices répétés rassemblent aussi dans son idole même, comme dans toutes les autres, les esprits impurs des démons... qu'il en soit bien ainsi, Porphyre – ce défenseur des cultes païens, l'ennemi de Dieu... ».

110. Cf. encore Augustin, *ciu.* 8, 23, p. 354 sq. D, citant Hermès Trismégiste : *At ille uisibilia et contrectabilia simulacra uelut corpora deorum esse asserit ; inesse autem his quosdam spiritus inuitatos, qui ualeant aliquid siue ad nocendum siue ad desideria nonnulla complenda eorum, a quibus eis diuini honores et cultus obsequia deferuntur. Hos ergo spiritus inuisibiles per artem quandam uisibilibus rebus corporalis materiae copulare, ut sint quasi animata corpora illis spiritibus dicata et subdita simulacra, hoc esse dicit deos facere eamque magnam et mirabilem deos faciendi accepisse homines potestatem*, « Mais pour lui les idoles visibles et tangibles sont en quelque sorte les corps des dieux. Certains esprits, invités à s'y installer, en ont pris possession avec un certain pouvoir soit de nuire, soit de satisfaire les désirs de ceux qui leur rendent des honneurs divins et des hommages rituels. Posséder l'art d'unir ces esprits invisibles à des objets visibles faits de matière corporelle, pour les transformer comme en corps animés, en idoles dédiées et soumises

saint de Liber, vu par le néoplatonicien Macrobe, évoquait la puissance du ciel illuminé par le soleil ; les démons qui se glissent dans les statues, qui se glissent en nous, nous terrifient, nous torturent, pour nous contraindre à leur rendre un culte[111]. C'est l'autre face de la démonologie, hideuse, puisqu'elle est vue par un chrétien.

Arnobe, qui, dans tout le passage, ne prononce nulle part le nom des démons, ne nous en dira pas davantage. Si ce n'est que, pour les païens, ses contemporains, une « certaine présence », *praesentiam quandam*, s'offre dans les statues divines[112]. La formule est à rapprocher de l'adjectif *praesens*, employé à plusieurs reprises[113], et des souvenirs encore tout récents de son passé païen, « idolâtre », qu'il évoquait avec pudeur au livre I, quand il priait les pierres sacrées comme si une puissance divine était « présente » en elles, quand il croyait que les dieux « habitent » la matière de leurs statues, de bois, de pierre, d'ivoire[114]. Lui aussi, adorateur des idoles, il a dû chercher à travers elles, avec tout l'indéfinissable que suggère *quandam*, la présence réelle, mais ineffable, d'un dieu « sensible au cœur », qu'il n'a finalement trouvée que dans la religion du Christ. A-t-il cru, dans le passé, à la télestique et à ses statues remplies de la présence divine ? Le double aveu du livre I, l'identité même des mots, *praesens* et *habitare*, avec notre passage du livre VI rendent l'hypothèse hautement vraisemblable : Arnobe a dû, un temps, être tenté par l'inhabitation néoplatonicienne, qui donnait un sens aux gestes de la religion traditionnelle, à ceux que, élevé dans le paganisme, il accomplissait depuis toujours. Même si, dans cette perspective, son indifférence à la démonologie peut gêner. Le reste de son œuvre, nous y reviendrons, fait peu de place aux démons. Dans notre passage, en tout cas, plutôt que de s'attaquer à ces esprits pernicieux, il préfère concentrer ses efforts et ses effets de style sur la satire, qui s'exercera sur deux sujets : dimensions et ubiquité.

à ces esprits, voilà donc ce qu'Hermès apppelle "faire des dieux" ; des hommes auraient reçu ce grand et étrange pouvoir de faire des dieux ».

111. Min. Fel. 27, 2 *terrent mentes, membra distorquent, ut ad cultum sui cogant*, ils « épouvantent les cœurs, torturent en tous sens nos membres pour nous contraindre à leur rendre un culte ».
112. Arn. 6, 8, 6 (*supra*, n. 59).
113. Voir *supra*, n. 29 et 36 ; encore 6, 21, 3 et 5.
114. 1, 39, 1 *lubricatum lapidem... tamquam inesset uis praesens, adulabar, adfabar... et eos ipsos diuos... cum eos esse credebam ligna, lapides atque ossa aut in huius <modi> rerum habitare materia*, « une pierre lubrifiée... je l'adulais, je lui parlais, comme si une puissance eût été présente en elle... ces dieux mêmes... en croyant que c'étaient des morceaux de bois, des pierres et de l'os, ou qu'ils habitaient dans des matières de cette sorte ».

Une fois formulée la thèse de l'inhabitation[115], Arnobe s'interroge sur ce domicile nouveau où viennent loger les dieux : est-ce de leur plein gré qu'ils abandonnent le ciel lumineux pour venir s'enfermer dans « la demeure obscure » de leurs statues[116], ce qui est une déchéance, ou y sont-ils contraints, au détriment de leur majesté divine ? Par quelle force pourraient-ils y être contraints ? Arnobe ne le précise pas, pas plus qu'il ne choisit entre les deux termes de l'alternative qu'il a posée. C'est que, très vite, la satire reprend ses droits. Arnobe pousse à ses limites extrêmes l'adhésion à l'anthropomorphisme : le dieu n'est ni un esprit, ni une « vertu » efficiente. Il est, de quelque manière, un être corporel qui « quitte son séjour propre » pour s'introduire dans un habitacle terrestre et se lier à sa statue[117]. L'inverse est-il possible[118] ? Peuvent-ils, à leur gré, « s'en envoler » ? S'il en est ainsi, les statues cessent d'être des dieux[119]. On est passé de l'« inhabitation » à l'identification. « Habiter dans » implique que le dieu est autre, par essence, que sa statue : il peut être esprit ou démon qui, mystérieusement, s'incorpore à elle. Mais cette fois, par une dérive spécieuse, le dieu *est* sa statue. Il n'est plus que sa statue[120].

Dans ce cas, on ne manque pas de se poser des questions, et Arnobe, malicieusement, les pose pour nous. Si le dieu « s'est envolé », s'il n'est plus là, comment assurer la continuité du culte[121] ? Et, plus comique, le simple bon sens s'interroge. Les statues sont de taille extrêmement variable : elles vont de la statuette la plus petite jusqu'au colosse. Pauvre dieu, qui doit (comme

---

115. 6, 17, 1 (*supra*, n. 88).
116. 6, 17, 4 *concludi se patiuntur et in sedis obscurae coercitione latitare ?*, « ils supportent de se laisser enfermer et de rester cachés, sous la contrainte, dans un réduit obscur ? ».
117. 6, 17, 2 (*supra*, n. 89).
118. 6, 18, 1 *an habent itus liberos, cum libuerit abire quocumque et ab suis sedibus simulacrisque discedere ?*, « ou bien ont-ils la possibilité d'aller et venir librement, quand il leur plaît de s'en aller où que ce soit, et de s'éloigner de leur demeure, de leur statue ? ».
119. 6, 18, 3 *sin autem cum uoluerint euolant et absolutum ius habent inania relinquere simulacra, ergo aliquo tempore desinent esse dii signa*, « mais si, au contraire, ils s'envolent quand ils veulent et ont le droit absolu d'abandonner leurs statues, de les laisser vides, alors, à de certains moments, les statues cesseront d'être des dieux ».
120. Telle est la conséquence du refus de la démonologie. Les dieux d'Arnobe forment une catégorie une, homogène, d'êtres surnaturels égaux entre eux. L'*Asclepius* (*supra*, n. 96) échappait au dilemme que nous posons en distinguant les dieux célestes, purs esprits qui restent dans le ciel, leur vrai séjour, et les dieux terrestres, les démons, qui viennent s'installer temporairement, même si c'est longuement, dans les statues et parmi les hommes.
121. 6, 18, 3 (suite de la n. 119) *et in dubio stabit, quando sacra debeant reddi, quando his conueniat atque oportet abstinere*, « et on ne saura plus quand le culte doit leur être rendu, et quand il convient, quand il y a lieu de s'en abstenir ».

dans nos modernes films d'animation) grandir ou rétrécir à vue[122] ; rester assis ou se tenir debout ; courir ou lancer des traits[123] (comme Jupiter qui brandit le foudre, ou Neptune le trident). Désacralisées par le ridicule[124], les statues perdent le nom, cultuel, de *simulacra* (6, 18, 1 et 3) et n'ont plus que celui, générique, de *signa* (6, 18, 3, 4 et 6). L'affirmation obstinée du païen n'en revient pas moins comme un refrain : *in simulacris dii habitant*.

Autre question : les statues existent à un nombre infini d'exemplaires. Supposons qu'il existe dix mille statues de Vulcain : peut-il être à la fois dans toutes les dix mille ? (sauf à se couper en menus morceaux), demande Arnobe[125] qui aime jongler avec les chiffres[126]. Parfaitement, répondra le lecteur moderne, qui prend un malin plaisir à se faire l'avocat du diable, si c'est son esprit volatil qui anime les statues, et non un corps massif qui se glisse en elles. Mais l'anthropomorphisme s'y oppose, en vertu de l'argument classique – et

---

122. 6, 18, 4-5 *Saepenumero uidemus ab artificibus haec signa modo paruula fieri et palmarem in minutiem contrahi, modo in immensum tolli et admirabilem in amplitudinem subleuari. Ratione hac ergo sequitur ut intellegere debeamus in sigilliolis paruulis contrahere se deos et alieni ad corporis similitudinem coartari at uero in uastis porrigere se longius atque in maximitate producere*, « En maintes occasions, nous voyons que les artistes fabriquent ces statues, tantôt toutes petites, les réduisant à quelques pouces, tantôt colossales, les élevant à une taille stupéfiante. Pour cette raison, il s'ensuit donc que nous devons admettre que les dieux se resserrent dans les figurines toutes petites et se contractent pour coïncider avec une dimension qui n'est pas la leur et que, au contraire, dans les grandes statues, ils s'étendent davantage et dilatent leur taille ».

123. 6, 18, 6 *ergo si hoc ita est, et in sedentibus signis deum sedere dicendum est et in stantibus stare, in procurrentibus currere, iaculari in iacientibus tela, ad illorum formare atque aptare se uultus et ad reliquos habitus figurati corporis similitudinem commodare*, « alors, s'il en va ainsi, il faut donc dire que le dieu est assis dans les statues assises, debout dans les statues en pied, qu'il court dans la statue d'un coureur, qu'il lance le trait dans une statue qui lance le trait, qu'il se modèle et s'adapte à l'aspect de ces représentations et qu'il se prête à épouser dans toutes leurs autres attitudes les personnages ainsi figurés ».

124. 6, 18, 3 *diuinitatis suae perdiderint potestatem*, « ce serait perdre la puissance propre à leur divinité ».

125. 6, 19, 1-2 « *In simulacris dii habitant* ». *Singuline in singulis toti an partiliter atque in membra diuisi ? Nam neque unus deus in conpluribus potis est uno tempore inesse simulacris neque rursus in partes sectione interueniente diuisus. Constituamus enim decem milia simulacrorum toto esse in orbe Vulcani : numquid esse, ut dixi, decem omnibus in milibus potis est unus uno in tempore ? Non opinor*, « "Les dieux habitent dans leurs statues". Chacun d'eux est-il tout entier dans chaque statue, ou bien n'y est-il que partiellement, divisé en différents membres ? Car un seul dieu ne peut être en même temps dans plusieurs statues ni inversement être divisé en parties à la suite d'un démembrement. Admettons par exemple qu'il existe dans le monde entier dix mille statues de Vulcain : peut-il être, à lui seul, comme je l'ai dit, dans toutes les dix mille en même temps ? Non, je ne le pense pas ».

126. Voir 2, 22, 2 ; 2, 71 ; 3, 5, 2.

spécieux[127] –, soutenu par toute une armature logique (*nam, enim, autem*) de la partie pour le tout : pas plus qu'un membre (main, pied) détaché du corps n'équivaut à l'ensemble dans sa totalité, un même dieu ne peut se trouver à la fois dans toutes ses statues[128]. Donc ou bien il y a d'innombrables Vulcains, autant que de statues, ou bien il ne se trouve dans aucune[129] – et votre religion est vaine. On pourra cependant s'attarder sur la question de l'ubiquité divine. Pourquoi les dieux tout-puissants n'auraient-ils pas ce don ? Sans doute, les dieux de l'épopée ne l'ont pas ; mais ils ont celui de se rendre invisibles. La religion romaine n'a pas oublié qu'on vit les Dioscures à la fois venir en aide aux Romains à la bataille du lac Régille et, le même jour, à Rome, abreuver leurs chevaux à la fontaine de Juturne[130]. Bien sûr, ce sont des dieux cavaliers. Mais pourquoi le dieu forgeron ne pourrait-il pas renouveler l'exploit de Castor et Pollux et, avec la même célérité que les Tyndarides, aller animer ses statues aux quatre coins du monde ?

Mais lisons Arnobe tel qu'il est, sans lui chercher de mauvaises querelles. Que répondre à une telle démonstration, qui a pour elle toutes les vertus de la logique, soutenue, ce qui ne nuit jamais dans la polémique, par une note comique ? Elle a les apparences de l'irréfutable. Pourtant, dès le début, le

---

127. Cf. 3, 35, 2-4.
128. 6, 19, 4-5 *Neque enim manus a capite separata aut pes diuisus a corpore summam possunt praestare totius, aut dicendum est portiones idem posse quod totum, <totum> cum consistere nequeat, nisi fuerit partium congregatione conflatum. Si autem in cunctis idem esse dicetur, perit omnis ratio atque integritas ueritatis, si hoc fuerit sumptum, posse unum in omnibus uno tempore permanere : aut deorum est unusquisque dicendus ita ipsum semet ab ipso sese diuidere, ut et ipse sit et alter, non aliquo discrimine separatus sed ipse idem et alius*, « Car ni une main séparée de la tête ni un pied détaché du corps ne peuvent équivaloir à la totalité de l'ensemble, ou bien il faudrait prétendre que chaque partie équivaut au tout, alors que le tout ne peut exister que s'il est constitué par la réunion des parties. Mais si on dit que le même dieu se trouve dans toutes ses statues, on abolit tout raisonnement logique, on porte atteinte à la vérité, en admettant qu'un seul dieu peut demeurer en même temps dans toutes ses statues : ou bien il faut dire que chacun des dieux se divise lui-même, par lui-même, de façon à être à la fois lui-même et un autre, sans qu'il y ait entre eux la moindre distinction, mais en étant lui-même à la fois le même et un autre ».
129. 6, 19, 6 *aut innumeros dicendum est confitendumque esse Vulcanos, si in cunctis uolumus eum degere atque inesse simulacris, aut erit in nullo, quia esse diuisus natura prohibetur in plurimis*, « ou bien il faut dire, il faut avouer qu'il y a d'innombrables Vulcains, si nous voulons qu'il vive et séjourne dans toutes ses statues, ou bien il ne sera dans aucune, parce que la loi naturelle lui interdit de se partager entre plusieurs ».
130. Cic. *Tusc.* 1, 28 *eademque famae celebritate Tyndaridae fratres, qui non modo adiutores in proeliis uictoriae populi Romani, sed etiam nuntii fuisse perhibentur*, les « frères Tyndarides, dont la renommée est aussi étendue et qui, d'après la légende, non seulement aidèrent aux victoires du peuple romain, mais en furent les annonciateurs » ; cf. Dion. Hal. 6, 13, 1-3.

raisonnement est biaisé, quand Arnobe prête à la *dedicatio-consecratio* traditionnelle des effets « magiques », télestiques, qu'elle n'a pas. Elle transfère la statue, qui n'est encore qu'une œuvre d'art, du profane au sacré. Elle en fait la propriété du dieu, non un habitacle rempli de sa présence cachée : procédé polémique (de plus ou moins bonne foi ?), un tel détournement de sens dévoie le rite romain. Le verbe (*in*)*habitare*, récurrent dans le passage (quatre emplois) se prête lui aussi au détournement de sens. Le premier, effet supposé de la *dedicatio-consecratio*, lance le sujet : elle ferait « habiter » l'œuvre d'art par la divinité, *fabrilibus efficit inhabitare simulacris* (6, 17, 1), dans ces statues « que produisent les artisans ». Le second, *in simulacris dii habitant* (6, 19, 1), introduit l'argument de la partie pour le tout : « chaque dieu » doit résider « tout entier dans chaque statue », *singuli in singulis toti*. La thèse se précisera en 6, 20, 1, « les dieux du ciel vivent et habitent dans les organes de leurs statues », *in signorum uisceribus deos uiuere atque habitare caelites*, et 6, 21, 2 : « si les dieux sont présents dans *leurs* statues et y habitent », *si in simulacris praesto sunt atque habitant dii suis*.

Suis rehaussé par une disjonction qui n'est pas innocente : le détail n'est peut-être pas négligeable. La faiblesse de l'argumentation, dans tout le passage, tient à ce qu'Arnobe prend à la lettre le verbe « habiter » et la thèse théologique de l'inhabitation : à chaque dieu sa demeure fixe, attitrée, individuelle, qui, pour répondre aux exigences à la fois du culte et de la logique, doit rester permanente. Alors que l'action des démons est diffuse, multiple, collective : il n'y a pas de « démon de Vulcain », comme nous disons « le démon de Socrate », mais des esprits errants, pluriels, qui s'introduisent temporairement dans une statue. Arnobe parle des effigies qu'ils sont censés « habiter » comme de leurs temples : le temple appartient à *une* divinité, unique et stable en son logis. Les démons vagabondent d'une statue à une autre.

Surtout, et ce sont les deux points les plus faibles du passage, Arnobe parle des dieux, alors que l'inhabitation fait appel aux démons, et il parle de corps, alors que les démons sont des esprits, des esprits matériels, sans doute, mais d'une matière qui n'est pas celle de notre monde terrestre – ou, si l'on préfère, des corps subtils, bien différents des nôtres. Comme dans le développement précédent sur les temples (« vos dieux sont des morts »), Arnobe a en vue les dieux de la mythologie classique, des dieux anthropomorphes, qui ont un corps de chair et doivent s'introduire, tant bien que mal, dans des statues devenues « de chair », *uisceribus*[131], qui ont des organes « humains » : c'est un corps qui s'introduit dans un autre corps. Faut-il se représenter la statue

---

131. Les *uiscera* sont tout ce qui se trouve sous la peau, l'ensemble des organes internes.

initiale comme une enveloppe creuse, ce qui peut convenir au bronze ou à la terre cuite ? ou comme un corps plein, de bois, de pierre ? Quoi qu'il en soit, de la *materia* inerte de l'effigie, on est passé à un corps animé, quasi vivant.

Bien plus que la polémique d'Arnobe, c'est l'exposé philosophique d'Apulée qui nous éclairera sur le processus. Si l'on relit Arnobe, objectivement, à la lumière d'Apulée, on comprendra que les démons qui, à en croire les théurges, viennent animer les statues divines sont des esprits, intermédiaires entre les dieux et les hommes[132], et faits d'une matière impalpable et pure[133] : ils n'ont donc aucune difficulté pratique à s'insérer dans leur corps, comme l'esprit qui, de son souffle, anime la matière. L'animation télestique des statues se fait par les « symboles » qui créent un réseau de correspondances mystiques, composant une sorte de chant du monde[134], et par les démons ou les anges qui s'introduisent en elles. Nous sommes loin de l'anthropomorphisme volontairement simpliste d'Arnobe nous montrant le dieu qui, de gré ou de force, entre tant bien que mal dans sa statue pour « faire corps » avec elle. Mais il faut rendre hommage à l'inventivité du polémiste et à son imagination irrévérencieuse. L'efficacité d'Arnobe ne tient pas à la solidité, douteuse, de son raisonnement, même si, en bon rhéteur, formé à la logique et à la dialectique, il le manie avec habileté. Elle réside dans la vertu du comique, dans le spectacle burlesque du dieu obligé de grandir ou de rétrécir, à vue d'œil, pour se mettre à la mesure de sa statue : situation absurde qui détruit par le rire et la thèse des théurges néoplatoniciens et la majesté divine. Sur ce sujet précis,

---

132. Apul. *Socr.* 132 : ce sont *mediae potestates inter summum aethera et infimas terras*, « des puissances divines intermédiaires, [qui habitent] entre les hauteurs de l'éther et les bas-fonds terrestres ». Minucius Felix, 26, 12, dit de même : *Plato... narrat et daemonas... uult enim esse substantiam inter mortalem inmortalemque, id est inter corpus et spiritum, mediam, terreni ponderis et caelestis leuitatis admixtione concretam*, « Platon... parle... des démons... en effet il veut qu'il existe, entre la substance mortelle et la substance immortelle, c'est-à-dire entre le corps et l'esprit, une substance intermédiaire, composée d'un mélange de la pesanteur terrestre et de la légèreté céleste ».

133. Apul. *Socr.* 143-145 *daemonum corpora, quae sunt concretio multo tanta subtilior*, les « corps des démons, formés d'un agrégat infiniment plus subtil » que les nuées ; ils n'ont rien de commun avec « la vapeur boueuse » de notre monde, *hac faeculenta nubecula*, mais ils sont faits « de l'air supérieur le plus pur, élément limpide et serein », *ex illo purissimo aeris liquido et sereno elemento* ; aussi sont-ils « invisibles à tous les hommes », *nemini hominum temere uisibilia. Fila corporum possident rara et splendida et tenuia*, « la trame de leur corps est si ajourée, si brillante et si ténue... ». C'est ainsi que Minerve apparaît à Achille, ou Juturne à Turnus, visibles pour eux seuls. Quoi de commun avec les dieux grossièrement dilatés ou comprimés que l'irrévérence d'Arnobe met en scène ?

134. Voir la « page admirable » de Proclus, *Sur l'art hiératique*, citée par R. Turcan, *Les Cultes orientaux dans le monde romain*, p. 284.

la valeur documentaire de l'*Aduersus nationes* est faible. Le lecteur moderne qui veut s'instruire sur l'inhabitation devra s'informer ailleurs : Arnobe est, comme toujours, un polémiste de talent, mais il est, ici, médiocre historien des religions.

Tous fragiles et inutiles

Dernière partie, dernières objections du livre VI qui, *in fine*, revient aux temples et, en une composition étudiée, opère la synthèse des deux développements précédents. Nouvelle preuve que les dieux n'habitent pas dans leurs temples et n'« habitent » pas leurs statues[135] : ils sont incapables de sauvegarder tant les édifices que les effigies où ils sont censés résider. C'est ce qu'atteste une suite d'exemples historiques. Les temples, destinés à protéger les statues, ont eux-mêmes besoin d'être protégés : ils sont fermés à clef, surveillés en permanence par des gardiens[136]. On les fait garder par des chiens et des oies[137]. Ainsi du Capitole : malgré le pluriel augmentatif, *in Capitoliis,* il s'agit bien

---

135. Arn. 6, 20, 1 ; de nouveau 6, 21, 2 (*supra*, n. 92) ; 6, 21, 5 *si suberat numen in statua... se esse praesentem...*, « si la divinité se trouvait dans la statue... [montrant] qu'elle était présente » (qui reprend 6, 21, 3 *praesentem se esse*).
136. 6, 20, 1 *cur eos sub ualidissimis clauibus ingentibusque sub claustris, sub repagulis, pessulis aliisque huiusmodi rebus custoditis, conseruatis atque habetis inclusos, ac ne forte fur aliquis aut nocturnus inrepat latro, aedituis mille protegitis atque excubitoribus mille ?*, « pourquoi donc les gardez-vous, les protégez-vous, les tenez-vous enfermés à l'aide des clés les plus solides, derrière d'énormes serrures, avec des barres et des verrous et toutes sortes d'instruments de ce genre ? pourquoi, de peur qu'un voleur, qu'un brigand ne vienne à s'introduire de nuit, postez-vous pour leur protection maint gardien, maint veilleur ? ».
137. 6, 20, 2-3 *Cur canes in Capitoliis pascitis ? Cur anseribus uictum alimoniaque praebetis ? Quin immo si fiditis deos istic esse nec ab signis uspiam simulacrisque discedere, permittite illis curam sui, reserata sint semper atque aperta delubra, ac si quid a quopiam temeraria fuerit fraude subreptum, uim numinis monstrent et sub ipso furti atque operis nomine sacrilegos poenis conuenientibus figant,* « Pourquoi élevez-vous des chiens dans vos Capitoles ? Pourquoi fournissez-vous à des oies vivres et nourriture ? Bien au contraire, si vous êtes sûrs que vos dieux sont là et qu'ils ne s'éloignent jamais des statues qui les représentent, laissez-leur le soin de leur propre salut, que leurs sanctuaires restent grands ouverts, portes béantes, et, si quelque chose leur est dérobé par quelque malfaiteur téméraire, qu'ils montrent leur puissance divine et que, en réparation du vol ou du méfait, ils infligent aux sacrilèges les peines appropriées ». Les chiens qui gardent les temples, mais reconnaissent les hommes d'exception élus des dieux, font partie du légendaire gréco-romain : tel Scipion l'Africain, *dux fatalis*, interlocuteur privilégié de Jupiter, au point que, quand il venait s'entretenir avec lui, les chiens n'aboyaient pas sur son passage (Liv. 26, 19, 5-8 ; Aulu-Gelle 6, 1, 6 ; Aurelius Victor [Pseudo-], *Les Hommes illustres...* 49, 1-3 ; j'ai étudié ce motif dans « *Pietas* : piété personnelle et piété collective à Rome », *BAGB*, 1989,

du Capitole romain et du siège gaulois de 390. À tout seigneur tout honneur : Arnobe commence par un exemple romain, et par le plus solennel qui soit – le temple de la triade, qui est le principal temple de Rome. C'est aussi, même s'il reste allusif et ne se donne pas la peine de l'expliciter, tant l'épisode est célèbre, une référence héroïque à l'histoire nationale : les légendaires oies du Capitole[138] font partie de la mémoire collective des Romains. Pour autant, l'exemple est-il probant ? Arnobe joue sur les mots et la double acception de *Capitolium*, qui désigne à la fois la colline et le temple. Il met sur le même plan les oies sacrées élevées dans le temple de Junon et les chiens de garde du temple de Jupiter.

Les chiens de Jupiter n'ont rien entendu. Les oies de Junon, elles, ont donné l'alarme : c'est bien la déesse qui, en fidèle épouse, leur a donné l'ordre d'« avertir » les Romains du danger et qui, par son intervention, a sauvé son temple, celui de Jupiter – et la citadelle. Aussi est-ce à elle que le fils du grand Camille, le vainqueur de Véies et, finalement, des Gaulois, voua en 345 un temple sous l'épiclèse de Junon *Moneta*, « Junon qui avertit », construit précisément sur le Capitole[139]. L'argument peut donc prouver le contraire de ce qu'on veut démontrer : les dieux du ciel veillent sur les hommes, ils ont protégé de l'assaut des ennemis et les Romains et leur temple, ils sont donc bien présents là où les mortels leur rendent un culte. Peu importe : le polémiste n'a cure de cette objection qu'un esprit malveillant pourrait lui opposer. Les oies salvatrices prouvent que, pour garder les temples et les protéger des voleurs, les animaux sont plus sûrs que les dieux qui y sont logés[140] ; et, plus vigilantes

---

p. 263-279) ; ou un saint homme comme Apollonius de Tyane, que les chiens féroces du temple de Dictynne en Crète venaient caresser (Philostrate, *Vie d'Apollonius de Tyane* 8, 30).

138. Liv. 5, 47, 3-4 ... *tanto silentio in summum euasere ut non custodes solum fallerent, sed ne canes quidem, sollicitum animal ad nocturnos strepitus, excitarent. Anseres non fefellere, quibus sacris Iunonis in summa inopia cibi tamen abstinebatur. Quae res saluti fuit*, « ils parvinrent au sommet dans un tel silence qu'ils trompèrent les sentinelles et ne réveillèrent même pas les chiens, ces animaux si attentifs aux bruits nocturnes. Mais les oies, elles, ne se laissèrent pas surprendre : elles étaient consacrées à Junon et, malgré la rigueur de la disette, on les épargnait. C'est ce qui sauva la situation ». Cf. D. Briquel, *La prise de Rome par les Gaulois. Lecture mythique d'un événement historique*, Paris, PUPS, 2008, p. 236-242.

139. Dédié en 344 ; cf. Liv. 7, 28, 4-6. Il semble qu'il ait remplacé un temple plus ancien, du VIe siècle, reconstruit au Ve, époque où la déesse ne portait pas encore l'épiclèse *Moneta* (voir Tite-Live, n. préc.), qui n'apparaît qu'avec le temple de 345-344. Cf. B. Poulle, « Remarques sur la voix prophétique de Junon Moneta », dans D. Briquel, C. Février, Ch. Guittard (dir.), « *Varietates Fortunae* ». *Religion et mythologie à Rome. Hommage à Jacqueline Champeaux*, Paris, PUPS, 2010, p. 147-158.

140. Arn. 6, 20, 4 *indigna enim res est et potentiam destruens auctoritatemque, summorum custodiam numinum canum sollicitudinibus credere, et cum aliquam quaeras prohibendis formidinem*

encore que les chiens de garde, de vulgaires volatiles « qui cacardent »[141]. De la majesté des Capitoles, on chute au cri discordant de l'oie : comme souvent chez Arnobe, l'épisode héroïque s'achève en dérision.

Suivent deux exemples grecs, empruntés comme à l'ordinaire à Clément d'Alexandrie. Arnobe se contente d'en intervertir l'ordre : les vols sacrilèges d'Antiochus de Cyzique, qui remplaça une statue en or de Jupiter par sa copie en bronze doré, puis de Denys le Jeune, tyran de Syracuse, qui aggravait son cas – c'est sans doute pourquoi Arnobe le place en second, en crescendo – en se moquant du dieu[142]. Un vêtement de laine, moins lourd, plus adapté à la température extérieure, serait plus agréable à porter, été comme hiver, que le vêtement d'or dont il avait – à bon escient ? – débarrassé le dieu. Deux nouvelles preuves que les dieux n'ont cure de leurs statues et ne désirent même pas en avoir[143]. Lecteur cultivé, Arnobe y joint un troisième exemple, emprunté à Cicéron. Le philosophe, qui citait également l'anecdote précédente, célèbre et bien attestée par ailleurs[144], y ajoutait un autre vol, commis sur la statue

---

furibus, non ab ipsis petere sed in anserum ponere et collocare gingritibus, « car c'est une chose indigne, bien propre à jeter bas leur puissance et leur autorité, que de confier la garde des plus hautes divinités à la vigilance des chiens et, pour trouver un moyen d'effrayer et d'écarter les voleurs, de ne pas le leur demander à elles-mêmes, mais de s'en remettre et s'en rapporter au cacardage des oies ».

141. *Gingritus*, qui est un hapax, désigne le cri de l'oie. Cf. *Gloss.* 2, 33, 60 *gingrum* ; Fest. Paul. 84, 12 *gingrire anserum uocis proprium est*, « *gingrire*, cacarder : c'est le cri propre à l'oie ».

142. 6, 21, 1-3 *Antiochum Cyzicenum ferunt decem cubitorum Iouem ex delubro aureum sustulisse et ex aere bratteolis substituisse fucatum. Si in simulacris praesto sunt atque habitant dii suis, quibus negotiis Iuppiter, quibus curis fuerat irrigatus... ? Dionysius ille sed iunior, cum uelamine aureo spoliaret Iouem et pro illo laneum subderet, iocularibus etiam facetiis ludens...*, « On dit qu'Antiochus de Cyzique enleva de son sanctuaire un Jupiter en or de dix coudées et qu'il lui en substitua un en bronze plaqué d'or. Si les dieux sont présents dans leurs statues, s'ils y habitent, par quelles affaires, par quels soins Jupiter était-il alors débordé... ? Mais quand Denys le Jeune dépouillait Jupiter de son vêtement d'or et, en échange, lui en donnait un en laine et que, de surcroît, il se moquait de lui en plaisantant avec esprit... ». Cf. Clém. *protr.* 4, 52, 2-3 : Denys, puis Antiochos.

143. 6, 22, 2 *nec simulacra ipsi habere desiderant, quae conuelli et diripi perpetiuntur inpune, immo e contrario perdocent aspernari se illa, in quibus spretos <se> ultione in aliqua significare non curant*, « c'est donc qu'ils ne désirent pas avoir des statues, puisqu'ils les laissent arracher ou piller impunément, et qu'ils nous font savoir, bien au contraire, qu'ils méprisent ces images, puisqu'ils ne se soucient pas de manifester, par quelque vengeance, qu'ils ont été bafoués en elles ».

144. Cf. le commentaire de Pease, p. 1194 : Aristote, *Économique* 2, 41, 1353 b ; Val. Max. 1, 1, *ext.* 3 ; Élien, *Histoire variée* 1, 20. – Si ce n'est qu'il s'agit en fait de Denys l'Ancien (Dieterich, s. v. *Dionysios* 1, *RE*, V, 1, col. 900) : erreur commune à Clément et Arnobe qui, une fois encore, suit sa source.

d'Esculape à Épidaure, que le même tyran dépouilla de sa barbe en or[145]. Denys était peut-être cupide et impie, mais il ne manquait pas d'esprit ; et Arnobe lui en prête même plus encore que Cicéron, dont il amplifie le récit par quelques insolences supplémentaires[146]. Ou alors, serait-ce que les dieux n'attachent pas d'importance à leurs statues ?

Les déesses, en tant que femmes, sont exposées à d'autres outrages, comme lorsque Pygmalion, roi de Chypre, tomba follement amoureux d'une statue de Vénus[147] ; ou qu'un jeune homme de Cnide succomba aux mêmes égarements, dans sa passion pour l'œuvre de Praxitèle qui fait la célébrité de la ville[148]. La

---

145. Cic. *ND* 3, 83-84 *Dionysius... qui cum... in fanum uenisset Iouis Olympii, aureum ei detraxit amiculum grandi pondere, quo Iouem ornarat e manubiis Carthaginiensium tyrannus Gelo, atque in eo etiam cauillatus est aestate graue esse aureum amiculum, hieme frigidum, eique laneum pallium iniecit, cum id esse ad omne anni tempus diceret. Idemque Aesculapi Epidauri barbam auream demi iussit ; neque enim conuenire barbatum esse filium, cum in omnibus fanis pater imberbis esset*, « Denys... se rendit au temple de Jupiter à Olympie et dépouilla le dieu du manteau d'or massif dont le tyran Gélon avait orné sa statue en prélevant sur le butin carthaginois. À cette occasion, il se permit de plaisanter, disant qu'un manteau d'or était lourd en été, froid en hiver, et il jeta sur la statue un manteau de laine qui, disait-il, convenait pour toute saison. C'est encore lui qui fit ôter sa barbe d'or à l'Esculape d'Épidaure, disant qu'il n'était pas convenable que le fils eût une barbe alors que, dans tous les temples, son père était imberbe ».

146. Arn. 6, 21, 4 *Nam quid Aesculapii grauitatem ab eo esse commemorem risam ? Quem cum barba spoliaret amplissima boni ponderis et philosophae densitatis facinus esse dicebat indignum, ex Apolline procreatum patre leui et glabro simillimoque inpuberi ita barbatum filium fingi, ut in ancipiti relinquatur, uter eorum pater sit, uter filius, immo an sint generis et cognationis unius*, « À quoi bon rappeler par exemple que ce Denys tourna aussi en dérision la gravité d'Esculape ? Il lui avait dérobé son immense barbe, d'un bon poids et d'une épaisseur toute philosophique, en prétendant que c'était un forfait indigne que de représenter Apollon, son père, avec un visage lisse et glabre comme celui d'un adolescent, et Esculape, le fils, tellement barbu qu'on se demande lequel des deux est le père, lequel est le fils, et même s'ils sont de la même famille ou de la même parenté ».

147. 6, 22, 3 *Philostephanus in Cypriacis auctor est, Pygmalionem regem Cypri simulacrum Veneris quod sanctitatis apud Cyprios et religionis habebatur antiquae, adamasse ut feminam, mente anima lumine rationis iudicioque caecatis solitumque dementem, tamquam si uxoria res esset, subleuato in lectulum numine copularier amplexibus atque ore resque alias agere libidinis* (Marchesi ; *libidini* Fragu, sans justification dans l'apparat critique) *uacuae imaginatione frustrabiles*, « Philostéphanus, dans son histoire de Chypre, atteste que Pygmalion, roi de l'île, aima comme une femme une statue de Vénus, sacrée pour les Chypriotes qui, de toute antiquité, la tenaient en grande vénération ; il en perdit l'esprit : son âme, la lumière de sa raison, son jugement s'aveuglèrent et, dans sa folie, il couchait la déesse dans son lit comme si c'était sa femme, et il avait coutume de s'unir à elle, de l'étreindre et de l'embrasser, et d'accomplir avec elle toutes sortes d'autres choses qui, suggérées par des fantasmes luxurieux, sont toujours déçues ».

148. 6, 22, 4 *consimili ratione Posidippus in eo libro, quem scriptum super Gnido indicat superque rebus eius, adulescentem haud ignobilem memorat – sed uocabulum eius obscurat – correptum*

source est à nouveau Clément, qui ne sort pas des limites de la décence[149]. Arnobe, lui, ne manque pas une si belle occasion soit de suggérer « d'autres choses », sous-entendu encore plus explicite que s'il employait les mots propres, soit d'amplifier, sur les déviations de ces unions aberrantes. Clément est à la fois plus retenu et plus proche de la vérité, quand il incrimine les séductions de l'art et ses beaux mensonges, pour conclure sur une réflexion sereine : « l'art vous trompe par sa magie »[150]. Nouvel argument contre l'inhabitation, nouvelle preuve que les dieux n'ont pas le don d'ubiquité. Arnobe profère des imprécations[151]. Rien de plus aisé à ces déesses, si elles l'avaient voulu, que d'éteindre les feux de la passion[152]. Le lecteur naïf doit-il comprendre, entre les lignes, qu'elles auraient été consentantes[153] ? Arnobe n'exclut pas cette hypo-

amoribus Veneris, propter quam Gnidus in nomine est, amatorias et ipsum miscuisse lasciuias cum eiusdem numinis signo genialibus fusum toris et uoluptatum consequentium finis, « d'une façon toute semblable, Posidippus, dans le livre qu'il dit avoir écrit sur Cnide et sur son histoire, rapporte qu'un jeune homme de haute naissance – mais dont il tait le nom –, transporté d'amour pour la Vénus à laquelle Cnide doit sa renommée, avait, lui aussi, pris des privautés amoureuses avec la statue de la même divinité, jouissant du lit nuptial pour atteindre les plaisirs qu'il procure ».

149. Clém. *protr.* 4, 57, 3 : la statue était « celle d'Aphrodite et elle était nue ; subjugué par sa beauté, le Chypriote s'unit à la statue », συνέρχεται τῷ ἀγάλματι ; à Cnide, un autre « a commerce avec ce marbre », μίγνυται τῇ λίθῳ.

150. *Protr.* 4, 57, 4-5 : « La puissance créatrice des artistes a sans doute beaucoup d'influence, mais... personne dans son bon sens n'eût songé à s'unir à la statue d'une déesse. Mais vous, l'art vous trompe et vous fascine d'une autre manière, ἄλλῃ γοητείᾳ ἀπατᾷ ἡ τέχνη [la goéteia, qui est la forme la plus basse de la magie], en vous entraînant... à l'adoration des statues et des peintures ».

151. Arn. 6, 22, 5 *ut similiter rursum interrogem, si in aere atque in materiis ceteris quibus signa formata sunt superorum potentiae delitiscunt : ubinam gentium fuerant una atque altera Veneres, ut inpudicam petulantiam iuuenum propulsarent ab se longe et contactus impios cruciabili coercitione punirent ?*, « or, pour poser de nouveau la même question, si les pouvoirs des dieux d'en haut se cachent dans le bronze et dans les autres matériaux dont sont faites les statues, en quel endroit du monde se trouvaient donc l'une et l'autre Vénus pour repousser loin d'elles l'audace impudique de ces jeunes hommes et punir leurs attouchements impies par des tortures insupportables ? ».

152. 6, 22, 6 *aut, quoniam mites et ingeniis tranquillioribus deae sunt, quantum fuerat, miseris furialia ut restinguerent gaudia mentemque in sanam recreatis redducerent sensibus ?*, « ou bien, puisque ces déesses sont douces et d'un caractère plutôt clément, qu'était-ce pour elles que d'éteindre chez ces misérables leur furieux appétit de jouissance et de les ramener à la santé de l'esprit en leur faisant recouvrer leur bon sens ? ».

153. 6, 23, 1 *nisi forte, ut uos fertis, libidinis et uoluptatum deae contumelias istas habuere gratissimas nec ultione facinus existimauere condignum quod suas quoque mulceret mentes et quod ab se subdi humanis cupiditatibus scirent*, « à moins que les déesses n'aient, à vous en croire, trouvé fort agréables ces affronts dictés par un désir passionné et qu'elles n'aient pas estimé passible

thèse : chacun sait les aventures de Vénus, y compris avec des mortels comme Anchise ou le bel Adonis. Peut-être, en réalité, n'a-t-elle pas fui ce que nous qualifierions aujourd'hui d'agression sexuelle.

Les déesses Vénus se laissent violer, ou peu s'en faut – pluriel « idolâtrique » : il y a autant de déesses que de statues. D'autres divinités, plus respectables, laissent leurs temples brûler dans la plus complète indifférence. La liste est longue, des incendies de temples, qui atteignent les dieux, leur famille, leurs biens : à Rome, le Capitole, et Jupiter, sa femme, sa fille ; à Argos, le temple de Junon, et sa prêtresse ; celui de Sérapis et d'Isis, et leurs mystères ; de Liber à Athènes ; de Diane à Éphèse ; de Jupiter à Dodone ; d'Apollon à Délos, si complètement pillé par les pirates qu'il ne lui restait plus, comme dit Varron, un seul grain d'or à montrer aux hirondelles, seules, désormais, à le fréquenter[154]. Tremblements de terre et tempêtes, incendies dus aux guerres, aux rois ou aux tyrans, vols, commis même par les gardiens et, pire encore, par les prêtres, ou, pour finir, par des filous et des sorciers, rien ne leur est épargné.

de châtiment un forfait qui flattait aussi leur amour-propre, sachant que leur personne avait inspiré aux hommes du désir ».

154. 6, 23, 2-4 *Cum Capitolium totiens edax ignis absumeret Iouemque ipsum Capitolinum cum uxore corripuisset ac filia, ubinam fulminator tempore illo fuit, ut sceleratum illud arceret incendium et a pestifero casu res suas ac semet et cunctam familiam uindicaret ? Vbi Iuno regina, cum inclutum eius fanum sacerdotemque Chrysidem eadem uis flammae Argiua in ciuitate deleret* (Marchesi ; *doleret* Fragu, sans justification dans l'apparat critique) ? *Vbi Serapis Aegyptius, cum consimili casu iacuit solutus in cinerem cum mysteriis omnibus atque Iside ? Vbi Liber Eleutherius, cum Athenis ? Vbi Diana, cum Ephesi ? Vbi Dodonaeus Iuppiter, cum Dodonae ? Vbi denique Apollo diuinus, cum a piratis maritimisque praedonibus et spoliatus ita est et incensus, ut ex tot auri ponderibus quae infinita congesserant saecula ne unum quidem habuerit scripulum quod hirundinibus hospitis, Varro ut dicit set Menippeus, ostenderet ?*, « Toutes les fois où le feu dévorant a consumé le Capitole, anéantissant Jupiter Capitolin en personne avec son épouse et sa fille, où était donc, à ce moment-là, le maître de la foudre pour détourner cet incendie sacrilège et arracher à la catastrophe ses biens, sa personne et toute sa famille ? Où était Junon Reine, lorsqu'un feu d'une égale violence détruisait dans la cité argienne son temple fameux et sa prêtresse Chrysis ? Où était Sérapis, le dieu égyptien, quand, dans un désastre semblable, il fut réduit en cendres avec tous ses mystères, en même temps qu'Isis ? Où était Liber Éleuthérius, lorsque cela arriva à Athènes ? Où était Diane, quand ce fut à Éphèse ? Où était Jupiter Dodonéen, quand ce fut à Dodone ? Et enfin, où était Apollon, le devin, quand les pirates et les brigands de la mer le dépouillèrent et l'incendièrent de telle sorte que, des monceaux d'or entassés au cours de siècles innombrables, il ne lui resta même plus un grain à montrer aux hirondelles, ses seules visiteuses, comme le dit Varron dans les *Satires Ménippées* ? ». D'après Clém. *protr.* 4, 53, 2. À qui Arnobe ajoute une allusion, empruntée à Varron, au pillage de Délos par les pirates, en 69 av. J.-C. Voir l'éd. de J.-P. Cèbe, *Varron. Satires Ménippées* : plutôt que de l'assigner au *Desultorius* (discussion, T. 3, 1975, p. 378-380), l'éditeur classe le fragment parmi les *saturae incertae* (frg. 579-579 a, T. 13, 1999, p. 2106 et 2115 sq.).

Le contraste est si fort qu'Arnobe ne se retiendra pas de l'exploiter à nouveau, une page plus loin : les temples sont en butte aux violations sacrilèges des tyrans, des rois, des brigands et des voleurs de nuit, et ces dieux que la plus haute antiquité a façonnés et consacrés pour inspirer l'effroi, se retrouvent dans les repaires des brigands avec tout le rayonnement, effrayant, de leur or[155]. Mais qu'importe ? puisque ces temples sont des demeures vides[156], dont les images cultuelles n'ont rien de la divinité[157]. Ainsi se rejoignent, dans la même dénégation finale, les deux premières parties : rejet des temples, rejet des statues, tous vulnérables et vains.

À moins, ultime justification possible, que ces statues inertes ne soient destinées à effrayer la masse inculte[158]. L'argument n'est pas neuf : c'est déjà celui qu'alléguait par exemple un Tite-Live pour rendre compte de l'œuvre de Numa, créateur des institutions religieuses de Rome. La religion fait œuvre de moralisation ; elle est civilisatrice, elle exerce un pouvoir de régulation sur les mœurs, un contrôle social[159]. En fait, il est totalement inefficace : les crimes et

---

155. 6, 23, 5 ; 6, 24, 4 *cum praeter innumeras criminum et facinorum formas ipsa etiam uideamus templa sacrilegis uiolationibus adpeti ab tyrannis, ab regibus, ab latronibus et nocturnis a furibus ipsosque illos deos quos ad metus faciendos uetus finxit et consecrauit antiquitas uadere in antra praedonum cum ipsis suis aureis metuendisque fulgoribus*, « quand nous voyons, outre d'innombrables sortes de crimes et de forfaits, les temples eux-mêmes atteints par des violations sacrilèges de la part de tyrans, de rois, de brigands et de voleurs nocturnes, et ces fameux dieux en personne, façonnés et consacrés par l'antiquité la plus reculée pour inspirer la crainte, s'en aller dans les cavernes des brigands avec tout le rayonnement, si intimidant, de leur or ».
156. 6, 23, 6 *nunc uero, quia cassa sunt et nullis habitatoribus tecta...*, « mais comme ce sont, en réalité, des demeures vides, sans nul habitant... ».
157. 6, 24, 1 *non ignorasse antiquos nihil habere numinis signa neque ullum omnino inesse his sensum, sed...*, « les anciens n'ignoraient pas que les images ne possèdent rien de l'essence divine et qu'elles sont totalement dépourvues de sentiment ; mais... ».
158. 6, 24, 1 *sed propter indomitum atque inperitum uulgus, quae pars in populis atque in ciuitatibus maxima est, salutariter ea consilioque formasse, ut uelut quadam specie obiecta his numinum abicerent asperitatem metu arbitratique praesentibus sese sub dis agere facta impia deuitarent et ad humana officia morum immutatione transirent*, « mais, à cause de la masse, intraitable et ignorante, qui constitue la plus grande partie des peuples et des cités, ils les ont fabriquées pour le bien public à dessein, afin de présenter à ces gens-là une vision des divinités capable, en les effrayant, de leur faire abandonner leur rudesse et, en leur donnant l'idée qu'ils vivaient en présence des dieux, de les faire renoncer à leurs actions impies pour les amener à changer leurs mœurs et à remplir leurs devoirs d'hommes ».
159. Liv. 1, 19, 4 *ne luxuriarent otio animi quos metus hostium disciplinaque militaris continuerat, omnium primum, rem ad multitudinem imperitam et illis saeculis rudem efficacissimam, deorum metum iniciendum ratus est*, l'absence de danger, « la paix, risquaient de porter aux dérèglements des esprits que la crainte de l'ennemi et l'instruction militaire avaient contenus jusqu'alors. Aussi voulut-il avant toute autre chose mettre dans les âmes un sentiment

les sacrilèges n'ont pas pour autant cessé à travers le monde[160]. Après la gravité morale, de nouveau, réapparaît la satire des statues divines et de leurs attributs ridicules et triviaux, sujet, procédé qu'affectionne le polémiste. Arnobe les passe tous en revue, dans un ordre hiérarchique. Les plus anciens, d'abord, Saturne et Janus, les antiques dieux du Latium, du temps de l'Âge d'or, l'un qui a troqué sa serpette de vigneron contre une faucille de moissonneur[161] – mais passons –, l'autre, dieu de toutes les ouvertures, au double visage, avec une clef de portier. Puis vient l'auguste triade capitoline. Jupiter est le moins mal traité, avec sa tête voilée du *ricinium*, sa barbe, et un bout de bois pour figurer un foudre qui n'a plus rien de redoutable. Ses deux parèdres, comme dans une caricature, sont réduites à leurs attributs qui permettent de les reconnaître, ceinture toute féminine pour Junon et, pour Minerve dédaigneusement traitée de « petite jeune fille », un casque viril sous lequel elle disparaît. La catégorie suivante aligne les instruments de musique. La Mère des dieux porte le tambourin de ses acolytes ; les Muses, les flûtes et les cithares dont elles jouent elles-mêmes. Mercure porte des ailes ; Esculape tient un bâton où s'enroule un serpent ; Cérès, mère avant tout, mais peu flattée, exhibe des mamelles énormes, comme chez Lucrèce ; Liber a une coupe à boire ; Vulcain

tout-puissant sur une foule ignorante et encore grossière à cette époque, la crainte des dieux » ; I, 21, 1 *ad haec consultanda procurandaque multitudine omni a ui et armis conuersa, et animi aliquid agendo occupati erant et deorum adsidua insidens cura, cum interesse rebus humanis caeleste numen uideretur, ea pietate omnium pectora imbuerat ut fides ac ius iurandum pro summo legum ac poenarum metu ciuitatem regerent*, « Ces avis à demander, ces conjurations à faire, tout en détournant le peuple de la violence et des armes, étaient pour les esprits une grande préoccupation. En outre, obsédés sans cesse par la pensée des dieux, et voyant intervenir dans les choses de la terre la volonté du ciel, tous les cœurs étaient remplis de piété, si bien que le respect du serment remplaça la crainte extrême d'un châtiment légal comme principe de gouvernement ».
160. Arn. 6, 24, 3-4 *Quod ratione cum aliqua uideretur forsitam dici, si post condita deorum templa atque instituta simulacra nullus esset in mundo malus, nulla omnino nequitia, iustitia pax fides mortalium pectora possideret neque quisquam in terris nocens neque innocens diceretur, scelerosa opera nescientibus cunctis. Nunc uero cum contra malis omnia plena sint, innocentiae paene interierit nomen, per momenta, per puncta examina maleficiorum noua noxiorum improbitate pariantur, dicere qui conuenit, ad incutiendas formidines uulgo deorum instituta simulacra ?*, « Cet argument pourrait paraître assez raisonnable si, depuis la fondation des temples pour les dieux et l'institution des statues, il n'y avait plus personne de méchant dans le monde, plus aucune perversité, si la justice, la paix, la loyauté occupaient le cœur des mortels et si personne sur la terre n'était réputé coupable ou innocent, dans l'ignorance générale de la scélératesse. Mais en réalité, comme, au contraire, la méchanceté est partout, que la notion d'innocence n'existe pour ainsi dire plus, que, à toute heure, à tout instant, des nuées de crimes nouveaux sont engendrées par la malice des méchants, comment pourrait-on dire que les statues des dieux ont été instituées pour inspirer de la frayeur au vulgaire ? ».
161. Voir *supra*, p. 127 sq., n. 49-50.

est en tenue de travail ; la Fortune a sa corne d'abondance ; Diane est court vêtue. Finissons par ce qui offusque la vue : le sexe et l'animalité. Vénus offre une nudité qui provoque au plaisir. Anubis a une tête de chien. Bon dernier, le plus honteux de tous, qui érige un sexe plus grand que lui, c'est Priape[162]. Le passage s'achève sur son nom : *Priapus*.

Il n'y a plus qu'à conclure. Par un superbe morceau d'éloquence, qui alterne entre l'effroi, « ô sinistres visions d'épouvante ! », et la dérision généralisante, « des faucilles, des clefs... des femmes nues, des sexes exhibés au grand jour ! »[163]. Dans son indignation, Arnobe en a oublié Anubis, peut-être le plus à même de retenir les malfaiteurs. La crainte des dieux, censée inspirée par leurs statues, n'existe pas : ce qui les protège, c'est la crainte des lois et des sanctions prévues contre l'impiété[164] – celles qui valent aux chrétiens les persécutions. Ici, selon B. Fragu, s'achève le livre VI : plutôt que de voir dans le chapitre 27 une transition qui annonce le livre suivant, l'éditeur le transpose au début du livre VII, qui traitera des sacrifices, dans toutes leurs composantes[165].

Sera-t-on convaincu par l'argumentation que déploie Arnobe ? Au delà de la séduction littéraire et de ses talents d'écrivain, de polémiste, d'orateur, qui

---

162. 6, 25, 2-3 (*supra*, p. 82, n. 7).
163. 6, 26, 1 *o species formidinum dirae metuendique terrores propter quos genus hominum torpedine in perpetua adfigeretur, nihil moliretur attonitum ab omnique se actu sceleroso flagitiosoque frenaret : falciculae, claues... nuda corpora feminarum et ueretrorum magnitudines publicatae !*, « ô visions sinistres et effrayantes, ô terreurs, épouvantes, bien propres à figer le genre humain dans une paralysie perpétuelle, à l'empêcher d'agir par l'effroi, à le retenir de tout acte criminel et scandaleux : des faucilles, des clefs... des corps de femmes nues, des sexes démesurés exposés à tout venant ! ».
164. 6, 26, 6 *nunc uero quia constitit conprobatumque est re ipsa inanem esse opinionem timoris qui ab signis dicatur effluere, ad legum decursum est sanctiones, a quibus esset formido certissima et iam fixa constitutaque damnatio, quibus debent et ipsa simulacra quod incolumia adhuc perstant et honoris alicuius concessione munita sunt*, « mais, en fait, comme il est sûr et certain que, en réalité, c'est une opinion inepte qui prétend que les statues inspirent de la crainte, on a eu recours aux sanctions prévues par les lois afin que, grâce à elles, il y eût une crainte des plus certaines et une condamnation préalablement fixée et établie, et c'est à elles que les statues elles-mêmes doivent aussi d'exister encore aujourd'hui sans dommages et de se voir accorder quelques honneurs qui assurent leur protection ».
165. 6, 27, 1 *quoniam satis, ut res tulit, quam inaniter fiant simulacra monstratum est, de sacrificiis deinceps, de caedibus atque immolationibus hostiarum, de mero, de thure deque aliis omnibus quae in parte ista confiunt poscit ordo quam paucis et sine ullis circumlocutionibus dicere*, « puisque nous avons amplement démontré, comme le voulait notre sujet, qu'il est vain de faire des statues, l'ordre de notre exposé exige que nous parlions ensuite, aussi brièvement que possible, et sans détours, des sacrifices, de l'abattage et de l'immolation des victimes, du vin, de l'encens et de tous les autres rites qui appartiennent à ce domaine ».

agissent en trompe-l'œil, elle apparaît partielle et réductrice. Une fois réfutée la théorie de l'inhabitation, la seule justification sérieuse (je veux dire : qui dépasse la satire, fort plaisante au demeurant) est la crainte qu'inspireraient les effigies divines et le pouvoir répressif de la religion, qu'il balaie d'un revers de main. À aucun moment il n'envisage que la vue des images saintes, belles, majestueuses, surhumaines, puisse émouvoir une religiosité authentique et permette à l'homme d'accéder au sacré. C'est pourtant une idée que les anciens n'ont pas ignorée. Dion Chrysostome[166] reconnaissait que, assurément, une religion aniconique eût été préférable et qu'il eût mieux valu, plutôt que d'élever des images divines, n'avoir de regard que pour les choses célestes. Mais tous les hommes (il ne s'agit pas seulement des sages) ont besoin d'adorer de près la divinité, de la toucher. Comparaison attendrissante, comme les jeunes enfants séparés de leurs parents tendent les bras vers eux en rêve, nous, les hommes, qui aimons les dieux à qui nous unissent des liens de parenté, nous désirons être près d'eux et avec eux. Plus proche d'Arnobe qui le lit et le cite si volontiers, Varron lui aussi a la nostalgie d'une religion sans images, plus pure et qui agrée également aux dieux, comme celle des plus anciens Romains durant cent soixante-dix ans, c'est-à-dire jusqu'à ce que les Tarquins introduisent dans la Ville l'art figuratif, ou comme celle que les Juifs pratiquent dans le temple de Jérusalem[167], temple « vide », si étonnant pour un Romain accoutumé aux statues de culte[168]. Mais les images des dieux, avec leurs attributs, ne sont pas vaines : elles permettent à ceux qui les regardent de « voir en esprit » l'âme du monde et ses parties, c'est-à-dire les dieux véritables[169].

166. *Discours olympique* 12, 60-61, cité par Ch. Clerc, *Les Théories relatives au culte des images chez les auteurs grecs du IIe siècle après J.-C.*, Paris, Fontemoing, 1915, p. 207.
167. Aug. *ciu.* 4, 31, p. 186 D *Dicit etiam antiquos Romanos plus annos centum et septuaginta deos sine simulacro coluisse. « Quod si adhuc, inquit, mansisset, castius dii obseruarentur ». Cui sententiae suae testem adhibet inter cetera etiam gentem Iudaeam*, « Il ajoute que, pendant plus de cent soixante-dix ans, les anciens Romains adorèrent les dieux sans user de représentations. "Si cet usage, dit-il, s'était maintenu jusqu'à nos jours, le culte des dieux aurait été plus pur". Il invoque même entre autres témoignages à l'appui de sa pensée la nation juive » = 18 Card.
168. C'est ce que découvrit Pompée quand, en 63, il entra dans le saint des saints : Tac. *hist.* 5, 9, 1 *inde uolgatum nulla intus deum effigie uacuam sedem et inania arcana*, « c'est ainsi que tout le monde sut qu'il ne contenait aucune image de divinité, que le sanctuaire était vide et sans mystère ».
169. Aug. *ciu.* 7, 5 p. 280 D *sic Varro commendat, ut dicat antiquos simulacra deorum et insignia ornatusque finxisse, quae cum oculis animaduertisent hi, qui adissent doctrinae mysteria, possent animam mundi ac partes eius, id est deos ueros, animo uidere*, « voici d'abord comment Varron rapporte ces interprétations : les anciens, d'après lui, ont imaginé les statues, les insignes et les parures des dieux pour qu'en fixant leurs regards sur ces idoles, les hommes initiés aux mystères de la doctrine puissent saisir par l'esprit l'âme du monde et ses parties, c'est-à-dire les dieux

Animo uidere : la vision des images permet de s'élever à la contemplation, à la forme la plus haute, la plus intériorisée, de la piété. Ce n'est plus de l'idolâtrie, mais de la spiritualité. Arnobe, chrétien depuis peu, converti à une religion dont l'art sacré, encore à ses débuts, reste attaché aux images symboliques[170], ne peut ni ne veut plus comprendre cette religion des philosophes qu'il a rejetée. La question, la querelle des images est présente dans toutes les religions. L'image est une médiation qui permet d'atteindre à la réalité du Dieu invisible et ineffable. La piété orthodoxe ne confond pas vénération des icônes et adoration de Dieu. Mais cela, Arnobe, pour qui le culte des *simulacra* est l'essence même d'un paganisme honni qu'il vient de répudier, ne peut plus l'envisager, même comme une hypothèse d'école.

véritables » = 225 Card. Cf. P. Boyancé, *RHR*, 147, 1955, p. 197-199 ; Y. Lehmann, *Varron théologien et philosophe romain*, p. 184-188.
170. Voir Fr. Tristan, *Les premières images chrétiennes. Du symbole à l'icône : IIe-VIe siècle*, Paris, Fayard, 1996, dont toute la première partie, p. 21-177, est consacrée aux « images symboliques » (tau, ascia, palme et couronne, poisson, etc.). L'auteur évoque, d'après Plutarque et Apulée, « le ravissement » qui se saisit du fidèle contemplant l'image de la divinité : « Nous sommes très clairement ici aux antipodes de la pensée des intellectuels chrétiens des premiers siècles, mais fort proches de ce qui deviendra plus tard la mystique de l'icône ».

Chapitre IX
Les actes du culte : les sacrifices et autres esquisses

Sens et finalité du sacrifice

Le livre VII est fortement structuré[1]. Consacré aux sacrifices, il s'organise en deux parties : quelle est leur finalité (7, 3-17)[2] ? quels en sont les rites (7, 18-37) ? En d'autres termes, le pourquoi et le comment du sacrifice romain. S'interrogeant sur son utilité, Arnobe en découvre cinq justifications possibles : on peut offrir aux dieux des sacrifices pour « les en nourrir » (7, 3, 3 *aluntur his sacris*) ; pour « leur faire plaisir » (7, 4, 1 *uoluptatis... causa*) ; pour apaiser « leur colère et leur ressentiment » (chap. 5-9 ; 7, 5, 1 *iras atque animos*) ; pour en recevoir des faveurs – obtenir « la prospérité » et échapper au « malheur » (chap. 10-12 ; 7, 10, 1 *res... prosperas... mala*) ; « pour les honorer » (7, 13, 3 *honoris ergo*). Bien sûr, de ces justifications[3], aucune ne trouve grâce à ses yeux.

D'emblée, la thèse que soutiendra Arnobe est avancée, par un interlocuteur païen horrifié : « quoi donc, dira-t-on, êtes-vous d'avis de n'offrir aucun

---

1. Du moins dans ce qui en constitue le cœur (les chap. 1-37) ; le statut des derniers chapitres sera examiné plus loin.
2. 7, 3, 1 *primum illud a uobis expetimus noscere, quae sit causa, quae ratio, sacrificia ut ista faciatis*, « nous souhaitons d'abord apprendre de vous quelle est la cause, quelle est la raison pour laquelle vous faites ces sacrifices ».
3. Résumées en 7, 13, 1, qui reprend mot pour mot les chapitres précédents : *quod neque alantur his* (1°), *neque ullam percipiant uoluptatem* (2°), *neque <ut> iras aut animos ponant* (3°), *neque ut res tribuant faustas neque ut abigant auerruncentque contrarias* (4°), « puisqu'ils ne s'en nourrissent pas (1°), n'en tirent aucun plaisir (2°) et ne renoncent pas à leur colère ni à leur ressentiment (3°) », ou « pour qu'ils accordent la prospérité ou chassent et écartent l'adversité (4°) ». Avant de passer à la dernière justification possible (5°), § 3 *aiunt enim sacra haec honorandis esse instituta caelestibus, et ea quod faciant honoris ergo facere et his numinum potentias auctitare*, « on dit en effet que ces rites ont été institués pour honorer les dieux du ciel et que, ce qu'on fait, on le fait pour les honorer et pour accroître le pouvoir des divinités ». Pour Porphyre, *abst.* 2, 24, 1, il y a trois raisons de sacrifier aux dieux : obtenir leurs faveurs, leur rendre grâces ou, purement et simplement, les honorer. La première et la dernière se retrouvent chez Arnobe.

sacrifice, quel qu'il soit ? »⁴. Cette position iconoclaste, qui contredit à toutes les normes de la cité antique, est précisément celle de Varron, *votre* Varron⁵ : les « dieux véritables » ne demandent pas de sacrifices, et leurs statues, de bronze, de marbre, etc., y sont insensibles. Donc, on ne commet pas de faute, si l'on n'offre pas de sacrifice, et on ne s'acquiert aucun mérite, si l'on en offre. Arnobe ne manque pas de saisir la perche qui lui est tendue : on trouve des soutiens jusque chez l'adversaire. Mais, déjà, le débat est biaisé. Certes, l'autorité de Varron est grande, mais son avis n'engage que lui : il n'a pas qualité pour s'exprimer au nom de la religion d'État. Surtout, le texte ne doit pas être isolé d'un contexte beaucoup plus nuancé : sans doute, Varron a dit cela, et Arnobe ne peut être suspecté d'avoir altéré la citation, mais il n'a pas dit que cela.

Le passage est à replacer dans la discussion des « trois théologies » : des poètes, des philosophes, des hommes d'État⁶. Si Varron rejette la théologie « fabuleuse » des poètes (mais non leurs œuvres, qui relèvent de la littérature, non de la religion), il reste partagé entre la théologie civile, qui est à la fois celle du peuple (au sens social, du vulgaire non cultivé, non philosophe) et du *populus Romanus* au sens politique, la sienne en tant que citoyen, et la religion des philosophes, idéale, théorique, inaccessible. Pieux Romain, il suit les coutumes religieuses de sa cité ; comme le peuple, il en célèbre le culte et les sacrifices. Le sage peut rêver d'une « cité nouvelle », mais c'est la réalité de Rome qui s'impose⁷. Les *Satires Ménippées* en témoignent : culte des dieux et

---

4. 7, 1, 1 *quid ergo, dixerit quispiam, sacrificia censetis nulla esse omnino facienda ?* Ce sont les premiers mots du livre (dans la numérotation traditionnelle).
5. 7, 1, 2-3 *Vt uobis non nostra, sed Varronis uestri sententia respondeamus, nulla... Quia, inquit, dii ueri neque desiderant ea neque deposcunt, ex aere autem facti, testa, gypsoue uel marmore multo minus haec curant : carent enim sensu ; neque ulla contrahitur, si ea non feceris, culpa, neque ulla, si feceris, gratia,* « Voici, en réponse, non pas notre opinion, mais celle de votre Varron : "aucun"... Parce que, dit-il, les dieux véritables ne les désirent ni ne les exigent, et que les dieux faits de bronze, de terre cuite, de plâtre ou de marbre s'en soucient bien moins encore : ils sont en effet dépourvus de sensibilité, et on ne commet aucune faute, si on ne fait pas de sacrifices ; on n'acquiert aucun mérite, si on en fait » = 22 Card. C'est aussi ce que dira Porphyre, cité par Aug. *ciu.* 10, 26, p. 442 D *non itaque debemus metuere, ne inmortales et beatos... non eis sacrificando offendamus,* « nous n'avons donc pas à craindre d'offenser ces êtres immortels et bienheureux... en ne leur offrant pas de sacrifices ».
6. Cf. P. Boyancé, « Sur la théologie de Varron », *REA*, 57, 1955, p. 57-84 ; repris dans *Études sur la religion romaine*, Rome, École française de Rome, 1972, p. 253-282 ; Y. Lehmann, *Varron théologien et philosophe romain*, p. 211-225, 263-283, 330.
7. Cf. Aug. *ciu.* 4, 31, p. 185 D *Nonne ita confitetur non se illa iudicio suo sequi, quae ciuitatem Romanam instituisse commemorat, ut, si eam ciuitatem nouam constitueret, ex naturae potius formula deos nominaque eorum se fuisse dedicaturum non dubitet confiteri ? Sed iam quoniam in uetere populo esset, acceptam ab antiquis nominum et cognominum historiam tenere, ut tradita est,*

respect de l'État sont liés[8]. Au temps de nos ancêtres, il y avait de la religion, le sens du sacré, et tout était pur[9]. Le bon citoyen obéit aux lois, il honore les dieux, dans la patelle il offre un peu de viande[10] – un peu, car la vraie religion est dans l'esprit : le nombre des victimes, l'opulence du sacrifice n'y changent rien. Modeste offrande d'un coq ou dispendieuse hécatombe[11] : les deux sont égales au regard des dieux. La théologie des philosophes reste une religion de l'intellect. Mais le seul moyen de rapprocher l'utopie des philosophes et l'héritage de l'histoire a peut-être été, précisément, de rédiger les *Antiquités divines*, qui à la fois recueillent le legs d'un passé en voie de se perdre et le réorganisent à la lumière de la raison. Le Varron que cite Arnobe parle le langage de la théologie naturelle, non celui de la théologie civile. Mais le polémiste ne cite que ce qui sert son propos : c'est de bonne guerre.

Arnobe n'hésite d'ailleurs pas à se séparer aussitôt de l'encyclopédiste, sur le chapitre des *dii ueri*. Qui sont ces « dieux véritables »[12] ? Nous le savons

debere se dicit, et ad eum finem illa scribere ac perscrutari, ut potius eos magis colere quam despicere uulgus uelit, « N'avoue-t-il pas qu'il suit sans conviction personnelle ces cérémonies instituées, comme il le rappelle, par Rome ? Il n'hésite pas à avouer que s'il avait à constituer à nouveau la cité il consacrerait les dieux et leurs noms d'après une règle tirée plutôt de la nature. Seulement, comme alors il faisait partie d'un vieux peuple, il a cru devoir conserver l'histoire des noms et des surnoms reçue des anciens telle qu'elle lui était transmise ; et son but en l'écrivant et en l'examinant est de porter le peuple à honorer les dieux plutôt qu'à les dédaigner » = 12 Card.
8. Satire *Cynicus*, frg. 82 Cèbe, T. 3, 1975, p. 345-353 *si mehercule pergunt et deorum cura non satisfacitur rei publicae*, « morbleu ! s'ils continuent et si, pour ce qui a trait au culte des dieux, on ne paie pas sa dette à l'État ».
9. Satire Γεροντοδιδάσκαλος, frg. 181 Cèbe, T. 5, 1980, p. 831 et 846-853 *ergo tum sacra, religio, castaeque fuerunt / res omnes*, « ainsi donc, il y avait alors un sacré, une religion, et tout était pur ».
10. Satire *Manius*, frg. 254 Cèbe, T. 7, 1985, p. 1150 et 1180-1182 *quocirca oportet bonum ciuem legibus parere, deos colere, in patellam dare μικρὸν κρέας*, « c'est pourquoi il faut que le bon citoyen obéisse aux lois, honore les dieux, mette un peu de viande dans la patelle ».
11. Satire Ἑκατόμβη. Περὶ θυσιῶν, frg. 98 *Socrates, cum in uinculis publicis esset et iam bibisset κώνειον, in exodio uitae*, « Socrate, alors qu'il se trouvait dans la prison de l'État et avait déjà bu la ciguë, au terme de sa vie » ; frg. 100 *mea igitur hecatombe pura ac puta*, Cèbe, T. 3, p. 427 sq. et 441-445, « donc mon hécatombe pure et sans souillure ».
12. Arn. 7, 2, 1-3 *Qui sunt, inquitis, di ueri ? Vt communi uobis et simplici respondeamus uerbo, non scimus : quos enim uidimus numquam, qui sint scire quemadmodum possumus ? Ex uobis audire consueuimus deos esse quam plurimos et numinum in serie computari. Qui si sunt, ut dicitis, uspiam uerique, ut Terentius credit, eos esse consequitur sui consimiles nominis, id est tales quales eos uniuersi debere esse conspicimus et nominis huius appellatione dicendos*, « Qui sont, dites-vous, les dieux véritables ? Pour vous répondre d'un mot banal et tout simple, nous n'en savons rien : en effet, ceux que nous n'avons jamais vus, comment pourrions-nous savoir qui ils sont ? Nous avons l'habitude de vous entendre dire qu'il existe une foule de dieux et qu'ils

par un autre texte de Varron, un fragment du logistoricus *Curio De cultu deorum* : Hercule, Esculape, Castor et Pollux ne sont pas des dieux. Ce sont des hommes morts. Un vrai dieu n'a ni sexe, ni âge, ni parties du corps[13]. Les vrais dieux sont l'âme du monde et ses parties (astres et éléments)[14]. Définition qu'Arnobe ne saurait accepter[15] : le vrai Dieu est le Seigneur, unique et tout-puissant. Quant à la nature des dieux païens et au sort qui leur est réservé, Arnobe ne se prononce pas. Nous aurons, le moment venu, à nous souvenir de cet aveu d'agnosticisme : *non scimus*.

Pourtant, la conception de la vraie piété qu'il avait brièvement formulée sur la fin du livre IV rejoint de fort près celle de Varron – ou plutôt, l'une de celles qu'exprime Varron, la religion idéale des philosophes. Varron reconnaît trois théologies, chacune légitime à son niveau. Arnobe n'en admet qu'une, celle du monothéisme chrétien. La piété ne consiste pas à immoler des victimes parfaites, choisies avec soin, ni à brûler des monceaux d'encens. Ce n'est pas là remplir ses devoirs religieux. « Le culte véritable est dans le cœur » : faire couler le sang pour honorer les dieux ne sert à rien, si l'on a par ailleurs des croyances qui souillent et déshonorent « leur majesté et leur beauté »[16].

sont recensés dans des listes de puissances divines. Mais s'ils existent quelque part, comme vous le dites, et s'ils sont réels, comme le croit Terentius Varron, il en résulte qu'ils répondent exactement à ce nom, c'est-à-dire qu'ils sont tels que nous concevons tous qu'ils doivent être pour mériter d'être appelés d'un tel nom ».

13. Aug. *ciu.* 4, 27, p. 179 sq. D *non esse deos Herculem, Aesculapium, Castorem, Pollucem ; proditur enim a doctis, quod homines fuerint et humana condicione defecerint... quod eorum qui sint dii non habeant ciuitates uera simulacra, quod uerus Deus nec sexum habeat nec aetatem nec definita corporis membra*, « Hercule, Esculape, Castor, Pollux ne sont pas des dieux. Les savants nous apprennent, en effet, qu'ils furent des hommes et, conformément à la condition humaine, moururent... les cités n'ont pas de vraies représentations des dieux réels, car un vrai dieu n'a ni sexe, ni âge, ni membres corporels définis » = App. I, V p. 37 Card. ; frg. 5 de son éd., B. Cardauns, *Varros Logistoricus über die Götterverehrung*, Würzburg, Triltsch, 1960, p. 5 sq., 33-40, 53-57.

14. Aug. *ciu.* 7, 5 p. 280 D (*supra*, p. 279, n. 169).

15. Arn. 7, 2, 2 (suite de la n. 12) *quinimmo ut breuiter finiam, qualis dominus rerum est atque omnipotens ipse, quem dicere nos omnes deum scimus atque intellegimus uerum, cum ad eius nominis accessimus mentionem*, « bien plus, pour le dire en un mot, tels qu'est le Seigneur de l'univers et le Tout-Puissant en personne, dont nous savons et nous comprenons tous que nous nommons le vrai dieu, quand nous venons à faire mention de son nom ».

16. 4, 30, 3-4 *Non enim qui sollicite relegit et inmaculatas hostias caedit, qui aceruos turis dat concremandos igni, numina consentiendus est colere aut officia solus religionis inplere. Cultus uerus in pectore est atque opinatio de diis digna, nec quicquam prodest inlatio sanguinis et cruoris, si credas de his ea quae non modo sint longe ab eorum dissita distantiaque natura, uerum etiam labis et turpitudinis aliquid et maiestati eorum concilient et decori*, « Car ce n'est pas celui qui choisit avec soin et immole des victimes sans tache, qui jette des monceaux d'encens à brûler

Telle est la religion non seulement d'un chrétien comme Minucius Felix, pour qui la seule offrande agréable à Dieu est l'âme de l'homme de bien, la pureté et la sincérité du cœur[17], mais celle des philosophes païens, de Lucrèce[18], de Cicéron[19], de Sénèque[20] : la vraie religion réside dans l'intériorité de l'âme.

dans les flammes, ce n'est pas lui qu'on doit considérer comme honorant les puissances divines et remplissant, lui seul, les devoirs de la religion. Le culte véritable est dans le cœur, ainsi que la croyance digne des dieux, et l'offrande du sang qui coule ne sert de rien, si ce qu'on croit à leur sujet est non seulement bien éloigné de leur nature et sans rapport avec elle, mais encore entaché de souillure et de honte leur majesté et leur beauté ».

17. Min. Fel. 32, 2-3 *cum sit litabilis hostia bonus animus et pura mens et sincera sententia... haec nostra sacrificia, haec dei sacra sunt,* « alors qu'une âme honnête, un cœur pur, une conscience probe est une victime agréable à Dieu... voilà nos sacrifices, voilà le culte que nous rendons à Dieu ». On verra aussi le livre VI des *Institutions divines* de Lactance, qui traite *De uero cultu* (*infra*, n. 20).

18. Lucr. 5, 1198-1203
*nec pietas ullast uelatum saepe uideri
uertier ad lapidem, atque omnis accedere ad aras...
ante deum delubra, nec aras sanguine multo
spargere quadrupedum, nec uotis nectere uota,
sed mage pacata posse omnia mente tueri,*
« La piété, ce n'est point se montrer à tout instant, couvert d'un voile et tourné vers une pierre, et s'approcher de tous les autels... en face des sanctuaires divins ; ce n'est point inonder les autels du sang des animaux, ou lier sans cesse des vœux à d'autres vœux ; mais c'est plutôt pouvoir tout regarder d'un esprit que rien ne trouble ».

19. Cic. *leg.* 2, 24 *caste iubet lex adire ad deos, animo uidelicet... nec tollit castimoniam corporis, sed hoc oportet intellegi... multo esse in animis id seruandum magis... animi labes nec diuturnitate euanescere... potest,* « la loi ordonne que l'on aborde les dieux "avec pureté" : évidemment pureté d'esprit... cela n'empêche pas la pureté de corps, mais il faut bien comprendre... que c'est bien plus dans l'esprit qu'il faut garder cette disposition... la souillure de l'âme ne peut disparaître sous l'action du temps » ; 2, 26 *illud bene dictum est a Pythagora doctissimo uiro,* « *tum maxume et pietatem et religionem uersari in animis* », « un grand savant comme Pythagore a eu raison de dire que "la piété et la religion se manifestent surtout dans nos âmes" » ; *ND* 2, 71 *cultus autem deorum est optumus idemque castissimus atque sanctissimus plenissimusque pietatis, ut eos semper pura, integra, incorrupta et mente et uoce ueneremur,* « mais le meilleur culte qu'on puisse rendre aux dieux, le plus pur, le plus saint, le plus véritablement pieux, consiste à les vénérer toujours avec un esprit et des paroles purs, irréprochables, innocents ».

20. Sen. frg. 123 Haase, ap. Lact. *inst.* 6, 25, 3 *Quanto melius et uerius Seneca :* « *Vultisne uos, inquit, deum cogitare magnum et placidum et maiestate leni uerendum, amicum et semper in proximo, non immolationibus nec sanguine multo colendum – quae enim ex trucidatione immerentium uoluptas est ? –, sed mente pura, bono honestoque proposito ? Non templa illi congestis in altitudinem saxis extruenda sunt : in suo cuique consecrandus est pectore* », « Combien meilleurs et plus véridiques sont les propos de Sénèque : "Voulez-vous bien vous mettre dans l'esprit qu'à un dieu qui est grand, serein, vénérable par sa douce majesté, ami des hommes et toujours proche, on ne doit pas rendre un culte par des immolations et des effusions de sang (quel plaisir

Plutôt que de souligner cette convergence, Arnobe évite d'y insister au livre VII : il préfère y laisser le paganisme à ses erreurs invétérées.

De fait, il s'engage ensuite dans une théorie du sacrifice païen que ne désavouerait pas un moderne historien des religions[21]. Les cinq justifications successivement proposées sont ordonnées, de la plus basse à la plus noble. La première explication avancée, ils sont destinés à nourrir les dieux, est la plus élémentaire, la plus grossière, en ce qu'elle est purement matérielle : ils s'adressent à leur corps. C'est la conception archaïque, celle que nous lisons chez Homère, où les dieux prennent part aux hécatombes et aux banquets auprès de mortels privilégiés et se réjouissent de la bonne odeur qui monte de la graisse des sacrifices[22], celle que Platon reproche aux poètes, chez qui les dieux se laissent fléchir par les sacrifices que nous leur offrons pour nous faire pardonner nos fautes[23], celle dont se moque Aristophane, quand les oiseaux interceptent la fumée qui monte depuis les autels vers le ciel, celle qu'exprime la formule romaine de consécration *macte esto*, « sois accru »[24]. Mais comment une nourriture, par nature périssable, pourrait-elle entretenir leur éternité incommensurable[25] ? réplique Arnobe, avec une quasi tautologie, imparable. L'idée même de « nourriture » est antinomique de la divinité : encens, victime animale, avec son sang et ses chairs, tout ce qu'on lui offre est voué à disparaître[26]. La réfutation s'appuie sur une série de contraires : corpo-

---

y a-t-il à voir égorger des bêtes innocentes ?), mais par une âme pure, une ligne de conduite bonne et honorable ? Il n'y a pas à lui édifier des temples en élevant pierres sur pierres : c'est son cœur que chacun doit lui consacrer" ».

21. Sur la théorie du sacrifice chez Arnobe, R. Laurenti, « Sangue e sacrificio in Arnobio », dans *Sangue e antropologia biblica nella patristica*, Rome, Pia Unione Preziosissimo Sangue, 1982, I, p. 455-479 ; M. B. Simmons, *Arnobius of Sicca*, p. 304-318, « The Argument Concerning Animal Sacrifice » ; F. Mora, « La critica del sacrificio nel VII libro di Arnobio », *Cassiodorus*, 5, 1999, p. 203-224 ; J. A. North, « Arnobius on sacrifice », dans J. Drinkwater - B. Salway (dir.), *Wolf Liebeschuetz reflected*, Londres, University of London, 2007, p. 27-36. Plus généralement, P. Chuvin, *Chronique des derniers païens*, p. 237-244.

22. *Il.* 1, 315-317 ; 1, 423-425 ; 9, 499-501 ; 23, 205-207 ; *Od.* 1, 25 sq. ; 7, 201-203. Chez Ovide encore, *met*. 12, 150-153, Achille qui offre un sacrifice à Pallas place sur le feu de l'autel des viandes, *et dis acceptus penetrauit in aethera nidor*, « et leur fumet agréable aux dieux s'élevait dans les airs ».

23. Plat. *Rép.* 2, 365 e-366 a.

24. Ainsi glosé par Fest. Paul. 112, 13 L *mactus magis auctus*, « *mactus*, pour *magis auctus*, encore accru ».

25. 7, 3, 4 *cibi esse munus quod eos faciat uiuere et inmensa in perpetuitate durare ?*, « [comment croire que] c'est le rôle des aliments de les faire vivre et durer pour une éternité sans fin ? ».

26. 7, 3, 6-7 *Tum quod ex his rebus quae admouentur altaribus nihil uidemus accedere atque ad numinum substantias peruenire. Aut enim thus datur et liquefactum carbonibus disperit, aut*

rel incorporel, mortel immortel[27]. On est aussi passé « des dieux », les dieux anthropomorphes et archaïques de la mythologie et des poètes, au « dieu » moderne des philosophes[28]. Au cours de la discussion, Arnobe a abandonné les dieux pluriels du culte et de la religion pour ne plus considérer que *la* divinité, unique dans sa transcendance. Un gouffre les sépare.

Deuxième justification : les sacrifices seraient destinés à « faire plaisir » aux dieux (*uoluptas* est récurrent dans tout le chap. 4). Mais qu'il s'agisse du plaisir, qui « détend » ou relâche (*dissoluitur*) ou de son contraire la tristesse, qui « resserre » (*contrahatur*), les dieux sont exempts de toutes les passions[29]. Ou, s'ils éprouvaient du plaisir lorsqu'on met à mort, pour eux, des animaux inoffensifs, ils seraient sadiques. Arnobe revient ici sur une idée qui lui est chère : passions (humaines) et éternité divine sont incompatibles. Les passions qui fragilisent l'être le conduisent à la mort[30]. Suit une description affreuse, à la fois pitoyable[31] et répugnante, de l'agonie de la victime. Elle mugit lamentablement, sa vie s'enfuit avec des ruisseaux de sang, ses intestins s'échappent avec des excréments, son cœur bat encore dans un dernier souffle, ses veines palpitent encore[32]. Une sensibilité nouvelle à la souffrance animale se fait jour

---

animalis est hostia et ab canibus abligurritur sanguis, aut si aliquod uiscus aris fuerit traditum, ratione ardescit pari et dissolutum in cinerem labitur, « De plus, nous voyons que, de ces offrandes qu'on apporte aux autels, rien ne s'ajoute ni ne parvient à la substance des divinités. En effet, ou bien c'est de l'encens qu'on offre et il se perd en fondant sur les charbons ardents, ou bien la victime est un être vivant et son sang est léché par les chiens, ou bien si quelque morceau de chair a été placé sur l'autel, il prend feu de la même façon et, réduit en cendres, il s'évanouit ».

27. 7, 3, 9 *sed si deus ut dicitur nullius est corporis omnique est incontiguus tactu, qui fieri potis est, ut corporalibus rebus nutriatur incorporeum, quod mortale est ut inmortale sustineat subdatque salutem rei quam contingere nequeat et motus subministrare uitalis ?*, « mais si la divinité, comme on le dit, n'a pas de corps et échappe à tout contact, comment peut-il se faire que ce qui est incorporel se nourrisse de choses corporelles, que ce qui est mortel entretienne ce qui est immortel et assure la conservation de quelque chose qu'il ne peut toucher et à quoi il ne peut procurer les mouvements de la vie ? ».

28. Chap. 7, 3 : § 1 *ad deos ipsos* ; § 3 *dii caelestes* ; § 4 *deus prorsus qui sit ignorans, ut eos...*, « si complètement ignorant de ce qu'est la divinité, qu'il [croie que les dieux...] ; § 8 *nisi forte hostiarum deus animas deuorat*, « à moins que par hasard la divinité ne dévore les âmes des victimes » ; § 9 *sed si deus...*

29. 7, 4, 3-4 (*supra*, p. 175, n. 108).
30. *Supra*, p. 173-179.
31. 7, 4, 6-8 *miserabilis... mugitus* ; *miseratione* ; *miserabiliter*.
32. 7, 4, 6 *postremo quod gaudium est innoxiorum animantium mactatione laetari, miserabilis saepe exaudire mugitus, riuos sanguinis cernere, animas cum cruore fugientes patefactisque secretis prouoluier intestina cum stercore et ex residuo spiritu exsultantia adhuc corda tremibundasque palpitantes in uisceribus uenas ?*, « enfin quel plaisir y a-t-il à se réjouir de l'immolation d'animaux innocents, à entendre souvent leurs pitoyables mugissements, à voir des ruisseaux de sang,

– comme chez nombre de nos contemporains. Sensibilité chrétienne, ou plutôt néoplatonicienne ? nous aurons à y revenir. En tout cas, elle est étrangère à la célébration du sacrifice antique, qui occulte la notion de « victime » (au sens moderne qui implique « victimisation » et compassion) et ne montre pas le drame sanglant de la mise à mort[33] : le sacrifice est une fête, fête offerte par les mortels aux dieux immortels, rituel qui permet aux hommes rassemblés de festoyer dans le repas sacrificiel.

Troisième point : est-ce pour les apaiser ? La question est beaucoup plus longuement traitée (chap. 5-9), avec cette surabondance qu'Arnobe ne sait pas toujours éviter. Si c'est pour calmer leur colère, on répondra de nouveau que les dieux n'éprouvent pas de passions[34]. L'argument de l'ataraxie ou de l'*apatheia* divine est si rebattu qu'Arnobe se hâte de le laisser de côté[35], pour passer à un nouveau sujet : l'inadéquation entre l'offense et la réparation. Si je tue un porc, une poule de rien, un veau, pourquoi la divinité oublierait-elle sa rage et renoncerait-elle à son ressentiment[36] ? Suit une vision caricaturale du sacrifice, où l'on offre une oie, un bouc, un paon[37], qui ne sont pas des espèces

---

la vie qui fuit avec le sang répandu, les intestins sortant avec les excréments du ventre grand ouvert, les cœurs battant encore dans un dernier souffle et les veines palpitant dans les chairs tremblantes ? ». Arnobe a pu se souvenir d'Ovide, *met*. 15, 136 *protinus ereptas uiuenti pectore fibras...*, « aussitôt on arrache ses viscères de sa poitrine encore palpitante » (voir *infra*, p. 292).
33. C'est une idée récurrente dans le volume sur *Le Sacrifice antique*, V. Mehl et P. Brulé (dir.), Rennes, Presses universitaires de Rennes, 2008, p. III sq., 111, 139, 147 (essentiellement pour le sacrifice grec). Pour le sacrifice romain, V. Huet, « La mise à mort sacrificielle sur les reliefs romains : une image banalisée et ritualisée de la violence ? », dans J.-M. Bertrand (dir.), *La Violence dans les mondes grec et romain*, Paris, Publications de la Sorbonne, 2005, p. 91-119.
34. 7, 5, 4-5 *Atquin deos scimus esse oportere perpetuos et naturam inmortalitatis tenere : quod si constat et liquidum est, ira ab his longe et ab eorum condicione disiuncta est. Nullis ergo rationibus conuenit id in superis uelle placare quod posse non uideas in eorum beatitudinem conuenire*, « Cela étant, il convient, nous le savons, que les dieux soient éternels et possèdent une nature immortelle ; or, si cela est assuré et clair, la colère est bien loin d'eux et étrangère à leur condition. Il ne convient donc en aucune façon de vouloir apaiser chez les dieux d'en haut une passion qui, nous le voyons, ne peut se concilier avec leur béatitude ».
35. 7, 8, 1 *sed hoc, ut dixi, praetereo et silentio patior abire donatum*, « mais cela, comme je l'ai dit, je le laisse de côté et je consens à ce qu'on le passe sous silence ».
36. 7, 8, 1 *quae causa est, ut si ego porcum occidero, deus mutet adfectum animosque et rabiem ponat, si gallinulam, uitulum sub illius oculis atque altaribus concremaro, obliuionem inducat iniuriae et ab sensu penitus offensionis abscedat ?*, « quelle raison y a-t-il pour que, si, moi, je tue un porc, la divinité change d'humeur et renonce à son ressentiment et à sa rage ? pour que, si je fais brûler une jeune poule, un veau, sous ses yeux et sur son autel, elle jette sur l'injure qui lui est faite le voile de l'oubli et renonce totalement à se sentir offensée ? ».
37. 7, 8, 2 *quid ad eius dolorem ex opere hoc migrat, aut remedii cuius est anser, caper aut pauus, ut ex eius cruore medicina adhibeatur irato ?*, « l'acte que j'accomplis change-t-il quelque chose

sacrificielles courantes (le bouc est la victime propre de Liber ; je ne vois pas qu'on sacrifie des oies, encore moins des paons, volatiles de luxe). Les dieux sont à la fois vénaux et immatures : on achète leurs faveurs comme on calme les petits enfants en leur donnant des moineaux, des poupées, des poneys ou des bouts de pain, pour les empêcher de pleurer[38]. Le développement s'achève sur une *sententia* : « car la foule des pécheurs s'accroît quand on leur donne l'espoir de racheter leur péché, et le chemin de la faute est aisé, quand la faveur de ceux qui pardonnent est à vendre »[39].

La partie la plus célèbre, la plus réussie, du développement est la prosopopée du bœuf, victime de choix des sacrifices officiels, en ce qu'elle est la plus coûteuse. L'animal, doué de la parole[40], s'exprime comme un orateur chevronné. Le bœuf qui parle n'est pas un inconnu dans la religion romaine : c'est un prodige bien répertorié et qui, soumis aux haruspices, peut être interprété comme favorable, si bien que l'animal est non seulement conservé, mais dorénavant nourri aux frais de l'État[41]. Mais, de là à lui faire tenir un discours en bonne et due forme, il y a un gouffre qui n'est pas pour effrayer un apologiste inventif. Notre bœuf savant connaît les usages de la prière romaine : il respecte la règle de l'invocation initiale, adressée à Jupiter ou, à défaut, à « quelque

à son ressentiment ? en quoi une oie, un bouc, un paon servent-ils de remède, de sorte que leur sang soit appliqué comme une médecine au dieu irrité ? ».

38. 7, 8, 3 *ergone iniurias suas dii uendunt atque, ut paruuli pusiones, <ut> animos parcant abstineantque ploratibus, passerculos pupulos eculeos panes accipiunt, quibus auocare se possint, ita di inmortales placamenta ista sumunt, quibus iras atque animos ponant et in gratiam suis cum offensoribus redeant ?*, « les dieux font-ils donc commerce des offenses qu'ils subissent et, comme on donne aux petits enfants, pour qu'ils ne fassent pas des colères et cessent de pleurer, des moineaux, des poupées, des poneys, des morceaux de pain, susceptibles de les amuser, de même les dieux immortels reçoivent-ils de vous ces apaisements pour renoncer à leur colère et à leur ressentiment, et se réconcilier avec leurs offenseurs ? ».

39. 7, 8, 7 *crescit enim multitudo peccantium cum redimendi peccati spes datur, et facile itur ad culpas ubi est uenalis ignoscentium gratia*. D'après Porphyre, *abst*. 2, 60, 3 : « ne pensera-t-il pas qu'il lui est loisible de commettre l'injustice s'il a l'intention de racheter sa faute par des sacrifices ? ».

40. Arn. 7, 9, 1 *ecce si bos aliquis aut quodlibet ex his animal, quod ad placandas caeditur mitigandasque ad numinum furias, uocem hominis sumat eloquaturque his uerbis...*, « eh bien, supposons qu'un bœuf ou l'un quelconque de ces animaux qu'on immole pour calmer et apaiser la furie des puissances divines, emprunte la voix humaine et s'exprime en ces termes ».

41. Liv. 24, 10, 10 ; 27, 11, 4 ; 28, 11, 4 ; 35, 21, 4-5 on sait même les trois mots qu'il prononça : *Roma, caue tibi*, « Rome, prends garde à toi » ; 41, 21, 13. Vache en 3, 10, 6 (et déjà l'année précédente) ; 41, 13, 1 et 3 ; 43, 13, 3.

autre dieu »⁴², si l'on n'est pas sûr de l'identité de celui qu'il faut implorer⁴³. Le discours se déploie sur un ton pathétique, à grand renfort d'interrogations oratoires. La supplique de l'innocente victime repose sur deux arguments, l'humanité et la justice, *humanum... et rectum*, énoncés dès l'exorde, et qui seront repris en miroir, sous forme négative, dans la péroraison, *iniustum... et barbarum*⁴⁴.

L'orateur démontre le premier point, la justice, en énumérant la liste des sacrilèges, tous bien attestés dans la religion romaine, pour lesquels il paie sans les avoir commis : manquement aux rites dans la célébration des jeux et, spécialement, histoire bien connue de l'esclave battu à qui son maître fait traverser le Cirque, comme si c'était un « premier danseur »⁴⁵, faux serment prêté en invoquant Jupiter, pillage des temples et de leur trésor, arbres abattus dans un bois sacré, profanation d'un lieu saint par une construction privée⁴⁶. Que voilà un bœuf bien informé à la fois des prescriptions rituelles et de l'histoire romaine ! et qui connaît la distinction entre fautes commises sciemment ou

---

42. Arn. 7, 9, 2 *ergone o Iuppiter, aut quis<quis> alius deus es, humanum est istud et rectum aut aequitatis alicuius in aestimatione ponendum, ut cum alius peccauerit, ego occidar et de meo sanguine fieri tibi patiaris satis, qui numquam te laeserim, numquam sciens aut nesciens tuum numen maiestatemque uiolarim animal, ut scis, mutum*, « Ô Jupiter, ou quelque autre dieu que tu sois, est-il donc humain et juste, doit-on tenir pour équitable le moins du monde, que ce soit moi qu'on tue quand un autre a péché, et que tu permettes qu'on te satisfasse en versant mon sang, alors que jamais je ne t'ai outragé, que jamais, sciemment ou non, je n'ai attenté à ta puissance et à ta majesté, moi, un animal muet, comme tu sais ».
43. La formule de précaution par laquelle on se prémunit contre une erreur éventuelle est bien attestée : Verg. *Aen.* 4, 577 *sequimur te, sancte deorum, / quisquis es*, « nous te suivons, dieu saint entre tous, qui que tu sois » ; et, plus encore, le commentaire de Serv. Dan., « *quisquis es* » *secundum pontificum morem qui sic precantur Iuppiter omnipotens, uel quo alio te nomine appellari uolueris*, « qui que tu sois, selon l'usage des pontifes, qui prient ainsi : Jupiter tout-puissant, ou de quelque autre nom que tu veuilles qu'on t'appelle » ; Apul. *met.* 11, 2, 3 *quoquo nomine... te fas est inuocare*, « sous quelque nom... qu'il soit légitime de t'invoquer », etc.
44. Arn. 7, 9, 2 ; 7, 9, 12 (*supra*, n. 42 ; *infra*, n. 52).
45. Anticipation de l'épisode « historique » qu'Arnobe développera en 7, 39 et qui était déjà annoncé en 4, 37, 3. Voir *supra*, p. 51-54.
46. 7, 9, 3 *Numquid aliquando tuos ludos minus sancte diligenterque perfeci ? Numquid aliquem praesulem, tuum numen qui offenderet, ante traduxi ? Numquid iuraui per te falso ? Numquid sacrilegis furtis tua rapui spoliauique donaria ? Numquid erui sacratissimos lucos aut religiosa quaedam loca substructionibus pollui profanauique priuatis ?*, « Est-ce que j'ai jamais célébré tes jeux sans la piété et le soin requis ? Est-ce que j'ai dépêché un "premier danseur", avant qu'ils ne commencent, pour offenser ta divinité ? Ai-je prêté un faux serment en invoquant ton nom ? Ai-je dérobé et pillé par des vols sacrilèges les dons qu'on t'avait offerts ? Ai-je arraché les bois les plus sacrés ou souillé et profané des lieux saints par des constructions privées ? ».

sans qu'on en ait conscience[47]. Le second point est la cruauté, *ferocitas*[48]. Il repose sur une analyse philosophique de la condition animale[49]. Les bêtes ne sont pas différentes des hommes : comme eux, ce sont des *animalia*, des êtres vivants. Ils sont nés de la même Nature. Ils ont les mêmes organes, foie, poumons, cœur, intestins, estomac. Comme eux, ils aiment leurs petits. Et qui sait s'ils ne sont pas, eux aussi, doués de raison, et s'ils n'ont pas un langage par lequel ils communiquent avec leurs semblables[50] ? Le troisième et dernier point est un retournement de situation : le bœuf ne se défend plus, il accuse. Qui tue ses semblables à la guerre ? qui les réduit en esclavage ? C'est l'homme.

47. Varr. *LL* 6, 30 *si imprudens fecit, piaculari hostia facta piatur; si prudens dixit, Quintus Mucius aiebat eum expiari, ut impium, non posse*, « s'il l'a fait par inadvertance, [il] est purifié par le sacrifice d'une victime expiatoire ; s'il a dit la formule intentionnellement, Quintus Mucius déclarait qu'en tant qu'impie il ne pouvait pas être lavé de sa souillure ». De même Macr. *Sat.* 1, 16, 10.

48. Arn. 7, 9, 5-6 *An quod animal uile sum nec rationis nec consilii particeps, quemadmodum pronuntiant isti qui se homines nominant et ferocitate transiliunt beluas ? Nonne primordiis isdem eadem et me genuit informauitque natura ? Nonne spiritus unus est qui et illos et me regit ? Non consimili ratione respiro et uideo et ceteris adficior sensibus ?*, « Est-ce parce que je suis un animal vil, dépourvu de raison et de discernement, comme le déclarent ces gens qui se disent des hommes et qui passent en férocité les bêtes sauvages ? N'est-ce pas avec les mêmes éléments que la même nature m'a enfanté et donné forme ? N'est-ce pas un seul et même souffle qui nous guide, eux et moi ? Est-ce que je ne respire pas, ne vois pas de la même façon ? ne suis-je pas pourvu des autres sens ? ».

49. Sur les implications philosophiques du passage, voir les deux articles de G. Sfameni Gasparro, « Critica del sacrificio cruento e antropologia in Grecia : da Pitagora a Porfirio : I. La tradizione pitagorica, Empedocle e l'orfismo », puis « II. Il *De abstinentia* porfiriano », respectivement dans F. Vattioni (dir.), *Sangue e antropologia. Riti e culto*, Rome, 1987, I, p. 107-155 ; et *Sangue e antropologia nella teologia*, Rome, 1989, I, p. 461-505 (même maison d'édition : Pia Unione Preziosissimo Sangue) ; K. Smolak, « Das Opfertier als Ankläger », dans A. Alexandridis, M. Wild, L. Winkler-Horaček (dir.), *Mensch und Tier in der Antike. Grenzziehung und Grenzüberschreitung*, Wiesbaden, Reichert, 2008, p. 205-215.

50. 7, 9, 7-9, avec un crescendo, qui va du corps à l'affectivité, jusqu'à l'intellect : *Habent iecora pulmones corda intestina uentriculos : et mihi membrorum non idem est numerus attributus ? Amant suos foetus et gignendis conueniunt liberis : non et mihi prolis et subrogandae est cura et dulcedo cum fuerit procreata ? Sed rationales illi sunt et articulatas exprimunt uoces. Et unde illis notum est an et ego quod facio meis rationibus faciam et uox ista quam promo mei generis uerba sint et solis intellegantur a nobis ?*, « Les hommes ont un foie, des poumons, un cœur, des intestins, un estomac : le même nombre d'organes ne m'a-t-il pas été attribué à moi aussi ? Ils aiment leurs petits et s'unissent pour procréer des enfants : n'ai-je pas moi aussi le souci de m'assurer une descendance et ne suis-je point charmé quand elle est venue au monde ? Mais ils sont pourvus de raison et émettent des sons articulés. Et comment peuvent-ils savoir si, moi aussi, je n'ai pas mes raisons de faire ce que je fais et si les sons que j'émets ne sont pas le langage de mon espèce et ne sont pas intelligibles pour nous seuls ? ».

Qui empoisonne les siens, parents, frères, épouse, amis ? C'est l'homme[51].
« N'est-il pas inhumain, monstrueux, sauvage, que tant de crimes restent impunis » – *inpunitas*[52] ?

Arnobe suit deux sources, dans ce beau morceau d'éloquence : Ovide et Porphyre. Dans le discours prêté à Pythagore, au dernier chant des *Métamorphoses*, le poète philosophe condamne les sacrifices sanglants[53]. Au temps de l'Âge d'or, l'homme était végétarien. Le premier qui, comme les fauves, consomma la chair des animaux, « ouvrit la voie au crime », *fecit iter sceleri* (v. 106). Porc, bouc, l'innocente brebis, furent ses victimes. Mais, pire encore, le bœuf qu'ils sacrifient aux dieux, qu'ils rendent ainsi complices de leur « crime » (*sceleri*), comme s'ils « se réjouissaient de ce meurtre » (*caede... gaudere*, v. 128 sq.), ce bœuf laborieux qu'on pare d'or et de bandelettes est le compagnon de travail du paysan[54]. « Ne le faites plus, ô mortels ! je vous en supplie », *genus o mortale ! quod, oro, / ne facite* (v. 139 sq.). Chez Arnobe, et c'est là son trait de génie, le plaidoyer *pro boue* s'est transformé en une éloquente prise de parole, au style direct, de la victime « en personne » – personne animale, douée de parole et de raison. C'est que, à la différence de tant de nos contemporains, que révolte la souffrance animale, la condamnation des sacrifices sanglants par Ovide et par Porphyre n'est pas, ou pas seulement, une réaction de l'affectivité. Elle est l'œuvre de la raison. Chez Pythagore, puis Porphyre, suivi par Arnobe, l'abstention de toute nourriture carnée se justifie par la solidarité des êtres vivants : de même que l'homme, l'animal est une créature sensible et raisonnable, dont le meurtre est proscrit. S'y ajoute, même s'il n'est pas universellement convaincant, l'argument de la transmigration des

---

51. 7, 9, 11 *Quis in gladium formauit ferrum ? Non homo ? Quis cladem gentibus, quis nationibus imposuit seruitutem ? Non homo ? Quis parentibus, fratribus, quis uxoribus, quis amicis mortiferas subdidit commiscuitque potiones ? Non homo ?*, « Qui a donné au fer la forme d'un glaive ? n'est-ce pas l'homme ? Qui a apporté aux peuples la défaite, et aux nations la servitude ? n'est-ce pas l'homme ? Qui a offert à ses parents, à ses frères, à sa femme, à ses amis, des breuvages mortels qu'il avait préparés ? n'est-ce pas l'homme ? ».

52. 7, 9, 12 *ita istud non ferum, non inmane, non saeuum est, non tibi, o Iuppiter, iniustum uidetur et barbarum, me occidi, me caedi, ut fias tu placidus et ut scelerosis contingat inpunitas ?*, « alors, n'est-il pas inhumain, monstrueux, sauvage, ne te paraît-il pas, ô Jupiter, injuste et barbare que je sois tué, immolé, pour que toi, tu sois apaisé, et que les scélérats jouissent de l'impunité ? ». – Fin du discours.

53. *Met.* 15, 96-142. Voir H. Le Bonniec, « Échos ovidiens dans l'*Aduersus nationes* », p. 143 sq.

54. Cf. G. Sfameni Gasparro, dans son premier article, p. 134, sur « il divieto di uccidere il bue aratore, l'animale più vicino all'uomo e quindi più direttamente partecipe di quella *syggeneia* che unisce il varie specie animate, oltre che il più utile collaboratore del contadino e quindi creatura verso la quale è preminente dovere l'osservanza della giustizia ».

âmes (comment savoir si, dans ce chien qui aboie, ne se trouve pas l'âme d'un de mes amis ?), croyance dont on se moque depuis Xénophane[55].

C'est que notre bœuf n'est pas seulement orateur : il est aussi philosophe. Il a lu le *De abstinentia* de Porphyre, comme l'ont montré, indépendamment l'un de l'autre, M. B. Simmons et F. Mora. Le second point de son discours reprend une suite d'arguments déjà avancés au livre II et dont l'inspiration porphyrienne ne fait pas de doute. Il s'agissait alors de prouver que l'âme n'est pas immortelle. Nous ne sommes pas des fils de Dieu, dit Arnobe ; nous ne participons pas de son immortalité[56]. Nous ne sommes, en fait, que des animaux comme les autres[57]. Entre eux et nous, où sont les différences ? Notre corps est

---

55. C'est l'anecdote bien connue qu'on lit chez Diogène Laërce, *Vie des philosophes* 8, 36, d'après Xénophane. Passant près d'un chien qu'on battait, « Arrêtez », dit le philosophe, « car c'est l'âme d'un être qui m'est cher. Je la reconnais en l'entendant aboyer ». Cf. Ov. *met.* 15, 167-175 :

> ... *spiritus eque feris humana in corpora transit*
> *inque feras noster...*
>   *animam sic semper eandem*
> *esse, sed in uarias doceo migrare figuras.*
> *Ergo (ne pietas sit uicta cupidine uentris)*
> *parcite, uaticinor, cognatas caede nefanda*
> *exturbare animas, nec sanguine sanguis alatur,*

« le souffle vital... des corps des bêtes passe dans celui des hommes, du nôtre dans celui des bêtes... ainsi l'âme, je vous le dis, est toujours elle-même, quoiqu'elle émigre dans des figures diverses. Donc, ne laissez pas la gloutonnerie l'emporter en vous sur vos devoirs de famille ; gardez-vous, si vous en croyez ma voix prophétique, d'expulser de leur demeure, par d'horribles assassinats, des âmes parentes des vôtres, ne nourrissez pas de sang votre sang ». De même Sen. *epist.* 108, 19 *At Pythagoras omnium inter omnia cognationem esse dicebat et animorum commercium in alias atque alias formas transeuntium... interim sceleris hominibus ac parricidii metum fecit cum possent in parentis animam inscii incurrere et ferro morsuue uiolare si in quo cognatus aliqui spiritus hospitaretur,* « Pythagore, lui, affirmait la parenté de tous les êtres avec tous et la métempsychose... toujours est-il que Pythagore a inspiré aux hommes la crainte d'un crime et d'un parricide <éventuels>, puisqu'ils pourraient, sans le savoir, rencontrer l'âme d'un père et porter un fer ou une dent sacrilège sur quelque chair où l'esprit d'un ascendant serait logé ».

56. Arn. 2, 16, 3 *uultis homines insitum typhum superciliumque deponere, qui deum uobis adsciscitis patrem et cum eo contenditis immortalitatem habere uos unam ?*, « voulez-vous bien, vous, des hommes, renoncer à votre arrogance et à votre morgue innées, vous qui vous attribuez Dieu pour père et prétendez partager avec lui une même immortalité ? ».

57. 2, 16, 4 *Vultis fauore deposito cogitationibus tacitis peruidere animantia nos esse aut consimilia ceteris aut non plurima differitate distantia ? Quid est enim, quod nos ab eorum indicet similitudine discrepare ?*, « Voulez-vous bien, loin de toute complaisance, en votre for intérieur, constater que nous sommes des animaux tout à fait semblables aux autres ou du moins ne s'en distinguant que par une faible différence ? Car qu'est-ce qui peut faire croire que nous ne sommes pas faits à leur ressemblance ? ».

semblable au leur. Il est composé des mêmes organes. Seul varie, d'un livre à l'autre, le choix des exemples : charpente osseuse, muscles et narines au livre II[58], organes internes au livre VII. Comme nous, ils sont mâles ou femelles ; et leurs petits sortent, comme les nôtres, du ventre de leur mère[59]. Est-ce par notre raison que nous leur sommes supérieurs ? C'était déjà ce que disait Porphyre. Entre les animaux et nous, affirmait le philosophe, il n'y a pas de différence essentielle : ce n'est qu'une question de degré, « de plus ou de moins »[60]. Tous les hommes sont parents entre eux, et le sont aussi de tous les animaux[61], car ils ont en commun une âme de même nature[62]. Comme les hommes, les animaux ont des rapports sexuels pour avoir des enfants et ils aiment leurs petits[63]. Ils ont les mêmes fonctions naturelles : ils mangent, ils boivent, ils expulsent ce que leur organisme n'a pas assimilé[64]. La différence tient-elle à ce que les

---

58. 2, 16, 5 *Ex ossibus illis fundata sunt corpora et neruorum conligatione deuincta : et nobis comparili ratione ex ossibus fundata sunt corpora et neruorum conligatione deuincta. Auras accipiunt naribus et per anhelitum reciprocatas reddunt : et nos spiritum consimiliter ducimus et respiramus commeatibus crebris*, « Ils ont des corps charpentés par un squelette et retenus par un assemblage de muscles : nous aussi, de façon comparable, nous avons des corps charpentés par un squelette et retenus par un assemblage de muscles. Ils aspirent l'air par leurs naseaux et le restituent inversement en soufflant : nous aussi, de la même manière, nous l'inhalons et l'exhalons en respirations rapides ».
59. 2, 16, 6 *Femininis generibus masculinisque distincta sunt : in totidem et nos sexus nostro sumus ab auctore formati. Edunt per uteros fetus et corporalibus conciliis procreant ; et nos corporum coniugationibus nascimur et ex alueis fundimur atque emittimur matrum*, « Ils se répartissent en femelles et mâles : la conformation que nous devons à notre créateur comporte le même nombre de sexes. Ils font leurs petits dans leur ventre et les conçoivent par accouplement : nous aussi, nous naissons par union des corps, et nous provenons et sortons du flanc de nos mères ».
60. Porph. *abst.* 3, 7, 1 τῷ μᾶλλον καὶ ἧττον, d'après Aristote ; encore 3, 8, 7.
61. 3, 25, 3 συγγενεῖς, καὶ μὴν <καὶ> πᾶσι τοῖς ζῴοις, « tous les hommes mais aussi tous les animaux sont de la même race ». Cf. Cic. *rep.* 3, 19 *non enim mediocres uiri sed maxumi et docti, Pythagoras et Empedocles, unam omnium animantium condicionem iuris esse denuntiant clamantque inexpiabilis poenas inpendere iis a quibus uiolatum sit animal*, « je ne citerai pas des hommes de second plan, mais les très grands savants que furent Pythagore et Empédocle ; ils déclarent que tous les êtres vivants relèvent du même droit unique et proclament que des châtiments incapables de les purifier menacent ceux qui ont porté atteinte à l'existence d'un être vivant ».
62. 3, 26, 1, selon Pythagore : ψυχὴν τὴν αὐτήν, « la même âme que nous ».
63. 3, 22, 7. Affection que nul ne leur dénie, même ceux qui leur refusent le sens de la justice.
64. Arn. 2, 16, 7 *cibo sustentantur et potu et superfluas foeditates inferioribus egerunt abiciuntque posticis : et nos cibo sustentamur et potu et quod natura iam respuit per eosdem effundimus tramites*, « ils se maintiennent en vie en mangeant et buvant, et ils évacuent et rejettent le répugnant superflu par leur arrière-train : nous aussi, nous nous maintenons en vie en mangeant et buvant, et déversons par les mêmes voies ce dont la nature n'a pas voulu ».

hommes ont une intelligence rationnelle et un langage articulé[65] ? Même si Arnobe ne mentionne qu'épisodiquement, avec réserve, la croyance pythagoricienne en la transmigration des âmes, ce qui est sûr, c'est que nous sommes tout proches des animaux. Peu de différence nous en sépare. Nous sommes tous des *animalia*, animés par les mêmes mouvements de la vie[66].

La prosopopée du bœuf au livre VII reprend ces arguments, qu'elle soit une *retractatio* ou un résumé des pages plus théoriques du livre II. Arnobe y ajoute, pour clore le discours, une référence à la piété et à la justice[67]. Est-il juste que ce soit le bœuf innocent qui expie de sa mort les crimes commis par les hommes ? Que lui soit tué, quand, par le sacrifice, ils peuvent, eux, obtenir leur pardon ? Ils tuent leurs parents, ils tuent leurs enfants – ou leurs frères : *quis parentibus, fratribus...* ? παιδοφόνους καὶ πατροκτόνους, dit Porphyre[68]. La variation importe peu : ce qui compte, c'est l'homéotéleute, signe de meurtres indéfiniment répétés. L'argument de la justice vient aussi de Porphyre. Nous devons, disait le philosophe, traiter les animaux comme les hommes : ne pas hésiter à « punir tous ceux qui sont malfaisants », mais il est aussi injuste de sacrifier les animaux innocents que de tuer les « hommes

---

65. 2, 17, 1 *Sed rationales nos sumus et intellegentia uincimus genus omne mutorum. Crederem istud uerissime dici, si cum ratione et consilio cuncti homines uiuerent...*, « "Mais nous, nous sommes dotés de raison et surpassons par notre intelligence toute espèce d'êtres muets". Je tiendrais cette affirmation pour pleinement exacte si tous les hommes vivaient selon la raison et le jugement » (comme en 7, 9, 2 *mutum* ; 7, 9, 5 *nec rationis nec consilii* ; réunis en 7, 9, 9 *rationales... et articulatas... uoces* ; *supra*, n. 42, 48, 50). Cf. Porph. *abst.* 3, 2, 4 : « non seulement le discours (ὁ λόγος) se rencontre chez tous les animaux absolument, mais chez beaucoup d'entre eux il a encore une capacité à devenir parfait » ; 3, 3, 3-4 ; 3, 4, 4 ; 3, 9, 1 : il faut démontrer « qu'il y a en eux une âme rationnelle (λογική) et qu'ils ne manquent pas d'intelligence (φρονήσεως) » ; 3, 10, 3 : ils ont la mémoire, qui est primordiale « dans l'acquisition de la raison (λογισμοῦ) et de l'intelligence (φρονήσεως) ».
66. Arn. 2, 16, 10 *Quod si et illud est uerum, quod in mysteriis secretioribus dicitur, in pecudes atque alias beluas ire animas improborum, postquam sunt humanis corporibus seiunctae, manifestius comprobatur uicinos nos esse neque interuallis longioribus disparatos. Siquidem res eadem nobis et illis est una, per quam esse animantia dicimur et motum agitare uitalem*, « Et s'il est vrai aussi, comme il est dit dans le secret des mystères, que les âmes des méchants, une fois séparées de leurs corps humains, passent dans le bétail et dans d'autres bêtes, c'est une preuve encore plus claire que nous sommes voisins et que l'intervalle qui nous sépare n'est pas bien grand, puisque c'est à une seule et même chose que nous devons, nous comme eux, de passer pour des êtres animés et de disposer du mouvement propre à la vie ».
67. 7, 9, 10 *interroga Pietatem, utrumne sit aequius me occidi, me confici, an hominem uenia et commissorum impunitate donari ?*, « interroge la Piété : qu'y a-t-il de plus juste ? qu'on me tue, qu'on m'abatte, ou que l'homme obtienne le pardon et l'impunité pour ses crimes ? ».
68. Arn. 7, 9, 11 (*supra*, n. 51) ; Porph. *abst.* 3, 19, 3.

qui sont comme eux »[69]. Sans doute Porphyre n'est-il pas le premier qui ait montré la proximité de l'homme et des animaux, ses semblables : Pythagore, Théophraste, Plutarque l'ont fait avant lui et constitué ce corpus d'arguments végétariens contre les sacrifices sanglants et la consommation de nourriture carnée qui aboutit au traité *De abstinentia* et dont Arnobe s'est largement inspiré.

Le bœuf s'est tu : non, s'ils sont destinés à apaiser les dieux, il ne sert à rien d'offrir des sacrifices. Outre que la colère leur est inconnue, ils ont le sens de la justice et n'acceptent pas que le sang d'un innocent rachète la faute d'autrui[70]. Mais on dira peut-être, quatrième explication, que nous offrons aux dieux des victimes pour nous en faire en quelque sorte des amis : pour obtenir leurs faveurs et pour qu'ils nous permettent d'échapper au malheur[71]. Question délicate, car cela suppose qu'on puisse infléchir le cours du destin. Cette incursion dans le domaine des philosophes et des savants[72] laisse Arnobe quelque peu hésitant, et sa discussion, embarrassée, est loin d'avoir la fermeté de celle d'un Tacite, traitant de ce sujet classique. Tout ce qui se fait dans le monde est-il, comme le veulent les stoïciens, depuis longtemps déterminé et fixé, par une nécessité qui n'est autre que l'enchaînement immuable des causes[73] ? Faut-

---

69. *Abst.* 2, 22, 2. Déjà 2, 12, 3-4 : le sacrifice est « saint » par définition (θυσία ὁσία). Or celui qui vole l'âme de l'animal sacrifié commet à son égard une injustice.

70. Arn. 7, 9, 13 *ergo ob hanc causam, id est numina ut placentur irata, inaniter fieri sacrificia constitit, cum docuerit nos ratio neque deos irasci aliquando neque alterum uelle pro altero confici, caedi nec innoxii sanguine abolitionem dissignationibus comparari*, « ainsi donc, il est établi qu'il est vain d'offrir des sacrifices pour ce motif, je veux dire pour apaiser les divinités irritées, puisque la raison nous a appris que les dieux ne s'irritent jamais et qu'ils ne veulent pas qu'une créature soit tuée, immolée à la place d'une autre et que l'amnistie des crimes soit payée d'un sang innocent ».

71. 7, 10, 1 *sed fortasse aliquis dicet* : « *idcirco dis hostias et cetera impendimus munera, ut familiares quodam modo nostris supplicationibus facti res tribuant prosperas auertantque a nobis mala, cum gaudiis faciant agere nos semper, tristitias uero propellant <et> ex casibus imminentia fortuitis* », « mais quelqu'un dira peut-être : "si nous offrons aux dieux les victimes et les autres dons, c'est pour que, devenus en quelque sorte nos amis grâce à nos supplications, ils nous accordent la prospérité et détournent de nous les maux, pour qu'ils nous fassent vivre toujours dans la joie, mais repoussent la tristesse et les menaces des malheurs fortuits" ».

72. 7, 10, 3 *aduolabit enim continuo uniuersus ille doctissimorum chorus, qui adseuerans et comprobans fato fieri quaecumque fiunt eripiat nobis e manibus opinionem istam et inanibus nos arguat persuasionibus fidere*, « car voici que va fondre sur nous à l'instant tout le chœur des plus doctes savants qui, affirmant et prouvant que tout ce qui arrive, arrive par l'effet du destin, nous arrachera des mains votre opinion et nous accusera de mettre notre confiance en de vaines croyances ».

73. 7, 10, 4 *quicquid in mundo, inquiet, gestum est, geritur et geretur, olim definitum et fixum est habetque immobiles causas, per quas <sint> sibi res nexae et inexpugnabilem conserant*

il donc rejeter toute intervention du hasard[74]? On ne peut manquer de se poser le problème du mal, qui frappe tant de gens, si pieux soient-ils[75]. Ou les dieux, ces ingrats, sont-ils (comme le croient les épicuriens?) indifférents aux affaires humaines[76]? Arnobe, visiblement mal à l'aise dans un sujet qu'il ne domine pas, se hâte d'abandonner le terrain[77]. Seule la conclusion est ferme: ou c'est le destin qui gouverne tout, et les sacrifices sont vains; ou les dieux vendent leurs faveurs, et les sacrifices sont immoraux. Vendre ses bons offices est indigne de la grandeur des dieux[78]. Porphyre aussi l'affirme: le sacrifice du pauvre qui ne fait brûler qu'un petit grain d'encens n'a pas moins de valeur que celui du riche qui offre des hécatombes[79].

praeteritorum cum imminentibus necessitatem, « tout ce qui, dans le monde, dira-t-il, s'est fait, se fait et se fera, est depuis longtemps déterminé et fixé, et a des causes immuables par lesquelles les choses sont liées entre elles et enchaînent l'invincible nécessité du passé et du futur ».
74. 7, 11, 5 *nunc uero quia casibus nullus est in his locus sed ineluctabili omnia necessitate confiunt...*, « mais en fait, comme dans ces malheurs il n'y a pas place pour le hasard, mais que tous se produisent selon une inéluctable nécessité... ».
75. 7, 11, 1-2 *Vnde sunt mundo tanti tamque innumerabiles miseri, unde tot infelices lacrimabilem uitam in extrema sorte ducentes? Cur immunes a calamitatibus non sunt qui momenta per singula, qui per puncta sacrificiis onerant atque adcumulant aras?*, « D'où vient qu'il existe dans le monde tant de misérables, en si grand nombre, tant de malheureux menant une vie déplorable, dans une situation des plus critiques? Pourquoi ne sont-ils pas exempts de malheurs, ceux qui, à tout moment, à tout instant, couvrent et surchargent les autels de leurs sacrifices? ».
76. 7, 12, 1 *aut ingrati esse dicendi sunt caelites, si cum habeant iura prohibendi, patiuntur infelix genus tot poenis et calamitatibus implicari*, « ou alors il faut taxer d'ingratitude les habitants du ciel, si, ayant le droit de s'y opposer, ils souffrent que le malheureux genre humain se débatte au milieu de tant de tourments et de calamités ».
77. 7, 12, 3 *quas tamen nos partes, quia res nimium longi est multique sermonis, inexplicatas transcurrimus atque intactas*, « mais cette question, comme l'affaire demande une discussion trop longue et trop ample, nous la laissons de côté sans la développer et sans y toucher ». On pourra confronter avec la page célèbre de Tacite, *Annales* 6, 22, à propos de l'astrologue Thrasyllus et de la faveur dont il jouissait auprès de Tibère. La comparaison ne tourne pas à l'avantage d'Arnobe.
78. 7, 12, 12 *aut enim fato fiunt quaecumque fiunt, et ambitionis et gratiae nullus locus in diis est: aut si excluditur et eicitur fatum, non est superae dignitatis boni operis fauores ad conlatas munificentias uenditare*, « en effet, ou bien tout ce qui arrive, arrive fatalement et les dieux n'ont aucune occasion d'accorder grâce et faveur, ou bien, si l'on exclut et rejette le destin, il ne convient pas à la dignité céleste de vendre les faveurs de ses bons offices et l'octroi de ses munificences ».
79. 7, 12, 5 *si ex duobus facientibus res sacras nocens unus et locuples, alter angusto lare sed innocentia fuerit et probitate laudabilis, centum ille caedat boues totidemque cum agniculis suis matres, tus pauper exiguum et odoris alicuius unam concremet glebulam*, « si, de deux hommes qui sacrifient, l'un est méchant, mais riche, l'autre ne possède qu'un modeste foyer, mais est digne d'éloge pour son intégrité et sa probité, si le premier immole cent bœufs et autant de

La cinquième et dernière explication, les sacrifices visent à honorer les dieux[80], donne matière à une analyse fine et plaisante du savoir-vivre romain et de ses usages. Que fait l'homme bien élevé, quand il croise quelqu'un du rang social le plus considérable ? Il s'arrête, il se lève, il se découvre et saute à bas de sa voiture, puis il le salue en s'inclinant, comme un esclave qui tremble[81]. Bien sûr, ce sont les codes sociaux du temps, comme les « je suis, Monsieur, votre très humble et très obéissant serviteur » des correspondances du Grand Siècle. C'est ainsi qu'on se comporte chez Sénèque ou chez Apulée, quand on rencontre un haut magistrat, consul ou préteur[82], ou un personnage important de sa province : si pressé qu'on soit, on prend le temps de lui rendre hommage et de s'entretenir avec lui[83]. Il n'en est pas moins aberrant de voir les dieux immortels assimilés aux grands de ce monde. Ce sont là des grandeurs d'établissement, qui ne relèvent que de la vanité humaine[84]. Les dieux n'ont

brebis avec leurs agnelets, tandis que le pauvre brûle un peu d'encens et une seule petite boule de parfum ». Cf. Porph. *abst.* 2, 16-17 (ἑκατόμβη, λιβανωτός, « hécatombe », « encens »).

80. 7, 13, 3 *aiunt enim sacra haec honorandis esse instituta caelestibus, et ea quod faciant honoris ergo facere et his numinum potentias auctitare*, « on dit en effet que ces rites ont été institués pour honorer les dieux du ciel et que, ce qu'on fait, on le fait pour les honorer et pour accroître le pouvoir de leur divinité ».

81. 7, 13, 7 *ut si quispiam uiso potentissimi nominis atque auctoritatis uiro uia decedat, adsurgat, caput reuelet uehiculoque desiliat, tum deinde salutet adclinis, ancillatum seruuli pauibundis trepidationibus imitatus*, « si, par exemple, quelqu'un, voyant un homme de premier rang par son nom et son autorité, lui fait place, se lève, se découvre, saute à bas de sa voiture, puis le salue en s'inclinant, dans une agitation craintive qui rappelle la soumission d'un humble esclave ».

82. Sen. *epist.* 64, 10 *si consulem uidero aut praetorem, omnia, quibus honor haberi honori solet, faciam : equo desiliam, caput adaperiam, semita cedam*, « si j'aperçois un consul ou un préteur, je leur rendrai tout l'honneur que les charges honorifiques ont accoutumé de recevoir : je sauterai à bas de mon cheval, je me découvrirai la tête, je cèderai le passage ».

83. Apul. *Florides* 21, 5-7 *tamen cum eo equo per uiam concito peruolant, si quem interea conspicantur ex principalibus uiris nobilem hominem, bene consultum, bene cognitum, quanquam oppido festinent, tamen honoris eius gratia cohibent cursum, releuant gradum, retardant equum et ilico in pedes desiliunt, fruticem, quem uerberando equo gestant, eam uirgam in laeuam manum transferunt, itaque expedita dextra adeunt ac salutant et, si diutule ille quippiam percontetur, ambulant diutule et fabulantur, denique quantumuis morae in officio libenter insumunt*, « Eh bien, que, sur ce cheval lancé à toute allure, ils dévorent l'espace : s'ils aperçoivent, chemin faisant, un homme de haut rang, noble, écouté, considéré, ils ont beau être pressés, par déférence envers lui ils ralentissent leur course, prennent le pas, arrêtent leur cheval, et d'un bond mettent pied à terre ; la baguette qu'ils tiennent pour frapper leur cheval, cette cravache, ils la font passer dans la main gauche, et la droite ainsi rendue libre, ils s'avancent pour saluer ; puis, si longtemps qu'on les questionne, ils marchent en causant ; enfin, quel que soit le retard, ils l'acceptent de bonne grâce pour s'acquitter de leurs devoirs ».

84. Arn. 7, 14, 1 *in hominibus... quos naturalis infirmitas et amor in altioribus standi docet gaudere de fascibus et aliorum comparationibus anteponi*, « parmi les hommes que leur faiblesse

que faire de nos honneurs : « ils n'en sont pas plus dieux pour autant »[85]. C'est bien là ce qu'il y a de choquant dans le sacrifice « honorifique » : traiter les dieux comme des hommes, si grands soient-ils. Et vos sacrifices, enfumés, malodorants, sont non seulement cruels, mais répugnants[86]. Ils n'honorent pas les dieux : ils ont tout pour les offusquer, les offenser.

Arnobe est meilleur dans l'indignation et la satire que dans la discussion philosophique. Aussi bien s'achemine-t-on vers la conclusion. La seule idée droite, juste et honorable qu'on puisse avoir sur les dieux, c'est de croire qu'ils n'ont rien de commun avec l'homme, qu'ils ne connaissent ni la colère, ni le plaisir corporel, et qu'aucune de vos hypothèses (acheter leurs faveurs, leur faire honneur) n'est fondée[87]. En définitive, la condamnation du sacrifice rejoint celle de l'anthropomorphisme et des passions – humaines, trop humaines. Nourrir les dieux ? Arnobe ne revient pas sur cette conception du

---

naturelle et leur passion de se tenir au rang le plus élevé instruisent à aimer les honneurs et à occuper une situation supérieure à celle d'autrui ».

85. 7, 14, 3 *augustiores, potentiores mactatis pecudibus fiunt, additur illis ex hoc quicquam, aut esse dii magis diuinitate occipiunt ampliata ?*, « deviennent-ils plus augustes, plus puissants par l'immolation du bétail, y gagnent-ils quelque chose ou commencent-ils à être encore plus dieux, grâce à un accroissement de leur divinité ? ».

86. 7, 15, 8-9 *Quod est honoris genus, lignorum structibus incensis caelum fumo subtexere et effigies numinum nigrore offuscare ferali ? Quod si ea quae fiunt propria ui pendere, non ante sumptis placet opinionibus aestimari, arae istae quas dicitis altariaque haec pulchra infelicissimi animalium generis ustrinae, rogi sunt et busticeta in opus structa foedissimum atque in sedem fabricata faetorum*, « Quelle sorte d'honneur est-ce que de mettre le feu à des monceaux de bûches et de couvrir le ciel de fumée, d'obscurcir d'une noirceur funèbre les images des dieux ? S'il faut juger ce qu'on fait selon sa valeur propre et non pas l'apprécier selon des idées préconçues, ce que vous appelez des autels, ces magnifiques autels monumentaux eux-mêmes sont des fours crématoires pour de malheureuses bêtes, ce sont des bûchers funèbres et des tas de bois, entassés pour le plus affreux dessein et conçus pour être une source de puanteur ».

87. 7, 15, 4-5 *Dicite, inquitis, quae sit opinio de dis [primum] digna, recta et honesta nec turpitudinis alicuius deformitate culpabilis. <Primum> ut neque illos credas quicquam hominis habere consimile nec quicquam exspectare quod sit ab se foris atque extrinsecus ueniens, tunc quod saepius dictum est, non ardescere irarum flammis, non gestire corporea uoluptate, non exambiri ut prosint, non praemiis ut noceant proritari, benignitatem et gratiam non habere uenalem, non gaudere honore conlato, non indignari et adfici non dato...*, « Apprenez-nous, dites-vous, quelle est sur les dieux l'opinion valable, juste et honorable, et qui ne soit pas viciée par la laideur de quelque trait honteux. C'est d'abord de ne pas croire que les dieux ont la moindre ressemblance avec les hommes ni qu'ils attendent quelque chose qui leur soit étranger et qui vienne de l'extérieur ; ensuite, nous l'avons dit bien souvent, de croire qu'ils ne brûlent pas des feux de la colère, qu'ils ne cèdent pas aux transports du plaisir physique, qu'ils ne se laissent pas solliciter pour accorder leur aide, ni séduire par des récompenses de manière à nuire, que leur bienveillance et leur faveur ne sont pas à vendre, qu'ils ne se réjouissent pas des honneurs qu'on leur rend, ne s'indignent ni ne s'affectent de ceux qu'on ne leur rend pas ».

sacrifice, trop primitive pour mériter d'être prise en compte. La seule thèse qu'il juge digne de sa critique, c'est celle qui attribue aux dieux des passions et des corps qui éprouvent le plaisir. Anthropomorphisme et sacrifice sanglant sont intrinsèquement liés.

Les rites du sacrifice

Une nouvelle peinture du sacrifice, plus développée, plus répugnante encore que la première[88], prépare – habilement – la seconde partie du livre, consacrée aux rites sacrificiels. Arnobe qui, on le sait, aime les inventaires, énumère comme à plaisir tous les animaux de la création, ceux qu'on offre réellement en sacrifice, les porcs et les moutons, et les autres, au mépris de toute vraisemblance. Tous exhalent des odeurs insupportables[89]. La perspective se renverse : loin d'être un honneur pour les dieux, les sacrifices sanglants, la crémation des victimes provoquent le dégoût et la souillure. Votre religion, si stricte quand elle exige du fidèle, de l'offrant, de quiconque entre en contact avec le sacré, la plus parfaite pureté rituelle, est ainsi mise en contradiction avec elle-même. De l'horreur, on verse aussitôt dans l'absurde et le comique : pourquoi n'immolez-vous pas aussi des mulets, des éléphants et des ânes, ou des chiens ? Des animaux domestiques, on passe aux espèces sauvages : et des ours, des renards, des chameaux, des hyènes, des lions[90] ? Après les mammifères, les oiseaux : vautours, aigles, cigognes, corbeaux, etc. ; puis les reptiles ou

---

88. 7, 4, 6 (*supra*, n. 32).
89. 7, 16, 1 *Quid dicitis, o isti ? Ergone ille putor qui ex coriis tollitur atque exspirat ardentibus, qui ex ossibus, qui ex saetis, ex agnorum lanitiis gallinarumque de plumis, dei munus et honor est, mactanturque hoc illi quorum templa cum adire disponitis, ab omni uos labe puros, lautos castissimosque praestatis ?*, « Qu'en dites-vous, vous autres ? Ainsi donc cette affreuse odeur qui s'élève et s'exhale des peaux de bêtes en train de brûler, des os, des soies, de la laine des agneaux et des plumes des poules, est-ce un présent et un honneur pour un dieu ? en sont-ils glorifiés ceux en l'honneur de qui, quand vous vous proposez d'entrer dans les temples, vous vous présentez purs de toute tache, propres et irréprochables ? ».
90. 7, 16, 3 *Quod si animantium cruore honorari et adfici superorum animos existimatis, cur non eis et mulos et elephantos mactatis et asinos ? cur non et canes, ursos et uulpes, camellos et beluas et leones ?*, « Mais si vous pensez que les esprits des dieux sont honorés et affectés par le sang des créatures vivantes, pourquoi ne leur immolez-vous pas également des mulets, des éléphants et des ânes ? Pourquoi pas aussi des chiens, des ours et des renards, des chameaux, des hyènes et des lions ? ». Énumération comparable chez Porphyre *abst.* 2, 25, 4-6 : les bœufs, les moutons, les oiseaux, les porcs, les ânes, les éléphants.

assimilés, salamandres, serpents d'eau, vipères, ou même tarentules[91] ? Dans cette sorte d'arche de Noé, on nous fait grâce des insectes. Mais les végétaux, que les dieux vous ont donnés pour nourriture ? cumin, cresson, raves, bulbes, céleri[92], etc. ? Jusque dans le comique de l'absurde, dans les énumérations saugrenues, Arnobe garde le sens de l'ordre. Il ne manque à la liste des végétaux que la sarriette des vaches, et l'âcreté des oignons qu'on y mêle pour les assaisonner : les détails dépréciatifs sont réservés pour la fin[93].

Nouvelle absurdité, qui est une adaptation de l'argument relativiste de Xénophane[94] : si les chiens, les ânes, les bergeronnettes, les hirondelles ou les porcs vous considéraient, vous, humains, comme des dieux et vous offraient des sacrifices[95], ils choisiraient les espèces dont ils se nourrissent, celles qui leur sont agréables, à eux. Les hirondelles vous immoleraient des mouches,

91. Arn. 7, 16, 4 *et quoniam uolucres hostiarum quoque in numeris ponitis, cur non uulturios aquilas ciconias inmussilos buteones coruos accipitres noctuas cumque illis salamandras natrices uiperas solifugas ?*, « et puisque vous rangez aussi les oiseaux au nombre des victimes, pourquoi pas des vautours, des aigles, des cigognes, des aigles pygargues, des buses, des corbeaux, des éperviers, des chouettes, et, avec ces animaux, des salamandres, des serpents d'eau, des vipères, des tarentules ? ».

92. 7, 16, 6-7 « *Quia rebus ex his, inquit, deos par est honorare caelestes, quibus ipsi alimur, sustentamur et uiuimus et quas nobis ad uictum sui numinis tribuere benignitate dignati sunt* ». *Sed et cuminum nasturcium rapa bulbos apium carduos radices cucurbitas rutam mentham ocimum puleium porrumque sectiuum idem tribuere dii uobis*, « "C'est parce que, dit-on, il convient d'honorer les dieux du ciel par l'offrande des choses dont nous-mêmes nous nous nourrissons, nous nous sustentons et nous vivons, et qu'ils ont daigné, dans leur divine bonté, nous accorder pour notre subsistance". Mais le cumin, le cresson, les raves, les bulbes, le céleri, les cardons, le raifort, les gourdes, la rue, la menthe, le basilic, le pouliot, le poireau à couper, tout cela, les mêmes dieux vous l'ont donné ».

93. 7, 16, 8 *quid ergo cessatis altaribus et haec dare rebusque his omnibus conilam superspergere bubulam et acrimonias intermiscere ceparum ?*, « qu'attendez-vous donc pour les leur offrir aussi sur les autels et pour répandre sur tout cela la sarriette des vaches et y mélanger l'âcreté des oignons ? ».

94. Frg. B 15 D-K, I, p. 132, cité par Clément d'Alexandrie, *strom.* 5, 14, 109, 3 : « si les bœufs ou les lions avaient des mains... les chevaux dessineraient des figures de dieux semblables aux chevaux, et les bœufs aux bœufs ». Cf. Arn. 3, 16, 3, avec mon commentaire.

95. 7, 17, 1 *si, inquam, canes et asini, si motacillae cum his simul, si hirundines garrulae pariterque cum his porci sensu aliquo humanitatis accepto deos putarent atque existimarent uos esse sacraque uobis intenderent honoris ergo facere, non ex materiis aliis aliisque de rebus sed quibus ali moris est illis et naturali adpositione fulciri*, « si, je le répète, les chiens et les ânes, si les bergeronnettes en même temps qu'eux, si les hirondelles babillardes et pareillement les porcs, doués dans une certaine mesure de sentiments humains, pensaient et croyaient que vous êtes des dieux, et se proposaient pour vous honorer de vous offrir des sacrifices, non pas de n'importe quelles matières, de n'importe quelles choses, mais de celles dont ils ont coutume de se nourrir et de se sustenter selon leur penchant naturel ».

les bergeronnettes des fourmis, les ânes du foin, les chiens des os et les porcs (gardés pour la fin car on passe du risible au répugnant), les immondices dans lesquels ils se vautrent[96]. Vous, vous honorez les dieux avec des cadavres de taureaux qui, si vous ne les faisiez brûler, seraient des charognes en putréfaction et vous feraient fuir[97]. Croyez-vous que, comme des chiens qui aboient, les dieux se laissent séduire par des boulettes de viande et en viennent à jouer avec ceux qui les leur tendent[98] ? Faut-il se laisser prendre à cette vision déformante du sacrifice ? Comme si les chairs de l'animal mis à mort étaient abandonnées sur l'autel pour y grouiller de vers ? Scène invraisemblable : la cuisine du sacrifice ne réserve aux dieux que les bas morceaux et les chairs immédiatement consommées dans le repas sacrificiel font la délectation des convives. Comme s'il avait pressenti l'objection, Arnobe s'en est justifié dès le début du développement : « il faut bien faire des suppositions, pour qu'on puisse avoir une vision plus claire des réalités »[99]. De même qu'il livrera plus loin le secret de l'amplification, il nous révèle le pourquoi de ces exemples gratuits, aussi invraisemblables que risibles : comme le ferait un moderne miroir déformant,

96. 7, 17, 2 *utrumne hunc honorem an contumeliam potius esse iudicaretis amplissimam, cum hirundines uobis muscas, motacillae caederent consecrarentque formiculas, cum altaribus uestris darent asini faenum paleasque libarent, cum inponerent canes ossa et humani stercoris proluuiem concremarent, cum ad ultimum porculi caenum uobis profunderent ex uolutabris horrentibus, lutosis et uoraginibus sumptum ?*, « considéreriez-vous comme un honneur ou plutôt comme la pire des insultes que les hirondelles vous immolent et vous consacrent des mouches ; les bergeronnettes, des fourmis ; que les ânes offrent du foin sur vos autels et répandent des libations de paille ; que les chiens y déposent des os et fassent brûler des excréments humains ; que, pour finir, les porcelets répandent en votre honneur la fange prise dans leurs horribles bourbiers et leurs cloaques fangeux ? ».

97. 7, 17, 5-6 *denique desinite supponere aris ignem : iam profecto cernitis uiscera illa taurorum sacra, quibus honor a uobis auctificatur deorum, feruescere uermibus et fluctuare, uitiare et conrumpere statum caeli et ex odoribus morbidis regiones consauciare uicinas : quam si uobis praecipiant dii cariem uestram in aletudinem uertere, prandia inde uel cenas sollemni ex more conficere, longe fugiatis*, « enfin, cessez de mettre le feu à vos autels : aussitôt, à n'en pas douter, vous voyez les chairs consacrées de ces taureaux, par lesquelles vous accroissez l'honneur que vous rendez aux dieux, grouiller et se gonfler de vers, vicier et corrompre l'atmosphère et infecter le voisinage d'odeurs pestilentielles ; or, si les dieux vous prescriraient de vous engraisser de cette charogne, d'en préparer vos déjeuners et vos dîners habituels, vous vous enfuiriez bien loin ».

98. 7, 17, 8 *deos etiam creditis in eorum adfluere uoluptates, latratorum et canum ritu offis saeuitias ponere atque adludere porrigentibus saepius ?*, « vous croyez que les dieux également affluent vers ces plaisirs et que, comme des chiens qui aboient, ils renoncent pour des boulettes à leurs fureurs et bien souvent jouent avec ceux qui les leur présentent ? ».

99. 7, 17, 1 *necesse est enim quaedam fingi, perspici ut liquidius res possint.*

LES ACTES DU CULTE : LES SACRIFICES ET AUTRES ESQUISSES   303

l'absurde jette une lumière plus crue sur le monde réel. Mieux qu'une critique « raisonnable », il nous fait prendre conscience de ses dysfonctionnements.

Nous sommes maintenant prêts à considérer les rites du sacrifice proprement dits (chap. 18-37). D'abord les sacrifices sanglants, dont le premier point est le choix des victimes, en d'autres termes la notion de victime propre. Ce sont des pages de synthèse qui, comme le ferait aujourd'hui un chapitre de manuel ou un article d'encyclopédie, regroupent toutes les règles du rituel. Elles portent sur l'espèce animale, la couleur, le sexe de la victime. Les dieux sont tous semblables : ils ont même substance, même nature, même qualité[100]. Pour quelle raison tel dieu est-il donc honoré avec des taureaux (Jupiter), tel autre avec des chevreaux ou des brebis, ou des porcelets, ou des agneaux, ou des génisses, ou des boucs cornus (Liber), ou des vaches stériles (Proserpine), ou des truies pleines (Tellus) ; avec des animaux blancs (les dieux célestes), ou sombres (les divinités infernales) ; avec des femelles (toutes les déesses), ou avec des mâles (tous les dieux)[101] ? D'emblée, la discussion est faussée. Le point de départ est faux, ou plutôt il repose sur un malentendu : Arnobe parlait, quelques lignes plus haut, du *deus* abstrait, incorporel, des philosophes[102]. C'est sur ce modèle que, passant du singulier au pluriel, il conçoit les dieux multiples du paganisme, tous semblables, s'ils répondent vraiment à l'idée de

---

100. 7, 18, 1 *et quoniam nobis in manibus hostiarum sermo uersatur, quae causa, quae ratio est, ut cum dii inmortales, sint enim et per nos licet quicumque esse creduntur, sint unius substantiae uel unius debeant esse naturae, generis et qualitatis unius, non omnibus omnes hostiis sed quibusdam quidam sacrorum mulceantur e legibus ?*, « et puisque nous avons abordé la question des victimes, pour quel motif, pour quelle raison, puisque les dieux immortels – admettons nous aussi qu'ils existent, tous ceux en l'existence de qui l'on croit – ont une seule et même substance ou doivent avoir une seule et même nature, un seul genre et une seule qualité, pourquoi ne sont-ils pas tous apaisés par n'importe quelle victime, mais certains d'entre eux selon certaines règles sacrificielles ? ».

101. 7, 18, 2 *quae est enim causa, requiram ut eadem rursus, ut ille tauris deus, haedis alius honoretur aut ouibus, hic lactentibus porculis, alter intonsis agnis, hic uirginibus buculis, capris ille cornutis, hic sterilibus uacculis, at ille incientibus scrofis, hic albentibus, ille taetris, alter feminei generis, alter uero animantibus masculinis ?*, « pour quel motif, je le demande à nouveau, tel dieu est-il honoré avec des taureaux, tel autre avec des chevreaux ou des brebis, celui-ci avec des porcelets à la mamelle, cet autre avec des agneaux non tondus, celui-ci avec des génisses vierges, celui-là avec des boucs cornus, celui-ci avec des vaches stériles, mais celui-là avec des truies pleines, celui-ci avec des animaux blancs, celui-là avec des sombres, l'un avec des femelles, mais l'autre avec des mâles ? ».

102. 7, 17, 7 *ita istud non ludere est, non confiteri, non pandere quid sit deus nescire nec cui potentiae debeat nominis huius uis subdi appellatioque supponi ?*, « n'est-ce pas vous moquer, n'est-ce pas avouer et afficher que vous ne savez pas ce qu'est Dieu ni à quelle puissance on doit rapporter l'essence de ce nom et conférer ce titre ? ».

« dieu »[103], alors que les rites s'adressent aux divinités toutes différentes de la religion d'État, qui sont aussi celles de la mythologie, et qui se répartissent entre dieux et déesses, dieux du ciel et du monde souterrain, dieux qui, tous, ont leurs fonctions et leurs caractères propres – sans compter qu'il raisonne comme si les dieux consommaient réellement des viandes sacrificielles qui risquent de leur peser sur l'estomac[104].

En réponse, Arnobe avance plusieurs arguments, qu'il est possible de regrouper. L'adéquation supposée entre la divinité et sa victime propre ne résiste pas à l'analyse. Passons sur le sexe des dieux, qui fait rire n'importe quel homme, qu'il soit ou non philosophe[105]. Mais la couleur[106] ? Tout lecteur

103. C'est une objection qu'il présentait déjà en 3, 14, 2-3, contre les caractères physiques des dieux, tous différents : *Quid quod, si haec ita sunt, erit uobis necessarium contueri similesne sint dii omnes an formarum dispari circumscriptione teneantur ! Si enim par cunctis atque una est omnibus similitudinis species, non absurdum est credere errare eos fallique cognitionis in mutuae comprehensione. Sin autem gerunt discrimen in ultibus, sequitur ut intellegi debeat non alia de causa dissimilitudines his datas, nisi ut singuli se possent differentium signorum proprietatibus noscitare*, « Mais quoi ! s'il en est ainsi, vous devrez nécessairement examiner si tous les dieux sont pareils ou si les formes extérieures qui les enveloppent sont différentes ! En effet, si, tous sans exception, ils ont une seule et même apparence et ressemblance, il n'est pas absurde de croire qu'ils font des erreurs et se trompent en voulant se reconnaître les uns les autres. Mais si les traits de leurs visages sont différents, il s'ensuit qu'on doit comprendre que ces dissemblances leur ont été données pour une seule raison : pouvoir se reconnaître entre eux grâce aux particularités de signes distinctifs ».

104. 7, 18, 5 *aut, ut fieri moris est, obseruationis alicuius et religionis metu ille caprina abstinet se carne, porcinum alius exsecratur attactum, huic ouilla fetulenta sunt uiscera, ac ne stomachum fatiget inualidum, hic bubulam duritiem uitat et lactentium lenitatem, quo digerat expeditius, sumit ?*, « ou encore, comme il arrive souvent, est-ce par suite de quelque observance ou scrupule religieux que celui-là s'abstient de la viande de chèvre, cet autre abomine le contact du porc, celui-ci trouve répugnante la viande de mouton, et cet autre, pour ne pas fatiguer son estomac malade, évite le bœuf trop dur et préfère, pour avoir des digestions plus faciles, les animaux encore à la mamelle, bien tendres ? ».

105. 7, 19, 3 *sapientium uirorum non aduocabo sententias, qui risum nequeunt continere, cum discrimina sexuum diis audiunt immortalibus attributa : unoquoque ab hominum quaero, an ipse apud se credat sibique ipse persuadeat, distinctum esse deorum genus, mares ac feminas hos esse et ad generandos fetus conuenientium membrorum dispositione formatos ?*, « je ne ferai pas état des avis des sages, qui ne peuvent s'empêcher de rire, quand ils entendent attribuer aux dieux immortels la diversité des sexes ; je demande à tout un chacun s'il croit personnellement dans son for intérieur et s'il est intimement persuadé que la race des dieux connaît cette distinction, qu'ils sont mâles ou femelles, et pourvus d'organes appropriés à la procréation ? ».

106. 7, 19, 5 *quia superis diis, inquit, atque ominum dexteritate pollentibus color laetus acceptus est ac felix hilaritate candoris ; at uero diis laeuis sedesque habitantibus inferas color furuus est gratior et tristibus suffectus e fucis*, « c'est que, dit-on, les dieux d'en haut, dont le pouvoir se traduit par des présages favorables, aiment la couleur gaie et d'heureux augure en raison de l'aspect plaisant

de Lucrèce sait que les Enfers n'existent pas[107]. D'autant que la différence de couleur est superficielle. Une victime peut être noire de peau. À l'intérieur, il y a du blanc (ou du rouge, dira le lecteur moderne, qui n'a pas la même perception des couleurs que les anciens) : les chairs, les os, les dents, la graisse, la cervelle, la moelle osseuse[108], etc. Il faudrait donc aussi teindre en noir les autres offrandes, l'encens, la farine salée, le lait, le sang, à grand renfort de suie et de cendres[109]. L'argumentation par l'absurde a fait ses preuves. Et la règle de l'espèce ? En vertu de quoi telle espèce est-elle assignée à telle divinité ? Si l'on ne la respecte pas, où est le sacrilège[110] ? Quel est le rapport entre Jupiter et le sang du taureau, en sorte que cet animal doive lui être immolé[111], de préférence à tout autre ? Si l'on immole à la Terre Mère une truie pleine, mais à Minerve, déesse vierge, une génisse vierge, c'est en vertu des affinités qui unissent la divinité destinataire et sa victime. Poussons plus loin le raisonnement – au

---

de la blancheur ; tandis que les dieux de mauvais augure qui habitent les demeures infernales préfèrent une couleur sombre, imprégnée de teintes sinistres ».

[107]. 7, 19, 6 *sed si rursus optinuerit ratio, inferorum penitus cassum esse nomen et uacuum neque ulla sub terris regna esse domiciliaque Plutonia, opinionem necesse est id quoque frustrari quam super atris pecudibus habetis diuisque subterreis*, « mais si, cette fois encore, la raison triomphe et montre que les Enfers ne sont qu'un vain mot, privé de sens, et qu'il n'existe sous terre ni royaume ni demeure de Pluton, cela ruine nécessairement aussi l'opinion que vous vous faites à propos des animaux noirs et des divinités souterraines ».

[108]. 7, 20, 3 *Quid ergo ? Non uidetis, ut uobiscum et nos stolide scurriliterque ludamus, albas esse hostiarum carnes ossa dentes pinguitias omenta cum cerebris mollesque in ossibus medullas ?*, « Eh quoi ! Ne voyez-vous pas – pour nous livrer nous aussi avec vous à des plaisanteries ineptes et bouffonnes – qu'il y a du blanc dans vos victimes : les chairs, les os, les dents, la graisse, l'épiploon, ainsi que la cervelle et, dans les os, les tendres moelles ».

[109]. 7, 20, 7 *inficite thura, si dantur, salsas fruges atque uniuersa libamina ; lacti oleo sanguini, hic ponat ut purpureum colorem, illa ut sint lurida, fuliginem infundite cum fauillis*, « teignez l'encens, si vous en offrez, la farine salée et toutes les libations ; dans le lait, l'huile, le sang, pour que ce dernier perde sa couleur pourpre, pour que les autres liquides deviennent noirâtres, versez de la suie et des cendres ».

[110]. 7, 21, 1 *si caper caedatur Ioui, quem Patri sollemne est Libero Mercurioque mactari, aut bos si sterilis Vnxiae, quam Proserpinae tribui Tusco ritu atque obseruatione praecipitur, quid facinoris in hoc erit, quid malorum scelerisue contractum, cum nihil intersit obsequii, cuius animalis e capite honorarium istud debitum compleatur ?*, « si on sacrifie un bouc à Jupiter, alors qu'il est rituel de l'immoler à Liber Pater et à Mercure, ou une vache stérile à Unxia, alors que le rituel et la coutume étrusques prescrivent de l'attribuer à Proserpine, quel forfait y aura-t-il à cela, quel mal, quel crime commettra-t-on, alors que l'hommage rendu ne diffère en rien, selon qu'on s'acquitte de cette marque d'honneur avec telle ou telle tête de bétail ? ».

[111]. 7, 21, 5 *quid adplicitum Iuppiter ad tauri habeat sanguinem, ut ei debeat immolari, non debeat Mercurio, Libero ?*, « quel est le rapport entre Jupiter et le sang de taureau, en sorte que cet animal doive lui être immolé, mais ne doive pas l'être à Mercure et à Liber ? ».

prix d'un saut qualitatif qui n'effraie pas notre rhéteur. Si divinité et victime se ressemblent, alors il faut sacrifier à Apollon des musiciens, à Esculape des médecins, à Vulcain des forgerons, à Mercure, les meilleurs orateurs[112]. De l'animal dont le statut temporaire (femelle pleine, ou encore vierge) est analogue à celui de la déesse honorée, on passe abusivement à la corporation qui honore le dieu comme son saint patron.

Arnobe joue habilement sur l'horreur qu'inspirent à Rome les sacrifices humains. D'où sa conclusion : « mais si de telles affirmations sont insensées ou, pour s'exprimer avec modération, stupides, c'est la marque d'une folie bien plus grande encore que d'égorger des bêtes pleines en l'honneur de la Terre, parce qu'elle porte des fruits si abondants, ou à Minerve des victimes chastes et vierges, parce qu'elle est pure et que sa virginité est inviolée »[113]. Arnobe méconnaît le sens le plus archaïque du sacrifice, son efficacité première : il aide la divinité à remplir son office, à accomplir la tâche que les humains attendent d'elle. Ainsi en est-il des rites de fécondité : on offre à Tellus des victimes pleines non *parce qu'elle* est féconde par excellence, mais *pour qu'elle* soit féconde. De même, l'exhibition des courtisanes aux *Floralia* n'est pas une preuve de la dépravation du paganisme, mais un rite de fécondité, destiné à aider le travail de la déesse. Et cela, Arnobe, dans un autre contexte, il est vrai, le sait toujours[114].

De l'horreur (virtuelle) des sacrifices humains, de celle (bien réelle) des sacrifices d'animaux, il est aisé de passer à une réflexion sur la nature des dieux : se divisent-ils, comme vous le prétendez, en deux catégories, les uns bons, les autres méchants, *bonos / malos et laeuos*[115] ? Arnobe réfute cette thèse par une

---

112. 7, 22, 5 *ergo et musicis Apollo, quod musicus, et quod medicus Aesculapius, medicis, et quod faber Vulcanus est, fabris, et quod Mercurius eloquens, eloquentibus debet disertissimisque mactari*, il faudra donc honorer « Apollon en lui offrant des musiciens, puisqu'il est musicien ; et Esculape, puisqu'il est médecin, en lui offrant des médecins ; à Vulcain, puisqu'il est forgeron, on offrira des forgerons ; et à l'éloquent Mercure, on doit sacrifier les orateurs, éloquents et si diserts ».

113. 7, 22, 6 *quod si dicere istud insanum est aut ut mediocriter pronuntiem brutum, multo illud maioris amentiae est, fetas iugulare Telluri, quod sit fetibus grauior, Mineruae castas et uirgines, quia sit pura, uirginitatis intactae.*

114. 3, 23, 6 *Flora illa genetrix et sancta obscenitate ludorum bene curat ut arua florescant*, « Flora, cette Mère vénérée dans des jeux obscènes, veille avec soin à la floraison des champs ».

115. 7, 23, 1 *nam quod dici a uobis accipimus, esse quosdam ex diis bonos, alios autem malos et ad nocendi libidinem promptiores, illisque ut prosint, his uero ne noceant sacrorum sollemnia ministrari, quanam istud ratione dicatur, intellegere confitemur non posse*, « quant aux propos qu'on vous prête sur l'existence de certains dieux qui seraient bons, et d'autres méchants, portés à satisfaire leur désir de nuire ; sur la célébration des rites solennels, en l'honneur des premiers

démonstration en forme dont on décomposera les étapes : les mots de liaison qui, à chaque phrase, articulent le discours (*nam, autem, itaque, enim*, répétés, s'il en est besoin), sont un des éléments de la persuasion. Les deux propositions liminaires s'opposent, présentées par deux *nam* antithétiques. Vous, vous affirmez qu'il y a des dieux bienfaisants et d'autres malfaisants ; les sacrifices visent à obtenir l'aide des uns et à empêcher les autres de nuire. Nous, nous pensons que les dieux sont par nature bienveillants et incapables de nuire[116]. La discussion porte sur la véritable nature des dieux (*naturas, natura*) et sur celle du mal, incompatible avec l'idée de Dieu[117]. C'est pourquoi (*itaque*), à supposer qu'il existe des dieux dispensateurs du bonheur et d'autres du malheur, il n'y a aucune raison de séduire les uns et de neutraliser les autres par des sacrifices[118]. Ce qui se démontre en deux temps. En premier lieu, on ne peut changer la nature (*inmutare naturam*) ni des êtres, ni des choses. Un dieu bon ne peut faire du mal, même s'il ne reçoit aucun sacrifice, ni un dieu mauvais s'adoucir, même au prix d'innombrables victimes[119]. De même pour les éléments et les animaux, ce que montreront mieux ces deux exemples. La chaleur du feu ne se change pas en froid, qui est son contraire. Caresser une vipère

pour obtenir leur aide, en l'honneur des seconds pour les empêcher de nuire, nous avouons ne pouvoir comprendre pour quelle raison vous parlez ainsi ».

116. 7, 23, 2 *nam deos benignissimos dicere lenesque habere naturas, et sanctum et religiosum et uerum est, malos autem et laeuos, nequaquam sumendum est auribus, ideo quoniam diuina illa uis ab nocendi procul est dimota et disiuncta natura*, « car dire que les dieux sont pleins de bienveillance et doux de nature, c'est chose sainte et pieuse et véridique, mais les dire méchants et hostiles, c'est une affirmation à laquelle il ne faut en aucune façon prêter l'oreille, pour la raison que l'essence divine est bien éloignée et distante de toute velléité de nuire ».

117. 7, 23, 3 *quicquid autem potis est causam calamitatis inferre, quid sit primum uidendum est et ab dei nomine longissima debet differitate seponi*, « or tout ce qui est capable d'apporter une cause de malheur doit d'abord être examiné et dissocié le plus radicalement possible du nom de Dieu ».

118. 7, 23, 4 *itaque ut uobis commodemus adsensum, dextrarum sinistrarumque rerum deos esse fautores, ulla nec sic ratio est, cur alios alliciatis ad prospera, alios uero ne noceant sacrificiis conmulceatis et praemiis*, « c'est pourquoi, même si nous vous accordions qu'il existe des dieux patronnant le bonheur et l'adversité, même dans ce cas il n'y aurait aucune raison pour que vous séduisiez les uns en vue de votre prospérité, et pour que vous flattiez les autres par des sacrifices et des dons, pour les empêcher de vous nuire ».

119. 7, 23, 5 *primum quod di boni male non queunt facere, etiam si nullo fuerint honore mactati ; quicquid enim mite est placidumque natura, ab nocendi procul est usu et cogitatione discretum : malus uero conprimere suam ferociam nescit, quamuis gregibus mille et mille alliciatur altaribus*, « en premier lieu, les dieux bons ne peuvent pas faire le mal, même s'ils n'ont reçu aucune marque d'honneur ; en effet, tout ce qui est doux et paisible de nature est bien éloigné de l'acte et du dessein de nuire ; mais un dieu méchant ne sait comment réprimer sa sauvagerie, quand même on essayerait de le séduire avec mille troupeaux, sur mille autels ».

ou un scorpion africain ne l'adoucira pas : on se fera mordre ou piquer[120]. Les sacrifices sont inutiles (*nihil prodest*), en ce qu'ils n'empêchent pas les dieux mauvais de nuire, ou superflus, s'ils s'adressent aux dieux bons. Ils ne peuvent modifier les qualités innées des dieux[121].

Autre argument, qui est une démonstration par l'absurde. C'est dans la même intention qu'on offre des sacrifices aux deux sortes de dieux : aux bons, pour qu'ils soient favorables, aux mauvais, pour qu'ils ne nuisent pas. Supposons qu'on n'en offre pas aux dieux bons : on doit en conclure qu'ils cesseront de faire du bien et deviendront mauvais. Tandis que les dieux mauvais, à qui l'on en offre, deviendront bons. On aboutit ainsi au brouillage des deux catégories (*utrique*, trois occurrences dans les § 8-9) : les uns ne sont pas favorables, les autres ne sont pas malveillants, à moins que les uns et les autres ne soient à la fois favorables et malveillants. Ce qui est impossible[122] – et votre

---

120. 7, 23, 6-7 *Neque enim in dulcedinem uertere amaritudo se potest aut ariditas in umorem, calor ignis in frigora aut quod rei cuicumque contrarium est id quod sibi contrarium est in suam sumere atque inmutare naturam. Vt si manu uiperam mulceas, uenenato blandiaris aut scorpio, petat illa te morsum, hic contractus aculeum figat, nihilque illa prosit adlusio cum ad nocendum res ambae non stimulis exagitentur irarum sed quadam proprietate naturae, ita nihil prodest promereri uelle per hostias deos laeuos, cum siue illud feceris siue contra non feceris agant <secundum> suam naturam et ad ea quae facti sunt ingenitis legibus et quadam necessitate ducantur*, « En effet l'amertume ne peut se changer en douceur, ni la sécheresse en humidité, ni la chaleur du feu en froid et ce qui est contraire à une chose quelconque ne peut accueillir et transformer son contraire en sa propre nature. Si par exemple tu caressais de la main une vipère ou si tu flattais un scorpion venimeux, la première chercherait à te mordre, le second, à peine touché, te percerait de son aiguillon et jouer avec eux ne servirait à rien, puisque ces deux créatures ne sont pas poussées à nuire sous l'excitation de la colère, mais par une particularité de leur nature ; de même il ne sert à rien de vouloir se concilier par des victimes la faveur des dieux hostiles, puisque ceux-ci, qu'on le fasse ou non, agissent selon leur nature et sont poussés à ce pour quoi ils ont été faits par des lois innées et par une sorte de nécessité ».

121. 7, 23, 8 *quid quod isto modo utrique dii desinant esse suis in uiribus et suis in qualitatibus permanere*, « bien plus, dans cette hypothèse, les deux sortes de dieux perdent leurs pouvoirs propres et ne conservent pas leurs qualités propres ».

122. 7, 23, 9 *nam si bonis ut prosint res diuina conficitur, malis autem ne noceant isdem rationibus supplicatur, sequitur ut intellegi debeat, nihil dexteros profuturos nulla si acceperint munera fierique ex hoc malos, malos autem si acceperint nocendi posituros mentem fierique ex hoc bonos; atque ita perducitur res eo ut neque hi dexteri neque illi sint laeui aut, quod fieri non potest, utrique ipsi sint dexteri et utrique iterum laeui*, « car si l'on offre un sacrifice aux bons pour obtenir leur faveur, si de la même façon on supplie les méchants de ne pas nuire, on doit comprendre, en conséquence, que les dieux propices n'accorderont pas leur aide s'ils n'ont pas reçu de présents et que, de ce fait, ils deviendront méchants ; mais que les méchants, s'ils en ont reçu, renonceront à leur volonté de nuire et, de ce fait, deviendront bons ; ainsi on en arrive à ce résultat que les premiers ne sont pas favorables et que les seconds ne sont pas hostiles, ou bien, ce qui

système binaire est ruiné. Le lecteur, intimidé par cet arsenal argumentatif, ne peut qu'acquiescer, et l'adversaire païen s'avouer vaincu. La virtuosité du rhéteur vient à bout de tous les obstacles.

Quant à la source du passage, point n'est besoin, pour l'identifier, de faire appel à l'hypothétique Labeo[123] : les citations qu'on produit en sa faveur diffèrent sensiblement de notre texte. L'inspirateur d'Arnobe est à nouveau Porphyre[124], dans les chapitres où il s'interroge sur la nécessité d'offrir des sacrifices, sanglants en particulier. On y retrouve la hiérarchie platonicienne qui structure le divin. Au dieu suprême, au « premier dieu » (ὁ μὲν πρῶτος θεός), on n'offre pas de sacrifices : seul lui convient le « silence pur et [les] pures pensées » de la contemplation (2, 34, 2-3). Aux dieux astraux (2, 37, 3), on ne rend « grâce pour leurs bienfaits » qu'en leur offrant des « objets inanimés » (miel, fruits, fleurs, produits de la terre, détaillés en 2, 36, 4). Tous les autres sont des démons (δαίμονες), que l'opinion commune redoute et qu'elle cherche à se concilier par des prières, des supplications, des sacrifices (2, 37, 5). L'analyse du philosophe va plus loin, qui distingue deux catégories, selon qu'ils sont bons (ce sont les dieux traditionnels du polythéisme) ou méchants (2, 38, 2-4). C'est aux démons malfaisants qu'on offre les sacrifices sanglants dont ces maîtres de la magie (2, 41, 5 γοητεία) se nourrissent : la partie corporelle de leur être vit des vapeurs « qui montent du sang et des chairs brûlés » (2, 42, 3). L'homme sage se gardera de les attirer par des sacrifices et

---

est impossible, que les uns et les autres sont à la fois favorables et, les uns et les autres encore, hostiles ».

123. Qui, d'après saint Augustin, distinguait bien les deux catégories (opposition banale chez les platoniciens), mais pour les mettre en rapport avec les rites romains, les seconds avec les sacrifices sanglants et les lugubres supplications, les premiers avec les rites joyeux, tels que les jeux, les banquets, les lectisternes : *ciu.* 2, 11, p. 66 D *cum praesertim Labeo, quem huiusce modi rerum peritissimum praedicant, numina bona a numinibus malis ista etiam cultus diuersitate distinguat, ut malos deos propitiari caedibus et tristibus supplicationibus asserat, bonos autem obsequiis laetis atque iucundis, qualia sunt, ut ipse ait, ludi conuiuia lectisternia*, « Labéon reconnu comme fort expert en ces matières, ne distingue-t-il pas les dieux bons des dieux méchants d'après la diversité de leur culte ? On implore, assure-t-il, les dieux méchants par des sacrifices sanglants et des prières lugubres, et les dieux bons par des hommages joyeux et plaisants, par exemple, dit-il lui-même, les jeux, les banquets, les lectisternes » ; 8, 13, p. 340 D *qui Labeo numina mala uictimis cruentis atque huius modi supplicationibus placari existimat, bona uero ludis et talibus quasi ad laetitiam pertinentibus rebus*, « et ce Labéon estime qu'il faut apaiser les divinités mauvaises par le sang des victimes et des prières publiques du même genre ; les divinités bonnes par des jeux et autres moyens d'exciter la joie ». Arnobe ne dit rien de tel.

124. *Abst.* 2, 34-43. Voir le deuxième article de G. Sfameni Gasparro (*supra*, n. 49), p. 473-505, dont c'est l'un des points majeurs : les sacrifices sanglants nourrissent les mauvais démons.

« s'efforcera... de purifier son âme » : « les mauvais démons... ne s'attaquent pas à l'âme pure » (2, 43, 1).

Tels sont, dans leurs grandes lignes, les chapitres dont s'inspire Arnobe : c'est bien Porphyre qui est visé par le *uobis* initial de 7, 23, 1 – les propos que *vous* tenez –, avec cette réserve que l'apologiste, rétif, nous le verrons, à la démonologie, évite le calque *daimones* et, dans toute la discussion, nomme constamment ces puissances du troisième rang « dieux » (*diis, deos*, etc.), et non « démons ». Dans le détail de son argumentation, on peut aussi relever des traits porphyriens. Le philosophe grec traite de la « nature » (2, 38, 1 τὴν φύσιν ; 2, 41, 2 φύσει) des démons ; Arnobe discute longuement de cette *natura*. Les démons malfaisants, violents et fourbes, sont soumis aux passions (2, 39, 2-3 παθητικόν, -ῷ, πάθη) ; les dieux mauvais ont la *nocendi libido* (Arn. 7, 23, 1). Plus révélateur encore, car il s'agit d'un détail « improbable », l'exemple du froid et du chaud est tiré de Platon : « refroidir n'est pas le fait de la chaleur mais de son contraire » (2, 41, 2 οὐ γὰρ θερμότητος, ὥς φησι Πλάτων, τὸ ψύχειν, ἀλλὰ τοῦ ἐναντίου ; Arn. 7, 23, 6 *calor... frigora... contrarium*). Nuisance, bienfaisance : « les contraires (τὰ δ' ἐναντία) ne sauraient coexister dans le même sujet » (2, 41, 2 : Arn. 7, 23, 9 *utrique... dexteri et utrique iterum laeui*).

Sans doute, la page est remaniée, librement réinterprétée à partir de son modèle premier. Mais Arnobe ne dit rien qui ne se trouve déjà chez Porphyre. C'est à lui qu'il doit la distinction et l'opposition fondamentales des deux catégories, dieux-démons bienfaisants ou malfaisants, favorables ou nuisibles. Cependant, quand il conclut, avec un raisonnement par l'absurde, que l'idée même de sacrifice, avec la vénalité qu'elle suppose chez les dieux, transforme leur nature : si les dieux bons refusent leur aide parce qu'ils n'ont pas reçu de présents, ils deviennent méchants, tandis que les méchants, en se laissant acheter, deviennent bons – cette hypothèse invraisemblable, cette impossible métamorphose sont bien dans sa manière. Mais faut-il se laisser persuader quand il taxe le paganisme de contradiction et qu'il conclut en affirmant ou que les uns ne sont plus favorables et les autres ne sont plus hostiles – retournement incroyable ; ou que (*aut*) les deux sortes de dieux seraient en même temps favorables et hostiles – *quod fieri non potest* ? Arnobe, une fois encore, allie l'agilité du raisonnement à une totale méconnaissance de la mentalité archaïque : les dieux anciens, les dieux d'Homère, sont ambivalents et, si Apollon lance la peste, c'est qu'il est aussi capable de l'arrêter.

Les victimes une fois égorgées, découpées, qu'en fait-on ? Alors entre en jeu la cuisine du sacrifice, avec ses multiples spécialités, ses recettes mystérieuses et ses termes techniques, aussi peu intelligibles au profane qu'une carte de restaurant tant soit peu sophistiquée. L'inénarrable lexique des spécialités culinaires destinées aux dieux, qui se déroule en plusieurs séquences[125], boudins ou quenelles sacrés, boulettes, ragoûts, bouillies (*apexaones, hirciae, silicernia, longaui* ; *taxeae, neniae, offae penitae* ; *polimina, omenta, palasea* ; *fitilla, frumen, africia, gratilla, catumeum, cumspolium, cubula*), gâteaux, brochettes, salaisons liées avec des céréales (peu nombreuses : les dieux sont carnivores), tripes (*fendicae, rumae*), *magmenta* et *augmina* ajoutés aux entrailles, fait la joie d'Arnobe lexicographe et antiquaire. Mais il n'est que trop facile d'insister sur la loi du secret (*reconditis, mysteria*) et, d'entrée de jeu, de jeter le soupçon de magie (condamnée par la loi) sur ces mots incompréhensibles qui proviennent des mystérieuses prescriptions pontificales et qui ont leur place dans le culte[126]. Tous ces noms sont aussi « barbares » que les incantations des magiciens et leurs formules abracadabrantes. Suspects, ridicules, qui prendrait au sérieux cette liste qui n'a d'autre but que d'impressionner le vulgaire en paraissant « plus auguste » à ses yeux[127] ? Le moderne historien de la religion romaine saura gré à Arnobe de cette documentation savante, puisée chez Varron et d'autres grammairiens (Festus, c'est-à-dire Verrius Flaccus), et qui nous permet de pénétrer un peu mieux dans la cuisine du sacrifice.

L'offrande de la victime est la partie essentielle du sacrifice. C'est pour cette raison, en adoptant un ordre hiérarchique, et non chronologique, qu'Arnobe ne traite qu'ensuite des rites préliminaires, l'offrande de l'encens et du vin, *ture et uino*[128]. Autant le chapitre précédent abondait en détails sur des noms inconnus, autant celui-ci reste allusif : ce sont des points du rituel familier à tout

---

125. Je ne donne qu'un aperçu du chap. 24 : § 3-4 *Quid, inquam, sibi haec uolunt apexaones, hirciae, silicernia, longaui, quae sunt nomina et farciminum genera, hirquino alia sanguine, comminutis alia inculcata pulmonibus ? Quid taxeae, quid neniae, quid offae non uulgi set quibus est nomen appellatioque penitae...?*, « Oui, que veulent dire ces termes : *apexaones, hirciae, silicernia, longaui* ? ce sont les noms de certaines sortes de saucisses, les unes farcies de sang de bouc, les autres, de mou haché menu. Que signifient les mots *taxeae, neniae, offae* – non pas la variété commune, mais les *offae* qui portent le nom spécifique de *penitae* ? ». Pour les références aux grammairiens, voir le commentaire de B. Fragu ; ainsi que C. Santini, « Il lessico della spartizione nel sacrificio romano », dans C. Grottanelli - N. F. Parise (dir.), *Sacrificio e società nel mondo antico*, Bari, Laterza, 1988, p. 293-302.
126. 7, 24, 2 *quid sibi reliqua haec uolunt magorum cohaerentia disciplinis, quae in sacrorum reconditis legibus pontificalia restituere mysteria et rebus inseruere diuinis ?*, « que signifient ces autres prescriptions qui se rattachent à la science des magiciens, que les livres mystérieux des pontifes ont rangées parmi les lois secrètes des sacrifices et introduites dans le service divin ? ».
127. 7, 24, 9 *quibus nomina indidistis obscura uulgoque ut essent augustiora fecistis*, « auxquels vous avez donné des noms obscurs, pour les rendre plus augustes aux yeux du vulgaire ».
128. 7, 26, 1 *sequitur ut de thure deque mero aliquid sine ulla nimietate dicamus : copulata enim et mixta sunt caerimoniarum et haec genera cultumque adhibentur in plurimum*, « nous avons maintenant à parler, sans prolixité, de l'encens et du vin ; en effet ces deux sortes de rites sont

Romain païen, qui offre constamment des sacrifices. On fait brûler quelques grains d'encens sur le foyer sacrificiel, puis on verse sur eux une libation de vin[129], dans le sacrifice privé[130] comme dans le sacrifice public[131]. L'encens et le vin sont les deux offrandes essentielles que l'État fournit aux fidèles lors des supplications[132]. Première raison de critiquer l'offrande de l'encens[133] : il est à Rome d'usage récent[134]. Aux temps fondateurs de la religion romaine, sous Romulus et sous Numa, personne n'en usait dans les cérémonies religieuses : on ne connaissait que la *mola salsa* locale (*pium far*)[135]. L'argument historique, on le sait, est cher à l'apologiste : c'est celui dont les païens usent à l'égard des chrétiens, « votre religion est d'apparition récente » – elle est donc moins respectable que la nôtre[136]. On peut en user dans les deux sens : l'encens de

---

liés et associés et ont leur place dans la plupart des cérémonies cultuelles ». C'était déjà l'ordre annoncé en 6, 1, 2 (*supra*, p. 240, n. 5).

129. 7, 29, 1 *merum thuris est socium, quod explanari consimiliter poscimus cur ei superfundatur incenso*, « le vin est associé à l'encens, et nous demandons également qu'on nous explique pourquoi on le répand sur l'encens enflammé » ; 7, 30, 1 (*infra*, n. 146).

130. Caton *agr.* 134, 1 (sacrifice à Cérès de la truie précidanée) : *thure, uino Iano* (comme dieu de tous les commencements)... *praefato*, « avec de l'encens et du vin, invoquez d'abord Janus ».

131. Liv. 23, 11, 4 ; Suet. *Aug.* 35, 4. Sacrifice des arvales en 81, 87, 120 ap. J.-C. : J. Scheid, *Commentarii fratrum arualium qui supersunt*, Rome, École française de Rome, 1998, n° 49, 12 (p. 130) ; n° 55, I, 19 (p. 146) ; n° 69, 31, 40 (p. 211).

132. Liv. 10, 23, 2 *publice uinum ac tus praebitum ; supplicatum iere frequentes uiri feminaeque*, « le vin et l'encens furent fournis par l'État ; hommes et femmes allèrent supplier en foule ». Cf. C. Février, « *Supplicare deis* ». *La Supplication expiatoire à Rome*, Turnhout, Brepols, 2009, p. 40.

133. Sur l'hostilité des chrétiens à l'égard de l'offrande d'encens, caractéristique du culte païen, voir le commentaire de B. Fragu, p. 84 (« offrir quelques grains d'encens équivaut à abjurer la religion chrétienne ») et 202.

134. Arn. 7, 26, 3 *nouella enim propemodum res est neque annorum inexplicabilis series, ex quo eius notitia profluxit in has partes et delubris meruit interesse diuinis*, « en effet c'est presque une nouveauté et il ne s'est pas écoulé une suite d'années innombrables, depuis que la connaissance en est parvenue en nos régions et que l'encens a gagné sa place dans les sanctuaires des dieux ». De même Porph. *abst.* 2, 5, 1-2 : les premiers Égyptiens offraient aux dieux de simples végétaux, ni myrrhe, ni encens, ni safran.

135. 7, 26, 4 *neque ipse Romulus aut religionibus artifex in comminiscendis Numa aut esse sciuit aut nasci, ut pium far monstrat, quo peragi mos fuit sacrificiorum sollemnium munia*, « ni Romulus lui-même ni Numa, expert dans l'art d'inventer des rites religieux, n'en connurent l'existence ni la provenance, comme le montre l'usage de la farine consacrée, avec laquelle la coutume voulait qu'on accomplît ses devoirs dans les sacrifices courants ».

136. 1, 13, 2 *trecenti sunt anni ferme, minus uel plus aliquid, ex quo coepimus esse Christiani*, « il y a quelque trois cents ans – un peu plus ou un peu moins – que nous, les chrétiens, nous avons commencé à exister ». Cf. 1, 57, 4 *Sed antiquiora, inquitis, nostra sunt ac per hoc fidei et ueritatis plenissima ; quasi uero errorum non antiquitas plenissima mater sit et non ipsa pepererit*

votre culte est d'usage bien récent. Mais aussi : l'antiquité est mère d'erreur. Ce sont les facilités de la polémique... Donc, l'encens est une « innovation »[137] ; et l'on sait l'horreur du Romain pour toute « nouveauté », *res nouae*, assimilée à une « révolution », cultuelle en l'occurrence. Ce qui permet une commode rétorsion. En quoi une résine peut-elle honorer les dieux[138] ? Auraient-ils des narines[139] ? Pourtant, les dieux grecs[140] et romains aiment les parfums : on

res eas quae turpissimas diis notas ignominiosis concinnauerunt in fabulis, « Mais nos croyances, dites-vous, sont plus anciennes et par cela même ce sont les plus authentiques et les plus véridiques. – Comme si l'antiquité n'était pas la mère la plus féconde en erreurs, comme si elle n'avait pas enfanté elle-même les récits qui ont marqué les dieux des plus honteux stigmates dans des fables ignominieuses ! » ; le développement 2, 66-75, où l'on trouve avec insistance le même adjectif dépréciatif, *nouellus*, que dans notre passage : 2, 66, 2 *nouellam esse religionem nostram et ante dies natam propemodum paucos,* vous nous objectez « que notre religion est toute récente, qu'elle n'a quasiment que quelques jours » ; 2, 69, 1 *sed nouellum nomen est nostrum et ante dies paucos religio est nata quam sequimur,* « mais notre nom est tout nouveau et la religion dont nous sommes les fidèles n'a que quelques jours d'existence » ; 2, 71, 1 *sed quod agimus nos, nouum est, quod autem uos, priscum est et nimiae uetustatis... noua res est quam gerimus ?...,* « mais nos pratiques, à nous, sont récentes, tandis que les vôtres sont anciennes et d'une extrême antiquité... notre culte est nouveau ?... » ; 2, 72, 2 *omnipotens et primus deus nouella uobis uidetur res esse ?,* « selon vous, un dieu tout-puissant et premier est-il chose récente ? ».
137. 7, 26, 5 *unde igitur coepta est usurpatio eius adsumi, aut in antiquam et ueterem consuetudinem quaenam inruit nouitas, ut quod tempestatibus tantis necessarium non fuit locum sumeret in caerimoniis primum ?,* « alors, de quel lieu en importa-t-on l'usage et quelle fut donc cette nouveauté qui fit irruption dans la pratique ancienne des temps antiques, si bien qu'une chose dont on n'avait pas eu besoin durant de si longues années prit alors la première place dans les cérémonies ? ».
138. C'est la justification que donne le païen : 7, 27, 4 *honoramus, inquiet aliquis fortasse, his deos,* « nous honorons ainsi les dieux, dira peut-être quelqu'un ». À quoi Arnobe réplique, 7, 27, 5-6 : *Quantus iste est honor aut qualis, qui ex ligni sudore conficitur et resina ex arboris conparatur ? Nam ne forte ignoretis, quid aut unde sit thus istud, uiscum est ex corticibus profluens,* « Qu'est-ce que ce grand honneur, et de quelle sorte, que l'on tire de la sueur du bois et que procure la résine d'un arbuste ? Car, pour le cas où vous ne sauriez pas ce qu'est cet encens et d'où il vient : c'est une gomme qui coule de l'écorce des arbres ».
139. 7, 28, 1-2 *An numquid aliquis dicet idcirco superis thus dari, quod odoratus habeat suaues et narium commulceat sensum... Habent enim dii nares, quibus ducant aerios spiritus, accipiunt auras et remittunt, ut penetrare illos possint nidorum differentium qualitates !,* « Quelqu'un dira peut-être que, si l'on offre de l'encens aux dieux d'en haut, c'est parce qu'il a une odeur suave et qu'il est une caresse pour l'odorat... Les dieux ont donc des narines pour capter les souffles de l'air, ils inspirent et expirent de sorte que les qualités des diverses senteurs puissent pénétrer en eux ! ». Cf. 3, 14, 4 : effectivement, certains sont *nasicas,* d'autres *hos displosis naribus,* d'autres encore *illos resimis,* ils ont « un nez pointu... des narines épatées... un nez camus ».
140. Cf., dans *Le Sacrifice antique* (*supra,* n. 33), la communication de V. Mehl, « Parfums de fêtes. Usages de parfums et sacrifices sanglants », p. 167-186 (qui note, p. 169, « le coût parfois exorbitant des parfums »).

butte perpétuellement sur la même question, celle de l'anthropomorphisme[141]. Et comment savoir si les dieux aiment les mêmes parfums que nous[142] ? Un dieu incorporel n'a pas d'organes qui le rendent sensible aux odeurs[143].

Plus grave est la question du vin. Ce n'est pas que les dieux aient soif[144] : il n'a, comme l'encens[145], d'autre but que de les honorer[146]. Les dieux auraient-ils les mêmes manières de table que nous ? Il faut leur donner à boire : ces dieux gloutons risquent de s'étouffer si quelque morceau de viande, trop gros pour eux, leur reste au travers de la gorge[147]. Le souverain des dieux lui-même n'est

141. Le raisonnement d'Arnobe, 7, 28, 3-6 (*quod si, enim, autem, ergo*), est que, si les dieux respirent, ils sont mortels : ils inspirent et expirent tour à tour et, quand le processus s'interrompt, ils meurent.

142. 7, 28, 7-8 *Et unde nouissime scitis, an si odorum suauitate capiuntur, eadem sint eis iucunda quae uobis et parili sensu uestras mulceant adficiantque naturas ? Nonne fieri potis est, ut quae uobis adferunt uoluptatem contra illis aspera uideantur et tristia ?*, « D'ailleurs, comment pouvez-vous savoir, finalement, en admettant qu'ils soient séduits par la suavité des odeurs, s'ils trouvent agréables les mêmes choses que vous et si des sensations semblables charment et affectent aussi bien que la vôtre la sensibilité des dieux ? Ne peut-il se faire que ce qui vous cause du plaisir leur semble au contraire rude et pénible ? ».

143. 7, 28, 13-14 *Nam si uerum est, ut ab sapientibus creditur, incorporales hos esse... Quod enim non habet robur et substantiam corporalem, contrectari ab substantia non potest corporali : odor autem corpus est, tactis sicut naribus indicatur ; ab deo ergo sentiri ratione non potest ulla, qui caret re corporis atque omni sensu et contagione priuatus est*, « Car s'il est vrai, comme le croient les sages, que les dieux sont incorporels... En effet, ce qui n'a ni force ni substance corporelle ne peut être touché par une substance corporelle ; or l'odeur est un corps, comme le montre son contact avec les narines ; elle ne peut donc en aucune façon être perçue par la divinité, qui est dépourvue de réalité corporelle et privée de tout sens et de toute possibilité de contact ».

144. 7, 29, 5 *numquid enim numinum corpora sitim sentiunt aridam et eorum necesse est siccitates umore aliquo temperari ?*, « les corps des divinités éprouvent-ils donc une soif ardente et est-il nécessaire qu'une boisson quelconque atténue leur sécheresse ? ».

145. 7, 27, 4 (*supra*, n. 138).

146. 7, 30, 1-2 *Sed frustra, inquit, inequitas nobis : non enim nos superis ob eas profundimus merum causas, tamquam illos existimemus aut sitire aut bibere aut suauitatis eius adfectione laetari. Honoris eis ergo datur ; quo fiat illorum elatior, amplior augustiorque sublimitas, altaria super ipsa libamus et uenerabiles muscos carbonibus excitamus exstinctis*, « Mais c'est en vain, dit-on, que tu nous insultes : en effet, si nous versons du vin aux dieux d'en haut, ce n'est pas que nous pensions qu'ils ont soif ou qu'ils boivent ou que son moelleux leur cause une agréable impression. C'est pour les honorer qu'on leur en donne ; c'est pour que leur sublimité devienne plus haute, plus imposante et plus auguste que nous faisons des libations sur les autels mêmes et que nous faisons monter des braises les senteurs qui marquent notre vénération ».

147. 7, 29, 7 *date quaeso immortalibus diis bibant scyphos, brias, pateras simpuuiaque depromite, et quoniam tauris pinguibusque se dapibus atque opimis inferciunt escis, ne quod in stomachi tramite male transuoratum substiterit uiscus, succurrite, properate !*, « donnez à boire, je vous en prie, aux dieux immortels ; sortez les coupes, les vases à vin, les patères, les louches à libations, et puisqu'ils se gorgent de taureaux, de franches ripailles et d'une chère exquise, de peur

pas à l'abri de tels incidents[148]. La verve satirique d'Arnobe s'en donne à cœur joie. Jupiter – pourvu de tous ses titres, *Optimus Maximus* – voudrait bien rendre, mais il n'y arrive pas[149]. Si c'était un mortel, il risquerait fort d'y passer. Où donc est la majesté divine ? D'autant que le vin est fâcheusement lié à l'amour, il est associé aux plaisirs de Vénus[150]. Si l'on tombe dans l'excès, au-delà de quelques gouttes, on risque de se faire taxer d'ivrognerie et de débauche[151]. La savante exégèse du juriste Trebatius (contemporain d'Auguste, mis en scène par Horace dans la *Satire* 2, 1), qui explique la formule de consécration, « sois honoré par ce vin inférial »[152], n'y change rien. Le *uinum inferium*, nous le

qu'un morceau de viande, avalé de travers, ne soit resté en route avant d'atteindre l'estomac, au secours, faites vite ! ».
148. 7, 29, 8 *Ioui Optimo Maximo merum ne praefocetur date, cupit eructare nec potis est, ac ni illa labatur et dissoluatur obstructio, periculum maximum est ne oblisus interrumpatur spiritus et uiduatum remaneat sine suis administratoribus caelum*, « donnez du vin à Jupiter Très Bon Très Grand, pour qu'il ne s'étouffe pas : il voudrait vomir et il ne peut pas, et si cette suffocation ne passe pas et ne se dissipe pas, il y a grand risque que le souffle ne lui soit définitivement coupé et que le ciel ne reste privé de gouvernement ».
149. Pourquoi faire un sort à Jupiter ? Pour terminer, bien sûr, sur une note grotesque, en crescendo. Mais aussi parce que le dieu du Capitole est le destinataire de l'*epulum Iouis* ; le rite public a son équivalent privé dans la *daps* offerte par le paysan de Caton, *agr.* 132, 1, qui présente au dieu, Jupiter *dapalis*, « une coupe de vin », *culignam uini*.
150. 7, 30, 8 *quid, inquam, deo cum uino est, Veneriis re proxima, neruos omnium debilitante uirtutum, uerecundiae, pudoris et castitatis inimica, quod in insanias et furores mentes saepius praecipitauit excitas ipsosque illos deos maledictis conpulit exauctorare dementibus ?*, « quoi de commun, dis-je, entre un dieu et le vin, étroitement associé à l'amour, qui énerve toutes les vertus, ennemi de la réserve, de la pudeur et de la chasteté, qui bien souvent précipite les esprits excités dans des accès de folie et de délire et les pousse à destituer ces grands dieux eux-mêmes par des blasphèmes insensés ? ».
151. 7, 30, 9 *itane istud non nefas et plenum sacrilegii crimen est, honoris hoc dare, quod si tu id auidius sumpseris, quid facias nescias, quid loquaris ignores, ad extremum temulenti luxuriosi et perditi conuicium infamiamque merearis ?*, « n'est-ce pas alors une impiété et un crime absolument sacrilège que d'offrir, pour en faire honneur, quelque chose qui conduit, si l'on en use inconsidérément, à ne plus savoir ce qu'on fait, à ignorer ce qu'on dit, à mériter, pour finir, le reproche infamant d'ivrognerie, de débauche et de dépravation ? ».
152. 7, 31, 1-3 *Operae pretium est etiam uerba ipsa depromere, quibus cum uinum datur uti ac supplicare consuetudo est :* MACTVS HOC VINO INFERIO ESTO. *Inferio, inquit Trebatius, uerbum ea causa est additum eaque ratione profertur, ne uinum omne omnino quod in cellis atque apothecis est conditum, ex quibus illud quod effunditur promptum est, esse sacrum incipiat et ex usibus eripiatur humanis. Addito ergo hoc uerbo solum erit quod inferetur sacrum nec religione obligabitur ceterum*, « Il vaut la peine aussi de citer les termes mêmes qui servent d'habitude pour l'offrande du vin et la prière : "Sois honoré par ce vin inférial". Le mot "inférial", dit Trebatius, a été ajouté et on le prononce pour la raison et le motif que voici : empêcher qu'absolument tout le vin en réserve dans les celliers et dans les caves, d'où l'on tire le vin des libations, ne soit consacré et

savons par l'abrégé de Paul Diacre (qui remonte, par Festus, à Verrius Flaccus, lui aussi d'époque augustéenne), est celui qui coule « au-dessous du bord de la patère »[153], donc celui qui est offert en libation. Nous avons affaire à la science grammaticale et juridique du début de l'Empire. D'un point de vue différent, Trebatius commente la formule rituelle au nom du droit religieux : elle ne vaut que pour l'offrande présente, avec la double précision dans le temps et dans l'espace que donnent le démonstratif *hoc*, celui de l'actualité, et l'adjectif *inferium*, le liquide qui s'est écoulé de la patère. À l'exclusion de celui qui est gardé dans les celliers pour la consommation profane – et aussi, Arnobe se garde bien de le préciser, pour être offert aux autres divinités, lors d'autres sacrifices : au livre IV, ce sont bien les honneurs religieux, « par l'encens et par le vin », que revendiquaient les Minerves rivales[154].

Dans tout le passage, Arnobe raisonne en termes de consommation réelle, et non d'offrande symbolique : « c'est une insulte, et non un honneur » que d'offrir si peu à la divinité[155]. Quant à la formule de consécration, MACTVS HOC VINO INFERIO ESTO, Arnobe la répète trois fois dans le même chapitre : tout Romain païen qui offre des sacrifices la connaît. C'est celle que prononce le paysan de Caton[156] ; celle que, dans le passé, il a dû si souvent prononcer lui-même quand il sacrifiait aux dieux. Mais, maintenant qu'il s'est converti, il ne semble pas percevoir ce que l'argument du vin dans le sacrifice païen a de périlleux. Que ne pourraient dire un Celse, un Porphyre, jugeant la liturgie chrétienne et la communion du célébrant, des fidèles, sous les deux espèces, le pain et le vin ? On en frémit.

Autant cette analyse du sacrifice, dans toutes ses parties, immolation de la victime, rites préliminaires, est développée, autant Arnobe passe vite sur d'autres aspects du culte, dans une énumération qui produit une impression de fatras dénué de toute justification, alors qu'il a longuement expliqué, dans les pages qui précèdent, que tout ce qui se fait doit avoir une raison (*causa*)[157].

---

ainsi soustrait à la consommation humaine. Donc, par l'addition de ce mot, seul le vin qu'on offrira sera consacré et le reste ne sera pas l'objet d'un interdit religieux ».
153. Fest. Paul. 100, 9 *inferium uinum id, quod in sacrificando infra labrum paterae ponebatur*, « *inferium*, vin qui, dans les sacrifices, se trouvait "au-dessous" du bord de la patère ».
154. Arn. 4, 16, 10 *aut turis suffimenta libari aut ex pateris aureis inferia uina defundi*, « les libations, fumées d'encens ou vin inférial qu'on verse de patères d'or ».
155. 7, 31, 5 MACTVS HOC VINO INFERIO ESTO : *iniuria est ista, non honor*, « "Sois honoré par ce vin inférial" : c'est une insulte et non pas un honneur ».
156. Deux prières, *agr.* 132, 2 ; 134, 3 *Iupiter... macte uino inferio esto*, « Jupiter... sois honoré par le vin inférial ».
157. Arn. 7, 29, 2-3 *Nisi enim ratio cur fiat ostendetur nec habebit expositam sui causam, non iam istud errori obiciendum est ludicro sed ut dicatur expressius insaniae dementiae caecitati. Vt enim iam saepius dictum est, debet omne quod geritur causam sui habere perspicuam nec* (omis

Ainsi en est-il de la musique, fond sonore qui accompagne sans raison le culte des divinités orientales, tambourin de Cybèle et même, au quotidien, la vie des dieux égyptiens[158] ; des soins corporels qui leur sont donnés, comme le bain de la même Mère des dieux, c'est-à-dire de sa statue[159], en mars ; des repas qui leur sont offerts dans le culte gréco-romain, banquet de Jupiter, énigmatique vendange d'Esculape (inconnue par ailleurs), lectisterne de Cérès[160]. Ce calendrier liturgique reconstitué s'achève sur « l'anniversaire de Tellus »[161], la Terre Mère, anniversaire détourné de son sens, puisqu'il s'agit non pas de celui de la déesse, comme on voudrait nous le faire croire, mais de celui de la dédicace de son temple (aux Carènes, le 13 décembre)[162].

Viennent ensuite les jeux et surtout le théâtre, dont les sujets mythologiques imprègnent le public païen. Tout, dans le théâtre, est condamnable. Il donne vie, comme s'ils étaient vrais, à des dieux qui n'existent pas. Il nous fait

---

dans l'éd. Fragu) *caliginis alicuius obscuritate contectam*, « Car, à moins qu'on ne nous montre la raison de cet acte et qu'on n'en expose le motif, on ne doit pas l'attribuer à une erreur plaisante, mais, pour le dire plus nettement, à la folie, à la démence, à l'aveuglement. En effet, comme on l'a dit bien souvent, tout ce qu'on fait doit avoir une justification manifeste et qui ne se dissimule pas dans un obscur brouillard ». Déjà, plus rapidement, 7, 27, 1 *quicquid fiat ab homine, habere oportere suas causas*, « toute activité humaine doit avoir ses justifications ».

158. 7, 32, 1 *etiamne aeris tinnitibus et quassationibus cymbalorum, etiamne tympanis*, sont-ils aussi sensibles « aux tintements du bronze et aux percussions des cymbales ? et aussi aux tambourins ? ». § 4 *Quid sibi uolunt excitationes illae quas canitis matutini conlatis ad tibiam uocibus ? Obdormiscunt enim superi, remeare ut ad uigilias debeant !*, « À quoi riment ces réveils que vous chantez le matin, en vous accompagnant de la flûte ? C'est que les dieux d'en haut dorment, si bien qu'ils doivent revenir à l'état de veille ! ».

159. 7, 32, 6 *Lauatio, inquit, deum Matris est hodie. Sordescunt enim diui ad sordes eluendas lauentibus aquis opus atque adiuncta antiquae cineris frictione !*, « Aujourd'hui, dit-on, c'est le bain de la Mère des dieux. Car les dieux se salissent et, pour nettoyer leur crasse, il faut les laver dans l'eau et les frictionner avec de vieilles cendres ! ».

160. 7, 32, 7-9 *Iouis epulum cras est. Iuppiter enim cenat magnisque implendus est dapibus, iamdudum inedia gestiens et anniuersaria interiectione ieiunus. Aesculapi geritur celebraturque uindemia. Colunt enim dii uineas et ad suas usiones contractis exprimunt uindemiatoribus uinum. Lectisternium Cereris erit Idibus proximis. Habent enim dii lectos atque ut stratis possint mollioribus incubare, puluinorum tollitur atque excitatur inpressio*, « Demain, c'est le banquet de Jupiter. Car Jupiter dîne et il faut le gaver de mets abondants, lui qui meurt de faim depuis si longtemps et qui jeûne depuis un an. On fête et on célèbre la vendange d'Esculape. Car les dieux cultivent la vigne et ils louent des vendangeurs pour fouler le raisin pour leurs propres besoins. Le lectisterne de Cérès aura lieu aux ides prochaines. C'est que les dieux ont des lits et que, pour qu'ils puissent s'étendre sur des couches plus moelleuses, on secoue et on retape les coussins aplatis ».

161. 7, 32, 10 *Telluris natalis est. Dii enim ex uteris prodeunt et habent dies laetos quibus eis adscriptum est auram usurpare uitalem !*, « C'est l'anniversaire de Tellus. En effet les dieux sortent de matrices et célèbrent les jours heureux où leur a été accordé l'usage du souffle vital ».

162. De mars à décembre : Arnobe paraît bien suivre l'ordre du calendrier. Voir *supra*, p. 95, n. 73.

croire en eux, il leur prête des aventures scandaleuses, il flatte les passions. Le théâtre est l'école de l'immoralité. Les pantomimes en vogue sous l'Empire, adaptées du répertoire classique, l'*Amphitryon* de Plaute, ou les tragédies qui mettent en scène les souffrances d'Héraclès, les *Trachiniennes* de Sophocle et l'*Hercule* d'Euripide, ou, sur des sujets nouveaux, celles où l'on danse les mythes et les aventures amoureuses des dieux, les histoires d'Europe, de Léda, de Ganymède ou de Danaé, les tristes passions des déesses, de la Grande Mère pour Attis, de Vénus pour Adonis[163] : tout ce passage où Arnobe nous convie au théâtre des dieux est d'un vif intérêt, à la fois pour l'histoire du théâtre antique et sur l'enjeu qu'il constitue dans le conflit des deux religions, l'ancienne et la nouvelle. Il nous informe sur le programme des *ludi scaenici* présentés sinon sur place, à Sicca Veneria, dans le théâtre de la ville, du moins à Carthage, sur les sujets en vogue au IIIe siècle et sur les représentations auxquelles Arnobe lui-même a pu assister, mais surtout sur le rôle du théâtre comme vecteur du paganisme. Les arts en général, le théâtre, la peinture, la sculpture, plus encore que la littérature qui n'est accessible qu'aux gens cultivés, font partie de l'air que respire l'habitant de l'empire, même illettré : ils façonnent sa sensibilité religieuse, ses façons de penser les dieux et de faire les gestes qui leur agréent.

Les dieux aiment donc les mimes grossiers, les atellanes, les acteurs stupides au crâne rasé, ceux qui exhibent des membres virils[164], qui crient, courent et se battent à qui mieux mieux[165] ? C'est là, assurément, une image moins culturelle et moins flatteuse du théâtre sous l'Empire. Mais les dieux, eux aussi, comme les hommes, dont ils reproduisent la gestuelle[166], prennent plaisir aux divertissements populaires, quand ils n'imitent pas leurs acteurs impudiques[167]. C'est que les hommes, dans leur incapacité à savoir ce qu'est Dieu,

---

163. *Supra*, p. 18 sq.
164. 7, 33, 10-11 (*supra*, p. 17, n. 21).
165. 7, 33, 12 *iam uero si uiderint in femineas mollitudines enerantes se uiros, uociferari hos frustra, sine causa alios cursitare, amicitiarum fide salua contundere se alios et crudis mutilare de caestibus, certare hos spiritu, buccas uento distendere uolisque inmanibus concrepare...*, « j'ajoute que, s'ils voient des hommes s'épuiser jusqu'à devenir mous comme des femmes, les uns crier en vain, les autres courir de tous côtés sans raison, d'autres, sans préjudice de leur amitié, se frapper et s'estropier à coups de cestes en cuir brut, ceux-ci combattre hors d'haleine, les joues gonflées d'air, et faire retentir leurs monstrueux battoirs... ».
166. 7, 33, 12 *manus ad caelum tollunt, rebus admirabilibus moti prosiliunt, exclamant*, alors les dieux « lèvent les bras au ciel, ils bondissent, bouleversés par cet admirable spectacle, ils s'exclament ».
167. 7, 33, 13-14 ... *quin et ipsos dicatis deos ludere lasciuire saltare, obscenas conpingere cantiones et clunibus fluctuare crispatis ? Quid enim differt aut interest faciantne haec ipsi an ab aliis fieri in amoribus atque in deliciis ducant ?*, « qu'attendez-vous pour dire que les dieux en personne

à avoir une juste conception de sa nature[168], tombent dans toutes les erreurs de l'anthropomorphisme[169]. Ils leur attribuent les mêmes organes qu'eux[170], ils les croient sensibles aux mêmes plaisirs, aux jeux et aux bains[171] qui sont les fleurons de la vie urbaine sous l'Empire. Il n'y a là, dans la pensée d'Arnobe, rien que nous n'ayons déjà vu. Pas même cette vision offensante de la divinité sur laquelle s'achève la diatribe : puisque les dieux leur sont en tout semblables, les hommes n'hésiteraient pas, s'ils le pouvaient, à leur attribuer des maladies, à les montrer chassieux et obèses[172]. Vraiment, ils ne le peuvent pas ? Arnobe aurait-il oublié qu'il a eu par deux fois cette audace dans le livre III[173] ? Oui,

jouent, s'ébattent, dansent, composent des airs obscènes et ondulent de la croupe ? En effet, quelle différence, quelle distinction y-a-t-il entre faire cela soi-même et se réjouir, se complaire à le voir faire par d'autres ? ».
168. 7, 34, 2 *ex eo scilicet maxime, quod nequeuntes homines quidnam sit deus scire, quidnam sit uis eius, natura, substantia, qualitas...*, « c'est avant tout, bien entendu, l'impuissance des hommes à savoir ce qu'est Dieu, quelle est son essence, sa nature, sa substance, sa qualité ».
169. 7, 34, 2 *in eas sunt opinationes lapsi ut deos ex se fingerent, et qualis sibi natura est, et illis talem darent actionum rerum uoluntatumque naturam*, « ils sont tombés dans des conceptions qui les amènent à imaginer les dieux d'après eux-mêmes et à leur attribuer pour leurs actions, leurs situations, leurs volontés, une nature semblable à la leur ».
170. 7, 34, 4 *nunc uero quia cernunt ora oculos capita buccas auriculas nasos ceterasque se alias membrorum gerere ac uiscerum portiones, et deos existimant eadem ratione formatos habitumque illos suum compagine in corporea continere*, « en réalité, comme ils reconnaissent qu'ils ont un visage, des yeux, une tête, une bouche, des oreilles, un nez et toutes les autres parties des membres et des chairs, ils pensent que les dieux aussi sont constitués de la même façon et conservent leur individualité propre dans un organisme corporel ».
171. 7, 34, 5-6 *Et quia gaudere laeta re maestosque se fieri* (Marchesi ; *foui* Fragu, sans justification dans l'apparat critique) *tristioribus conspiciunt causis, arbitrantur et numina ex rebus hilarioribus gaudere et ex minus laetis animorum contractione conduci ; adfici se ludis putant et caelitum mentes ludorum delectatione mulceri. Et quia illis se uolup est lauacrorum refouere caldoribus, et superis ducunt lauationum esse munditias gratas*, « Se rendant compte qu'ils se réjouissent d'un événement heureux et s'affligent quand ils ont des motifs de tristesse, ils pensent que les divinités, elles aussi, se réjouissent des événements plaisants et, quand les circonstances ne sont pas heureuses, se renferment et ont le cœur serré ; se divertissant aux jeux, ils pensent que les esprits des habitants du ciel trouvent autant de charme dans les jeux. Et parce qu'ils prennent plaisir à refaire leurs forces dans des bains chauds, ils estiment que la propreté des bains plaît aussi aux dieux d'en haut ».
172. 7, 34, 9 *quodsi possent adscribere ualetudines, aegritudines et corporales diis morbos, non dubitarent eos lienosos, lippulos atque enterocelicos dicere, eo quod ipsi et lienosi et lippi sunt saepe et ingentium gricenearum magnitudine ponderosi*, « et si les hommes pouvaient attribuer aux dieux des maladies, des indispositions et des malaises physiques, ils n'hésiteraient pas à les dire malades de la rate, chassieux et hernieux, parce qu'eux-mêmes sont souvent malades de la rate, chassieux et alourdis par d'énormes grosseurs ».
173. 3, 14, 4 certains sont *pingues, crassos*, « gras, obèses » ; 3, 21, 4 *corripiuntur dii morbis et uulnerari, uexari aliqua ex re possunt, ut, cum exegerit ratio, auxiliator subueniat Epidaurius,*

il y a bien des dieux obèses, des dieux malades. Peu lui importe, d'un livre à l'autre, de se contredire : telles sont les vicissitudes de la polémique.

Le seul sujet qui vaille, c'est la lutte contre l'anthropomorphisme. Critique de statues divines qui reproduisent l'image humaine, critique d'un culte qui traite en hommes des dieux irascibles, avides d'une nourriture et de plaisirs qui ne diffèrent pas de ceux des humains : telle est la constante qui, d'un bout à l'autre, anime ces deux derniers livres. L'anthropomorphisme, voilà l'ennemi.

L'*Aduersus nationes*, ouvrage inachevé

Les chapitres qui suivent (35-51), les derniers que nous aient transmis les manuscrits, ont de longue date posé problème aux éditeurs, qui se sont interrogés sur la place à leur accorder dans l'économie de l'ouvrage. Les trois chapitres 35 à 37 sont, de l'avis général, une conclusion : Arnobe lui-même prend soin de nous en avertir[174]. Il s'agit d'une ultime confrontation entre les deux religions. Vous pensez que les dieux ont une naissance[175], un sexe[176], des traits humains[177], un métier[178] ; qu'ils infligent aux hommes les guerres, les

« les dieux sont la proie des maladies et ils peuvent être blessés, maltraités d'une manière ou d'une autre, si bien que, quand le besoin s'en fait sentir, le secourable dieu d'Épidaure leur vient en aide ».

174. 7, 35, 1 *age nunc summatim, quoniam sermo prolatus est et perductus in haec loca, singularum partium oppositionibus comparemus, utrumne uos melius rebus de superis sentiatis an potius nos multo et honoratius opinemur et rectius quodque rei diuinae suam praestet atque attribuat dignitatem*, « eh bien maintenant, puisque notre exposé a été conduit et poursuivi jusqu'à ce point, comparons et opposons sommairement les deux parties, pour savoir si c'est vous qui avez les meilleures conceptions sur les dieux d'en haut, ou si ce n'est pas plutôt nous qui avons des opinions beaucoup plus honorables et plus justes et propres à accorder et à attribuer à la nature divine sa dignité propre ».

175. 7, 35, 2 *ac primum uos deos, quos in rerum natura uel arbitramini esse uel creditis quorumque in templis omnibus simulacra constituistis et formas, profitemini esse natos*, « en premier lieu, vous déclarez ouvertement que les dieux dont vous pensez ou croyez qu'ils existent dans le monde et dont vous avez placé dans tous les temples les statues et les images, ont connu une naissance ».

176. 7, 35, 4 *uos habere sexus deos aliosque ex his mares, feminini generis alios esse censetis*, « vous pensez que les dieux ont un sexe et que parmi eux les uns sont mâles, les autres femelles ».

177. 7, 35, 5 *uos hominum similitudinem gerere et mortalium uultibus existimatis esse formatos*, « vous estimez que les dieux ressemblent aux hommes et qu'ils ont emprunté leurs traits aux mortels ».

178. 7, 35, 6 *a uobis artificia singuli opificum more habere perhibentur : ridemus, cum audimus nos ista*, « vous prétendez que chacun d'eux a un métier, comme les artisans : nous rions en entendant cela ».

épidémies, l'amour, la folie[179] ; qu'ils sont sujets aux passions[180] ; qu'ils aiment le sang des bêtes et les sacrifices[181]. En tout, nous nous opposons à vous[182]. Ce qui fait la religion authentique, c'est une conception juste des dieux[183]. Les offrandes matérielles se consument. Les seules que nous devions leur adresser, les seules qui soient durables, ce sont des opinions dignes d'eux et de leur nom[184]. « Voilà les dons les plus sûrs, voilà les vrais sacrifices ; car les bouillies, l'encens, ainsi que les chairs sont les aliments des flammes dévorantes et s'apparentent étroitement aux sacrifices qu'on offre aux morts »[185].

Conclusion résumé, où l'on reconnaît sans peine les sujets traités dans les livres précédents. Mais est-ce vraiment la dernière phrase de l'*Aduersus nationes*, telle que l'avait conçue Arnobe ? En est-ce la rédaction définitive ? Je resterai dubitative sur ce point. D'Arnobe, qui a le sens de la formule, on attendait mieux. Qu'on se rappelle la conclusion du livre II (qui était peut-être celle de la « première apologie » d'Arnobe, limitée aux livres I et II ?), sur le sort de l'âme après la mort, son dernier chapitre, ses derniers mots : « cessez donc, hommes, de faire obstacle à vos espérances en posant de vaines questions... remettons-nous en à Dieu... craignons que, pendant que nous nous cherchons des arguments [fallacieux]... le jour dernier ne nous surprenne et ne

---

179. 7, 36, 1 *discordias alios ex his uos, alios dicitis qui pestilentias inrogent, alios qui amores, qui furias, alios uero qui praesint bellis et sanguinis effusione laetentur*, « vous dites que, parmi les dieux, les uns amènent les dissensions, les autres, les épidémies ; les uns, l'amour, les autres, la folie ; que d'autres président aux guerres et se plaisent aux effusions de sang ».

180. 7, 36, 2 *irasci et perturbari uos numina ceterisque animorum adfectibus mancipata esse atque obnoxia iudicatis* (*supra*, p. 177, n. 117).

181. 7, 36, 3 *uos pecorum sanguine, uos caedibus et mactationibus hostiarum gaudere, laetari et in gratiam cum hominibus remini offensionibus redire sopitis*, « vous pensez que les dieux aiment le sang des bêtes, le massacre et le sacrifice des victimes, qu'ils s'en réjouissent et se réconcilient avec les hommes, laissant s'endormir leurs offenses ».

182. 7, 37, 1 *haec cum ita se habeant cumque sit opinionum tanta nostrarum uestrarumque diuersitas*, « puisqu'il en est ainsi et qu'il y a une si grande divergence entre nos opinions et les vôtres ».

183. 7, 37, 3 *opinio religionem facit et recta de diis mens, ut nihil eos existimes contra decus propriae sublimitatis appetere*, « ce qui fait la religion, c'est une opinion et une conception justes des dieux, qui nous font penser qu'ils ne désirent rien de contraire à ce qui sied à leur propre sublimité ».

184. 7, 37, 4 *cum enim cuncta quae his dantur sub oculis hic nostris uideamus absumi, quid ad eos aliud ab nobis dicendum est peruenire nisi opiniones diis dignas et eorum conuenientissimas nomini ?*, « en vérité, quand nous voyons que toutes les offrandes qui leur sont faites sont détruites sous nos yeux, que pouvons-nous admettre qui leur parvienne de notre part, sinon des opinions dignes des dieux et tout à fait appropriées à leur nom ? ».

185. 7, 37, 5 *haec sunt dona certissima, sacrificia haec uera ; nam pulticulae, thura cum carnibus rapacium alimenta sunt ignium et parentalibus coniunctissima mortuorum.*

nous découvre dans la gueule de notre ennemie, la mort »[186]. Qu'on relise de même la dernière phrase du livre VII qui nous ait été conservée et qui appartient, nous le verrons, à un fragment, sur la Mère des dieux : comment « croire qu'elle était de race divine », celle qui, au mépris de toute justice, servait les intérêts de Rome et, « pour que domine cette seule cité, née pour la perte du genre humain, subjuguait le monde innocent »[187] ? Ces phrases finales ont un autre accent. L'*Aduersus nationes* est un ouvrage sans préface et, me semble-t-il, sans conclusion. Il lui manque, pour l'achever dignement, quelques phrases, un chapitre peut-être, qui s'envolent en apothéose : un triomphe final du christianisme, un morceau d'éloquence plus fort, plus saisissant, que la conclusion supposée, banale et un peu plate, que nous lisons. Cette vraie conclusion, oratoire et exaltante, Arnobe n'a sans doute pas eu le temps de la rédiger.

À la suite de la conclusion, encore incomplète, des chap. 35-37, ont été regroupés, dans les manuscrits, un certain nombre de chapitres qui sont, manifestement, un dossier préparatoire, une suite d'ébauches laissées en l'état, à sa mort, par Arnobe. Il faut certainement les considérer comme un complément qu'il n'a eu le temps ni d'achever, ni d'insérer à la place qui leur revenait dans les chapitres précédents, consacrés à la critique des rites sacrificiels. Les éditeurs s'accordent sur ce point[188] et, depuis longtemps, proposent parfois un système de double numérotation[189] si compliqué qu'il en devient illisible[190] et que, loin d'éclairer les esprits, il achève de les égarer. Plutôt que de

---

186. 2, 78, 1 *quare, homines, abstinete quaestionibus uacuis impedire spes uestras* ; § 3 *committamus nos deo… ne dum ipsi nobis argumenta conquirimus… obrepat dies extremus et inimicae mortis reperiamur in faucibus.*
187. 7, 51, 2 *generis eam fuisse diuini quisquamne hominum <credat> aut habuisse aequitatem diis dignam, quae humanis sese discordiis inserens aliorum opes fregit, aliis se praebuit exhibuitque fautricem, libertatem his abstulit, alios ad columen dominationis erexit, quae ut una ciuitas emineret in humani generis perniciem nata, orbem subiugauit innoxium ?*, « y aura-t-il quelqu'un pour croire qu'elle était de race divine, ou qu'elle avait le sens de l'équité qui convient aux dieux, celle qui, se mêlant aux dissensions des hommes, brisait le pouvoir des uns, offrait et accordait aux autres son patronage, ravissait à ceux-ci la liberté, élevait les autres au comble de la puissance, elle qui, pour que prédominât une seule cité, née pour perdre le genre humain, subjuguait le monde innocent ? ».
188. Voir P. Monceaux, *Histoire littéraire de l'Afrique chrétienne*, III, p. 251 sq. ; et les introductions d'H. Le Bonniec, p. 24 et 28 sq. ; et de B. Fragu, p. XIII-XVI.
189. C'est le système d'Orelli (1816-1817), reproduit dans la *Patrologie* de Migne (1844) ; de McCracken dans sa traduction ; puis de B. Fragu – avec des présentations différentes… Les éd. Reifferscheid et Marchesi gardent la numérotation traditionnelle.
190. Ainsi chez McCracken, où les chap. 35-37 sont notés [49-51], puis 38-51 [35-48], avec un sort particulier fait au chap. 44. L'édition de B. Fragu offre une variante de ce système, avec deux appendices, 38-51, et, à part, une partie du 44. Cet ensemble pourrait être l'ébauche d'un

m'interroger sur une éventuelle transposition de ces chapitres[191], je préfère examiner de plus près leur contenu et voir quelle peut être l'organisation interne de cet ensemble litigieux. Ces chapitres, 7, 38-51, ont, effectivement, une unité : ce sont des études historiques[192], qui s'organisent en trois ensembles et peuvent se rattacher à la condamnation des jeux, grotesques et cruels. Ils traitent successivement, en suivant un ordre chronologique, de la coutume romaine de « renouveler » les jeux (*instauratio*) quand quelque faute rituelle y a été constatée (chap. 38-43), ce qui eut lieu pour la première fois en 491, puis de l'introduction à Rome de deux divinités étrangères, Esculape (chap. 44-48) en 293 et la Magna Mater (chap. 49-51) en 204.

Le chap. 38 introduit ce nouveau développement et ménage la transition avec les précédents : il revient sur la colère des dieux et les moyens de les apaiser[193]. Après une allusion opaque à « des secousses, des tremblements de terre, survenus, selon la tradition, parce que les jeux avaient été célébrés avec négligence »[194], Arnobe annonce son plan : l'ordre d'exposition sera, après les jeux

---

livre VIII de l'*Aduersus nationes*, interrompu par la mort d'Arnobe (p. XV sq.). Même hypothèse dans C. M. Lucarini, « Questioni arnobiane », *MD*, 54, 2005, p. 123-164.

191. On peut se contenter, pour résumer (je simplifie), de présenter ainsi le livre VII :

    1-34   Texte rédigé.
    38-51   Trois études historiques. Rédaction en cours
               (44, 2-6 fragments).
    35-37   Conclusion (inachevée).

192. *Quid historiae sibi uolunt, quid annales, quorum in conscriptionibus legimus... ?*, « que signifient les histoires, les annales, dans lesquelles nous trouvons consigné... ? », annonce Arnobe en 7, 38, 1.

193. 7, 38, 1 *sed si dii immortales nequeunt, inquit, irasci neque ullis animorum adfectibus eorum quatitur concutiturque natura... eosque rursus sacrorum satisfactione placatos indignationum posuisse feruores et in habitum laetiorem statum caeli tempestatumque mutasse ?*, « mais si les dieux immortels ne peuvent, dit-on, se mettre en colère et si leur nature n'est secouée ni bouleversée par aucune passion... [faut-il croire, comme le dit l'histoire,] que, apaisés par les rites expiatoires, ils ont mis un terme à leurs ardentes indignations et donné au ciel, à l'atmosphère, un aspect plus riant ? ».

194. 7, 38, 2 *quid terrarum fremitus, quid motus, quos esse accepimus factos, quod essent acti per indiligentiam ludi nec ad suam formam condicionemque curati, instauratis his tamen et curiosa obseruatione repetitis superorum conquieuisse terrores et ad hominum curam familiaritatemque reuocatos ?*, « que signifient les secousses, les tremblements de terre, survenus, à ce qu'on nous apprend, parce que les jeux avaient été célébrés avec négligence et sans le soin qu'exigeaient leur forme et leur caractère spécifiques ? et pourtant, dit-on, une fois les jeux recommencés et redonnés avec une attention scrupuleuse, la terreur inspirée par les dieux s'apaisa et ceux-ci retrouvèrent leur sollicitude et leur amitié pour les hommes ? ». Faut-il y voir une allusion au tremblement de terre de 179, mentionné par Liv. 40, 59, 6-8 : *ludi Romani instaurati... propter prodigia... terra mouit... ad ea expianda nihil ultra quam ut ludi instaurarentur actum est*, « les

(*ludi*), les divinités venues de l'outremer[195]. Nous avons déjà traité de l'épisode, célèbre, du paysan averti en songe du sacrilège commis avant la célébration des jeux, de la colère de Jupiter, de l'épidémie qu'il fit fondre sur la population romaine et de la mort du fils du paysan et de tant d'innocentes victimes.

Le dieu se déshonore par sa cruauté[196]. Arnobe la juge scandaleuse au point d'avoir travaillé et retravaillé le passage, dont les manuscrits nous donnent une double rédaction. Après la version longue des chap. 39-43, le chap. 44, 2-6, détaché en Appendice II par B. Fragu, laissé à sa place, mais retranché et mis entre crochets droits par Marchesi, regroupe des reprises textuelles[197] et apparaît comme un patchwork, une suite de courts morceaux cousus bout à bout – première ébauche, conservée parmi les fragments laissés par l'apologiste, d'une rédaction dont nous avons la version aboutie en 7, 39 et suiv. ? Comme cela nous arrive à tous, Arnobe n'aura pas jeté les esquisses d'un travail en cours, tant qu'il n'était pas terminé. D'où les doublets qui ont été conservés dans les manuscrits. Là où nous la lisons, la page n'est pas si mal placée. Les deux paragraphes, 7, 44, 1 (suite normale du texte) et 7, 44, 2, continué au § 3 (Appendice II de l'éd. Fragu), traitent bien du même sujet : les dieux, tels que vous les présentez, ne sont pas ce qu'ils devraient être[198]. La seconde phrase, qui double plus ou moins la première, se trouve ainsi judicieusement rangée à sa suite, comme sur une sorte de feuillet intercalaire (séparé par le dernier éditeur et devenu l'Appendice II).

Jeux romains furent recommencés... en raison des prodiges qui s'étaient produits : la terre trembla... comme expiation, on se contenta de recommencer les jeux » ; et Obsequens 7. Voir mon article « *Alium pro alio nominando,* ou quand les Romains ne nommaient pas leurs dieux », *REL*, 88, 2010, p. 72-91, en particulier p. 81.

195. 7, 38, 3 *ex gentibus transmarinis acciti dii*, « après avoir fait venir certains dieux des nations d'outremer ».

196. *Supra*, p. 51-60.

197. Par exemple 7, 39, 2 *non enim imus infitias, in annalium scriptis contineri haec omnia quae sunt a uobis in oppositione prolata.*

7, 44, 2 *non imus infitias in annalium scriptis contineri haec omnia quae sunt a uobis in oppositione prolata*, « En fait, nous ne nions pas que dans les écrits de vos annalistes se trouvent tous les arguments que vous nous avez opposés ». Pour le détail des parallèles avec les chap. 39 et 41 et à l'intérieur du même chap. 44, voir le commentaire de B. Fragu, p. 247 sq.

198. 7, 44, 1 (*infra*, n. 200) ; 7, 44, 2-3 *quaestionis in hoc summa est, utrumne hi dii sint, quos saeuire adseueratis offensos reddique ludis et sacrificiis mites, an sint longe aliud... quis est enim primum qui eos deos existimet aut esse qui credat...* ?, « mais l'essentiel du problème est de savoir si les dieux sont ces êtres dont vous assurez qu'ils se déchaînent s'ils sont offensés, et que les jeux et les sacrifices rendent indulgents, ou s'ils sont quelque chose de bien différent... en effet, qui donc d'abord penserait que ce sont des dieux ou qui le croirait... ? ».

Arnobe a condamné la cruauté de Jupiter qui n'a fait grâce de la vie à l'infortuné Titus Latinius que pour le faire souffrir de la perte de ses fils[199]. Sitôt après, il annonce le récit suivant (Esculape), puis encore « un ou deux autres », pas plus, pour ne pas abuser, dit-il, de la patience du lecteur[200] : ce sera « un », l'introduction de la Magna Mater, dernier épisode de l'*Aduersus nationes*. Après la tragédie humaine que fut l'épidémie meurtrière de 491, l'arrivée grotesque à Rome du serpent d'Esculape a toutes les apparences d'une comédie qui ridiculise l'épiphanie du dieu guérisseur, appelé d'Épidaure. Ses mouvements de reptation sont ceux d'un misérable vers de terre[201], jusqu'à ce que, par les vertus du langage, il se métamorphose en dragon héroïque[202]. Un mot suffit pour lui rendre la majesté divine[203]. Vaste imposture[204] !

199. 7, 43, 9 (*supra*, p. 57, n. 29).
200. 7, 44, 1 *consimili ratione per alias ire licebit historias et ostendere in his quoque longe aliud quam esse dii debeant de his ipsis dici et earum in expositionibus indicari, uelut in hac ipsa quam deinceps ponam, una ei duabusue coniunctis, fastidium ne inmoderatione pariatur*, « il sera permis de parcourir de la même manière d'autres récits et de montrer qu'en eux également et dans leurs commentaires on dit des dieux eux-mêmes bien autre chose que ce que les dieux doivent être ; ainsi dans celui-là même que je vais rapporter ci-dessous, en lui en ajoutant un ou deux autres seulement, pour éviter que la surabondance n'engendre la lassitude ».
201. 7, 44, 12 (*supra*, p. 96 sq., n. 78 et 83).
202. 7, 46, 7 *si enim repsit ut coluber non pedibus se ferens neque suas subexplicans itiones sed uentre nisus ac pectore, si ex materia formatus carnis longitudinem porrigebatur in lubricam, caput si habuit atque caudam, si obsita squamis terga, si macularum <corium> suffectionibus uarium, si os dentibus horridum et ad infligendos instructum morsus, quid aliud possumus quam generis eum dicere fuisse terreni, quamuis fuerit inmanis et nimius, quamuis illum ab Regulo exercitus ui caesum longitudine corporis et robore anteiret ?*, « en effet, s'il rampait comme un reptile, s'il n'avait pas de pattes pour se déplacer, ni membres inférieurs pour progresser, mais prenait appui sur son ventre et sa poitrine, s'il était fait de chair et s'étirait en glissant de toute sa longueur, s'il avait une tête et une queue, un dos couvert d'écailles, une peau nuancée de taches de couleur, s'il avait une gueule hérissée de dents et faite pour mordre, que pouvons-nous dire, sinon qu'il appartenait à une espèce terrestre, si prodigieuse que fût sa taille, quelle que fût sa supériorité pour la longueur et la vigueur sur ce fameux serpent tué par Regulus grâce à la puissance de son armée ? ». Pour l'analyse littéraire de l'épisode et les parallèles avec Ovide, *met.* 15, 622-744, voir H. Le Bonniec, « Échos ovidiens dans l'*Aduersus nationes* », p. 146-151.
203. 7, 46, 9 *qua ex re numen fuisse monstratur*, « cela prouve qu'il était dieu ».
204. Sans doute, sur le moment, le peuple romain recouvra la santé. Mais pourquoi la venue du dieu ne mit-elle pas définitivement fin aux épidémies ? 7, 47, 2 *cur totiens Romana ciuitas mali huius afflicta est cladibus, totiens aliis aliisque temporibus dilacerata, uexata est et innumeris stragibus ciuium minor facta est milibus ?*, « pourquoi la cité romaine a-t-elle si souvent été affligée par les ravages de ce fléau, tant de fois, en telles ou telles circonstances, bouleversée et décimée par des morts innombrables de citoyens, par milliers ? ». Encore 7, 47, 5 : si l'on avait fait venir Esculape, c'était *ut et malis mederetur instantibus nec sineret in futurum tale aliquid*

La Grande Mère, amenée de Pessinonte[205], n'est rien de plus qu'une pierre de petite taille, qu'on peut facilement porter dans la main, de couleur foncée et noirâtre, de forme irrégulière, une pierre que nous voyons tous aujourd'hui enchâssée dans la statue pour lui tenir lieu de visage, mal dégrossie et sans art[206]. Tous détails extrêmement précieux pour la connaissance du premier des cultes orientaux introduits à Rome. Après le dragon gigantesque, on descend dans l'échelle des êtres, et la divinité, figurée par une petite pierre, s'amenuise. On passe aussi, par le même mouvement de descente, de la cruauté inhumaine d'un dieu anthropomorphe à l'animal, puis au minéral. Ainsi donc, le terrible Hannibal fut chassé d'Italie par une pierre ? Apeuré au point de n'être plus que l'ombre de lui-même[207] ? Et cette déesse, au mépris de toute justice, « ravissait aux uns la liberté, élevait les autres au comble de la puissance, elle qui, pour que dominât une seule cité, née pour la perte du genre humain, faisait passer sous son joug le monde innocent ? »[208], s'indigne Arnobe dans un rare sursaut de révolte (purement rhétorique ?) contre l'impérialisme romain[209]. Tels sont, dans les manuscrits, les derniers mots de l'*Aduersus nationes*. Et ces ultimes chapitres ont bien vocation à conclure un ouvrage dont ils font la synthèse : au culte, objet des livres VI et VII, ils associent les dieux, traités dans les livres III à V et qu'on avait perdus de vue depuis longtemps.

quod metueretur inrepere, « pour remédier aux maux présents et ne pas permettre qu'à l'avenir un péril aussi redoutable s'y introduisît ».
205. 7, 49, 1 *Magna... Mater accita ex Phrygio Pessinunte*, « la Grande Mère... amenée de Pessinonte en Phrygie ».
206. 7, 49, 2 *adlatum ex Phrygia nihil quidem aliud scribitur missum rege ab Attalo, nisi lapis quidam non magnus, ferri manu hominis sine ulla inpressione qui posset, coloris furui atque atri, angellis prominentibus inaequalis, et quem omnes hodie ipso illo uidemus in signo oris loco positum, indolatum et asperum et simulacro faciem minus expressam simulatione praebentem*, « on n'amena rien d'autre de Phrygie, à ce qu'on rapporte, de la part du roi Attale, qu'une pierre de petite taille, qu'un homme pouvait sans peine porter dans sa main, de couleur sombre et noirâtre, irrégulière, avec des angles faisant saillie, une pierre que nous voyons tous aujourd'hui enchâssée dans la statue elle-même pour lui tenir lieu de visage, non dégrossie et raboteuse, donnant à l'image un aspect peu naturel ».
207. 7, 50, 1 *Quid ergo dicemus ? Hannibalem illum Poenum, hostem potentem ac ualidum, sub quo anceps et dubia res Romana contremuit et magnitudo trepidauit, lapis ex Italia depulit, lapis fregit, lapis fugacem ac timidum suique esse dissimilem fecit ?*, « Qu'en conclurons-nous ? Que ce fameux Hannibal, le Carthaginois, cet ennemi puissant et redoutable, qui fit vaciller la puissance romaine, devenue instable et incertaine, et trembler la grandeur de Rome, fut chassé d'Italie par une pierre, brisé par une pierre, rendu par une pierre fuyard, craintif, méconnaissable ? ».
208. 7, 51, 2 (*supra*, n. 187).
209. Cf. le commentaire d'H. Le Bonniec à 1, 14, 1, p. 231.

Où aurait pu s'insérer cet ensemble, structuré et cohérent ? Il se place aisément après le chapitre 34, qui s'achève, ou presque, sur la condamnation des jeux[210]. Ensuite s'enchaînent les trois études « historiques » sur l'*instauratio* des jeux (avec la colère de Jupiter contre le malheureux paysan châtié pour une faute qu'il n'a pas commise), la venue d'Esculape et celle de la Grande Mère (chap. 38-51). On reprend, pour finir, les chap. 35-37, vraie conclusion, au moins pour la suite des idées et à laquelle il ne manque, pour achever dignement l'ouvrage, que le feu d'artifice final. Mais je me garderai bien de proposer une transposition, au sens éditorial du terme. Ce n'est rien de plus qu'une suggestion de lecture, qui vise à rendre à un ouvrage presque achevé son vrai visage.

---

210. Discrédités dans le chap. 7, 33 ; avec reprise en 7, 34, 5 *adfici se ludis putant et caelitum mentes ludorum delectatione mulceri*, « se divertissant aux jeux, ils pensent que les esprits des habitants du ciel trouvent autant de charme dans les jeux ».

CINQUIÈME PARTIE

LA THÉOLOGIE D'ARNOBE

Chapitre X
À l'écoute des philosophes

Au-delà des mythes, de leurs aventures scandaleuses et de leurs colères indignes, quelle idée Arnobe se faisait-il de ces dieux traditionnels, contre lesquels il a bataillé dans les sept livres de l'*Aduersus nationes* ? Comment concevait-il leur nature ? Quelle place leur accordait-il dans l'économie de l'univers ? Sur les solutions multiples que les apologistes ont apportées à ce problème, H. Le Bonniec citait J.-Cl. Fredouille : « Selon les cas les dieux n'ont aucune existence, ils sont des "néants" ; ou bien ce sont des démons ; ou encore des hommes divinisés ; ou enfin des forces naturelles, des éléments, des astres, ou des notions abstraites, personnifiés et sacralisés »[1] – la liste n'est peut-être pas exhaustive. Dans un court article, au titre qui peut paraître (volontairement ?) provocateur, J. M. P. B. van der Putten, après d'autres, a posé la question sans détour : « Arnobe croyait-il à l'existence des dieux païens ? »[2], en précisant aussitôt « à côté du Dieu des Chrétiens ».

Mais la réponse est beaucoup moins nette et tient plutôt de la dérobade. L'auteur relève que, si Arnobe n'exclut pas catégoriquement l'existence des dieux, il en parle souvent en termes hypothétiques et, dans un cadre polémique, comme une concession provisoire à l'adversaire. Ne rejetant pas entièrement l'idée de dieux inférieurs soumis au Dieu suprême, Arnobe, qui « laisse la porte ouverte à l'existence d'autres dieux », semblerait ne s'être « pas bien rendu compte de l'incompatibilité du monothéisme et du polythéisme ». C'est se faire une piètre idée de la solidité intellectuelle de notre

---

1. Introduction au livre I, p. 73-75 ; cf. J.-Cl. Fredouille, « Lactance historien des religions », dans J. Fontaine – M. Perrin (dir.), *Lactance et son temps. Recherches actuelles*, Paris, Beauchesne, 1978, p. 237-252, en particulier p. 241. C'est aussi la problématique de J.-M. Vermander, *RecAug*, 17, 1982, p. 4 : le « canevas philonien » (divinisation des éléments, des astres, du monde), l'évhémérisme, la démonologie.
2. *VChr*, 25, 1971, p. 52-55. Également l'introduction de G. E. McCracken, p. 30-33 ; et surtout M. B. Simmons, *Arnobius of Sicca*, p. 174-183, « God and the Gods », qui met justement l'accent, peut-être même à l'excès, sur le platonisme d'Arnobe. Plus généralement, C. Burger, *Die theologische Position des älteren Arnobius*, diss. Heidelberg, 1970 (dactyl.).

apologiste. Les expressions dubitatives du type *si sunt* sont certes attestées[3]. Mais il serait excessif, en les détachant de leur contexte, de prendre des clauses de style, des moments de la discussion, pour l'expression d'un doute méthodique ou d'une réflexion théologique profonde sur le polythéisme. Il est de meilleure méthode d'envisager l'une après l'autre, à la lumière des textes, les diverses hypothèses relatives à la nature des dieux qui, au temps d'Arnobe, s'offraient tant au païen philosophe qu'au chrétien cultivé et d'examiner, en procédant par éliminations successives, si l'une d'elles a pu trouver grâce à ses yeux. En d'autres termes, d'appliquer à notre auteur, en particulier, les grilles de lecture établies pour les apologistes en général et de voir s'il peut s'insérer dans ce cadre, quitte à l'élargir sur certains points.

Le divin Platon

L'idée d'un dieu suprême, dont les dieux traditionnels, multiples, du paganisme seraient les fils, les créatures, les subordonnés, revient souvent dans l'ouvrage d'Arnobe. Ce sont les « dieux inférieurs » (*minores*), de l'existence desquels on peut douter, Apollon, Diane, Mercure, Mars, dont on ne sait « ni qui ils sont ni où ils sont »[4]; les dieux, quels qu'ils soient (autre formule dubi-

---

3. On relève des formules récurrentes de trois types :
    si sunt 1, 28, 5 (*infra*, n. 9) ; 3, 3, 1 ; 5, 15, 3 ; 7, 15, 2.
    si certi sunt 4, 11, 2 *deos offenderitis certissimos, si modo sunt...*, « n'offensez-vous pas les dieux les mieux définis, si du moins il en est... » ; 6, 1, 3 *si modo dii certi sint*, « si du moins ce sont des dieux sûrs et certains » ; 6, 2, 1 ; 7, 35, 3
    si sunt ueri 7, 2, 1 ; 7, 12, 11 *si modo dii ueri sunt*, « si du moins ce sont des dieux véritables » ; 7, 51, 2. En 2, 62, 4, *dii omnes, uel quicumque sunt ueri uel qui esse rumore atque opinione dicuntur*, « tous les dieux, ceux qui sont véritables comme ceux que la rumeur et l'opinion déclarent tels », l'expression n'est pas moins dubitative.
    Les deux adjectifs, qui désignent en quelque sorte « des dieux assurés », des dieux avérés », sont équivalents. Pour J. M. P. B. van der Putten, « Arnobe croyait-il à l'existence des dieux païens ? », *VChr*, 25, 1971, p. 52-55. les premiers n'ont aucun rapport avec les *dii certi* (spécialisés) de Varron.
4. 2, 3, 1-2 *Nisi forte dubitatis an sit iste de quo loquimur imperator, et magis esse Apollinem creditis, Dianam, Mercurium, Martem. Da uerum iudicium et haec omnia circumspiciens quae uidemus magis an sint dii ceteri dubitabit quam in deo cunctabitur, quem esse omnes naturaliter scimus... Sed minoribus supplicare diis homines uetuit. Dii enim minores qui sint aut ubi sint scitis ?*, « À moins que d'aventure vous ne mettiez en doute l'existence de ce Seigneur dont nous parlons, et que vous croyiez plutôt à celle d'Apollon, de Diane, de Mercure, de Mars. Donne-nous un juge sincère : en parcourant du regard tout ce que nous voyons, il doutera de

tative), à l'existence desquels vous croyez et qui, s'ils sont de famille royale et d'origine princière, sont compris dans le culte qu'on rend à leur roi, et le savent bien[5]. Ces mêmes dieux, qui doivent au dieu suprême existence et conscience d'exister[6]. Ou encore la « foule plébéienne », le « peuple » qui, à vous entendre, existerait sous le roi et prince[7]. – Tous ces dieux anthropomorphes que vous représentez par des statues et qui sont indignes d'un si grand nom[8].

À travers une formulation sociale, à travers les termes du pouvoir (*imperator, rex, princeps*), nous retrouvons là une hypothèse qui, sous sa forme philosophique, est explicitée dans deux textes majeurs des livres I et II. Les dieux nous seraient-ils hostiles, à nous seuls, objecte Arnobe en 1, 28, 5-8, parce que nous, chrétiens monothéistes, nous (ne) vénérons (que) leur père, à qui, *s'ils existent* (*si sunt*), ils doivent leur existence, leur nom, leur majesté, leur divinité même ? « Car si nous admettons tous qu'il existe un unique dieu souverain (*princeps*) », il n'est rien de plus ancien que lui, tout est né et a vu le jour après lui, y compris les dieux, qui tirent de lui leur origine, lui qui est la « source primordiale de ce qui existe ». Or, si les dieux sont nés, ils sont aussi mortels. Et pourtant, la croyance les représente immortels et éternels.

l'existence des autres dieux plus qu'il n'hésitera à propos du Dieu dont tous nous connaissons de façon naturelle l'existence... "Mais il a interdit aux hommes d'adresser des supplications aux dieux inférieurs". Car ces dieux inférieurs, vous savez donc qui ils sont et où ils sont ? »

5.   3, 3, 1 *quicumque hi dii sunt quos esse nobis proponitis, si sunt progenies regia et principali oriuntur e capite, etiamsi nullos accipiant nominatim a nobis cultus, intellegunt se tamen honorari communiter cum suo rege atque in illius uenerationibus contineri*, « ces dieux, quels qu'ils soient, dont vous soutenez devant nous l'existence : s'ils sont de souche royale et sont issus d'une ascendance princière, bien qu'ils ne reçoivent nommément aucun culte de notre part, ils comprennent pourtant qu'ils sont honorés en commun avec leur roi et qu'ils sont impliqués dans les hommages qu'on lui rend ».

6.   6, 3, 2 *dominum summumque ipsum regem, cui debent dii una nobiscum quod esse se sentiunt et uitali in substantia contineri*, « le maître et le roi suprême en personne, à qui les dieux, tout comme nous, doivent la conscience d'exister et d'être maintenus dans leur substance d'êtres vivants ».

7.   3, 3, 2 *si modo liquet et constat praeter ipsum regem et principem esse alia deum capita, quae digesta et separata per numerum uelut quendam populum plebeiae multitudinis faciant*, « si du moins il est établi clairement qu'outre le Roi et Prince lui-même, il existe d'autres personnes divines qui, classées à part et dénombrées, forment une sorte de peuple, une foule plébéienne ».

8.   3, 3, 4 *hoc ut ostendatis exposcimus, esse deos alios natura, ui, nomine, non in simulacris propositos, quos uidemus, sed in ea substantia in qua conueniat aestimari tanti esse nominis oportere uirtutem*, « ce que nous vous demandons de nous montrer, c'est qu'il existe des dieux autres par leur nature, leur pouvoir, leur nom, non pas ceux que représentent les statues et que nous voyons, mais d'une substance dans laquelle il convient de penser que doit résider l'efficace d'un si grand nom ».

C'est donc par un don de Dieu, leur père, qu'ils ont pu traverser les siècles sans en être altérés[9].

La source de ce texte, platonicienne, n'est autre que le célèbre discours aux dieux du *Timée*, auquel Arnobe se réfère à nouveau au livre II et dont les apologistes se sont souvent inspirés[10]. Ce *deus princeps, pater*, est le démiurge, père de tous les dieux. Chez Platon, il s'adresse à toutes les divinités qui descendent de Cronos et de Rhéa, à Zeus, Héra, leurs frères et sœurs et leur postérité, à tous ces dieux (θεοί) « tant ceux qui accomplissent une révolution visible, que ceux qui se rendent visibles dans la mesure où ils le veulent », c'est-à-dire aux divinités astrales et aux Olympiens traditionnels. Le démiurge, auteur de l'univers, leur parle en ces termes : « Dieux, fils des Dieux (θεοὶ θεῶν) dont je suis l'Auteur... vous êtes nés par moi, et indissolubles vous êtes, tant que je ne voudrai pas vous dissoudre... Parce que vous naquîtes, vous n'êtes ni immortels, ni du tout incorruptibles. Pourtant, vous ne serez jamais dissous et jamais vous ne subirez une destinée mortelle, parce que mon vouloir constitue pour vous un lien plus fort et plus puissant que ceux dont vous fûtes liés, quand vous naquîtes. Maintenant, écoutez ce que mes paroles vont vous apprendre ».

Arnobe reprend, en substance, les mêmes idées au livre II (chap. 35 et 36) : « si nous admettons tous qu'il n'y a qu'un seul père de toutes choses, immortel et seul inengendré », il en résulte que tous ceux dont la croyance des mortels a fait des dieux ont été engendrés par lui, ou mis au monde sur son ordre. Ils sont seconds pour le rang et dans le temps. Ils ont une origine, une naissance et un début dans la vie. Or ce qui a un commencement et une entrée

---

9. 1, 28, 5-8 *Nobis solis sunt inimici... quia patrem ueneramur illorum, per quem, si sunt, esse et habere substantiam sui nominis maiestatisque coeperunt, a quo ipsam deitatem ?... Nam si omnes concedimus unum esse principem solum, quem nulla res alia uetustate temporis antecedat, post illum necesse est cuncta et nata esse et prodita... Erit nobis consequens confiteri et deos esse natiuos et a principe rerum fonte ortus sui originem ducere. Qui si sunt natiui et geniti, et interitionibus utique periculisque uicini. At enim esse creduntur immortales, perpetui... Ergo istud munus dei patris et donum est*, « Les dieux nous réservent-ils leur inimitié... parce que nous vénérons leur Père, de qui, s'ils existent, ils tiennent l'existence ainsi que la réalité qu'impliquent leur nom et leur majesté, de qui [ils ont reçu] la divinité elle-même ?... Car si nous admettons tous qu'il existe un seul et unique Souverain, que rien d'autre ne surpasse en ancienneté, c'est nécessairement après lui que toutes choses sont nées et ont vu le jour... Nous devrons logiquement avouer que les dieux ont eu une naissance et qu'à l'origine de leur apparition est la source primordiale des êtres. Or, s'ils sont nés, venus au monde, ils sont aussi, en tout cas, exposés à la destruction et aux risques mortels. Pourtant, on les croit immortels, éternels... C'est donc par une faveur et un don de Dieu, leur père... ». Avec le commentaire d'H. Le Bonniec, p. 268 sq.
10. *Tim.* 41 a-b. Cf. Athénagore, *Supplique* 6, 2 ; Clém. *strom.* 5, 14, 102 ; Orig. *c. Cels.* 6, 10 ; Min. Fel. 34, 4.

dans la vie doit nécessairement avoir aussi une fin. Si, comme on le dit, les dieux sont immortels, ce n'est pas par nature, mais par la volonté et la faveur de Dieu le père. C'est lui qui a fait don de l'immortalité aux dieux venus au monde à un moment donné (de même qu'il daignera aussi en faire don aux âmes). Telles sont les idées que professe sur Dieu « le divin Platon », dans le *Timée*, idées qui ne sont pas celles du vulgaire, mais sont proches des nôtres. Il y dit que les dieux et le monde sont par nature corruptibles et n'échappent à la désintégration que par la volonté de Dieu, roi et prince, qui les maintient pour l'éternité[11]. Texte capital, où Arnobe indique, par exception, sa source et rend à Platon un hommage qui, pour être convenu[12], n'en est pas moins

---

11. 2, 35, 4-5 *Nam si omnes concedimus unum esse rerum patrem, immortalem atque ingenitum solum, nihilque omnino ante illum quod alicuius uocaminis fuerit inuenitur, sequitur ut hi omnes quos opinatio credidit deos esse mortalium aut ab eo sint geniti aut eo iubente prolati. Si sunt prolati et geniti, et ordinis sunt posterioris et temporis ; si ordinis posterioris et temporis, ortus necesse est habeant et exordia natiuitatis et uitae : quod autem habet introitum et uitae incipientis exordium, necessario sequitur ut habere debeat et occasum*, « Car si nous reconnaissons tous qu'il n'existe qu'un seul Père du monde, seul immortel et inengendré, et qu'il ne se trouve avant lui absolument rien qui ait eu un nom quelconque, il s'ensuit que tous ceux que l'opinion humaine a considérés comme des dieux ou bien ont été engendrés par lui, ou mis au jour sur son ordre. Supposons qu'ils aient été mis au jour et engendrés : ils sont à la fois d'un rang et d'un temps postérieurs ; s'ils sont d'un rang et d'un temps postérieurs, ils ont nécessairement une origine et un début de naissance et de vie ; or, ce qui a une entrée et un début de commencement de vie doit, par une conséquence nécessaire, avoir aussi une fin » ; 2, 36, 1-2 *Sed immortales perhibentur dii esse. Non ergo natura, sed uoluntate dei patris ac munere. Quo igitur pacto immortalitatis largitus est donum die certa prolatis, et animas hoc pacto dignabitur immortalitate donare, quamuis eas mors saeua posse uideatur extinguere et ad nihilum redactas inremeabili abolitione delere. Plato ille diuinus multa de deo digna nec communia sentiens multitudini in eo sermone ac libro cui nomen Timaeus scribitur deos dicit et mundum corruptibilis esse natura neque esse omnino dissolutionis expertes* (traduction presque littérale : οὐδ' ἄλυτοι τὸ πάμπαν), *sed uoluntate dei regis ac principis uinctione in perpetua contineri*, « "Mais les dieux, à ce que l'on dit, sont immortels". Alors, ils le sont non par nature, mais par la volonté et la grâce de Dieu le Père. De la même façon donc qu'il leur a dispensé le don de l'immortalité, à eux qui ont été mis au jour à une date précise, il daignera pareillement gratifier les âmes de l'immortalité, même si la mort cruelle paraît capable de les détruire et, après les avoir réduites à rien, les effaçant irrémédiablement, de les anéantir. Le divin Platon, qui a sur Dieu beaucoup d'idées acceptables et différentes du commun, dit, dans l'exposé de son ouvrage intitulé le *Timée*, que les dieux et le monde sont corruptibles par nature et ne sont nullement à l'abri de la dissolution, mais que par le vouloir du Dieu roi et prince, ils sont maintenus dans une liaison perpétuelle ».

12. Le « divin Platon » est presque une épithète de nature : cf. Cic. *Du meilleur genre d'orateurs* 17 *diuinus auctor Plato*, « le divin Platon » ; *leg.* 3, 1 *diuinum illum uirum... Platonem*, « cet homme divin... Platon » ; *Tusc.* 1, 79 *Panaetio a Platone suo dissentienti ? quem enim omnibus locis diuinum... quem Homerum philosophorum appellat*, « Panétius, qui ici se sépare de son cher Platon ?... que, en tous sujets, il qualifie de divin... d'Homère des philosophes » ;

appuyé. Platon a surtout le mérite de s'élever au-dessus de l'opinion commune, de s'approcher, peut-être, de la vérité[13], mais certainement pas de la détenir et de la proposer, pleine et entière, à ses disciples.

De fait, il est un point faible dans la doctrine de Platon : c'est la naissance des « dieux ». De quelque façon qu'on l'envisage, elle s'oppose à ce qu'on tienne pour de « vrais » dieux ces êtres, même supérieurs, qui ont connu la naissance. En 4, 19, le souvenir indirect des thèses platoniciennes alimente encore le débat contre l'anthropomorphisme. Quand on dit « tel dieu a tel père et telle mère », il y a là quelque chose de bassement humain. Les dieux ne peuvent être issus d'un accouplement honteux. Nous, chrétiens, considérons que, pour respecter « la dignité de ce nom », ou les dieux ne doivent pas avoir de naissance ou, s'ils ont une origine, ils émanent de Dieu, seigneur du monde, par des moyens connus de lui, chastes et purs, et qui échappent à l'ignominie des relations sexuelles, puisque « la procréation originelle s'est achevée avec eux »[14] – formule énigmatique qui ne sera explicitée que beaucoup plus loin dans le traité.

ND 2, 32 *Platonem quasi deum philosophorum*, « Platon, qui est pour ainsi dire le dieu des philosophes » ; *Lettres à Atticus* 4, 16, 3 *deus ille noster Plato*, « Platon, notre dieu ».
13. Cf. Min. Fel. 34, 4-5 *Loquitur Plato... Animaduertis philosophos eadem disputare quae dicimus, non quod nos simus eorum uestigia subsecuti, sed quod illi de diuinis praedicationibus prophetarum umbram interpolatae ueritatis imitati sint*, « Platon dit que... Tu constates que les philosophes soutiennent les mêmes idées que nous, non pas que nous ayons suivi leurs traces, mais parce que ces sages, suivant les divines prédictions des prophètes, ont reproduit l'ombre de la vérité, d'ailleurs altérée ».
14. Arn. 4, 19, 2-4 *Cum auditis et legitis « ex illo atque ex illa matre deus ille est proditus », nonne animi uestri sensum tangit humanum nescio quid dici et ex terreni generis humilitate proficiscens ?... Sollicitudinem concipitis nullam ne offensionis aliquid apud ipsos quicumque sunt contrahatis deos, quod ex turpi concubitu creditis atque ex seminis iactu ignoratam sibi ad lucem beneficiis obscenitatis exisse ? Nos enim, ne quis forte existimet ignorare, nescire quid istius nominis conueniat dignitati, aut natiuitatis expertes deos esse oportere censemus, aut si aliquos ortus habent, ab domino rerum ac principe rationibus quas ipse nouit, ipse, ducimus atque existimamus emissos, immaculatos, castissimos, puros, nescientes quae sit foeditas ista coeundi et usque ad illos ipsos principali procreatione finita*, « Lorsque vous entendez dire ou que vous lisez "tel dieu est issu de tel autre et de telle mère", n'êtes-vous pas sensibles au fait qu'on énonce je ne sais quoi d'humain, qui procède de la bassesse de la condition terrestre ?... Ne concevez-vous aucune inquiétude, à l'idée que vous vous rendez coupables de quelque offense envers les dieux en personne, quels qu'ils soient, en croyant que c'est à la suite d'un honteux accouplement et d'une émission de sperme, qu'ils sont venus à la lumière qu'ils ignoraient encore, grâce aux bienfaits d'une obscénité ? Pour nous, afin que nul n'aille croire que nous ignorons, que nous ne savons pas ce qui convient à la dignité de ce nom, nous considérons ou bien que les dieux ne doivent pas avoir de naissance, ou bien s'ils ont une origine quelconque, nous pensons et nous estimons qu'ils émanent du seigneur et prince du monde, par des moyens que lui connaît, oui, lui, immaculés,

Car Arnobe le répète inlassablement, dans un passage du livre VII qu'on peut tenir pour la conclusion, restée inachevée, de l'ouvrage. Vous, païens, vous pensez que les dieux ont un sexe (ce qui est la marque – honteuse – des créatures terrestres) et qu'ils sont issus de l'accouplement des mâles et des femelles. Pour nous, chrétiens, si ce sont avec certitude des dieux (*si... dii certi sunt*), ou bien ils n'ont pas été engendrés, et c'est ce que la piété incite à croire. Ou, s'ils ont un commencement, c'est au dieu suprême qu'ils doivent d'être nés et d'avoir part à son éternité[15]. Seul, le Dieu tout-puissant est immortel, éternel et n'est soumis à aucune limitation temporelle. Les autres dieux, que ce soient effectivement de « vrais dieux » ou que l'opinion les croie tels, ne sont immortels et éternels que par sa volonté et sa munificence[16]. La controverse

parfaitement chastes et purs, ignorant ce qu'est cette ignominie du coït, puisque la procréation originelle s'est achevée avec eux-mêmes ».
15. 7, 35, 2-4 *Ac primum uos deos, quos in rerum natura uel arbitramini esse uel creditis quorumque in templis omnibus simulacra constituistis et formas, profitemini esse natos et ex masculorum feminarumque seminibus conuentionum progenitos lege. At uero nos contra, si modo dii certi sunt habentque huius nominis auctoritatem potentiam dignitatem, aut ingenitos esse censemus – hoc enim religiosum est credere – aut si habent natiuitatis exordium, dei summi est scire, quibus eos rationibus fecerit aut saecula quanta sint, ex quo eis adtribuit perpetuitatem sui numinis inchoare. Vos habere sexus deos aliosque ex his mares, feminini generis alios esse censetis : nos potentias caelites discretas esse sexibus abnegamus, quoniam discrimen huiusmodi terrenis animantibus datum est, quas coire, quas generare auctor uoluit rerum substituendis per libidinem prolibus*, « En premier lieu, vous déclarez ouvertement que les dieux dont vous pensez ou croyez qu'ils existent dans le monde et dont vous avez placé dans tous les temples les statues et les images, ont connu une naissance et sont issus des semences des mâles et des femelles, selon les lois de l'accouplement. Nous, au contraire, nous soutenons que, s'ils sont vraiment dieux et ont l'autorité, la puissance, la dignité qui sont attachées à ce nom, ou bien ils n'ont pas été engendrés – c'est ce que la piété nous invite à croire –, ou bien, s'ils ont commencé à exister au moment de leur naissance, il appartient au dieu suprême de savoir de quelle manière il les a faits et combien de siècles se sont écoulés depuis qu'il leur a accordé d'accéder à l'éternité de sa propre divinité. Vous pensez que les dieux ont un sexe et que parmi eux les uns sont mâles, les autres femelles ; nous nions formellement que les puissances célestes soient distinguées par le sexe, puisqu'une telle distinction a été donnée aux créatures terrestres qui, par la volonté de l'auteur de l'univers, s'accouplent, engendrent, le plaisir les poussant à perpétuer leur lignée » [*feminarum* : c'est la croyance des anciens ; cf. Aug. *ciu.* 6, 9 ; 7, 2-3, p. 263 et 274 sq. D].
16. 2, 62, 3-4 *Seruare animas alius nisi deus omnipotens non potest, nec praeterea quisquam est qui longaeuas facere, perpetuitatis possit et spiritum subrogare, nisi qui immortalis et perpetuus solus est et nullius temporis circumscriptione finitus. Cum enim dii omnes, uel quicumque sunt ueri uel qui esse rumore atque opinione dicuntur, immortales et perpetui uoluntate eius sint et beneficii munere, qui fieri potis est, ut alii praestare id quod ipsi sunt ualeant, cum alienum id habeant et maioris potentia commodatum ?*, « Sauver les âmes, seul Dieu tout-puissant le peut, et il n'est personne en sus qui puisse prolonger leur vie et les doter d'un souffle d'éternité, sinon celui qui seul est immortel, éternel et que n'enferme aucune limite temporelle. En effet, alors que tous les

(*disputatio*), il va de soi, est purement théorique : on ne saurait conclure, même provisoirement, qu'Arnobe fait sienne la thèse de Platon, qu'il « croit » aux dieux pluriels nés du démiurge. Il s'agit seulement de faire saisir aux païens l'inconsistance de leur théologie et de leur prouver que leur conception des dieux ne répond pas aux idées droites que l'on doit avoir sur la divinité[17].

La question de la mortalité des dieux est au cœur de la pensée religieuse d'Arnobe (et nous la retrouverons, sous une autre forme, à propos de l'évhémérisme). La naissance des dieux de la mythologie, selon les lois de la procréation humaine, est dégradante et indigne de leur divinité. La théologie de Platon n'est pas moins faillible. À supposer que les dieux échappent à ces bassesses, l'immortalité n'est pas consubstantielle à leur nature : c'est un don qui leur est octroyé, comme après coup. Toute naissance entraîne nécessairement une fin. Les dieux « immortels » ne sont soustraits à la mort que par la grâce du démiurge. Même repensée par Platon, la théologie du paganisme n'évite pas la contradiction. Pour être dignes de ce nom, les dieux doivent être hors du temps. Or seul, le Dieu des chrétiens répond à cette définition. À la rigueur, le démiurge de Platon. Mais, dans ce cas, on ne sait plus que faire des dieux subordonnés, qui ne répondent pas à ce qu'on attend des dieux.

L'accord initial, tout provisoire, l'œcuménisme conciliant qu'Arnobe concédait aux païens, sous condition il est vrai, « si nous admettons tous qu'il existe un seul et unique souverain, un seul père de toutes choses, immortel et seul inengendré »[18], sous lequel vivent les dieux traditionnels, n'a donc pas résisté à l'analyse. Ce syncrétisme n'a pourtant rien de choquant pour les esprits éclairés de l'Empire. C'est celui que les adversaires du christianisme proposaient à leurs victimes au livre III : « pourquoi n'honorez-vous pas,

---

dieux, ceux qui sont véritables comme ceux que la rumeur et l'opinion déclarent tels, doivent leur immortalité et leur éternité à Sa volonté et à Sa grâce bienfaisante, comment se pourrait-il qu'ils fussent en mesure d'offrir à un autre leur nature à eux, alors qu'ils ne la possèdent pas en propre mais l'ont reçue de la puissance d'un plus grand qu'eux ? ». Sur ce qu'on peut entendre par « dieux véritables », voir *infra*, p. 344.

17. 4, 19, 1 *Nisi forte haec falsa et ea quae a uobis dicuntur erunt uera. Quo argumento, quo signo ? Cum enim homines utrique et qui haec et illa commentati sunt fuerint, et de rebus incertis ab utraque sit disputatum parte, adrogantis est dicere id quod tibi placeat esse uerum, quod uero animum laedit, id libidinis et falsitatis arguere*, « À moins que tout cela ne soit faux, et que ce soit ce que vous dites, vous, qui est vrai. Mais avec quelle preuve, quel indice ? En effet, puisque des deux côtés, ce sont des hommes qui ont conçu ces idées-ci et celles-là, et qu'on a discuté sur des questions incertaines en soutenant le pour et le contre, c'est de l'arrogance que de dire que ce qui vous plaît est vrai, et de dénoncer comme arbitraire et faux ce qui vous choque ». – La *disputatio* est menée *in utramque partem*, selon les règles de la rhétorique.

18. 1, 28, 6 et 2, 35, 4 (*supra*, n. 9 et 11).

n'adorez-vous pas avec nous les autres dieux » ? pourquoi ne pas mettre en commun nos deux religions[19] ? C'est celui dont, selon l'*Histoire Auguste*, toujours suspecte, Sévère Alexandre (222-235) aurait donné l'exemple en introduisant dans son laraire les images du Christ et d'Abraham[20]. Vrai ou faux, le « témoignage » n'en traduit pas moins un état d'esprit qui n'était peut-être pas celui de Sévère Alexandre en personne, mais devait être assez répandu dans les milieux les plus cultivés de la société païenne : les « saints » du paganisme, Apollonius de Tyane, Orphée, les « fondateurs » de religion sont mis tous sur le même plan, tous également et indifféremment dignes de vénération. Le message religieux est assez clair. C'est de ce même syncrétisme que Maxime de Madaure, alors âgé, fera l'apologie auprès de saint Augustin. Nous en avons l'écho dans deux lettres datables vers 390[21] qui, mieux que les dialogues fictifs d'Arnobe, nous font lire le dialogue réel d'un païen et d'un chrétien, amis de longue date.

La lettre 16 (dont on ne cite d'ordinaire qu'une ou deux phrases) est celle de Maxime de Madaure, grammairien, qui fut peut-être le professeur du jeune Augustin. C'est un homme d'esprit, qui accueille avec le sourire les fables de la mythologie : quand la Grèce raconte que les dieux demeurent sur l'Olympe, ce n'est pas, dirions-nous aujourd'hui, « un article de foi ». Mais nous sommes convaincus que les temples que nous voyons sur le forum de notre ville sont ceux de divinités bienfaisantes. Il est une certitude : c'est qu'il existe « un Dieu suprême, unique » et éternel, que nous honorons tous sous des noms différents. Quand nous prions chacun de ses membres en particulier, « c'est

---

19. 3, 2, 1 *Subiciunt enim haec* : « *Si uobis diuina res cordi est, cur alios nobiscum neque deos colitis neque adoratis nec cum uestris gentibus communia sacra miscetis et religionum coniungitis ritus ?* », « Car voici ce qu'ils insinuent : "Si la pratique religieuse vous tient à cœur, pourquoi n'honorez-vous pas, n'adorez-vous pas avec nous les autres dieux et ne faites-vous pas culte commun avec votre nation, en mêlant et en unissant les rites de vos religions ?" ».
20. *Histoire Auguste, Alexandre Sévère* 29, 2 *usus uiuendi eidem hic fuit : primum ut, si facultas esset... matutinis horis in larario suo, in quo et diuos principes sed optimos electos et animas sanctiores, in quis Apollonium et, quantum scriptor suorum temporum dicit, Christum, Abraham et Orfeum et huiusmodi ceteros habebat ac maiorum effigies, rem diuinam faciebat*, « Voici quel fut son mode de vie : tout d'abord, lorsque c'était possible... il faisait ses dévotions le matin dans son laraire. On y trouvait les effigies des empereurs divinisés, mais choisis seulement parmi les meilleurs, et des âmes particulièrement saintes, parmi lesquelles Apollonius et, s'il faut en croire un écrivain de son époque, le Christ, Abraham, Orphée et bien d'autres de ce genre ainsi que les portraits de ses ancêtres ».
21. Sur les deux textes, P. Mastandrea, « Nota al testo di Massimo di Madaura (Aug. *epist.* 16,1) », *Atti dell'Istituto veneto di scienze, lettere ed arti*, 139, 1980-1981, p. 153-159 ; et *Massimo di Madauros (Agostino, « Epistulae » 16 e 17)*, Padoue, Editoriale programma, 1985.

lui tout entier que nous adorons »[22]. Maxime de Madaure distingue donc lui aussi entre les trois théologies : la théologie « fabuleuse » des mythes, celle de la religion d'État, à l'œuvre dans les temples de la cité, celle des philosophes, dans un esprit tout platonicien (qui n'exclut pas cependant une référence stoïcienne aux « membres » de Dieu).

La suite de la lettre se fait plus âpre. Il est une erreur qu'il ne peut supporter, c'est celle des chrétiens de sa ville qui, aux dieux immortels et authentiques du paganisme, préfèrent leurs martyrs (les « martyrs de Madaure »), Miggin, Sanaé, « l'archimartyr » Namphamo, Lucitas. Tous « noms odieux » de criminels impies, aussi barbares que les dieux de l'Égypte en lutte, dans l'*Énéide*, contre les dieux de Rome. Maxime répète les griefs courants contre les chrétiens : ils visitent les tombeaux de leurs martyrs en délaissant les temples, ils honorent leur dieu dans des lieux cachés (accusation classique contre les sectes). Les sacrifices païens, eux, sont publics[23]. L'adresse finale prend congé

22. Aug. *Lettre* 16, 1, *Olympum montem deorum esse habitaculum sub incerta fide Graecia fabulatur. At uero nostrae urbis forum salutarium numinum frequentia possessum nos cernimus et probamus. Et quidem unum esse Deum summum sine initio, sine prole naturae ceu patrem magnum atque magnificum quis tam demens, tam mente captus neget esse certissimum ? Huius nos uirtutes per mundanum opus diffusas multis uocabulis inuocamus, quoniam nomen eius cuncti proprium uidelicet ignoramus. Nam Deus omnibus religionibus commune nomen est. Ita fit ut, dum eius quasi quaedam membra carptim uariis supplicationibus prosequimur, totum colere profecto uideamur*, « Que le mont Olympe soit la demeure des dieux, c'est un conte grec de créance douteuse. Mais que le forum de notre ville soit peuplé d'un grand nombre de divinités tutélaires, nous le voyons et nous en avons l'expérience. Certes, qu'il y ait un Dieu suprême, unique, sans commencement ni descendance naturelle, comme un père grand et magnifique, qui serait assez fou, assez insensé pour en nier l'absolue certitude ? Ce sont les manifestations de sa puissance répandues à travers le monde créé que nous invoquons sous de multiples appellations, parce qu'il va de soi que tous nous ignorons son véritable nom. Car Dieu est un nom commun à toutes les religions. Il en résulte qu'en adressant des prières diverses séparément à ses membres, c'est lui tout entier assurément que nous adorons ».
Pour *sine prole naturae*, je suis la ponctuation et la traduction de la Bibliothèque augustinienne. P. Mastandrea, « Nota al testo... » et *Massimo di Madauros*, p. 48-51, adopte le texte *sine prole, naturae seu patrem*, « senza prole, eppure padre... della natura ». Faut-il y voir une attaque contre le dogme de l'incarnation, la croyance chrétienne dans le Père et le Fils ? Ou seulement, ce qui paraît plus vraisemblable, une critique des dieux de la mythologie, nés d'un père et d'une mère selon les lois « de la nature », identiques pour les dieux et les hommes.
23. *Lettre* 16, 2-3 *Sed inpatientem me esse tanti erroris dissimulare non possum. Quis enim ferat Ioui fulmina uibranti praeferri Migginem, Iunoni, Mineruae, Veneri, Vestaeque Sanaem et cunctis, pro nefas ! diis immortalibus archimartyrem Namphamonem ? Inter quos Lucitas etiam haud minore cultu suspicitur atque alii interminato numero, diis hominibusque odiosa nomina, qui, conscientia nefandorum facinorum specie gloriosae mortis scelera sua sceleribus cumulantes, dignum moribus factisque suis exitum maculati reppererunt. Horum busta, si memoratu dignum est,*

d'Augustin : que les dieux le gardent, ces dieux à travers lesquels nous adorons le même père que vous, sous des noms certes différents, mais tous en accord dans notre pluralisme[24].

La réponse d'Augustin, sur laquelle je passerai plus vite pour ne pas trop m'éloigner de notre propos, fait courtoisement, mais fermement, la distinction entre la gravité du sujet et l'esprit de son correspondant. Elle s'achève

relictis templis, neglectis maiorum suorum manibus, stulti frequentant... Sed mihi hac tempestate propemodum uidetur bellum Actiacum rursus exortum, quo Aegyptia monstra in Romanorum deos audeant tela uibrare minime duratura. Sed illud quaeso, uir sapientissime... quis sit iste Deus, quem uobis Christiani quasi proprium uindicatis et in locis abditis praesentem uos uidere componitis. Nos etenim deos nostros luce palam ante oculos atque aures omnium mortalium piis precibus adoramus et per suaues hostias propitios nobis efficimus et a cunctis haec cerni et probari contendimus, « Mais je ne puis te cacher que je ne peux pas supporter une erreur aussi grave. Qui en effet souffrirait qu'on préfère un Miggin à Jupiter qui lance la foudre, un Sanaé à Junon, Minerve, Vénus et Vesta et, ô sacrilège ! l'archimartyr Namphamo à tous les dieux immortels ? Parmi ces personnages un Lucitas encore est considéré avec une non moindre vénération et d'autres en nombre illimité, dont les noms sont en horreur aux dieux ainsi qu'aux hommes. Conscients de leurs actions ignominieuses, sous l'apparence d'une mort glorieuse ajoutant en réalité crimes sur crimes, ils ont trouvé, souillés d'infamie, une fin digne de leurs mœurs et de leurs actes. Leurs tombeaux, s'il vaut la peine d'en parler, sont l'objet de visites de la part d'insensés qui délaissent les temples et négligent les mânes de leurs ancêtres... Mais quant à moi j'ai presque le sentiment qu'aujourd'hui a repris la guerre d'Actium, où les monstres d'Égypte osent lancer contre les dieux de Rome des traits qui ne porteront pas. Mais ce que je te demande, homme plein de sagesse, c'est... quel est ce Dieu que vous, chrétiens, revendiquez comme votre bien propre et que vous prétendez voir présent dans des lieux cachés. Nous, en effet, nous adorons nos dieux par de pieuses prières en plein jour et publiquement, au vu et au su de tout le monde, et nous nous les rendons favorables par des sacrifices agréables, et nous faisons en sorte que ces actes soient vus et approuvés de tous ». – Les martyrs de Madaure portent tous des noms puniques. Saint Namphamo est dit « archimartyr » parce qu'il aurait été le premier martyr de l'église d'Afrique ; en 180 ? Fête le 4 juillet, selon le martyrologe romain de 1586. Outre la discussion de P. Mastandrea, *Massimo di Madauros*, p. 27-31, voir Y. Duval, *« Loca sanctorum Africae ». Le culte des martyrs en Afrique du IVe au VIIe siècle*, Rome, École française de Rome, 1982, II, p. 707-709. Également, *supra*, p. 248, n. 45, Julien et saint Jérôme.

24. Lettre 16, 4 *Post haec non dubito, uir eximie qui a mea secta deuiasti, hanc epistolam aliquorum furto detractam flammis uel quolibet pacto perituram. Quod si acciderit, erit damnum chartulae, non nostri sermonis cuius exemplar penes omnes religiosos perpetuo retinebo. Dii te seruent, per quos et eorum atque cunctorum mortalium communem patrem uniuersi mortales quos terra sustinet, mille modis concordi discordia ueneramur et colimus,* « Après quoi, homme éminent qui t'es éloigné de ma croyance, je ne doute pas que cette lettre, si elle t'est furtivement soustraite par d'aucuns, ne périsse dans les flammes ou d'une autre façon. Dans ce cas, le papier sera perdu, mais non notre propos, dont j'aurai toujours l'original, chez tous les hommes religieux. Que te protègent ces dieux par l'intermédiaire desquels nous tous, mortels qui vivons sur la terre, nous vénérons et adorons de mille manières, dans une concordante discordance, le père qu'ils ont en commun avec tous les mortels ! ».

sur une réaffirmation de la foi catholique : nous, chrétiens, nous n'adorons que Dieu, ni les morts, ni d'autres dieux qu'il aurait créés. Nous n'adorons que le Dieu unique, « auteur et créateur de toutes choses », le « Dieu unique et vrai »[25]. Non, les dieux des païens ne sont pas « comme les membres de l'unique et grand Dieu ». Nous retiendrons également le reproche, sur lequel Augustin insiste longuement, qu'il fait à Maxime de Madaure d'ignorer, pire, de mépriser les noms africains, c'est-à-dire puniques, des martyrs locaux, alors que nous sommes tous deux en Afrique et que, Africain, tu écris pour des Africains[26]. Nous avons pu, dans un précédent chapitre, faire la même remarque à propos d'Arnobe : sa conscience africaine, comme celle de

---

25. Lettre 17, 5 *Ad summam tamen ne te hoc lateat et in sacrilega conuicia inprudentem trahat, scias a Christianis catholicis, quorum in uestro oppido etiam ecclesia constituta est, nullum coli mortuorum, nihil denique ut numen adorari quod sit factum et conditum a Deo, sed unum ipsum Deum, qui fecit et condidit omnia. Disserentur ista latius, ipso uero et uno Deo adiuuante, cum te grauiter agere uelle cognouero*, « Pour finir cependant, de peur que ce point ne t'échappe et que tu ne sois entraîné par ignorance à des invectives sacrilèges, sache que les chrétiens catholiques, dont une Église se trouve également dans votre ville, ne rendent de culte à aucun de leurs morts, qu'ils n'adorent en un mot comme divinité rien qui soit fait et créé par Dieu, mais ce seul Dieu lui-même, auteur et créateur de toutes choses. Nous discuterons plus longuement de ces sujets avec l'aide du Dieu unique et vrai, quand j'aurai la certitude que tu veux le faire sérieusement ».
26. Lettre 17, 1-2 *Sed illud plane quod tales deos quaedam Dei unius magni membra esse dixisti, admoneo, quia dignaris, ut ab huiusmodi sacrilegis facetiis te magnopere abstineas. Siquidem illum Deum dicis unum, de quo, ut dictum est a ueteribus, docti indoctique consentiunt... Nam quod nomina quaedam mortuorum Punica collegisti, quibus in nostram religionem festiuas, ut tibi uisum est, contumelias iaciendas putares, nescio utrum refellere debeam, an silentio praeterire. Si enim res istae tam uidentur leues tuae grauitati quam sunt, iocari mihi non multum uacat... Neque enim usque adeo te ipsum obliuisci potuisses, ut homo Afer scribens Afris, cum simus utrique in Africa constituti, Punica nomina exagitanda existimares*, « Mais pour ce qui est de ton affirmation que ces divinités sont comme les membres de l'unique et grand Dieu, je te conseille, puisque tu le veux bien, de t'abstenir soigneusement de ce genre de facétie sacrilège. Si du moins tu entends par Dieu unique celui au sujet duquel s'accordent, comme il a été dit par les Anciens, savants et ignorants... Quant à ta collection de noms puniques de défunts, rassemblés pour trouver matière à lancer contre notre religion des injures qui t'ont paru plaisantes, je ne sais si je dois la réfuter ou la passer sous silence. Si ces choses en effet paraissent à ta gravité aussi légères qu'elles le sont de fait, je n'ai guère le temps de badiner... Car tu n'as pu t'oublier à ce point que toi, un Africain écrivant à des Africains – et alors que nous vivons l'un et l'autre en Afrique – tu puisses juger bon de critiquer des noms puniques ». – Je n'insiste pas sur la valeur documentaire, à la fois sociale et linguistique, du passage : pour Maxime, « punique » équivaut manifestement à inculte, illettré. On rappellera l'*Apologie* d'Apulée, 98, 8 : son jeune beau-fils, adolescent qui tourne mal, ne parle que punique et ne veut ni ne sait parler latin. La sœur de Septime Sévère, qui savait à peine le latin, fit honte à sa famille : on se hâta de la renvoyer à Leptis Magna (*Histoire Auguste, Septime Sévère* 15, 7).

Maxime, est faible[27]. Tous deux ne se sentent aucun lien avec le passé punique de l'Afrique romaine : Romains ils sont, de culture, de religion, passée pour l'un, toujours vivante pour l'autre. Il n'est pas sans intérêt, à un siècle d'intervalle, de retrouver des traits communs à Arnobe et Maxime de Madaure : référence à un même syncrétisme platonisant, référence, toujours proclamée, à une même romanité.

Des quelques textes d'Arnobe que nous venons d'examiner, peut-on déjà conclure, sans autre forme de procès, qu'il nie sans appel l'existence des dieux multiples du polythéisme ? Ce serait sans doute prématuré. En 3, 6, 1-3, il poursuit le dialogue avec les païens. Ce que nous vous demandons, dit-il à son interlocuteur fictif, lui aussi platonisant, c'est de nous préciser qui sont ces êtres divins, qui seraient subordonnés à un Dieu suprême. Le païen répond par une liste : « ce sont Saturne, et Janus, Minerve, Junon, Apollon, Vénus, Triptolème, Hercule, ainsi que tous les autres », autrement dit les dieux traditionnels de la mythologie, ceux-là mêmes auxquels se référait le discours du *Timée*. Ce à quoi Arnobe se refuse avec véhémence : c'est vous-mêmes qui prouvez, par les fables honteuses que vous inventez, par les caractères (sexuels, § 4) que vous leur attribuez, qu'ils n'existent absolument pas, *minime illos esse*[28]. Ce qu'Arnobe rejette, ce que le païen éclairé du IIIe siècle tient pour une théologie parfaitement satisfaisante, c'est la conception pyramidale d'un Dieu roi et prince suprême qui peut être, à volonté, le dieu de Platon ou le Dieu des chrétiens, avec, sous son pouvoir, les dieux de la religion traditionnelle dont il

---

27. *Supra*, p. 145 sq. ; et mon article « Au pays des dieux. La géographie religieuse d'Arnobe dans l'*Aduersus nationes* », dans M.-A. Julia (dir.), *Nouveaux horizons sur l'espace antique et moderne*, Bordeaux-Paris, Ausonius, diffusion De Boccard, 2015, p. 47-56.
28. Arn. 3, 6, 1-3 … *si modo discamus quinam isti sunt diuini quos nobis ingeritis et quos par sit adiungi summi regis ac principis uenerationi*. « *Saturnus, inquit, et Ianus est, Minerua, Iuno, Apollo, Venus, Triptolemus, Hercules atque alii [et] ceteri* »… *Inuitare nos forsitan ad istorum numinum potuissetis cultum, si non ipsi uos primi opinionum turpium foeditate talia de illis confingeretis quae non modo illorum polluerent dignitatem, sed minime illos esse qualitatibus conprobaretis adiunctis*, « … pourvu que nous apprenions quels sont ces êtres divins que vous nous imposez et qu'il serait juste d'associer à la vénération du Roi et Prince suprême. "C'est Saturne, dit-on, et Janus, Minerve, Junon, Apollon, Vénus, Triptolème, Hercule, ainsi que tous les autres"… Vous auriez peut-être pu nous inviter au culte de ces divinités, si vous n'étiez vous-mêmes les premiers à inventer sur leur compte, dans la turpitude de vos honteuses croyances, des histoires de nature non seulement à souiller leur dignité, mais à prouver, par les caractères que vous leur attribuez, qu'elles n'existent pas le moins du monde » ; 3, 6, 4 *adduci enim primum hoc ut credamus non possumus, immortalem illam praestantissimamque naturam diuisam esse per sexus et esse partem unam mares, partem esse alteram feminas*, « car, d'abord, nous ne pouvons être amenés à croire que cette nature immortelle et si éminente se répartit en sexes : d'un côté les mâles, de l'autre côté les femelles ».

est le Père et le souverain. Son monothéisme intransigeant refuse l'existence de dieux seconds, qui s'inséreraient entre le Dieu suprême et les hommes.

Il apparaît pourtant, à la réflexion, une difficulté : ces dieux nés, fils du démiurge, qui n'échappent que par sa grâce à la mortalité de leur condition, font singulièrement penser au Christ, fils de Dieu, né d'une femme et mort sur la croix. Ils sont *natiui, geniti*[29], ce qui leur interdit d'être de « vrais dieux ». Tertullien, cependant, n'hésite pas à appliquer ce vocabulaire au Fils de Dieu[30]. Le Dieu d'Arnobe, en termes de théologie négative, est « sans naissance », « incréé »[31]. Mais le Christ ? Arnobe ne se prononce pas, pas plus qu'il ne rapporte les récits de la nativité. Ce qui prouve la divinité du Christ, ce sont ses miracles. Il n'est pas un dieu mort, comme ceux du paganisme, Esculape ou Liber. Ce qui est mort en lui, c'est l'homme. Il est venu en ce monde pour accomplir « les ordres du roi suprême », il est « ministre » de sa puissance divine, formules qui rendent un son étrangement platonicien[32]. Rien de plus ne nous est dit sur la relation du Fils au Père. La christologie d'Arnobe est-elle lacunaire ? esquive-t-il sciemment la question ? On ne saurait en décider. Il ne paraît pas impensable qu'il se soit, confusément, représenté le Fils comme émané du Père, subordonné au Père[33]. Quoi qu'il en soit, du débat qui précède, nous ne pouvons tirer qu'une conclusion : aux yeux de

29. *Supra*, n. 9 et 11. Arnobe pose plusieurs fois la question des *dii ueri* : voir *supra*, n. 3 : encore 1, 23, 1 (*infra*, n. 102) ; 7, 1, 3 ; 7, 2, 3 (*supra*, p. 283 sq.). Un « vrai dieu » est éternel, immortel : 1, 31, 2 *immortalis, perpetuus* ; 1, 34, 5 *deus... cum illum esse perpetuum constet*, « puisqu'il est reconnu que Dieu est éternel » ; inengendré, *ingenitus* (*infra*, n. 31) ; incorporel : 7, 3, 9 ; 7, 28, 13 *incorporeus, incorporalis*. Ce qui exclut entièrement l'anthropomorphisme.
30. Voir les textes cités par R. Braun, *Deus Christianorum*, p. 291 sq. et 318.
31. Arn. 1, 31, 2 *ingenitus*.
32. 1, 60, 4 *summi regis imperio et dispositione seruatis*, « en respectant les ordres et les plans du Roi suprême » ; 1, 47, 1 *cuius numinis ministrator aduenerit*, « comme ministre de quelle puissance divine, il est venu à nous... », avec le commentaire d'H. Le Bonniec, p. 338.
33. Pour M. B. Simmons, *Arnobius of Sicca*, p. 164-173, « God and Christ », Arnobe n'échappe pas au soupçon de subordinatianisme. Même si « it was not heretical proclivities that informed his thinking here, but rather insufficient instruction in biblical and Church doctrines and, mainly, polemical objectives coupled with a desire to renounce formerly held anti-Christian opinions ». Les quelques pages où E. Rapisarda, *Arnobio*, Catane, Crisafulli, 1946, traite de la christologie d'Arnobe, p. 105-110, soulèvent la question sans y répondre : « Il modo come egli definisce i rapporti del Padre con il Figlio ha sollevato qualche sospetto » (p. 107). Voir, pour l'essentiel, R. Laurenti, « Spunti di teologia arnobiana », *Orpheus*, 6, 1985, p. 270-303 (je note, p. 292 : « Dio sì, ma non il Dio supremo », et p. 302, la n. 116, dubitative : « un certo subordinazionismo », dont Arnobe n'est peut-être pas conscient) ; et B. Amata, « La cristologia di Arnobio il Vecchio », *Bessarione*, 5, 1986, p. 55-94 (p. 93, n. 208 : « un certo subordinazionismo »).

l'apologiste, les dieux personnels de la tradition païenne, même reconvertis par le génie de Platon, n'existent pas en tant que tels. Mais cela n'implique pas qu'ils n'aient pas une autre forme d'existence.

Les stoïciens

Faut-il alors, comme les stoïciens, les identifier aux éléments, aux astres, au monde, ou à certaines notions ? Pas davantage. Arnobe a été très clair sur ce point dans la partie du livre III (chap. 29-36) consacrée à l'analyse systématique des grands dieux, de leurs caractères et de leur définition savante : comment croire les philosophes, quand ils substituent aux divinités personnelles du paganisme d'autres dieux « qui manifestement n'existent pas »[34] ? Si l'on suit un classement méthodique, selon les catégories indiquées ci-dessus (éléments, astres, notions), Jupiter n'est pas l'éther[35], ni Junon l'air[36], ni Minerve la partie supérieure de l'éther[37]. Neptune n'est pas l'eau[38]. Ni la Grande Mère, ni Cérès, ni Vesta ne sont la terre[39]. De Vulcain, vous dites qu'il est le feu ; mais c'est le nom d'un élément, non

---

34. 3, 29, 1-2 *Et tamen possemus utcumque accipere a uobis has mentes impiarum plenissimas fictionum, si non multa de diis ipsi tam contraria promentes dissoluentiaque ipsa sustinere animi compelleretis adsensum. Cum enim singuli singulos anteire interioris contenditis scientiae laude, et deos ipsos quos opinamini tollitis et reponitis alios quos manifestum est non esse*, « Et pourtant nous pourrions à la rigueur accepter de vous ces conceptions toutes pleines d'inventions impies, si vous-mêmes, en formulant au sujet des dieux un grand nombre d'idées si contradictoires et qui se ruinent elles-mêmes, vous ne nous obligiez à suspendre notre assentiment. Car chacun de vous essayant d'éclipser autrui en faisant valoir la profondeur de sa science, vous supprimez les dieux mêmes auxquels vous croyez et vous leur en substituez d'autres qui manifestement n'existent pas ».
35. 3, 30, 1 *nam quid de ipso dicemus Ioue... aethera nonnulli flagrantem ui flammea atque ardoris inextinguibili uastitate ?* « car que dire de Jupiter en personne... pour certains, c'est l'éther qu'embrasent de puissantes flammes et que ravage un feu inextinguible ? ».
36. 3, 30, 2 *iam uero Iunonem... si aer illa est, quemadmodum uos ludere ac dictitare consuestis Graeci nominis praeposteritate repetita...*, « quant à Junon... si elle est l'air, comme vous le répétez volontiers en faisant un jeu de mots sur son nom grec que vous transposez par anagramme... ».
37. 3, 31, 1 *hanc alii aetherium uerticem et summitatis ipsius esse summam dixerunt*, « d'autres ont dit de cette même déesse qu'elle était le pôle de l'éther et son sommet le plus élevé ».
38. 3, 31, 3 *quod aqua nubat terram, appellatus est, inquiunt, cognominatusque Neptunus*, « c'est parce que de l'eau voile la terre que Neptune, dit-on, est ainsi appelé et dénommé ».
39. 3, 32, 2 *Terram quidam e uobis, quod cunctis sufficiat animantibus uictum, Matrem esse dixerunt Magnam ; eandem hanc alii, quod salutarium seminum frugem gerat, Cererem esse pronuntiant ; nonnulli autem Vestam, quod in mundo stet sola, ceteris eius partibus mobilitate in perpetua constitutis*, « quant à la Terre, certains d'entre vous ont dit que c'était la Grande Mère, parce qu'elle fournit leur nourriture à tous les êtres vivants ; cette même Terre, d'autres

d'une puissance sensible[40]. La critique, nous le verrons, est exceptionnelle dans l'exposé d'Arnobe qui, d'ordinaire, se contente de dénégations, sans davantage les justifier. Passons aux astres et aux notions, au risque d'accumuler des définitions incompatibles ou contradictoires. Ni Jupiter (selon une autre assimilation)[41], ni Apollon, ni Liber ne sont le Soleil[42]. Diane et Cérès ne sont pas la Lune[43], ni non plus Minerve[44]. Pas plus que Saturne (Cronos) n'est le temps[45], Janus n'est ni le monde, ni l'année, ni le Soleil[46]. Mercure n'est pas le langage[47], ni Proserpine les

déclarent que c'est Cérès, parce qu'elle produit les récoltes qui naissent des semences vitales ; mais certains disent que c'est Vesta, parce que, dans le monde, seule elle se tient immobile, tandis que ses autres parties sont animées d'un mouvement perpétuel ».

40. 3, 33, 1 *Vulcanum, quem esse omnes ignem pari uocum pronuntiatis adsensu... elementi est nomen, non sentientis uocabulum potestatis*, « Vulcain, dont tous, d'une même voix, vous vous accordez à déclarer que c'est le feu... nom qui est celui d'un élément, et non la dénomination d'une puissance sensible ».

41. 3, 30, 1 *Ioue, quem solem esse dictitauere sapientes, agitantem pinnatos currus, turba consequente diuorum*, « Jupiter, dont les savants ont dit et répété que c'était le soleil, conduisant un char ailé, suivi d'une foule de divinités ».

42. 3, 33, 2 *Quid! cum Liberum, Apollinem, Solem unum esse contenditis numen... Nam si uerum est Solem eundem Liberum esse eundemque Apollinem, sequitur ut in rerum natura neque Apollo sit aliquis neque Liber, atque ita per uos ipsos aboletur, eradirtur Semeleius, Pythius...*, « Eh quoi ! lorsque vous soutenez que Liber, Apollon, le Soleil sont une seule divinité... Car s'il est vrai que le Soleil est identique à Liber, identique à Apollon, il en résulte qu'il n'y a dans le monde ni Apollon ni Liber, et ainsi c'est vous-mêmes qui supprimez, détruisez le fils de Sémélé et le dieu Pythien... ».

43. 3, 34, 1 *non indocti apud uos uiri neque quod induxerit libido garrientes Dianam, Cererem, Lunam caput esse unius dei triuiali germanitate pronuntiant*, « il y a chez vous des gens, qui ne sont pas des ignorants ni des bavards parlant à tort et à travers, qui déclarent que Diane, Cérès et la Lune ne sont qu'une seule divinité incarnée en trois sœurs ».

44. 3, 31, 1 *Aristoteles... Mineruam esse Lunam probabilibus argumentis explicat*, « Aristote... expose avec des arguments plausibles que Minerve est la Lune ».

45. 3, 29, 5 *nam si tempus significatur hoc nomine, Graecorum ut interpretes autumant, ut quod* χρόνος *est habeatur* Κρόνος, *nullum est Saturnium numen*, « car si ce nom signifie "Temps", comme l'affirment les exégètes grecs, qui font de *chronos* le dieu *Cronos*, il n'y a plus de divinité Saturnienne ».

46. 3, 29, 3 *incipiamus ergo sollemniter ab Iano et nos patre, quem quidam ex uobis mundum, annum alii, Solem esse prodidere nonnulli*, « commençons donc, selon l'usage, nous aussi, par Janus Pater, dont certains d'entre vous ont publié qu'il était le monde, d'autres l'année, et quelques-uns le soleil ».

47. 3, 32, 1 *ergo si haec ita sunt, non est dei Mercurius nomen, sed sermonis reciprocantis et uocis*, « donc s'il en est ainsi, Mercure n'est pas le nom d'un dieu, mais d'un va-et-vient de paroles et de voix ».

semis[48], ni Vénus le désir[49], sous le prétexte (faussement étymologique) qu'elle « vient » à tous et que le plaisir des sens est commun à tous les êtres vivants.

La critique est multiple, et Arnobe ne s'est pas soucié d'en donner une présentation aussi organisée. Il procède au cas par cas, divinité par divinité, dans une perspective double, gréco-romaine, qui respecte les classements à la fois du rite romain et du mythe grec. Janus est nommé en premier, « selon l'usage » (*sollemniter*), en tant que dieu initial, dieu des *prima*, qui préside à toutes les ouvertures et que la religion nationale invoque effectivement en premier dans toutes les prières et dans les rites du sacrifice. Il entraîne dans son sillage Saturne, dieu détrôné qu'il accueillit dans le Latium et avec qui il partage l'honneur d'avoir donné son nom à deux citadelles primitives d'un site de collines escarpées qui ne s'appelait pas encore Rome. Après le dieu initial et son hôte (chap. 29) vient, toujours selon les hiérarchies de la religion romaine, la triade capitoline, Jupiter Junon (30) Minerve. À Minerve succèdent Neptune, son rival mythique pour la protection de l'Attique (31) ; puis, en suite linéaire, les principales divinités, Mercure, la Grande Mère, Cérès, Vesta (32), Vulcain et son épouse officielle Vénus, Proserpine, Liber, Apollon (33) et sa sœur Diane, enfin, de nouveau, Cérès (34 – qui, de terre, devient lune).

Ce sont bien les philosophes qui sont visés. Ils sont loin d'avoir droit à la révérence affichée à l'égard de Platon. Arnobe n'épargne pas leurs prétentions intellectuelles : esprits imbus d'eux-mêmes, qui créent « des théories pleines d'inventions impies » et dont chacun essaie d'éclipser les autres par la profondeur de sa science. Ce qui aboutit à supprimer les dieux auxquels ils croient, à leur en substituer d'autres *qui manifestement n'existent pas* (je souligne)[50] et, finalement, à se contredire les uns les autres en disant des choses différentes sur le même sujet : ainsi vont-ils à l'encontre du consentement universel qui reconnaît en ces dieux des êtres individuels (*singulos*)[51], autrement dit des per-

---

48. 3, 33, 1 *Vulcanum... Venerem, et quod sata in lucem proserpant, cognominatam esse Proserpinam : qua rursus in parte trium capita numinum tollitis*, « Vulcain... Vénus... et Proserpine, ainsi appelée parce que les semis "serpentent" en direction de la lumière : cette fois encore, vous supprimez trois personnes divines ».
49. 3, 33, 1 *quod ad cunctos ueniat Venerem... libidinis... per cuncta animantia diffusae*, « ainsi appelée parce qu'elle "vient" à tous » et dont le nom « est celui du désir répandu chez tous les êtres vivants ». Même étymologie, avec critique des stoïciens, chez Cic. *ND* 3, 62-63 (*infra*, n. 83).
50. 3, 29, 1-2 (*supra*, n. 34).
51. 3, 29, 2 *et alius aliud de eisdem dicitis rebus, et innumeros esse conscribitis quos esse singulos semper consensio accepit humana*, « vous dites des choses différentes sur le même sujet, et vous les recensez comme innombrables, alors que le consentement universel les a toujours conçus comme des individus ».

sonnes. Après cette déclaration de guerre, le coup final leur sera porté, sous leur nom, celui de « philosophes »[52], qui étalent leur intelligence et leur savoir[53]. Il s'agit des stoïciens grecs, qui s'inscrivent dans la lignée de Platon, et, dans le domaine latin, de leur émule Varron, grammairien et philosophe. Leurs thèses présentent deux points faibles, sur lesquels on ne manquera pas de les attaquer : les étymologies et les identifications ou assimilations syncrétistes. À force de ramener les divinités les unes aux autres, puis, pour finir, à quelques principes fondamentaux (éléments, astres, ou encore notions), elles réduisent la pluralité des dieux, simplification abusive qui détruit l'essence même du polythéisme et la définition des divinités traditionnelles comme individus vivants.

Les étymologies grecques sont si classiques qu'elles sont tombées dans le domaine courant. Elles supposent évidemment l'*interpretatio Graeca* des dieux romains. Saturne-Cronos n'est autre que le Temps divinisé, χρόνος[54]. Les attestations sont innombrables depuis Phérécyde[55] au VIe siècle av. J.-C. Mais son adoption par les stoïciens ne fait pas de doute. Cicéron, Lactance la présentent comme une étymologie stoïcienne ; elle est bien sûr reprise par Varron[56]. L'étymologie de Junon Héra ἀήρ, par anagramme, n'est pas moins banalisée[57]. Déjà présente chez les présocratiques (Parménide et Empédocle), elle se lit chez Platon, dans le *Cratyle*, et chez Cicéron, comme étymologie stoïcienne[58]. Minerve-Athéna n'est pas davantage la partie supérieure de

---

52. 3, 35, 1 *in philosophiae memorabiles studio atque ad istius nominis columen uobis laudatoribus eleuati*..., « des hommes qui se sont fait un nom dans l'étude de la philosophie, et que vos éloges ont portés au pinacle en ce domaine ».
53. 3, 36, 2 *cum uero per uos ipsos prope omnis gens numinum sub ostentatione tollatur ingeniorum atque doctrinae*..., « mais quand c'est vous-mêmes qui, en faisant parade de votre intelligence et de votre savoir, supprimez presque toute la race des divinités ».
54. 3, 29, 5 (*supra*, n. 45).
55. Voir les textes cités dans le commentaire de Pease au *De natura deorum*, p. 709 sq.
56. Cic. *ND* 2, 64 *Saturnum autem eum esse uoluerunt qui cursum et conuersionem spatiorum ac temporum contineret. Qui deus Graece id ipsum nomen habet; Κρόνος enim dicitur, qui est idem χρόνος, id est spatium temporis*, « On a voulu que Saturne maintienne le cours et la périodicité du temps. Ce dieu porte précisément en grec le nom correspondant : on l'appelle Kronos, ce qui équivaut à Chronos, c'est-à-dire espace de temps » ; Lact. *inst.* 1, 12, 9-10 *haec Ciceronis uerba sunt exponentis sententiam Stoicorum*, « tels sont les termes qu'utilise Cicéron dans un exposé sur la théorie des stoïciens » ; Aug. *ciu.* 4, 10, p. 158 D ; 6, 8, p. 261 D ; 7, 19, p. 298 D (Varron) *Chronon appellatum dicit, quod Graeco uocabulo significat temporis spatium*, « Varron dit encore que Saturne est appelé Chronos, mot grec qui signifie le Temps » = 246-247 Card.
57. Arn. 3, 30, 2 (*supra*, n. 36).
58. Plat. *Cratyle* 404 c. Cf. Cic. *ND* 2, 66 *aer autem, ut Stoici disputant, interiectus inter mare et caelum Iunonis nomine consecratur, quae est soror et coniunx Iouis, quod <ei> et similitudo aetheris et cum eo summa coniunctio*, « l'air, soutiennent les stoïciens, qui est situé entre la mer

l'éther, pour la raison qu'elle serait née de la tête de Jupiter : telle est l'explication que l'allégorisme stoïcien donne de la naissance mythologique de la déesse, sortant de la tête du dieu souverain, lui-même asssimilé à l'éther[59]. La Minerve romaine, troisième personne de la triade capitoline, Mercure et Neptune doivent leurs étymologies latines à Varron, l'une comme déesse intellectuelle de la mémoire[60], le second comme dieu du langage, expert en communication à l'instar de l'Hermès grec[61], le troisième pour la raison que l'eau « voilerait la terre »[62]. Étymologies grecques et étymologies latines se mêlent inextricablement.

Les assimilations syncrétistes, qui identifient les divinités les unes aux autres, ne sont pas plus fiables. Elles sont, pour l'essentiel, stoïciennes ; mais on fera aussi appel, le cas échéant, pour les justifier, à Cicéron, Varron, Porphyre, chez qui Arnobe les a trouvées. Elles concernent, en dernière analyse, trois puissances divines, auxquelles se ramèneraient leurs multiples congénères : la Terre, le Soleil, la Lune, que nous examinerons successivement – un élément et deux astres, qui sont aussi d'anciennes divinités de la religion romaine (*Tellus*, qui est le théonyme, distinct de l'élément, *terra* ; *Sol* et *Luna*).

Quand « certains d'entre vous » identifient la Grande Mère (Cybèle, la Mère des dieux), Cérès et Vesta, comme d'autres noms de la Terre[63], vous sup-

---

et le ciel, est divinisé sous le nom de Junon, sœur et femme de Jupiter, parce que l'air ressemble à l'éther et lui est intimement uni ».

59. 3, 31, 1 (*supra*, n. 37). Explication allégorique qui doit remonter au stoïcien Diogène de Babylone, l'un des philosophes venus en ambassade à Rome en 155, auteur d'un Περὶ τῆς 'Αθηνᾶς. Cf. Cic. *ND* 1, 41 : il y expliquait par l'allégorie la naissance de la déesse, *partum Iouis ortumque uirginis ad physiologiam traducens deiungit a fabula*, « il explique par les lois de la nature l'accouchement de Jupiter et la naissance de la vierge en les dépouillant de leur caractère mythique ». Encore Min. Fel. 19, 12.

60. 3, 31, 1 *Memoriam nonnulli, unde ipsum nomen Minerua quasi quaedam Meminerua formatum est*, « pour certains, elle est la Mémoire, d'où provient son nom même de *Minerua*, qui équivaut à *Meminerua* ». Cf. Aug. *ciu.* 7, 3, p. 277 D *Mineruae... puerorum memoriam tribuerunt*, « Minerve... s'est vue attribuer la mémoire des enfants » = 135 Card.

61. 3, 32, 1 *Mercurius etiam quasi quidam Medicurrius...* (*supra*, p. 100, n. 102). Calqué sur l'Hermès Λόγιος. L'étymologie remonte à Platon, *Crat*. 407 e - 408 b. C'est celle de Varron : cf. Aug. *ciu.* 7, 14, p. 291 sq. D = 250 Card. (*supra*, p. 102, n. 112) ; Macr. *Sat*. 1, 17, 5 *quae sermonis auctor est Mercurii nomen accepit...* Ἑρμῆς ἀπὸ τοῦ ἑρμηνεύειν, « la propriété... qui commande le langage [a reçu] le nom de Mercure... Hermès... du verbe *hermeneuein* (exprimer) » ; 1, 19, 7-9.

62. 3, 31, 3. Étymologie directement attestée chez Varron, *LL* 5, 72 = XVI a Card. (*supra*, p. 116, n. 6-7) ; Aug. *ciu.* 7, 16, p. 294 D *Neptunum aquas mundi*, « Neptune les eaux du monde » = 256 Card.

63. 3, 32, 2 (*supra*, n. 39).

primez par là-même trois puissances divines[64]. C'est sans doute, globalement, Varron qui est visé, lui qui ramenait toutes les déesses à la Terre : la Terre est immobile au centre de l'univers, elle porte toutes les semences et produit tous les fruits[65]. Mais chacune des trois déesses alléguées représente un cas particulier, même si toutes les spéculations qui suivent reposent sur une conception géocentrique de l'univers. L'assimilation de Cérès et de la Terre, sous ses deux noms, *Tellus* ou *Terra*, est gréco-romaine et classique. Elle est attestée depuis Ennius, même s'il n'est pas fortuit que ce soit Varron qui nous ait transmis ce fragment de l'*Épicharme*[66]. Elle est reprise par Cicéron : c'est l'une des thèses stoïciennes que, dans le *De natura deorum*, critique l'épicurien Velleius, puis

64. 3, 32, 3 *trina pariter numina uobis interpretibus nulla sunt : non Ceres, non Vesta deorum esse computabuntur in fastis, non ipsa denique Mater Deum... dea recte poterit nuncupari, siquidem unius terrae haec sunt omnia nomina et his sola praedicationibus indicatur*, « voilà trois puissances divines qui, selon votre exégèse, sont en même temps anéanties : ni Cérès, ni Vesta ne seront comptées dans les fastes des dieux et, finalement, la Mère des Dieux elle-même... n'aura pas droit au titre de déesse, si vraiment tous ces noms n'appartiennent qu'à la terre et si c'est à elle seule que se rapportent ces proclamations ».

65. Aug. *ciu.* 7, 24, p. 304 sq. D *Nam et ipse Varro... unam deam uult esse Tellurem.* « *Eandem, inquit, dicunt Matrem Magnam ; quod tympanum habeat, significari esse orbem terrae ; quod turris in capite, oppida ; quod sedens fingatur, circa eam cum omnia moueantur, ipsam non moueri* (comme Vesta). *Quod Gallos huic deae ut seruirent fecerunt, significat, qui semine indigeant* (cf. Cérès en 3, 32, 2 : *seminum*), *terram sequi oportere* »... *Deinde adiungit et dicit, Tellurem matrem et nominibus pluribus et cognominibus quod nominarunt, deos existimatos esse complures.* « *Tellurem, inquit, putant esse Opem, quod opere fiat melior ; Matrem, quod plurima pariat ; Magnam, quod cibum pariat ; Proserpinam, quod ex ea proserpant fruges ; Vestam, quod uestiatur herbis. Sic alias deas, inquit, non absurde ad hanc reuocant*, « C'est ainsi que Varron lui aussi... ne veut qu'une seule déesse, Tellus. "C'est elle, dit-il, qu'on appelle la Grande Mère ; elle porte un tambourin pour signifier qu'elle est le disque terrestre ; les tours qu'elle porte sur la tête en sont les villes ; on la représente assise, car alors qu'autour d'elle tout se meut, elle ne se meut pas. Ils ont mis les Galles au service de cette déesse : cela signifie que ceux qui n'ont pas de semence doivent s'attacher à la terre"... Puis il ajoute que c'est la quantité de noms et de surnoms donnés à la Mère Tellus qui a fait admettre en elle une égale quantité de dieux. "On la prend, dit-il, pour Ops, parce que le travail l'améliore ; pour Mère, parce qu'elle enfante beaucoup d'êtres ; pour Grande, parce qu'elle produit les aliments ; pour Proserpine, parce que les blés sortent lentement de son sein ; pour Vesta, parce qu'elle se revêt de verdure. Et de la sorte, on ramène à elle vraisemblablement bien d'autres déesses" » = 267-268 Card.

66. Varr. *LL* 5, 64 *Terra Ops... et ideo dicitur Ops mater, quod terra mater. Haec enim... ut ait Ennius, quae* « *quod gerit fruges, Ceres* » *; antiquis enim quod nunc G C*, « *Ops...* la Terre... donc si *Ops* (Abondance) porte le nom de *Mater* (Mère), c'est que la Terre est une mère. C'est elle en effet... comme dit Ennius, qui "est Cérès (*Ceres*) parce qu'elle porte (*gerit*) les récoltes" ; car, pour les anciens, le signe C représentait le G actuel ». Cf. Ennius, *Varia, Epich.* 50 Vahl.

que Balbus reprend à son compte, et sur lesquelles Cotta revient au livre III[67]. Autre assimilation : Vesta, en terme de théologie pythagoricienne, puis stoïcienne, est la Terre dans laquelle brûle le feu central de l'univers. La raison en est qu'elle « se tient » immobile au centre du monde, comme l'indique la double étymologie, *Vesta stare*, calquée sur le grec Ἑστία ἑστάναι[68].

Plus délicate est l'assimilation de la Grande Mère à la Terre. Elle est varronienne. Mais Arnobe est très succinct : certains d'entre vous ont dit que la Terre était la Grande Mère, parce qu'elle « fournit leur nourriture à tous les êtres vivants » (3, 32, 2). Varron, cité par Augustin, était beaucoup plus explicite[69]. L'assimilation se justifie à ses yeux par deux raisons : comme la Terre, la Grande Mère est immobile (*non moueri*), comme elle, elle recèle les semences. Le passage commente visiblement une statue de la déesse, figurée assise (*sedens*), accompagnée de son cortège de galles (réduits à être ses servants, en raison de leur stérilité) et pourvue de ses attributs classiques : elle porte le tambourin (*tympanum*), rond comme le disque terrestre, et sa tête est surmontée de la couronne de tours. L'analyse méthodique de tous les détails, dont la signification symbolique est explicitée point par point, est typique de l'exégèse

---

67. Cic. *ND* 1, 40 (d'après Chrysippe) *terramque eam esse quae Ceres diceretur, similique ratione perseguitur uocabula reliquorum deorum*, « la déesse qu'on nomme Cérès est la terre et il applique la même méthode aux noms des autres dieux » ; 2, 67 *mater autem est a gerendis frugibus Ceres tamquam geres, casuque prima littera itidem immutata ut a Graecis, nam ab illis quoque* Δημήτηρ *quasi* γῆ μήτηρ *nominata est*, « sa mère est Cérès parce qu'elle produit – *gerere* le blé, Cérès équivalant à Gerès : la première lettre a été altérée par hasard, comme chez les Grecs qui, eux aussi, ont altéré *gê mêtêr* – terre-mère en Déméter » ; 3, 52 *iam si est Ceres a gerendo – ita enim dicebas –, terra ipsa dea est (et ita habetur ; quae est enim alia Tellus ?)*, « et maintenant, si Cérès tire son nom de *gerere* (produire des récoltes), comme tu le disais, alors la terre elle-même est une déesse (et elle passe pour telle : Tellus en effet est-elle autre chose ?) » ; 3, 62 *Ceres a gerendo*, « Cérès, parce qu'elle porte des fruits ».

68. Cic. *ND* 2, 67 *nam Vestae nomen a Graecis (ea est enim quae ab illis* Ἑστία *dicitur) ; uis autem eius ad aras et focos pertinet, itaque in ea dea, quod est rerum custos intumarum, omnis et precatio et sacrificatio extrema est*, « Le nom de Vesta nous vient des Grecs : c'est celle qu'ils appellent Hestia. Son pouvoir s'étend sur les autels et les foyers et c'est pourquoi cette déesse est invoquée la dernière dans toutes les prières et les sacrifices, parce qu'elle veille sur ce qui est le plus intime » ; cf. Aug. *ciu.* 7, 16, p. 294 D *Vestam... dearum maximam putauerunt, quod ipsa sit terra, quamuis ignem mundi leuiorem... ei deputandum esse crediderunt*, « Vesta... ils l'ont jugée la plus grande des déesses, parce qu'elle est la terre même ; et pourtant, ils ont cru devoir lui attribuer les éléments légers du feu » = 281 Card. (avec son commentaire, p. 236 sq.) ; Ov. *fast.* 6, 267 *Vesta eadem est et terra*, « Vesta est identique à la terre » ; 299 sq. *stat ui terra sua ; ui stando Vesta uocatur*, « la terre se tient par sa propre force ; Vesta doit son nom au fait de se tenir par sa propre force » ; Cornutus 28, p. 52 Lang διὰ τὸ ἑστάναι διὰ παντός, « parce qu'elle se tient constamment immobile ».

69. Aug. *ciu.* 7, 24 (*supra*, n. 65).

allégorique, pratiquée avec virtuosité par les stoïciens, puis par Porphyre. Dans le cas présent, on relèvera que l'explication de la couronne de tours rappelle étrangement un autre texte célèbre relatif au même mythe : le passage du *De rerum natura* où Lucrèce, tout épicurien qu'il est, recourt, non sans paradoxe, à une exégèse allégorique de type stoïcien[70] pour rendre compte du mythe de Cybèle[71]. La déesse y est elle aussi figurée assise (sur son char). L'explication alambiquée qui y est donnée de la couronne murale est identique : placée sur le sommet de la tête, elle signifie tout ensemble les villes fortes et les hauteurs, les villes que « la terre porte... sur ses éminences où on les fortifie »[72]. Les autres parties de l'exégèse diffèrent de Lucrèce à Varron. Mais on pourra en conclure qu'au dernier siècle de la République avaient cours, à Rome, des exégèses stoïciennes de la Grande Mère, avec tout ce qu'elles ont d'artificiel et de forcé, et que c'est auprès du Portique que Varron, source d'Arnobe, puis d'Augustin, a trouvé l'identification de la Grande Mère à la Terre et l'explication allégorique de son mythe et de son culte.

L'origine stoïcienne des exégèses solaires apparaît plus directement. Elles sont bien antérieures au syncrétisme généralisé de l'époque impériale, qui ramène tous les dieux au soleil[73]. Qu'Apollon et Liber (Dionysos) soient, sous d'autres noms, le Soleil[74] avait été démontré par Cléanthe et Chrysippe, à

---

70. Lucr. 2, 598-643. Cf. P. Boyancé, « Une exégèse stoïcienne chez Lucrèce », *REL*, 19, 1941, p. 147-166 ; repris dans *Études sur la religion romaine*, p. 205-225 ; ainsi que *Lucrèce et l'épicurisme*, Paris, Presses universitaires de France, 1963, p. 123. Voir aussi S. Luciani, « Cybèle et les mystères de la matière (Lucrèce, *De rerum natura* II, 581-660) », *REL*, 94, 2016, p. 45-65.

71. Ph. Borgeaud, *La Mère des dieux*, p. 79, 102, 138, souligne, sans référence au stoïcisme, que Lucrèce et Varron sont les deux plus anciens témoins de cette exégèse. La statue originelle serait-elle celle que l'élève de Phidias, Agoracritos, sculpta, à la fin du Ve siècle, pour le temple d'Athènes (p. 33 sq.) ?

72. V. 606 sq. : *muralique caput summum cinxere corona,*
eximiis munita locis quia sustinet urbes (traduction de P. Boyancé).
Le raisonnement, par analogie, rappelle l'explication donnée pour Athéna-Minerve, partie supérieure de l'éther (Zeus-Jupiter) ; *supra*, n. 37 et 59.

73. Macr. *Sat.* 1, 17, 2 *nam quod omnes paene deos, dumtaxat qui sub caelo sunt, ad solem referunt, non uana superstitio sed ratio diuina commendat* (introduction du discours de Prétextat), « car ramener au soleil presque tous les dieux, tout au moins les dieux célestes, ce n'est pas tomber dans une vaine superstition mais être guidé par une sagesse divine » ; 1, 23, 21-22 *postremo potentiam solis ad omnium potestatum summitatem referri indicant theologi... solem esse omnia et Orpheus testatur* (conclusion du discours), « enfin, les théologiens enseignent que dans la puissance du soleil se retrouvent toutes les formes de pouvoir... Orphée aussi atteste que le soleil englobe tout ». Sur le syncrétisme solaire, *supra*, p. 217-220, et n. 34 et 37.

74. Macr. *Sat.* 1, 17, 1 *quid sit quod solem modo Apollinem, modo Liberum, modo sub aliarum appellationum uarietate ueneremur*, « à savoir pourquoi nous honorons le soleil sous le nom

grand renfort d'étymologies (fallacieuses). Le nom d'Apollon viendrait de ἀπ᾽ ἄλλων, parce que le soleil se lève en un point ou en « un autre » de l'univers[75]. Selon Cléanthe, celui de Dionysos viendrait de ἀπὸ τοῦ διανύσαι, le dieu qui « parcourt » le ciel, c'est-à-dire le soleil[76]. Plutarque résume ainsi la doctrine des stoïciens : Apollon, qui est le dieu « unique », est le feu qui, par l'ἐκπύρωσις, a absorbé toutes les substances ; quand, par le processus inverse, il se démembre et se dissocie en air, eau, terre, pour reformer le monde fait des quatre éléments, il est Dionysos Zagreus[77] (démembré, selon le mythe, par les Titans). Si Liber et Apollon sont identiques au Soleil, là aussi, réplique Arnobe, vous supprimez, vous détruisez deux personnes divines, le fils de Sémélé et le dieu de Delphes[78] ; et, bien avant l'école de Porphyre, les stoïciens en sont responsables.

La « théologie lunaire » est moins sûre. Minerve, Cérès, Diane ne sont autres, sous des noms différents, que la Lune[79]. La référence d'Arnobe à « Aristote » ne doit pas induire en erreur : il ne s'agit sans doute que du grammairien Aristoclès, nommé par Varron. L'assimilation de Diane à une Artémis, elle-même identifiée à Séléné, est classique. L'interprétation de Cérès en divinité lunaire est plus délicate. Le commentaire de Servius attribue les trois identifications aux stoïciens[80]. Elles se lisaient également chez Porphyre[81]. La référence stoïcienne de Servius est-elle authentique ? réinter-

---

tantôt d'Apollon, tantôt de Liber, tantôt sous divers autres noms » ; Serv. *Aen.* 6, 78 *idem enim est Apollo, qui Liber pater, qui Sol,* « car Apollon Liber Pater et le Soleil sont un seul et même dieu » ; *Commentaire sur les Bucoliques* 5, 66.

75. Macr. *Sat.* 1, 17, 8.
76. Macr. *Sat.* 1, 18, 14 *quia cotidiano impetu ab oriente ad occasum diem noctemque faciendo caeli conficit cursum,* « parce que dans l'élan qui le transporte chaque jour d'Orient en Occident, créant le jour et la nuit, il parcourt entièrement le cercle céleste ».
77. *Sur l'E de Delphes* 388 f - 389 c.
78. Arn. 3, 33, 2 (*supra*, n. 42).
79. 3, 31, 1 et 3, 34, 1 (*supra*, n. 43-44).
80. Serv. *georg.* 1, 5, commentant Virgile, *Liber et alma Ceres: stoici dicunt non esse nisi unum deum, et unam eandemque esse potestatem, quae pro ratione officiorum nostrorum uariis nominibus appellatur: unde eundem Solem, eundem Liberum, eundem Apollinem uocant; item Lunam eandem Dianam, eandem Cererem, eandem Iunonem, eandem Proserpinam dicunt. Secundum quos pro Sole et Luna Liberum et Cererem inuocauit,* « Liber et Cérès nourricière : les stoïciens disent qu'il n'y a qu'un seul dieu, et une seule et même puissance qui, selon les fonctions qu'elle remplit chez nous, est appelée de noms divers : c'est ainsi qu'on nomme le même dieu le Soleil, ou encore Liber, ou encore Apollon ; on dit de même que la Lune est identique à Diane, ou à Cérès, ou à Junon, ou à Proserpine. C'est selon cette doctrine que Virgile a invoqué Liber et Cérès à la place du Soleil et de la Lune ».
81. Eus. *praep. eu.* 3, 11, 30-35 : Artémis, Athéna, Hécate, Déméter (et Coré).

prête-t-il sa source en fonction du syncrétisme dominant de son époque ? On ne saurait trancher la question.

Pour les stoïciens, les étymologies sont reines, puisque les mots révèlent la vérité des choses[82]. Étymologies fallacieuses, divinisation abusive des éléments ont trouvé leur censeur en la personne de Cicéron. Il ne se fait pas faute de critiquer les étymologies par lesquelles les stoïciens torturent le langage : elles demandent des trésors d'ingéniosité, elles se discréditent tant par leur arbitraire que parce qu'elles dénaturent la réalité du fait religieux[83]. Pour Arnobe, les deux procédés que nous venons d'examiner, étymologies et assimilations réductrices dans lesquelles les stoïciens sont également passés maîtres, produisent les mêmes effets pervers : de personnes vivantes qu'ils étaient dans la mythologie ou la religion officielles, elles ramènent les dieux à des parties du monde, astres ou éléments inertes, tel Vulcain assimilé au feu, ou à des notions intellectuelles, non moins dénuées de vie.

Si c'est à propos de Vulcain, qui n'est plus le maître du feu, le dieu forgeron, comme dans la mythologie, mais rien d'autre que le feu en tant qu'élément, qu'Arnobe émet cette critique, le choix n'est pas fortuit. La justification qu'il en apporte tient en quatre mots : c'est le nom « d'un élément, non

---

82. J. Collart, *Varron grammairien latin*, Paris, Les Belles Lettres, 1954, p. 253-263.
83. *Les Devoirs* 1, 23 *tamen audeamus imitari stoicos qui studiose exquirunt unde uerba sint ducta, credamusque, quia fiat quod dictum est, appellatam fidem*, « osons cependant imiter les stoïciens, qui recherchent avec soin l'origine des mots, et croyons que la bonne foi, *fides*, a été ainsi appelée à cause de l'expression : que soit fait, *fiat*, ce qui a été dit, *dictum* » ; *ND* 3, 62-63 *Iam uero quid uos illa delectat explicatio fabularum et enodatio nominum ?... In enodandis autem nominibus quod miserandum sit laboratis :* « *Saturnus quia se saturat annis... Venus quia uenit ad omnia, Ceres a gerendo* ». *Quam periculosa consuetudo !... nullum erit nomen quod non possis una littera explicare unde ductum sit... Magnam molestiam suscepit et minime necessariam primus Zeno, post Cleanthes, deinde Chrysippus, commenticiarum fabularum reddere rationem, uocabulorum cur quidque ita appellatum sit causas explicare. Quod cum facitis illud profecto confitemini, longe aliter se rem habere atque hominum opinio sit ; eos enim qui di appellantur rerum naturas esse non figuras deorum. Qui tantus error fuit ut perniciosis etiam rebus non nomen deorum tribueretur sed etiam sacra constituerentur*, « Mais quelle satisfaction vous procure l'interprétation des fables et l'explication étymologique ?... Et quel mal vous vous donnez dans vos pitoyables étymomogies ! "Saturne, parce qu'il est saturé d'années... Vénus parce qu'elle vient à tous les êtres, Cérès, parce qu'elle porte des fruits". Quelle dangereuse pratique !... il n'y a pas de nom dont tu ne puisses expliquer l'origine en la dérivant d'une seule lettre !... Zénon, le premier, s'est donné beaucoup de mal, et bien inutilement, et après lui Cléanthe puis Chrysippe, pour rendre compte de fables purement imaginaires et pour expliquer les raisons de chaque nom. Mais en faisant cela vous reconnaissez du même coup que les choses diffèrent beaucoup de ce que les hommes se représentent : les êtres qu'on appelle des dieux sont des propriétés des choses, non pas des figures de dieux. Cette erreur est allée si loin qu'on ne s'est pas contenté de donner des noms de dieux à des choses funestes, on a établi un culte en leur honneur ».

d'une puissance sensible », *elementi, non sentientis potestatis*[84]. Pour nous, le feu est un élément matériel et inanimé. *Potestas* ne peut désigner qu'une « puissance » divine. Le feu n'est pas, comme le veulent les stoïciens qui lui ramènent tout[85], un être sensible et conscient, vivant et éternel. Arnobe fait sienne, ici, la critique que, dans le *De natura deorum*, Cotta oppose aux stoïciens. Selon eux, le feu vital partout répandu dans la nature engendre et maintient en vie tous les êtres[86]. Il est « un feu artiste procédant méthodiquement à la génération »[87]. Théorie que Cotta réfute point par point, avec une insistance (il le souligne lui-même) qui confine à la répétition. Aucun être vivant et sensible n'est éternel[88]. Si le feu est un être vivant et sensible, il n'est pas éternel[89]. D'autant que le feu a besoin d'être nourri : il n'est donc pas éternel[90]. Donc, conclura-t-on, le feu n'est pas dieu : il n'est rien de plus qu'un élément, non une « puissance », mais seulement une matière insensible[91].

84. 3, 33, 1 (*supra*, n. 40).
85. Critique de Cotta, chez Cic. *ND* 3, 35 *sed omnia uestri, Balbe, solent ad igneam uim referre*, « mais ton école, Balbus, a l'habitude de tout rapporter à la force du feu ».
86. *ND* 2, 41 *ille corporeus, uitalis et salutaris, omnia conseruat, alit, auget, sustinet, sensuque adficit*, « le feu qui se trouve dans les corps donne la vie et la santé : il conserve tous les êtres, les nourrit, les fait croître, les entretient et leur permet de sentir ».
87. *ND* 2, 57 *Zeno igitur naturam ita definit ut eam dicat ignem esse artificiosum ad gignendum progredientem uia*, « Zénon définit donc la nature comme "un feu artiste procédant avec méthode à la génération" ».
88. *ND* 3, 34 *Nec ullum animal est sine sensu ; nullum igitur animal aeternum est... Nullum igitur animal est sempiternum*, « Or aucun être vivant n'est dépourvu de sensibilité, donc aucun être vivant n'est éternel... Donc nul être vivant ne peut durer toujours ».
89. *ND* 3, 36 *Rursus eadem dici possunt : quidquid est enim quod sensum habeat, id necesse est sentiat et uoluptatem et dolorem ; ad quem autem dolor ueniat ad eundem etiam interitum uenire. Ita fit ut ne ignem quidem efficere possitis aeternum*, « On peut alors répéter la même objection : tout ce qui est doué de sensibilité ressent nécessairement le plaisir et la douleur ; or ce qui est accessible à la douleur est également accessible à la mort. Il en résulte que vous ne pouvez même pas établir que le feu est éternel ».
90. *ND* 3, 37 *Quid enim ? Non eisdem uobis placet omnem ignem pastus indigere nec permanere ullo modo posse nisi alatur... Quod interire possit id aeternum non esse natura ; ignem autem interiturum esse nisi alatur ; non esse igitur natura ignem sempiternum*, « Et vous-mêmes ne pensez-vous pas que tout feu a besoin d'aliment et ne peut subsister sans nourriture ?... Ce qui peut périr n'est par nature pas éternel ; or le feu est voué à périr s'il n'est pas alimenté ; donc, par nature, il ne peut durer toujours ».
91. Le problème que pose l'étymologie de *Venus*, son épouse, est plus délicat. Elle est, chez Cicéron, suivi par Arnobe, purement latine, et stoïcienne : *ND* 2, 69 *quae autem dea ad res omnes ueniret Venerem nostri nominauerunt*, « quant à la déesse qui vient (*venire*) en toute occasion, les nôtres l'ont appelée Vénus » ; 3, 62 (*supra*, n. 83) ; Arn. 3, 33, 1 (*supra*, n. 49). Qui peut en être la source ? Ce n'est pas Varron, qui proposait une autre étymologie, latine elle aussi : Aug. *ciu.* 6, 9, p. 264 D *ab hoc... nuncupata, quod sine ui femina uirgo esse non desinat,*

Ni les éléments, ni les astres, le soleil, la lune, l'éther, la terre et tout le reste ne sont dieux, concluait Arnobe, en jouant de l'argument spécieux de la partie pour le tout. Ce sont les noms de parties du monde, et non des théonymes. Ainsi, à force de jeter la confusion dans les choses divines, vous aboutissez à ce qu'il ne reste plus que le monde comme seul dieu de la nature[92]. Là s'arrête le raisonnement, au beau milieu de la démonstration. Arnobe ne va pas jusqu'à conclure que le monde n'est pas dieu. Ce que Cotta qui, lui, est philosophe, de l'Académie – à la différence de notre apologiste –, n'hésite pas à faire dans sa critique du stoïcisme[93]. On pourra répondre, à la décharge d'Arnobe, sans en être entièrement convaincu, que cela va sans dire. Mais une conclusion théologiquement plus ferme eût été la bienvenue. On se contentera donc du développement sur le Christ, au livre I : c'est lui qui nous a révélé « par quel auteur, par quel père notre monde a été créé »[94]. La révélation chrétienne, la bonté du Père et du Fils relèguent parmi les erreurs du paganisme le dieu cosmique des stoïciens, l'âme du monde et les astres ou les éléments qui sont comme son corps. Il n'est rien, dans leur doctrine, qui offre des dieux une explication satisfaisante et les fasse échapper au néant.

« elle est ainsi dénommée (ve-nus) parce que sans violence (vi) une femme ne peut cesser d'être vierge » ; Varr. *LL* 5, 61-62 *uinctionis uis Venus*, « la force qui les lie l'un à l'autre est Vénus » = 155 et XVI a Card. – à moins qu'il n'ait, comme à son habitude, hésité entre des étymologies multiples. À la génération précédente, on pourra songer à son maître Aelius Stilo, grammairien stoïcien : cf. Cic. *Brutus* 206 *idem Aelius Stoicus <esse> uoluit*, « Aelius affirma aussi qu'il était stoïcien » ; J. Collart, *Varron grammairien latin*, p. 267 ; Y. Lehmann, *Varron théologien et philosophe romain*, p. 96-106.

92. Arn. 3, 35, 4 *Quo constituto ac posito, summa omnis illuc redit ut neque sol deus sit neque luna neque aether, tellus et cetera. Sunt enim partes mundi, non specialia numinum nomina, atque ita perficitur, omnia uobis turbantibus miscentibusque diuina, ut in rerum natura unus deus constituatur mundus, explosis omnibus ceteris, quin immo inaniter, uacue et sine ulla substantia constitutis*, « Cela étant établi et posé, en fin de compte cela revient à dire que le soleil n'est pas dieu, ni la lune, ni l'éther, la terre et tout le reste. En effet ce sont des parties du monde, et non pas les noms de divinités particulières ; ainsi on aboutit, par suite du trouble et de la confusion que vous jetez dans toutes les choses divines, à ce que le monde soit installé comme le seul dieu de la nature, tandis que tous les autres sont rejetés – bien mieux, qu'ils y ont été installés sans raison, vainement et sans la moindre réalité ».

93. Cic. *ND* 3, 23 *non est igitur mundus deus... quod si mundus uniuersus non est deus...*, « le monde n'est donc pas un dieu... mais si le monde, pris dans son ensemble, n'est pas un dieu... ».

94. Arn. 1, 38, 5 *qui quo auctore, quo patre mundus iste sit constitutus et conditus, fecit benignissime sciri*, « celui qui nous a fait connaître avec tant de bonté par quel Auteur, par quel Père notre monde a été constitué et fondé »

Dieux et démons

La démonologie n'a pas davantage convaincu notre apologiste, ce qui paraîtra peut-être plus surprenant. Il ne s'agit pas de la démonologie originelle de Platon[95], mais de celle, omniprésente, envahissante, de l'époque impériale et de la pensée païenne, puis chrétienne. Arnobe semble avoir été réfractaire aux thèses pourtant répandues par le moyen et le néoplatonisme depuis le IIe siècle. Question complexe dont, avant même d'ouvrir le dossier de l'*Aduersus nationes*, on tentera de donner une présentation aussi simplifiée que possible[96]. Dès Homère et Hésiode, les Grecs ont cru à l'existence d'esprits, bons ou mauvais, de nature et de rang intermédiaires entre les dieux et les hommes. Déjà Philon d'Alexandrie, au Ier siècle ap. J.-C., assimile les δαίμονες grecs et les ἄγγελοι de la Bible. Les chrétiens ont identifié les démons du paganisme aux anges déchus, révoltés contre Dieu : pour eux, il n'est que de mauvais démons. Ce qui sera une porte de sortie pour les faux dieux des païens, tous relégués au rang de démons malfaisants.

Chez Arnobe, les occurrences du substantif sont peu nombreuses, ce qui est déjà un indice. Toujours au pluriel, *daemones*, les emplois sont concentrés dans les livres I et II (un seul cas)[97]. Sur les six exemples attestés, quatre, qui appartiennent d'ailleurs à une même partie du livre I[98], sont employés en contexte chrétien. Les démons y sont ceux des évangiles, les esprits impurs

---

95. Le discours du *Timée*, 41 a-b (*supra*, n. 10) s'adresse constamment aux dieux, θεοί. Les démons ne sont mentionnés qu'incidemment, dans les lignes qui précèdent, en 40 d : « Nous n'ajouterons plus rien sur la nature des dieux (θεῶν) visibles et qui ont pris naissance. Quant aux autres démons (δαιμόνων), il est au-dessus de notre pouvoir de connaître et d'expliquer leur génération ».
96. On se reportera au résumé qu'en donne le platonicien Albinus, du Ier ou du IIe siècle ap. J.-C. (= Alcinoos, *Didaskalikos* 15, 1-2) : « Il existe aussi d'autres divinités (ἄλλοι δαίμονες) que l'on pourrait appeler précisément des dieux engendrés (θεούς)... ces divinités ont reçu l'empire sur toutes les choses sublunaires et terrestres. Le dieu (ὁ θεός), en effet, est lui-même le créateur du Tout, ainsi que des dieux et des divinités (τῶν θεῶν τε καὶ δαιμόνων), et c'est grâce à son vouloir que le Tout ne connaît pas la dissolution. Le reste est dirigé par ses enfants dont toutes les actions obéissent à ses ordres... C'est d'eux que viennent les présages, les voix, les songes, les oracles et tout ce que les mortels pratiquent en fait de divination ». Sur la dette de Philon à l'égard de Platon, voir B. Decharneux, « Anges, démons et Logos dans l'œuvre de Philon d'Alexandrie », dans J. Ries (dir.), *Anges et démons*, Louvain-la-Neuve, Centre d'histoire des religions, 1989, p. 147-175.
97. 1, 23, 3 ; 1, 43, 2 ; 1, 45, 2 ; 1, 50, 3 ; 1, 56, 3 ; 2, 35, 3. Voir C. Marchesi, « Questioni arnobiane », *Atti del Reale Istituto Veneto di Scienze, Lettere ed Arti*, 88, 1928-1929, p. 1009-1018 (« Demoni e dei »).
98. Chap. 42-56, sur « Le Christ... ses miracles », dans le Sommaire d'H. Le Bonniec.

que les miracles du Christ chassent du corps des possédés, miracles dus à sa toute-puissance, mais que ses adversaires attribuaient à la magie[99].

Les deux autres emplois renvoient à une théologie païenne de haut niveau. En 1, 23, 3, Arnobe fait allusion à des « démons errants », *daemonas errones*, qui doivent être entendus comme les dieux planètes reconnus depuis longtemps par « les savants »[100]. Il s'agit, selon « la théologie des doctes (Platon *Lois*, *Épinomis*; Aristote, etc.) », des cinq planètes dites à tort « errantes » parce qu'elles se déplacent à travers le ciel[101]. Arnobe cherche à mettre les païens en contradiction avec eux-mêmes. À la conception populaire des dieux passionnés et irascibles, s'opposent les « dieux véritables », ou prétendus tels,

---

99. 1, 43, 1-2 *Magus fuit, clandestinis artibus omnia illa perfecit, Aegyptiorum ex adytis angelorum potentium nomina et remotas furatus est disciplinas... Ergone illa quae gesta sunt daemonum fuere praestigiae et magicarum artium ludi ?*, « "C'était un magicien, il a réalisé tout cela en recourant à des pratiques occultes, il a dérobé aux sanctuaires des Égyptiens les noms des anges puissants et certaines doctrines ésotériques"... Ainsi donc ce qui a été accompli n'était qu'impostures de démons et tours de magie ? » ; 1, 45, 2 *mersorum in uisceribus daemonum*, les « démons enfouis dans les chairs » ; 1, 50, 2-3 *ne qua subesset suspicio magicis se artibus munera illa beneficiaque largitum... imperio ille uno exturbauit a corporibus daemonas*, « voulant éviter tout soupçon d'avoir usé de pratiques magiques pour accorder ses dons et ses bienfaits... un seul commandement lui suffisait pour chasser des corps les démons » ; 1, 56, 3 *maleuolentia daemonum, quorum cura et studium est hanc intercipi ueritatem*, « la malice des démons – dont le souci et la préoccupation sont d'étouffer cette vérité ». Cf. Matthieu 9, 34 et 12, 24 : les pharisiens accusent Jésus de chasser les démons par le prince des démons.

100. Arn. 1, 23, 3 *puerile, pusillum est et exile, uix et illis conueniens quos iamdudum experientia doctorum daemonas appellat errones, non nosse caelestia et in hac rerum materia crassiore condicionis suae sorte uersari*, « il est puéril, mesquin et pitoyable, à peine convenable pour ceux que depuis longtemps la compétence des savants appelle "démons vagabonds", de ne pas connaître les choses du ciel et de vivre au milieu de la matière terrestre, trop grossière pour leur condition naturelle ». Avec le commentaire d'H. Le Bonniec, p. 246 sq., lui-même tributaire d'A. J. Festugière, « Arnobiana », *VChr*, 6, 1952, p. 218 sq., que je cite.

101. Cf. Cic. *ND* 2, 51 *admirabiles motus earum quinque stellarum quae falso uocantur errantes ; nihil enim errat quod in omni aeternitate conseruat progressus et regressus reliquosque motus constantis et ratos*, « mais les cinq planètes qu'on appelle à tort errantes ont des mouvements particulièrement remarquables ; un corps n'est pas errant quand, de toute éternité, il exécute avec constance et régularité ses progressions, ses régressions et ses autres mouvements » ; Apul. *Socr.* 119 *quinque stellas, quae uulgo uagae ab inperitis nuncupantur*, « cinq étoiles appelées vulgairement "errantes" par les ignorants » ; *Platon et sa doctrine* 1, 201 *ceterasque stellas, quas nos non recte erroneas et uagas dicimus*, « et les autres astres que nous appelons à tort errants et vagabonds ». Après les deux « luminaires », le soleil et la lune, les cinq planètes sont Saturne, Jupiter, Mars, Vénus, Mercure (A. Bouché-Leclercq, *L'Astrologie grecque*, Paris, Leroux, 1899, p. 88-101).

les *dii ueri* du début du chapitre[102], ces dieux des philosophes dont les démons errants ne doivent pas différer essentiellement, puisqu'ils sont mis sur le même plan qu'eux. Les dieux véritables sont indifférents à la piété des hommes ou à leur manque de piété[103]. Aussi serait-il absurde de prétendre que ceux qui se meuvent dans le ciel aient si peu la connaissance des choses célestes qu'ils se mêlent aux réalités de la terre et à sa matière trop grossière pour eux. Le deuxième exemple philosophique se lit au livre II. En 2, 35, 3, Arnobe souligne à nouveau les contradictions de la pensée païenne. Si vos sages refusent aux âmes, *qualitatis mediae* (ni mortelles, ni immortelles), la possibilité d'échapper à la condition mortelle[104], pourquoi ne pas appliquer le même raisonnement aux « dieux, anges, démons », du moins à ceux que vous considérez comme tels et qui sont, eux aussi, *qualitatis mediae*[105] ? Il ne s'agit pas des anges judéo-chrétiens, mais des anges du paganisme[106], qui, dans ce que le P. Festugière nomme « la suite néoplatonicienne »[107], θεός, ἄγγελος, δαίμων,

---

102. Arn. I, 23, 1 *ceterum dii ueri et qui habere, qui ferre nominis huius auctoritatem condigni sunt, neque irascuntur neque indignantur neque quod alteri noceat insidiosis machinationibus construunt*, « d'ailleurs les dieux véritables et dignes de posséder, d'exercer l'autorité que ce nom implique ne s'irritent ni ne s'indignent ni ne trament de perfides machinations pour nuire à autrui ».

103. I, 23, 2 *etenim reuera est impium et sacrilegia cuncta transcendens, sapientem illam credere beatissimamque naturam magnum aliquid putare, si se sibi aliquis adulatoria humilitate submittat et, si fuerit non factum, despectam se credere, et ab summi culminis decidisse fastigio*, « car en vérité c'est une impiété qui passe tous les sacrilèges que de croire que cette nature sage et bienheureuse attache un grand prix à ce que quelqu'un se prosterne devant elle avec une humilité adulatrice, et que, si on ne le fait pas, elle se tient pour méprisée et déchue du faîte de sa grandeur suprême ».

104. 2, 35, 1 *sed si animae, inquiunt, mortales et qualitatis sunt mediae, immortales quemadmodum fieri mediis ex qualitatibus possunt ?*, « mais, disent-ils, si les âmes sont mortelles et de qualité intermédiaire, comment peuvent-elles, à partir de ces qualités intermédiaires, devenir immortelles ? ».

105. 2, 35, 3 *et tamen, o isti, qui mediae qualitatis animas esse non creditis et in medio limite uitae atque interitus contineri, nonne omnes omnino, quos esse opinatio suspicatur, dii angeli daemones aut nomine quocumque sunt alio, qualitatis et ipsi sunt mediae et in ambiguae sortis condicione nutabiles ?*, « dites-moi pourtant, vous qui ne croyez pas que les âmes soient de qualité intermédiaire et se cantonnent à mi-chemin entre la vie et la mort : est-ce que tous les êtres, sans exception, dont l'existence est soumise à conjecture, dieux, anges, démons ou quelque autre nom qu'ils portent, ne sont pas eux aussi de qualité intermédiaire, balançant dans la condition d'un sort ambigu ? ».

106. Cf., sous ce titre, l'article de F. Cumont, « Les anges du paganisme », *RHR*, 72, 1915, p. 159-182.

107. *VChr*, 6, 1952, p. 230.

bien attestée chez Jamblique[108], se situent entre les dieux et les démons, plus lumineux et encore plus immatériels que ces derniers ; le séjour des démons est l'air, celui des anges l'éther[109].

Dans ces conditions, on comprend pourquoi la démonologie tient si peu de place dans la pensée d'Arnobe. Non que le sujet soit pour autant épuisé. On relève encore quelques textes qui s'y rattachent, sans que cependant ces esprits inférieurs que sont les démons y soient désignés par leur nom, *daemones*, ce qui ne laisse pas d'être troublant. Ce n'est pas par ignorance d'un courant d'idées qui, depuis Plutarque et Apulée, chez Tertullien, Minucius Felix, Lactance, Augustin, connaît une telle vogue à l'époque impériale. C'est par rejet conscient et volontaire d'une doctrine néoplatonicienne contaminée de théurgie et de magie. Si quand, nous l'avons vu, traitant des temples-tombeaux des dieux, là où Clément d'Alexandrie dit δαίμονες, Arnobe traduit par *dii*[110], c'est en toute connaissance de cause. À ses yeux, les démons qu'invoquent les magiciens ne sont pas des dieux, mais des « antidieux ». Cet emprunt au grec se lit en 4, 12, 3, à propos de la question classique : comment les signes divinatoires apparaissent-ils dans les entrailles des victimes[111] ? Ce sont, disent les magiciens, « frères des haruspices », certains esprits épais – autrement dit des démons – qui les y introduisent. Ces démons trompeurs, que les haruspices et les magiciens (rapprochement abusif) contraignent par la parole et « font venir » à l'appel de leur nom, sont de pseudo-dieux, des « antidieux »[112]. La

---

108. Jamblique, *Les Mystères d'Égypte* 2, 3 (70, 11) ; 3, 18 (143, 16) ; 5, 25 (236, 9 sq.), etc.
109. Cf. Min. Fel. 26, 11-12 : selon le mage Hostanès, *angelos, id est ministros et nuntios, dei sedem tueri... idem etiam daemonas prodidit terrenos, uagos, humanitatis inimicos*, « des "anges", c'est-à-dire des serviteurs et des messagers, gardent le trône de Dieu... ce mage a déclaré aussi que les démons sont des êtres terrestres, errants, ennemis du genre humain ». Platon définit la nature des démons comme *substantiam inter mortalem inmortalemque, id est inter corpus et spiritum, mediam, terreni ponderis et caelestis leuitatis admixtione concretam*, « entre la substance mortelle et la substance immortelle, c'est-à-dire entre le corps et l'esprit, une substance intermédiaire, composée d'un mélange de la pesanteur terrestre et de la légèreté céleste ». Porphyre, cité par Aug. *ciu.* 10, 9, p. 416 D, qui attaque la théurgie, *itaque discernat a daemonibus angelos, aeria loca esse daemonum, aetheria uel empyria disserens angelorum*, « il distingue les anges des démons, expliquant qu'ils ont pour résidence, les démons l'air, les anges l'éther ou l'empyrée ».
110. *Supra*, p. 249.
111. Voir mon article « Arnobe et l'Étrurie... » (*supra*, p. 46, n. 100).
112. S'agit-il de dieux authentiques ou d'antidieux ? Pour l'interlocuteur fictif d'Arnobe, ce sont des dieux : 4, 11, 3 *et inuocati ab haruspicibus parent, et suis acciti nominibus ueniunt et fidelia reddunt responsa quaerentibus*, « et pourtant, invoqués par les haruspices, ils obéissent ; à l'appel de leur propre nom, ils viennent et donnent des réponses fiables à ceux qui les consultent ». Mais non, réplique Arnobe en 4, 12, 3 : ce sont « de pseudo-divinités », des « esprits d'une substance plus grossière », *antitheos... materiis ex crassioribus spiritus* (*supra*, p. 200, n. 65). Sur

source m'a paru être Jamblique[113]. On aura noté les expressions identiques, la matière de la terre, trop grossière, *materia crassiore,* pour des démons célestes, celle, trop grossière, *materiis ex crassioribus,* dont seraient faits les antidieux[114] : il s'agit bien des mêmes créatures, honnies, auxquelles s'en remettent la science des magiciens et la théurgie, tous ces esprits intermédiaires qu'Arnobe rejette avec horreur. Il refuse la hiérarchie platonicienne, dieux, démons, hommes, et les solutions – ou les facilités – de la démonologie.

Ainsi peut encore s'expliquer un passage obscur du livre I. En 1, 32, 1, juste après la grande prière au suprême créateur, au dieu unique et invisible[115], Arnobe revient à son sujet : la souveraineté de Dieu[116]. Il s'adresse (*sermo*)[117] à ceux qui ne sont pas des athées[118], puisqu'ils reconnaissent qu'existe « la catégorie du divin ». Mais ils doutent qu'il existe des êtres divins supérieurs et ne reconnaissent que des divinités « plébéiennes et inférieures » (au sens social, comme les *humiliores* de la société romaine, par opposition aux *honestiores*). L'emploi des neutres substantivés est révélateur : ces êtres qu'on ne nomme pas ont aussi peu d'existence personnelle que possible. Il s'agit, à mon sens, des philosophes qui s'écartent de la religion traditionnelle des Olympiens, les *maiores* (supérieurs), pour ne plus admettre, sous un unique Dieu suprême (qui, lui, est *maximus*), que des divinités inférieures, autrement dit des démons, mais qu'Arnobe se garde bien de désigner comme tels : d'où l'usage des neutres, peu compromettants. Ce qui fait difficulté, c'est le passage du singulier au pluriel. Ce type de païens s'en tient à un *diuinum genus*, général et abstrait, impersonnel et suprême. Si l'on tente d'expliciter leur pensée, on

---

Arnobe et la magie, P. Ressa, *Maghi e magie in Arnobio di Sicca,* dans M. Marin – C. Moreschini (dir.), *Africa cristiana. Storia, religione, letteratura,* Brescia, Morcelliana, 2002, p. 99-124.
113. *Myst.* 3, 31 (177, 16-18) δαίμονας πονηροὺς ἀντὶ τῶν θεῶν... οὕς δὴ καὶ καλοῦσιν ἀντιθέους, « [ils introduisent] à la place des dieux des démons pervers, qu'ils appellent "antidieux" ».
114. Arn. 1, 23, 3 ; 4, 12, 3 (*supra*, n. 100 et 112).
115. 1, 31, 1-2 *o maxime, o summe rerum inuisibilium procreator, o ipse inuisus... infinitus, ingenitus, immortalis, perpetuus, solus...,* « ô très grand, ô suprême créateur des choses invisibles, Toi-même invisible... infini, incréé, immortel, éternel, unique... ».
116. 1, 32, 2 *deum principem,* « la souveraineté de Dieu » ; 1, 33, 1 *istius principis,* « ce Dieu souverain ».
117. 1, 32, 1 *sermo cum his nobis est qui diuinum esse consentientes genus de maioribus dubitant, cum idem esse plebeia atque humiliora fateantur,* « notre propos s'adresse à tous ceux qui, tout en admettant l'existence d'êtres divins, doutent de celle des grands dieux, mais reconnaissent qu'il existe des divinités plébéiennes et inférieures ».
118. Visés en 1, 31, 4 *audimus enim quosdam philosophandi studio deditos partim ullam negare uim esse diuinam...,* « car nous entendons dire que certaines personnes qui se sont vouées à l'étude de la philosophie ou bien nient l'existence d'un pouvoir divin... ».

pourra dire : suprême, oui, sans doute ; supérieurs, assurément, non – Dieu est incomparable.

Cette interprétation peut être corroborée par le passage de 1, 53, 3 qui conclut le développement sur les miracles du Christ. Aucun des faux dieux du paganisme, ni le soleil, ni les astres, ni les princes du monde, ni les grands dieux, ni ceux qui, « se faisant passer pour des dieux, terrifient le genre humain », n'ont pu, à la différence de nous, les hommes, à qui il a été envoyé pour nous sauver, en avoir connaissance[119]. Et c'est justifié. Le bouleversement cosmique qui, à la mort du Christ, ébranle l'univers, n'affecte que les éléments matériels qui forment le monde, terre, mer, air, feu du soleil, non des éléments divinisés. À cet instant, il est reconnu dieu[120]. Tout le reste est exclu du divin. Là encore, c'est bien des démons malfaisants qu'il s'agit. À cette nébuleuse obscure, inférieure, négative, Arnobe refuse jusqu'au nom qui lui permettrait d'exister et se réfugie dans la périphrase qui stigmatise son imposture, *qui fingentes se deos...* Admettre leur réalité serait, en quelque sorte, plonger dans les bas-fonds du surnaturel le plus suspect, celui où grouillent les démons impurs de l'Écriture et ceux qu'évoquent les magiciens, tous enveloppés dans une même répulsion. C'est que, pour lui, « imposture des démons et tours de la magie » sont liés[121]. Ils ne sont pas des dieux inférieurs. Loin d'être des

---

119. 1, 53, 3 *deus ab incognitis regnis et ab omnium principe deo sospitator est missus, quem neque sol ipse neque ulla, si sentiunt, sidera, non rectores, non principes mundi, non denique dii magni aut qui fingentes se deos genus omne mortalium territant, unde aut qui fuerit potuerunt noscere uel suspicari : et merito*, « un dieu venu de royaumes inconnus et envoyé comme Sauveur par le Dieu souverain ; ni le soleil lui-même ni aucun des astres, s'ils sont conscients, ni les dirigeants ni les princes du monde, ni enfin les grands dieux ou ceux qui, se faisant passer pour dieux, terrifient tout le genre humain, n'ont pu savoir ou conjecturer d'où il venait ou qui il était : et c'est justice ». Les « princes du monde » sont les *dii mundi* de 1, 63, 1, les « dieux du cosmos » (commentaire d'H. Le Bonniec, p. 380).

120. 1, 53, 4-5 *Exutus at corpore... nouitate rerum exterrita uniuersa mundi sunt elementa turbata, tellus mota contremuit, mare funditus refusum est, aer globis inuolutus est tenebrarum, igneus orbis solis tepefacto ardore deriguit. Quid enim restabat ut fieret, postquam deus est cognitus is qui esse iamdudum unus iudicabatur e nobis ?*, « Mais quand, dépouillé du corps qu'il portait... tous les éléments du monde, épouvantés par cet événement extraordinaire, furent bouleversés, la terre, ébranlée, trembla, la mer reflua jusqu'en ses profondeurs, l'air fut obscurci par des nuées de ténèbres, le globe igné du soleil perdit sa chaleur et se glaça. Que pouvait-il advenir d'autre, quand fut reconnue la divinité de celui qui depuis longtemps passait pour l'un d'entre nous ? ». Amplification rhétorique de l'éclipse et du tremblement de terre mentionnés par les évangiles ; voir le commentaire d'H. Le Bonniec, p. 358 sq.

121. 1, 43, 2 *daemonum... praestigiae et magicarum artium ludi* ; qui rappelle à la fois Tert. *apol.* 23, 1 *magi... multa miracula circulatoriis praestigiis ludunt*, « les magiciens... par leurs jongleries charlatanesques opèrent, en se jouant, quantité de prestiges » ; et Min. Fel. 26, 10 *magi...*

intermédiaires bienveillants, ministres de second rang, entre les hommes et les dieux, les démons sont les agents impurs de la magie.

Aussi bien évite-t-il de les appeler par leur nom, *daemones*, dans un passage polémique comme lorsque, en 1, 46, 9, il célèbre celui dont le seul nom fait fuir « les esprits nuisibles » et réduit au silence les charlatans de toute sorte, devins, haruspices ou magiciens arrogants[122]. Un tel refus de nommer s'apparente au déni. Arnobe, manifestement, fuit la question des démons du paganisme. Nous ne lisons chez lui rien de comparable au long développement que leur consacre Minucius Felix (26, 8-28, 6). Comment expliquer cette dérobade, chez un auteur d'ordinaire si éloquent ? On ne saurait alléguer l'état d'inachèvement de l'ouvrage, interrompu par la mort d'Arnobe, et que les chapitres projetés sur la divination et les prodiges, œuvre des démons, n'aient pas été rédigés, faute de temps. Arnobe a suffisamment abordé le sujet dans le livre VII pour que nous puissions en juger. Il n'est que de comparer la façon dont Minucius Felix et lui traitent de quelques épisodes célèbres de l'histoire religieuse romaine qui relèvent de la divination, songe ou prodiges.

Au début de l'*Octavius*, le païen Caecilius rappelle comment « nos ancêtres » (*maiores nostri*) remercièrent les dieux d'une faveur (*diuina indulgentia*) ou surent détourner leur colère. Ainsi la venue à Rome de la Mère de l'Ida, ou le songe envoyé par Jupiter à un plébéien et à la suite duquel les jeux furent renouvelés[123]. De même que les auspices attestent « la présence des dieux » (*deorum praesentiam*). Caecilius ne parle que le langage de la tradition. Octavius réfutera l'argumentation en 27, 4, dans le grand développement consacré à la démonologie : Jupiter ordonnant en songe qu'on recommence les jeux, les *Castores* apparaissant à Rome avec leurs chevaux, la matrone Claudia Quinta tirant avec sa ceinture le navire qui transportait la Mère des dieux, tout cela vient des démons[124].

---

quicquid miraculi ludunt, per daemonas faciunt, « les mages... tous les tours extraordinaires auxquels ils s'amusent, c'est par les démons qu'ils les réalisent ».
122. 1, 46, 9 *cuius nomen auditum fugat noxios spiritus, inponit silentium uatibus, haruspices inconsultos reddit, adrogantium magorum frustrari efficit actiones, non horrore, ut dicitis, nominis sed maioris licentia potestatis ?*, « celui dont le nom met en fuite les esprits nuisibles, impose silence aux devins, fait perdre leurs clients aux haruspices, fait échouer les pratiques des magiciens arrogants, non pas, comme vous le dites, par la terreur qu'inspire un nom, mais par le privilège d'une puissance supérieure ? ».
123. Min. Fel. 7, 1-4. Encore 8, 1 *de dis inmortalibus*, « les dieux immortels », sur l'existence desquels s'accordent tous les peuples.
124. Min. Fel. 27, 4 *de ipsis etiam quae paulo ante tibi dicta sunt, ut Iuppiter ludos repeteret ex somnio, ut cum equis Castores uiderentur, ut cingulum matronae nauicula sequeretur*, « c'est des démons encore que viennent ces prodiges que tu rapportais tout à l'heure : Jupiter ordonnant

Arnobe traite en partie des mêmes sujets dans des épisodes groupés à la fin, inachevée, du livre VII, où ils constituent un ensemble. Dans ces chapitres, 7, 38-49, il n'est question que des dieux[125] : aucune expression, même voilée, ne fait référence aux démons ou à d'obscurs esprits mauvais. C'est Jupiter en personne qui intervient comme dieu, et dieu cruel et vindicatif, dans l'histoire du malheureux paysan victime de sa colère[126]. De même pour « les autres histoires »[127], qui rapportent la venue à Rome d'Esculape, puis de la Magna Mater sous les espèces, l'un, d'un énorme serpent, l'autre, d'une petite pierre noire. Le serpent n'était pas un dieu[128]. Il a disparu dès son installation dans l'île Tibérine ? Ce

---

par un songe que l'on recommence les jeux, Castor et Pollux apparaissant avec leurs chevaux, la barque suivant la ceinture d'une matrone ».

125. Dans l'introduction au développement, 7, 38, 1 *sed si dii immortales nequeunt, inquit, irasci... quid historiae sibi uolunt, quid annales, quorum in conscriptionibus legimus nonnullis offensionibus deos motos pestilentias... aliaque intulisse*, « mais si les dieux immortels ne peuvent, dit-on, se mettre en colère... que signifient les histoires, les annales, dans lesquelles nous trouvons consigné que les dieux, provoqués par diverses offenses, ont envoyé des épidémies... d'autres crises encore » ; § 2 *superorum conquieuisse terrores*, « la terreur inspirée par les dieux s'apaise » ; § 3 *ex gentibus transmarinis acciti dii quidam*, « après avoir fait venir certains dieux des nations d'outremer » ; § 4 *si ludos ceterosque aspernarentur dii cultus*, « si les dieux dédaignaient les jeux et toutes les autres formes du culte » ; § 5 *calor omnis numinum indignatioque... haec omnia non sine caelitum fieri uoluntate...*, « toute l'indignation brûlante des divinités... tout cela ne se fait pas sans la volonté des dieux du ciel ». 7, 39, 1 pose la question en termes classiques : *utrumne hi dii sint quos saeuire adseueratis offensos reddique <ludis et> sacrificiis mites an sint longe aliud et ab huius ui debeant et nominis et potentiae segregari*, « si les dieux sont ces êtres dont vous assurez qu'ils se déchaînent s'ils sont offensés et que <les jeux et> les sacrifices rendent indulgents, ou s'ils sont quelque chose de bien différent et s'ils doivent être dépouillés de la réalité de ce titre et de cette puissance ».

126. 7, 41, 2 *nihil esse repperies diis dignum et, quod saepe iam dictum est, quod ad huius nominis speciem dignitatemque referatur*, « on ne trouvera rien là qui soit digne des dieux et qui, comme il a déjà été dit souvent, soit en rapport avec l'idée et la dignité de ce titre » ; § 3 *quis est enim primum qui deum illum fuisse credat, qui currentibus frustra delectaretur eculeis ?*, « et d'abord qui croirait que c'était un dieu qui prenait un vain plaisir à voir courir des chevaux ? » ; § 4 *Iouem, quem deum principem dicitis*, « Jupiter, selon vous le dieu suprême » ; 7, 42, 3 *post haec aliquis fuisse illum deum credet... ?*, « et après cela il y aura encore quelqu'un pour croire qu'il était dieu... ? » ; 7, 43, 5 *et quisquam est hominum qui fuisse illum deum credat tam iniustum... ?*, « et quel homme croirait que c'était un dieu qui se montrait si injuste... ? ». Sur l'épisode, *supra*, p. 52-59.

127. 7, 44, 1 *consimili ratione per alias ire licebit historias*, « il sera permis d'examiner de la même manière les autres récits ».

128. 7, 44, 8-9 « *Aesculapius, inquitis, Epidauro bonis deus ualetudinibus praesidens et Tiberina in insula constitutus*. *Si esset nobis animus scrupulosius ista tractare, uobis ipsis obtineremus auctoribus, minime illum fuisse diuum*, « "Esculape d'Épidaure, dites-vous, le dieu qui préside à la bonne santé et qu'on a installé dans l'île du Tibre". Si nous avions l'intention de traiter ce

n'est pas un prodige, ce n'est pas un dieu qui a disparu aussi vite qu'il était apparu. L'explication est toute rationaliste (la démonologie eût été pourtant une ressource commode pour justifier cette métamorphose dégradante) : c'est une couleuvre géante ou un reptile du même genre, qui s'est caché dans un trou du sol, ou de l'autre côté du fleuve, ou dans la forêt. Si, de ce qu'il a soudain disparu, on conclut que c'était un dieu, le raisonnement est faible : on peut aussi bien en déduire le contraire[129]. Quant au bateau qui portait la Mère des dieux, il est arrivé à Rome sans encombre, il ne s'est pas ensablé dans le Tibre, il n'en a pas été dégagé par la vertu d'une faible femme. Arnobe ne mentionne même pas la légende. En revanche, en esprit positiviste, il nous donne la description la plus précise de la pierre noire qui fut enchâssée dans la statue, dont elle était le visage : une pierre de petite taille, qu'un être humain peut porter dans sa main, noirâtre, avec des angles pointus, et qui peut former le visage aux traits grossiers d'une statue[130].

On peut, finalement, envisager deux explications possibles au silence d'Arnobe, la seconde ne représentant qu'un degré plus poussé de la première. Est-il dû à l'horreur qu'inspire le peuple immonde des démons ? Si immonde qu'on ne veut pas le connaître et qu'on détourne la tête pour ne pas les voir ? Ou, plutôt, à la terreur qu'inspirent ces ennemis puissants du genre humain ? Les nommer serait déjà les évoquer. À aucun moment, Arnobe ne nie leur existence. Comme tous ses contemporains, il croit au pouvoir redoutable de la magie et aux démons que les magiciens invoquent dans leurs incantations[131]. Non seulement, il évite

---

sujet avec un peu de minutie, nous établirions, en invoquant votre propre autorité, qu'il ne fut nullement un dieu » ; 7, 45, 2 *si quando mutat loca et ab aliis transgredi in alias regiones parat, non ut deus obscure per caeli euolat sidera... sed uelut animal brutum uehiculum quo sustineatur petit... cum hominibus nauem ascendit et ille publicae sanitatis deus fragili se ligno et tabularum compagibus credit !*, « s'il lui arrive de se déplacer et s'il se dispose à passer d'une région dans une autre, il ne vole pas mystérieusement dans le ciel étoilé, comme un dieu... mais comme une bête stupide il cherche un moyen de transport... il embarque avec les hommes, et ce dieu de la santé publique se confie à un fragile vaisseau de bois et à un assemblage de planches ! ».
129. 7, 46, 7 *quid aliud possumus quam generis eum dicere fuisse terreni, quamuis fuerit inmanis et nimius ?*, « que pouvons-nous dire, sinon qu'il appartenait à une espèce terrestre, si prodigieuse et démesurée que fût sa taille ? » ; § 10 *argumentatio flaccida est, ea re suspicari deum illum fuisse serpentem, quod ab oculis sese properata omni festinatione subtraxit, cum deum non fuisse eadem rursus possit argumentatione monstrari*, « c'est un raisonnement sans force que de supposer que le serpent était dieu parce qu'il s'est soustrait aux regards, d'un mouvement extrêmement rapide, puisqu'on peut à l'inverse montrer par le même raisonnement qu'il n'était pas dieu ».
130. 7, 49-50 ; en particulier 49, 2 (*supra*, p. 326, n. 206).
131. 1, 52, 3-4 *ipsi faciant et cum suis ritibus faciant : quidquid malefici graminis nutricant terrarum sinus, quidquid uirium continet fremor ille uerborum atque adiunctae carminum necessitates, non inuidemus, adiciant, non interdicimus, colligant ; experiri libet et recognoscere an cum suis*

de les appeler trop souvent par leur nom générique, *daemones* (*suis diis*, dit-il ici). Mais, à la différence d'un Minucius Felix ou d'un Origène, il se garde de prononcer leurs noms propres: Saturne, Sérapis, Jupiter[132], ou certains noms barbares de démons ou dieux égyptiens qu'Origène a lus chez Celse, Chnoumen, Chnachoumen, Knat, Sikat, etc.[133]. On ne saurait trancher la question.

Il faut s'en tenir à cette seule constatation: Arnobe ne met pas en avant l'action des démons, vaincus par le Christ. Ils ne tiennent qu'une place mineure dans l'économie du monde. Ils ne permettent pas de résoudre le problème que posent à un chrétien cultivé ces anciens dieux qu'il côtoie tous les jours dans sa ville, dont il lit les mythes dans chaque volume qu'il déroule. Postuler une hiérarchie nouvelle entre le Dieu suprême qui, désormais, en occupe seul le sommet, et les anciens dieux païens, déchus de leur primauté au point de n'être plus que ces « esprits nuisibles » (1, 46, 9 *noxios spiritus*), n'apporte aucune réponse théologiquement satisfaisante à la contradiction irréductible du monothéisme et du polythéisme. Les démons existent, on ne saurait en douter, mi-païens, mi-chrétiens, ténébreux et mal définis. Mais Arnobe ne les fait pas agir à la place des dieux: c'est bien Jupiter, Esculape, la Magna Mater qui interviennent dans la vie du peuple romain, et non des démons qui usurpent leur identité divine. Pour lui, il y a les dieux païens, l'ensemble des dieux que pourfend le christianisme, et c'est tout. Ils forment, à eux tous, une catégorie unique. Encore reste-t-il à les définir.

L'évhémérisme

La réponse sera plus historique que métaphysique. La théorie qui, manifestement, a les faveurs d'Arnobe est l'évhémérisme: les dieux païens sont des hommes d'autrefois, divinisés après leur mort en raison des bienfaits dont l'humanité leur est redevable. Il n'est que de noter la vigueur avec laquelle il

---

efficere diis possint quod ab rusticis Christianis iussionibus factitatum est nudis, « qu'ils les fassent eux-mêmes et qu'ils les fassent selon leur propre rituel: tout ce que le sein de la terre nourrit d'herbes maléfiques, toutes les forces que recèlent leurs marmonnements et les incantations contraignantes qui s'y joignent, tout cela, qu'ils l'accumulent, nous ne le leur refusons pas; qu'ils le rassemblent, nous ne le leur interdisons pas: il nous plaît d'éprouver et de vérifier si, avec l'aide de leurs dieux, ils sont capables de réussir ce qu'ont fait maintes fois des rustres de chrétiens par de simples injonctions ».

132. Min. Fel. 27, 6 *ipse Saturnus et Serapis et Iuppiter et quicquid daemonum colitis*, « oui, Saturne, Sérapis, Jupiter, et tous les démons que vous adorez ».
133. Orig. *c. Cels.* 8, 58 (cité par H. Le Bonniec, I, p. 326).

lance à ses adversaires « vos dieux sont des morts, vos temples sont des tombeaux »[134]. Ne nous attardons pas sur les demi-dieux qui, à leur naissance, ont partagé la condition mortelle de leur mère : Hercule, fils d'Alcmène, Liber, fils de Sémélé, Esculape, fils de Coronis, morts, parfois ressuscités, mais tous divinisés. Le Romain féru d'histoire pourra y ajouter Énée et Romulus, enlevés au ciel après leur mort. Mais c'est le processus commun à tous les dieux, même aux plus grands des Olympiens. Ne montre-t-on pas en Crète le tombeau de Jupiter[135] ? Au livre I, Arnobe dresse trois listes successives de ces divinités : la comparaison des trois passages vaut, à elle seule, une leçon de théologie gréco-romaine.

Ils s'insèrent tous trois dans le développement consacré au Christ, né homme et mort sur la croix (chap. 36-41). Ce que les païens critiquent dans la religion des chrétiens, ce n'est pas qu'ils honorent le Dieu tout-puissant (ce qu'ils font eux aussi, qu'ils le nomment Jupiter, en langage traditionnel, ou simplement *deus* dans le langage des philosophes), mais qu'ils tiennent pour un dieu et prient chaque jour un homme, né et mort dans le supplice infamant de la croix – supplice des esclaves et des brigands, celui que subirent à ses côtés les deux larrons. Arnobe leur répond par une triple rétorsion. Dans une première liste, il énumère une série, non exhaustive, de divinités majeures ou mineures. Vos dieux, dit-il, eux aussi, sont nés, ils ont vécu sur terre, ils y sont morts : ainsi Janus, Saturne, la Bonne Déesse, Énée Indigète, Esculape, Liber, Mercure, Diane et Apollon, Vénus, Cérès et Proserpine, Hercule, les Dioscures, etc., et, sans entrer dans les détails, les descendants d'Ops, mère de tous les dieux[136]. « Oublieraient-ils tous quels étaient naguère leur sort et leur

---

134. 6, 6, 2 *pro dis immortalibus mortuos uos colere... quorum delubra et templa mortuorum superlata sunt bustis*, « vous honorez des morts en place des dieux immortels... dont les sanctuaires, dont les temples sont construits par-dessus des tombes » (voir *supra*, p. 246-250). Cf. 3, 12, 5 : tout ce qui a des formes corporelles *mortale esse* ; 4, 28, 4 *mortalia sunt enim quaecumque narratis*, « tout ce que vous en racontez est le fait de mortels ». Voir J. Pépin, « Christianisme et mythologie. L'évhémérisme des auteurs chrétiens », dans le *Dictionnaire des mythologies* d'Y. Bonnefoy, I, Paris, Flammarion, 1981, p. 175-181.
135. 4, 25, 4 (*supra*, p. 155, n. 21).
136. 1, 36, 2-6 *Ianus, Ianiculi conditor et ciuitatis Saturniae Saturnus auctor, Fenta Fatua, Fauni uxor, Bona Dea quae dicitur... Indigetes illi qui flumen repunt et in alueis Numici cum ranis et pisciculis degunt ; Aesculapius et Liber pater Coronide ille natus et ex genitalibus matris alter fulmine praecipitatus ; Mercurius utero fusus Maiae et – quod est diuinius – candidae ; arquitenentes Diana et Apollo, circumlati per fugas matris atque in insulis errantibus uix tuti ; Dioneia Venus proles, uiri materfamilias Troici atque intestini decoris publicatrix ; in Trinacriae finibus Ceres nata atque in floribus legendis occupata Proserpina ; Thebanus aut Tyrius Hercules, hic in finibus sepultus Hispaniae, flammis alter concrematus Oetaeis ; Tyndaridae Castores, equos unus domitare consuetus, alter pugillator bonus et crudo inexuperabilis caestu... praeterimus et transgredimur Opis suboles regias, quas in libris auctores uestri quae fuerint et quales uobis ediscentibus prodiderunt*, « Janus, le fondateur

condition ? »¹³⁷, dont ils ne sont sortis que par la faveur qui leur a été concédée (non, comme on pourrait le croire, par la grâce du Dieu suprême, mais par celle des hommes, leurs adorateurs !).

Après la liste d'exemples, leur interprétation historique et la théorie de la divinisation, décomposée point par point. Tous ont été d'abord de condition humaine, ces dieux que vous avez *maintenant* dans vos temples, c'est vous qui les avez élevés « jusqu'au ciel et aux astres » : cette divinisation est le produit de l'histoire. Elle ne s'inscrit pas dans le temps immémorial, *perpetuus*, des dieux, mais dans celui des hommes. Les dieux sont nés, tous, sans exception, Arnobe y insiste avec une éloquente gradation : non pas un ou deux, mais une multitude – bien plus, tous, *omnes*¹³⁸. Et, pour bien convaincre l'interlocuteur rétif, Arnobe le répète, le précise, par deux adjectifs qui appuient sur le point sensible : tous, ils ont été « de condition humaine », ils ont partagé « le sort commun ». Quand cela ? en des temps très lointains, *uetustati*, et ce sont aussi des écrits très anciens, *antiquissimas litteras*, qui nous l'ont enseigné¹³⁹. Ces textes d'autrefois mentionnent la biographie de chacun d'eux, son père, sa mère, dans quel pays il

du Janicule, et Saturne, le père de la cité Saturnienne ? Fenta Fatua, la femme de Faunus, la Bonne Déesse, comme on dit... ces dieux Indigètes qui se vautrent dans la rivière et passent leur vie dans le lit du Numicus avec les grenouilles et le fretin ? Esculape et Liber pater, le premier, fils de Coronis, et l'autre arraché par un coup de foudre au sein de sa mère ? Mercure, sorti du ventre de Maia – de Maia la brillante, ce qui fait plus divin ? Les archers, Diane et Apollon, portés par leur mère dans ses courses errantes et tout juste en sûreté sur des îles flottantes ? Vénus, fille de Dioné, épouse d'un mari troyen et courtisane prostituant ses charmes secrets ? Cérès, née sur la terre de Trinacrie, et Proserpine, enlevée pendant qu'elle cueillait des fleurs ? Hercule, de Thèbes ou de Tyr, celui-ci enseveli en terre d'Espagne, l'autre brûlé sur le bûcher de l'Œta ? Les Castors, fils de Tyndare, l'un dompteur de chevaux, l'autre bon pugiliste, imbattable au combat du ceste en cuir brut ?... Nous omettons, nous passons sous silence la descendance royale d'Ops : vos écrivains ont révélé dans leurs livres, pour votre instruction, de quels dieux il s'agit et ce qu'ils étaient ». Voir *supra*, p. 15 sq.

137. 1, 36, 7 *obliti paulo ante sortis fuerint et condicionis cuius*, « oubliant quels étaient naguère leur sort et leur condition ».

138. 1, 37, 1 *quid enim, uos hominem nullum colitis natum ? non unum et alium ? non innumeros alios ? quinimmo non omnes quos iam templis habetis uestris, mortalium sustulistis ex numero et caelo sideribusque donastis ?*, « Eh bien ! et vous ? vous n'honorez aucun homme ayant connu la naissance – et je ne dis pas un ou deux, mais une multitude ? Bien mieux, tous ceux que vous avez mis dans vos temples, ne les avez-vous pas soustraits au nombre des mortels pour leur faire cadeau du ciel et des astres ? ».

139. 1, 37, 2 *si enim forte uos fugit sortis eos humanae et condicionis fuisse communis, replicate antiquissimas litteras et eorum scripta percurrite qui uetustati uicini sine ullis adsentationibus cuncta ueritate in liquida prodiderunt*, « si par hasard il vous échappe qu'ils étaient de condition humaine et partageaient le sort commun, ouvrez vos livres les plus anciens et parcourez les ouvrages de ceux qui, encore proches des premiers temps, ont révélé sans nulle complaisance et clairement toute la vérité ».

est né, ce qu'il a accompli durant sa vie : ce sont des biographies humaines, et chacun a aussi vécu des aventures humaines, *fortunas*, malheureuses ou heureuses[140]. On croirait, réduite à la commune mesure humaine, celle de l'humanité ordinaire, lire une paraphrase de ce que rapportait, à en croire Évhémère, l'inscription mythique de l'île de Panchaïe : le résumé des exploits d'Ouranos, Cronos et Zeus, et les généalogies des futurs dieux, avec la liste des enfants d'Ouranos et d'Hestia, de Cronos et Rhéa, de Zeus et d'Héra[141].

Appliquons maintenant la théorie aux cas particuliers. Le Christ lui aussi nous a fait don d'« immenses bienfaits »[142]. De même, et c'est la seconde liste, Liber nous a donné le vin, Cérès le pain, Esculape les plantes médicinales, Minerve l'olivier, Triptolème la charrue, Hercule enfin nous a délivrés des monstres[143]. Tous sont devenus dieux *tantorum ob munerum gratiam*, non par celle du démiurge comme dans le *Timée*, et le même raisonnement serait applicable à tous leurs semblables. Pourquoi, alors, leur reconnaître la divinité et la refuser au Christ ? le Christ dont les bienfaits sont infiniment supérieurs, puisqu'il nous a détachés du culte rendu à des statues sans vie et nous a élevés jusqu'au ciel[144] ? Reste une dernière objection, la plus difficile peut-être : à la différence de vos dieux héroïques, le Christ est mort sur la croix[145]. Arnobe y

---

140. 1, 37, 3 *iam profecto discetis quibus singuli patribus, quibus matribus fuerint procreati, qua innati regione, qua gente, quae fecerint, egerint, pertulerint, actitarint, quas in rebus obeundis aduersorum senserint secundantiumque fortunas*, « alors vous apprendrez avec certitude quel père, quelle mère ont donné la vie à chacun d'eux, en quel pays ils sont nés, de quelle famille, ce qu'ils ont fait, accompli, supporté, quelles étaient leurs occupations, quelles fortunes diverses, heureuses ou malheureuses, ils ont éprouvées en s'acquittant de leurs tâches ».
141. Ap. Eus. *praep. eu.* 2, 52-61, lui-même d'après Diodore.
142. Arn. 1, 38, 1 *nonne dignus a nobis est tantorum ob munerum gratiam deus dici deusque sentiri ?*, « ne mérite-t-il pas que nous le disions Dieu et le considérions comme tel, en reconnaissance de ses immenses bienfaits ? ».
143. 1, 38, 2 *si enim uos Liberum, quod usum reppererit uini, si quod panis, Cererem, si Aesculapium, quod herbarum, si Mineruam, quod oleae, si Triptolemum, quod aratri, si denique Herculem, quod feras, quod fures, quod multiplicium capitum superauit conpescuitque natrices, diuorum retulistis in censum...*, « car si vous avez mis au rang des divinités Liber, pour avoir découvert l'usage du vin ; Cérès, pour la découverte du pain ; Esculape pour celle des simples ; Minerve pour celle de l'olivier ; Triptolème pour celle de la charrue ; Hercule enfin pour avoir vaincu et maîtrisé des fauves, des voleurs, des hydres à cent têtes... ».
144. 1, 38, 8 *qui ab signis inertibus atque ex uilissimo formatis luto ad sidera subleuauit et caelum et cum domino rerum deo supplicationum fecit uerba atque orationum conloquia miscere*, « celui qui, nous détournant des statues inertes et façonnées dans la boue la plus vile, nous a élevés jusqu'aux astres et jusqu'au ciel et nous a fait converser dans nos supplications et nos prières avec Dieu, le Maître du monde ».
145. 1, 40, 1 *sed patibulo adfixus interiit*, « mais il est mort cloué sur un gibet ».

répond en deux temps. Une mort ignominieuse ne change rien à l'autorité spirituelle de celui qui l'a subie. Tel fut le sort des saints de la philosophie païenne, Pythagore, brûlé vif, ou Socrate, condamné à une mort inique, et des héros nationaux comme Regulus[146]. Et vos dieux aussi, vos plus grands bienfaiteurs : Liber dépecé, « membre par membre », par les Titans, Esculape foudroyé, Hercule lui aussi brûlé vif, Attis émasculé, Romulus *Pater*, à la fois vénérable et père de la nation romaine, mis en pièces par les sénateurs[147] – regroupés dans la troisième liste. Vous honorez un homme, qui a eu une naissance humaine, réplique le païen. Arnobe y répond par une dénégation : le Christ a prouvé sa divinité par des miracles, ce qu'aucun de vos dieux n'a pu accomplir[148].

Ces chapitres, essentiels pour comprendre la pensée d'Arnobe, pourraient s'intituler « théorie et pratique de l'évhémérisme ». Que vos dieux aient été des hommes, nés hommes, qu'ils vous aient donné les bienfaits de la civilisation, qu'ils soient morts d'une mort humaine, Arnobe le prouve par l'exemple en trois temps. La démonstration repose sur ces trois listes : une première, hétérogène, énumère des noms divins, grands dieux ou figure secondaire comme la Bonne Déesse ; une seconde liste rappelle les bienfaits donnés par ceux dont vous avez fait des dieux ; la troisième et dernière, la plus probante, rappelle ceux dont nous connaissons la fin tragique. Vos dieux sont bien, par nature, des hommes morts : ils ne sont que des morts. On se demandera, pour finir, quelle connaissance, directe ou indirecte, Arnobe avait d'Évhémère. Se range-t-il, comme tant d'esprits critiques de l'antiquité, imbus d'évhémérisme et en quelque sorte évhéméristes sans le savoir, à une doctrine plus ou moins tombée dans le domaine public ? Il rendait, en tout cas, la théorie à son auteur, « Évhémère d'Agrigente » : rien ne s'oppose à ce qu'il en ait eu une connaissance directe, puisqu'il pouvait la lire en latin dans la traduction d'Ennius[149].

Quelle réponse, tout bien pesé, pouvons-nous donner à la question que nous posions au seuil de cette étude : « Arnobe croyait-il à l'existence des

---

146. 1, 40, 2-4.
147. 1, 41, 1-5.
148. 1, 42, 1 *natum hominem colitis*, « vous honorez un homme qui a connu la naissance » ; § 5 *nulla maior est comprobatio quam gestarum ab eo fides rerum, quam uirtutum nouitas...*, « il n'y a pas de plus grande preuve que l'authenticité des actes du Christ, que l'originalité de ses miracles ».
149. 4, 29, 1 *et possumus quidem hoc in loco omnis istos, nobis quos inducitis atque appellatis deos, homines fuisse monstrare uel Agragantino Euhemero replicato, cuius libellos Ennius, clarum ut fieret cunctis, sermonem in Italum transtulit...*, « à vrai dire, nous pourrions à ce propos démontrer que tous ceux que vous nous présentez comme des dieux et à qui vous donnez ce nom ont été des hommes : <il n'y a qu'à> ouvrir les livres d'Évhémère d'Agrigente, qu'Ennius a traduits dans la langue de l'Italie, pour les rendre accessibles à tous ». – Évhémère est sans doute originaire de Messine ; d'Agrigente selon Clém. *protr.* 2, 24, 2, que reproduit Arnobe.

dieux païens ? ». Complexe, elle n'est pas de celles auxquelles on peut répondre aisément par oui ou par non. Arnobe ne dit pas aux païens : « vos dieux n'existent pas ». Il leur réplique : « vos dieux ne sont pas ce que vous dites », ce qui est à la fois plus subtil et plus insidieux. Vos dieux n'existent pas, de tout temps, dans le ciel. Ils n'ont aucun des caractères par lesquels votre religion les définit : ils ne sont ni *immortales*, ni *superi*. Ce sont des produits de l'histoire. Ce ne sont pas « des néants », sortis de votre imagination. Mais des êtres humains, comme vous, rois, bienfaiteurs, inventeurs d'autrefois. Le bien-fondé de la théorie peut se vérifier par trois exemples romains : Énée Indigète, Romulus Quirinus et, d'une véracité plus solide, les empereurs, tous les *diui*, déjà « si proches des dieux et si augustes »[150] de leur vivant, et devenus pleinement « dieux » – enfin, ce que vous entendez par là – après leur mort, ce qui n'a rien que de conforme à la théologie officielle de l'empire.

Revue par Arnobe à la lumière de l'évhémérisme, la religion païenne descend du ciel sur la terre : tout y est humain, trop humain, ses dieux, hommes du passé exaltés par leurs descendants, ses temples tombeaux, son culte qui s'adresse à des morts indifférents et sourds. Rien de trancendant, rien d'éternel, rien d'ineffable dans cette pure construction du génie humain. Il n'y a pas un Dieu suprême et, auprès de lui, sous son pouvoir, une multitude de dieux inférieurs, démons ou divinités classiques. Le Christ n'est pas de la même « race » que vos divinités, soleil, astres, grands dieux qui gouvernent le monde : sauveur envoyé par Dieu, il est venu de royaumes inconnus[151], et passa longtemps pour être l'un d'entre nous[152]. Il n'y a qu'un seul Dieu, une seule religion vraie. Tout le reste, vos « dieux » morts, votre religion morte elle aussi, n'est qu'erreur et que faux-semblant. Telle est la croyance d'Arnobe. Ce qu'il cherche, ce ne sont pas des dieux morts, mais un Dieu vivant : ni Janus, ni Liber, ni Summanus, ni tous les autres ne vivent « dans les sublimes palais du ciel »[153].

---

150. 4, 35, 2 *diis proximi atque augustissimi reges*, « les souverains, très proches des dieux et très augustes ».
151. C'est le bilan qu'Arnobe lui-même tire, en 1, 53, 3 (*supra*, n. 119).
152. 1, 53, 5 *quid enim restabat ut fieret, postquam deus est cognitus is qui esse iamdudum unus iudicabatur e nobis ?*, « que pouvait-il advenir d'autre, quand fut reconnue la divinité de celui qui depuis longtemps passait pour l'un d'entre nous ? ».
153. Telle est la conclusion de 3, 44, 1-2 *si uobis liquet in sublimibus palatiis caeli habitare, consistere multitudinem istam quam enumeratis deorum... si Ianus est, Ianus sit ; si Liber est, Liber sit ; si Summanus, Summanus sit...*, « c'est pourquoi, si pour vous c'est une évidence que dans les sublimes palais du ciel habite, réside cette foule de dieux que vous dénombrez... si Janus existe, que Janus existe ; si Liber existe, que Liber existe ; si c'est Summanus, que Summanus existe... ».

Chapitre XI
Épilogue
Sur la voie de la vérité : la conversion d'Arnobe

Arnobe est très discret sur les circonstances de sa conversion. Le peu que nous en savons vient de saint Jérôme. Encore ne s'agit-il que des faits, de la démarche du néophyte auprès de son évêque[1], qui n'est pas convaincu de la sincérité ou de la solidité de sa foi ; alors que, ce que nous cherchons, c'est tout le cheminement invisible qui a précédé et qui l'a mené de la religion de ses pères à la foi nouvelle dans le Christ et le Dieu des chrétiens[2]. Qu'Arnobe ait été un *homo religiosus* ne fait aucun doute. Longtemps il a été un citoyen pieux de l'Afrique romaine, adepte non seulement de la religion en esprit des philosophes, mais un croyant de style traditionnel, observateur scrupuleux des rites, attaché aux pratiques dévotes de la religion populaire, jusqu'au culte des bétyles : il a vénéré les statues divines, de bronze ou d'ivoire, les bandelettes attachées aux arbres, les pierres ointes d'huile[3], selon la coutume de sa province[4], tout ce qu'Aemilianus, l'odieux accusateur d'Apulée qui a

---

1. *Chronique*, année 327 ap. J.-C. (p. 231, 14 Helm). Voir l'article d'Y.-M. Duval, *Latomus*, 45, 1986, p. 69-99.
2. Voir R. Kaabia, « Arnobe de "Sicca" du paganisme au christianisme : l'évolution cultuelle d'un lettré romano-africain », dans *L'Africa romana*, Rome, Carocci, 2015, p. 1217-1228.
3. Arn. 1, 39, 1 *uenerabar, o caecitas, nuper simulacra modo ex fornacibus prompta, in incudibus deos et ex malleis fabricatos, elephantorum ossa, picturas, ueternosis in arboribus taenias ; si quando conspexeram lubricatum lapidem et ex oliui unguine sordidatum, tamquam inesset uis praesens, adulabar, adfabar et beneficia poscebam nihil sentiente de trunco, et eos ipsos diuos quos esse mihi persuaseram adficiebam contumeliis grauibus, cum eos esse credebam ligna, lapides atque ossa aut in huius <modi> rerum habitare materia*, « je vénérais naguère – quel aveuglement ! – des statues qui sortaient tout juste des fours, des dieux fabriqués sur des enclumes à coup de marteaux, des os d'éléphants, des images, des bandelettes suspendues à des arbres séculaires ; si jamais j'apercevais une pierre lubrifiée et souillée d'huile d'olive, je l'adulais, je lui parlais, comme si une puissance eût été présente en elle, et je demandais des bienfaits à une souche insensible ; ces dieux mêmes, de l'existence desquels je m'étais convaincu, je les outrageais gravement, en croyant que c'étaient des morceaux de bois, des pierres et de l'os, ou qu'ils habitaient dans des matières de cette sorte ».
4. Sur le culte des bétyles en Afrique, voir M. Leglay, *Saturne africain. Histoire*, p. 157, « Que les Africains aient adoré des pierres... », qui cite les textes ; p. 279 sq. : les bétyles installés dans les sanctuaires sont, comme les statues, « les réceptacles de la puissance divine ». Outre

tous les traits d'un athée, se refuse à faire⁵ et que les voyageurs voient couramment au bord des routes d'Afrique⁶ – toutes les erreurs que, maintenant éclairé par les lumières de la vraie foi, il éradique au livre VI dans sa critique des *simulacra*⁷.

Apulée (*infra*, n. 5-6), Aug. *epist*. 17, 2 *miror quod nominum absurditate commoto in mentem non uenerit habere uos et in sacerdotibus Eucaddires, et in numinibus Abaddires*, « je m'étonne que, choqué par la bizarrerie des noms, tu ne te sois pas avisé que vous aviez des Eucaddires parmi vos prêtres et des Abaddires parmi vos divinités » (c'est la réponse d'Augustin à Maxime de Madaure, voir *supra*, p. 339-343) ; *ciu*. 16, 38, p. 187 D *nec more idolatriae lapidem perfudit oleo Iacob, uelut faciens illum Deum; neque enim adorauit eundem lapidem uel ei sacrificauit*, « ce n'est point par idolâtrie que Jacob a versé de l'huile sur la pierre comme pour en faire un dieu ; il ne l'adora pas, il ne lui offrit pas de sacrifice » ; Priscien, *GLK* II 313, 25 *hic abaddir*, ὁ βαίτυλος, *huius abaddiris, lapis, quem pro Ioue deuorauit Saturnus, sed in usu hoc non inueni*, « *hic abaddir*, ὁ βαίτυλος, génitif *huius abaddiris* : la pierre que Saturne avala à la place de Jupiter, mais, à ma connaissance, c'est un mot inusité ».

5. Apul. *apol*. 56, 4-6 *Nam, ut audio partim Oeensium qui istum nouere, nulli deo ad hoc aeui supplicauit, nullum templum frequentauit; si fanum aliquod praetereat, nefas habet adorandi gratia manum labris admouere. Iste uero nec dis ruratonis, qui eum pascunt ac uestiunt, segetis ullas aut uitis aut gregis primitias impertit; nullum in uilla eius delubrum situm, nullus locus aut lucus consecratus. Et quid ego de luco et delubro loquor? negant uidisse se qui fuere unum saltem in finibus eius aut lapidem unctum aut ramum coronatum*, « Car si j'en crois ceux des habitants d'Oea qui le connaissent, il n'a jamais, à l'âge où je le vois, ni prié aucun dieu, ni fréquenté aucun temple ; et quand il passe devant un édifice religieux, il croirait pécher s'il portait sa main à ses lèvres en signe d'adoration. Même aux divinités champêtres, qui lui donnent la nourriture et le vêtement, il n'offre jamais les prémices de ses moissons, de ses vignes ou de ses troupeaux ; il n'y a sur ses terres aucun sanctuaire, aucun emplacement ou bois consacré. Et qu'ai-je à parler de bosquets et de chapelles ? Ceux qui ont été chez lui affirment n'avoir jamais vu sur son domaine fût-ce une pierre ointe d'huile ou un rameau orné d'une guirlande ».

6. Apul. *flor*. 1, 1-4 *ut ferme religiosis uiantium moris est, cum aliqui lucus aut aliqui locus sanctus in uia oblatus est, uotum postulare, pomum adponere, paulisper adsidere... neque enim iustius religiosam moram uiatori obiecerit... aut quercus cornibus onerata aut fagus pellibus coronata... uel truncus dolamine effigiatus uel cespes libamine umigatus uel lapis unguine delibutus*, « les voyageurs pieux ont coutume, si quelque bois sacré, quelque lieu saint se présente à eux sur leur route, de formuler un vœu, de faire l'offrande d'un fruit, de s'asseoir un moment... rien en effet ne saurait à plus juste titre imposer au voyageur une halte pieuse, que ce soit... un chêne chargé de cornes, un hêtre couronné de peaux de bêtes, ou encore... un tronc dans lequel on a taillé une figure, une motte de gazon arrosée de libations, une pierre ointe d'une huile parfumée ».

7. *Lapis*, dans ces passages où Arnobe pourfend l'erreur païenne qui confond matière et substance divine, s'applique indistinctement aux bétyles aniconiques et aux statues anthropomorphes de tradition classique ; cf. 6, 14, 4 *simulacra ista quae... templis in omnibus prostrati atque humiles adoratis ossa lapides aera sunt, argentum aurum testa*, « ces statues... que, dans tous les temples, vous adorez, humblement prosternés, ne sont que de l'os, de la pierre, du bronze, de l'argent, de l'or, de la terre cuite ». Adorer comme des dieux les uns et les autres,

L'impie Aemilianus aurait dû offrir aux dieux non seulement, en sacrifice inoffensif, les prémices de la moisson et de la vendange, mais aussi celles du troupeau : le sacrifice sanglant d'animaux de lait. Arnobe, qui manifeste un tel dégoût, porphyrien avant même de devenir chrétien, pour le spectacle affreux et répugnant du sacrifice, le sang qui coule et que lèchent les chiens, le cœur et les veines qui palpitent encore, les viscères qui s'échappent du corps avec les excréments, devait, pour sa part, s'abstenir de ces offrandes cruelles et repoussantes. Aussi bien, sa critique du sacrifice, au livre VII, ne porte que sur trois types d'offrandes : l'immolation sanglante des animaux, et le sacrifice « par l'encens et par le vin » qui en est le rite préliminaire. Il ne réprouve pas les offrandes innocentes de fruits, de lait, de miel, qui sont à la disposition des hommes. Pythagore, chez Ovide, le rappelle avec véhémence aux mortels : il y a les céréales, il y a les fruits qui font plier les branches sous leur poids, il y a les raisins qui gonflent sur les vignes. Ce sont les bêtes sauvages qui se nourrissent de chair[8]. Sans remonter jusqu'à la figure plus ou moins mythique de Pythagore, Arnobe appartient à une lignée de philosophes qui, de Varron à Porphyre, ont d'une part été tentés par le végétarisme pythagorisant et ont, d'autre part, affirmé que la vraie religion s'abstient des sacrifices sanglants, mieux, de tout sacrifice, et ne réside que dans l'esprit, le cœur – que dans l'âme[9].

Au-delà des signes de fidélité, mais d'une fidélité épurée, qu'il donnait naguère à la religion de ses pères et qui sont autant de preuves d'appartenance sociale, quelles pouvaient être, en ces temps révolus, ses croyances intimes ? Chacun sait, depuis l'âge des lumières, c'est-à-dire la fin de la République, Cicéron et Varron en témoignent, qu'on peut être un bon citoyen, respectueux

---

bétyles non ouvrés ou œuvres d'art, même des plus grands maîtres (d'un Phidias, par exemple, en 6, 13, 6), relève du même comportement idolâtrique.

8. Ov. *met.* 15, 75-82 :
   « *Parcite, mortales, dapibus temerare nefandis*
   corpora. Sunt fruges, sunt deducentia ramos
   pondere poma suo tumidaeque in uitibus uuae... »,
   « Abstenez-vous, mortels, de souiller vos corps de mets abominables. Vous avez les céréales, vous avez les fruits, dont le poids fait courber les branches, et, sur les vignes, les raisins gonflés de jus... ».

9. Cf. Porphyre, *Lettre à Marcella* 11 « La philosophie enseigne que partout et totalement la divinité est présente ; "c'est à elle que chez les hommes a été consacré un temple, la pensée, celle surtout du sage, ou plutôt elle seule"... le sage, qui par la sagesse doit honorer la divinité, par la sagesse lui préparer dans son esprit un sanctuaire... » ; 19 « Ni larmes ni supplications ne retournent Dieu... "Les sacrifices des fous ne sont que pâture du feu"... Que pour toi, je le répète, "le temple (νεώς) de Dieu soit l'intellect (νοῦς, avec jeu de mots) qui est en toi" ».

de la religion nationale, publique et privée, et de ses rites ancestraux, un amateur éclairé de la poésie et du théâtre, et en même temps un critique lucide de la religion des poètes, en quête d'une conception plus rationnelle de la divinité. Le problème de la nature des dieux a été abondamment traité à la fin de la République par trois des auteurs favoris d'Arnobe : Lucrèce, Cicéron, Varron. Quelle peut être sa dette à l'égard de chacun d'eux dans sa recherche du vrai Dieu ? Lucrèce a pu lui procurer des expressions formelles qu'il imite avec bonheur. Comme lui, il réprove les manifestations superstitieuses du culte et les passions indignes que la religion ou plutôt la mythologie prêtent aux dieux[10]. Mais on ne saurait aller plus loin : la critique de l'anthropomorphisme vaut aussi contre une philosophie qui voit les dieux sous des formes humaines, même si ce sont celles de corps glorieux[11]. Dieu n'a ni corps, ni même aucune forme[12].

Cicéron n'est pas moins critique qu'Arnobe à l'égard de l'anthropomorphisme, que ce soit celui des épicuriens ou celui de la religion courante. L'apologiste a exploité jusque dans ses détails la critique de l'épicurisme à laquelle se livre Cotta au livre I du *De natura deorum*. Les dieux sont pourvus de tous les organes que possèdent les hommes[13] ; ils ont, comme eux, des

---

10. Sur les rapports d'Arnobe avec l'épicurisme, voir l'introduction d'H. Le Bonniec, I, p. 51 sq. et 61-63.
11. Cic. *ND* I, 47-49 *Nam cum praestantissumam naturam, uel quia beata est uel quia sempiterna, conuenire uideatur eandem esse pulcherrimam, quae conpositio membrorum, quae conformatio liniamentorum, quae figura, quae species humana potest esse pulchrior ?... Quod si omnium animantium formam uincit hominis figura, deus autem animans est... hominis esse specie deos confitendum est. Nec tamen ea species corpus est sed quasi corpus, nec habet sanguinem sed quasi sanguinem*, « Il semble en effet cohérent qu'un être éminent entre tous, en vertu de sa félicité et de son éternité, soit aussi le plus beau ; or quelle disposition des membres, quelle conformation des traits, quel aspect, quelle forme peut être plus belle que celle de l'homme ?... Or si la figure humaine est supérieure à la forme de tous les êtres vivants, dieu étant un être vivant... on doit reconnaître que les dieux ont une forme humaine. Cependant, cette forme n'est pas un corps mais une sorte de corps, elle n'a pas de sang mais une sorte de sang ». C'est l'épicurien Velleius qui parle.
12. Arn. I, 31, 2 *quem nulla deliniat forma corporalis, nulla determinat circumscriptio*, « Toi que nulle forme corporelle ne figure, que nulle limite ne circonscrit » ; 3, 17, 1 *Sed si uobis, inquiunt, nostra opinatio displicet, uos demonstrate, uos dicite qua sit deus praeditus forma. Si ueram uultis audire sententiam, aut nullam habet deus formam aut, si informatus est aliqua, ea quae sit profecto nescimus*, « "Mais si notre opinion ne vous convient pas, dit-on, à vous de nous exposer, à vous de nous dire de quelle forme Dieu est pourvu." – Si vous voulez entendre un avis véridique, ou bien Dieu n'a pas de forme, ou bien, s'il a une forme quelconque, à coup sûr nous ignorons quelle elle est ».
13. Cic. *ND* I, 90 *nec uero intellego cur maluerit Epicurus deos hominum similes dicere quam homines deorum*, « et je ne comprends vraiment pas pourquoi Épicure a préféré dire que les dieux ressemblent aux hommes plutôt que les hommes aux dieux ».

pieds, des mains, des dents[14]. Ils ont des flancs et des jarrets[15]. Mais à quoi peuvent-ils bien leur servir ? Jusqu'aux organes internes, cœur, poumons, foie, dont Cotta donne la liste ridicule : tous organes vitaux dont ils n'ont pas l'usage, eux qui sont immortels[16]. Ils sont sexuellement différenciés et se répartissent entre hommes et femmes[17]. Arnobe se souviendra de tous ces développements, qu'il récrit et recompose dans son livre III[18] et sur lesquels

14. *ND* 1, 92 *Ne hoc quidem uos mouet considerantis, quae sit utilitas quaeque oportunitas in homine membrorum, ut iudicetis membris humanis deos non egere ? Quid enim pedibus opus est sine ingressu, quid manibus si nihil conprehendendum est, quid reliqua discriptione omnium corporis partium, in qua nihil inane, nihil sine causa, nihil superuacuaneum est... Habebit igitur linguam deus et non loquetur, dentes, palatum, fauces nullum ad usum, quaeque procreationis causa natura corpori adfinxit ea frustra habebit deus; nec externa magis quam interiora, cor, pulmones, iecur, cetera, quae detracta utilitate quid habent uenustatis ?*, « Une réflexion sur l'utilité et l'heureuse disposition des membres humains ne vous conduit-elle pas à penser que les dieux n'ont pas besoin de nos membres ? À quoi bon des pieds, si on ne marche pas ? des mains, si on n'a rien à saisir ? à quoi bon l'économie des autres parties du corps, dans lesquelles rien n'est vain, rien n'est sans raison d'être, rien n'est superflu ?... Dieu aura donc une langue et ne parlera pas, des dents, un palais, un gosier qui ne serviront à rien ; les organes dont la nature a pourvu le corps en vue de la procréation, dieu les possédera en pure perte. Et ce n'est pas moins vrai pour les organes internes que pour les organes externes, cœur, poumons, foie et le reste : si on leur ôte l'utilité, quelle est leur beauté ? ».
15. *ND* 1, 99 *tuus autem deus non digito uno redundat sed capite, collo, ceruicibus, lateribus, aluo, tergo, poplitibus, manibus, pedibus, feminibus, cruribus*, « mais ton dieu n'a pas seulement un doigt en excédent, mais la tête, le cou, la nuque, les côtes, le ventre, le dos, les mollets, les mains, les pieds, les cuisses, les jambes ».
16. *ND* 1, 99 *Si ut inmortalis sit, quid haec ad uitam membra pertinent, quid ipsa facies ? Magis illa, cerebrum, cor, pulmones, iecur : haec enim sunt domicilia uitae ; oris quidem habitus ad uitae firmitatem nihil pertinet*, « Si c'est pour lui assurer l'immortalité, qu'est-ce que les membres, le visage même, ont d'essentiel pour la vie ? Elle dépend plutôt du cerveau, du cœur, des poumons, du foie : voilà les organes où réside la vie. Les traits du visage ne concourent en rien au maintien de la vie ».
17. *ND* 1, 95 *nam quod et maris deos et feminas esse dicitis, quid sequatur uidetis*, « et pour ce qui est des divinités mâles et femelles, dont vous affirmez l'existence, vous voyez ce qui s'ensuit ».
18. Arn. 3, 13, 2-5, avec mon commentaire : *Caput deos gestare tereti rotunditate collectum... ? Quod si accipiemus ut uerum sit, aures etiam sequitur ut habeant curuis perterebratas anfractibus, oculorum orbiculos mobiles, superciliorum marginibus obumbratos, suspensum imbricem narium... subactionibus ciborum dentes trini generis atque in officia trina compositos, manus ministras operum, articulis, digitis et cubitorum mobilitate tractabiles, corporibus sustinendis pedes, explicandis gressibus et suggerendis anticipationibus itionum. Quodsi ea quae prompta sunt, consentaneum est et illa portari quae sub costis earumque sub cratibus cutes contegunt atque omentorum membranulae, gurguliones, uentriculos, rumas, pulmones, uesiculas, iecora, intestinorum uolubilium tractus et per omnia uiscera commeantes purpurei sanguinis uenas cum arteriis spiritalibus coniugatas*, « Les dieux ont une tête, ramassée en une boule bien ronde... ? Mais,

il revient au livre VI[19]. Il doit beaucoup à Cicéron pour toute la partie critique de son œuvre. Mais une âme angoissée comme la sienne, en quête de certitudes et de la voie qui mène au salut, pouvait-elle se satisfaire de la conclusion ambiguë du dialogue cicéronien[20] ? Ce qu'il cherche, ce n'est pas une vraisemblance, mais *la* Vérité.

Il avait plus de chances de la rencontrer auprès d'un esprit dogmatique comme Varron. À la différence de ses deux contemporains, la grande œuvre de Varron n'est ni un poème, ni un traité philosophique, mais une encyclopédie raisonnée de la religion romaine. Cette somme d'érudition et de théologie fut, pour Cicéron déjà, puis pour Arnobe – comme pour tant d'autres – une mine d'informations, avec cette réserve, capitale, que les *Antiquités divines* sont perdues et ne nous sont plus accessibles qu'à travers citations antiques et reconstitutions modernes. Mais je suis persuadée qu'Arnobe a de longue date, bien avant l'époque tardive de sa conversion, fréquenté le grand ouvrage de Varron dont, par ailleurs, il connaît bien l'œuvre, les *Satires Ménippées* par exemple[21]. Il a dû lire et relire les *Antiquités*, en quête non seulement d'informations savantes, mais d'une pensée religieuse, peut-être même d'un maître à penser. Arnobe a pu trouver chez Varron, ponctuellement, nombre

si nous admettons que cela est vrai, il s'ensuit qu'ils ont aussi des oreilles, percées de replis sinueux, de petits globes oculaires mobiles, ombragés par une bordure de sourcils, des fosses nasales au conduit voûté... des dents de trois sortes pour la mastication des aliments, adaptées à leur triple fonction, des mains servantes de leurs tâches, que rendent flexibles les phalanges, les doigts et la mobilité de l'avant-bras, des pieds pour supporter leur corps, régler leurs pas et soutenir leurs premiers mouvements quand ils se mettent en marche. Mais, s'ils ont tout cela, qui est apparent, il est logique qu'ils portent aussi ce que, sous les côtes et leur claie, cachent la peau et la membrane de l'épiploon : le gosier, l'estomac, l'œsophage, les poumons, la vessie, le foie, les intestins au cours tortueux et les veines de sang pourpre qui irriguent toutes les chairs, unies aux artères où l'air circule ». Voir l'article d'H. Le Bonniec dans *Présence de Cicéron*, *Caesarodunum*, 19 bis, 1984, p. 89-101.

19. 6, 11, 3 *Quid dicitis, o isti ? ergone dii caelites habent aures et tempora ceruices, occipitium, spinam, lumbos, latera, poplites, nates, suffragines, talos, membraque alia cetera quibus constructi nos sumus et quae prima in parte paulo plenius dicta sunt et scripto uberiore prolata ?*, « Qu'en dites-vous, vous autres ? Ainsi donc, les dieux du ciel ont des oreilles et un front, une nuque, un occiput, une échine, des reins, des flancs, des genoux, des fesses, des jarrets, des talons, et toutes les autres parties du corps qui est le nôtre, dont j'ai parlé dans ma première partie d'une façon sensiblement plus complète en les mentionnant dans un exposé plus développé ? ».

20. Cic. *ND* 3, 95 *haec cum essent dicta, ita discessimus ut Velleio Cottae disputatio uerior, mihi Balbi ad ueritatis similitudinem uideretur esse propensior*, « à ces mots, nous nous sommes séparés : pour Velléius, la réfutation de Cotta était la plus vraie, pour moi, l'exposé de Balbus était le plus proche de la vraisemblance ».

21. Arn. 6, 11, 1 *Varronis ut indicant Musae*, « comme le disent les muses de Varron » ; 6, 23, 4 *Varro ut dicit set Menippeus*, « comme le dit Varron, dans les Satires Ménippées ».

d'étymologies, donc de définitions des fonctions divines, et, dans un cadre plus large, une vision d'ensemble de la religion romaine. Ces étymologies, improprement qualifiées de « populaires » et, en fait, trop savantes pour être vraies, s'insèrent, déjà, dans la remise en ordre varronienne de la religion nationale. Ainsi pour Proserpine, qui porte ce nom parce que les semis « serpentent »[22]; ou Neptune, parce que l'eau voile (*nubere*) la terre[23]. Encore ces définitions ne trahissent-elles pas la véritable nature de la divinité concernée. Ce qui n'est plus le cas d'un Consus, dieu de l'engrangement, de l'« enfouissement » (*condere*) dans le silo, incompris et intellectualisé en donneur de (bons) conseils (*consilium*)[24]. On ne rappellera que pour mémoire la recension scrupuleuse des indigitations.

Ce sont là des aspects particuliers du grand dessein de Varron, qui lui a valu les éloges de Cicéron : la remise en ordre, rationnelle et organique, d'une religion romaine à la dérive, qui n'était plus consciente de ses valeurs[25], reconstruction dédiée à César, grand pontife[26] et rénovateur de l'État et des institutions de la République. Elle passe par le langage, la recherche des

---

22. 3, 33, 1 *quod sata in lucem proserpant, cognominatam esse Proserpinam*, « Proserpine, ainsi appelée parce que les semis "serpentent" en direction de la lumière ». Cf. Varr. *LL* 5, 68 *Luna... dicta Proserpina, quod haec ut serpens modo in dexteram, modo in sinisteram partem late mouetur*, « la Lune... [aussi appelée] Proserpine [qui] tire son nom du fait que, tel le serpent (*serpens*), elle se meut largement tantôt vers la droite, tantôt vers la gauche » ; également Aug. *ciu.* 7, 20, p. 298 D ; 7, 24, p. 304 D (*supra*, p. 215, n. 12) = XVI a, 268 et 271 Card.
23. Arn. 3, 31, 3 *quod aqua nubat terram, appellatus est, inquiunt, cognominatusque Neptunus*, « c'est parce que de l'eau voile la terre que Neptune, dit-on, est ainsi appelé et dénommé ». Cf. Varr. *LL* 5, 72 *Neptunus, quod mare terras obnubit ut nubes caelum*, « Neptunus (Neptune), du fait que la mer voile (*obnubit*) les terres, comme les nuées (*nubes*) voilent le ciel ».
24. Arn. 3, 23, 4 *salutaria et fida consilia nostris suggerit cogitationibus Consus*, « ce sont des conseils salutaires et sûrs que Consus fournit à nos desseins ». Cf. en particulier Aug. *ciu.* 4, 11, p. 161 D *Consus praebendo consilia*, « le dieu Consus qui donne des conseils » = 140 Card.
25. Cic. *Académiques* 1, 9 *Tum ego « Sunt »* inquam *« ista Varro. Nam nos in nostra urbe peregrinantis errantisque tamquam hospites tui libri quasi domum deduxerunt, ut possemus aliquando qui et ubi essemus agnoscere. Tu aetatem patriae tu descriptiones temporum, tu sacrorum iura tu sacerdotum, tu domesticam tu bellicam disciplinam, tu sedum regionum locorum tu omnium diuinarum humanarumque rerum nomina genera officia causas aperuisti »*, « Alors, je lui répondis : "Oui, Varron, étrangers dans notre ville, nous errions comme des voyageurs, quand tes livres nous ont pour ainsi dire ramenés chez nous, nous permettant enfin de connaître qui nous sommes et où nous vivons. C'est toi qui nous as révélé l'âge de notre patrie, sa chronologie, les règles des rites religieux et des sacerdoces, l'administration intérieure et la discipline militaire ; toi qui, des emplacements, des quartiers, des lieux, de toutes les institutions divines et humaines, nous as dévoilé les noms, les genres, les fonctions, les causes" ».
26. Aug. *ciu.* 7, 35, p. 318 D *istos Varronis ad Caesarem pontificem scriptos atque editos*, « les livres de Varron, dédiés au grand pontife César ». Cf. Lact. *inst.* 1, 6, 7.

étymologies qui révèlent la vérité des êtres et des choses, et par la recherche du ou des principes supérieurs qui gouvernent le monde. Y a-t-il eu, dans l'itinéraire spirituel qui a mené Arnobe du paganisme au christianisme, un moment varronien, au moins une tentation varronienne ? Je ne serais pas loin de le croire, tant la science du grammairien théologien et philosophe est omniprésente, à l'arrière-plan de l'*Aduersus nationes*. Païen scrupuleux, mais inquiet, Arnobe avait beau « faire les gestes » de la piété : il ne se satisfaisait évidemment plus, comme tous les Romains cultivés, du culte traditionnel et touchant des arbres et des pierres, des liturgies de la religion d'État ou des fables séduisantes, mais fallacieuses, de la mythologie. Il a cherché, à travers toutes les doctrines, du présent et du passé, celles de Porphyre ou de l'hermétisme, celle des penseurs romains de la fin de la République, une réponse à ses interrogations, à la question majeure du choix entre le polythéisme et le monothéisme, ou de leur conciliation aléatoire. Varron s'est avancé particulièrement loin sur ce terrain et c'est sous son égide, plutôt que sous celle de Platon, que je placerais la conversion intellectuelle, avant d'être religieuse, de l'apologiste.

M. B. Simmons tend à valoriser l'influence du platonisme sur Arnobe[27]. Sans doute, il a lu Platon, soit directement, soit plutôt à travers les platoniciens qui le commentaient et le citaient[28], il a médité sur son enseignement. Je ne crois pas cependant que ces lectures aient eu sur sa pensée le même ascendant que la fréquentation constante des *Antiquités* dont témoigne l'*Aduersus nationes*. Platon a pu offrir à Arnobe l'exemple du Dieu suprême, incorporel et ineffable. Mais il y a loin du démiurge dominant une foule de divinités secondes au monothéisme auquel il aspire. Platon reste à ses yeux trop proche du polythéisme traditionnel : il y a trop de dieux ou de démons auxquels il ne peut plus croire, qu'il ne peut plus reconnaître comme agents surnaturels (sans nous attarder sur les mauvais démons des néoplatoniciens, à l'œuvre dans la magie). L'influence de Platon est à mes yeux réelle, importante, mais

---

27. *Arnobius of Sicca*, p. 182 : « His Platonic ideas of deity probably had positive influence upon his conversion to Christianity. They might have helped in bridging the metaphysical gap separating the pagan deities from the High God *and* his mediator Christ ». R. Laurenti, « Il platonismo di Arnobio », *Studi filosofici*, 4, 1981, p. 3-54 ; repris dans ses *Scritti vari da Omero ad Arnobio*, Naples, Liguori, 2007, p. 213-267, qui traite surtout du livre II, conclut cependant, citant G. Bardy : « Arnobio non fu platonico... Non fu platonico perché fu o, per lo meno, volle essere cristiano ». Dans la même perspective (le livre II et les problèmes de l'âme), B. Amata, « Problemi di antropologia arnobiana », *Salesianum*, 45, 1983, p. 775-844 ; 46, 1984, p. 15-80, passe en revue les philosophes (platonisme et néoplatonisme, stoïcisme, etc.) ; il y fait la part belle à Platon, mais conclut, dans un sens analogue, non au platonisme d'Arnobe, mais à son orthodoxie chrétienne.
28. Cf. l'analyse nuancée d'H. Le Bonniec, T. I, p. 41-44.

cependant limitée. Insuffisante en tout cas pour déterminer la rupture avec un polythéisme encore trop actif.

Il n'en est pas moins difficile de mesurer l'influence de la pensée varronienne, éparse à travers les citations de la *Cité de Dieu*. Se posant la question « Polythéisme et monothéisme chez Varron », Y. Lehmann conclut à « l'ambivalence de [son] attitude religieuse »[29]. Quel est à ses yeux de théologien le statut des dieux du paganisme ? À la thèse stoïcienne des dieux éléments ou parties du monde soutenue par Balbus au livre II du *De natura deorum*, Varron a préféré une réponse de type syncrétiste qui identifie l'une à l'autre toutes les divinités féminines. Diane, Proserpine ne sont autres que la Lune, et même Junon, en tant que *Lucina*[30]. Ops, la Mère des dieux, Proserpine, de nouveau, Vesta sont la Terre[31], ce qui n'est pas contradictoire, puisque, disent les physiciens, la Lune est une terre. Bref, toutes les déesses se ramènent à la Terre, comme tous les dieux au Ciel[32] (chez les Grecs, Ouranos et Gaia, de qui descendent tous les dieux). En termes de culte ou de mythologie, ces

---

29. *Varron théologien et philosophe romain*, p. 226-242.
30. Varr. *LL* 5, 68-69 (*supra*, p. 216 sq. et n. 17).
31. Aug. *ciu.* 7, 24, p. 304 sq. D « *Tellurem, inquit, putant esse Opem, quod opere fiat melior; Matrem, quod plurima pariat; Magnam, quod cibum pariat; Proserpinam, quod ex ea proserpant fruges; Vestam, quod uestiatur herbis. Sic alias deas, inquit, non absurde ad hanc reuocant* », « Tellus... "On la prend, dit-il, pour Ops, parce que le travail l'améliore ; pour Mère, parce qu'elle enfante beaucoup d'êtres ; pour Grande, parce qu'elle produit les aliments ; pour Proserpine, parce que les blés sortent lentement de son sein ; pour Vesta, parce qu'elle se revêt de verdure. Et de la sorte on ramène à elle vraisemblablement bien d'autres déesses" » = 268 Card.
32. *Ciu.* 7, 28, p. 310-311 D *Varro uelut subtili disputatione hos omnes deos in caelum et terram redigere ac referre conatur... duo sunt principia deorum animaduersa de caelo et terra, a quo dii partim dicuntur caelestes, partim terrestres : ut in superioribus initium fecimus a caelo, cum diximus de Iano, quem alii caelum, alii dixerunt esse mundum, sic de feminis scribendi facimus initium a Tellure... Ducitur enim quadam ratione uerisimili, caelum esse quod faciat, terram quae patiatur, et ideo illi masculinam uim tribuit, huic femininam... Caelo enim tribuit masculos deos, feminas terrae... Quo modo ergo deos ad caelum, deas ad terram referre conatur ? Quid solidum quid constans, quid sobrium quid definitum habet haec disputatio ? Illa est autem Tellus initium dearum, Mater scilicet Magna...*, « le raisonnement apparemment subtil de Varron... essayant de ramener et de réduire tous les dieux au ciel et à la terre... "double est l'origine attribuée aux dieux, le ciel et la terre ; c'est pourquoi les dieux s'appellent les uns célestes, les autres terrestres. Plus haut, où il s'agit du ciel, nous avons commencé en parlant de Janus qui est le ciel selon les uns, selon les autres le monde ; ainsi, pour écrire sur les divinités féminines nous commencerons par Tellus...". Il est amené en effet, par certaines vraisemblances, à faire du ciel un principe actif, de la terre un principe passif ; c'est pourquoi il attribue à l'un une vertu masculine, à l'autre une vertu féminine... Il attribue en effet au ciel les divinités masculines, à la terre les féminines... Comment donc vouloir ramener les dieux au ciel, à la terre les déesses ? Qu'y a-t-il de solide, de cohérent, de sensé, de précis dans cet exposé ? Et voilà cette Tellus, le principe des déesses, la Grande Mère... = 63, 230, 263 Card.

divinités fondamentales, qui sont les archétypes de toute religion, ont pour nom en Égypte Sérapis et Isis, à Rome Saturne et Ops, ou encore, à la génération suivante, Jupiter et Junon[33]. La pensée de Varron, demeurée dualiste, fonctionne par couples, jusque sur un plan universel, pour lequel il se réfère au pythagorisme[34]. En matière de philosophie religieuse, elle s'est fixée sur un Dieu cosmique non pas unique, mais à la fois un et double. Qui est l'âme du monde, mais aussi le monde lui-même, qui est corps, en toutes ses parties. Qui se subdivise en ciel et terre, eux-mêmes dédoublés, à l'infini ou peu s'en faut[35].

Pourtant, ce dualisme peut aussi se résoudre en une unité suprême, qui confine au monothéisme. Dans le logistoricus *Curio de cultu deorum*, Varron citait les vers, devenus célèbres, de son contemporain, le sulfureux Valerius Soranus :

« Jupiter tout-puissant, des rois, des choses et des dieux
père et mère, dieu des dieux, unique et tous »,

---

33. Varr. *LL* 5, 57 *Principes dei Caelum et Terra. Hi dei idem qui Aegypti Serapis et Isis... Idem principes in Latio Saturnus et Ops*, « Les dieux fondamentaux sont le Ciel et la Terre. Ces dieux sont à identifier avec les dieux égyptiens Sérapis et Isis... Les mêmes dieux fondamentaux sont dans le Latium Saturne et Ops » ; 5, 59 *Haec duo Caelum et Terra, quod anima et corpus. Humidum et frigidum Terra*, « Ce couple Ciel-Terre est comparable au couple âme-corps. La Terre est un élément humide et froid » ; 5, 65 *idem hi dei Caelum et Terra Iupiter et Iuno*, « ces mêmes dieux, le Ciel et la Terre, s'identifient avec Jupiter et Junon ».

34. *LL* 5, 11 *Pythagoras Samius ait omnium rerum initia esse bina ut finitum et infinitum, bonum et malum, uitam et mortem, diem et noctem*, « Pythagore de Samos déclare que tous les principes premiers vont par couples dans la nature, par exemple : le fini et l'infini, le bien et le mal, la vie et la mort, le jour et la nuit ».

35. Aug. *ciu.* 7, 6, p. 281 sq. D *Dicit ergo idem Varro adhuc de naturali theologia praeloquens deum se arbitrari esse animam mundi, quem Graeci uocant κόσμον, et hunc ipsum mundum esse deum ; sed sicut hominem sapientem, cum sit ex corpore et animo, tamen ab animo dici sapientem, ita mundum deum dici ab animo, cum sit ex animo et corpore. Hic uidetur quoquo modo unum confiteri Deum ; sed ut plures etiam introducat, adiungit mundum diuidi in duas partes, caelum et terram ; et caelum bifariam, in aethera et aera ; terram uero in aquam et humum ; e quibus summum esse aethera, secundum aera, tertiam aquam, infimam terram ; quas omnes partes quattuor animarum esse plenas, in aethere et aere inmortalium, in aqua et terra mortalium*, « Dans ses réflexions préalables sur la théologie naturelle, le même Varron affirme qu'à son avis, Dieu est l'âme du monde appelé par les Grecs κόσμος, et que ce monde lui-même est dieu. Mais de même que l'homme sage composé d'un corps et d'une âme n'est pourtant appelé sage qu'en raison de son âme, ainsi le monde est-il appelé dieu en raison de son âme, bien qu'il soit formé de corps et d'âme. Varron semble ici de quelque manière reconnaître un seul Dieu ; mais pour en introduire encore plusieurs, il ajoute que le monde se divise en deux parties, le ciel et la terre, et que le ciel se dédouble en éther et en air, la terre en eau et en terre ferme. De ces éléments, l'éther est le plus haut placé ; puis en second lieu l'air, en troisième l'eau, et tout en bas la terre. Ces quatre parties sont toutes remplies d'âmes, l'éther et l'air d'âmes appartenant à des êtres immortels, l'eau et la terre à des mortels » = 226 Card.

c'est-à-dire dieu unique et, à la fois, à lui seul, tous les dieux. L'invocation hymnique, plus proche, semble-t-il, du panthéisme stoïcien que du mysticisme orphique, s'adresse à un dieu androgyne, un et multiple : Jupiter, qui transcende la dualité des sexes, la multiplicité des dieux et des déesses, est le Dieu cosmique, unique et qui, en lui *seul* (je souligne), *in eo uno*, commente Augustin, contient tous les dieux[36]. De tous les inspirateurs d'Arnobe, c'est Varron, sans nul doute, qui s'est approché au plus près du monothéisme. Qu'il ait, sur la route qui, peu à peu, conduisait Arnobe vers le christianisme, joué le rôle d'un médiateur ne me paraît pas douteux.

Il restait à franchir le pas et à rompre les dernières amarres qui l'attachaient au polythéisme de ses pères. C'est sur cette question que, sans doute, a buté en dernier recours sa conviction. Adversaire de tous les syncrétismes, âme tourmentée qui semble n'avoir adhéré à aucun système philosophique défini, il était en quête d'un monothéisme rigoureux, intransigeant, étranger aux compromissions polythéistes des stoïciens ou des platoniciens de toute obédience. Le Dieu unique, *solus*, invisible, infini, incorporel, éternel, qu'il vénère dans la célèbre prière du livre I, est certes aussi abstrait que le dieu des philosophes. Il s'en distingue cependant par un trait majeur : c'est un Dieu de miséricorde dont la bonté, *benignitas*, à la différence de la providence distante des philosophes ou des dieux implacables de la mythologie, sait pardonner, *da ueniam*, l'implore le pécheur[37]. Et c'est un Dieu vivant : un Dieu de salut

---

36. Aug. *ciu*. 7, 9, p. 287 D *In hanc sententiam etiam quosdam uersus Valerii Sorani exponit idem Varro in eo libro, quem seorsum ab istis de cultu deorum scripsit; qui uersus hi sunt:*
   Iuppiter omnipotens regum rerumque deumque
   progenitor genetrixque, deum deus, unus et omnes.
Exponuntur autem in eodem libro ita: cum marem existimarent qui semen emitteret, feminam quae acciperet, Iouemque esse mundum et eum omnia semina ex se emittere et in se recipere: « Cum causa, inquit, scripsit Soranus Iuppiter progenitor genetrixque; nec minus cum causa unum et omnia idem esse; mundus enim unus, et in eo uno omnia sunt », « En ce sens Varron, dans son ouvrage spécial sur le culte des dieux, cite encore ces vers de Valerius Soranus... Et voici l'explication qu'il en donne en ce même livre : on nomme mâle celui qui émet la semence et femelle celle qui la reçoit ; or Jupiter est le monde et, à ce titre, il émet et reçoit toutes les semences. "C'est la raison, ajoute-t-il, pour laquelle Soranus a écrit : Jupiter père et mère. C'est pourquoi aussi il est à la fois un et tout, car le monde est un et en lui seul contient tout" » = I, app. II, p. 35 sq. Card. Voir l'édition de B. Cardauns, *Varros Logistoricus über die Götterverehrung (Curio de cultu deorum)*, Würzburg, Triltsch, 1960, frg. 2, p. 2 sq., 16-19, 58-67 ; J. Préaux, « L'hymne à Jupiter de Valerius de Sora », dans R. Crahay, M. Derwa, R. Joly (dir.), *Hommages à Marie Delcourt*, Bruxelles, Latomus, coll. « Latomus » 114, 1970, p. 182-195. La ponctuation *deum deus* ne fait à mes yeux pas de doute (*contra*, l'éd. trad. de la Bibliothèque augustinienne, qui entraîne une répétition inutile).

37. Arn. 1, 31, 3 *da ueniam, rex summe, tuos persequentibus famulos et – quod tuae benignitatis est proprium – fugientibus ignosce tui nominis et religionis cultum*, « pardonne, Roi suprême, à

qui nous a envoyé son fils, porteur de la grande, de la bonne nouvelle[38]. Les dieux païens, même ceux des religions dites de salut, impures et immorales, en étaient bien incapables. C'est lui, et lui seul, qui a répondu à notre espérance et nous a envoyé notre unique Sauveur, celui qui nous arrache aux griffes de la mort[39] : le Christ. En lui pouvait désormais s'apaiser l'inquiétude spirituelle du converti, en possession de la vérité et à qui s'ouvraient toutes grandes les portes du salut.

Au-delà de la dérision qui frappe les dieux païens, ces dieux morts d'une religion vermoulue, ensevelis dans leurs temples-tombeaux qui tombent en poussière, le Christ, qui a ressuscité les morts[40], nous est apparu dans sa lumière[41] pour nous promettre, à chacun d'entre nous, avec lui, l'immortalité[42]. Au païen désabusé s'ouvre l'espérance chrétienne. Telle est la foi nouvelle que, converti sans retour, et laissant inachevé l'*Aduersus nationes*, Arnobe a emportée jusque dans la tombe.

---

ceux qui persécutent tes serviteurs et excuse – c'est le propre de ta bonté – ceux qui fuient le culte de ton nom et la pratique de ta religion ».
38. 1, 65, 4 *Christus, rei maximae nuntiator, auspicium faustum portans et praeconium salutare credentibus*, « le Christ... le messager de la grande nouvelle, apportant aux croyants un présage de félicité et l'annonce du salut ».
39. 1, 65, 8 *ut... scirent in tuto esse spes suas quas iamdudum acceperant de animarum salute nec periculum mortis alia se posse ratione uitare*, « afin que [la suite des événements] leur apprît que les espérances qu'ils avaient accueillies depuis longtemps sur le salut des âmes étaient bien fondées et qu'ils n'avaient pas d'autre moyen d'échapper au péril de la mort ».
40. 1, 46, 4 *qui redire in corpora iamdudum animas praecipiebat efflatas, prodire ab aggeribus conditos et post diem funeris tertium pollinctorum uoluminibus expediri*, « celui qui ordonnait aux âmes exhalées depuis longtemps de rentrer dans leurs corps, aux morts de sortir de leurs tombeaux et de se dégager, trois jours après l'enterrement, des bandelettes des embaumeurs ».
41. 1, 65, 4 *eluxit atque apparuit Christus*, « la lumière du Christ a brillé et il est apparu... ».
42. 1, 64, 5 *animarum uestrarum custodem se missum solo indicauit ab rege... uobis inmortalitatem ferre, quam uos habere confiditis humanis paucorum adseuerationibus suasi*, lui qui a « déclaré qu'il était envoyé par le Roi unique comme gardien de vos âmes... qu'il vous apportait l'immortalité, que vous avez la conviction de posséder déjà, vous fiant aux affirmations d'une poignée d'hommes ».

ILLUSTRATIONS

1. Jupiter Verospi. Musée du Vatican 671.
Crédit photo : photo © RMN-Grand Palais… / Alinari.

2. Jupiter d'Otricoli. Musée du Vatican 257.
Crédit photo : © Prismarchivo / Leemage.

3. Mars et Vénus. Pompéi, Maison de l'Amour puni. Musée de Naples.
Crédit photo : photo © Leemage / Ricciarini.

4. Mars et Vénus. Pompéi, Maison de Mars et Vénus (ou des noces d'Hercule). Musée de Naples.
Crédit photo : photo © Leemage / Ricciarini.

5. Esculape. Musée d'Épidaure. Crédit photo : photo © Leemage / AISA.

6. Baubô. Terre cuite de Priène. Berlin, Antikensammlung, n° TC8616. Crédit photo : photo © RMN-Grand Palais… / Johannes Laurentius.

7. Priape. Pompéi, Maison des Vettii.
Crédit photo : photo © Leemage / Ricciarini.

8. Martin van Heemskerck, Le filet de Vulcain. Kunsthistorisches Museum, Vienne. Crédit photo : photo © Leemage / De Agostini.

Bibliographie sélective

Notre propos n'est pas de réunir une bibliographie exhaustive d'Arnobe : celle qui suit, volontairement limitée, reprend, pour l'essentiel, les articles et ouvrages auxquels nous nous référons en note.

Les abréviations utilisées pour les périodiques sont celles de *L'Année philologique*.

Éditions et traductions

Les textes d'Arnobe sont cités d'après les deux éditions de référence : Concetto MARCHESI, 2ᵉ éd., Turin, Paravia, coll. « Corpus Paravianum », 1953.
Collection des Universités de France (CUF), Paris, Les Belles Lettres, en cours :
– livre I, par Henri LE BONNIEC, 1982
– livre III, par Jacqueline CHAMPEAUX, 2007
– livres VI-VII, par Bernard FRAGU, 2010.

Sont en préparation les livres II, par Mireille Armisen-Marchetti (à paraître en 2018), IV et V, par moi-même. Les traductions sont celles de la CUF pour les livres I à V (légèrement modifiées s'il y a lieu). Je remercie vivement Mireille Armisen-Marchetti de m'avoir communiqué son manuscrit du livre II. Pour les livres VI et VII, il m'a semblé préférable de reprendre la traduction en utilisant largement les documents que m'avait laissés Henri Le Bonniec.

En outre :

AMATA Biagio, *Arnobio di Sicca. Difesa della vera religione contro i pagani*, Rome, LAS, 2012.
TOMMASI Chiara O., *Arnobio, Contro i pagani*, Rome, Città Nuova, 2017.

Traductions et notes, sans texte, de

MCCRACKEN George E., *Arnobius of Sicca. The Case Against the Pagans*, Westminster, Maryland, The Newman Press, 1949.

LAURENTI Renato, *Arnobius Maior. I sette libri contro i pagani*, Turin, Società editrice internazionale, 1962.

Dictionnaires et encyclopédies

Brill's New Pauly, Leyde, Brill, 2002-2014.
DAREMBERG-SAGLIO, *Dictionnaire des antiquités grecques et romaines* (*DA*), Paris, Hachette, 1877-1919.
DE RUGGIERO Ettore, *Dizionario epigrafico di antichità romane*, Rome, L'Erma di Bretschneider, 1886-
GRIMAL Pierre, *Dictionnaire de la mythologie grecque et romaine*, Paris, Presses universitaires de France, 1951.
Lexicon Iconographicum Mythologiae Classicae (*LIMC*), Zurich-Munich-Düsseldorf, Artemis, 1981-2009.
PAULY-WISSOWA, *Realencyclopädie der classischen Altertumswissenschaft* (*RE*), Stuttgart-Munich, Metzler, 1894-

Ouvrages généraux et études critiques

AGHION Irène, BARBILLON Claire, LISSARRAGUE François, *Héros et dieux de l'Antiquité*, Paris, Flammarion, 1994.
AMATA Biagio, « Problemi di antropologia arnobiana », *Salesianum*, 45, 1983, p. 775-844 ; 46, 1984, p. 15-80.
—, « La cristologia di Arnobio il Vecchio », *Bessarione, La Cristologia nei Padri della Chiesa*, 5, 1986, p. 55-94.
BAYET Jean, *Histoire politique et psychologique de la religion romaine*, 2ᵉ éd., Paris, Payot, 1969.
BÉNABOU Marcel, *La Résistance africaine à la romanisation*, Paris, Maspero, 1976.
BENVENISTE Émile, « *Liber* et *liberi* », *REL*, 14, 1936, p. 51-58.
BERKOWITZ Lucille, *Index Arnobianus*, Hildesheim, Olms, 1967.
BESNIER Maurice, *L'Île Tibérine dans l'antiquité*, Paris, Fontemoing, BEFAR 87, 1902.
BLOCH Raymond, *Les Prodiges dans l'Antiquité classique*, Paris, Presses universitaires de France, 1963.
BLOMART Alain, « Frugifer : une divinité mithriaque léontocéphale décrite par Arnobe », *RHR*, 210, 1993, p. 5-25.
BOËLS-JANSSEN Nicole, « La prêtresse aux trois voiles », *REL*, 67, 1989, p. 117-133.
—, *La Vie religieuse des matrones dans la Rome archaïque*, Rome, École française de Rome, 1993.

BORGEAUD Philippe, *La Mère des dieux. De Cybèle à la Vierge Marie*, Paris, Éd. du Seuil, 1996.
BOUCHÉ-LECLERCQ Auguste, *Histoire de la divination dans l'Antiquité*, IV, Paris, Leroux, 1882.
—, *L'Astrologie grecque*, Paris, Leroux, 1899.
BOYANCÉ Pierre, « Une exégèse stoïcienne chez Lucrèce », *REL*, 19, 1941, p. 147-166; = *Études sur la religion romaine*, Rome, École française de Rome, 1972, p. 205-225.
—, « Sur la théologie de Varron », *REA*, 57, 1955, p. 57-84; = *Études sur la religion romaine*, Rome, 1972, p. 253-282.
—, « Théurgie et télestique néoplatoniciennes », *RHR*, 147, 1955, p. 189-209.
—, *Lucrèce et l'épicurisme*, Paris, Presses universitaires de France, 1963.
—, « L'Apollon solaire », dans J. Heurgon, G. Picard, W. Seston (dir.), *Mélanges J. Carcopino*, Paris, Hachette, 1966, p. 149-170.
BRAUN René, *Deus Christianorum. Recherches sur le vocabulaire doctrinal de Tertullien*, 2ᵉ éd., Paris, Études augustiniennes, 1977.
BREMMER Jan N., « Demeter in Megara », dans A. Mastrocinque - C. Giuffré Scibona (dir.), *Demeter, Isis, Vesta and Cybele. Studies in Greek and Roman Religion in Honour of Giulia Sfameni Gasparro*, Stuttgart, Steiner, 2012, p. 25-38.
BRIQUEL Dominique, *La prise de Rome par les Gaulois. Lecture mythique d'un événement historique*, Paris, PUPS, 2008.
BRUIT ZAIDMAN Louise, « Koré-Perséphone entre Déméter et Hadès », dans A. Mastrocinque - C. Giuffré Scibona (dir.), *Demeter, Isis, Vesta and Cybele. Studies in Greek and Roman Religion in Honour of Giulia Sfameni Gasparro*, Stuttgart, Steiner, 2012, p. 39-57.
BURGER Christoph, *Die theologische Position des älteren Arnobius*, diss. Heidelberg, 1970 (dactyl.)
CADOTTE Alain, « Frugifer en Afrique du Nord : épithète divine ou dieu à part entière ? », *ZPE*, 143, 2003, p. 187-200.
CAMERON Alan, *The Last Pagans of Rome*, Oxford, University Press, 2011.
CAMPS Gabriel, « L'inscription de Béja et le problème des *Dii Mauri* », *Revue africaine*, 98, 1954, p. 233-260.
—, « Qui sont les *Dii Mauri* ? », *Antiquités africaines*, 26, 1990, p. 131-153.
—, *Encyclopédie berbère*, XV, 1995, s. v. *Dieux africains et Dii Mauri*, p. 2321-2340.
CAPDEVILLE Gérard, « Substitution de victimes dans les sacrifices d'animaux à Rome », *MEFRA*, 83, 1971, p. 283-323.
—, « Le vocabulaire technique dans les traités d'*Etrusca disciplina* en langue latine », *RPh*, 68, 1994, p. 51-75.
—, *Volcanus. Recherches comparatistes sur les origines du culte de Vulcain,* Rome, BEFAR 288, 1995.
CARDAUNS Burkhart, *Varros Logistoricus über die Götterverehrung (Curio de cultu deorum)*, Würzburg, Triltsch, 1960.

—, *M. Terentius Varro, Antiquitates Rerum Diuinarum*, I: *Die Fragmente*; II: *Kommentar, Akademie der Wissenschaften und der Literatur, Mainz*, Wiesbaden, Steiner, 1976 (cité Card.).

CÈBE Jean-Pierre, *Varron, Satires Ménippées*, Édition, traduction et commentaire, Rome, École française de Rome, 1972-1999, 13 vol.

CHAMPEAUX Jacqueline, « *Pietas* : piété personnelle et piété collective à Rome », *BAGB*, 1989, p. 263-279.

—, « Arnobe lecteur de Varron (*Adu. nat.* III) », *REAug*, 40, 1994, p. 327-352.

—, « Arnobe et l'Étrurie : ses "disciplines", ses dieux, ses rites », dans *Les Écrivains du troisième siècle et l'Etrusca disciplina, Caesarodunum*, Suppl. 66, 1999, p. 135-164.

—, « *Alium pro alio nominando*, ou quand les Romains ne nommaient pas leurs dieux », *REL*, 88, 2010, p. 72-91.

—, « À l'école de Varron : Arnobe et les indigitations », dans A. Garcea, M.-K. Lhommé, D. Vallat (dir.), *Polyphonia Romana, Hommages à Frédérique Biville*, Hildesheim, Olms, 2013, II, p. 743-753.

—, « *Vica Pota* ou les avatars d'une déesse », dans S. Perceau et O. Szerwiniack (dir.), « *Polutropia* » : *d'Homère à nos jours*, Paris, Garnier, 2014, p. 197-209.

—, « Au pays des dieux. La géographie religieuse d'Arnobe dans l'*Aduersus nationes* », dans M.-A. Julia (dir.), *Nouveaux horizons sur l'espace antique et moderne*, Bordeaux-Paris, Ausonius, diffusion De Boccard, 2015, p. 47-56.

CHAPOT Frédéric, « Étiologie et critique du paganisme. L'utilisation des *indigitamenta* chez les auteurs latins chrétiens », dans M. Chassignet (dir.), *L'Étiologie dans la pensée antique*, Turnhout, Brepols, 2008, p. 331-345.

CHUVIN Pierre, *Chronique des derniers païens*, Paris, Les Belles Lettres-Fayard, 1990.

CLERC Charly, *Les Théories relatives au culte des images chez les auteurs grecs du IIe siècle après J.-C.*, Paris, Fontemoing, 1915.

COLLART Jean, *Varron grammairien latin*, Paris, Les Belles Lettres, 1954.

COURCELLE Pierre, « Le hennissement de concupiscence », *Miscellanea patristica. Homenaje al P. Angel C. Vega* (n° spécial de *La Ciudad de Dios*, 181), El Escorial, 1968, p. 529-534.

CUMONT Franz, *Les Mystères de Mithra*, 3e éd., Bruxelles, Lamertin, 1913.

—, « Les anges du paganisme », *RHR*, 72, 1915, p. 159-182.

—, *Les Religions orientales dans le paganisme romain*, 4e éd., Paris, Geuthner, 1929.

DETIENNE Marcel, *Dionysos mis à mort*, Paris, Gallimard, 1977.

DEVEREUX Georges, *Baubo, la vulve mythique*, Paris, Godefroy, 1983.

DODDS E. R., *Les Grecs et l'irrationnel*, trad. fr., Paris, Aubier-Montaigne, 1965.

DUMÉZIL Georges, *La Religion romaine archaïque*, 2e éd., Paris, Payot, 1974.

DUVAL Yves-Marie, « Sur la biographie et les manuscrits d'Arnobe de Sicca : les informations de Jérôme, leur sens et leurs sources possibles », *Latomus*, 45, 1986, p. 69-99.

DUVAL Yvette, « *Loca sanctorum Africae* ». *Le culte des martyrs en Afrique du IVe au VIIe siècle*, Rome, École française de Rome, 1982.

FASCE Silvana, « Paganesimo africano in Arnobio », *Vichiana*, 9, 1980, p. 173-180.
FESTUGIÈRE A. J., *La Révélation d'Hermès Trismégiste,* Paris, I, 2ᵉ éd., Les Belles Lettres, 1981.
—, « Arnobiana », *VChr*, 6, 1952, p. 208-254.
—, *Hermétisme et mystique païenne*, Paris, Aubier-Montaigne, 1967.
FÉVRIER Caroline, *« Supplicare deis ». La Supplication expiatoire à Rome*, Turnhout, Brepols, 2009.
FLAMANT Jacques, *Macrobe et le néo-platonisme latin, à la fin du IVᵉ siècle,* Leyde, Brill, coll. EPRO 58, 1977.
FOUCART Paul, *Les Mystères d'Éleusis*, Paris, Picard, 1914.
FREDOUILLE Jean-Claude, « Lactance historien des religions », dans J. Fontaine – M. Perrin (dir.), *Lactance et son temps. Recherches actuelles*, Paris, Beauchesne, 1978, p. 237-252.
GABARROU François, *Le Latin d'Arnobe*, Paris, Champion, 1921.
GARELLI Marie-Hélène, *Danser le mythe. La Pantomime et sa réception dans la culture antique*, Louvain-Paris, Peeters, 2007.
GIRARD Jean-Louis, « Probabilisme, théologie et religion. Le catalogue des dieux homonymes dans le *De natura deorum* de Cicéron », dans H. Zehnacker et G. Hentz (dir.), *Hommages à Robert Schilling*, Paris, Les Belles Lettres, 1983, p. 117-126.
GIUFFRÉ SCIBONA Concetta, « Demeter and Athena at Gela : personal features of Sicilian goddesses », dans A. Mastrocinque – C. Giuffré Scibona (dir.), *Demeter, Isis, Vesta and Cybele. Studies in Greek and Roman Religion in Honour of Giulia Sfameni Gasparro*, Stuttgart, Steiner, 2012, p. 59-90.
GRAF Fritz, *Eleusis und die orphische Dichtung Athens in vorhellenistischer Zeit*, Berlin-New York, De Gruyter, RVV 33, 1974.
GRAILLOT Henri, *Le Culte de Cybèle Mère des dieux à Rome et dans l'Empire romain*, Paris, Fontemoing, BEFAR 107, 1912.
HEIM François, « L'animation des statues chez les apologistes du IIIᵉ siècle », dans J. Dion (dir.), *Culture antique et fanatisme*, Nancy, ADRA, diffusion De Boccard, 1996, p. 95-102.
—, « Le dieu et sa statue. Des traces d'hermétisme chez les apologistes latins », *RSR*, 77, 2003, p. 31-42.
—, « Arnobe et la lutte contre les idoles », *Connaissance des Pères de l'Église, Les Pères et le paganisme*, 102, 2006, p. 20-30.
HUET Valérie, « La mise à mort sacrificielle sur les reliefs romains : une image banalisée et ritualisée de la violence ? », dans J.-M. Bertrand (dir.), *La Violence dans les mondes grec et romain*, Paris, Publications de la Sorbonne, 2005, p. 91-119.
JEANMAIRE Henri, *Dionysos. Histoire du culte de Bacchus*, Paris, Payot, 1951.
KAABIA Ridha , « Arnobe de "Sicca" du paganisme au christianisme : l'évolution cultuelle d'un lettré romano-africain », dans *L'Africa romana*, Rome, Carocci, 2015, p. 1217-1228.

KETTNER G., *Cornelius Labeo. Ein Beitrag zur Quellenkritik des Arnobius,* Progr. Pforta, Naumburg, Sieling, 1877.

LAURENTI Renato, « Il platonismo di Arnobio », *Studi filosofici,* 4, 1981, p. 3-54 ; = *Scritti vari da Omero ad Arnobio,* Naples, Liguori, 2007, p. 213-267.

—, « Sangue e sacrificio in Arnobio », dans *Sangue e antropologia biblica nella patristica,* Rome, Pia Unione Preziosissimo Sangue, 1982, I, p. 455-479.

—, « Spunti di teologia arnobiana », *Orpheus,* 6, 1985, p. 270-303.

LE BONNIEC Henri, *Le Culte de Cérès à Rome,* Paris, Klincksieck, 1958.

—, « "Tradition de la culture classique" : Arnobe témoin et juge des cultes païens », *BAGB,* 1974, p. 201-222.

—, « Le témoignage d'Arnobe sur deux rites archaïques du mariage romain », *REL,* 54, 1976, p. 110-129.

—, « Échos ovidiens dans l'*Aduersus nationes* d'Arnobe », dans R. Chevallier (dir.), *Présence d'Ovide, Caesarodunum,* 17 bis, 1982, p. 139-151.

—, « L'exploitation apologétique par Arnobe du *De natura deorum* de Cicéron », dans R. Chevallier (dir.), *Présence de Cicéron, Caesarodunum,* 19 bis, 1984, p. 89-101.

—, « *In simulacris dei habitant* (Arnobe VI, 19) », dans *Les Écrivains et le sacré, Actes du XIIe Congrès de l'Assoc. G. Budé* (Bordeaux, 1988), Paris, Les Belles Lettres, 1989, p. 295 sq.

LEGLAY Marcel, *Saturne africain. Monuments,* I-III, Paris, Arts et métiers graphiques et De Boccard, 1961-1966.

—, *Saturne africain. Histoire,* Paris, De Boccard, BEFAR 205, 1966.

LEHMANN Yves, *Varron théologien et philosophe romain,* Bruxelles, Latomus, coll. « Latomus » 237, 1997.

—, « Le merveilleux scientifique dans le logistoricus *Gallus Fundanius de admirandis* de Varron », dans J. Champeaux et M. Chassignet (dir.), *Aere perennius. Hommage à Hubert Zehnacker,* Paris, PUPS, 2006, p. 553-562.

LUCARINI Carlo Martino, « Questioni arnobiane », *MD,* 54, 2005, p. 123-164.

MARCHESI Concetto, « Questioni arnobiane », *Atti del Reale Istituto Veneto di Scienze, Lettere ed Arti,* 88, 1928-1929, p. 1009-1032.

MARCOVICH M., « Demeter, Baubo, Iacchus, and a redactor », *VChr,* 40, 1986, p. 294-301.

MARQUARDT Joachim, *La Vie privée des Romains,* trad. fr., Paris, Thorin, 1892-1893.

MASTANDREA Paolo, « Nota al testo di Massimo di Madaura (Aug. *epist.* 16,1) », *Atti dell'Istituto veneto di scienze, lettere ed arti,* 139, 1980-1981, p. 153-159.

—, *Massimo di Madauros (Agostino, «Epistulae» 16 e 17),* Padoue, Editoriale programma, 1985.

MEHL Véronique, « Parfums de fêtes. Usages de parfums et sacrifices sanglants », dans V. Mehl et P. Brulé (dir.), *Le Sacrifice antique,* Rennes, Presses universitaires de Rennes, 2008, p. 167-186.

MEHL Véronique et BRULÉ Pierre (dir.), *Le Sacrifice antique*, Rennes, Presses universitaires de Rennes, 2008.

MESLIN Michel., « Agdistis ou l'androgynie malséante », *Hommages à M. Vermaseren*, II, Leyde, Brill, coll. EPRO 68, 1978, p. 765-776.

—, « Agdistis ou l'éducation sentimentale », *BAGB*, 1979, p. 378-388.

MICHEL D'ANNOVILLE Caroline, « Penser les images des dieux païens au tournant du IIIe siècle. Les réflexions d'Arnobe sur les statues divines (*Contre les Gentils*, VI, 8-26) », dans S. Estienne, V. Huet, F. Lissarrague, F. Prost (dir.), *Figures de dieux. Construire le divin en images*, Rennes, PUR, 2014, p. 223-240.

MODÉRAN Yves, *Les Maures et l'Afrique romaine (IVe-VIIe siècle)*, Rome, École française de Rome, BEFAR 314, 2003.

MONCEAUX Paul, *Histoire littéraire de l'Afrique chrétienne*, III, Paris, Leroux, 1905, p. 241-286.

MORA Fabio, *Arnobio e i culti di mistero. Analisi storico-religiosa del V libro dell'« Adversus Nationes »*, Rome, L'Erma di Bretschneider, 1994.

C. R. de J. Champeaux dans *Latomus*, 55, 1996, p. 427-430.

—, « La critica del sacrificio nel VII libro di Arnobio », *Cassiodorus*, 5, 1999, p. 203-224.

MUELLER Hans-Friedrich, *Roman Religion in Valerius Maximus*, Londres-New York, Routledge, 2002.

NAAS Valérie, « Réflexions sur la méthode de travail de Pline l'Ancien », *RPh*, 70, 1996, p. 305-332.

NORTH J. A., « Arnobius on sacrifice », dans J. Drinkwater - B. Salway (dir.), *Wolf Liebeschuetz reflected*, Londres, University of London, 2007, p. 27-36.

OLENDER Maurice, « Aspects de Baubô. Textes et contextes antiques », *RHR*, 202, 1985, p. 3-55.

PÉPIN Jean, *Mythe et allégorie. Les origines grecques et les contestations judéo-chrétiennes*, 2e éd., Paris, Études augustiniennes, 1976.

—, « Christianisme et mythologie. L'évhémérisme des auteurs chrétiens », dans Y. Bonnefoy, *Dictionnaire des mythologies*, I, Paris, Flammarion, 1981, p. 175-181.

PERFIGLI Micol, *Indigitamenta. Divinità funzionali e funzionalità divina nella religione romana*, Pise, ETS, 2004.

PICARD Gilbert-Charles, *La Civilisation de l'Afrique romaine*, 2e éd., Paris, Études augustiniennes, 1990.

PIGEAUD Jackie, *La Maladie de l'âme. Étude sur la relation de l'âme et du corps dans la tradition médico-philosophique antique*, 3e éd., Paris, Les Belles Lettres, 2006.

POULLE Bruno, « Remarques sur la voix prophétique de Junon Moneta », dans D. Briquel, C. Février, Ch. Guittard (dir.), *« Varietates Fortunae ». Religion et mythologie à Rome. Hommage à Jacqueline Champeaux*, Paris, PUPS, 2010, p. 147-158.

POUTHIER Pierre, *Ops et la conception divine de l'abondance dans la religion romaine jusqu'à la mort d'Auguste*, Rome, BEFAR 242, 1981.

PRÉAUX Jean, « L'hymne à Jupiter de Valerius de Sora », dans R. Crahay, M. Derwa, R. Joly (dir.), *Hommages à Marie Delcourt,* Bruxelles, Latomus, coll. « Latomus » 114, 1970, p. 182-195.
PUTTEN J. M. P. B. van der, « Arnobe croyait-il à l'existence des dieux païens ? », *VChr*, 25, 1971, p. 52-55.
RAPISARDA Emanuele, *Arnobio*, Catane, Crisafulli, 1946.
RESSA Pietro, *Maghi e magie in Arnobio di Sicca*, dans M. Marin – C. Moreschini (dir.), *Africa cristiana. Storia, religione, letteratura*, Brescia, Morcelliana, 2002, p. 99-124.
SANTINI Carlo, « Il lessico della spartizione nel sacrificio romano », dans C. Grottanelli - N. F. Parise (dir.), *Sacrificio e società nel mondo antico*, Bari, Laterza, 1988, p. 293-302.
SANTORELLI Paola, « Un dio da distruggere : modalità del discorso polemico in Arnobio », dans A. Capone (dir.), *Lessico, argomentazioni e strutture retoriche nella polemica di età cristiana (III-V sec.)*, Turnhout, Brepols, 2012, p. 189-214.
SAURON Gilles, « La peinture pompéienne et la poésie augustéenne », *REL*, 82, 2004, p. 144-166.
SCHEID John, « Numa et Jupiter ou les dieux citoyens de Rome », *Archives de sciences sociales des religions*, 59, 1985, p. 41-53.
—, *Romulus et ses frères. Le Collège des frères arvales, modèle du culte public dans la Rome des empereurs,* Rome, BEFAR 275, 1990.
—, *Commentarii fratrum arualium qui supersunt*, Rome, École française de Rome, 1998.
SEBAÏ Meriem, « Les dieux ancestraux d'Afrique proconsulaire. Une catégorie hors norme ? À propos de quelques reliefs de Numidie proconsulaire », dans B. Cabouret et M.-O. Charles-Laforge (dir.), *La Norme religieuse dans l'Antiquité*, Lyon, CEROR 35, diffusion De Boccard, 2011, p. 245-264.
SERGENT Bernard, *Homosexualité et initiation chez les peuples indo-européens*, Paris, Payot, 1996.
SFAMENI GASPARRO Giulia, *Soteriology and mystic aspects in the cult of Cybele and Attis*, Leyde, Brill, EPRO 103, 1985.
—, *Misteri e culti mistici di Demetra*, Rome, L'Erma di Bretschneider, 1986.
—, « Critica del sacrificio cruento e antropologia in Grecia : da Pitagora a Porfirio » :
« I. La tradizione pitagorica, Empedocle e l'orfismo », dans F. Vattioni (dir.), *Sangue e antropologia. Riti e culto*, Rome, Pia Unione Preziosissimo Sangue, 1987, I, p. 107-155.
« II. Il *De abstinentia* porfiriano », dans F. Vattioni (dir.), *Sangue e antropologia nella teologia*, Rome, Pia Unione Preziosissimo Sangue, 1989, I, p. 461-505.
SIMMONS Michael Bland, *Arnobius of Sicca. Religious Conflict and Competition in the Age of Diocletian*, Oxford, Clarendon Press, 1995.
C. R. de J. Champeaux dans *REL*, 76, 1998, p. 428-430.

SMOLAK Kurt, « Das Opfertier als Ankläger », dans A. Alexandridis, M. Wild, L. Winkler-Horaček (dir.), *Mensch und Tier in der Antike. Grenzziehung und Grenzüberschreitung*, Wiesbaden, Reichert, 2008, p. 205-215.

TOMMASI MORESCHINI Chiara Ombretta, « Persistenze pagane nell'Africa del VI secolo : la *Iohannis* corippea e la questione dei *Dii Mauri* », dans M. Marin – C. Moreschini (dir.), *Africa cristiana. Storia, religione, letteratura*, Brescia, Morcelliana, 2002, p. 269-301.

TRISTAN Frédérick, *Les premières images chrétiennes. Du symbole à l'icône : IIe-VIe siècle*, Paris, Fayard, 1996.

TULLIUS Friedrich, *Die Quellen des Arnobius im 4., 5. und 6. Buch seiner Schrift « Adversus nationes »*, diss. Berlin, Bottrop, Postberg, 1934.

TUPET Anne-Marie, *La Magie dans la poésie latine*, Paris, Les Belles Lettres, 1976.

—, « Une anecdote éleusinienne chez Ovide et chez Arnobe », dans R. Chevallier (dir.), *Présence d'Ovide, Caesarodunum*, 17 bis, 1982, p. 153-163.

TURCAN Robert, *Les Cultes orientaux dans le monde romain*, Paris, Les Belles Lettres, 1989.

—, *Liturgies de l'initiation bacchique à l'époque romaine (Liber)*, Mémoires de l'Académie des Inscriptions et Belles Lettres, XXVII, Paris, diffusion De Boccard, 2003.

VERMANDER Jean-Marie, « La polémique des apologistes latins contre les dieux du paganisme », *RecAug*, 17, 1982, p. 3-128.

VERMASEREN M. J., *Corpus inscriptionum et monumentorum religionis Mithriacae*, La Haye, Nijhoff, 1956-1960.

VISMARA Cinzia, *Il supplizio come spettacolo*, Rome, Quasar, 1990.

WLOSOK Antonie, dans R. Herzog - P. L. Schmidt (dir.), *Nouvelle histoire de la littérature latine*, V : *Restauration et renouveau. La littérature latine de 284 à 374 après J.-C.*, Turnhout, Brepols, 1993 (trad. fr. du *Handbuch der lateinischen Literatur der Antike*, Munich, Beck, 1989) : Arnobe, p. 415-426.

Index Arnobianus

Livre I

2, 6 : 220 n. 36
3, 2 : 51 n. 2
   9 : 51 n. 3
   10 : 131 n. 63
5, 1 : 116 n. 4, 130 n. 59
13, 2 : 312 n. 136
14, 1 : 326 n. 209
15, 2 : 169 n. 82
17, 1 : 169 n. 83
   2 : 169 n. 84
   3 : 169 n. 85, 177 n. 116
   4 : 66 n. 66
18, 1 : 170 n. 86
   2 : 174 n. 106, 178 n. 120, 180 n. 125
23, 1 : 344 n. 29, 359 n. 102
   2 : 359 n. 103
   3 : 357 n. 97, 358 et n. 100, 361 n. 114
25, 4 : 71 n. 98
26, 3 : 40 n. 71-72, 69 n. 87
   3-4 : 130 n. 59
   4 : 94 n. 68
27, 1 : 69 n. 87-88
28, 1 : 72 n. 102, 73 n. 111
   2 : 70 n. 94
   5 : 73 n. 111, 332 n. 3
   5-8 : 333, 334 n. 9
   6 : 338 n. 18
   7 : 73 n. 111
29, 4-5 et 7 : 77 n. 119
   4-7 : 81 n. 2
   5 : 78 n. 125
   7 : 73 n. 104, 106 et 108, 74 n. 113, 77 n. 119, 220 n. 36

30, 1 : 143 n. 117
   2 : 81 n. 2
   3 : 72 n. 103
31, 1 : 73 n. 109
   1-2 : 77 n. 120, 78 n. 127, 361 n. 115
   2 : 63 n. 57, 66 n. 64, 245 n. 31, 344 n. 29 et 31, 376 n. 12
   3 : 61 n. 42, 69 n. 87, 383 n. 37
   4 : 361 n. 118
32, 1 : 361 et n. 117
   2 : 361 n. 116
33, 1 : 69 n. 89, 71 n. 98, 361 n. 116
   2 : 63 n. 57, 71 n. 98
34, 1 : 39 n. 66, 61 n. 45, 67 n. 77
   2 : 62 n. 46 et 48, 68 n. 79
   3 : 62 n. 49, 66 n. 64-65, 73 n. 110-111
   4 : 62 n. 50, 67 n. 75, 151 n. 2
   5 : 62 n. 51, 66 n. 69, 151 n. 1, 344 n. 29
34-35 : 61
35, 2 : 62 n. 52
36-37 : 154 n. 16
36-41 : 367
36, 1 : 68 n. 80, 153 n. 13, 154 n. 18, 164 n. 58
   2 : 126 n. 43, 127 n. 46
   2-6 : 15 n. 14, 367 n. 136
   3 : 45 n. 91, 94 n. 71, 101 n. 103, 104 n. 122
   4 : 85 n. 19, 90 n. 49, 91 n. 55, 92 n. 59-60, 98 n. 88, 124 n. 35, 152 n. 10
   5 : 100 n. 98, 112 n. 163, 144 n. 122
   6 : 126 n. 42, 139 n. 96, 160 n. 37
   7 : 368 n. 137
   7-8 : 154 n. 16
37, 1 : 154 n. 18, 368 n. 138
   2 : 155 n. 19, 368 n. 139
   3 : 369 n. 140

4 : 154 n. 18
38, 1 : 369 n. 142
    2 : 87 n. 28, 95 n. 74, 103 n. 116, 111 n. 156, 118 n. 20, 369 n. 143
    3-6 : 76 n. 118
    4 : 143 n. 117
    5 : 72 n. 102-103, 220 n. 36, 356 n. 94
    8 : 71 n. 98, 369 n. 144
39, 1 : 264 n. 114, 373 n. 3
40, 1 : 58 n. 33, 369 n. 145
    2-4 : 370 n. 146
41, 1 : 105 n. 129
    1-5 : 155 n. 20, 370 n. 147
    2 : 44 n. 88, 95 n. 77, 156 n. 24
    3 : 111 n. 154, 112 n. 163
42, 1 : 370 n. 148
    3 : 69 n. 87
    5 : 165 n. 66, 370 n. 148
42-56 : 357 n. 98
43, 1-2 : 358 n. 99
    2 : 357 n. 97, 362 n. 121
    3 : 165 n. 63
44 : 44 n. 89, 165 n. 63
45 : 44 n. 89
    2 : 357 n. 97, 358 n. 99
46, 4 : 44 n. 89, 384 n. 40
    8 : 165 n. 62
    9 : 165 n. 65, 363 et n. 122, 366
47, 1 : 344 n. 32
49, 1 : 96 n. 78
50, 2-3 : 358 n. 99
    3 : 357 n. 97
51, 1 : 39 n. 65
    2 : 165 n. 64
52, 3 : 165 n. 63
    3-4 : 365 n. 131
53, 3 : 70 n. 97, 78 n. 125, 362 et n. 119, 371 n. 151
    4 : 164 n. 61
    4-5 : 362 n. 120
    5 : 371 n. 152
54, 2 : 146 n. 131

56, 3 : 357 n. 97, 358 n. 99
57, 4 : 312 n. 136
58-59 : 202 n. 68, 247 n. 42
59, 10 : 115 n. 2
60, 1 : 164 n. 57, 344 n. 32
    4 : 69 n. 87
61, 1 : 69 n. 87
62, 2 : 58 n. 33, 164 n. 59
    3 : 94 n. 69
63, 1 : 70 n. 97, 362 n. 119
64, 3 : 65 n. 62
    5 : 69 n. 86, 384 n. 42
65, 4 : 384 n. 38 et 41
    8 : 20 n. 28, 71 n. 98, 164 n. 60, 384 n. 39

Livre II

2, 3 : 66 n. 65, 72 n. 102, 73 n. 104, 107 et 111, 77 n. 120
3, 1-2 : 332 n. 4
13, 2 : 101 n. 111
    3 : 71 n. 98, 72 n. 102
15, 1 : 71 n. 98, 72 n. 102, 73 n. 108
16, 3 : 293 n. 56
    4 : 293 n. 57
    5 : 294 n. 58
    6 : 72 n. 103, 294 n. 59
    7 : 147 n. 133, 294 n. 64
    10 : 295 n. 66
17, 1 : 295 n. 65
19, 1 : 192 n. 41
22, 2 : 134 n. 76, 266 n. 126
    3 : 65 n. 63
23, 1 : 192 n. 41
26, 6 : 178 n. 121
27, 3 : 178 n. 121
30, 4 : 65 n. 63
33, 4 : 71 n. 98
34, 3 : 65 n. 62
35, 1 : 68 n. 83, 359 n. 104
    3 : 357 n. 97, 359 et n. 105
    4 : 72 n. 102, 338 n. 18

4-5 : 335 n. 11
35-36 : 334
36, 1-2 : 335 n. 11
    2 : 69 n. 88
    5 : 69 n. 86, 73 n. 108 et 112
37, 2 : 68 n. 80
39, 1 : 70 n. 95
41, 1-5 : 155 n. 20
44, 1 : 68 n. 81, 69 n. 86, 72 n. 102
    2 : 73 n. 105, 77 n. 120
45, 1 : 68 n. 80, 73 n. 104 et 109-110
    3 : 73 n. 108 et 111
46, 3-4 : 72 n. 103
47, 1 : 72 n. 103, 73 n. 108
    2 : 68 n. 83
51, 3 : 69 n. 86
53, 2 : 68 n. 80, 117 n. 12
55, 1 : 68 n. 80
    2 : 69 n. 88
56, 1 : 72 n. 103, 73 n. 108
58, 1 : 69 n. 87, 73 n. 104-105
58-60 : 75 n. 117
60, 4 : 71 n. 98
61, 1 : 75 n. 117
    3 : 75 n. 117, 78 n. 125
62, 3 : 67 n. 72, 68 n. 80
    3-4 : 337 n. 16
    4 : 332 n. 3
    5 : 71 n. 98
65, 5 : 184 n. 10
    6 : 69 n. 87, 81 n. 3, 96 n. 78, 103 n. 116, 118 n. 20
    7 : 68 n. 84, 78 n. 125
66, 2 : 312 n. 136
66-75 : 312 n. 136
67, 4 : 142 n. 112
    5 : 134 n. 72
68, 3 : 94 n. 69, 111 n. 157, 117 n. 16, 129 n. 58
69, 1 : 312 n. 136
    3 : 46 n. 100
70, 2 : 71 n. 98, 115 et n. 3, 126 n. 42, 127 n. 45, 153 n. 12

2-4 : 23 n. 5
3 : 25 n. 8, 88 n. 37, 90 n. 47 et 49, 100 n. 98, 101 n. 103, 104 n. 122, 111 n. 153, 127 n. 46, 153 n. 12
4 : 86 n. 25, 152 n. 7, 153 n. 12
71 : 266 n. 126
    1 : 135 n. 77, 312 n. 136
    2 : 135 n. 78
    3 : 126 n. 42, 127 n. 45, 129 n. 58, 135 n. 79, 153 n. 12
    4 : 136 n. 82
    5 : 136 n. 83
    6 : 137 n. 84
72, 2 : 68 n. 80, 312 n. 136
    2-3 : 64 n. 61
    3 : 67 n. 73, 73 n. 111
73, 1 : 139 n. 97
    4 : 94 n. 67
74, 1 : 69 n. 88, 78 n. 125
    3 : 71 n. 98, 72 n. 102, 78 n. 125
75, 1 : 67 n. 73, 78 n. 125
    4 : 68 n. 80, 69 n. 86
76, 1 : 68 n. 80
78, 1 et 3 : 322 n. 186

Livre III

2, 1 : 12 n. 4, 62 n. 47, 339 n. 19
   2 : 71 n. 98, 72 n. 102, 73 n. 105
3, 1 : 332 n. 3, 333 n. 5
   2 : 69 n. 88, 183 n. 7, 333 n. 7
   4 : 333 n. 8
4, 1 : 183 n. 7
   4 : 152 n. 6
5, 2 : 134 n. 76, 213 n. 1, 266 n. 126
6, 1 : 69 n. 87-88, 129 n. 58
   1-3 : 343 et n. 28
   2 : 81 n. 3, 84 n. 10, 129 n. 58
   4 : 343 et n. 28
   5 : 239 n. 4
7, 1 : 239 n. 4
8, 3 : 73 n. 104

9, 2 : 115 n. 2, 154 n. 17
10, 1 : 15 n. 13, 112 n. 159, 147 n. 133
    3 : 151 n. 3
    4 : 14 n. 9-10, 15 n. 13, 112 n. 159, 123 n. 31,
        139 n. 93, 152 n. 5
    5 : 14 n. 11, 85 n. 18, 152 n. 4
    6 : 230 n. 85
11, 3 : 202 n. 70
12, 4-5 : 65 n. 63, 67 n. 74
    5 : 367 n. 134
13, 2-5 : 192 n. 41, 377 n. 18
    3-4 : 255 n. 76
    5 : 148 n. 135
14, 1 : 148 n. 135
    2-3 : 304 n. 103
    3-4 : 15 n. 12
    4 : 313 n. 139, 319 n. 173
    4-5 : 253 n. 70
15, 3 : 147 n. 133, 230 n. 85
    4 : 139 n. 95
16, 3 : 301 n. 94
17, 1 : 376 n. 12
20-24 : 166 n. 68
21, 1 : 166 n. 68
    2 : 98 n. 90
    3 : 94 n. 69
    4 : 85 n. 18, 96 n. 79, 168 n. 77, 172 n. 96,
        319 n. 173
    5 : 87 n. 32, 89 n. 45, 90 n. 47, 166 n. 69,
        172 n. 95
    6 : 101 n. 104 et 110
22, 1 : 166 n. 68
    3 : 132 n. 64
23 : 131
    1 : 166 n. 68
    1-2 : 132 n. 64
    3 : 132 n. 66
    3-6 : 183 n. 6
    4 : 133 n. 67, 379 n. 24
    5 : 133 n. 69
    6 : 133 n. 68, 306 n. 114
    7 : 84 n. 17, 85 n. 18
    8 : 90 n. 46
    9 : 94 n. 70, 166 n. 71
    10 : 96 n. 80, 166 n. 72
    11 : 101 n. 109
24, 2 : 61 n. 43-44, 69 n. 90
25, 1 : 16 n. 18, 85 n. 20, 195 n. 50
    2 : 146 n. 132
26, 1 : 89 n. 40, 102 n. 114
    2 : 89 n. 39
27 : 89 n. 40
    1 : 142 n. 116
    2 : 171 n. 92
28, 2 : 172 n. 100, 178 n. 118
    3 : 214 n. 2
29, 1-2 : 345 n. 34, 347 n. 50
    2 : 347 n. 51
    3 : 143 n. 118, 214 n. 4, 219 n. 35, 346
        n. 46
    3-4 : 126 n. 43
    5 : 66 n. 65, 127 n. 46, 181 n. 1, 346 n. 45,
        348 n. 54
    5-6 : 128 n. 50, 214 n. 5
    6 : 127 n. 49
29-34 : 347
30, 1 : 126 n. 42, 127 n. 45, 128 n. 52, 152
       n. 11, 214 n. 3 et 6, 218 n. 24, 219
       n. 35, 345 n. 35, 346 n. 41
    2 : 67 n. 76, 83 n. 9, 84 n. 10, 85 et n. 20,
        86 n. 24, 195 n. 50, 214 n. 7, 345
        n. 36, 348 n. 57
31, 1 : 84 n. 10, 87 n. 30 et 35, 215 n. 8, 345
       n. 37, 346 n. 44, 349 n. 59-60, 353
       n. 79
    2 : 86 n. 25, 87 n. 28-29, 152 n. 7
    3 : 40 n. 69 et 73, 71 n. 98, 115 et n. 3, 116
        n. 6, 215 n. 9, 345 n. 38, 349 n. 62,
        379 n. 23
32, 1 : 100 n. 102, 101 n. 105 et 108, 102
       n. 112, 215 n. 10, 346 n. 47, 349 n. 61
    2 : 118 n. 20, 345 n. 39, 349 n. 63, 350
        n. 65, 351
    2-3 : 215 n. 11
    3 : 125 n. 41, 129 n. 58, 350 n. 64

33, 1 : 90 n. 46, 91 n. 56, 215 n. 12, 230 n. 89, 346 n. 40, 347 n. 48-49, 355 n. 84 et 91, 379 n. 22
2 : 104 n. 122, 215 n. 13, 218, 219 n. 35, 244 n. 25, 346 n. 42, 353 n. 78
34, 1 : 216 n. 14, 346 n. 43, 353 n. 79
2 : 37 n. 59, 99 n. 97, 118 n. 20
35, 1 : 348 n. 52
2 : 181 n. 1
2-4 : 267 n. 127
4 : 181 n. 1, 356 n. 92
36, 2 : 348 n. 53
37, 1 : 115 n. 2
38-39 : 47 n. 102
39, 1 : 95 n. 75, 106 n. 132, 111 n. 155
40, 1 : 167 n. 75
3-5 : 133 n. 71
5 : 84 n. 10, 87 n. 34
6 : 216 n. 15
41, 2 : 152 n. 11
3 : 133 n. 70
42, 1 : 216 n. 15
44, 1-2 : 371 n. 153
2 : 46 n. 101, 117 n. 14, 243 n. 23

Livre IV

1, 1 : 182 n. 2
3 : 182 n. 2
2, 1 : 182 n. 3
3, 1 : 16 n. 18, 185 n. 18, 199 n. 60
2 : 186 n. 19
3 : 186 n. 20
4 : 186 n. 21
3, 3 – 4, 1 : 196
3-7 : 185 n. 18
3-11 : 16 n. 18, 185 n. 18
4, 1-2 : 187 n. 23
2 : 187 n. 24
3 : 187 n. 25
4 : 188 n. 26-27
5, 3 : 188 n. 28

5 : 188 n. 29
7 : 189 n. 30
5-6 : 196
6, 1-2 : 189 n. 31
2 : 193
3 : 189 n. 32, 199 n. 60
7 : 196
1 : 190 n. 34
1-2 : 147 n. 134, 190 n. 35, 196
3 : 190 n. 33, 199 n. 60
4 : 197
4-5 : 191 n. 37, 196
5 : 191 n. 39
5-6 : 191 n. 40, 196
8 : 185 n. 18
1 : 191 n. 40, 196
9 : 185 n. 18, 196
2 : 192 n. 42
3 : 192 n. 43
4 : 192 n. 44
5 : 127 n. 47, 193 n. 45, 198
6 : 193 n. 46
10, 1-2 : 192 n. 41
10-11 : 185 n. 18
11, 1 : 189 n. 31, 190 n. 35, 197
2 : 332 n. 3
3 : 360 n. 112
12, 1 : 200 n. 64
3 : 200 n. 65, 360 et n. 112, 361 n. 114
13, 4 : 17 n. 19, 201 n. 67, 206 n. 84
5 : 200 n. 62-63, 202 n. 70
13-18 : 199 n. 61
14, 1 : 129 n. 58, 202 n. 70-71
2 : 26 n. 13, 203 n. 72
3 : 101 n. 103, 203 n. 73
4 : 129 n. 58, 203 n. 74
15, 1 : 100 n. 98, 202 n. 70, 204 n. 75
2 : 206 n. 84
3 : 206 n. 86
16 : 207
1 : 206 n. 87, 207 n. 88

2 : 207 n. 89
3 : 207 n. 90-91
4 : 142 n. 113, 208 n. 92
5 : 208 n. 93
6 : 86 n. 25, 152 n. 7, 208 n. 94
8 : 86 n. 25, 152 n. 7, 210 n. 103
9 : 208 n. 95
10 : 209 n. 97, 316 n. 154
11 : 209 n. 100
17, 1 : 210 n. 101
2-3 : 210 n. 102
18, 1-2 : 202 n. 70
5 : 202 n. 70
18-37 : 211 n. 105
19 : 336
19, 1 : 338 n. 17
2-4 : 336 n. 14
4 : 71 n. 98, 147 n. 133
20, 1 : 69 n. 91, 126 n. 42, 127 n. 45
21, 1 : 21, 39 n. 67, 69 n. 91, 70, 71 n. 98, 83 n. 8, 147 n. 133, 153 n. 12
2 : 153 n. 12
3 : 43 n. 84
22, 1 : 26, 70 n. 96, 127 n. 46, 153 n. 12
1-3 : 25 n. 12
2 : 43 n. 85, 92 n. 60, 98 n. 90, 100 n. 99, 220 n. 36
3 : 101 n. 103, 108 et 110, 104 n. 122-123, 111 n. 153 et 158, 152 n. 8
5 : 27 n. 18, 84 n. 16, 86 n. 23, 127 n. 46
5-6 : 27
6 : 28 n. 20
22-23 : 25 n. 8
23, 1 : 171 n. 91
3 : 27 n. 15
4 : 27 n. 16, 35 n. 52, 39 n. 67, 100 n. 99
24, 3 : 27 n. 17, 90 n. 50, 100 n. 99, 127 n. 48
3-4 : 128 n. 51
4 : 128 n. 53, 152 n. 11
5 : 28 n. 19, 84 n. 13, 89 n. 44
6 : 44 n. 88, 94 n. 70, 95 n. 77, 156 n. 24, 170 n. 89
7 : 91 n. 55, 102 n. 113, 170 n. 88

25, 1 : 168 n. 79
2 : 167 n. 73
3 : 86 n. 23, 87 n. 32, 168 n. 78
4 : 127 n. 46, 155 n. 21, 249 n. 46, 367 n. 135
26 : 25 n. 8
1 : 93 n. 62, 115 n. 3, 116 n. 8, 202 n. 69
1-6 : 93 n. 62
2 : 93 n. 63
3 : 129 n. 54, 154 n. 17
4 : 35 n. 52, 70 n. 96
4-6 : 28 n. 21
5 : 111 n. 153
5-6 : 112 n. 159, 152 n. 9
7 : 33 n. 39, 34 n. 43, 93 n. 64, 112 n. 161
27, 1 : 90 n. 51, 91 n. 53-54, 123 n. 32
28, 1 : 178 n. 119-120, 179 n. 122
2 : 170 n. 90
3 : 94 n. 70
4 : 164 n. 55, 178 n. 119, 367 n. 134
29, 1 : 140, 164 n. 55, 370 n. 149
2 : 86 n. 26, 91 n. 55, 98 n. 91, 105 n. 127
3 : 140 n. 98
30, 3-4 : 284 n. 16
33, 1 : 14 n. 9
4 : 172 n. 97
5 : 168 n. 77
34, 1 : 28 n. 20, 40 n. 74
35, 2 : 134 n. 75, 165 n. 67, 371 n. 150
3 : 90 n. 51, 91 et n. 55, 142 n. 112
3-4 : 172 n. 98
3-5 : 18 n. 23
4 : 112 n. 163
5 : 69 n. 92
36, 4 : 211 n. 106
37, 2 : 172 n. 99
3 : 53 n. 11, 290 n. 45

Livre V

1, 3 : 23 n. 4
4 : 137 n. 85
7 : 45 n. 93

7-9 : 23 n. 4
8 : 45 n. 95
9 : 45 n. 97
2, 2 : 66 n. 71, 138 n. 87
5 : 138 n. 88
3, 3 : 127 n. 46
4, 4 : 49 n. 111, 60 n. 37
5, 1 : 202 n. 70, 221 n. 40 et 44
2 : 221 n. 40, 225 n. 63
2-3 : 125 n. 39
5-7 : 221 n. 41
6, 1-2 : 107 n. 133
3-4 : 36 n. 54, 107 n. 134
5 : 221 n. 40
7 : 221 n. 40, 225 n. 60
7, 3 : 36 n. 54
4 : 225 n. 61
6 : 223 n. 54
8, 3 : 202 n. 70
6 : 136 n. 81, 161 n. 42
7 : 65 n. 63
8-17 : 222 n. 45
9, 4 : 23 n. 1, 222 n. 46
5 : 70 n. 96
10, 2 : 147 n. 133
3 : 39 n. 68
3-7 : 222 n. 48
5 : 151 n. 2
11, 4 : 36 n. 54, 222 n. 47
13, 1 : 222 n. 49
3 : 223 n. 51
4 : 224 n. 57
7-8 : 36 n. 54
14, 2 : 223 n. 52
15, 3 : 332 n. 3
16, 5 : 223 n. 53
6 : 118 n. 20, 124 n. 36
17, 4 : 223 n. 53
18, 3 : 15 n. 15, 138 n. 89
19, 2 : 91 n. 55
4 : 44 n. 87
4-5 : 105 n. 129, 156 n. 25

20, 1 : 226 n. 64
2 : 226 n. 68
2-3 : 228 n. 78
2-4 : 31 et n. 33, 125 n. 40
4 : 227 n. 71
20-23 : 25 n. 8, 30, 227 n. 69
21, 1 : 183 n. 5
2 : 32 n. 34
3 : 104 n. 121, 118 n. 17, 151 n. 2
3-4 : 227 n. 72
4 : 227 n. 73
4-6 : 30 n. 31
6 : 227 n. 74, 228 n. 75
22, 3-6 : 23 n. 3, 32 n. 37
4 : 25 n. 9, 34 n. 43
23, 1 : 34 n. 47, 64 n. 58
1-3 : 228 n. 76
2 : 43 n. 83
2-3 : 36 n. 53
6 : 36 n. 55
24, 3 : 123 n. 33, 229 n. 81
24, 3 – 26, 5 : 229 n. 80
25, 1-4 : 119 n. 21
25, 5 – 26, 4 : 120 n. 24
25, 6 : 122
7 : 176 n. 111
26, 1 : 30 n. 30
2 : 122
3 : 176 n. 111
4 : 86 n. 27, 142 n. 113
28, 1 : 107 n. 135, 109 n. 144
3 : 104 n. 122, 105 n. 126, 107 n. 138
4 : 107 n. 136, 117 n. 11
6 : 110 n. 150
7 : 104 n. 124
7-8 : 108 n. 141
28 – 29, 2 : 229 n. 84
29, 2 : 108 n. 142
4 : 103 n. 118
31, 3 : 44 n. 90
32, 1-2 : 230 n. 86
2-3 : 230 n. 88

    4 : 117 n. 12, 118 n. 19, 231 n. 90
    5 : 231 n. 91
34, 3-4 : 231 n. 92
35, 2-5 : 231 n. 93
    3 : 104 n. 121, 118 n. 17 et 19
    5 : 234 n. 100
36, 1 : 232 n. 94
37, 1-2 : 118 n. 18
    2 : 46 n. 101, 117 n. 14
    5 : 234 n. 100
39, 5 : 118 n. 20
40, 3 : 118 n. 19
41, 1-4 : 232 n. 96
    3 : 90 n. 48, 168 n. 81
    6 : 90 n. 48, 168 n. 81, 233 n. 97
42, 3 : 220 n. 38
43, 1 : 233 n. 98
    2 : 90 n. 48, 118 n. 19, 168 n. 81
44 : 25 n. 8
    2 : 33 n. 39, 34 n. 43, 37 n. 60, 104 n. 122
    2-3 : 37 n. 61, 145 n. 125
    3 : 30, 39 n. 67
    4 : 38 n. 62
    5-7 : 235 n. 107
45, 1 : 86 n. 31, 89 n. 41, 91 n. 56, 103 n. 116, 116 n. 6, 118 n. 20, 235 n. 108
    3 : 91 n. 56, 236 n. 109

Livre VI

1, 1 : 239 n. 3
   2 : 240 n. 5, 244, 312 n. 128
   3 : 240 n. 8, 332 n. 3
2, 1 : 173 n. 102, 332 n. 3
   1-2 : 146 n. 132, 178 n. 118
   2 : 172 n. 101
   3 : 179 n. 122
3, 2 : 69 n. 87 et 89, 71 n. 98, 333 n. 6
   3 : 241 n. 10
   5 : 241 n. 10
   6 : 172 n. 93, 241 n. 12
   7 : 241 n. 13, 242 n. 18

   8 : 240 n. 9, 241 n. 14
   9 : 243 n. 21-22
   10 : 242 n. 18
   11-12 : 243 n. 23, 244
   12 : 46 n. 101, 117 n. 14
   13 : 243 n. 24
4, 1 : 244 n. 26, 245 n. 29
   3 : 244 n. 28, 245 n. 29
   4 : 245 n. 30 et 34
5, 2-3 : 245 n. 35
   4 : 246 n. 36
   5 : 245 n. 37
6, 1 : 19 n. 25, 246 n. 39
   1-2 : 157 n. 28
   2 : 99 n. 95, 159 n. 32, 164 n. 56, 247 n. 40, 249 n. 48, 367 n. 134
   3-7 : 158 n. 30
   4 et 5 : 99 n. 92
   6 : 247 n. 41
   8 : 160 et n. 36, 250 n. 50
7, 1-2 : 162 n. 45, 250 n. 51
   3 : 162 n. 46, 250 n. 52
   4 : 163 n. 53
   5 : 142 et n. 110, 163 n. 52
8, 1 : 249 n. 48, 251 n. 55
   2 : 251 n. 56
   4 : 251 n. 57
   5 : 251 n. 58
   6 : 251 n. 59, 264 n. 112
   7 : 252 n. 60
8-19 : 251
9, 1 : 252 n. 63
   2 : 252 n. 64
   4 : 253 n. 65
10, 1 : 253 n. 66
   2 : 253 n. 67 et 69-70
   4 : 254 n. 71
   4-6 : 143
   5 : 254 n. 72
   6 : 254 n. 73
   7-8 : 140 et n. 100, 254 n. 74

9 : 144 n. 121
11, 1 : 86 n. 22, 89 n. 43, 99 n. 93 et 96, 254 n. 75, 378 n. 21
   3 : 255 n. 76, 378 n. 19
   4-5 : 255 n. 77
12, 1-3 : 82 n. 5, 256 n. 78
   2 : 89 n. 44, 91 n. 55, 93 n. 65, 101 n. 103 et 106, 105 n. 127, 116 n. 5, 127 n. 49
   6 : 89 n. 42
   6-7 : 40 n. 72
   7 : 89 n. 38
13 : 256 n. 79
   1 : 116 n. 5, 127 n. 49
   6 : 40 n. 70, 374 n. 7
14, 2 : 256 n. 81
   4 : 256 n. 82, 374 n. 7
15, 1 : 256 n. 82
   6 : 257 n. 85
16, 2 : 39 n. 65, 40 n. 70
   6 : 19 n. 26
   7-9 : 256 n. 83
   10 : 257 n. 84
17 : 257
   1 : 258 n. 88 et 91, 260 n. 100, 265 n. 115, 268
   2 : 258 n. 89, 259, 260 n. 100, 265 n. 117
   4 : 265 n. 116
   5 : 258 n. 89, 260 n. 100
18, 1 : 265 n. 118, 266
   3 : 265 n. 119 et 121, 266 et n. 124
   4-5 : 266 et n. 122
   6 : 266 et n. 123
19, 1 : 258 n. 91-92, 268
   1-2 : 266 n. 125
   2 : 134 n. 76
   4-5 : 267 n. 128
   6 : 267 n. 129
20, 1 : 258 n. 91-92, 268, 270 n. 135-136
   2-3 : 270 n. 137
   4 : 271 n. 140
21, 1-3 : 272 n. 142
   2 : 258 n. 91-92, 268, 270 n. 135

3 : 69 n. 93, 264 n. 113, 270 n. 135
4 : 96 n. 81, 273 n. 146
5 : 264 n. 113, 270 n. 135
22, 2 : 272 n. 143
   3 : 273 n. 147
   4 : 273 n. 148
   5 : 274 n. 151
   6 : 274 n. 152
23, 1 : 274 n. 153
   2 : 39 n. 65, 40 n. 71, 43 n. 86, 84 n. 10
   2-3 : 99 n. 96
   2-4 : 275 n. 154
   3 : 40 n. 71, 86 n. 22-23, 99 n. 94, 105 n. 125, 140 n. 99
   4 : 378 n. 21
   5 : 276 n. 155
   6 : 276 n. 156
24, 1 : 276 n. 157-158
   3-4 : 277 n. 160
   4 : 276 n. 155
25, 2 : 41 n. 76, 84 n. 12, 86 n. 25, 126 n. 43, 127 n. 49, 142 n. 111
   2-3 : 82 n. 7, 278 n. 162
   3 : 82 n. 7, 89 n. 44, 91 n. 55, 98 n. 89, 101 n. 107, 105 n. 127, 123 n. 31, 139 n. 94
26, 1 : 278 n. 163
   6 : 278 n. 164
27, 1 : 278 n. 165

Livre VII

1, 1 : 282 n. 4
   2 : 240 n. 9
   3 : 344 n. 29
1-34 : 323 n. 191
2, 1 : 332 n. 3
   1-2 : 66 n. 68
   1-3 : 283 n. 12
   2 : 284 n. 15
   3 : 68 n. 82, 71 n. 98, 344 n. 29
   5 : 66 n. 67
2-3 : 282 n. 5

3,   1 : 281 n. 2, 287 n. 28
     3 : 281, 287 n. 28
     4 : 286 n. 25, 287 n. 28
     6-7 : 286 n. 26
     8 : 287 n. 28
     9 : 287 n. 27-28, 344 n. 29
3-17 : 281
4,   1 : 281
     3-4 : 175 n. 108, 287 n. 29
     5 : 173 n. 103
     6 : 287 n. 32, 300 n. 88
     6-8 : 287 n. 31
5,   1 : 281
     2 : 169 n. 85
     2-5 : 176 n. 115
     4 : 66 n. 67
     4-5 : 288 n. 34
5-9 : 281, 288
6,   3 : 177 n. 116
8,   1 : 288 n. 35-36
     2 : 288 n. 37
     3 : 289 n. 38
     7 : 289 n. 39
9,   1 : 289 n. 40
     2 : 290 n. 42 et 44, 295 n. 65
     3 : 290 n. 46
     5 : 295 n. 65
     5-6 : 291 n. 48
     7-9 : 291 n. 50
     9 : 295 n. 65
     10 : 295 n. 67
     11 : 292 n. 51, 295 n. 68
     12 : 60 n. 38, 290 n. 44, 292 n. 52
     13 : 296 n. 70
10, 1 : 281, 296 n. 71
     3 : 296 n. 72
     4 : 296 n. 73
10-12 : 281
11, 1-2 : 297 n. 75
     5 : 297 n. 74
12, 1 : 297 n. 76

     3 : 297 n. 77
     5 : 297 n. 79
     11 : 332 n. 3
     12 : 297 n. 78, 19 n. 27,
13, 1 : 19 n. 27, 281 n. 3
     3 : 281 et n. 3, 298 n. 80
     7 : 298 n. 81
14, 1 : 298 n. 84
     3 : 299 n. 85
15, 2 : 332 n. 3
     4-5 : 299 n. 87
     8-9 : 299 n. 86
16, 1 : 300 n. 89
     2 : 60 n. 38
     3 : 300 n. 90
     4 : 301 n. 91
     6-7 : 301 n. 92
     8 : 301 n. 93
17, 1 : 301 n. 95, 302 n. 99
     2 : 302 n. 96
     5-6 : 302 n. 97
     7 : 303 n. 102
     8 : 302 n. 98
18, 1 : 303 n. 100
     2 : 303 n. 101
     5 : 304 n. 104
18-37 : 281, 303
19, 3 : 304 n. 105
     5 : 304 n. 106
     6 : 117 n. 13, 142 n. 114, 305 n. 107
20, 3 : 305 n. 108
     7 : 305 n. 109
21, 1 : 105 n. 128, 305 n. 110
     5 : 105 n. 128, 305 n. 111, 19 n. 27,
22, 1 : 19 n. 27
     3 : 87 n. 32
     3-6 : 87 n. 33
     5 : 89 n. 44, 93 n. 66, 94 n. 72, 101 n. 110, 306 n. 112
     6 : 306 n. 113
23, 1 : 306 n. 115, 310

2 : 307 n. 116
3 : 307 n. 117
4 : 307 n. 118
5 : 307 n. 119
6 : 310
6-7 : 308 n. 120
8 : 308 n. 121
9 : 308 n. 122, 310
24, 2 : 311 n. 126
3-4 : 311 n. 125
9 : 311 n. 127
26, 1 : 311 n. 128
3 : 312 n. 134
4 : 312 n. 135
5 : 313 n. 137
27, 1 : 316 n. 157
4 : 313 n. 138, 314 n. 145
4-6 : 313 n. 138
28, 1-2 : 313 n. 139
3-6 : 314 n. 141
7-8 : 314 n. 142
13 : 344 n. 29
13-14 : 314 n. 143
29, 1 : 312 n. 129
2-3 : 316 n. 157
5 : 314 n. 144
7 : 314 n. 147
8 : 39 n. 66, 315 n. 148
30, 1 : 312 n. 129
1-2 : 314 n. 146
8 : 315 n. 150
9 : 315 n. 151
31, 1-3 : 315 n. 152
5 : 316 n. 155
32, 1 : 317 n. 158
3 : 68 n. 85
4 : 317 n. 158
6 : 317 n. 159
6-10 : 95 n. 73
7-9 : 317 n. 160
10 : 317 n. 161

33 : 327 n. 210
1 : 133 n. 68
4 : 33 n. 39, 34 n. 43, 37 n. 61
4-8 : 18 n. 23
5-6 : 172 n. 98
6 : 91 n. 54
8 : 133 n. 68, 17 n. 21, 318 n. 164
10-11 : 17 n. 21, 318 n. 164
12 : 318 n. 165-166, 17 n. 21
13 : 17 n. 21
13-14 : 318 n. 167
34 : 327
2 : 319 n. 168-169
4 : 319 n. 170
5 : 327 n. 210
5-6 : 319 n. 171
9 : 172 n. 94, 319 n. 172
35, 1 : 320 n. 174
1-4 : 52 n. 5
2 : 320 n. 175
2-4 : 337 n. 15
3 : 332 n. 3
4 : 72 n. 103, 320 n. 176
5 : 320 n. 177
6 : 320 n. 178
35-37 : 320, 322, 323 n. 191, 327
35-51 : 320
36, 1 : 321 n. 179
2 : 177 n. 117, 321 n. 180
3 : 321 n. 181
37, 1 : 321 n. 182
3 : 321 n. 183
4 : 321 n. 184
5 : 321 n. 185
38, 1 : 53 n. 10, 170 n. 87, 323 n. 192-193
1-5 : 364 n. 125
2 : 53 n. 11, 323 n. 194
3 : 324 n. 195
38-43 : 52, 323
38-49 : 364
38-51 : 323 et n. 191, 327

39 : 290 n. 45, 324 et n. 197
    1 : 364 n. 125
    2 : 39 n. 67, 54 n. 12, 58 n. 33, 324 n. 197
    3 : 54 n. 13
    4 : 54 n. 14
    5 : 54 n. 15
39-41 : 324 n. 197
39-43 : 324
40, 2-5 : 47 n. 107
40-43 : 55
41 : 324 n. 197
    1-2 : 49 n. 109
    2-4 : 364 n. 126
    3 : 55 n. 17
    4 : 55 n. 18, 77 n. 121
    6 : 56 n. 20, 59
    7 : 56 n. 21
    8 : 54 n. 12, 58 n. 33
42, 1 : 56 n. 22, 58 n. 32
    2 : 56 n. 23-24, 61 n. 41
    3 : 57 n. 25, 364 n. 126
    4 : 57 n. 26, 60 n. 39
    5 : 57 n. 27
43, 1 : 60 n. 36
    4 : 57 n. 28
    5 : 364 n. 126
    7 : 60 n. 39
    9 : 57 n. 29, 325 n. 199
44 : 324 n. 197
    1 : 324 et n. 198, 325 n. 200, 364 n. 127
    2 : 324 n. 197
    2-3 : 324 et n. 198
    2-6 : 323 n. 191, 324
    8 : 96 n. 78
    8-9 : 344 n. 128
    9 : 44 n. 88, 95 n. 77, 98 n. 86, 156 n. 24
    10 : 66 n. 70, 94 n. 71
    11 : 97 n. 85
    12 : 96 n. 78, 97 n. 83, 325 n. 201
44-48 : 97 n. 82, 323
45, 1 : 97 n. 84, 147 n. 133
    2 : 96 n. 78, 364 n. 128
    3 : 97 n. 85
    7 : 97 n. 85
46, 1 : 97 n. 85
    6 : 98 n. 87
    7 : 325 n. 202, 365 n. 129
    8 : 97 n. 85
    9 : 325 n. 203
    10 : 365 n. 129
47, 1 : 97 n. 85
    2 : 325 n. 204
    5 : 325 n. 204
49, 1 : 326 n. 205
    2 : 326 n. 206, 365 n. 130
49-50 : 365 n. 130
49-51 : 323
50, 1 : 326 n. 207
51, 2 : 322 n. 187, 326 n. 208, 332 n. 3

Index des auteurs anciens

Albinus (Alcinoos) [Whittaker, Louis, CUF]
    15, 1-2 : 357 n. 96
Ambrosiaster [Bussières, SC]
    114, 11 : 143 n. 120
Ampelius [Arnaud-Lindet, CUF]
    9 : 204 n. 77
Apulée [CUF]
Apologie [Vallette]
    42, 7-8 : 217 n. 20
    56, 4-6 : 374 n. 5
    98, 8 : 342 n. 26
Du dieu de Socrate (= *Socr.*) [Beaujeu]
    119 : 358 n. 101
    132 : 269 n. 132
    143-145 : 269 n. 133
    147 : 174 n. 107
Du monde (= *mund.*) [Beaujeu]
    342 : 78 n. 123
    343 : 78 n. 125
    357 : 78 n. 124
    370 : 60 n. 40, 78 n. 126
Florides [Vallette]
    1, 1-4 : 374 n. 6
    21, 5-7 : 298 n. 83
Métamorphoses [Robertson, Vallette]
    3, 24, 4-5 : 35 n. 51
    10, 29-34 : 211 n. 104
    11, 2, 3 : 290 n. 43
Platon et sa doctrine [Beaujeu]
    1, 201 : 358 n. 101
Aristote [CUF]
Économique [Van Groningen, Wartelle]
    2, 42, 1353 b : 272 n. 144
Asclepius [Nock, Festugière, CUF]
    265 n. 120
    24 : 259 n. 95
    38 : 259 n. 96
Athénagore [Pouderon, SC]
Supplique au sujet des chrétiens
    6, 2 : 334 n. 10

Augustin [Bibliothèque augustinienne]
Cité de Dieu (= *ciu.*) [Dombart, Kalb ; Combès]
    1, 3 : 181 n. 1
    2, 11 : 309 n. 123
    2, 22 : 183 n. 9
    3, 31 : 131 n. 63
    4, 8 : 133 n. 68, 183 n. 8, 184 n. 11, 191 n. 38, 194 n. 49, 198 n. 59
    4, 10 : 83 n. 9, 218 n. 28, 348 n. 56
    4, 11 : 103 n. 119, 133 n. 67, 183 n. 8, 194 n. 49, 195 n. 50, 198 n. 59, 379 n. 24
    4, 16 : 194 n. 49
    4, 21 : 183 n. 8, 194 n. 49, 197 n. 54
    4, 24 : 194 n. 49
    4, 26 : 52 n. 6-7
    4, 27 : 284 n. 13
    4, 31 : 252 n. 62, 279 n. 167, 282 n. 7
    4, 34 : 194 n. 49, 195 n. 50
    6, 3 : 12 n. 4
    6, 7 : 194 n. 49
    6, 8 : 348 n. 56
    6, 9 : 103 n. 119, 184 n. 12, 191 n. 36, 194 n. 49, 195 n. 50, 197 n. 53, 198 n. 59, 337 n. 15, 355 n. 91
    6, 10 : 183 n. 8
    7, 2 : 103 n. 119
    7, 2-3 : 337 n. 15
    7, 3 : 103 n. 119, 183 n. 5, 194 n. 49, 349 n. 60
    7, 4 : 183 n. 8
    7, 5 : 262 n. 105, 279 n. 169, 284 n. 14
    7, 6 : 382 n. 35
    7, 9 : 383 n. 36
    7, 11 : 39 n. 64, 85 n. 21
    7, 11-12 : 194 n. 49
    7, 13 : 127 n. 47
    7, 14 : 102 n. 112, 215 n. 10, 349 n. 61
    7, 16 : 191 n. 39, 349 n. 62, 351 n. 68
    7, 19 : 130 n. 60, 348 n. 56
    7, 20 : 215 n. 12, 230 n. 89, 379 n. 22

7, 21 : 104 n. 120, 111 n. 152
7, 24 : 85 n. 21, 190 n. 36, 194 n. 49, 215 n. 12, 230 n. 89, 350 n. 65, 351 n. 69, 379 n. 22, 381 n. 31
7, 25 : 235 n. 104
7, 26 : 130 n. 60
7, 28 : 381 n. 32
7, 30 : 191 n. 39
7, 35 : 379 n. 26
8, 13 : 52 n. 6-7, 309 n. 123
8, 23 : 263 n. 110
9, 4 : 174 n. 105
10, 9 : 360 n. 109
10, 26 : 282 n. 5
16, 38 : 373 n. 4
18, 2 : 161 n. 41
18, 5 : 139 n. 96, 160 n. 38
18, 12 : 204 n. 77
18, 14 : 202 n. 70
18, 15 : 135 n. 80
22, 14 : 74 n. 114
Lettres (= *epist.*) [Goldbacher, Lancel]
16, 1 : 340 n. 22
16, 2-3 : 340 n. 23
16, 4 : 341 n. 24
17, 1-2 : 342 n. 26
17, 2 : 373 n. 4
17, 5 : 342 n. 25
La Trinité [Agaësse, Moingt]
15, 9, 15 : 233 n. 99
Aulu-Gelle [Marache, CUF]
6, 1, 6 : 270 n. 137
13, 23, 4 : 195 n. 51
Aurelius Victor (Pseudo-) [Martin, CUF]
Les Hommes illustres de la ville de Rome
49, 1-3 : 270 n. 137
Caelius Antipater [Chassignet, CUF]
frg. 57 : 52 n. 6
Callimaque [Cahen, CUF]
Hymne à Zeus 5-9 : 156 n. 26
Caton
De l'agriculture (= *agr.*) [Goujard, CUF]
132 : 257 n. 87, 315 n. 149, 316 n. 156
134 : 257 n. 87
134, 1 : 209 n. 98, 312 n. 130
134, 3 : 209 n. 99, 316 n. 156

141 : 257 n. 87
143, 1 : 209 n. 99
Catulle [Lafaye, CUF]
63 : 225 n. 58 et 62
Charisius [Barwick]
p. 315, 3 : 174 n. 107
Cicéron
Académiques [Plasberg, Teubner ; Kany-Turpin]
1, 9 : 379 n. 25
Lettres à Atticus [Constans, CUF]
2, 20, 3 : 233 n. 99
4, 16, 3 : 335 n. 12
Brutus [Martha, CUF]
206 : 355 n. 91
Catilinaires [Bornecque-Bailly, CUF]
3, 19-20 : 48 n. 108
3, 21 : 49 n. 110
De la divination, De diuinatione [Pease ; Kany-Turpin]
1, 17-22 : 47 n. 106
1, 55 : 52 n. 6-7, 58 n. 30 et 34
1, 131 : 24 n. 6
Sur sa maison (= *dom.*) [Wuilleumier, CUF]
51, 121, 130, 136-137 : 261 n. 102
Des termes extrêmes... (*De finibus* = *fin.*) [Martha, CUF]
3, 35 : 173 n. 104, 175 n. 109, 176 n. 110
Traité des Lois (*De legibus* = *leg.*) [Plinval, CUF]
2, 19 : 182 n. 4
2, 24 : 285 n. 19
2, 26 : 285 n. 19
2, 28 : 182 n. 4
2, 64 : 41 n. 80
3, 1 : 335 n. 12
La nature des dieux (*De natura deorum* = *ND*) [Pease ; Auvray]
1, 38 : 248 n. 43
1, 40 : 218 n. 28, 351 n. 67
1, 41 : 349 n. 59
1, 47-49 : 376 n. 11
1, 77 : 244 n. 27, 252 n. 61
1, 90 : 376 n. 13
1, 92 : 255 n. 76, 377 n. 14
1, 95 : 377 n. 17

1, 99 : 255 n. 76, 377 n. 15-16
1, 103-104 : 245 n. 33
2, 4 : 24 n. 6, 253 n. 68
2, 32 : 335 n. 12
2, 41 : 355 n. 86
2, 51 : 358 n. 101
2, 57 : 355 n. 87
2, 60 : 235 n. 108, 253 n. 68
2, 64 : 24 n. 6, 60 n. 40, 348 n. 56
2, 65 : 218 n. 28
2, 66 : 83 n. 9, 230 n. 89, 348 n. 58
2, 67 : 226 n. 65, 351 n. 67-68
2, 68 : 219 n. 31
2, 69 : 215 n. 12, 355 n. 91
2, 71 : 285 n. 19
2, 90 : 71 n. 99
3, 23 : 356 n. 93
3, 34 : 355 n. 88
3, 35 : 355 n. 85
3, 36 : 355 n. 89
3, 37 : 355 n. 90
3, 42 : 204 n. 76, 205 n. 78
3, 52 : 351 n. 67
3, 53 : 202 n. 70, 205 n. 79
3, 53-60 : 204 n. 76
3, 54 : 26 n. 13, 205 n. 80
3, 58 : 191 n. 39
3, 59 : 205 n. 81, 208 n. 96
3, 60 : 206 n. 86
3, 61 : 261 n. 102
3, 62 : 215 n. 12, 351 n. 67, 355 n. 91
3, 62-63 : 347 n. 49, 354 n. 83
3, 63 : 182 n. 4
3, 83-84 : 273 n. 145
3, 95 : 378 n. 20

Les devoirs (De officiis) [Testard, CUF]
1, 23 : 354 n. 83

Du meilleur genre d'orateurs (De optimo genere oratorum) [Yon, CUF]
17 : 335 n. 12

L'Orateur (Orator) [Yon, CUF]
94 : 233 n. 99

De l'orateur (De oratore) [Bornecque, Courbaud, CUF]
3, 166-167 : 233 n. 99
3, 167 : 235 n. 108

Philippiques [Boulanger, Wuilleumier, CUF]
2, 77 : 34 n. 43

Pour L. Flaccus [Boulanger]
60 : 105 n. 126

La République (De republica) [Bréguet, CUF]
3, 19 : 294 n. 61
6, 17 : 71 n. 99

Tusculanes [Fohlen, Humbert]
1, 28 : 267 n. 130
1, 68 : 71 n. 99
1, 70 : 71 n. 99
1, 79 : 335 n. 12
3, 7 : 173 n. 104
3, 24 : 176 n. 110
3, 24-25 : 175 n. 109
3, 43 : 176 n. 113
3, 70-71 : 176 n. 113
4, 10 : 173 n. 104
4, 10-33 : 175 n. 109
4, 12-13 : 176 n. 110
4, 14 : 176 n. 114
4, 16 : 176 n. 113
4, 18 : 176 n. 113
4, 25 : 179 n. 123
4, 27 : 179 n. 123

CIL
VI 1778-1779 : 218 n. 29
VIII 20711 : 141

Clément d'Alexandrie [SC]
Protreptique [Mondésert]
2, 15, 1 : 31 n. 33, 125 n. 40, 226 n. 67
2, 15, 1-2 : 228
2, 15-16 : 37 n. 57, 228 n. 77
2, 16, 3 : 227 n. 74
2, 17, 1 : 124 n. 34, 229 n. 82
2, 17, 2 – 18 : 106 n. 131, 156 n. 25
2, 19, 3 : 124 n. 34, 229 n. 82
2, 20, 2-3 : 119 n. 21
2, 20, 3 – 21, 1 : 119 n. 23
2, 20-21 : 229 n. 82
2, 24, 2 : 370 n. 149
2, 28 – 29, 1 : 204 n. 76
2, 28, 2 : 206 n. 82
2, 29, 1 : 206 n. 83

2, 29, 3 : 168 n. 79
2, 30, 1 : 156 n. 24
2, 30, 1-2 : 170 n. 89
2, 30, 3 : 156 n. 22
2, 32, 2 : 116 n. 9
2, 32-33 : 93 n. 61
2, 33, 4 : 30 n. 27
2, 33, 5 : 33 n. 40
2, 34, 2 : 109 n. 144
2, 34, 2-5 : 107 n. 137
2, 34, 4 : 108 n. 139
2, 35, 1 : 167 n. 74
2, 35, 2 : 167 n. 76
2, 36, 1-2 : 168 n. 78
2, 36, 2 : 86 n. 23
2, 37, 4 : 156 n. 26, 249 n. 46
2, 39, 6 : 29 n. 26
2, 40, 1 : 249
2, 41, 2 : 249 n. 47
3, 43, 3 : 170 n. 89
3, 44, 1 : 242 n. 15
3, 44, 3 : 159 n. 33, 249
3, 44, 4 : 248
3, 45 : 158 n. 31, 247 n. 41
3, 45, 2 et 3 : 99 n. 96
3, 45, 5 : 159 n. 35
4, 46, 2 et 3 : 99 n. 96
4, 46, 2-4 : 254 n. 75
4, 52, 2-3 : 272 n. 142
4, 53, 2 : 99 n. 96, 275 n. 154
4, 53, 3 : 105 n. 125
4, 53, 4-6 : 256 n. 79
4, 55, 3-4 : 172 n. 97
4, 57, 3 : 274 n. 149
4, 57, 4-5 : 274 n. 150
4, 59, 1 : 168 n. 79
Stromates [Le Boulluec, Voulet, Descourtieux]
5, 14, 102 : 334 n. 10
5, 14, 109 : 301 n. 94
6, 5, 40, 2 : 157 n. 27
Corippe [Riedlberger]
Johannide 8, 307 sq. : 144 n. 124
Cornutus [Lang]
28, p. 52 : 351 n. 68
Cyprien [Molager, SC]
La vertu de patience 4 : 69 n. 90

Denys d'Halicarnasse (= Dion. Hal.)
Antiquités romaines [Sautel, CUF ; Jacoby, Teubner]
4, 59-61 : 250 n. 53
6, 13, 1-3 : 267 n. 130
7, 68, 1-2 : 53 n. 8
7, 68, 5-6 : 53 n. 9
7, 68-69 : 52 n. 6-7
7, 69, 1 : 58 n. 34
7, 69, 2 : 54 n. 12
Digeste [Mommsen]
24, 1, 5, 12 : 260 n. 101
Diodore [Bommelaer, CUF]
3, 62 : 230 n. 87
Diogène Laërce [Goulet-Cazé]
Vie des philosophes 8, 36 : 293 n. 55
Dion Cassius [Fromentin, Bertrand, CUF]
45, 1, 3-5 : 217 n. 20
Dion Chrysostome [Ventrella, Grandjean, Thévenet, CUF]
Discours olympique 12, 60-61 : 279 n. 166
Dosithée [Bonnet, CUF]
IX, 16 : 201 n. 66
Élien [Dilts, Teubner ; Lukinovich, Morand]
Histoire variée 1, 20 : 272 n. 144
Ennius [Vahlen]
Annales 26 sq. : 79 n. 2
Var. Epich. 50 : 350 n. 66
Euripide [Grégoire, Méridier, Chapouthier ; Jouan, Van Looy, CUF]
Antiope frg. 34 : 29 n. 23
Bellérophon frg. 9 : 214 n. 2
Hélène 1301-1368 : 226 n. 66
Eusèbe
Préparation évangélique (= praep. eu.) [Des Places, SC]
2, 3, 31-35 : 121 n. 25
2, 52-61 : 369 n. 141
3, 11, 7 : 230 n. 89
3, 11, 12 : 235 n. 104
3, 11, 30-35 : 353 n. 81
10, 4, 4 : 260 n. 99
Fabius Pictor [Chassignet, CUF]
frg. 16 : 163 n. 50
frg. 19 : 52 n. 6
Festus (Paulus) [Lindsay]

7, 8 : 34 n. 43
45, 20 : 217 n. 21
75, 1 : 43 n. 82
82, 8 : 46 n. 98
84, 12 : 272 n. 141
100, 9 : 316 n. 153
104, 28 : 102 n. 114
112, 13 : 286 n. 24
142, 20 et 143, 10 : 190 n. 36
284, 13 (285, 3) : 34 n. 44
342, 20 : 41 n. 80
343, 7 et 9 : 41 n. 80
388, 7 : 102 n. 114

Firmicus Maternus
L'Erreur des religions païennes (*De errore profanarum religionum = err.*) [Turcan, CUF]
10, 2 : 227 n. 74
12, 4 : 108 n. 140
13, 4 : 259 n. 96, 263 n. 109
16, 1-2 : 204 n. 77
16, 3 : 248 n. 44
26, 1 : 227 n. 74

Florus [Jal, CUF]
I, 1 (1, 7), 9 : 250 n. 53

Gellius [Chassignet, CUF]
frg. 21 : 52 n. 6

Gloss. [Gœtz, *Corpus glossariorum Latinorum*]
2, 33, 60 : 272 n. 141

Hésiode [Mazon, CUF]
Théogonie 47 : 24 n. 6
371-374 : 26 n. 13
912-914 et 921 : 37 n. 56, 227 n. 70

Histoire Auguste [Callu, Bertrand-Dagenbach, *et al.*, CUF ; Hohl, Teubner]
Alexandre Sévère 29, 2 : 339 n. 20
41, 1 : 41 n. 80
Hadrien 13, 6 : 260 n. 101
Les trois Gordiens 18, 2 : 162 n. 47
Septime Sévère 15, 7 : 342 n. 26

Homère [Humbert, Mazon, Bérard, CUF]
Hymne à Déméter 202-204 : 119 n. 22
370-374 : 223 n. 50
Iliade 1, 315-317 : 286 n. 22
1, 423-425 : 245 n. 34, 286 n. 22
1, 544 : 24 n. 6

3, 424 sq. : 167 n. 76
5, 334-343 : 168 n. 78
5, 385-391 : 168 n. 79
5, 392-404 : 168 n. 78
5, 855-863 : 168 n. 78
9, 499-501 : 286 n. 22
14, 214-223 : 84 n. 15
14, 277 : 84 n. 15
14, 315-328 : 26 n. 14
16, 433-461 : 172 n. 97
23, 205-207 : 286 n. 22
Odyssée 1, 25 sq. : 286 n. 22
7, 201-203 : 286 n. 22
8, 266-367 : 168 n. 79
13, 102-112 : 235 n. 103
19, 34 : 167 n. 76

Horace [Villeneuve, CUF]
Art poétique 139 : 244 n. 25
Épîtres 1, 16, 60-62 : 102 n. 114
Odes 3, 5, 2 : 245 n. 29
Satires 1, 8 : 139 n. 92
2, 1 : 315

Hygin [Boriaud, CUF]
Fables 7-8 : 29 n. 23
85 : 34 n. 42
138 : 129 n. 55
143 : 242 n. 16
150 : 98 n. 91
155 : 24 n. 7
167 : 106 n. 131
197 : 145 n. 126
226 : 24 n. 7
271 : 34 n. 42
274 : 242 n. 16 et 19
277 : 242 n. 19

Isidore de Séville
Étymologies (ou *Origines*) [André]
17, 1, 3 : 135 n. 80

Jamblique
Les Mystères d'Égypte [Des Places, CUF]
2, 3 (70, 11) : 360 n. 108
3, 18 (143, 16) : 360 n. 108
3, 31 (177, 16-18) : 361 n. 113
5, 25 (236, 9 sq.) : 360 n. 108

Jean [Weber-Gryson, Stuttgart ; Bible de Jérusalem]
1, 14 : 155

Jérôme
Chronique [Helm] : 373 n. 1
Lettres (= *epist.*) [Labourt, CUF]
    58, 10 : 11 et n. 1
    109, 1, 1 : 248 n. 45
Julien [Bidez, Rochefort, CUF]
Contre les Galiléens 335 c : 248 n. 45
Discours sur la Mère des dieux 166 a – 169 d :
    235 n. 105
Lettres 114, 438 c : 248 n. 45
Lactance [SC]
La colère de Dieu [Ingremeau]
    11, 8 : 202 n. 70
Institutions divines [Monat, Ingremeau]
    1, 6, 7 : 379 n. 26
    1, 11, 39 : 63 n. 56
    1, 12, 9-10 : 348 n. 56
    1, 20, 32 : 190 n. 34
    1, 20, 36 : 190 n. 36
    1, 21, 9-11 : 130 n. 60
    1, 22, 9-11 : 138 n. 89
    2, 7, 20-21 : 52 n. 6-7
    6, 25, 3 : 285 n. 20
Lucain [Bourgery, CUF]
    1, 639-672 : 217 n. 20
Lucrèce [Ernout, CUF]
    2, 598-643 : 352 n. 70 et 72
    4, 1168 : 123 n. 31
    5, 1198-1203 : 285 n. 18
Lydus
De mensibus [Wünsch]
    4, 51, 64, 67, 86, 142, p. 106, 114, 121 sq.,
    124, 135, 164 : 204 n. 77
Macrobe
Saturnales [Willis, Teubner ; Guittard]
    1, 7, 25 : 135 n. 80
    1, 9, 8-9 : 217 n. 19
    1, 11, 3 : 58 n. 33
    1, 11, 3-5 : 52 n. 6-7
    1, 11, 5 : 58 n. 31
    1, 11, 46 : 52 n. 6
    1, 12, 21 : 185 n. 16
    1, 12, 21-22 : 138 n. 90
    1, 16, 10 : 291 n. 47
    1, 17 : 219 n. 30
    1, 17, 1 : 219 n. 30, 352 n. 74
    1, 17, 2 : 352 n. 73

    1, 17, 5 : 349 n. 61
    1, 17, 7-8 : 219 n. 33
    1, 17, 8 : 353 n. 75
    1, 17, 15 : 185 n. 16
    1, 17, 58 : 142 n. 107
    1, 17, 66-70 : 234 n. 102
    1, 18 : 219 n. 30
    1, 18, 14 : 219 n. 33, 353 n. 76
    1, 18, 22 : 260 n. 98
    1, 19, 7-9 : 349 n. 61
    1, 19, 18 : 142 n. 107
    1, 23, 5-6 : 218 n. 25
    1, 23, 21-22 : 352 n. 73
    1, 23, 22 : 219 n. 34, 220 n. 37
    3, 4, 7-8 : 218 n. 28
    5, 22, 3-6 : 191 n. 39
Martianus Capella [Willis, Teubner]
    2, 149 : 195 n. 50
    2, 161 : 117 n. 15
Matthieu (voir **Jean**)
    5, 45 : 69 n. 90
    9, 34 : 358 n. 99
    12, 24 : 358 n. 99
Maxime de Tyr, *Dissertations* [Trapp,
    Teubner]
    4, 5 : 260 et n. 97
Mela (**Pomponius**) [Silberman, CUF]
    3, 66 : 105 n. 126
Minucius Felix [Beaujeu, CUF]
    7, 1-4 : 363 n. 123
    7, 3 : 52 n. 6
    8, 1 : 363 n. 123
    8, 4 : 248 n. 44
    10, 2 et 4 : 240 n. 7
    18, 7 : 63 n. 54
    18, 11 : 63 n. 55
    19, 12 : 349 n. 59
    23, 4 : 25 n. 10
    23, 7 : 25 n. 10
    24, 8 : 261 n. 103
    24, 9 : 256 n. 83
    26, 8 – 28, 6 : 363
    26, 8-12 : 262
    26, 10 : 362 n. 121
    26, 11-12 : 360 n. 109
    26, 12 : 269 n. 132
    27, 1 : 262 sq. n. 106-107

27, 2 : 263 n. 108, 264 n. 111
27, 4 : 52 n. 6, 363 et n. 124
27, 6 : 366 n. 132
30, 3 : 130 n. 60
31, 3 : 25 n. 11
32, 2-3 : 285 n. 17
34, 4 : 334 n. 10
34, 4-5 : 336 n. 13
Nonius [Lindsay]
63, 4 : 195 n. 51
89, 17 : 194 n. 49
559, 34 : 185 n. 16
869, 1 : 41 n. 80
Nonnos [Vian, CUF]
31, 216-218 : 29 n. 23
Obsequens (Julius) [Weissenborn, Müller]
7 : 323 n. 194
Origène [Borret, SC]
Contre Celse 1, 39 : 153 n. 14
6, 10 : 334 n. 10
8, 58 : 366 n. 133
Ovide [André, Schilling, Lafaye, CUF]
Contre Ibis 81 : 183 n. 7
Fastes
1, 103 : 217 n. 21
3, 285-348 : 45 n. 92
4, 223-244 : 225 n. 58
4, 607 sq. : 223 n. 50
6, 267 : 351 n. 68
6, 299 sq. : 351 n. 68
6, 475-562 : 132 n. 65
Métamorphoses
1, 763 et 778 : 242 n. 17
2, 71 : 36 n. 53
2, 184 : 242 n. 17
2, 846-875 : 35 n. 48
3, 138-252 : 99 n. 97
4, 11-15 : 105 n. 126
5, 534-538 : 223 n. 50
6, 53-133 : 166 n. 70
6, 103 sqq. : 29 n. 24
6, 126 : 129 n. 55
10, 162-219 : 93 n. 64
12, 150-153 : 286 n. 122
14, 597-608 : 16 n. 16
15, 75-82 : 375 n. 8
15, 96-142 : 292 et n. 53

15, 136 : 287 n. 32
15, 167-175 : 293 n. 55
15, 531-535 : 95 n. 76
15, 624-744 : 97 n. 82, 325 n. 202
Tristes 2, 24 : 125 n. 41
Pausanias [Casevitz, Pouilloux, Chamoux, Lafond, CUF ; Rocha-Pereira, Teubner]
1, 5, 2 : 157 n. 29
1, 27, 4 : 157 n. 29
1, 31, 1 : 109 n. 146
1, 38, 3 : 157 n. 29
2, 37, 1-2 : 110 n. 148
2, 37, 5 : 109 n. 147
7, 17, 9-12 : 224 n. 55
Pétrone [Ernout, CUF]
21, 2 : 108 n. 141
41, 6-8 : 105 n. 126
Philostrate [Kayser, Teubner]
Vie d'Apollonius de Tyane 8, 30 : 270 n. 137
Platon [Méridier, Rivaud, Moreschini, Vicaire, Chambry, CUF]
Cratyle 404 c : 214 n. 7, 348 n. 58
407 e – 408 b : 349 n. 61
Critias 113 c : 116 n. 4
Phèdre 246 e : 218 n. 26
République 2, 365 e – 366 a : 286 n. 23
Timée 21 e : 208 n. 93
40 d : 357 n. 95
41 a-b : 334 n. 10, 357 n. 95
86 b : 173 n. 104
Plaute [Ernout, CUF]
Amphitryon 1-16 : 100 n. 101
Aululaire 344-346 et 445 sq. : 102 n. 114
Ménechmes 144 : 34 n. 43
Pline l'Ancien
Histoire naturelle (= *NH*) [André, Filliozat, Le Bonniec, Ernout, CUF]
6, 79 : 105 n. 126
18, 319 : 95 n. 73
28, 15 : 250 n. 53
Pline le Jeune [Zehnacker, CUF]
Lettres 3, 5, 10 : 38 n. 63
Plutarque, *Œuvres morales* [Froidefond, Flacelière, CUF]
Isis et Osiris 35 : 110 n. 149
Sur l'E de Delphes 388 f- 389 c : 353 n. 77
Vies [Flacelière, Chambry, CUF]

Camille 31 : 250 n. 53
Coriolan 24, 6 : 58 n. 34
    24, 8-10 : 59 n. 35
    24-25 : 52 n. 6-7
    25, 1 : 58 n. 34
Numa 15, 3-10 : 45 n. 92
Romulus 20, 5-8 : 187 n. 22
Porphyre
De l'abstinence [Bouffartigue, Patillon, CUF]
    2, 5, 1-2 : 312 n. 134
    2, 12, 3-4 : 296 n. 69
    2, 16-17 : 297 n. 79
    2, 22, 2 : 296 n. 69
    2, 24, 1 : 281 n. 3
    2, 25, 4-6 : 300 n. 90
    2, 34-43 : 309 sq. et n. 124
    2, 60, 3 : 289 n. 39
    3, 2, 4 : 295 n. 65
    3, 3, 3-4 : 295 n. 65
    3, 4, 4 : 295 n. 65
    3, 7, 1 : 294 n. 60
    3, 8, 7 : 294 n. 60
    3, 9, 1 : 295 n. 65
    3, 10, 3 : 295 n. 65
    3, 19, 3 : 295 n. 68
    3, 22, 7 : 294 n. 63
    3, 25, 3 : 294 n. 61
    3, 26, 1 : 294 n. 62
    4, 16, 3 : 143 n. 120
L'Antre des Nymphes [Le Lay] : 234 sq.
Lettre à Marcella [Des Places, CUF] 11 et 19 : 375 n. 9
Priscien
GLK II 313, 25 : 373 n. 4
Probus [Thilo-Hagen]
Commentaire sur les Bucoliques 6, 31 : 191 n. 39
Quintilien [Cousin, CUF]
    8, 6, 44 : 233 n. 99
Rhétorique à Herennius [Achard, CUF]
    4, 46 : 233 n. 99
Salluste [Ernout, CUF]
Guerre de Jugurtha = Iug. 29 : 144
Sénèque [CUF]
De ira, De la colère [Bourgery]
    1, 1, 1 : 174 n. 107

    1, 10, 4 : 174 n. 107
Lettres à Lucilius (= *epist.*) [Préchac, Noblot]
    41, 1 : 244 n. 27
    56, 1-2 : 55 n. 19
    64, 10 : 298 n. 82
    75, 12 : 174 n. 107
    102, 27 : 258 n. 91
    108, 19 : 293 n. 55
frg. 123 Haase : 285 n. 20
Servius (Dan.) *Commentaires de Virgile* [Daspet, Jeunet-Mancy, CUF ; Baudou, Clément-Tarantino ; Thilo-Hagen, Teubner]
Bucoliques 5, 66 : 352 n. 74
Géorgiques
    1, 5 : 353 n. 80
    1, 21 : 184 n. 15, 198 n. 59
Énéide
    1, 282 : 41 n. 80
    1, 720 : 190 n. 34
    2, 141 : 184 n. 10
    3, 46 : 187 n. 22
    4, 577 : 204 n. 77, 290 n. 43
    5, 801 : 115 n. 2
    6, 78 : 352 n. 74
    6, 645 : 202 n. 70
    6, 667 : 202 n. 70
    6, 733 : 174 n. 107
    6, 775 : 133 n. 69, 139 n. 91
    8, 138 : 102 n. 112
    8, 330 : 185 n. 16
    8, 345 : 250 n. 53
    10, 18 : 103 n. 115
Solin [Mommsen]
    27, 8 : 92 n. 57
    52, 16 : 105 n. 126
Strabon [Lasserre, CUF]
    12, 5, 3 : 225 n. 59
Suétone [Ailloud, CUF]
Auguste 35, 4 : 312 n. 131
    94, 4 : 34 n. 46
    94, 6 : 217 n. 20
Claude 42, 5 : 163 n. 51
Tacite [Wuilleumier, Le Bonniec, Hellegouarc'h, CUF]
Annales 6, 22 : 297 n. 77

Histoires 4, 83, 2 : 221 n. 44
5, 9, 1 : 279 n. 168
Térence [Marouzeau, CUF]
Eunuque 65 : 175 n. 107
Tertullien
Ad nationes [Borleffs, Corpus Christianorum]
    2, 1, 8 : 194 n. 48
    2, 3, 5 : 64 n. 59
    2, 8, 5 : 145 n. 128
    2, 9, 20-21 : 135 n. 80
    2, 11, 2 : 197 n. 55
    2, 11, 8 : 195 n. 50
    2, 11, 10 : 133 n. 67, 195
    2, 11, 10-13 : 198 n. 56
    2, 11, 12 : 194 n. 49
    2, 15, 2 : 194 n. 49, 198 n. 57
    2, 15, 3 : 194 n. 49
    2, 15, 3-7 : 198 n. 58
    2, 15, 5 : 194 n. 49
Apologétique [Waltzing, CUF]
    9, 2 et 4 : 130 n. 60
    9, 16 : 25 n. 11
    17, 5-6 : 63 n. 53
    21, 8 : 25 n. 10
    21, 8-9 : 153 n. 14
    22, 6 : 263 n. 108
    23, 1 : 362 n. 121
    30, 1 : 64 n. 59
    34, 1 : 64 n. 59
Contre Hermogène [Chapot, SC]
    1, 3 : 75 n. 114
    2, 1 : 75 n. 114
La Couronne [Corp. Christ.] 13, 9 : 194 n. 49
L'Idolâtrie [Corp. Christ.] 15, 5 : 194 n. 49
Le Jeûne (*De ieiunio*) [Corp. Christ.] 16, 5 : 185 n. 16
Scorpiace [Corp. Christ.] 10, 6 : 194 n. 49
Les Spectacles (M. Turcan, SC) 13, 4 : 240 n. 6
Tibulle [Ponchont, CUF]
    1, 4, 68-70 : 125 n. 41
Tite-Live (= Liv.) [Bayet, Jal, Adam, CUF ; Conway, Walters, Oxford]
    1, 19, 4 : 276 n. 159
    1, 20, 7 : 46 n. 99
    1, 21, 1 : 276 n. 159

    1, 55, 6 : 162 n. 48, 250 n. 53
    2, 36 : 52 n. 6-7
    2, 36, 1 : 58 n. 34
    3, 10, 6 : 289 n. 41
    5, 15, 3 : 47 n. 105
    5, 47, 3-4 : 271 n. 138
    5, 54, 7 : 250 n. 53
    7, 28, 4-6 : 271 n. 139
    10, 23, 2 : 312 n. 132
    23, 11, 4 : 312 n. 131
    24, 10, 10 : 289 n. 41
    26, 19, 5-8 : 270 n. 137
    27, 11, 4 : 289 n. 41
    28, 11, 4 : 289 n. 41
    35, 21, 4-5 : 289 n. 41
    39, 42, 5 – 43 : 190 n. 34
    40, 59, 6-8 : 323 n. 194
    41, 13, 1 et 3 : 289 n. 41
    41, 21, 13 : 289 n. 41
    43, 13, 3 : 289 n. 41
    45, 28, 4-5 : 256 n. 80
Valère Maxime [Combès, CUF]
    1, 1, *ext.* 3 : 272 n. 144
    1, 7, 4 : 52 n. 6-7, 58 n. 34
    2, 6, 14-15 : 92 n. 57
    2, 9, 3 : 190 n. 34
Valerius Antias [Chassignet, CUF]
    frg. 8 : 45 n. 92
    frg. 14 : 163 n. 50
Varron
De lingua Latina (= *LL*) [Collart ; Flobert, CUF]
    5, 11 : 382 n. 34
    5, 41 : 163 n. 49
    5, 42 : 156 n. 23
    5, 57 : 115 n. 1, 216 n. 16, 382 n. 33
    5, 59 : 382 n. 33
    5, 61-62 : 355 n. 91
    5, 64 : 127 n. 47, 350 n. 66
    5, 65 : 216 n. 16, 382 n. 33
    5, 68 : 191 n. 39, 217 n. 18, 219 n. 31, 230 n. 89, 379 n. 22
    5, 68-69 : 217 n. 17, 381 n. 30
    5, 70 : 46 n. 98
    5, 72 : 116 n. 7, 349 n. 62, 379 n. 23
    5, 132-133 : 41 n. 80
    6, 30 : 291 n. 47

7, 36 : 138 n. 90
Économie rurale, Res rusticae 1, 34, 2 : 95 n. 73
Satires Ménippées (éd. Cèbe, École française de Rome)
    frg. 82 (*Cynicus*) : 283 n. 8
    frg. 98 et 100 (Ἑκατόμβη. Περὶ θυσιῶν) : 283 n. 11
    frg. 181 (Γεροντοδιδάσκαλος) : 283 n. 9
    frg. 254 (*Manius*) : 283 n. 10
    frg. 506 (Σκιαμαχία) : 195 n. 51
    frg. 536 (Ταφὴ Μενίππου) : 41 n. 80
    frg. 579-579 a (*sat. incert.*) : 275 n. 154

Virgile [Saint-Denis, Perret, CUF]
Bucoliques 3, 60 : 23
    6, 43 sq. : 112 n. 160
Géorgiques 2, 173 : 156 n. 23
    2, 529 : 95 n. 73
    3, 92-94 : 129 n. 55
Énéide (= *Aen.*)
    1, 46 sq. : 67 n. 76, 83 n. 9
    1, 65 : 24 n. 6
    1, 278 sq. : 64 n. 60
    2, 689 : 67 n. 76
    4, 206 : 67 n. 76
    4, 577 : 290 n. 43
    4, 638 : 40 n. 73
    5, 687 : 67 n. 76
    6, 138 : 86 n. 23
    6, 142 : 86 n. 23
    8, 138 sq. : 16 n. 17
    8, 322 sq. : 128 n. 53
    8, 329 : 156 n. 23
    8, 355-358 : 127 n. 46
    8, 407-454 : 166 n. 70
    8, 409 : 235 n. 108
    8, 414 : 90 n. 47
    8, 423 : 90 n. 47
    9, 93 : 36 n. 53
    9, 625 : 67 n. 76
    10, 2 : 24 n. 6
    10, 18 : 64 n. 58
    10, 743 : 24 n. 6
    11, 483 : 87 n. 32

Index général[1]

Abraham, 161 n. 41, 339
Acdestis (Agdistis), 36, 39 n. 68, 107, 125, 221-225, 229
Achéron, 107 n. 136, 117
Achille, 269 n. 133, 286 n. 22
Acrisius, 157, 158 n. 30-31, 247
Actéon, 99
Adad, 217 n. 23
Adonis, 18 n. 23, 19, 91, 172, 217 n. 23, 224, 275, 318
Aelius Stilo, 355 n. 91
Aequitas, 182 n. 2
Afrique, 16, 92, 129, 130 n. 60, 131, 145 sq., 340 n. 23, 342 sq., 371, 373 sq.
Agdus, 221, 225 sq.
Agra (mystères d'), 109
Aiôn, 142
Alcmène, 23 n. 5, 25 n. 12, 26, 28 n. 21, 29 et n. 24, 32 et n. 37, 88 n. 37, 111, 152, 205 n. 78, 367
Alcyone, 116 n. 8-9
Alcyonien (lac), 110
Alexandre, 40
Alexandrie, 213, 222
allégorie, exégèse allégorique, 37, 38 n. 62, 104 n. 121, 118, 168 n. 81, 220, 230-235, 349, 352
Amphitrite, 116 sq., 145 n. 125, 202
Amphitryon, 18 n. 23, 19, 37 n. 61, 318
Amymone, 116 n. 8-9, 145 n. 125
Anchise, 90 n. 51, 91, 275
Anna Perenna, 191 n. 38

Antiochus de Cyzique, 272
Antiope, 29 et n. 24
Anubis, 82, 278
Apis, 139, 160 sq., 250
Apollon, 16, 23 n. 2 et 5, 25 n. 12 (*Delius*), 26, 33 n. 41, 34, 40 n. 71, 81 n. 2-3, 82, 85 n. 19, 88 n. 37, 92-94, 95 n. 76, 96, 98 et n. 91, 99 n. 92 et 96-97, 104 n. 122, 111 n. 157, 112 n. 162, 129 n. 58, 130, 146, 152, 153 n. 12, 157, 158 n. 30-31, 166-168, 170 sq., 185 n. 16, 203-207, 210, 215, 216 n. 14, 217-219, 234, 243 n. 23, 244 n. 25, 247, 249 et n. 47, 256, 273 n. 146, 275, 306, 310, 332, 343, 346 sq., 352 sq. et n. 80 , 367
Apollonius de Tyane, 270 n. 137, 339
Apulée, 174 n. 105, 280 n. 170, 360, 373
Arachné, 29, 88, 129 n. 55, 146, 166 n. 70
Arcadie, Arcadiens, 101, 156 n. 26, 168 n. 79, 205 n. 79 et 81, 242 n. 19
Argos, argien, 86, 99 n. 96, 110, 139, 160, 242, 275
Ariane, 111
Aristoclès, 353
Aristophane, 286
Aristote, 71, 87 n. 35, 215 n. 8, 294 n. 60, 346 n. 44, 353, 358
arvales, 41 sq., 312 n. 131
Asclepius (l'), 259
Astarté, 92, 145, 190 n. 34
Astérie, 29 n. 24, 205 n. 78

---

1. J'ai dû faire des choix, pour ne pas alourdir inutilement cet index. N'y figurent ni tous les noms géographiques ; ni ceux de personnages historiques ou mythologiques mentionnés occasionnellement par Arnobe ou ses sources.

Les noms des divinités grecques sont, sauf cas particulier, groupés avec ceux de leurs homologues romains.

Pour les écrivains, voir, parallèlement, l'Index des auteurs anciens.

Athènes, 86, 105 n. 125, 109, 157, 158 n. 30-31, 229, 247, 275, 352 n. 71
Atia, 34
Atlantide, 116, 130
Atlas, 32 n. 35, 101
Attique, 105 n. 125, 109, 119, 121, 347
Attis (Attès), 18 n. 23, 19, 36, 44, 106, 125, 155 n. 20, 172, 217 n. 23, 220 sq., 223-226, 228, 235, 318, 370
Auguste (Octave), 34, 217 n. 20, 245 n. 29, 315
Augustin, 105 n. 125, 180 n. 124, 184 sq., 193-195, 197-199, 252, 339, 341 sq., 352, 360, 383
Aulu-Gelle, 223 n. 54
Aurélien, 217, 220
Aventin, 45 n. 93, 84 n. 14, 187
Ba'al, 129 sq.
Baubô, 119, 120 n. 24, 122 sq., 147, 229
bétyles, 373 et n. 4, 374 n. 7
Bona Dea, la Bonne Déesse, 15, 138, 185 n. 16, 367, 370
Bonchor, 144 sq.
Brimo (Déméter), 31, 227 sq., 231
Caligula, 187
Callimaque, 156
Camille, 250 n. 53, 271
Cannes, 188, 196
Capitole, 27, 39 sq., 43 n. 86, 47, 48 n. 108, 50, 61, 63, 68, 77, 83, 84 n. 10 et 14, 127 n. 46, 160, 162 sq., 186, 207 n. 91, 222, 250, 253, 270-272, 275, 315 n. 149
tête du, 159 n. 32, 162 sq., 250
Carthage, Carthaginois, 130, 205 n. 78, 223, 273 n. 145, 318, 326 n. 207
Catilina, 48, 51
Cécrops, 119 n. 21, 157, 158 n. 30-31, 159, 242 n. 17, 247
Celse, 153, 316, 366
Cérès (Déméter), 14, 16, 26, 30-32 (et n. 37), 36 sq., 43, 64 n. 58, 81 sq., 95 n. 73, 103 n. 116 et 119, 104 n. 121, 109 sq., 115, 118 sq., 121, 123-125, 134 n. 73, 141, 147, 151 n. 2, 152, 157, 158 n. 30, 171, 176 n. 111, 198 n. 59, 215, 216 n. 14, 221, 226-230, 235 n. 108, 242 n. 19, 247, 249 n. 47, 257, 277, 312 n. 130, 317, 345-347, 349 sq., 351 n. 67, 353, 354 n. 83, 367, 369
certi (*di*), 184, 197, 332 n. 3
César, 379
Chaos, 217 n. 21
Chiron, 129
Christ, 15, 20 et n. 28, 39 n. 65, 44, 58 n. 33, 65, 68 n. 80, 70 n. 97, 71 n. 98, 75 n. 117, 76, 78 n. 125, 111, 153 sq., 164 sq., 264, 339, 344, 356, 358, 362, 366 sq., 369-371, 373, 384
Chrysippe, 33, 34 n. 42, 112 n. 161-162, 218 n. 28, 351 n. 67, 352, 354 n. 83
Chrysis, 99 n. 96, 275 n. 154
Chypre, 91 n. 55, 273
Cicéron, 12, 49, 52 (Marcus, Quintus), 59, 174 n. 105 et 107, 175 sq., 203-206, 217, 239, 252, 272 sq., 349 sq., 375-378
Ciel (*Caelus*, Ouranos), 90, 115, 126 n. 42-43, 127, 128 n. 50-51, 153, 170, 202-204, 205 n. 79, 216, 369, 381, 382 n. 33
Cinxia, voir Junon
Cinyras, 158, 160, 247
Circé, 203, 205 n. 80
Claude, 163
Cléanthe, 219 n. 33, 352 sq., 354 n. 83
Clément d'Alexandrie, 13, 30, 37 et n. 58, 86, 109 sq., 116 sq., 121 sq., 124, 146, 155, 157, 159 sq., 168, 228 sq., 233, 242, 248-250, 252, 257, 360
Clitor, 28 n. 21, 29 et n. 26, 35
Cnide, 256, 273
Commode, 260
Concordia, 181, 182 n. 2, 261 n. 102
Consentes (*di*), 133 n. 71
Consus, 132 sq., 183 n. 6, 379
Cornelius Labeo, 194 sq., 309
Coronis, 16, 66, 94 n. 71, 98, 367 et n. 136
Coryphasia, Coryphé, 203, 205 n. 81, 206 n. 82, 208
Courètes, 128 n. 51, 152
Crète, crétois, 125, 128 n. 52, 152, 155 n. 21, 156, 159, 202, 205 n. 79, 249, 270 n. 137, 367
Cronos (le Temps ; voir aussi Saturne), 66 n. 65, 127, 128 n. 50, 181 n. 1, 214 et n. 5, 346, 348

Cupidon, 89 n. 40, 204 sq.
Cybèle (la Grande Mère, *Magna Mater,* la Mère des dieux), 18 n. 23, 19, 30 sq., 36, 39 n. 68, 65 n. 63, 82, 95 n. 73, 106 sq., 124 n. 36, 125, 129 n. 58, 147 et n. 133, 151 n. 2, 171 sq., 183 n. 5, 215, 220-222, 224-226, 229, 254, 277, 317 sq., 322 sq., 325-327, 345, 347, 349, 350 n. 64-65, 351 sq., 363-366, 381
Cyprien, 11 n. 1
Danaé, 18 n. 23, 19, 25 n. 10, 26, 29 et n. 24, 32 et n. 37, 37 n. 61, 153 n. 14, 318
Daphné, 93 n. 63, 146
Délos, 26, 82 n. 5, 92, 94 n. 68, 99 et n. 96, 157, 158 n. 30-31, 247, 275
démons, 159, 200, 218 n. 26, 242, 249 sq., 259, 261 n. 104, 262-265, 268 sq., 309 sq., 331, 357-366, 371, 380
Denys d'Halicarnasse, 53, 59, 162
Denys de Syracuse, 69 n. 93, 96, 272 sq.
Deucalion et Pyrrha, 65 n. 63, 221, 225 n. 63
Deuiana, 191 n. 39, 195 sq.
Diane (Artémis), 16, 23 n. 5, 25 n. 12, 26, 37, 81 n. 2, 82, 85 n. 19, 86, 88 n. 37, 92, 98 sq., 113, 152, 153 n. 12, 157, 158 n. 30-31, 171, 191 n. 39, 204 sq., 207, 210, 215, 216 n. 14, 217 n. 17, 219 n. 31, 247, 249 n. 47, 254 n. 75, 275, 278, 332, 346 sq., 353, 367, 381
Didymeion, 94 n. 68, 158 n. 30-31, 247
Dioclétien, 14 n. 8
Diodore de Sicile, 234 n. 101, 369 n. 141
Diogène de Babylone, 349 n. 59
Diomède, 168, 188
Dioné, 23 n. 5, 88 n. 37, 90, 367 n. 136
Dioscures (Castor et Pollux, *Castores,* Tyndarides), 16, 23 n. 5, 25 n. 12, 26 sq., 88 n. 37, 100, 152, 153 n. 12, 155 sq., 204 sq., 267, 284, 363, 367
Dis Pater (Pluton, Hadès), 37, 40, 81, 86 n. 23, 104 n. 121, 107 n. 136, 111 n. 157, 115, 117 sq., 123, 141, 142 n. 114, 153, 168, 223, 229 sq., 231 n. 90, 243 n. 23, 249 n. 47, 305
Dius Fidius, 59
Dodone, 40, 275

Éaque, 241
Égérie, 45, 137
Égypte, Égyptiens, 16, 83, 115, 139 sq., 160, 203 sq., 205 n. 78 et 80-81, 208 n. 93, 216 n. 16, 241 sq., 260, 275 n. 154, 312 n. 134, 317, 340, 358 n. 99, 366, 382
Élagabal, 217
Éleusinion, 247
Éleusis, 30, 109, 119, 123 sq., 157, 158 n. 30-31, 221 n. 44, 222, 229, 247
Empédocle, 294 n. 61, 348
Énée, 15, 16 n. 16, 64, 86 n. 23, 95 n. 75, 106, 111, 136, 146, 166 n. 70, 367, 371
Enfers, 40, 104 n. 124, 107, 110, 229, 241, 305
Ennius, 24 n. 6, 156 n. 23, 370
Éphèse, 99 et n. 96, 275
Épidaure, 96 n. 78-79, 97, 147 n. 133, 273, 319 n. 173, 325, 364 n. 128
Érichthonios, 157, 158 n. 30-31, 159, 223, 247-249
Esculape (Asclépios), 16, 44, 66, 81 sq., 94-98, 103 n. 116, 106, 111, 155 sq., 166, 170, 172, 204-206, 273, 277, 284, 306, 317, 323, 325, 327, 344, 364, 366 sq., 369 sq.
Espagne, 112 n. 163, 367 n. 136
Éther, 202, 203 n. 72, 204, 205 n. 79-80
Éthiopie, Éthiopiens, 16, 139, 242 n. 17, 245
Étrurie, étrusque, 43, 45-47, 48 n. 108, 133, 250, 305 n. 110
Eumolpides, 119, 202 n. 70, 222
Euripide, 18 n. 23, 218 n. 28, 318
Europe, 18 n. 23, 19, 26, 29 (et n. 24) sq., 32 et n. 37, 34, 35 n. 50, 37 et n. 61, 88 n. 37, 229, 318
Évhémère, évhémérisme, 95, 248, 338, 366, 369-371
Fabius (Q. — Maximus Eburnus), 33 sq., 112 n. 161-162
Fabius Pictor, 162, 198 n. 59, 250
Faunus (Inuus), 15 n. 15, 45, 66, 133 sq., 135 n. 79-80, 136-139, 183 n. 7 (Faunes), 367 n. 136
Febris, 182 n. 4
Felicitas, 181, 182 n. 2
Festus (Verrius Flaccus, Paul Diacre), 223 n. 54, 311, 316

Fides, 182 n. 4
Flora, *Floralia*, 18 n. 23, 133, 183 n. 6, 198 n. 59, 306
Fons (Fontus), 126 n. 43, 127, 143
Fortune, 81 sq., 182 n. 4, 191 n. 38 (*Fors F.*), 278
Fourches Caudines, 188
Frugifer, 140-144, 254
Gaia, 115, 125 n. 38, 127, 381
galles, 36, 107, 125 n. 41, 223, 229, 350 n. 65, 351
Ganymède (Catamitus), 18 n. 23, 19, 25 n. 10, 32-34, 37, 112 n. 161-162, 145 n. 125, 318
Gaulois, 271
Géants, 86, 203
Genius, 133 sq.
Granius, 87 n. 35, 162, 215 n. 8
Halimonte (mystères d'), 107 n. 135, 109
Hammon (Jupiter), 40, 81, 82 n. 5, 89 n. 38 et 42, 255
Hannibal, 326
haruspices, 46 sq., 48 n. 108, 165 n. 65, 200, 250 n. 53, 289, 360, 363
Hécate, 126 n. 42-43, 153, 353 n. 81
Hélène, 167
Hellespont, 14 n. 10, 83, 139
Henna (lac), 118
Hercule (Héraclès), 16, 18 n. 23, 19, 23 n. 2 et 5, 25 n. 12, 26, 28 n. 21, 30, 33 n. 41, 81 n. 2-3, 86, 88 n. 37, 91, 93, 95 n. 75, 103, 106, 111-113, 117, 129 n. 58, 152, 153 n. 12, 155 sq., 166, 167 n. 73-74, 168, 171, 204 sq., 243 n. 23, 249 n. 47, 284, 318, 343, 367, 369 sq.
Hermès Trismégiste, 101, 203, 259 n. 96, 263 n. 110
Hermésianax, 224
Hésiode, 74, 115, 357
Hiérapolis, 234
Hippolyte, 95
Hippothoé, 116, 145 n. 125
Homère, 25 n. 10, 26, 167, 173, 310, 335 n. 12, 357
Honos, 181, 182 n. 2 et 4
Hostilina, 198 n. 59
Hyacinthe, 33 n. 39 et 41, 93, 112 n. 161

Hygin, 38
Hylas, 33 n. 39 et 41, 112
Hypérion, Hypériona, 25 et n. 12, 26 n. 13, 202 sq., 205 n. 80
Hyperoché, 99 n. 92 et 96, 157, 158 n. 30-31, 247
Ia, 221, 223 n. 54
Iacchus (–os), 14 n. 10, 119 n. 23, 122 sq., 152
Inde, 92, 105, 205 n. 78
Indigète, 15, 16 n. 16, 367, 371
indigitamenta, indigitations, 16, 81 n. 1, 94 n. 67, 146, 181-201, 211, 213, 217, 379
inhabitation, *(in)habitare*, 258, 262, 264 sq., 268, 270, 274, 279
Ino-Leucothea, 132
Inporcitor, 198 n. 59
Insitor, 198 n. 59
Inuus, voir Faunus
Isis, 16, 115, 139-141, 147, 160 n. 38, 216 n. 16, 275, 382
Iuuentas (Hébé), 88 n. 37, 113
Jamblique, 259
Janicule, 126, 127 n. 46, 367 n. 136
Janus, 15, 81 n. 3, 82, 126, 129 n. 58, 209 n. 98, 214, 217-219, 277, 312 n. 130, 343, 346 sq., 367, 371, 381 n. 32
Jérôme, 11, 340 n. 23
Jérusalem, 279
jeux (*ludi*), 18 n. 23, 19, 39 n. 67, 48 n. 108, 52-56, 58 sq., 60 n. 36, 77, 109, 133 sq., 146, 193 n. 46, 290, 306 n. 114, 309 n. 123, 317-319, 323 sq., 327, 363, 364 n. 125
Jugurtha, 144
Julien, 340 n. 23
Junon (Héra), 14 n. 11, 16, 23 n. 2 et 5, 24 n. 7, 25 n. 10, 26-28, 37, 39 n. 65, 59, 67, 81-88, 90, 92, 98 n. 91, 99 n. 96, 115, 118, 123, 129 n. 58, 133 n. 71, 134 n. 73, 142 n. 111, 146, 152 sq., 168, 171, 209 n. 98, 214, 216 n. 16, 227 n. 70, 242, 243 n. 23, 254 n. 75, 271, 275, 277, 334, 340 n. 23, 343, 345, 347 sq., 353 n. 80, 369, 382
Caprotina, 85
Cinxia, 85, 195, 254 n. 75
Februtis, 85

INDEX GÉNÉRAL   431

Fluuionia, Ossipagina, Pomana, 85 sq.
Lucina, 14, 85, 151, 172, 217 n. 17, 381
Moneta, 271
Populonia, 85
Regina, 84
Vnxia, 85, 195, 305 n. 110
Jupiter (*Diespiter*, Zeus), 16 sq., 18 n. 23, 19, 21-78, 81-88, 90 sq., 93, 95, 98, 100, 101 n. 103, 104, 105 n. 128-129, 106 n. 131, 111, 112 n. 161-163, 113, 115 sq., 123-125, 126 n. 42, 127, 128 n. 51-52, 129 n. 58, 130 et n. 60, 133 n. 71, 135, 136 n. 82, 137, 140-142, 144 n. 124, 145 n. 125, 146, 147 n. 133, 151 n. 1-2, 152 sq., 155-157, 159, 160, 163, 167, 170 sq., 172 n. 97, 183, 198 n. 59, 201 n. 66, 202 sq., 205 (et n. 78) sq., 208-210, 214, 216 n. 16, 218-221, 222 n. 48, 223 sq., 226-231, 241 sq., 249 (et n. 47) sq., 253, 256 sq., 266, 270 n. 137, 271 sq., 273 n. 145, 275, 277, 289 sq., 292 n. 52, 303, 305 et n. 110, 315, 316 n. 156, 317, 324 sq., 327, 334, 340 n. 23, 345-347, 348 n. 58, 349, 352 n. 72, 358 n. 101, 363 sq., 366 sq., 369, 373 n. 4, 382 sq.
Elicius, 45
epulum Iouis, 95 n. 73, 315 n. 149, 317 n. 160
Feretrius, 39
Pistor, 39
Juturne, 126 n. 43, 127, 267, 269 n. 133
Lactance, 11 n. 1, 52, 178, 360
Lacturnus, 198 n. 59
laeui (*dii*, dieux de la gauche), 188 sq., 195 sq., 199
Laodicé, 99 n. 92 et 96, 157, 158 n. 30-31, 247
Lares, 133, 182 n. 4, 183 n. 7
Lateranus, 189, 190 n. 35, 193, 195-199
Latinius (T.), 52 n. 7, 53 n. 9, 58, 325
Latinus, 135 n. 79, 136
Latium, 111, 126, 128, 136, 139, 156, 170, 216 n. 16, 277, 347, 382 n. 32
Latone (Létô), 16, 23 n. 5, 25 n. 12, 26, 32 (et n. 37) sq., 85 n. 19, 88 n. 37, 92, 93 n. 63, 94 n. 69, 205 n. 78, 249 n. 47
Laverna, 102, 170
Lavinium, 111

Léda, 18 n. 23, 19, 23 n. 5, 25 n. 12, 26 sq., 29 et n. 24, 32 et n. 37, 35, 37 n. 61, 88 n. 37, 100 et n. 99, 152, 318
Lemnos, 89, 113, 203 n. 72
Lerne (mystères de), 110
Leucophryné, 99 n. 92 et 96, 157, 158 n. 30-31, 247
Libentina, 192, 194, 196
Liber Pater (Bacchus, Dionysos), 16, 23 n. 5, 25 n. 12, 26, 37, 44 sq., 81 sq., 88 n. 37, 95 n. 73 et 75, 103-111, 118, 123, 132 n. 65, 141, 147, 152 sq., 155 sq., 204 sq., 205 n. 79, 210, 215, 218-222, 229 sq., 235 n. 108, 255, 260, 264, 275, 277, 289, 303, 305 n. 110-111, 344, 346 sq., 352 sq. et n. 80, 367, 369-371
Libera, 103 n. 119, 104, 118, 227
Liburnus (?), 192, 195 sq.
Lima, Limentinus, 190 n. 35, 192, 194-198, 200
Limi (?), 193, 195 sq.
Lucrii (*dii*), 192, 195 sq.
Lucrèce, 14 n. 10, 91, 152 n. 5, 277, 305, 376
Lune, 26 n. 13, 73 n. 104, 75 n. 117, 76 sq., 87, 143, 181 n. 1, 214, 215 n. 8, 216 sq., 219 n. 31, 230 n. 89, 254, 346, 349, 353, 379 n. 22, 381
Luperca, 16, 186, 194, 196
Lydus, 223 n. 54
Macrobe, 52, 59, 217-220, 223 n. 54, 264
Magnésie, 99 et n. 96, 158, 224 n. 56, 247
Maia, 16, 23 n. 5, 25 n. 12, 26, 82 n. 5, 88 n. 37, 101, 203, 367 n. 136
Mânes, 117, 133 n. 70, 243 n. 23
Mars (Arès), 18 n. 23, 40 n. 72, 45, 88-91, 142 n. 112, 168, 171 sq., 209, 232, 233 n. 97, 234 sq., 243 n. 23, 254, 257, 332, 358 n. 101
Mastiman, 144 sq.
Mater Matuta, 132, 183 n. 6, 198 n. 59
Matilam, 144 sq.
Mauri (*di*), 144 sq.
Maxime de Madaure, 145 n. 130, 339-343, 373 n. 4
Mellonia, 191, 194, 196, 200

Memoria (Mémoire, Mnémosyne), 23 n. 5, 29 n. 24, 87 n. 30, 88 n. 37, 215 n. 8, 349 n. 60
Ménalippe, 116 n. 8-9
Ménélas, 167
Mens, 182 n. 4
Mercure (Hermès), 16 sq., 23 n. 5, 25 n. 12, 26, 45, 81 sq., 88 n. 37, 100-102, 105 n. 128, 113, 153 n. 12, 168, 170, 203 et n. 74, 204 n. 77, 205 sq., 208, 210, 215, 255, 277, 305 n. 110-111, 306, 332, 346 sq., 349, 358 n. 101, 367
Mérops, 241 sq.
Métis, 86 sq., 227 n. 70
Midas, 221
Milet, 66 n. 94, 157, 158 n. 30-31, 247
Minerve (Athéna, Pallas), 17, 23 n. 2 et 5, 39 n. 65, 81 n. 3, 82-84, 86-88, 90, 98 sq., 113, 129 n. 58, 133 n. 71, 142 n. 113, 146, 152, 157, 158 n. 30-31, 159, 166-168, 171 sq., 203, 205-211, 214, 215 n. 8, 223, 234, 235 n. 108, 246-249, 269 n. 133, 277, 286 n. 22, 305 sq., 316, 340 n. 23, 343, 345-349, 352 n. 72, 353, 369
Minucius Felix, 12 sq., 25, 145, 360, 363
Mithra, mithriaque, 141-143, 254
Mithridate, 105 n. 126
Montinus, 193 sq., 196, 198 sq.
Murcida, 193 sq., 196, 199
Muses, 14 n. 10, 23 n. 5, 82, 88 n. 37, 153 n. 12, 204 sq., 277
mystères, 25, 30, 91 n. 55, 107 n. 135, 109 sq., 123 sq., 140, 147, 221, 224-226, 228 sq., 275
Nana, 221, 222 n. 49, 224 n. 57
Nemestrinus, 191, 195 sq.
Nenia, 191, 194, 196, 197 n. 53
Neptune (Poséidon), 16, 23 n. 2, 33 n. 41, 40 n. 69, 70 n. 96, 71 n. 98, 81 sq., 93, 112 n. 162, 115-117, 130, 145 n. 125, 153, 167 sq., 171, 202, 215, 235 n. 108, 256, 266, 345, 347, 349, 379
Nigidius Figulus, 125 n. 41, 126, 167 n. 75, 217
Nil, 202 sq., 205 n. 78 et 80-81, 208
Nodutis, 190 n. 35, 191, 194-197, 198 n. 59

Nouensides (*-les, di*), 47
Numa, 23 n. 3, 45, 46 n. 99, 49, 51, 60, 94, 127 n. 46, 137, 276, 312
Numeries, 185 n. 16
Numicius, 15, 367 n. 136
Nysa, 104 n. 122, 105, 107 n. 138
Œdipe, 123
Œta, 112, 155 n. 21, 367 n. 136
Olus (Aulus) de Vulci, 160, 162 sq., 250
Olympe, 14 sq., 17, 40, 91, 245, 339, 340 n. 22
Olympie, 40, 256, 273 n. 145
Ops (Rhéa), 16, 23 n. 5, 26, 40, 69 n. 91, 81, 115, 123-128 et n. 52, 129 n. 58, 134 n. 73, 135, 138 n. 90, 152 sq., 170, 182 n. 4, 185 n. 16, 216 n. 16, 226, 334, 350 n. 65-66, 367, 369, 381 sq.
Orbona, 182 n. 4, 191, 194, 196, 198
Orcus, 117, 118 n. 19, 231 n. 90
Orphée, orphique, 30, 105, 106 n. 131, 119-122, 156, 202 n. 70, 219 sq., 229, 235, 260, 339, 352 n. 73, 383
Osiris, 141, 217 n. 23
Ossipago, 191, 195 sq.
Ovide, 27, 29, 35, 98 sq. et n. 87 et 97
Pacuvius, 24 n. 6
Palatin, 182 n. 4, 186 n. 21, 187
Palès, 133, 183 n. 6
Pallas (Géant), 203, 205 n. 81, 207 n. 91
Pan, 138, 139 n. 91
Panchaïe, 369
Panda, Pantica, 186 et n. 21, 195 sq.
Paphos, 158, 160, 247
Pâris, 167
Parménide, 348
Patella, Patellana, 191, 194, 196 sq., 198 n. 59, 199
Paul Émile, 256 n. 80
Pausanias, 109 sq., 224
Pax, 64, 182 n. 2
Pecunia, 16, 193 sq., 196, 199
Pellonia, 187, 188 n. 26, 194, 196
Pélops, 33 n. 39 et 41, 112 n. 161
Pénates, 84 n. 10, 87, 133, 167
Perfica, 147, 190, 195-197
Pergame, 224 n. 56
Perses, 254

Pertunda, 147, 190, 194, 196-198
Pessinonte, 18 n. 23, 221, 223 sq., 225 n. 59, 254 n. 75, 326
Peta, 191, 195-197, 199
Phaéthon, 91, 242 n. 17
Phérécyde, 348
Phidias, 40 n. 70, 256, 352 n. 71, 374 n. 7
Philon d'Alexandrie, 357
Philyra, 128, 129 n. 55
Phoroneus, 241 sq.
Phrygie, phrygien, 205 n. 78, 221, 223-226, 228, 326 n. 205-206
Phryné, 256
Picus, 45, 66, 134-139
Pietas, 181, 182 n. 2 et 4, 295 n. 67
Pindare, 95 n. 77
Platon, platonicien, -isme, 71, 74, 78, 91, 101 n. 111, 219, 233, 260, 262 n. 106, 269 n. 132, 309 (et n. 123) sq., 331 n. 2, 332, 334-336, 338, 340, 343-345, 347 sq., 357 (et n. 96) sq., 360 n. 109, 361, 380, 383
Plaute, 18 n. 23, 29, 37 n. 61, 102, 318
Pléiades, 32 n. 35, 95 n. 73, 101
Pline l'Ancien, 38, 223 n. 54
Plutarque, 59, 155 n. 21, 162, 280 n. 170, 296, 360
Pompée, 279 n. 168
Porphyre, 201, 218 sq., 230 n. 89, 233-235, 263, 282 n. 5, 292 sq., 296, 310, 316, 349, 352 sq., 360 n. 109, 375, 380
Praestana, 186 et n. 21, 195-197
Praestitia, 195, 197, 198 n. 56
Praxitèle, 273
Prétextat, 218 sq., 352 n. 73
Priape, 14, 82 sq., 139, 141, 190 n. 36, 278
Priène (terres cuites de), 121
Proclus, 269 n. 134
procuration des foudres, 45 sq., 137
Proserpine (Perséphone, Phéréphatta, Coré), 16, 29 (et n. 24) sq., 37, 40, 86 n. 23, 88 n. 37, 91 n. 54, 104, 106 n. 131, 109, 118, 121, 123-125, 171, 198 n. 59, 203 n. 73, 205 n. 79, 215, 217 n. 17, 221, 223, 227, 229 sq., 231 n. 90, 235, 249 n. 47, 303, 305 n. 110, 346 sq., 350 n. 65, 353 n. 80-81, 367, 379, 381

Prosymnos (–us, Polymnos), 37, 107-111, 123, 147, 229
Ptolémée Ier, 222
Puta, 191, 195-197, 199
Pygmalion, 273
Pythagore, pythagoricien, -isme, 101 n. 111, 217, 219, 285 n. 19, 292, 293 n. 55, 294 n. 61-62, 295 sq., 351, 370, 375, 382
Quinctius Flamininus (L.), 190 n. 34
Quirinus, 186, 371
Régille (lac), 100, 267
Regulus, 325 n. 202, 370
Reparator, 198 n. 59
Rhéa, voir Ops
ricinium, riciniatus, 41-43, 82, 277
Roma (*dea*), 64
Romulus, 91, 95 n. 75, 106, 111, 155 n. 20, 186 (et Remus), 189, 196 sq., 201 n. 66, 312, 367, 370 sq.
Runcina, 198 n. 59
Sabazies, 30, 228
Samos, 86, 254 n. 75, 382 n. 34
Sangarios, 224
Sarpédon, 32 n. 36, 88 n. 37, 172 n. 97
Saturne (Cronos), 15 sq., 23 n. 5, 24, 25 n. 12, 26 sq., 40, 69 n. 91, 81 sq., 84 n. 16, 88 n. 37, 93, 98 n. 91, 111 n. 157, 115, 124-130, 131 n. 62, 134 n. 73, 135, 141 sq., 145, 153, 154 n. 17, 155-157, 170 sq., 193, 195, 202 sq., 205 n. 79, 214, 216 n. 16, 226, 255, 277, 334, 343, 346-348, 354 n. 83, 358 n. 101, 366 sq., 369, 373 n. 4, 382
satyres, 105, 183 n. 7
Sauvegarde, *Salus*, 181, 182 n. 2 et 4
Scipion l'Africain, 270 n. 137
Segetia, 198 n. 59
Seia, 198 n. 59
Sémélé, 16, 23 n. 5, 25 n. 12, 26, 37, 45, 88 n. 37, 104, 106 n. 131, 107 n. 138, 110, 132 n. 65, 346 n. 42, 353, 367
Sénèque, 183 n. 8
Sénèque le Père, 171
Sérapis, 115, 139 sq., 147, 160 sq., 216 n. 16, 222, 263, 275, 366, 382
Serenus Sammonicus, 162, 250
Sévère Alexandre, 339

Sévères (les), 162, 342 n. 26
Sibylle, 86 n. 23, 94 n. 69
Sicca Veneria, 92, 129, 145, 233, 318
Sicile, 124, 127 n. 46, 156
Siwa, 40
Socrate, 268, 283 n. 11, 370
Soleil, 25 n. 12, 26, 43 n. 85, 73 n. 104, 75 n. 117, 76, 77 n. 119, 104 n. 122, 126 et n. 43, 143, 181 n. 1, 202, 203 n. 72 et 74, 205 sq., 210, 214-220, 234, 235 n. 104, 254, 260, 346, 349, 352 sq. et n. 80
Sophocle, 18 n. 23, 112, 318
Spes, 182 n. 4
Stercus, 135
stoïciens, stoïcisme, 71, 75, 134, 173, 174 n. 106, 175 et n. 109, 214, 218 sq., 230 n. 89, 233, 248, 253, 296, 340, 345, 347 n. 49, 348-356, 380 n. 27, 381, 383
Styx, *Stygius*, 40, 115, 116 n. 6, 117, 153 n. 12
Summanus, 46, 117, 118 n. 18, 243 n. 23, 371
Syria (*dea*, Atargatis), 145
Tacite, 296
Tagès, 46
Tanit, *Virgo Caelestis*, 141, 145 n. 128
Tarente, 30, 37, 229
Tarquins (les), 162, 279
Tartare, 44, 98 n. 91, 105 n. 129, 107 n. 138
Tellus, Terra, la Terre, 95 n. 73, 115, 134, 153, 215 sq., 226, 303, 305 sq., 317, 345, 349-352, 381, 382 n. 33
Terensis, 190 n. 35, 191, 195-197
Tertullien, 11 n. 1, 13, 25, 68, 72 n. 101, 73 n. 109, 145, 184 sq., 193-195, 197 sq., 344, 360
théâtre, 17-19, 37 n. 61, 69 n. 92, 131, 133 n. 68, 207 sq., 224 n. 57, 317 sq., 376
Thèbes, 26, 111, 112 n. 163, 367 n. 136
Théophraste, 296
Thésée, 34 n. 42
Thesmophories, 123 sq., 229
Thessalie, 28 n. 21, 29, 167
Thestius, 28 n. 21, 30, 93, 112
Theuth, 203
Thrace, 30 n. 30, 105 n. 129, 106 n. 131, 120 n. 24, 129 n. 55, 228

Thrasyllus, 297 n. 77
Tibère, 297 n. 77
Tibérine (île), 96 n. 78, 97, 364
Timothée, 202 n. 70, 221-225
Tinia, 47
Titans, 26 n. 13, 44, 98, 105, 106 n. 131, 115, 155 n. 20, 156, 203, 353, 370
Tite-Live, 52, 59, 162
Titus Tatius, 186
Trasimène (lac), 188
Trebatius, 315 sq.
triade capitoline, 39 n. 65, 83 sq. et n. 10, 86-88, 133, 271, 277, 347, 349
Triptolème, 119 n. 21, 129 n. 58, 242 n. 19, 343, 369
Troie, 135 n. 80, 167
Trophonios, 203
Tutilina, 198 n. 59
Tutunus (*Mutunus*), 147, 190, 194, 196, 198
Tyndare, 95, 100, 156, 367 n. 136
Vnxia, voir Junon
Vpibilia (?), 191, 195 sq.
Vpis (*Opis*), 191 n. 39, 195 sq.
Vaga, 144
Valerianus, 162
Valerius (Messalla), 223
Valerius Soranus, 382, 383 n. 36
Valeur, *Virtus*, 64, 181, 182 n. 2 et 4
Varron, 12, 14, 39, 52 n. 6, 58, 85, 89, 102 sq., 111, 126, 130 n. 60, 132, 133 n. 67-68 et 70-71, 136, 139 n. 96, 160-162, 174 n. 107, 183 n. 5, 184-186, 191 n. 38, 193-197, 199 sq., 215 n. 10 et 12, 217, 218 n. 28, 219, 240, 241 n. 14, 243, 250, 252, 254, 262, 279, 282-284, 311, 332 n. 3, 348-353, 355 n. 91, 375 sq., 378-383
Varsutina, 145 n. 128
Véies, 84 n. 14, 271
Vénus (Aphrodite), 16 et n. 16, 18 et n. 23, 23 n. 5, 25 n. 10, 26 n. 14, 64 n. 58, 81 n. 3, 82-84, 88 n. 37, 89-92, 102, 103 n. 119, 113, 128 n. 51, 129 n. 58, 142 n. 116, 145, 153 n. 12, 158, 167 sq., 171 sq., 190 n. 36, 195 sq., 204 sq., 210, 215, 230 n. 88, 232, 233 n. 97, 235 sq., 243 n. 23, 247, 255 sq., 273, 274 n. 149 et 151, 275, 278, 315, 318,

340 n. 23, 343, 347, 354 n. 83, 355 n. 91, 358 n. 101, 367
Equestris, 190 n. 34
Érycine, 92 n. 57
Militaris, 190
Veruactor, 198 n. 59
Vesta (Hestia), 134, 171, 215, 340 n. 23, 345, 347, 349, 350 n. 64-65, 351, 369, 381
Vestales, 134, 185 n. 16
Vibenna, 162 sq., 250
Victoria (Niké), 64, 86, 87 n. 28, 182 n. 2 et 4
Virgile, 34 n. 47, 40, 64

Vita et Potua, 195
Volutina, 198 n. 59
Vulcain (Héphaistos), 23 n. 5, 81 sq., 88-91, 113, 134 n. 76, 153, 166 et n. 70, 168, 172, 202-206, 215, 223, 232, 248, 255, 266-268, 277, 306, 345, 346 n. 40, 347, 354
Xénophane, 293, 301
Zagreus (Dionysos), 44, 106 et n. 131, 156, 353
Zénobie, 217
Zénon (stoïcien), 354 n. 83, 355 n. 87

Table des matières

Préface ... 7
Remerciements ... 9
Avant-propos ... 11

PREMIÈRE PARTIE: LE PÈRE DES DIEUX ET DES HOMMES. JUPITER

Chapitre premier. Le Jupiter gréco-romain ... 23
    Les mythes : un vagabondage amoureux ... 25
    Les fonctions : le Souverain ; le dieu fulgurant ... 39

Chapitre II. Jupiter démasqué ... 51
    Un épisode de l'histoire romaine : l'esclave battu ... 51
    Dieu est-il Jupiter ? ... 61

DEUXIÈME PARTIE: GRANDEUR DES DIEUX

Chapitre III. La famille des Immortels. Le premier cercle ... 81
    Les parèdres de Jupiter ... 83
    Les descendants de Jupiter ... 88

Chapitre IV. Les dieux du second cercle ... 115
    Les enfants de Saturne ... 115
    Les ascendants de Jupiter ... 124
    Hors du cercle familial ... 131
    Le procès des dieux ... 146

TROISIÈME PARTIE: NOUVEAU REGARD SUR LES DIEUX PAÏENS

Chapitre V. Misère des dieux ... 151
    La naissance et la mort ... 151
    Les situations dégradantes ... 165
    La servitude des passions ... 169

Chapitre VI. *Nomina deorum*. L'un et le multiple ... 181
    Les indigitations ... 183
    Les dieux homonymes ... 199

Chapitre VII. Les illusions de la modernité 213
   Vers une théologie nouvelle ? Le syncrétisme solaire 213
   Mythe, morale et allégorie 220

QUATRIÈME PARTIE : L'HOMMAGE DES HOMMES

Chapitre VIII. Le culte : lieux et images 239
   Les temples 241
   Les statues 251
   Tous fragiles et inutiles 270

Chapitre IX. Les actes du culte : les sacrifices et autres esquisses 281
   Sens et finalité du sacrifice 281
   Les rites du sacrifice 300
   L'*Aduersus nationes*, ouvrage inachevé 320

CINQUIÈME PARTIE : LA THÉOLOGIE D'ARNOBE

Chapitre X. À l'écoute des philosophes 331
   Le divin Platon 332
   Les stoïciens 345
   Dieux et démons 357
   L'évhémérisme 366

Chapitre XI. Épilogue. Sur la voie de la vérité : la conversion d'Arnobe. 373

Illustrations 385

Bibliographie sélective 395

Index Arnobianus 405

Index des auteurs anciens 417

Index général 427

Table des matières 437